首届全国教材建设奖

全国优秀教材二等奖

Master of Public Administration

公共管理硕士（MPA）系列教材

公共管理学

（第三版）

张成福　党秀云　／　著

PUBLIC MANAGEMENT

AN INTRODUCTION

中国人民大学出版社

·北京·

图书在版编目（CIP）数据

公共管理学/张成福，党秀云著. --3版. --北京：中国人民大学出版社，2020.12
公共管理硕士（MPA）系列教材
ISBN 978-7-300-28859-8

Ⅰ.①公… Ⅱ.①张…②党… Ⅲ.①公共管理-研究生-教育 Ⅳ.①D035-0

中国版本图书馆CIP数据核字（2020）第247423号

全国优秀教材二等奖
公共管理硕士（MPA）系列教材
公共管理学（第三版）
张成福　党秀云　著
Gonggong Guanlixue

出版发行	中国人民大学出版社		
社　　址	北京中关村大街31号	邮政编码	100080
电　　话	010－62511242（总编室）		010－62511770（质管部）
	010－82501766（邮购部）		010－62514148（门市部）
	010－62511173（发行公司）		010－62515275（盗版举报）
网　　址	http://www.crup.com.cn		
经　　销	新华书店		
印　　刷	北京溢漾印刷有限公司	版　　次	2001年11月第1版
开　　本	787 mm×1092 mm　1/16		2020年12月第3版
印　　张	29.25	印　　次	2025年5月第8次印刷
字　　数	676 000	定　　价	69.00元

作者简介

张成福 中国人民大学公共管理学院教授、博士生导师，中国人民大学政府管理与改革研究中心主任；享受国务院政府特殊津贴专家，马克思主义理论研究和建设工程重点教材《行政管理学》第一首席专家，第六、七届国务院学位委员会公共管理学科评议组成员。主要研究领域为政府治理与改革、公共管理理论与实践、法治政府建设、公共危机管理等。先后主持多项国家及省部级研究课题，发表学术论文百余篇，出版《公共管理学》《行政法学》《公共危机管理：理论与实务》《公共管理导论》等教材、专著和译著近 20 部，主编大型翻译丛书“公共行政与公共管理经典译丛”（出版译著逾百种），在公共管理学界产生了广泛的学术影响。

党秀云 中央民族大学管理学院教授、博士生导师，兼任北京市志愿服务发展研究会理事、中国志愿服务联合会专家组成员。主要研究领域为公共治理、公共服务改革与创新、志愿服务、基层社会治理创新等。先后主持国家社科基金重点项目、北京市哲学社会科学规划项目及其他省部级科研项目多个。出版《公共管理学》《民族地区公共服务体系创新研究》等著作多部，发表学术论文数十篇。

内容简介

由我国知名公共管理学者张成福教授领衔撰著的《公共管理学》，是一部畅销多年的公共管理学经典教材。本书于 2001 年首次出版，先后被国内众多高校选为公共管理课程配套教材及公共管理考研、考博参考书，已成为成千上万读者系统学习和掌握公共管理基本概念、原理和方法的必读著作。

本书以国家治理体系和治理能力现代化为背景，围绕政府治理现代化这一核心主题，对当代公共管理的一系列重大理论问题和现实问题展开研究和论述，在系统阐述公共管理学科主要理论的同时，充分反映了当前中国政府改革与创新的成就与经验。与上一版相比，本书增加了“公共管理的价值”“公共管理的环境”“公共部门知识管理”三章，重写了“数字政府”“公共管理中的责任”“公共管理现代化”等章节，并对其他章节进行了较大幅度的修订，充分反映了公共管理学科理论与实践的新发展，经济全球化、数字革命、知识经济、创新管理等前沿问题均在相关章节中得到了深入的分析和探讨。

出版说明

公共管理硕士（Master of Public Administration，MPA）专业学位研究生教育是以公共管理学科及其他相关学科为基础的研究生教育项目，其目的是为政府部门及非政府公共机构培养高层次的应用型专门人才。

我国的 MPA 教育始于 1999 年。1999 年 5 月，国务院学位委员会第 17 次会议审议通过了《公共管理硕士（MPA）专业学位设置方案》；2001 年 10 月，我国进行首次 MPA 招生考试；2002 年 3 月，首批 MPA 研究生正式入学。经过十多年的发展，我国的 MPA 培养院校从最初的 24 所发展到 2014 年的 200 余所；截至 2015 年 7 月，全国 MPA 培养院校累计招收 MPA 研究生 15 万余人，授予 MPA 学位 8 万余人，MPA 教育成为我国公共部门人才培养的重要渠道。

为了满足国内 MPA 教育对教材和教学参考资料的需要，不断探索和回应公共管理实践中的各种问题，同时反映国内外公共管理研究的最新成果，自 2001 年起，中国人民大学出版社组织有关专家编写“公共管理硕士（MPA）系列教材”。本套教材涵盖国务院学位办确定的《公共管理硕士专业学位培养方案（试行稿）》（2000 年发布）和《公共管理硕士专业学位研究生指导性培养方案》（2012 年发布）中规定的各门 MPA 核心课程教材，也包括公共管理各领域的专业方向必修课程教材及部分选修课程教材。本套教材不仅适合 MPA 学生使用，同时也可供公共管理学科的研究生及各级行政管理人员作为参考和培训资料使用。

“公共管理硕士（MPA）系列教材”力求体现如下特色：第一，系统完整，基本涵盖公共管理专业教育的主要知识领域；第二，反映国内外公共管理研究领域的最新成果，为公共管理领域的教育者、学生、实际工作者提供该领域的最新信息、资料及多视角思考空间；第三，反映 MPA 专业教育的特点，重视应用性，注重能力的培养，教材中除讲授一般理论知识外，还提供丰富的案例分析素材；第四，将中国传统的行政管理思想、国外先进的公共管理理论与中国政府的管理实践紧密地结合起来，理论联系实际。

在“公共管理硕士（MPA）系列教材”策划出版之初，中国人民大学出版社邀请国内公共管理领域有关专家成立了阵容强大的教材编审委员会。同时，本着将国内公共管理领域有影响的学校和有影响的学者都吸收进来以博采众家之长的原则，我们广邀全国各地公共管理知名学者，使得本套教材的作者突破了一个学校和一个区域的界限。参与本套教材编写工作的有中国人民大学、北京大学、清华大学、复旦大学、中山大学、厦门大学、南开大学、上海交通大学、北京师范大学、华中科技大学、国防科学技术大学、国家行政学院、中国社会科学院等国内知名高校及科研院所的学者，他们都是公共管理教育领域的专家，具有丰富的教学经验，同时又注重公共管理实践，能够较好地将理论和实践结合起来。

自 2001 年首本教材出版以来，“公共管理硕士（MPA）系列教材”受到了国内公共管理学界的广泛好评，被誉为“与中国 MPA 共同成长”的一套高质量的 MPA 教材。国内众多高校将本套教材选为 MPA 相关课程教材，“十二五”初期，本套教材的累计销量突破百万册，成为广受读者欢迎的 MPA 教材品牌。

随着公共管理教育和实践的不断发展，公共管理学科的研究和教育也在不断发展与完善，这就要求 MPA 教材也要不断修订和更新。在国内公共管理学界的热情支持下，我们编写的这套教材取得了一定的成绩。今后，还请广大读者，特别是在教学一线的 MPA 任课教师继续给我们反馈意见，对这套教材提出批评和建议，以帮助我们不断对相关教材进行修订和完善，实现这套教材“服务中国 MPA 教育事业，与中国 MPA 共同成长”的目标。

中国人民大学出版社

第三版序言

作为一个人类实践领域，公共管理是这样一种活动：我们通过它创造有益于人、共同体乃至整个人类的公共价值，并通过它参与、创造、美化和完善我们的公共领域和公共生活。作为一门学科或者一个研究领域，公共管理并非像新柏拉图主义者所认为的那样，是一种纯粹的理论生活。在他们看来，纯粹的理论生活就是目的本身，纯粹的理论生活优越于实践生活，而实践生活仅仅是指向某个目标的手段。公共管理的研究和思考，并非学者们在学术象牙塔中的自我式独白，而是根植于现实实践之中的。没有理论指导的实践或者行动是盲目的，同样没有经过实践检验的理论是虚妄的。理论在实践的基础上得到检验和评价，反过来又促进新的理论的产生和发展。

公共管理研究的价值在于对时代所提出的各种挑战进行持续性的回应而不是被动的反应，对关系国家和人类命运的共同问题予以思考和回答，并在此过程中创造公共的价值。从整个世界范围来看，人类历史的发展在今天已经进入了新的历史时代，正在酝酿着一系列巨大变革，对于这一历史时代，人们有不同的称谓，如“全球时代”“数字时代”“第五次浪潮”“第四次工业革命”等等。经济全球化、社会信息化、政治多极化、文化多元化，已经成为我们这个时代的显著特征，一句话，人类走向现代化的进程正在加速。在走向现代化的过程中，人类一方面创造了巨大的文明和进步，另一方面也引发了前所未有的张力或者危机，这些危机表现在诸多方面，如生态危机、能源危机、粮食危机、和平危机等。诸如此类的问题和危机，使人类生活在一个具有高度不确定性和高度风险的社会中，如果人类不采取积极有效的行动，便存在着人类历史的终结、文明的终结甚至于我们生活的终结的风险。我们似乎正在建造一个越来越不适宜居住的世界，尽管人们有主宰一切的欲望，但这种欲望似乎将人们引向毁灭，而不是解放和拯救。我们面临一个严酷的选择，进化或者灭亡。

就公共治理而言，在全世界范围内也存在发展的赤字、服务的赤字、财政的赤字、能力的赤字、绩效的赤字和信任的赤字，治理体系本身也处在变革之中。从中国自身来讲，中国特色社会主义进入新时代，这一时代最重要的特征在于中国社会的主要矛盾发生了变化。正如习近平总书记在党的十九大报告中所强调指出的，我国社会主要矛盾是人民日益增长的美好生活需要和不平衡不充分的发展之间的矛盾。这一社会主要矛盾就是我国社会发展亟待解决的问题。如何解决这一主要矛盾和由此矛盾引发的其他问题，同时建立现代国家治理体系，提升治理能力，自然便成为中国公共管理的核心议题。

我们需要重新思考我们的生活以及公共生活中的诸多关系。马克思主义经典作家认为："人的本质不是单个人所固有的抽象物，在其现实性上，它是一切社会关系的总和。"① 所谓的一切社会关系，既包括人与自然的关系，也包括人与社会的关系，即人与人之间的社会关系。每个人均生活在社会复杂的关系之间，受其制约，同时又改变着相互关系。在这个意义上，生活（无论是个人的还是公共的）无非是调整、改变各种关系，以实现关系和谐的过程。如果我们体认到世界是一体的，那么就需要重新思考和调整诸多的社会关系。我们要重新思考和调整人与自然的关系，就必须超越人类中心主义的观点，承认每一个生命存在的独特性及其意义。在整个宇宙秩序中，人并非是唯一的支配力量，人类的命运与地球的生命以及实在的总体命运是休戚相关的。人类归根到底是自然的一部分，人类并非是自然界以外的，我们连同我们的肉、血和头脑都是存在于自然界的。人类不能凌驾于自然之上，正如习近平总书记讲的，人与自然是生命共同体，"人类发展活动必须尊重自然、顺应自然、保护自然，否则就会遭到大自然的报复。这个规律谁也无法抗拒。人因自然而生，人与自然是一种共生关系，对自然的伤害最终会伤及人类自身"②。实现人与自然的和谐共生，我们就必须改变那种人类与自然分离的意识，改变那种统治、征服、控制、支配自然的意识和观念。

我们必须重新思考个人与社会的关系。我们尊重个体的价值和尊严，鼓励个体实现其自身的潜力和创造性，并在创造的过程中，寻找自己生命的意义，确认自己的身份。因此，人类必须为个体性留下空间，确保每个个人的充分和自由发展。在这个意义上，个人自由的存在是幸福社会的根本条件之一。同时，人是社会的存在，人主要是在社会条件下实现其本质的。人诞生于家庭，人运用经济和社会手段满足其生物需要，人的道德、文化、宗教生活均起源于社会，其使用的语言和文字也是社会性的，人本身就是社会性的。这便意味着个体不可能摆脱社会而存在。在这个意义上，我们反对的不是个体性，而是个体主义，即那种把个体存在视为唯一正当性的观点，那种对"自我"的绝对认同，那种把自身利益看作是生活或者公共生活可接受的基础的观念，那种把自我利益作为生活运行原则并加以接受的做法。事实上，这不仅对个人具有破坏性，对社会也具有破坏性。

我们需要重新思考国家与社会和人民的关系，并在此基础上建构我们的治理秩序。马克思主义经典作家认为，国家乃社会的产物，历史上的一切国家都没有避免这样一个现实："社会为了维护共同的利益，最初通过简单的分工建立了一些特殊的机关。但是，随着时间的推移，这些机关——为首的是国家政权——为了追求自己特殊利益，从社会的公仆变成了社会的主人。"③ 国家权力从社会中产生，但反过来凌驾于社会之上，成为压迫

① 马克思，恩格斯．马克思恩格斯选集：第1卷．3版．北京：人民出版社，2012：139.

② 习近平．习近平谈治国理政：第2卷．北京：外文出版社，2017：394.

③ 马克思，恩格斯．马克思恩格斯选集：第3卷．3版．北京：人民出版社，2012：54.

社会的工具。如何使国家权力真正恢复它的普遍性质，使社会的普遍利益真正体现出来，并在国家政权中得到集中的反映，便成为所有国家面临的重大问题。如何实现以国家为中心的治理到以人民为中心的治理典范的转移，重新思考国家治理的方式，确保国家权力服务于公众的需要，确保人民能够真正参与国家事务、分享权力并承担责任，确保通过广泛有效的对话、协商、讨论来做出决定，努力将公共政策建立在绝大多数人的同意之上，确保对权力的腐败、任性、盲目进行适当的控制和平衡，并在此过程中，保证国家体系的自主性及增强体系本身的自我依存能力、自我适应能力，达到自我的超越，对任何治理体系始终是一个挑战，或者依照学者们的观点，建立国家、法治、负责制之间平衡的治理体系①，并非是西方或者特定文化群体的偏好，而是所有人类社会的普遍要求。

我们需要重新思考和理解国家与国家之间的关系，重构国际治理的新秩序。“我们生活在这样一个时代：不再有任何共同体或国家能够统治其他所有的共同体和国家；不再有任何国家能够离开其他国家而生存下去。在某种程度上，每一个共同体、每一个国家在经济、生态乃至领土安全方面都要依赖其他共同体和国家。”② 诚如习近平总书记所讲的：“这个世界，各国相互联系、相互依存的程度空前加深，人类生活在同一个地球村里，生活在历史和现实交汇的同一个时空里，越来越成为你中有我、我中有你的命运共同体。”③ 人类命运共同体意识，无疑是我们时代宇宙大精神或者宇宙意识的充分体现，也反映了人类社会共同的价值，推动构建人类命运共同体，实现全球治理体系的变革，推动全球治理体系朝更加公正、合理、有效的方向发展，无疑是我们时代最大的变革议程之一。

我们需要重新思考我们的经济及其公共政策。随着工业社会和市场的不断扩张，现代资本主义社会成为波兰尼所讲的“市场社会”或者泛经济的社会。这一社会的最大特征在于经济领域与政治领域，甚至道德文化领域的分离。资本主义社会中的一切均被市场化或者商品化，不仅仅土地、劳动力、产品被商品化，作为交换媒介的货币也被商品化，“一切皆可定价”的法则使得社会日常生活也被商品化。随着全球资本体系的扩张，市场的功能渗透到原本不属于经济的领域，如政治、文化、教育、医疗及法律。资本体系事实上是以完全竞争理论为基础的，根据这一主张，一个自律性的市场会自动趋向均衡，而均衡则是最有效率的资源配置状态，市场机制能够提供所有问题的答案。这种主张在“自由”“民主”的名义下，一度成为一种意识形态，甚至左右着公共政策的选择。市场导向的公共政策与治理，将追求个人利益等同于公共利益，不仅导致了公共价值的衰败，而且完全忽略了市场价值与社会公共价值的不同，使得市场成为独立于政治与社会之外的非道德领域；市场导向的公共政策与治理，同时导致了环境的恶化，加剧了社会的不平等，以及社会关系的普遍异化。在学者戴维·哈维看来，资本面临着自身无法解决的矛盾，这正是资本及资本主义出现危机的根本原因④。错误的理论产生错误的政策，最终导致经济危机、社会混乱和苦难。正如波兰尼在其巨著《巨变》中分析的那样，历史上法西斯主义的兴起无非是“对自由资本所造成的困局的解决方案，可以说是一种以所有民主制度之清除为代

① 福山. 政治秩序与政治衰败. 桂林：广西师范大学出版社，2015：32.

② 拉兹洛. 决定命运的选择. 北京：生活·读书·新知三联书店，1997：129.

③ 习近平. 习近平谈治国理政. 北京：外文出版社，2014：272.

④ 关于对资本矛盾的详细分析，可参见：哈维. 资本社会的 17 个矛盾. 北京：中信出版社，2016.

价的市场经济的改革"[①]。因此，我们需要重新认识市场及其资本的力量与限度，以及政府在经济以及社会治理中所扮演的角色。我们需要重新认识发展，发展并非是资本的积累和财富的增长，还包括社会的和谐、文化的繁荣以及个人的成长等多个方面。经济和市场经济并非终极的目标，而是达成目标的手段，我们需要在市场的价值与社会的价值之间求得平衡。

我们需要重新思考不同文化与文明之间的关系。我们生活在一个文化多元的世界，我们都处在各自的文化中，并从各自文化之窗来看待世界。正如不存在相同的人、相同的树叶、相同的雪花一样，世界上也不存在单一的文化。文化的多样性和多元性是一个基本事实。"文明没有高下、优劣之分，只有特色、地域之别。"[②] 人们正是在与其他文化的相互交流借鉴中，创造、认识并体验着自己的文化，若是没有其他的文化（或者文明），所谓的自己的文化也便无法存在，正如没有非我，我便不存在一样。正因为文化是多元的，所以我们便不能把自己的文化强加给其他文化。事实上，并不存在所谓的文明冲突，如果存在所谓的文明冲突的话，其原因在于一种文明试图将自己的文化强加在其他文化之上，正是这种文化霸权主义的态度和行为才导致了文明的冲突，这已经被历史所证明。文化或者文明的历史，无非是不同文化之间相互交流、学习、借鉴，甚至融合的历史。因此，我们必须认识到我们的群体或者民族，并非世界上唯一的群体或者民族；我们的思想并非唯一的思想；我们的道路并非唯一的道路，仅仅是众多道路中的一条；我们的制度也并非唯一的制度。当我们摆脱自我中心主义文化观的时候，才能避免文明的冲突。考虑到我们时代所面临的难题并非任何一个文化能够独立面对的，我们需要的是跨文化的对话，需要寻找的是主体之间的（intersubjective）相互理解，并在相互理解的过程中达成某些文化的共识，形成共同的文化。

我们的时代正处在"典范转移"（paradigm shift）的过程中，公共管理的理论和实践也是如此。典范的转移意味着新的思考、新的建构、不断的创新，一句话，意味着不断的自我革命。世界上出现的诸多问题和各种危机，其最大的价值在于为人类提供了更正我们自身错误的机会，促进意识的转化和心灵的觉醒。在国家和政府消亡之前，政府仍然是实现美好社会的最重要和必要的制度安排。问题的关键是我们要建立实现美好社会的公共治理体系。

在农业文明时代，中华民族建立和发展了那个时代最具特色的公共治理体系，并构成了中华文明的重要组成部分。新中国成立 70 多年来，中国共产党领导人民创造了经济快速发展和社会长期稳定的奇迹，而支撑这一发展奇迹的是以马克思主义为指导、根植中国大地、继承中华优秀文化传统、深得人民拥护的制度和治理体系。这一治理体系最显著的特征在于坚持党的集中统一领导；坚持人民民主和民主治理；坚持以人民为中心的治理，切实保障和改善人民的权利和福祉；坚持依法治国和依法行政，建立法治国家和法治政府；坚持德才兼备、选贤任能的现代化的人才治理；坚持独立自主和对外开放，建立新型全球治理秩序，构建人类命运共同体。

---

① 波兰尼．巨变：当代政治与经济的起源．北京：社会科学文献出版社，2013：392.

② 习近平．习近平谈治国理政：第 2 卷．北京：外文出版社，2017：544.

政府治理体系和治理能力的现代化，是整个国家治理体系和治理能力现代化的最重要的组成部分。坚持党对政府治理的全面领导，建立和发展以人民为中心的民主政府，建立和发展人民满意的公共服务型政府，建立和发展法治的政府，建立和发展更加理性、更有效率的政府，建立和发展公平正义的政府，建立和发展廉洁清明的政府，建立和发展具有回应力和负责任的政府，建立和发展具有适应性和韧性的政府等，是中国政府治理改革和发展的目标，也是长期面临的任务。

中国公共管理学的使命在于对公共治理领域事关公共价值有效创造的问题进行系统的探究，促进公共事务治理的现代化发展，从而服务于国家和民族的伟大复兴。诚如北宋横渠先生所言："为天地立心，为生民立命，为往圣继绝学，为万世开太平。"吾辈学人，自当铭记，并躬行履践。

在本书出版之际，写下上述感想，权为序言。

张成福

2020年8月19日

修订版序言

本书自2001年出版以来，承蒙学界抬爱，被许多大学作为公共管理专业的教材和参考书，也被许多教育培训机构作为政府公务人员学习和研究公共管理的培训教材和参考资料。我们一直认为，撰写教材，实为最艰难之事，因此自本书出版以来，一直诚惶诚恐，唯恐瞎人指路，贻误学人。学界许多先进和学友也曾通过各种方式指出旧版的一些缺陷和不足，好友刘晶女士也鼓励和督促我们修订书稿，深表谢意。

在当今世界，唯一不变的事情就是变。公共管理，无论是作为人类活动的领域，还是作为一个研究领域或学科，都处在不断的变化和发展当中。在本书修订时，尽力而为，试图能够反映公共管理的新变化。窃以为，公共管理有道、法、术之分。法术常变，而大道不可废。公共管理的大道就在于公共服务、公共利益和公共责任。

由于篇幅的限制，一些重要的议题，如公共管理学的中国化、知识管理和知识型政府、公共管理与政治的互动、公共管理与公民关系等没有在修订版中得到体现，只好在以后适当的时候再行补正。

张成福、党秀云

序于中国人民大学宜园二楼素心斋

2007年8月23日

第一版前言

行政国家的兴起和发展是 20 世纪，特别是 20 世纪中后期人类政治生活领域最显著的特征之一。政府权力的扩张、政府职能与范围的扩大、政府作用的深度和广度都是前所未有的。无论是从历史，还是从现实来看，政府在促进政治发展、经济繁荣、社会稳定等方面都有不可替代的作用。可以大胆地预料，包括政府组织在内的公共组织对 21 世纪的社会经济、政治发展以及科技变迁的影响，将日益显著。全球竞争的焦点从“企业层次”转变为“国家层次”，竞争的基础更从“武力层次”转变为“能力层次”。

毫无疑问，我们所处的人类社会和我们的国家正在经历一场深刻的转变。这种转变是一种基本社会典范的变革。这种变革要求我们重新思考传统的社会基本典范，包括治理的典范。每一个时代都有与其相适应的治理方式，正如我们长大成人以后不能穿儿时的衣服一样，政府治理的形态也应该随着时代的发展而变化。

事实上，面对新世纪的挑战，全世界都在重新思考政府问题。思考的焦点在于如何摆脱传统科层制政府的僵化窠臼，建立、培养并发展一个具有合法性基础、代表与体现公共利益、更具民主与法治精神、更具回应性和责任、更具效率和效能、更加公开和廉洁、更具能力和国际竞争力的新治理典范，建立善治（good governance），实现善政（good government）。

公共管理，是一门致力于发展善治的科学、知识和艺术。自 1980 年以来，日益受到理论和实务部门人士的广泛重视。它不仅促进人们重新思考传统的公共行政的知识典范，而且激荡着现实世界中各国的政府再造运动。

本书的定位主要是为我国的公共管理者、研习公共管理的学人提供有关公共管理的一般性的知识参考框架。我们期望本书既能反映公共管理的知识发展，亦能提供实务上的最新发展及趋势的有价值的信息。公共管理作为一个学科和知识领域，处在不断的变化和发展之中。本书不是一本提供标准答案的书，而且任何著作都不可能为研究者和实务者提供现成的答案，因为在科学领域任何人都不能宣称自己掌握和垄断了真理，但我们期望它能够引导读者与我们一起思考公共管理理论与实践上的问题。

21世纪的学习是新学习。新学习的特点在于：学习如何思考，学习如何学习，学习如何创新，在实践中学习，在人们的相互交往中学习，持续不断的和多元化的学习。新学习不仅是个人的学习，而且是群体的学习、组织的学习、国家的学习。我们认为，这正是公共管理学习的根基所在。

由于智识、时间之限制，本书仍有许多缺失与疏漏之处，我们诚希望各方先进不吝给予指正。

张成福　党秀云　谨识

2001年8月20日于中国人民大学宜园素心斋

目　录

第1章

公共管理导论

作为一种人类实践活动，公共管理的历史可以说是同人类文明发展的历史一样悠久。在部落社会，便存在着对共同事务的管理活动。随着国家和政府的出现，公共管理就成为了国家事务治理的一个有机组成部分，因为任何政治统治都是以履行公共事务的管理为前提，政治统治只有在其履行了公共管理职能之后才能维持下去，只是在不同的历史发展时期和阶段，公共管理的性质、范围、途径和方法随着公共管理内外环境的变化而呈现出不同的风貌。

公共管理（public management）作为一个科学研究领域，严格地讲，发展于20世纪70年代之后。20世纪70年代以后，人类社会的发展进入了新的历史阶段，人们用不同的词语来形容人类社会的这一历史性转型，如第三次浪潮、后工业社会、知识社会、信息社会、网络社会等等。在这一剧烈变革的时代，西方国家政府面临着财政赤字、预算赤字、能力赤字、服务赤字和信任赤字等诸多危机，无论是理论界还是实务界，深感建构在传统的韦伯式的（Weberian）官僚体系下的政府治理模式出现合法性危机（crisis of legislatively）和合理性危机（crisis of rationality）。而传统的工具理性指导下的公共行政主张，明显地发生了理论缺乏解释力、知识无法指导实践，以及无法忠实体现民众需求等现象。在公共管理实践方面，自20世纪80年代起，世界范围内出现了政府再造和政府现代化运动，这极大地促进了公共管理的发展，不断丰富和扩大了公共管理的内涵和外延。

重点问题

- 公共管理的性质
- 公共管理与私部门管理的区别
- 公共管理学的特质
- 公共管理的理论变迁

1.1 公共管理的性质

对于公共管理，无论是理论界还是实务界，实没有一致的认识和定义。学者魏特克（Whitaker，1994，262）形象地将公共管理的研究视为“变形虫”（amoebae），认为公共管理研究的重点和范围处在不断的发展和变化之中，事实也的确如此。导致这种情况的原因是多方面的。从历史发展的角度来看，在不同的历史发展时期，公共管理的环境、范围、内容、方式以及方法是不断发展和变化的，每一个时代有每一个时代的公共管理问题，从比较文化的观点来看，每个国家皆有不同的历史文化传统，治理的体系和制度各不相同，公共管理的体系呈现多样性和差异性，并没有统一的公共管理的模式。从学科研究的角度来看，公共管理乃是科际整合的研究领域，不同的学者从不同的学科或研究途径出发，自然对公共管理有不同的认知。公共行政学者罗森布鲁姆在其名著《公共行政学：管理、政治和法律的途径》中，便认为美国的公共行政和公共管理的研究有三个主要途径，即政治、管理与法律的途径。

在我们看来，对何谓公共管理缺少基本共识这一事实，并非是这门学科不成熟或者缺乏所谓的合法性的表现。恰恰相反，这正是符合万物的性质的表现。世界上的万事万物，皆是诸种因缘相互作用之产物，一切皆变乃是事物的本质特征。万物是如此，人们对万物之认知亦是如此。人们对自然界、人类社会之认知，莫不受其世界观、本体论、认识论、方法论以及价值观的影响。不同之世界观，便有不同的对世界之认知。牛顿力学、爱因斯坦的相对论乃至当代之量子力学，均对宇宙万物的认知持不同的世界观。就本体论（ontology）而言，实在论（realism）和唯名论（nominalism）对社会或制度的认知各不相同，实在论认为社会实体是客观存在、永恒不变并有其法则的，而唯名论则认为社会实体乃是人类意识建构的产物。就研究方法而言，社会及人文科学则一直存在实证论（positivism）和自然论（naturalism）之争。的确，在科学研究中，存在着不同的可供选择的概念体系或者假设体系，正是由于人们在各自的体系中解释世界，才导致不同的观点。这并非意味着一切都是相对的，不存在绝对的真理，只是意味着寻找真理的途径是多样的。事实上，任何人都不能宣称自己掌握了全部的真理，或者存在着一个无所不知的观察者。

在本书中，我们倾向于这样去认识和界定公共管理：公共管理乃是以政府为核心的公共部门，整合各种力量，有效配置各种资源，广泛运用各种方法，管理公共事务，解决公共问题，创造公共价值的活动。具体分析，公共管理具有以下基本的特征：

1. 公共管理是国家意志的表达和执行

国家是从社会分化出来的管理机构，公共管理乃是国家意志的表达和执行，这是公共管理的本质。由于公共管理乃是国家意志的表达和执行，故原则上是由宪法和法律授权的拥有公共管理权力（主要是行政权）的组织来进行的。在现代社会，公共管理权力行使的主体主要是公共部门，在我国主要是各级人民政府，除此之外，还有法律规范授权的社会组织。非法律授权的市场组织、社会组织以及公民，亦有权参与公共管理。

2. 公共管理主要涉及公共事务的处理

公共管理主要涉及整个国家和社会公共事务的处理。公共事务泛指国家需要处理的超越个体成员的共同的、一般性的事务，如国防与外交、公共安全和秩序、公共基础设施、普惠性和一般性的基本公共服务、共有资源的保护与利用等等。公共事务的范围是不断发展和变化的。在传统社会，公共事务的范围主要集中于对外防御，对公共秩序的维护和公共设施的营建，以及政府事务方面。如今，公共事务的范围不断扩大，有从摇篮到坟墓、从地球到外太空之说。当然，并非所有的公共事务均需由国家来进行处理，私人部门、社会组织、社区自治组织乃至公民个人均可直接或间接地参与公共事务的处理。

3. 公共管理以解决公共问题为导向

公共管理乃是以公共问题为导向的，它所关切的是当代社会中政府必须面对的基本问题。在当代社会，政府主要面对两大类问题：一是政府自身的问题，即政府的架构问题、政府的能力问题以及资源的有效管理问题；二是基本的民生问题，如公共卫生与健康、教育、环境、社会福利等等。公共问题的存在恰好是公共权力干预的理由，事实上，公共管理的价值在很大程度上是由在多大程度上解决公共问题的能力所决定的。

4. 公共管理以公共价值的创造为目的

公共管理是公共价值的创造，也就是公共管理的活动和过程乃是创造公共价值的活动和过程。而所谓的公共价值，泛指公共管理通过为社会和民众提供的公共产品和公共服务而实现的一种公众期待的意义。它既包括了管理运作的价值，如经济、效率和效能；也包括了政治性的价值，如政府运作的开放、透明、参与和公平；还包括社会性的价值，如生活品质等。简言之，公共价值是对整个社会所创造的好处。公共价值的实现程度乃是由公民判定的，这便意味着公共管理乃是以民众为中心的，而非以政府为中心的管理。

5. 公共管理乃是整体的国家作用

公共管理旨在处理公共事务，提供公共产品和公共服务。公共事务的性质各异且复杂多样，为有效处理公共事务，公共部门依职能分工、层级管辖的原则，设立不同的职能部门和管理层级，但这并不影响和妨碍国家公共管理和治理的完整性与整体性。公共管理体系是一个既分工又合作的体系，公共管理的过程乃是整体协同的过程。

6. 公共管理方式的多样性和灵活性

公共管理为实现国家的目的，履行其职能与职责，更好地服务社会与公民，其实施管理的方式是多样的和灵活的，可广泛运用各种途径，如政治、法律、经济市场诱因、行政干预与规制、信息与教育，干预的工具从行政命令到自愿管理是一个光谱。手段和方法的采用，完全视问题和环境的系络而定，并不存在至善之法，正所谓条条道路通罗马，殊途而同归。

7. 公共管理与公共课责

公共管理乃是以公共权力为基础，同时又依赖公共资源的投入，公共部门及其管理者与社会和公民之间本是委托-代理关系，是故，公共管理自然要承担广泛的公共责任，同时要接受公共的问责。公共管理，实是一个多元的课责体系。

1.2 公共管理与私部门管理的区别

公部门与私部门皆为整个社会不可或缺的有机组成部分，二者是相连和互动的，而不是分离的。目前，人们所倡导的政府治理中的公私伙伴关系和责任共担便是基于这一理念。但是，以政府为核心的公共部门与以企业为核心的私部门毕竟是两种不同类型的组织和实体，其组织性质决定了二者之间存在着本质的差别，反映在组织管理和运作中，不可避免地存在着一些差异。公共管理与私部门管理的区别在于：

1. 政治权威与经济权威

公共管理在本质上是国家的活动。公共管理不可避免地包括政治权威的作用（也存在着非权威的作用）。公共管理的主体为政府，政府与企业组织和其他组织的区别，正如查尔斯·林德布洛姆（Lindblom）所言的："对于任何既定的人民，一个政府在这个意义上是存在的，即作为对他们行使权威的集团之一，它拥有对其他一切人或权利要求的权威，不会遇到来自于一个与之平起平坐的权利要求者的挑战，它在维护自身秩序方面具备于其他一切组织之上的普遍权威。在冲突的情况下，它也许无法使其声称的优先权生效；在某些场合它甚至可能无法谋求实行优先权。但是它对优先权的要求的普遍性和唯一性，使它与众不同。"（林德布洛姆，1994，26）从这个意义上讲，波兹曼（Bozeman）认为的公共管理就是对政治权威的管理，的确说明了公共管理的本质。政府虽然是公共服务的提供者，但也是政治权威的执行者，所以许多公共管理活动本身即有强制性，当国民有违反法令的事情发生时，其便可以在职权范围内依法予以处理，而其他组织则不具有这种公权力。

私部门或组织的管理，在很大程度上也是权威的行使，但这种权威非政治权威，非公权力的行使，可称之为市场的权威或经济的权威。这种权威非制度与法律所授予，而是来自经济性的市场力量。私部门的控制力主要来自市场，因此其管理行为受制于市场力量。私部门的权威在很大程度上取决于其在市场上的竞争力，这种权威往往不能以国家的强制力为后盾。

2. 多元制衡与自主性

公共管理是在国家民主的框架下进行的，在民主国家，公共管理的权威是割裂的（fragmentation of authority）。一般来讲，政治越民主的国家越注意政治权威的分立与制衡，政府部门虽然较重视层级节制的权威，但大多数情况下，它仍然处在各种政治力量（如立法、司法、政党、利益集团等）相互作用的场域之中。因此，公共管理过程，充满了政治的气氛，充斥着政治的考量。在集权国家，公共管理更是受到少数专权者的摆布，在此情况下，公共管理的自主性自然受到影响。与公共管理相比，私部门的管理，固然也受到外在各种权威的影响，如受政治环境的影响，但这种影响与公共管理不可比拟。公共管理只有有限的管理自主权但却有复杂的政治界面，而工商企业或私部门管理则有相对充分的管理自主权。

3. 公共利益与私人利益

公共管理在本质上是国家目的之一的国家作用和活动，而所谓的国家目的，具体而言，就是指公共利益，政府具有促进和实现公共利益的义务和责任，这是公共管理区别于私部门管理的一个重要特征。尽管人们很难精确地界定公共利益是什么，但毋庸置疑的是，公共管理应当将公共利益作为自己行动的出发点，否则，公共管理者便成为私利的谋取者，而不是公益的信托者。事实上，当代公共管理的一个核心议题便在于保证政府及其管理者能够代表并回应公共的利益，否则，民主政治又有何存在的价值？相反，私人企业和组织往往是个人利益最大化的追求者，经济利润不仅仅是其管理的底线，而且往往被视为积极的经济和社会的善，当然企业对于经济利益的追求，不能损害社会中其他人的权益和利益。

公共利益与私人利益并非完全处于对立的关系，有时二者可以相得益彰，互蒙其利，所谓“大私至公”便包含其理。不过，公益和私益有时是对立的，因而无法兼顾，如河流流域的企业为追求利益，大肆污染环境的情形。在此情况下，公共管理部门代表国家，经利害权衡后，对私益进行某种限制，以维护公共利益。当然，政府为追求公共利益而限制人民的自由权利时，不能逾越必要的限度。

4. 法的支配与意思自治

从管理与法的角度来看，由于法律系人民意志的体现，具体执行法律的内容，无异于实现公共利益，因此，为实现政府任务，达成政府的目的，政府部门可依不同的具体情况，采取不同的行政措施，但是应在法律允许的范围内，受到法的支配，这是法治国家的基本要求和原则。事实上，在近现代民主实践过程中，政府施政受法的约束，确立了法律优位和法律保留的原则，对于政府而言，“凡是法律未允许的便是非法的”，即所谓“法无许可不可为”。尽管这一消极法治原则被后世的积极法治主义所替代，在现实管理中政府拥有广大的自由裁量权，并发展为拥有“行政保留权”，但法治政府的基本内核并没有发生根本性的改变。

在法治国家，一切组织的运作需在国家法律框架下进行，这是一个基本规则，其目的是更多地保障私领域的权益，从而减少暴政的侵害。相较于公共管理严格受法的支配，私部门管理更多遵循的是契约自由和意思自治，拥有高度的管理裁量权，其内部管理和外部的交易活动完全可以自己的意思而为之。

5. 政府与市场

公共管理与私部门管理最重要的一个差别在于政府与市场的区别和差异。政府与市场是现代社会的两大控制体系，如果不考虑政治制度上的差异，国与国之间的差异可能便是政府替代市场的不同以及市场替代政府的不同。与企业组织不同，政府提供的产品以及服务往往面对的不是自由、竞争性的市场。具体而言，这种差异表现在：

(1) 垄断与市场。私部门所提供的产品和服务，多有竞争者。反之，公部门所提供的服务，往往是只有一家，别无分号，因为我们只能有一个行使治权的治理部门，公共部门往往缺乏竞争的压力。

(2) 公共产品与私人产品。政府部门提供的是公共产品或准公共产品，这些产品和服务具有不可分割性、非排他性；而私部门提供的产品和服务为私人产品，是可以分割的、排他的，价格也是可以衡量的。

（3）自由与依赖。消费者在购买私人产品时，可以自由选择；而公共部门所提供的产品或服务，公民没有自主决定的权利。

（4）利润与支持。私部门大都以利润为导向，而利润的多少取决于顾客的满意度，顾客导向很容易成为其经营的目标；而政府往往缺乏服务的动机。

远离市场的压力，这的确是公共部门绩效不佳的一个重要原因，近几年来，许多公共管理学者主张通过市场化、模拟市场机制等办法来提高政府的绩效，这的确是一个新的途径。

6. 多元理性与经济理性

公共部门处在社会各种力量作用的中心，公共管理事实上也承担着社会价值权威性分配的职责。在这个变革的、多元发展的社会中，社会利益是多元的，社会的价值也是多元的，而且利益和价值之间往往是冲突的，政府往往需要在多元的甚至是冲突的利益和价值之间做出平衡和抉择。因此，政府治理中的理性往往是多元理性（multirationality），需考虑各种利益和价值的平衡，如效率与平等、改革与稳定、个人利益与公共利益的平衡等等，而非单一向度的考虑。私部门的管理，因其组织属性所定，加之职能有限，管理问题涉及的标的人口较少，影响面小，不易形成整体社会作用，其管理大多为工具的经济理性的考虑，而往往不顾及或少顾及其他理性的考虑。

上述几个方面并不完全概括了公共管理与私部门管理的区别，但无疑是几个重要的方面。但是，作为管理活动，无论是公共管理，还是私部门管理，的确有许多共同之处或相似的地方。公共管理和私部门管理都需要政策管理（policy management），包括制定目标规划、实施方案、执行与评估；都要涉及内部资源的整合与管理问题，如人力资源、财政资源、信息资源、组织资源等；都要处理和管理外部关系；等等。同时，许多科学的管理方法、技术都可加以改进，运用在各自的管理情境之中。

公共管理与私部门管理的确存在着差别，认识这些差别有助于我们更好地理解公共管理的性质，明确公共管理的责任和义务，了解公共管理的运作过程，以便更有效地从事公共管理。当然，也不能过分扩大二者之间的差异。在21世纪的今天，公共管理和私部门管理的学者和实践者，都应以开放的心灵，以学习者的姿态，相互学习和借鉴，以达到共生共荣、共同发展的目的。

1.3 公共管理学的特质

作为一门独立的学科，公共管理学是在不断变化和发展的，可以肯定地讲，将永远处在不断的变化和发展的过程之中。到目前为止，公共管理学尚缺乏统一的、经验性的理论建构；不同学科背景之间的门户之见甚深；对公共管理学的知识是否能够发挥知识启蒙和指导实务的功能，也的确存在着质疑。对于中国公共管理而言，如何本着国际化的思维和视野，进行在地化的思考和行动，建立具有中国特色的公共管理，实则任重道远。

在我们看来，公共管理学乃是致力于对公共管理这一社会实在（social reality）进行探寻，获取系统的知识或理论，以期促进和引导现实的公共管理实践的研究领域。公共管理学，作为一个独立的学科研究领域，具有以下几个方面的基本特征：

1. 公共管理是政策取向与应用取向的

公共管理学作为一个独立的研究领域，从一开始便具有明显的政策取向与应用取向。政策取向是由公共管理的性质所决定的，公共管理，究其本质，乃是涉及公共政策的制定和执行，并通过政策的行为形塑国家和社会的生活。公共管理关注的重点在于公共部门如何在正确的时间，做出正确的选择，并选择正确的方法实现所选择的目标。所谓的应用取向，是指公共管理研究的目的，并非仅止于追求抽象的科学知识，更重要的，尚有解决公共问题，改善人类生存现状，提升人类生活品质之积极目的。公共管理学固然重视理论的建构，也不否认形而上真理的存在，但是其价值最终应视它改善人类命运的程度而定。从这个意义上而言，公共管理是具有实用主义（pragmatism）和工具主义（instrumentalism）倾向的，这意味着公共管理的研究不能也不应该远离现实社会的需要。

2. 公共管理学是规范性和经验性的学科

仅仅关注工具理性或者发展以控制为核心的管理主义，确保效率的实现和达成，使公共管理成为一个无人性或者非人道的领域。然而，公共管理学并非价值中立的学科领域，公共管理十分关心人类的尊严以及能力的实现，因此，公共管理的研究非常重视规范性的价值，重视价值在公共管理过程中所发挥的重要作用，如果不能确立公共的价值，公共管理便失去了其正当性及意义。公共管理的研究固然应关心事实的判断，即实然问题（what it is），同时它更关心价值判断的应然问题（ought to be），公共管理学是规范性和经验性相结合的学科。

3. 公共管理学的多元视角和科际整合

公共管理学的研究并非存在一种视角或研究途径，而是多元视角和多种途径的，从这个意义上讲，公共管理学是科际整合的学科。因为，公共问题本身实在是过于复杂，单一的视角和学科途径实不足以解决现实的问题，多元视角和多元学科的研究途径是由公共管理问题的性质所决定的。同时，公共管理存在于一个更加广泛的系统之中，存在于特定的制度、经济、人口、社会结构和文化系络之中，需要从多元的视角去审视。多元学科的科际整合，当然并不意味着公共管理的研究者和公共管理的实践者是全能全知的，而是对公共管理的理论和实务持一种开放、包容、学习的精神和态度。公共管理的研究，要打破学科之间的人为界限，破除学科之间的门户之见，发展更为广博的研究途径和方法。

4. 公共管理学的策略性与特殊性

公共管理乃是存在于特定环境系络之中的公共管理。公共管理与内外环境之间存在着功能依赖关系（relationship of functional interdependent）和动态平衡关系（relationship of dynamic equilibrium），因此，并不存在普遍适用于一切国度和情景的公共管理，自然也不存在一个涵盖普世原则，放之四海而皆准的公共管理理论和公共管理学。从一个国家的公共管理环境下发展起来的公共管理理论，不可能被普遍化或被直接应用到不同环境的公共管理中去。从这个意义上而言，公共管理更多的是一种地方性的知识（local knowledge），当然这并不意味着公共管理没有普遍性的原理，事实上，公共管理是普遍的社会存在，这一现象便足以证明公共管理领域存在着一般规律性，例如，讲管理，总是要探究在资源稀缺状态下，如何有效配置资源和使用资源的问题，成本与效益的关系便是最基本的管理关系之一。公共管理学的一个重要任务便是从个例的研究（idiographic）转向通则（nomothetic）的建立，其理想目标仍然是通过观察、归纳、假设和求证的步骤，获取普遍性的知识。同时，公共管理学也以开放的视野关注和学习其他国家和民族的经验，只是在学习和借鉴的过程中，不可照抄照搬，要结合本国乃至本地区、本部门的环境，创造性地加以转换。

5. 公共管理既是科学又是艺术

从更广泛意义上而言，任何对宇宙、自然界和人类社会本真的探寻均是科学的努力。如果我们承认不存在什么纯粹理性的科学方法，也不存在任何一种单一的规则或方法构成一切科学研究的方法并保证它是科学的话，任何严肃的对万物本真的探索均是科学的事业。公共管理学致力于发展关于公共管理的系统化知识，无疑是科学的活动。事实上，所有的科学知识皆是预测性的、假定性的，都无法以所谓科学的方法证明是真实的，充其量我们只能通过不断修正、检验与创造知识的过程，肯定目前的知识较过去的知识更佳。科学是没有终止的活动，更多的是旅程，而非目的地。我们讲公共管理是艺术，是因为艺术的最大特点在于尊重创意、鼓励创意、搜寻创意。公共管理是艺术，意味着人们应该灵活、主动、自觉地运用公共管理的知识和原理，创造性地解决现实的公共管理问题。

1.4 公共管理的理论变迁

作为人类生活的实践活动，公共管理源远流长，但作为一个独立的学科领域（academic field）则是晚近100多年的事情。公共管理理论，乃是通过事实资料的整理，借由定义、概念与隐喻呈现证据，以促进人们对现实公共管理世界的理解，同时公共管理的理论也有指导现实实践的作用。公共管理既是社会实践的范畴，又是一个具有其自觉意识的学科领域，因此，公共管理的理论与实践之间存在着微妙的互动关系。公共管理的理论来源于对实践经验的总结和对教训的反思，实践乃是公共管理理论的真正源泉。同时，理论也为公共管理实践提供了指导和帮助。当然，理论与实践之间总是存在差距的。公共管理的理论是一个不断寻求自身认同和定位的学科领域，就其主流思潮而言，从历史发展和变迁的角度来看，主要包括：

1. 古典公共行政理论

传统的或古典的公共行政，从实践的角度来看，可以追溯到19世纪中期的英国，是英国议会与文官制度改革的产物。但其理论的定型则出现和发展于美国，是以威尔逊（Woodrow Wilson）的政治与行政二分法、泰勒（Frederick Taylor）的科学管理、韦伯（Max Weber）的科层制理论为基础而发展建构起来的。在代议制民主建立后，与市场经济和社会发展要求密切相关的政府管理问题则逐步凸显，行政权的行使受到越来越多的关注。政治、经济和社会的发展与落后的行政制度和能力之间的矛盾日益突出，政党分赃的文官制度造成腐败盛行，政府人员素质低下，有限的财政难以应付日益复杂的公共事务的要求。在此背景下，改革政府，提高政府效率，促进和维护公共利益，便成为社会普遍的要求。18世纪英国的议会改革以及19世纪英美的文官制度改革，直接促进了古典公共行政模式的形成。

传统公共行政理论的基础乃是现代主义、功能论以及逻辑实证论。现代论或者现代主义是指西方文明在摆脱中世纪的黑暗以后，社会整体所普遍持有的意识形态。在认识论层面，现代主义包括了以下意涵：(1) 以人为主体之"主体哲学"的确立；(2) 理性主义，人作为认知主体的能力系于理性思维，并倾向工具理性而非价值理性；(3) 再现论，为了主体与客体（自然界）之间的沟通，将符号、概念和理论作为真实世界的再现。功能论(functionalist)，则是指在社会科学研究中，以规则社会学为根本，并以客体的观点来接近研究对象，其特点是提出对社会现状、社会秩序、社会和谐、社会整合、社会团结、需求满足及其实现的解释，采取的观点倾向于实在论的、实证主义的、决定论的与规律性的；在研究途径上，着重于解决问题，以期能为实际问题提供可行的方案。逻辑实证论则是主张用经验科学的途径研究社会；严格区分事实与价值；科学研究的目的是为了获取知识，以便解释、预测和控制人类行为。

传统公共行政依现代主义、功能论以逻辑实证论的逻辑来建构其理论，强调理性、可预测性、稳定、均衡的理论特征。传统时期的学者威尔逊认为"行宪比制宪困难"，为了更有效率地运作政府，政府应师法企业，强调效率及生产力。古德诺（F. J. Goodnow）更提出"政治与行政二分法"的观点，认为政治是国家意志之体现，而行政则确保国家意志之执行；政治与行政应当分离，以排除政治过程所带来的不确定性。古利克（L. Gulick）则提出POSDCoRB管理七职能论。泰勒主张科学管理并寻找至善之法（one best way）。韦伯主张"合法-理性的官僚体制"，强调专业分工、层级节制、永业化、去人性化、规则化和高度纪律化。

传统公共行政理论的主张与价值追求，概括起来，主要有以下几个方面（Denhardt and Denhardt，2003，11-12）：

(1) 对政府的关注在于通过即存或新成立的机构直接提供服务。

(2) 政策与行政关注设计与单一执行、政治定义的目标政策。

(3) 行政人员的政策制定与治理角色受限，而在政策执行时还必须承担责任。

(4) 服务的传递应由行政人员加以完成，且对民选官员负责；行政人员拥有少量的自由裁量权。

(5) 行政人员对民选首长负责。

(6) 公共计划通过科层组织可以有效运作，实施自上而下的层级控制。

(7) 公共组织的基本价值是效率与理性。

(8) 当公共组织为封闭系统时运作最有效率，有限的公民参与。

(9) 行政人员的角色主要被定义为计划、组织、人事、指挥、协调、报告及预算。

传统公共行政理论是以政治与行政分离论为起点的，其最主要的特征在于将公共行政视为政治的手段，着重于效率的达成和实现；公共行政专注于行政组织内部的运作和管理，通过组织的结构与过程的安排，实现特定的目的，是典型的控制导向的管理主义；对人性的看法，基本上是持去人格化的命定主义和原子论的个人主义的观点；在科学研究上，持科学主义的主张，主张行政知识的科学化，强调客观性与价值中立，主张以实证方法从事行政研究。

2. 新公共行政理论

从20世纪60年代起，世界各地，特别是美国出现了许多的动荡和不安，平权运动、校园民主运动此起彼伏，社会问题如经济危机、能源危机、失业问题、社会不平等、环境危机等亦层出不穷，公共行政面临着许多重大挑战，正如学者瓦尔多所言，公共行政正处在一个动荡的、革命的时代。面对新的挑战，公共行政学者开始反思传统的公共行政。1968年，30多位年轻的公共行政学者在美国雪城大学（Syracuse University）明诺布鲁克会议中心（Minnowbrook Conference Center）举行会议，彻底反思公共行政面临的问题以及未来发展的方向，会议结束后，讨论的成果由马里尼（F. Marini）主编成《走向新公共行政：明诺布鲁克的观点》一书，并于1971年出版。由于其与19世纪末期发展起来的主流公共行政之研究重点不同，更强调哲学思考、实质价值、社会人文关怀以及社会行动，故被称为新公共行政（new public administration），以区别于传统的公共行政理论。

据马里尼本人的分析，新公共行政的主要观点如下（Marini，1971，348-353）：

（1）主张入世的公共行政（relevant public administration）。公共行政应反思基本价值和事实分析的前提，重新探索“知识何用”的问题，要运用研究成果增进人类福祉。因此，公共行政应研究动荡时代的相关问题，研究与社会相关的问题，研究行政实务者所面临的问题。

（2）倡导后逻辑实证论（post-positivism）。针对传统公共行政重视经验性理论，主张价值中立，新公共行政学者意识到不能仅主张单纯的经验事实研究，应重视价值在研究过程中的影响。新公共行政强调社会公正与社会道德的重要性。

（3）适应环境的动荡不安。新公共行政学者认为，面对社会日益增加的复杂性和不可预测性，应修正传统上将环境视为静态组织的观点，重新调整组织形态与设计，使之能够适应快速变化的环境。

（4）发展新的组织形态。面对动荡不安的环境，传统官僚制度无法迎合时代需要，要发展新的、有机的、更具弹性的组织形态。

（5）建立受益者导向的公共组织。未来的组织发展应重视受益者的导向与需求，无法迎合受益者需求，其正当性便会被质疑。

新公共行政的另一个代表人物乔治·弗雷德里克森（H. G. Frederickson），也对新公共行政的特征做了以下总结：

（1）公共行政研究的焦点，从重视机关管理的传统观点，转移至关注宏观和范围更为广泛的政策议题上。

（2）除了经济和效率之外，增加社会公正作为政策立场的立论基础或合理化的依据；而法律的平等保护，对于立法者与执法者而言具有同等重要性。

（3）政府中的伦理、诚信和责任再度成为公共行政强调的重点。

（4）当公众的需求发生改变时，政府机关却无法适应和调整，裁撤不必要的或无效率的组织，是公共行政的一项责任。

(5) 变迁而非成长，也被认为是更重要的议题。一个具有回应性的政府必须同时具备成长和衰退的能力，亦即管理变迁而非只顾成长。

(6) 有效率的公共行政的意义，乃是由具备主动和参与精神的公民所界定。

(7) 在20世纪五六十年代，决策的制定是研究的核心，到了70年代，如何执行决策将被视为难度更大的挑战。

(8) 理性模式的正确性和层级控制的有用性，已受到批判与挑战。

(9) 虽然多元主义仍被广泛地视为解释公共权力运作的有效途径，但其不再被作为公共行政实务的准则。

1988年，在第一次会议后的20年，在同一个地方又举办了第二次会议。两次明诺布鲁克会议在整个特征方面有共同之处（Marini，1992，1-2），具体表现在以下几方面：

(1) 对公共行政以及未来皆有深刻的承诺。

(2) 深切关怀我们的社会及其存在的问题。

(3) 对于公共行政能够创造更美好的未来持乐观态度。

(4) 关注公共行政的认识论和本体论，并对公共行政应持有的价值立场予以高度重视。

(5) 认真地看待社会理论的启发性。

(6) 重视公共行政及实务人士和学界人士的真诚态度。

两次会议的基本立场和主张具有一致性，这包括以下几方面（Marini，1992，2）：

(1) 民主有益，多多益善。

(2) 官僚体制会产生僵化和反功能，我们必须致力对抗之。

(3) 关于人的现象、行动、理念和研究途径不应予以根除，而应予以发展。

(4) 公共服务应重视理念启发所带来的利益，并以公民的福祉为依归。

(5) 我们应该避免简化的方法论假定和研究途径，采取精致和周延的方法和途径。

(6) 公共行政实务不应忽视价值，而学术界的旨趣亦应重视价值的课题，否则无助于我们的研究。

(7) 我们的社会应该保持尽可能的开放和自由，而且我们应该防范任何对于下层社会和受歧视的人完整参与治理的威胁。

(8) 公共行政应该依据正义和公正的原则为民服务。

3. 新公共管理理论

自1980年起，在全球范围内出现政府改革的浪潮。在西方发达国家，这场改革以新右派的意识形态为指导，以新古典经济理论和新制度经济学为其主张的理论基础，以市场机制和效率为其核心理念，主导建立小而能的政府，这股思潮被称为“新公共管理”（new public management）。新公共管理起源于英国撒切尔夫人主导的行政改革，在此之后盛行于美国、新西兰、澳大利亚、加拿大等国家，其产生的环境背景来自20世纪70年代以来福利国家出现的经济危机和社会危机，以及全球化和信息时代对政府的种种挑战。

学者凯特（Kettl，2000，1-3）曾总结了这股全球性政府改革运动的六个基本特征。

(1) 生产力：人民期待在较少税收基础上政府能够提供较多的服务。

(2) 市场化：以市场策略替代传统官僚控制指挥的机制。

（3）服务导向：将公民视为顾客，以顾客导向之途径推动政府服务。

（4）分权化：权力下放，使政府更具回应性和效率。

（5）政策：政府从提供服务的角色转换为购买服务的功能。

（6）对成果负责：由下而上、结果导向的体系取代自上而下、以法规为基础的体系，关注产出结果甚于过程与结构。

奥斯本（Osborn）和盖布勒（Gaebler）在其著作《改革政府：企业家精神如何改革着公共部门》中则主张用企业家精神改革政府，师法企业，建立企业型政府，并指出了企业型政府的十项原则：

（1）导航式的政府：政府的职能在于引领导航，而非亲自操桨。

（2）社区性的政府：政府将更多的决策权和公共服务的提供，回归社区自主处理。

（3）竞争性的政府：竞争机制是纾解官僚体制运作失灵的良方，政府应将竞争的观念注入公共服务与产出之中，以取代传统独占而造成的保守、浪费与无效率。

（4）分权式的政府：政府应将决策权下放以增加员工的自主权，同时在适当的监督下，充分分权，让地方政府发挥因地制宜的功能。

（5）前瞻性的政府：政府能够以远见来治理国家，并重视事先的预防优于事后的补救。

（6）任务导向的政府：政府应以目标和任务为导向，而非以法规命令为驱动力，并注重任务的优先次序以便集中精力有效运用资源。

（7）结果导向的政府：政府应对其施政结果负责，并以此作为绩效评估的标准。

（8）顾客导向的政府：政府的服务要以满足顾客（人民）的需求为优先，政府的施政绩效和品质应由顾客（人民）的满意度决定。

（9）企业导向的政府：政府除了节流外，更要注意开源。

（10）市场导向的政府：政府面对不同的公共问题，可通过市场机能的自律调理。

奥斯本与普拉斯特赖克（Osborne and Plastrik，1997）也从各国政府再造的经验中，归纳出五种策略，以作为改革政府部门的参考，简称“5C 策略”，分别是：

（1）核心策略（core strategy）。它是指政府的职能集中在领航，而非操桨。执行的策略包括精简政府的目标与内容，区分领航与操桨、管制与服务之业务职能，建立新的领航机制。

（2）结果策略（consequence strategy）。它是指设计公平、客观及科学的绩效奖励制度。执行的策略包括企业化管理（enterprising management），使国有企业置身竞争市场，促其依赖顾客追求盈余，改善服务品质；良性竞争（managed competition），创造公共部门和私人部门的竞争态势，增进竞争效果；绩效管理（performance management），运用绩效契约、绩效预算等绩效管理手段，奖优惩劣，产生激励作用。

（3）顾客策略（customer strategy）。它是指调整政府与民众互动方式，以顾客导向的方式处理行政业务，对顾客负责，提高回应性。执行的策略包括：一是给顾客提供选择权，二是使顾客对政府部门的选择建立在竞争的前提下，三是建立顾客服务标准，四是倾听顾客的声音。

（4）控制策略（control strategy）。它是指将行政组织的决策权逐渐下放，行政控制的方式由法令规章和层级命令转化为绩效责任的共同愿景。执行的策略包括：一是组织赋能（organizational empowerment），将预算、人事、采购等权力，由中央下授各级政府组织；二是成员赋能（employee empowerment），将决策权下授至一线工作人员或由具有一线工作经验的人员参与组织的重大决策；三是社区赋能（community empowerment），将部分控制机制转移到地方社区，赋予社区组织相当程度的权责，自行解决社区的相关问题。

（5）文化策略（culture strategy）。它是指改变行政文化，改变行政人员的观念、行为和习惯。执行的策略包括：一是改变习惯（changing habit），即以顾客立场改变工作习惯；二是发展新的心理契约，即对顾客应有的感情承诺（emotional commitment）；三是发展必胜的心理模式（wining mind），即强化自身控制，迈向必胜目标。

总之，新公共管理理论是对传统公共行政的改变和转型，是心智模式的改变，其对政府与公民以及政府与市场的关系、对民营化的重视、对契约主义和企业化政府的主张，均与传统的公共行政理论以及新公共行政理论大相径庭。新公共管理一度成为一个时代的风尚，并发展成为一种规范性的治理模式。

如同其他理论一样，新公共管理不可避免地面对诸多的挑战和质疑。新公共管理未能注意公共管理的政治本质，忽视了公共部门的政治复杂性和社会责任；它强调市场机制，竞争固然可以提高生产力，但生产者导向的社会无法达成社会正义的目标；将公民视为顾客，忽视了公民在民主治理过程中的知情权、参与权；企业化管理的途径限制了公共管理者的思考以及伦理的角色和责任；其对官僚自由裁量权的强调和重视，会导致民主治理的问责难以实现。

4. 新公共服务理论

登哈特夫妇 2000 年在《公共行政评论》发表《新公共服务：以服务代替掌舵》一文提出新公共服务理论，并于 2003 年出版了《新公共服务：服务，而不是掌舵》（*The New Public Service*：*Serving*，*not Steering*）一书，认为相比传统的以理性为基础的主流公共行政或者新公共管理模式，新公共服务可作为一种替代模式。

新公共服务的主要理论基础来自“民主的公民资格理论”（theory of democratic citizen）、“组织的人文主义与新公共行政”（organizational humanism and new public administration）与后现代公共行政（post modern public administration）等。民主的公民资格理论强调和重视公民积极主动参与公共治理，组织的人文主义与新公共行政主张重视公共管理与公民双方的需求和观点，后现代公共行政则强调对话的重要性。

新公共服务的核心理念包括以下几个方面：

（1）服务公民而非服务顾客（serve citizen，not customers）。公共管理者应该着重公共利益，回应民众的需求而非顾客，与公民建立合作与信任的关系。公共利益乃是对话和价值分享累积而成的结果，而不是自我利益的总和。

（2）公共利益的追求（seek the public interest）。企业追求私利，政府强调公平与公正的价值，新公共服务重视提升公民资格与维护公共利益的责任。

（3）重视公民精神更甚于企业家精神（value citizenship over entrepreneurship）。区别于传统公共行政重视权力集中和新公共管理师法企业家精神与作为，新公共服务则强调公民参与政策决策，改善决策过程。

（4）战略性思考与民主化的行动（think strategically，act democratically）。政策执行的重点在于促进公民联盟与社群的建立，政策执行乃是政府与公民共同的责任。公民与公共管理者有相同的责任，通过自下而上的参与途径，使治理更具正当性与成长性。

（5）体认到课责并非简单之事（recognize that accountability is not simple）。课责是复杂且多面向的。新公共服务不只是回应市场需求，公共管理者除了依法行政之外，还必须恪守宪法、法律、命令、社会价值、政治规范、专业标准与公民利益。通过信息公开、多元对话、公民授权等多种途径强化课责。

（6）服务而不是掌舵（sever rather than steer）。公共管理者要运用共享价值为基础的领导，作为公民的公仆，政府应该帮助公民共享利益，并经由分享、互动、对话，寻求共识，而不是控制与领导政府施政和政策方向。

（7）重视人性价值，而非仅是生产力（value people，not just productivity）。公共组织的成功有赖于对人性的重视以及通过合作共享的领导，着重于提升公共管理者体认工作价值、荣誉以及自我成就的重要性，而不是单纯生产力的评估。

严格来说，与传统公共行政理论和新公共管理理论相比，新公共服务理论并非是一个时代的理论思潮和管理风潮，它更多的是对公共管理价值的反思和重建。将公共服务作为核心理念并区别于其他理论，反映了一种对未来公共行政世界美好的承诺。

5. 公共治理理论

从 20 世纪 90 年代开始，随着“治理”（governance）一词在学术界和实务界开始流行，公共治理理论兴起。公共治理理论的兴起受西方发达国家财政危机、全球化、信息化、国家失灵等多种因素的驱动。20 世纪 80 年代的新公共管理运动，虽然挑战了传统的官僚式治理，但由于其本身的狭窄视野和技术理性的思维，不足以解决社会所面临的日益复杂的问题。新自由主义改革行动改变了公共部门的改革方向，公私部门的界限也越来越模糊，以政府为中心的统治观念已经无法回应经济、社会与国家的互动状况，因而需要发展共同治理的模式；苏东剧变之后，也需要建立新的治理秩序；同时发展中国家的发展政策与管理，也需开拓更为广泛的研究途径，在国际组织的推动下，治理途径便作为发展管理与政策的知识和理论基础；此外，国际新秩序的发展也需要采取更广泛的全球治理的视角，建立新的治理秩序。

公共治理不同于传统的公共行政以政府为中心，也不同于新公共管理，试图在单一的政府、市场结构之外，寻找解决社会问题的新途径，即构建政府、市场、企业、公民共同治理的架构。对于何谓治理，联合国下设的“全球治理委员会”（Commission on Global Governance）在 1995 年发表的题为《我们的全球伙伴关系》的报告中指出，治理是“很多公共的或私人的个人和机构处理他们共同事务的诸多方式的总和”，并说明治理有四个特征：（1）治理不是一套规则或是一种活动，而是一个过程；（2）治理过程的基础不是控制而是协调；（3）治理的范围既涉及公共部门，亦包括私人部门；（4）治理有赖于行动者持续互动而形成的“一种机制”。

学者斯托克（Stoker，1998，17-18）针对治理的各种不同界定，总结出了治理理论的五个基本命题。

（1）治理是指一组来自政府，但又不同于政府的机构和行动者，它对传统的政府权威提出质疑，亦即政府并非国家的唯一权力中心，实际上隐含着地方、社区、国家和去国家为中心的多元权力的联结。私人和自愿组织在提供公共服务和决策上的能力，亦成为公共服务和决策的重要组成部分。

(2) 治理在寻求解决社会和经济问题的方案过程中，存在着界限和责任方面的模糊性。除了政府体制在变迁之中增加了复杂性之外，也必须关注责任转移的问题。为了在国家和社会之间寻求长期的平衡点，国家将原先由它承担的责任转移给私人部门、志愿团体等，因此相互之间的界限和责任便日益模糊不清。

(3) 治理在涉及集体行为的社会公共机构之间，确实存在权力依赖关系。集体行动的组织必须依赖其他组织，为达到其目的，各个组织必须相互交换资源，协商共同的目标，交换的结果不仅由各个参与者的资源来决定，也由游戏规则和环境所决定。

(4) 治理是行动者所形成的具有自主性的自我组织网络。这一网络涉及政策社群和其他组织的形式以及讨论政策群组的议题，它显示公共部门与私人部门组成政治体制的形式，更与政府在特定领域中进行合作，分担责任。

(5) 治理意指完成事情的能力不一定使用政府的权力，也不一定要由政府来发动或运用它的权威，而是要看政府是否能够运用其他的管理方法和技术，对公共事务进行更好的操控和引导。

公共治理理论的核心乃是重新思考和调整国家与公民、国家与市场、国家与企业、国家与社会组织、国家不同治理层级之间的关系，乃至国家与国家之间的关系，建立新型的、适应时代发展的治理模式。在实践中，公共治理并没有形成统一的完整理论，也并没有所谓的放之四海而皆准的治理模式。

本章小结

1. 公共管理乃是以政府为核心的公共部门，整合各种力量，有效配置各种资源，广泛运用各种方法，管理公共事务，解决公共问题，创造公共价值的活动。

2. 公共管理与私部门管理有相似性，但亦有本质差异。主要表现在政治权威与经济权威、多元制衡与自主性、公共利益与私人利益、法的支配与意思自治、政府与市场、多元理性与经济理性等多个方面。

3. 公共管理学乃是致力于对公共管理这一社会实在进行探寻，获取系统的知识或理论，以期促进和引导现实的公共管理实践的研究领域。作为一个独立的研究领域，公共管理是政策取向与应用取向的；公共管理是科际整合的学科；是规范性和经验性相结合的学科；存在于特定环境系络之中，具有策略性与特殊性；既是科学又是艺术。

4. 公共管理源远流长，但作为一个独立的学科领域则是晚近 100 多年的事情。从历史发展和变迁的角度来看，其主流思潮与理论主要包括：古典公共行政理论、新公共行政理论、新公共管理理论、新公共服务理论、公共治理理论。

关键术语

公共管理　公共管理学　新公共管理　新公共服务　公共治理理论

复习思考题

1. 何谓公共管理？公共管理有哪些特征？
2. 公共管理与私部门管理有何异同？你认为私部门的管理可以应用到公共部门的管理中吗？为什么？
3. 作为一个独立的研究领域，公共管理学具有哪些明显特质？
4. 古典公共行政的理论基础、研究特征及基本主张是什么？
5. 新公共行政与传统公共行政有哪些不同？主要代表人物及观点是什么？
6. 何谓新公共管理？新公共管理理论主要面临哪些方面的质疑与挑战？
7. 什么是企业型政府？企业型政府的基本原则是什么？
8. 何谓新公共服务理论？如何评价？
9. 公共治理理论兴起的时代背景与动力为何？
10. 全球化、网络化、信息化给公共管理带来了什么样的挑战？

阅读材料

公共部门良好治理的基本准则

公共部门在社会中扮演十分重要的角色。在大多数国家，公共支出占国内生产总值（GDP）的比例最大，公共部门实体是最大的雇主，同时也是最主要的资本市场的参与者。通过政治的过程，公共部门决定着其欲达成的目标；决定着法律、道德和其他标准与规范，以及实现这些目标的干预手段。潜在的干预手段包括执行法律和管制；提供服务；通过诸如税收和社会保障支持，进行收入的再分配；资产和实体的控制（如国有企业）。政府同样在促进公正、维持和平与秩序以及良好国际关系方面发挥着重要作用。

为履行其广泛的职责，公共部门必须满足众多短期、中期和长期的复杂的政治、经济、社会和环境的目标和要求。公共部门目标的实现，要受制于与私人部门完全不同的诱因及内外环境的约束，所有这些因素均影响着其治理的制度安排。一般而言，公共部门的主要目标在于实现其预期的结果，即强化和维持公民的福祉，而不是获取利润。公共部门实体通常在获取其他部门和整个社会的支持或者促进共识方面发挥协调和领导作用；公共部门拥有管制其他实体，维护和促进公民利益，实现可持续的公共利益的权力；因为其具有行使主权的能力，其活动并非基于买卖双方的平等交换。

公共部门的治理包含了确保相关利益方确立和实现预期结果的制度安排。公共部门良好治理的基本功能在于确保公共实体在实现公共利益的同时达成其预期的目标。在世界范围内，公共部门组织是在不同的法律制度框架下运作的，公共部门的组织结构、类型和规模也不相同，应该承认公共治理模式的多样性，不同国家和不同部门治理也有其需要特殊关注的领域。

良好的公共部门治理要求在公共部门实体工作的治理组织和个人在任何时候都服务于公共利益，与政府的法律和政策保持一致，避免个人的利益，如果必要，要超越组织的利益。具体而言，良好的公共部门治理要践行以下基本准则：

1. 行为廉正，信守道德价值，尊重法治

公共部门通常要对其所使用的庞大的国家资源负责。公共部门实体不仅要对其使用资源的多少负责，而且要为受托管理的资源使用方式负责。这包括对产出负责，对达成的结果负责。除此之外，它们的首要责任在于坚持法律和政策的要求，服务公共利益。公共部门实体要对社会行使合法权威的立法团体负责。因此，每一个实体皆必须展现其所有行为的恰当性，并且有良好的机制鼓励和坚守道德的价值，尊重法治。

(1) 行为廉正 (behaving with integrity)。治理团体的成员应行为廉正。每一个治理团体应建立和促进这样一种文化，即在实现实体目标的同时，在任何时候都服务于公共利益。这样的价值应该被人们所了解和共享，它们应高于法律的最低要求，应该建立在公认的公共生活的行为准则如客观、无我、诚实等的基础之上。这些准则反映了公众对实体及其成员行为的期待。

(2) 展现对道德价值的信守 (demonstrating strong commitment to ethical value)。道德的价值应体现在每一个公共部门实体运作的方方面面。这些价值应构成公共部门成员行为的基础。治理团体的责任在于确保这些道德的价值深深根植于整个实体。

(3) 尊重法治 (respecting the rule of law)。公正的立法、公平的执法以及独立的司法有助于建立一个实体和个人均能发展的社会。这是通过权益的保护、对致害行为的校正、对腐败或其他犯罪行为和不道德行为的防范来实现的。各级公共部门都可能从事制定、解释、适用或执行法律的活动。这些活动需要更高的行为标准，防止受到损害，失去信任。坚守法治同样要求治理团体要确保组织具有有效的机制处理违法问题。为确保公平，公共部门实体应尽可能遵循适用整个社会的相同的法律。公共部门组织及其成员应展现对法治的承诺，遵守相关的法律和规章，同时应努力运用权力为社会和其他利益相关者谋取利益，防止腐败和权力的滥用。

2. 确保开放以及全方位的参与

公共部门实体存在和发展的目的在于维护公共利益，因此，公共部门的运作应保持开放性。要有明确、可信任的沟通和协商渠道，并运用这些渠道使得所有的利害关系人能够有效地参与公共治理。

(1) 开放性 (openness)。为了证明公共部门在任何时候都致力于公共利益，为了赢得公众的信任和信心，公共部门实体应尽可能地保持在决策、行动、方案、资源使用、产出和结果方面的公开。公共部门应确保这一承诺有据可查，并通过信息公开政策使公众能够知晓，政府应为其决策提供理由，政府信息公开的限制，只有在公共利益可能受损的情况下方具正当性。

(2) 利害关系人的有效参与（engaging stakeholders effectively）。治理团体应确保公共部门实体有明确的政策，规定哪些问题需要进行协商，同时确保具有正当的程序，收集和评估不同的观点；应该平衡沟通和协商，允许利害相关方自由地表达其看法，确保政府的决策没有偏见。

(3) 制度性利害关系人的全方位参与（engaging comprehensively with institutional stakeholders）。公共部门实体鲜有仅凭一己之力便能实现预期目标的情况，通常需要其他制度性利害关系人，如其他公共部门实体，共同合作，改善服务，达成目标。与其他实体建立正式和非正式的伙伴关系，能够使公共部门实体更有效地利用资源，更有效地实现目标。公共部门实体通常需要与其他实体建立不同的关系网络，如横向的合作网络或纵向的网络，其他部门的有效参与对于目标的实现和结果的达成是十分重要的。

3. 从可持续的经济、社会和环境利益的角度界定结果

公共部门责任的长期性质和影响意味着它应界定和规划结果，并且目标应是可持续性的。治理团体应确保其决策符合实体的目的，有助于预期利益和结果的实现，同时运用有限的权威和资源。不同利益相关方的要求在确保这一过程的成功方面发挥着重要的作用，为确保资源的可获得性，在确定优先顺序时，需平衡不同的需求。

(1) 确定结果（defining outcome）。治理团体必须明确公共部门的愿景，包括其履行的职能和职责、资金的性质、对社会的影响以及相应的责任。这应是对实体的目的和预期结果的正式申明，以及整体战略、规划和其他决策的依据。申明应包括适当的绩效指标，结果是公共部门提供产品和服务的影响，确定结果涉及说明对实体以外的利害关系的影响。

(2) 可持续的经济、社会和环境的利益（sustainable economical, social and environmental benefits）。公共部门的活动受到外在环境的制约，经济发展所能支撑的税收水平、公共服务使用者所缴纳的费用以及所获得的社会资源均是有限的。尽管公共部门的支出能够支持财富的创造，但通常代表着财富的再分配，因此需要在增加税赋用以支撑公共支出和降低整体经济创造能力之间做出平衡。公共部门实体需要考虑其政策和决策对经济、社会和环境的综合影响，需要确保公共服务的可持续性。

4. 采取必要的干预措施确保预期结果的实现

公共部门通过立法、管制和具体干预实现其预期的结果。确定正确的干预工具是十分重要的战略选择。公共部门实体需要强有力的决策机制，在维持有效运作的同时，通过不同资源的最佳组合，确保目标的实现。需要对决策不断进行评估，确保结果达成的优化。

(1) 确立干预（determining intervention）。为确定最适当的干预方式，治理团体需要对各种选择进行客观、细致的分析，包括其风险和结果。公民和纳税人在公共部门所花费的经费中有重要和合法的利益。所有公共部门实体有责任确保经济、效率和效能。

(2) 计划干预（planning intervention）。为实现可持续的目标，公共部门实体需要有计划的干预。这意味着依据总体战略，制定详细的规划和控制路线，包括风险的管理。

计划干预同样要求确立绩效指标以及绩效评价的制度。

(3) 优化预期结果的达成 (optimizing achievement of intended outcomes)。为了给年度规划提供有力的指导，公共部门中期的财政策略必须整合和权衡服务的次序、资源的可获得性以及限制。这一过程应确保预算和服务项目计划达成预期的目标，同时有效使用稀有资源。

5. 开发实体的能力，包括组织的领导力和个人的能力

为了保证高效运转，在特定时间实现预期的结果，公共部门实体需要恰当的结构和领导力，以及人员具有适当的才能、资格和心智。治理团体必须确保其有能力履行使命，并且政策到位以保证实体的管理具有运营的能力。实体运作的环境和人总是变化的，有必要持续不断地改进实体和个人的能力。可通过不同类型人员的参与来增加实体的领导力。

(1) 开发实体的能力 (developing the entity's capacity)。公共部门治理团体需要确保实体不辱使命，这意味着要考量是否具有良好的治理结构以及人员结构实现目标，同时治理团体及其高层管理的能力开发必须有效回应法律和政策的变化以及经济、政治和环境的变化。所有实体的成功有赖各种资源和关系，包括财力资本、技术资本、知识资本、人力资本、社会资本和自然资源资本，同时实体应致力于向他人学习，提升能力。

(2) 开发实体的领导力 (developing the entity's leadership)。公共部门实体的领导力通常是由治理团体及其高层管理的能力所构成。良好的治理要求明确各自的组织角色和责任，明确角色有助于利害关系人理解治理体系的运转以及各自承担的责任。所有治理团体的成员均应具有履行职责的知识和技能，同时有不断提升技能的机会。

(3) 开发实体中个体的能力 (developing the capacity of individuals with the entity)。人力资本无疑是公共部门实体最重要的资本。有效的录用、激励和维持人力资源是成功的关键。确保实施恰当的人力资源政策是治理团体的责任。

6. 通过强有力的内控和财务管理，管理风险和绩效

公共部门实体治理团体需要确保其监管的实体已实施有效的绩效管理系统促进公共服务的有效提供。风险管理和内控是绩效管理系统重要的、不可缺少的组成部分，它们构成了旨在确认和处理重大风险的不间断的过程。强有力的财务管理系统是执行公共部门政策、实现预期结果的基础，它发挥着执行财务纪律、战略性分配资源、提供有效服务和问责的作用。

(1) 管理风险 (managing risk)。公共部门面对着许多不确定性，不确定性对目标的影响即是风险。公共部门实体需要应对各种风险，包括战略的、管理的、财务的和腐败的风险以及社会的风险。良好治理要求将风险的观念融入实体的文化，有风险的意识，而不是规避风险。

(2) 管理绩效 (managing performance)。公共部门实体的治理团体需要确保建立有效的机制，在服务提供流程的所有阶段提供监测，包括规划、执行和执行后的独立评鉴。

(3) 强有力的内控 (robust internal control)。公共部门实体需要明确的问责框架、治理流程、风险管理和内部控制。内控为公共部门实体管理风险、达成目标提供有力支持。内控是实体治理体系和风险管理的有机组成部分。

（4）强有力的公共财务管理（strong public financial management）。强有力的财务管理确保公共资金的安全以及有效地使用。强有力的财务系统是可持续决策、服务提供、实现目标的基石。公共部门实体应确保其财务管理为长期目标的实现和短期财务与管理运作的绩效提供支持。

7. 加强透明、报告、审计，强化问责

问责的目的是确保决策者和服务提供者为其行为负责。有效的问责关心的不仅仅是报告干了什么，而是确保利益相关者能够理解和回应。内部和外部的审计对有效问责发挥重要作用。

（1）加强透明性。公共部门实体应保持开放性，各种利益相关方皆能了解其运转的情况；应发布责任报告，让外界了解。

（2）加强报告。公共部门实体需要证明它们实践了承诺并有效使用资源，为此，它们需要至少每年定期向公众汇报，让公众了解其治理运作状况。

（3）保证和有效问责。公共部门实体要依据标准（法律、规章、守则）行事，必须具有有效的制度安排证明其坚持标准。外部审计的保证条款是公共部门实体问责的基本要素，内部审计同样是有效的问责机制。

资料来源：IFAC and CIPFA International Framework：Good Governance in the Public Sector，2014.

本章参考文献

Barzelay，M.（1992），Breaking through Bureaucracy，Berkeley：University of California Press.

Borins，S.（1994），Government on Transition：A New Paradigm in Public Administration，unpublished report of the Inaugural Conference of CAPAM，Toronto，Canada.

Bozeman，B. and Straussman，J. D.（1990），Public Management Strategies，San Francisco：Jossey-Bass.

Bozeman，B.（1993），"Introduction：Two Concepts of Public Management，" in Perry，J. L. ed.，Public Management：The State of the Art，San Francisco：Jossey-Bass.

Denhardt，R. B.（1991），Public Administration：An Action Orientation，CA：Brooks/Cole Publishing Company.

Denhardt，J. V. and Denhardt，R. B.（2003），The New Public Service，New York：M. E. Sharpe.

Denhardt，R. B.（1993），Theories of Public Organization，2nd ed.，CA：Brooks/Cole Publishing Company.

Frederickson，H. G.（1980），New Public Administration，Tuscaloosa：University of Alabama Press.

Farnham，D. and Horton，S.（1996），Managing The New Public Services，2nd ed.，

London：Macmillan.
Garson，G. D. and Overman，E. S.（1983），Public Management Research in the United States，New York：Praeger Publishers.
Hood，C.（1998），The Art of the State：Culture，Rhetoric and Public Management，Oxford，NY：Clarendon Press.
Hood，C.（1991），"A Public Management for All Seasons?" Public Administration，Vol. 69，No. 1.
Hughes，O. C.（1994），Public Management and Administration：An Introduction，Hong Kong：St. Martin's Press.
Kettl，D. F. （2000），The Global Public Management Revolution，Washington，D. C.：Brookings Institute Press.
Kettl，D. F. and Milward，H. B.（1996），The State of Public Management，London：The Johns Hopkins University Press.
Lynn，L. E. （1987），Managing Public Policy，Boston，MA：Little，Brown，and Company.
—（1996），Public Management as Art，Science and Profession，Chatham，N. J.：Chatham House Publishers.
Marini，F.（1971），Toward a New Public Administration，The Minnowbrook Perspective，NY：Chandler Publishing Company.
Marini，F.（1992），"Introduction，" in Bailey，M. T. and Mayer，R. T. eds.，Public Management in an Interconnected World，New York，NY：Greenwood Press.
Osborne，D. and Plastrik，P.（1997），Banishing Bureaucracy：The Five Strategies for Reinventing Government，Reading，Mass：Addison-Wesley.
Osborne，D. and Gaebler，T.（1992），Reinventing Government，Reading，MA：Addison-Wesley.
Otto，J. S.，Hyde，A. C. and Shafritz，J. M.（1991），Public Management：The Essential Readings，Chicago：Nelson-Hall.
Overman，E. S. （1984），"Public Management：What's New and Different?" Public Administration Review，Vol. 44，No. 3.
Overman，E. S. and Boyd，K. J.（1994），"Best Practice Research and Post-bureaucratic Reform，" Journal of Public Administration Research and Theory，Vol. 4，No. 1.
Perry，J. L. and Kraemer，K. L.（1983），Public Management：Public and Private Perspectives，California：Mayfield Publishing Company.
Stoker，G. （1998），Governance as Theory：Five Propositions，UNESCO.
Whitaker，G.（1994），"The Future of Public Management，" Journal of Public Administration Research and Theory，Vol. 4，No. 2.
林德布洛姆（1994）. 政治与市场. 上海：上海三联书店.

第 2 章

公共管理者的角色与能力

公共管理者，在现代民主国家，是经法定程序进入政府，担任政府公职，行使公权力，并从事公共事务管理的公职人员。公共管理者，广义上讲包括民选的与任命的两大类，而任命的公共管理者又可区分为政治性任命人员以及经文官考试录取的常任文官或公务员。依其职务等级可以分为高级公共管理者、中级公共管理者和基层公共管理者。

公共管理者是受国家和公民的委托，行使公权力，负责运用资源及指挥公务人员，达成政府施政目标的人。如果我们将政府视为一个企业或事业单位，公共管理者便是公经理人。与过去的时代相比，如今的公共管理者的角色更加复杂，其责任更为重大，公民和社会对其期望更高。现时代的公共管理性质对公共管理者的能力提出了更高的要求。

重点问题

- 一般管理者的角色
- 公共管理者的特殊角色
- 公共管理者的技能
- 公共管理者的能力
- 公共企业家精神与创新能力

2.1 作为一般管理者的角色

管理理论家和实践着的管理者长期以来一直探讨和界定管理者（manager）应该做什么以及怎么做。著名的管理学大师亨利·明茨伯格（Henry Mintzberg）曾经总结了八种研究管理者职能和角色的途径。

(1) 古典学派 (the classical school)。他们将管理者的角色用一套综合的职能予以描述。最典型的是法约尔 (H. Fayol) 提出的计划、组织、指挥、协调以及控制。在30年后，行政学家古利克进一步以POSDCoRB代表公共管理者角色，即计划 (planning)、组织 (organizing)、人事 (staffing)、指挥 (directing)、协调 (coordinating)、报告 (reporting)、预算 (budgeting)，直到现在，这种描述仍然在管理著作中占统治地位。

(2) 伟人学派 (the great man school)。他们试图通过对历史上以及现实中杰出人物的家庭、教育、社会交往、事业、个性等加以描述，将他们作为楷模和典型。

(3) 企业家学派 (the entrepreneurship school)。他们更多将管理者视为创新者、创造性思考者以及机会的发现者。

(4) 决策理论学派 (the decision theory school)。他们更多将管理者视为复杂环境下的决策者。

(5) 领导有效性学派 (the leader effectiveness school)。他们将领导特质以及管理风格视为导致有效绩效的因素。

(6) 领导行为学派 (the leader behavior school)。他们通过对领导行为的观察和研究，研究成功领导的行为以及技能。

(7) 领导权力学派 (the leader school)。他们关心的是领导者的权力和影响，以及如何最大化地行使他们的权力。

(8) 工作活动学派 (the work activity school)。他们运用归纳方法，以调查研究资料为基础，对管理的工作活动进行系统分析，然后确认管理者的活动。

的确，尽管出版了大量的管理著作，我们对于管理者角色的了解还是很少。正如有些学者所说的那样，“我们对于新几内亚或其他地方的原始人的动机、习俗和最隐秘的秘密的了解，比我们对尼莱佛商行的那些管理人员了解得要多”。严格来讲，有关管理职务的描述仍然处于原始的状态。

在众多的研究管理者角色的文献中，也不乏具有启发性的论述。下面我们通过对一些经典的管理角色论述的叙述，帮助人们了解管理工作的性质。

1. 管理者的十大角色——明茨伯格的观点

哈佛大学教授、管理学大师明茨伯格1973年在其巨著《管理工作的性质》(*The Nature of Managerial Work*) 中，对管理者的角色和作用进行了多方面的研究和论述。他通过大量的、长期的观察和研究，得出结论：一个管理者同时起着不同的作用，这些作用和工作可归纳为三个方面：人际关系方面的工作、信息方面的工作和决策方面的工作。而在每一类不同的工作中，他又扮演着不同的角色，共有十种角色，如图2-1所示。

(1) 人际关系方面的角色 (interpersonal roles)。该类角色着重于人际关系的建立与维系，具体包括下列三种：第一，挂名首脑 (figurehead)。由于其正式的权威，管理者是组织的象征，有责任和义务从事各种活动，如会见宾客、代表签约、剪彩、赴宴、致词等等，有些属例行公事，有些具有鼓舞人心的性质。但全都涉及人际关系的活动，没有一项涉及信息处理或决策。第二，领导者 (leader)。负责激励和鼓励下属，负责用人、培训和交际。管理者通过领导角色将各种分散的因素整合为一个合作的整体。第三，联络者 (liaison)。负责同他所领导的组织内外无数个个人和团体维持关系，建立和发展一种特别的联系网络，将组织与环境联结起来。

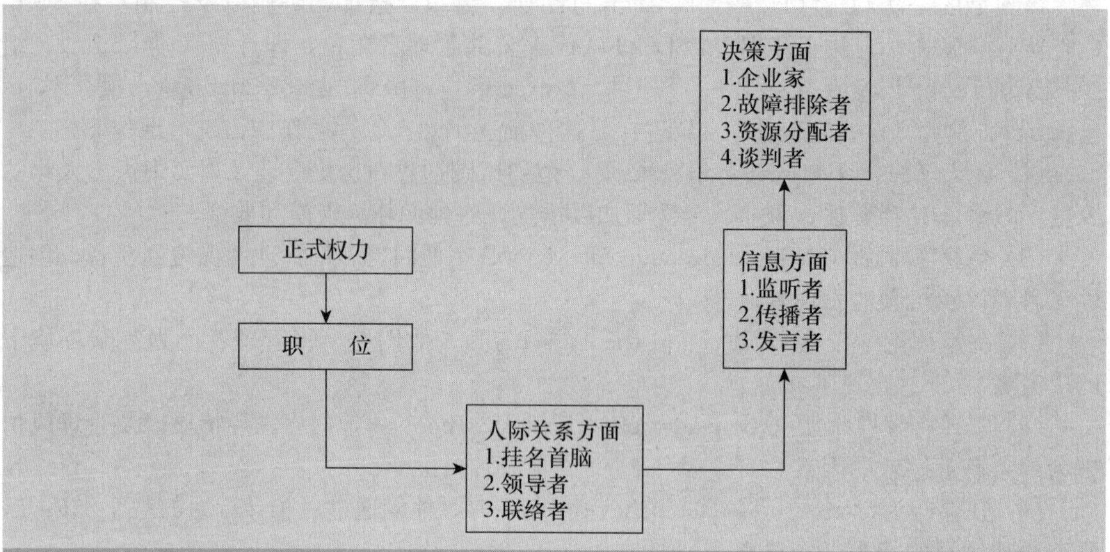

图 2-1　管理人员的角色

（2）信息方面的角色（informational roles）。管理者在其组织内部的信息传递中处于中心地位，事实上是组织的“中枢神经”，他既是获取外部信息的焦点，也是传递信息的来源。信息方面的角色包括下列三种：第一，监听者（monitor）。作为监听者，其角色是寻求信息，以了解组织内外环境的变化，找出问题和机会。第二，传播者（disseminator）。将收集到的信息传播给组织的成员，有些信息是关于事实的信息，有些信息是关于价值的信息，即某人有关“应该”是什么的主观信息，目的是指导下属正确决策。第三，发言者（spokesperson）。作为正式的权威，代表组织对外发布信息，以期争取公众、利害关系人的理解与支持，维护组织形象。

（3）决策方面的角色（the decisional roles）。管理工作中最重要的部分也许就是担任决策角色。管理者对他的组织战略决策系统负有全面的责任，也就是组织的每一项重大决策皆与管理者有关。包括以下四种主要角色：第一，企业家（entrepreneur）。作为企业家，管理者是组织中大多数可控变化的设计者和发起者。按其意志进行变革的全部活动，包括发现利用各种机会，促进组织的变革。第二，故障排除者（disturbance handler）。企业家角色把注意力集中于可控的变革，而故障排除者角色则处理非自愿的情况以及部分的非管理者所能控制的变革，如对一件未曾预料的事件、一次危机或组织冲突的处理和解决。第三，资源分配者（resources allocator）。资源分配是组织战略制定的核心，战略是由重要的组织资源的选择决定的。作为正式权威，管理者必须进行资源分配，这里所说的资源包括时间、金钱、物质材料、人力以及信誉。所谓资源分配主要是安排时间、安排工作、批准行动等。第四，谈判者（negotiator）。代表组织与相关组织和人士进行协商和谈判，进行资源的交易。

在明茨伯格看来，管理者的主要目标是保证他的组织实现其目标，为此，管理者必须设计与维持其组织运作的稳定性；必须负责他的组织战略决策系统，并使他的组织以一种可控制的方式适应其变动的环境；必须在他的组织与环境之间建立关键的信息联系。作为正式权威，管理者负责他的组织的等级制度的运行。这十种角色构成了一个整体。组织之所以需要管理者，不仅是因为制度的不完善性和环境的变化性，而且是因为需要一个正式的权威来担任某些基本的、经常的职责。

2. 奎恩等人的观点

在 20 世纪 80 年代和 90 年代，以奎恩（Quinn）为代表的一群学者，对管理行为进行了广泛的实证研究，出版了一本巨著——《成为一位卓越的管理者》，他们发展出竞值框架（competing values framework），并以此界定了八种看似相互矛盾又必须兼顾的管理角色。兹将这八种角色说明如下：

(1) 导师（mentor）。一个管理者如能恰当扮演好导师的角色，他将是一位关怀的管理者，表现出对下级的体恤与关怀。但如果太过分强调导师的角色，则会成为心软的、放纵的管理者。

(2) 促进者（facilitator）。能扮演好促进者角色的管理者，是重视过程、促进互动的管理者。但如果太过强调参与，则会变得过度民主，进而损害管理生产力。

(3) 监督者（monitor）。能扮演好监督者角色的管理者，是对业务十分娴熟的技术专家，主要从事相关信息的收集活动，能使下属按部就班、有条不紊地完成组织的目标。但这种角色扮演过分，则会导致缺乏想象力、墨守成规和吹毛求疵。

(4) 协调者（coordinator）。能扮演好协调者角色的管理者，是可靠的、可信任的管理者，对维系组织的团结有很大的帮助。但过度时，则会成为一个事事责难、追踪、要求，甚至过分多疑的管理者。

(5) 指导者（director）。管理者如能恰当地扮演好指导者的角色，他将会是一位果断的、英明的管理者，能为下属提供处事的框架、原则和方向。但若过分，则会沦为抱残守缺、刚愎自用者。

(6) 生产者（producer）。作为一个生产者，他是一位工作取向、发起行动的管理者。然而，如果过分沉溺于这一角色，则可能产生个人主义、爱出风头的印象。

(7) 掮客（broker）。懂得扮演掮客角色的管理者，是一位资源取向的、政治上十分机敏的管理者，能为组织争取和获取资源。然而过度热衷于争取资源的管理者则可能变成狂热的机会主义者。

(8) 革新者（innovator）。能恰如其分扮演革新者角色的管理者，是有创造力的、聪明的、能预见变革的、带领改革的管理者。但是，过度求变有时会导致不切实际、理想化，进而浪费资源。

通过以上分析，我们不难发现，管理者的工作是大量的，管理工作具有多样性和琐碎性，管理者处于组织的焦点地位，管理者是权力和责任的混合体。

2.2　作为公共管理者的特殊角色

上述对一般管理者职责和角色的描述在多大程度上与如今的公共管理者的思考、情感和作为相吻合呢？1945年，公共行政学者保罗·H. 阿普尔比（Paul H. Appleby）曾说："政府是不同的，因为政府是政治的。"他同时从范围的和影响的广度与深度、公共责任以及政治特质三个方面来分析政府组织的不同。这样的分析是有道理的，正如我们在第1章所阐述的那些公共管理与一般管理的区别一样。公共管理者和一般管理者的角色和职责肯定有许多相吻合之处，因为管理（无论公与私）都会涉及对一个组织拥有的资源——人力资源、财政资源、物质资源、信息资源——进行规划、组织和协调，以有效的方法去实现组织目标。然而，管理工作的一个最显著的特征在于其环境适应性，即管理者不断依据环境的变化来调整自己的价值、角色和行为。公共管理的多元性、政治性以及公共性这些特质，也决定了公共管理者承担与一般管理者不同的角色。

对公共管理者的特殊角色，许多学者做了很好的阐发。阿普尔比认为公共管理者除不能忽视政治角色与公共性质外，应成为民主价值与公共利益的保卫者和提倡者。哈特（Hart，1984）认为公共管理者应先具有公民和良民的身份，并在公共服务使命的召唤下，经由法定程序任命，所以他不仅应娴熟政策执行技术，更应坚持与捍卫立国精神，保障和提升公民道德，如此方无愧为民主行政的卫士——高尚官员。他认为高尚官员应至少具有四项责任：重视道德（moral significance）、关爱公民（caring）、道德企业主义（moral entrepreneurism）和责权并重（noblesse oblige）。

在许多对公共管理者特殊角色的论述中，1983年瓦姆斯利（Wamsley）等人在《黑堡宣言》(Blacksburg Manifesto）中对公共管理者在民主社会治理中角色的阐述，最具典范性。在我们看来，他们对公共管理者在治理中角色的论述，的确反映了公共管理者的特殊使命和角色。公共管理者应扮演好以下角色：

1. 执行与捍卫宪法的角色

公共管理者在就职时已宣誓要护宪及行宪（to run a constitution），行宪的预期目标是营造一个稳定且有效运作的政治体系，而终极目标则是增加机会、促进平等以及持续地改进和提升全民的生活品质。这是公共管理者的天职。

2. 人民受托者的角色

公共管理者受人民的托付，在治理过程中扮演正当与重要的角色，应考虑长远的全民利益。公共管理者要不惧强权，更不能妄自菲薄，只把自己当成工具，应以追求公共利益为职责。

3. 贤明少数的角色

公共管理者要能做到众人皆醉我独醒，不可人云亦云，要扮演贤明的少数（judicious few），而不是随波逐流追求时尚的"喧嚷的多数"（vociferous many）或有权的少数（powerful few），他们有责任通过吸引民众参与公共事务，使贤明的少数变成多数。

4. 平衡轮的角色

公共管理者必须对外在环境有回应或有反应，但绝不是像地震仪一样忠实地从事刺激反应的记录，或像忠诚的仆人一样只听命行事，也不能只是很有技巧地在各种利益集团间躲闪、求存。公共管理者要肩负专业责任，也就是要以维持公共利益为职志。公共管理者应以其合法权及专业判断在治理过程中的各种势力中，扮演平衡轮的角色。

5. 分析者和教育者的角色

公共管理者应该或必须能够有意识地了解自己决策的价值体系与假定，为自己的所作所为提出合理说明并尽量将人民纳入治理过程。公共管理者应扮演分析者与教育者的角色，以增加民选领导、民意代表、所有在治理过程中的参与者，乃至一般民众对公共事务的了解，并向他们灌输公共利益的观念。

总之，公共管理者在民主治理中应扮演重要的、有价值的、正当的角色，而不能将自己混同于一般的管理者。

2.3　公共管理者的能力

2.3.1　能力特质与构成

能力（competence）通常被人们视为知识（knowledge）、技能（skill）和行为（behavior）的综合。能力往往与履行特定的职责或完成特定的工作，能够产生良好的绩效（good performance）有直接的关系。研究探讨能力以及能力管理（competency management）的论述十分众多，但实际上并没有关于能力的单一的、明确的定义。在实践中，能力往往被视为可以观察的行为特征（a behavioral characteristics），诸如知识、技能、态度、价值观等属性构成了能力。同时，能力有时也与符合一定标的的绩效或高绩效直接相关。

学者博亚特齐斯（R. E. Boyatzis）认为，能力是个人的知识、动机、特征、自我形象、社会角色或履职所必要，但不一定与卓越工作表现有因果关系的技能，他提出了解释工作能力模式的三个基本层次：（1）动机和特质层次；（2）自我形象和社会角色层次；（3）技能层次。除此之外，他还加入了特殊知识（specialized knowledge），从而形成一个整合的能力模型。学者斯宾塞（Spencer）在此基础上，界定出五种属于个人能力的特质，包括动机、行为特征、自我概念、知识与技术。（1）动机。一直想着的事情并且欲导致其发生的想法，能够驱使、指引和选择行为，以朝向一个与众不同的既定目标或状态。（2）行为特征。一种个人对于刺激反应的倾向或行为特征。（3）自我概念。个人的态度、价值或者自我形象。（4）知识。个人在特定情景领域所拥有的信息和知识。（5）技术。它表现出特定生理上或心智上的工作能力，具体包括分析性思考和概念性思考。

在这五种能力特质中，技术、知识是可见的，而自我概念、行为特征、动机则是隐藏的，而且这些能力与外在的环境、工作需要之间存在着动态的、相互影响的关系。能力可以说是个人终其一生所获取的经验、知识、技术、价值、态度的总和。能力表现在工作场所中，则是以各种各样的行为和活动来提供产品和服务给其他人。

在学者戈尔曼（Goleman）看来，具有卓越表现的个人所拥有的能力包括三种，即纯粹的技术能力、认知能力和情绪智商能力。在他看来，不论何种层级的工作，情绪智商能力的重要性远超过其他能力。他着重分析了五大情绪智力和 25 种情绪能力，将情绪智力和情绪能力划分为两大类：一是个人能力，这方面能力决定了人们如何管理自己；二是社会能力，这方面能力决定人们如何处理关系。

个人能力涉及三个方面：（1）自我认知。明白一个人内在的状况、意愿和直觉。具体包括：第一，情绪意识。辨别一个人的情绪以及情绪所造成的影响。第二，正确的自我评价。了解一个人的强处及其限制。第三，自我信心。对自我价值和能力的肯定。(2) 自我管制。管理一个人内在的状态和冲动。具体包括：第一，自我控制。管理破坏性的情绪和冲动。第二，值得信赖。维持诚实和正直的标准。第三，认真。为个人绩效负责。第四，适应力。处理变革的弹性。第五，创新。对于新的观念、方法、信息能坦然处之，乐于接受。(3) 动机。引导达成目标或形成达成目标的情绪倾向。具体包括：第一，成就取向。驱使去改善或去符合卓越的标准。第二，承诺。同组织的目标和团体站在同一阵线。第三，主动进取。随时准备伺机而动。第四，乐观。不管阻碍和挫折仍坚持达成目标。

社会能力主要包括：(1) 同理心。了解他人的需求、感受及所关心的事情。具体包括：第一，了解他人。感知别人的感觉和观点，并对他们所关心的东西主动发生兴趣。第二，服务取向。参与、认知和符合顾客的需要。第三，发展他人。感觉他人的发展需求并支持他们的能力。第四，运用多元性。通过多元的人力来培养创新的机会。第五，政治意识。解读一个团体的情绪倾向和权力关系。(2) 社会技巧。精通于降低他人不欲的反应。具体包括：第一，影响力。运用有效的说服技巧。第二，沟通。传达清楚且具有说服力的信息。第三，领导能力。激励和引导团体。第四，变革催化者。创造变革或管理变革。第五，冲突管理。协商和解决不合意。第六，建立联结。培养结构性关系。第七，联盟和合作。与他人共事以朝向共享的目标。第八，团队能力。以实行集体目标来创造团队的合力。

2.3.2 当代公共管理者的技能

当代社会是一个更为复杂的社会 (complex societies)，公共管理者所面临的许多公共问题都是复杂的、相互联系的、不确定的、与多元价值交织的、结构不良的棘手问题 (wicked problem)。现代社会的最大特点在于多元性 (great plurality)，包括多元的观点、多元的价值、多元的需要、多元的利益以及诉求，公共管理者始终面临在多元选择之间的权衡问题和行为适当问题。同时，技术的变化，特别是数字技术的变化，使社会进入了网络社会 (the network society)。数字化改变了公共部门的传统边界，改变了公共管理工作的性质以及方式方法，对公共管理者的管理技能也提出了新的要求。

对于公共管理者的技能，经济合作与发展组织 2011 年在其报告《作为增长伙伴的公务员》(Public Servants as Partners for Growth) 中，提出创造性思考 (creative thinking)、弹性 (flexibility)、合作 (co-operation)、战略性思考 (strategic thinking)，是所有公共服务职业成功的绝对要求。2019 年，在报告《公务员高效履职的技能》中又对公务人员在新的历史背景下的技能要求进行了具体的分析，提出了公务员的技能框架。报告认为当代公共管理者的主要工作在于四个领域：一是政策建议和政策分析 (policy advice and analysis)，即与民选官员一起制定政策；二是公共服务的提供和参与 (service delivery and engagement)，即直接与公民或者政府服务的使用者一起工作；三是委任与契约外包 (commissioning and contracting)，即并非所有的政府服务都是由政府提供，政府可以通过第三方的参与提供公共服务；四是管理网络 (managing network)，即政府需要跨组织的合作和协作以应对复杂性的挑战。每一个领域的工作，均需要公共管理者和公务人员拥有和运用不同的技能，而在每一个领域，又涉及三个不同层次的技能，即职业的技能（professional skills）、战略的技能（strategical skills）和创新的技能（innovative skills）。职业的技能是指公务员是一个职业，公共管理者应该行为适格、处事公平，受公共价值的内在驱动和遵循伦理的准则。这乃是公务人员的基础能力，要求公职人员在其专业领域符合职业资格的要求。符合职业资格的公共管理者和公职人员并不能自动地应付当今政府面临的诸多挑战，职业的公务人员同样要以未来为取向，并坚持循证决策，这便要求公共管理者具有战略的技能，鼓励不同专业领域之间以及跨部门之间的协作。战略的技能涉及风险管理、预测以及压力管理的能力；在有些时候，职业的和战略的技能由于公共组织结构和制度的限制也会达到极限，在这种情况下，公共管理者需要创新治理的工具，开发解决问题的新方案，这便涉及创新的技能问题。

公共管理乃是公共价值的创造。公共价值的创造是通过四个主要的领域或渠道来实现的，每一个渠道或领域要求不同的技能，尽管这些技能是相互补充和重叠的。具体而言，当代公共管理者的技能包括以下四组技能：

1. *政策咨询技能*（policy advisory skills）

提供循证的、“直率而又无惧”（frank and fearless）的政策咨询是公共管理者的基本职责。提供循证的、客观的以及平衡的政策建议是传统政策咨询的基本原则。但是人们期望政府决策更加开放、更具创新性，同时技术的转型和其他社会力量正在从根本上改变传统的界定政策问题、设计政策方案、获取政策支持等政策技能。

传统的政策分析技能一直是基于特定情景下不同政策方案的成本-效益分析，通常是设定科学的目标，确认不同的政策工具和选项，然后做出最优选择，这要求具有多学科的能力，从广泛的科学和技术领域提取证据和数据，如经济学、社会学、环境科学、法律和通信。传统的政策循环是研究和分析政策问题，设计政策方案，执行政策，然后进行评估看是否达成了政策的目标。

在现代多元社会中，对于政策情景的解释是不同的，对政策问题的界定再也不可由专家在封闭的环境下进行。政策制定的开放意味着政策问题通常是由公民和政治家提出，才引起公共部门的关注。然而，对于政策问题的陈述和界定需要再聚焦和再构建，需要通过数据挖掘、与多元利害关系人的讨论和协商、情景模拟、水平扫描（horizon scanning）等方式进行，这便需要公共管理者掌握与数据科学、网络分析、社会网络和社交媒体分析、众包[①]、预测分析相关的技能。在政策设计上，传统的成本-效益分析在开放社会同样遇到挑战，公共管理者需要掌握行为经济学、社会金融、社会学以及民族志等方面的知识；需要掌握预测的技能，了解未来发展的机会以及不确定性；同样需要系统设计的思维，理解并影响不同行动者之间的互动。

政策咨询是政治性的活动，公共管理者不可能完全置身于政治之外，政策的窗口在政治周期中或民意转换期打开，这需要公共管理者具有抓住时机设计政策建议回应政治需要的能力。同时公共管理者也要能够在短期和急迫的政治需要和长期的需要之间做出平衡。

2. *互动技能*（engagement skills）

政府与公众之间在政策和服务提供的各个阶段皆存在广泛的互动和联系，公众的资源

① 众包是指从一广泛群体，特别是在线社区，获取想法、服务或内容贡献的实践。

投入能够改善政策和公共服务提供的品质。在公共服务的提供过程中，沟通、协商和参与一直是政府治理工具的一部分。公共服务提供机制的复杂化以及开放政府的变化，要求公共管理者具备新的互动技能。在公共服务提供上，越来越多的公共服务是通过代理网络（network of agents）来提供，而不是由政府直接提供；政府的数字转型也提供了更多的互动机会；以公共服务的使用者为中心的政府创新要求重新思考和创新公共服务。这些均对公共管理者的技能提出了新的要求。

日益复杂的服务提供方式，要求公共管理者和公务人员不仅要提供服务，还要帮助民众寻找通过复杂系统提供服务的方式，这意味着面对顾客的公共管理者不仅仅是服务的中介，而且要作为指导者和探路者，引导公民找到所需要的服务，这需要对政府和社区有详细的了解，需要更强的沟通技巧、同情心以及适当的裁量权和授权去解决问题。

政府的数字转型导致越来越多的政府与公民互动新方式的产生。社交媒体使政府能够从公民那里获得更多的意见和建议，为政府政策的研讨和辩论提供了平台，管理社交媒体需要特殊的技能。

以公民为中心的服务设计原则强调公民与政府之间的互动。为了研发以公民为中心的政策和服务，公共管理者必须采取参与的方式和途径，让公共服务的使用者全程参与公共服务项目，这均需要沟通、协商和互动的技能。

3. 契约管理技能（commissioning skills）

与第三方机构建立契约关系，向公民提供公共服务，已成为一种趋势。其方式是多种多样的，从服务契约（service contracts）、向非营利组织提供补助金（grants to non-profits organization）、社会影响债券（social impact bonds）到公私伙伴关系，这便要求公共管理者具有契约管理的技能，即设计和监控各种契约管理项目，实现公共目标的能力。公共管理者要能够进行复杂的社会影响评估、成本-效益分析、风险管理，并要具有预见性和预测力以及重视金钱的价值。

契约管理要求公共管理者具有良好的商业、法律和管理的才能，这远远超出了传统政府采购的能力范围，要求公共管理者了解和掌握市场，知晓公司化的运作方式，懂得如何设计和管理契约关系，并能够为利益相关者（特别是公众）创造价值。这不仅仅意味着公共管理者具有签订契约、管理契约的商业才能，更意味着公共管理者能够制定市场化的政策并设计诸多行动者（管制者、委托者、代理人）之间提供有效反馈的制度。同时公共管理者在此过程中要保持廉洁，管理利益冲突。

公共服务契约化的增加、公共资金的巨大投入以及潜在的风险均使公共管理者成为关注的焦点。政府的透明和问责也导致许多人质疑政府管理者的能力，即政府是否能够为公共资源负责，这意味着公共管理者不仅要设计契约并确保契约的履行，同时要制定出绩效指标来反映契约尊重公共资金的价值。技术的变革为契约外包提供了新的机会，同时也增加了项目的复杂性和风险。

4. 网络管理技能（network management skills）

在当代公共管理中，通过政府部门之间跨部门的合作和协作，通过政府与私人部门、非营利组织之间的协作，即通过协同治理解决公共问题亦是公共管理的一大趋势。协同治理，要求公共管理者具有网络化管理的技能，即与许多独立的伙伴协作，共同解决复杂或棘手问题的能力。如果金钱和法律契约是供应管理的硬通货的话，沟通、协商、信任和相互之间的信守承诺则是网络管理的硬通货。

管理网络要求公共管理者不仅要掌握信息，具有人际交往的能力，同时更重要的是要在网络的参与者之间建立信任关系。网络治理（networked governance）涉及许多能力，如建立信任关系（trust building）；系统思考（systems thinking）；高层次的人际交往能力（interpersonal skills），如辅导、调解、谈判、促进、外交等；共识的建立（building consensus）；经纪人和政治企业家精神；风险分析；弹性与适应性管理；沟通技巧；等等。

学者威廉斯（Williams，2012）曾经分析，在公共管理的协作治理中，公共管理者主要发挥边界管理者（boundary spanners）的作用，具体扮演网络组织者（reticulist）、解释者或沟通者（interpreter /communicator）、协调者（co-ordinator）、企业家（entrepreneur）的角色。不同的角色要求不同的能力。作为网络组织者，应该具有结盟、政治敏锐性、外交、谈判、说服的能力；作为解释者或沟通者，应具有人际交往、聆听、同情他人、沟通、建立信任和管理冲突的能力；作为协调者，应该具有规划、协调、服务、信息管理、监测和沟通的能力；作为企业家，应该具有协商、创新、系统思考、保持弹性和抓住机遇的能力。

网络管理技能的核心乃是促进和催化集体行动，关键是建立信任的文化，整合资源，有效促进公共目标的实现。网络管理在传统的韦伯式的科层官僚体制模式下并非是重要的，但在新的协同治理的模式下则显得更为重要。

2.3.3 高级公共管理者的核心能力

在世界许多国家的公共管理体系中，都有一个高级管理者阶层，即高级公共管理者（top public manager）或高级公务员（senior civil service），在不同的国家有不同的称谓，一般是指在政府担任非政府政治职位的高层职业公共管理者。高级公务员的主要目的是让政府随时拥有一群能力、廉洁操守和诚信皆毋庸置疑的卓越行政主管。这种制度也使得政治领导者较容易指派其职责，增进政府运作的顺畅性、效能性和经济性。在公共管理中，其在决策咨询、事务协调、沟通关系方面均发挥着重要作用。对于高层文官的能力，许多国家皆有明确的要求。

美国联邦人事管理局（OPM）提出高级文官的核心资格能力（the executive core qualification，ECQ），它规定了所有高级行政管理职位应具备的共同资格条件。在早期，美国联邦人事管理局要求高级行政主管候选人和高级行政主管任职人员应具备六项管理性核心能力（GAO，1988），即确认、寻找与处理影响计划事项的重要外在因素，为所负责的计划在各种组织内外场合从事沟通和代言，规划、组织与督导计划和方案，获取与办理计划所需预算和其他资源，采取公正平衡的方式管理所属人员，监督、评估与调整计划运作以达成目标。1994年，又列出五大面向，改为策略远见、人力资源管理、计划与发展评估、资源规划管理、组织代表性与外部沟通联系。1998年，新修正采行的标准称为“主管人员核心资格条件”。依据核心资格条件，高级行政主管人员，为履行职责，成功地履行使命必须具备5个方面、28项基本能力。这些能力是基于对政府部门和私人部门主管广泛的调查研究而确立的。具体如下：

1. 领导变革力（leading change）

这一核心资格涉及在组织内外实施战略性变革，实现组织目标的能力。要求高级行政主管在持续变化的环境中，具有建立组织愿景和付诸实施的能力。具体包括以下能力：

（1）创造力与创新力（creativity and innovation）。对情势产生新的洞见，质疑传统的方法，鼓励新观点和创新，设计并执行新的或前沿的计划或流程。

（2）环境觉察力（external awareness）。能够理解并把握影响组织、形塑利害关系人观点的地方性的、国家性的及国际性的政策和趋势，了解组织对外部环境的影响。

（3）弹性适应力（flexibility）。对变革和新的信息持开放态度，很快适应新的信息、变化了的条件或者未预料到的障碍。

（4）压力克服力（resilience）。有效地应对压力，在逆境中仍能保持乐观和坚持不懈，能从挫折中振作起来。

（5）战略思考力（strategic thinking）。制定目标并确立优先次序，在全球化背景下执行与组织长期利益一致的计划，能够捕捉机会并管理风险。

（6）远见力（vision）。具有长远的视野并与他人建立共同的愿景，是组织变革的催化者，能够影响他人将愿景转化为行动。

2. 人员领导力（leading people）

这涉及领导组织成员实现组织愿景、使命和目标的能力。要求高级行政主管能够提供促进他人发展的包容性的工作环境，能够促进合作和团队劳动，支持建设性地解决冲突。具体包括以下能力：

（1）冲突管理力（conflict management）。鼓励创造性地化解紧张关系和意见的分歧，预见并采取有效方式预防破坏性的冲突，用建设性方式管理和解决冲突以及不一致。

（2）多元掌控力（leveraging diversity）。促进包容性工作环境；尊重多元性和个体差异的价值，有效利用多元性实现组织的愿景和目标。

（3）能力开发力（developing others）。通过提供不断的反馈和学习的机会等，开发团队成员履行职责、贡献组织的能力。

（4）团队建立力（team building）。激发和促进团队精神、集体荣誉感和信任，促进合作、激励团队成员实现团队目标。

3. 结果导向力（result driven）

这涉及实现组织目标和满足顾客期望的能力。要求高级行政主管通过应用专业知识、分析问题以及计算风险，做出能产生高品质结果的决策。具体包括以下几个能力：

（1）责任性（accountability）。能够使自己和他人对可衡量的高品质的、及时的和有效益的结果负责；决定目标，确定优先顺序并分配工作；为错误承担责任；服从已确立的制度和规则。

（2）顾客服务力（customer service）。预见并满足内部和外部顾客的需求；提供高品质的公共产品和服务，致力持续不断的服务改进。

（3）决断力（decisiveness）。做出以事实为依据的、有效的和及时的决策，即使数据有限或决策方案可能导致不满意的结果；能够感知决策的影响和意涵。

(4) 企业家精神 (entrepreneurship)。通过辨识新机遇，定位组织的未来；通过开发或改善产品或服务强化组织；在达成组织目标时，考虑到风险的因素。

(5) 问题解决力 (problem solving)。确认和分析问题，权衡信息的相关性和准确性，制定并评估替代性解决问题的方案，对问题解决提供建议。

(6) 技术专业力 (technical credibility)。理解并能恰当应用与专业技术相关的原则、程序、要求、规章以及政策。

4. 事业敏锐力 (business acumen)

这涉及管理人力、财力、信息资源等战略性资源的能力。具体包括：

(1) 财务管理力 (financial management)。理解组织的财务流程；准备、论证和管理项目预算；监控采购和外包，实现预期目标；监控支出，运用成本-效益思维确定政策和计划的优先次序。

(2) 人力资本管理力 (human capital management)。依据组织目标、预算约束以及人员的需求建立和管理员工队伍，确保雇员的录用、选拔、评估和奖励的恰当性，采取行动处理绩效问题，管理多样化的雇员和多样性的工作环境。

(3) 技术管理力 (technology management)。紧跟技术发展的步伐，有效利用技术达成结果，确保技术系统的发展和安全。

5. 联盟发展力 (building coalitions)

这涉及与内外环境中的个人和团体协商、和其他组织建立密切的专业网络实现共同目标的能力。具体包括：

(1) 伙伴力 (partnering)。发展网络和建立联盟，进行跨部门的协作，并实现目标。

(2) 政治敏锐力 (political savvy)。了解影响组织工作的内外政治环境，了解组织政治和政治现实并依此展开行动。

(3) 影响力或协商力 (influencing/negotiating)。能说服他人，通过“给”与“取”的平衡建立共识，通过与他人合作获取信息并实现目标。

除了上述22项特殊能力 (the special competencies) 之外，还有6项基本能力 (fundamental competencies)，这六项基本能力包括：

(1) 人际交往力 (interpersonal skills)。礼貌待人，尊重他人；在不同的情景，考虑不同人的需求和情感，并能恰当地做出回应。

(2) 口头沟通力 (oral communication)。能够进行明确的、有说服力的口头沟通；有效地聆听；需要时能澄清问题。

(3) 廉洁或自律力 (integrity/honesty)。为人处世诚实、公平、遵守规则；言行一致，起道德模范作用。

(4) 书面沟通力 (written communication)。书面沟通明晰、简洁、有条理、有说服力。

(5) 持续学习力 (continental learning)。评估与了解自己的优缺点，追求自我发展。

(6) 公共服务内在驱动力 (public service motivation)。尽心尽力服务民众，确保行动满足民众需求，组织的目标和施政与公共利益保持一致。

此外，澳大利亚公共服务委员会提出高级公共管理者应具有以下能力：

（1）战略性思维的能力（shapes strategic thinking）。

第一，具有目标和方向感。能够形塑和捍卫组织的愿景和目标，并将此与政府的要求相结合；能够将宏观战略用实际的语言向他人表达清楚，并使人们能够理解要实现的目标；在整体战略框架下，向他人呈现行动的完整图景以及行动的优先顺序；让组织成员具有明确的方向感，并努力让组织各层级达成一致的理解。

第二，战略聚焦。就潜在的结果向政府提供建议，对组织的成功持长远的视野；将目标愿景与如何实现愿景相结合；在整体性政府框架的基础上开展工作，从更宽阔的视野看待问题；确保一切努力有助于跨政府的协作；展望未来的可能性，并在未来和此时此刻之间保持平衡。

第三，掌握信息，善用机会。探寻获取知识，对新信息和不同观点持开放态度；重视澳大利亚以及国际最佳实践的价值，并考虑在组织应用的可能性；通过对组织所处环境（机会和限制）的深入分析，展现事业的敏锐性，以期实现更大的效率，改善公共服务的品质；了解重大技术的变化及其影响。

第四，保持判断力、智慧以及常识。了解复杂性并认知他人容易忽视的问题；从各种角度思考问题，并冷静客观地分析问题；在应用知识和经验做出最后判断之前，对信息进行探查和批判性评估；能够质疑传统的假设和做法，并非认为理所当然；能够提出原创性的思想和创新性解决问题的办法。

（2）实现目标达成结果的能力（achieves result）。

第一，开发组织的能力和回应力。在不断变化的环境中，了解新要求，并依此进行弹性和灵活性的资源配置；在现有的组织架构之外寻找实现最佳结果的资源组合，而不局限于现有的组织结构和程序；对各种利害关系人的要求以及出现的新的变化保持回应；利用信息技术的优势；采取行动确保持续性。

第二，展现职业素养。尊重专业人士的价值，创造有利的环境促进专业知识和技能的分享与利用；确保从他人那里获取相应的专业输入。

第三，引领变革，应对不确定性。在不确定性环境下，制定并实施变革的措施；明确高一级的目标并确保将其转化为具体的执行策略；制定长期和短期的计划，并确立实现的时间表。

第四，确保目标按预期实现和达成。确保观点和预期的目标成为现实，计划的项目达成预期的产出；建立问责制度，衡量责任实现。

（3）培植建设性工作关系的能力（cultivates productive working relationship）。

第一，发展内外关系。与部长、组织内以及外部组织的关键人员建立联系；积极拓展职业网络，发展建立在平等尊重基础上的互利关系；尊重顾客服务的承诺。

第二，促进合作和伙伴关系。努力创造人们一起共事的工作环境，尊重协作和团队劳动的价值；与其他部门和机关建立相互联系和依赖的关系，确保共享观点的机会；展现强烈的非人情化的关系，愿意倾听他人的意见和建议。

第三，尊重个体差异和多元性的价值。支持并尊重他人的个性，承认观点和方法多样性的价值；承认不同的技能和专业水平；理解他人并以恰当方式做出回应。

第四，指导和开发人的才能。鼓励持续不断地学习；及时认可良好的表现；通过设立具有挑战性的目标，在人们需要帮助时给予支持和鼓励，激励人们全身心投入事业；通过人们在自我发展中积极投入并创造机会实现自我发展，助力他人克服弱点；理解何时面对问题并采取行动处理困难的绩效局面。

(4) 展现个人正直和诚实的能力（exemplifies personal drive and integrity）。

第一，展现公共服务的职业精神和清正廉洁。坚守公共服务的价值和伦理标准；服务政府，没有个人的偏好；依据决策而不是个人的观点执行政策和计划。

第二，直面风险并展现个人的勇气。坦诚与实话实说；独立思考，愿意挑战观点和面对问题；承认错误并从错误中学习；愿意接受别人的帮助，听取他人的意见和建议。

第三，专注于行动。果断、积极和行动取向；对组织的成功和需要做的事情承担个人的责任；积极处理问题，改变事态的发展；不拖延；愿意投入精力，主动完成工作。

第四，保持和展现弹性。专注于目标，即使在困难的情况下；受挫后能卷土重来，保持积极向上；保持精力，如有需要愿意付出额外的努力。

第五，保持自我觉醒。致力个人发展，对不断学习具有强烈的愿望；积极从各种渠道获取反馈的信息；对自我的发展和自我管理负责；寻找机会拓展自己的技能；重视持续发展的价值。

(5) 沟通的能力（communication with influence）。

第一，明确无误地沟通。运用亲民的口语和书面沟通形式，明确无误地交流；确保信息传递的清晰，保证正确的理解；使人能够及时、准确地了解变化了的信息。

第二，倾听与理解。积极聆听，确保想法和信息得到恰当的交流；确保他人的意见和观点得到准确的理解；创造机会听取能够产生附加值的意见和建议。

第三，有说服力地协商。建立信赖关系，进行积极的协商；提供令人信服的理由；允许辩驳，听取不同意见，寻找共识，达成对各方均有益的协议；通过妥协，达成协商一致的意见，实现目标。

2.4　公共企业家、公共企业家精神与公共管理者的创新能力

在多元、复杂和动荡的环境之下，如何洞察问题、创新有为、善用时机、有效配置和使用公共资源，并以新的方法促使公共部门有效运作，是公共管理所面临的迫切问题。传统的官僚科层典范已经越来越不适应变化了的环境。正是在这个背景下，公共管理者如何实现角色的转换，由传统的官僚变成具有创新精神的公共企业家，便成为人们关注的一个焦点。

2.4.1　公共企业家

所谓的公共企业家，依学者刘易斯（Lewis）的观点，是竭尽所能致力于大幅度改变公共组织对稀有公共资源既存的配置方式的行动者。具有企业家精神的公共管理者都是政府机关的主管企业家（executive entrepreneurs），他们具有高超的政治艺术，能够形塑新

组织或者新角色来取代传统组织，重建所属官僚体系的权威和影响力。罗伯茨（Nancy C. Roberts）和金（Paula J. King）认为，所谓的公共企业家（public entrepreneur），是指在公共领域内，从事创新、设计和执行改革理念的人。他们将公共企业家划分为以下四种类型：

（1）政策型企业家（policy entrepreneur）。政策型企业家是在正式官僚体制之外，在政府机关中没有正式职位，但致力于改革理念的构想、设计并将改革理念实施于公共部门的人。政策型企业家可以凭借其身在政府机关外部的优势，吸收信息和其他资源，提供公共组织改革的新的知识与技能，并通过媒体的力量，促进政策议程的建立，推动相关法规、法案的制定。由于政策型企业家不受政府体制的拘束，遭受的制度性的压力以及威胁比较少，因此他们比较喜欢挑战现状，提出原创式的改革理念。

（2）官僚型企业家（bureaucratic entrepreneur）。在政府机关中具有正式的职务，但未担任主管职务。官僚型企业家在正式的权威结构中虽然具有较弱的自主性，但所有的改革方案都有赖于他们的支持和执行，他们还为政府的决策提供信息的支持。他们经常会在正式的权威结构中寻求上级领导和政治人物的支持，争取资源运用于特定的改革方案。官僚型企业家由于身居传统的制度框架中，担心激烈的创新会危及自身的职位或导致更大的风险，因此，从策略上会选择“转借式”的创新构想，避免采取“原创式”的构想。

（3）主管型企业家（executive entrepreneur）。在政府机关中具有正式职务，并担任领导。主管型企业家是公共组织中具有关键地位的公共管理者，政治型企业家的改革理念，必须经由其领导的组织成员来加以实现，而其本身所具备的专业性知识也是政治型企业家所高度依赖的。主管型企业家是政治和专业之间的桥梁，经常处于政治力量与专业理性之间，必须在二者之间取得平衡。

（4）政治型企业家（political entrepreneur）。政治型企业家是政府机关经由民选程序产生的拥有正式职位的人，同时又是身居领导职位的人。由于政治型企业家拥有民主体制的权力基础，因此，在改革政策的过程中，经常扮演发起者以及推动者的核心角色。政治型企业家一方面致力于维持民众对他的支持，另一方面在必要时，也会挟其民意基础，不惜与反对者对抗，以维护改革理念的实现。

政府管理创新的实现，有赖于各类企业型公共管理者的通力合作，如果没有政治型企业家的支持，主管型企业家和官僚型企业家的改革也不能成功；仅凭政治型企业家的热情，没有其他类型企业家的支持和配合，改革的理念也会成为梦幻泡影。同时，政策型企业家可以协助突破创新可能遭遇的知识和技术障碍。

2.4.2 公共企业家精神

具有企业家精神的公共管理者乃是实现创新管理的关键所在。对于公共企业家的行为特质，许多学者也进行了研究和探讨。概括起来，具有企业家精神的公共管理者具有以下几个方面的基本特质（Lewis，1984；Roberts and King，1996；Roberts，1992）：

（1）具有企业家精神的公共管理者善于用组织内部的力量和资源实现公共目标。企业型公共管理者的目标并非是自己的发展，而是通过组织实现公共利益的目标。

（2）具有企业家精神的公共管理者在社会关注的领域有其专长，他们通常专精于某些社会关注的领域，善于运用大众传媒、国会听证会以及其他各种会议，倡导其专长的领域，成为公共政策的代言人。

（3）具有企业家精神的公共管理者会积极运用组织中的影响力，争取成功，而非消极地坐视文官系统成为腐败无能之地。他们在其职业生涯中将体会到，复杂庞大的公共组织是进行社会改革、政治改革以及经济改革的有力工具。因为公共组织提供的庞大的资源与政治权力，不但能保护其不受内部反对势力的掣肘，同时也能对其他外部势力施压，争取支持。

（4）具有企业家精神的公共管理者善于用民意市场（public opinion market），塑造舍我其谁的形象。他们不但擅长彰显问题的重要性，亦善于运用自己的知识及能力，塑造专业形象以及民众对其解决问题的信心。

（5）具有企业家精神的公共管理者会设法扩张专属的公共政策的范围，他们设法延伸所属组织影响力的范围，以获取更多资源及支持。这种扩张组织的做法，虽然有悖代议制政府的民主程序，但能有效地降低组织的不确定性，增强组织的自主性。

（6）具有企业家精神的公共管理者敢于承担风险。创新意味着风险，具有创新精神的公共管理者勇于承担风险，这为他们带来了更多的创新机会，借由短期风险性任务的达成，可以获取更多的支持和资源，进行长期性的计划。

（7）具有企业家精神的公共管理者擅长沟通。他们经常会提出一套具有信服力的愿景，借此来吸引大众对议题的注意力，同时借由擅长沟通的才能，鼓舞组织成员共同合作，提高公共组织的生产力。

（8）具有企业家精神的公共管理者重视建立联盟的重要性。他们认可政治支持的重要性，设法获取民选的政治首长的支持，同时对外寻找更多的联盟关系，争取利益团体、非营利组织和政策型企业家的支持；对内建立工作团队，协力达成预期的目标。

2.4.3　公共管理者的创新能力

变革与发展始终是公共管理永恒不变的主题。当今时代的公共管理面临着诸多的挑战，这些挑战要求公共部门能够创造性地解决问题。公共部门创新的关键是人，公共管理者的创新能力乃是公共部门创新的关键所在。对于管理者和公共管理者的创新能力，许多学者和组织都进行了探索和研究。

学者戴尔、格雷格森、克里斯滕森（Dyer，Gregersen and Christensen，2009）在对包括苹果公司、亚马逊等公司的首席执行官进行长达六年的研究之后发现，这些具有创新精神的企业家具有不同的特质，他们称之为创新者的 DNA（the innovator's DNA）。创新型企业家具有不同于其他人的智能，即创新智能（creative intelligence）。具体包括：

（1）联想力（associating）。将不同领域不相关的问题或观点联系起来。

（2）质疑力（questioning）。能质疑没有问题的问题（question the unquestionable），提出正确的问题。

（3）观察力（observing）。通过仔细观察普遍现象，特别是顾客的行为，产生不寻常的想法，在观察他人时就像考古学家和社会科学家一样。

（4）实验力（experimenting）。通过创造原型和先行试点进行大胆试验，世界就是他们的实验室。

（5）网络力（networking）。他们走出家门，去会见各种具有不同观点和思想的人，通过与不同的个体发展网络关系，不断进行创新。

格雷厄姆-列维斯（Graham-Leviss，2016）认为，创新性的管理者和领导者通常具有五项能力：

（1）风险管制力（manage risk）。创新性管理者在试验新的方法时，十分大胆，同时行动理性，当风险来临时，能够采取措施，降低风险。

（2）展现好奇力（demonstrate curiosity）。对事物保持好奇心，渴望对事物有更多的了解。

（3）果断领导力（lead courageously）。创新性领导积极、自信、有力，在艰难状况下，有决断力并勇于承担责任。

（4）把握机遇力（seize opportunities）。能把握机会，在行动之前预测可能的障碍，但避免过度思虑；当机会来临时，能够及时改变方向。

（5）保持战略定力（maintain a strategic business perspective）。了解发展趋势，具有战略视野，确认战略机遇，推进战略实现。

英国致力于创新研究的非营利组织 NEST 认为，公共管理者的创新能力乃是态度、行为和技能相互作用的产物。公共管理者的态度是十分重要的，因为态度影响着行为。对于公共管理者而言，下列的态度和行为对创新十分重要，具体包括：

（1）灵活性（agile）。对环境的变化做出敏捷的回应，能够对未预料到的情势做出回应，根据环境的变化调整方案和行动。

（2）同理心（empathetic）。理解他人的经历和观点，考虑人的情感和思维方式。

（3）柔韧性（resilient）。能很快从困难、打击和失败中复原，致力于目标的实现。

（4）想象力（imaginative）。探索和畅想新的可能性，展现不同的思维和创造力。

（5）聚焦结果（outcome focused）。致力于现实世界的效果，激发创造变革和实现预期结果。

（6）勇敢无畏（courageous）。愿意承担风险，面对阻力坚定不移，面对失败不屈不挠。

（7）反思性（reflective）。习惯对过程和结果进行批判性反思。

（8）好奇心（curious）。意欲探索各种可能性，有获取新知识和洞见的冲动。

（9）行动导向（action-oriented）。重视行动，在行动中学习；少说多干。

NEST 认为，公共管理者的创新能力主要有以下三个方面：

一是合作共事力（working together）。积极促进公民和利益相关者的参与合作，创造新的解决问题的方案。具体包括：积极听取公民和各种利益相关者的意见；创造性地处理不同的观点；审慎考虑不同解决问题的办法；强化互动，寻找共识，创造共同的产权；调和利益冲突，减少不同利益相关者之间的摩擦。

二是促进学习力（accelerating learning）。探索、试验和开发新观点，确认解决方案的有效性。具体包括：着眼未来，将长期的目标与短期的行动相结合；不断尝试新的想法并系统地加以改进；有效运用不同的数据，探索新的可能性；系统思考，探讨事物之间的联系，理解并探索系统性改善的方法；理解技术的发展以及它们的潜力。

三是变革领导力（leading change）。调动各种资源，使变革具有合法性，促使变革的实现。具体包括：通过正当的政治和行政程序，获取政治上的支持；利用各种方式获取财政和资金的支持；有效动员和使用财政资源；具有企业家精神和企业家的敏锐性，不断创造机会；通过变革价值的表达，为变革辩护；将洞见、数据和新方法的使用转化为引人入胜的故事，让利益相关者认识到可能性，激发人们从事变革。

OECD 认为，公共管理者要具备六个方面的创新能力，这六个方面的创新能力并非是公共管理者在日常工作中需要使用的技能，但它们是公共部门创新实践、提升创新水平所必须具备的能力。21 世纪的公共管理者必须对以下六个方面具有一定程度的认知，具备相当的能力并运用到创新实践之中。这六个方面的核心创新能力包括（OECD，2017）：

（1）迭代（iteration）与渐进改变力。迭代是重复反馈过程的活动，即通过渐进和持续改善，在降低风险的同时，逼近所需目标和结果。具体而言，在管理创新项目时，具有明确的阶段性和阶段性目标；渐进改善；能够运用模型、素描、模拟样品等方式探索可能性；进行测试和试验，对方法的可行性进行评估。

（2）数据素养（data literacy）和数据分析力。在数字社会，随着数字革命的发展，政府需要大批的数据分析者和数据专家。简单地在政府增加数据专家并不会自动地导致政府成功地利用数字革命的机会，也不能期望公务员都变成数据专家，能够运用算法处理大量的非结构化数据，但是，公务人员应该具有数据素养，即理解数据的价值和重要性，能够与数据专家一起工作，并具有一定的数据和数据分析的能力。数据素养和能力意味着公共部门的决策尽可能以数据为基础；决策基于数据和证据，而非猜想和假设；公共管理者能够运用数据管理公共服务，公共服务应建立在数据驱动的基础上；公共管理者与数据专家建立密切的关系，用正确的数据，在正确的时间，做出正确的决策；公共管理者能够积极地与公民等非数据专家一起工作，收集和分析数据，帮助其实现目标。

（3）顾客中心（user centricity）和公共服务力。聚焦顾客、服务民众乃是政策制定和服务设计与提供的首要原则。顾客中心要求公共服务的提供以公民利益为中心，满足公民的需求；在公共服务项目创新的每一个阶段，都要考虑到使用者及其需求；考虑到服务使用者的想法和行为，运用以人为本的设计原则和行为科学的方法制定良好的公共政策并提供高品质的公共服务；让公民和顾客参与到公共政策和服务提供的过程中，充分了解他们的需求，共同创造公共价值。

（4）好奇心（curiosity）和持续学习力。公共部门的创新乃是创新观点、产品和服务以及创新工作方式的过程。好奇心和创造性思维乃是创新的活血。好奇心意味着公共管理者寻求新观点、创造新事物、寻找新方式；能够从多角度、多元立场探究问题和情势；了解不存在单一解决问题的途径，从不同组织和部门寻找不同的方法和路径；能够持续不断地学习、吸收和尝试新方法。

（5）讲故事（storytelling）和沟通说服力。讲故事乃是在变化的世界中强化沟通，通过讲述过去、现在和未来发展，获取人们对变革创新的支持和参与。通过讲故事，分享和传递信息和知识；通过讲故事，表达公民的需求和愿望；通过讲故事，向媒体和利益相关者传递信息；通过讲故事，交流创新的经验和教训。

（6）叛逆（insurgency）与结盟力。公共部门的创新者有时被视为“反叛者”和异己分子，如果好奇心是创新的活血，那么叛逆则是改变做事方式，促使新事物的出现。公共管理者要勇于挑战现存既定的秩序，直面反对的声音；勇于尝试不可能的方法；为了变革与各种利益相关者建立联盟，加强协作；与不守常的伙伴开展合作，扩大现存的网络。

本章小结

1. 公共管理者是受国家和公民的委托，行使公权力，负责运用资源及指挥公务人员，达成政府施政目标的人。

2. 公共管理者除扮演一般管理者的角色外，在民主政治中尚扮演着特殊角色，如执行与捍卫宪法、人民受托者、分析者与教育者等特殊角色。

3. 公共管理者为扮演好其角色，必须掌握一些基本的管理技能，这些技能包括政策咨询技能、互动技能、契约管理技能、网络管理技能。

4. 公共企业家是竭尽所能致力于大幅度改变公共组织对稀有公共资源既存的配置方式的行动者。公共企业家可划分为四种类型：政策型企业家、官僚型企业家、主管型企业家和政治型企业家。

5. 公共管理者的创新能力是公共部门创新的关键所在。21 世纪的公共管理者必须具备的创新能力包括：渐进改变力、数据分析力、公共服务力、持续学习力、沟通说服力和结盟力。

关键术语

公共管理者　　公共管理者的特殊角色　　公共管理者的技能　　高级公共管理者的核心能力　　公共企业家精神　　公共管理者的创新能力

复习思考题

1. 作为一名管理者，其最重要的角色是什么？
2. 你认为在民主政体中，公共管理者应该扮演什么样的角色？
3. 在快速多变的当代社会，公共管理者应掌握哪些方面的管理技能和技巧？
4. 作为一名高层公共管理者，应当具备的核心能力是什么？
5. 何谓公共企业家？公共企业家具有哪些显著特质？
6. 何谓创新能力？当今社会对公共管理者的创新能力提出了哪些挑战和要求？

阅读材料

公共管理者的政策能力

履行政策职能、制定和执行政策是公共管理者的核心职责。澳大利亚公共服务委员会制定了《政策能力框架》(Policy Capability Framework)，在此框架中，明确了公共管理者履行政策的基本能力。主要包括以下四项：

1. 战略联盟力 (strategic alignment)

形塑和管理政策的选择，使之与政府政策选择的优先顺序和公共利益保持一致。具体包括：

- 理解政府运作的环境系络，并在此系络下工作；
- 理解公务人员的角色、责任和义务；
- 理解并采取整体性政府的原则和流程；
- 理解现存的立法、政治准则和政策环境，并适应性开展工作；
- 从多元视角出发，理解政策议程或框架，并将这种知识应用于实现战略联盟的目标；
- 确认利益相关者的问题以及可能影响未来政策发展的其他政策议题之间的相关性；
- 与利益相关者就政府政策战略开展积极协商，化解风险，确认政策选项；
- 运用可靠的信息和有效的推理，支持基于证据的政策选择，适应变化了的形势；
- 确保政策措施的制定充分考虑了执行以及一线人员的需要；
- 在政策制定的过程中，理解公共利益的因素；
- 理解并在整体政府战略政策指导下开展工作。

2. 批判思考力 (critical thinking)

发展回应性、创新性、以证据为基础的务实的政策和规划，确保实现预期目的，尊重金钱的价值。

- 理解并运用研究方法论，审视政策问题，研究政策选择；
- 监测和分析外部和内部，确认政策的选择；
- 评估环境因素，确保研究的恰当性以及政策项目研究数据的可获得性；
- 理解并运用有效的分析流程，评估经济效益及社会和环境的效益；
- 在提供政策建议时，考虑政治的意义以及利益相关者的利益；
- 对政策选择实际生效进行分析，评估可行性与风险。

3. 沟通参与力 (communication and engagement)

建立并管理建设性的、有效的关系，发展利益相关者参与的合作伙伴关系。

- 建立建设性的工作关系，维护利益相关者的信任；
- 确保负责计划实施者有机会表达对政策选择的看法；
- 依据有效证据分析确认政策的成本、效益和影响，明确表达政策异议；
- 确保有效沟通，使利益相关者了解政策选择；

- 通过欣赏异议、使用恰当的沟通、协商和谈判，达成政策共识；
- 在政策制定和执行的过程中，确认和使用恰当的沟通和媒体工具；
- 确保部长、决策者能够及时了解相关的、可靠的信息；
- 确认协同机会，强化对政策的支持；
- 通过反馈机制，形塑创新、务实和适当的政策传送框架。

4. 政策执行和评估力（policy implementation and evaluation）

管理政策执行，确保持续监测，评估政策绩效，实现预期目的。

- 运用项目管理原则确保政策执行，达成预期的目标；
- 分析和评估政策绩效，确认成绩与不足，确保持续改善；
- 与项目管理者共同工作，确认和解决潜在问题，改善政策执行；
- 对政策绩效以及政策环境进行持续的再评估；
- 与政策专家建立和保持关系，促进政策科学和政策管理的发展。

资料来源：澳大利亚公共服务委员会，政策能力框架，2012.

本章参考文献

Appleby，P. H.（1987），“Government Is Different，” in Shafritz，J. M. and Hyde A. C.，Classics of Public Administration，Oak Park，IL：Moore Publishing Company.

Barnard，C. I.（1927），The Function of Executive，Chicago：University of Chicago Press.

Bozeman，B. and Straussman，J. D.（1990），Public Management Strategies，San Francisco：Jossey-Bass.

Cohen，S.（1988），The Effective Public Manager，SF：Jossey-Bass.

Drucker，P. F.（1966），The Effective Executive，NY：Harp and Row.

Graham-Leviss，K.（2016），“The 5 Skills That Innovative Leaders Have in Common，” Harvard Business Review，December，20.

Griffin，R. W.（1996），Management，5th ed.，N. J.：Houghton Mifflin Company.

Hart，D. K.（1984），“The Virtuous Citizen，the Honorable Bureaucrat，and Public Administration，” Public Administration Review，Vol. 44，Special Issue.

Hellriegel，D. and Slocum，J. W.（1996），Management，7th ed.，Cincinnati，Ohio：South-Western College Publishing.

Dyer，J. H.，Gregersen，H. and Christensen，C. M.（2009），The Innovator's DNA，Harvard Business Review，December，Issues.

Katz，R.（1974），“Skills of an Effective Administration，” Harvard Business Review，Sept.-Oct.

Lewis，E.（1984），Public Entrepreneurship：Toward a Theory of Bureaucratic Political Power，Bloomington：Indiana University Press.

Mintzberg，H.（1973），The Nature of Managerial Work，NY：Harper and Roe.

Morgan，G.（1988），Riding the Waves of Change：Developing Managerial Competencies for a Turbulent World，San Francisco：Jossey-Bass.

OECD（2016），Skill Matter：Further Results from The Survey of Adult Skill，Paris：OECD Publishing.

OECD（2016），Engaging Public Employee for A High-Performing Civil Service，Paris：OECD Publishing.

OECD（2019），Skills for A High Performing Civil Service，Paris.

OECD（2017），Core Skills for Public Sector Innovation，Paris.

Roberts，N. C. and King，P. J.（1996），Transforming Public Policy：Dynamics of Policy Entrepreneurship and Innovation，San Francisco：Jossey-Bass.

Roberts，N. C.（1992），"Public Entrepreneurship and Innovation，" Policy Studies Review，Spring，No. 11.

Wamsley，G.，Bacher，R.，Goodsell，C. T，Rohr，J.，Wolf，J.（1990），Refounding Public Administration，Newbury Park，CA：SAGE.

Williams，P.（2012），Collaboration in Policy and Practice：Perspectives on Boundary Spanners，Bristol：Policy Press.

第3章

公共管理的价值

在人类生活的各个领域，都不可避免地包含着价值的判断和选择，因为人是那种必须有某种善的标准的生灵。公共管理，如同其他社会生活领域一样，它不是生活在真空之中，它必然受到一个社会存在的价值的影响，同时也不断进行着价值的判断和选择。公共管理存在和发展的意义在于它是公共价值的创造者，通过公共价值的创造，公共管理的意义得以实现和彰显，进而促进美好生活的实现。

重点问题

- 价值与公共管理价值
- 公共管理的核心价值
- 公共管理价值创造和实现的过程
- 公共管理价值创造和实现的条件

3.1 公共管理的价值及其重要性

3.1.1 价值的特性

“价值”乃是在现代社会人们广泛使用的术语。不同的人，在不同的领域、不同的情景中，往往赋予“价值”一词不同的含义。在哲学和社会科学领域，也没有大家一致认可的定义。价值究竟是主观的，还是客观的？是否存在永恒的、不变的价值？价值是否有层次之分（高下之分）？对于这些问题，人们始终存在着争论。

从一般意义上而言，价值总是意味着客体对主体的意义或者客体对于主体需求的满足。将价值与人的需求的满足联系起来，有助于人对价值的理解，如果不这样，价值便成为超验之物。但如果把价值等同于欲望或者需求的满足，价值便成为欲望的一个对象。而事实上，价值往往与否定的、被牺牲的欲望相关，具有价值的客体（物或者行为）都是通过做出牺牲、克服困难，而得到的东西。价值总是意味着选择。价值是在进行个人选择或集体选择时，对于什么是理想状态的一种观念。

学者罗克奇在《人类价值的本质》中指出，“价值乃是一种持久的信念，是个人或团体所偏好的一种行为方式或者存在的终极状态”（end state of existence）；相对而言，个人或者团体也不喜欢相反的行为方式或存在的终极状态（Rokeach，1973）。社会学家帕森斯（Parsons）认为，价值乃是一种共享的符号系统，可充当选择的指标或标准，使得在一个开放的情景中，可对各种取向的方案（alternatives of orientation）做出选择。

由以上的分析我们可以看出，所谓的价值，从社会和文化意义而言，乃是人们对客观存在的事物的偏好，是人们对事物存在的终极状态的信念（belief）或期望。从更为严格的意义上而言，价值涉及客观存在对于人们的精神和心灵具有的意义。从这个意义上看，价值的性质在于：

（1）价值的主体是人，是具有社会性的个人或者群体。

（2）价值的客体是物。在这里，物并非指的是单纯的物理学意义上的物，而是泛指在人的主观世界之外的客观实在，即与个体的内在或集体的内在相对应的外在。

（3）价值的内容，便是外在的客体对于主体的重要程度或者所具有的“意义”。意义既包括目的性的，也包括工具性的。

（4）价值或者所谓的“意义”，固然有客观的一面，但主要是主观性的，也就是讲，任何存在的价值皆是人所赋予的。

（5）对人和社会而言，价值往往以偏好或者信念的方式表达出来，涉及人的认知、情绪以及信仰等方面。

（6）价值并非单一的，价值是一个体系。价值体系就是人们依据客观存在的相对重要程度，对存在状态所持有的信念的组合。

（7）价值影响着人们的行为选择，最终影响着事物存在的状态。

3.1.2 公共管理的价值

从广泛意义上而言，公共管理的价值是指公共管理对于社会及公民的意义。公共管理的价值，虽然包括了公共管理在整个社会体系中所发挥的功能和作用，如公共秩序的维护、促进经济的发展、公共服务的提供、解决社会的矛盾并促进和谐、促进文化的繁荣等等，但这并非公共管理价值的全部，公共管理价值更多的是在公共管理的功能和作用之上的，具有精神意义或者神圣意义。也就是讲，公共管理的价值，虽然包括了工具性的价值，但更强调目的性的价值。

所谓工具性的价值（instrumental value）或者称为工具理性（instrumental rationality），乃是对达成目标的手段和工具的反省与追求。工具性的价值意味着一个事物的价值在于追求另一事物。所谓的实质理性（substantive rationality），乃是重在对目的本身的反省，追求的是内在的价值（intrinsic value），而内在的价值是一件事物内存于其自身之中的价值。当然，手段与目的之间的划分也只是一种相对的意义，彼此之间的关系也并非环环相扣，二者也无法截然分开。内在的价值，也可能为产生其他更高价值的工具，层层梯次推进，形成“价值的层级”（hierarchy of value）。最终之地，或者终极的价值或纯粹的价值（pure value），常常是因人、因事、因地而异的。从这个意义上而言，公共管理的价值更多地体现为一种不断反思、不断超越、至于理想之境的精神。

在此，我们把公共管理的价值界定为通过政府的行为以及政府所提供的服务，使公民之期望获得满足的精神意义。公共管理的价值既是客观性的，也是主观性的，更是互为主体性的。我们讲，公共管理的价值是客观性的（value-objectivity），因为价值本身就是公共管理的基本属性，社会对公共管理的需求是客观存在的，公共管理也是客观存在的社会现象，同时通过公共管理对公民和社会需求的满足也是客观存在的。公共管理的价值是主观性的（value-subjectivity），是因为公共管理本身也是人们观念的产物，是社会建构的产物；公共管理的价值乃是人们对公共管理现实的印象、个人意识、选择性认知等形成的主观态度、观念和信念。公共管理的价值是互为主体性的（inter-subjectivity），是因为公共管理价值，作为社会和公民共享的价值，乃是产生于人与人之间的互动，产生于互动之后的相互理解，是主观诠释的结果。

从以上的分析我们可以看出，公共管理的价值具有以下的特性：

1. 公共管理价值的公共性

公共管理的价值乃是通过政府或政府授权委托的组织的行为以及提供的公共服务得以体现的。公共价值产生于公共权力的行使和公共资源的利用，基于公共的目的和公共的利益，自应被社会所共享。

2. 公共管理价值的社会建构

公共管理价值乃是在社会互动的过程中建构出来的，它存在于主体间性的（inter-subjective）空间之中，存在于一种共同的文化空间之中，而这种文化空间是建立在相互理解的基础之上。这种文化空间包括了所有那些与共同体共享的内在意义和认同，也包括了共同的语言和共同的语境。正是在共同的空间才有诠释和分享的可能，正是在相互理解的基础上，才形成共享的价值。

3. 公共管理价值的超越性

公共管理的价值更多反映的是人们对公共管理所寄予的期望，也就是讲，公共管理的价值产生于现实的需要，又超越现实，它指向人们对公共管理的理想追求或者终极目标。正是这种超越性，激发着人们为实现崇高的目的而进取。

4. 公共管理价值的实然性

公共管理的价值虽然看起来是抽象的理念，但这并不妨碍和影响其在现实世界实现的可能性。事实上，在历史上每一次人类的价值变革都开创了一个新的时代，我们今天所熟知和了解的现实无非是人类当前价值观和发展阶段的表达方式。正是通过理念指导下的具体行动，公共管理的价值在经验世界得以呈现或实现。

5. 公共管理价值的多样性

价值关系反映的是人与自然、人与社会、人与人之间的客观关系，也是以人为主体的主客体关系。在现实社会中，这种关系是多样性的。人作为主体的现实形态是多样的，

（如个体、阶级、政党、民族等），价值也是多样的，存在着共同的价值，也存在着相互冲突的价值。事实上，如何在多元甚至冲突的价值之间取得平衡，始终是公共管理所面临的难题之一。

3.1.3 公共管理价值的意义

价值与价值观与我们过去、现在以及未来的各种社会实在皆存在十分密切的关系。价值影响着我们对现实世界的认知和观念，而认知和观念影响着我们的行为选择，行为选择又影响着社会实在，因此社会实在并非独立于我们的心智之外，而是社会建构的产物。

在公共管理领域，长期以来，受理性主义、唯科学主义和原子论的个人主义的影响，公共管理的价值问题一直受到人们的忽视。传统的理性主义的公共管理是建立在以下假设和认知的基础之上的：

（1）政治与行政分离。政治与行政是分离的；公共管理只是达成政策目标的工具。政治涉及目标的设定，而行政管理乃是执行目标的手段，也就是讲，公共行政与管理追求的只是工具性的价值，着重达成目标之手段的理性思考与行动。

（2）以控制为导向的管理主义。所谓的管理，重点在于行政组织内部的管理，重心在于组织的结构、过程以及管理的技术。管理就是通过有效的组织、控制，以经济的方式和手段，实现组织的目标。

（3）理性效率主义。公共管理的目标和价值在于效率。行政的根本原则就是理性，而所谓的理性就是，在各种备选方案中选择能够达成目的者，以及在各种结果相同的备选方案中选择成本最低者。为此，公共组织应该师法私人企业的信念，追求经济效率的最大化。

（4）原子论的个人主义。在韦伯的世界中，行政人被视为“非人格化”的机器，制度环境决定人在组织中的角色与性格，人被视为被动的-社会的自我（passive-social self）。在行为主义者看来，社会乃是由原子论的个人组成的，而追求自我利益的最大化乃是基本动机。

（5）价值中立。工具理性主导下的行政研究，主张价值中立（value neutrality）和价值免谈（value free），主张研究者不应以其价值偏好影响研究的客观性，并严格区分事实与价值，否定价值研究在知识中的地位。

（6）唯科学主义。工具理性的公共行政知识以实证论作为其知识论和方法论，认为行政现实乃是独立于人之外的客观实在，可以用自然科学的方法研究行政现象，致力于追求行政的一般法则，试图寻找适用于所有类似具体情景的科学管理的法则或放之四海而皆准的定律。

总之，理性主义的行政管理世界，是一个没有意义、没有价值、没有意向的世界。公共政策和决策变成科学的技术性解决办法。所谓“科学”可以解决一切问题。传统的公共行政对公共领域的价值、目的和伦理缺乏足够的重视和反思，将公共管理矮化为执行工具，忽视了公共管理对民主社会基本价值的捍卫，忽视了公共管理倡导和净化公共生活品质的神圣使命。

事实上，公共管理的世界并非是独立于人们之外的客观世界，而是人们共同生活的主体间世界。意义和价值是这个世界的组成部分，公共领域恰恰是因为意义和价值的存在而具有正当性。从宏观的意义上而言，公共管理价值的重要性在于它不仅关系到政府和公共管理的合法性，亦关系到其合理性。

首先，关于政府和公共管理的合法性（legitimacy）。任何政府体系都需要维护一套持续和统一的价值信条，这些信条有助于说明和证实其存在和发展的合法性。一个高度发达的形态必须包含着评价其组织机构、政策和领导人的标准，以及对体系实际如何运转的描绘。社会群体鉴别政府体系是否合法，是看它的价值取向与他们的价值取向如何相吻合。而价值的认同为政府及其行为提供了持久的、最终的合法性来源。

其次，关于政府和公共管理的合理性（rationality）。经济学家诺斯（North）对决定个人观念转化为行为的信仰体系与效率之间的关系论证提供了最好的说明。诺斯认为，价值体系是一种节约体制，人们通过它了解自己所处的环境，建立起一套指导行为的世界观，从而使决策过程简单明了，使执行过程的费用或者交易费用减少。成功的意识形态必须克服“搭便车”问题，其基本的目的在于促进群体不再按有关成本-效益的简单的、享乐主义的和个人的计算来行事。因此，价值便成为效率实现的促进因素。反之，当价值体系混乱，并使人们无法相信制度的合理性时，机会主义行为就会大量出现，博弈规则的执行费用将大量上升，而一旦执行费用超出制度所带来的收益，制度的变迁和国家的兴衰就会随之出现。

从具体意义上而言，公共管理价值的作用与意义主要体现在以下几个方面：

1. 公共管理价值乃是公共政策制定和选择的依据

公共政策的制定和选择事实上是在一定的价值指导下的行为。政府行为的动因、意图以及目标都是由价值需要所决定并服务于价值。任何具体的政策都是以政策制定者肯定的价值秩序为基础的。从另一个方面来看，在公共政策的制定过程中，现实状况的复杂性和不确定性，往往超出了人们的计算能力。在不确定的状态下，人们做出抉择需要对现实进行简化处理的过滤机制，这事实上凸显了价值理念的重要性。在这里，价值为人们提供了什么是好的、可欲的之标准，确定了什么是道德的、不道德的行为的标准，确定了偏好的次序等。这为不确定状态下的决策选择提供了依据。

2. 公共管理价值乃是政策执行和裁量行为的重要依据

公共管理大量涉及政策与法律的执行。在现实社会中，法律和政策往往是一般性的陈述，不可能提前预测到一切的情景，这便需要创造性地执行法律和政策，这涉及政府及其官员自由裁量权的行使问题。在涉及创造性和裁量性执行政策和法律的时候，价值便发挥着重要的作用。价值为公共管理者提供了有关意义、判断是非善恶、权衡得失轻重、决定褒贬取舍的基本尺度和标准，避免了执行过程中无所适用的状况。经验证明，执行者的价值影响着对政策和法律的理解，影响着对政策和法律的解释，影响着对事件或情景的解释和理解，最终影响着行为的选择以及执行的效果。

3. 公共管理价值对公共管理者行为的引导和规范作用

公共管理价值直接影响着公共管理的目标和方向，支配着人们的行为动机，引导着人们的行为，发挥着引导的功能。同时，价值也提供了判断是非的标准和公共管理行为的基本准则，发挥着规范和约束的作用。

4. 公共管理价值的整合和凝聚作用

公共管理的价值由于赋予了公共管理的意义，为社会提供了正当性的基础，这样便能整合社会的多元利益，使人们形成价值的共识，形成高度的认同感，并凝聚社会力量，使其为共同的理想而奋斗。

3.2 公共管理的核心价值

公共管理的价值世界如同其他领域一样，亦是一个具有多元价值，甚至是一个充满了价值冲突的世界。公共管理的价值，乃是由核心价值与一般价值组成的一个价值体系。核心价值是公共管理最本质、最基本的价值，在整个公共管理的价值体系中居于主导地位。对于什么才是构成公共管理的核心价值，不同的人可能有不同的认知，我们认为，判定和确立公共管理核心价值的基本依据在于以下几个方面：

(1) 公共管理的核心价值必须反映民主宪法的根本价值。宪法是国家的根本大法，是公民权利的保障书，也是人民根本利益和意志的体现。宪法的价值乃是一个政体的最高和核心的价值。公共管理最根本的责任，在于确保民主政体的宪法价值能够得到实现。宪法中关于人民主权、人民权利以及人性尊严的原则，无不是宪法价值的表达。公共管理的核心价值不仅要体现和表达这种价值，而且要丰富这些价值，并在公共管理的实践中，致力于这些价值的实现。

(2) 公共管理的核心价值必须反映公民的合理期待。从严格意义上而言，公共管理并没有其独立存在的价值和理由，公共管理的价值无非是公民利益、需要以及期盼的投射与反映。从这个意义上而言，公民对美好生活的期望和向往，乃是公共管理价值的核心体现。

(3) 公共管理的核心价值必须扎根于民族优秀的文化传统。传统乃是一个社会的文化遗产，是过去所创造的制度、信念、价值和行为方式等所构成的表意的象征，它不仅保持了人类发展的连续性和同一性，给人类生存带来了秩序和意义，也构成了社会再创造的基础。传统始终是有价值的生活的重要组成部分，与传统的割裂，往往会导致个人和社会的失范。传统并非是完美的，传统的生命力在于对传统的继承和超越，继承意味着保持传统的完整性、认同性、自主性和共享性，而超越则意味着创造性的转化。

(4) 公共管理的核心价值必须反映时代精神的发展。发展和变化是事物的本质属性，公共管理的价值也处于不断发展和变化的过程中。在每一个不同时代，总是有与时代相适应的主流的时代精神，时代精神反映了人类意识和观念的转化，或者某种典范的变化，而这种转化和变化是人们对时代面临的问题和诸种危机的不断反思和探索的结果。公共管理的核心价值必须反映这个时代人们的根本关切，以及时代精神的发展。

基于以上原则，我们认为，公共管理的核心价值为：人性尊严、公共利益、公平公正、公共责任、诚实守信、高效便民。

1. 人性尊严

人性尊严乃是文明国家存在和发展的基础。人之所以是人，是因为其具有人固有的价值、独立性和本质。人之可以是人，乃在于其心智，这种心智使其有能力自非人的本质脱离，并基于自我的决定去意识自己、决定自己、形成自己。所谓人性尊严，即承认人的目的性，人并非是他人用以实现一定目的的手段；每一个人本身，即为存在的价值。只有成全与维护人的价值，人的尊严才得以存在。就国家、政府与人民的关系而言，国家为人民而存在，国家存在的唯一正当合法的理由在于确保人的全面发展。

人性尊严，在我国乃是宪法位阶的原则，《宪法》第三十三条规定："国家尊重和保障人权。"第三十八条规定："中华人民共和国公民的人格尊严不受侵犯。"《宪法》第二章对公民权利的规定，都是人性尊严原则的具体体现。人性尊严原则，具体意味着：

（1）在公共管理过程中，应以维护人的尊严、保护人民的权益为最基本的出发点，人民的生命、自由以及追求幸福的权利，在不违反公共利益的限度内，应在法律、政策和行为上，予以最大限度尊重。

（2）在公共管理过程中，任何对人民权利的剥夺、利益的侵害或者使负担义务，非有法律的依据不可。行政机关实施行政管理，应当依据法律、法规、规章进行，没有法律法规规定，不得做出影响公民、法人和其他组织的合法权益或者增加公民、法人和其他组织义务的决定。

（3）公共部门要以积极的态度具体实现宪法中所宣示的人民各种社会权的授益性行政活动，改善人民的物质和精神生活水平。应满足人民对于美好生活的追求，提供直接的公共产品或服务，予以直接的资助或者协助。

（4）公共部门在实施行政管理的过程之中，特别是在做出与人民权益有关的决策时，应给予人民参与的机会，这既是对人民的尊重，亦能有效防止侵害公民权益。

（5）公共部门在行政管理的过程中，有违法或不当之处，致使人民的权益受到损害，应予以适当的救济。有权利而无救济，等于无权利；有救济而无实效，亦等于无救济。

2. 公共利益

从某种程度上而言，整个国家和政府的制度安排都是公共利益的规定。公共管理，不论以何种方式为之，皆是以实现公共利益为其目标和目的。公共利益具有凝聚共识、化解歧见、整合平衡各方利益等的重要作用。从规范性理论的角度来看，公共利益泛指一个社会普遍的、共同的、涉及生存和发展的基本需要的总和。公共利益并非一个社会的个体和组织利益的简单相加和总和，更多的是国家和社会存在和发展的必要条件。

公共利益是一种客观存在。任何一个国家和政府都存在着一些最基本的需求，如国家生存和安全，维护政治共同体的存续；促进经济的发展，维护人民的经济福利与幸福；保持社会制度与政府体系的自决与自主；保持社会的稳定与和谐；保护共有的资源，保障可持续的发展；等等。公共利益不同于个人的利益，公共利益不具有排他性，是社会整体共享的利益。也就是讲，公共利益是普遍的利益，它包含社会中所有的人和组织；公共利益是平等的利益，社会中的每一个个体和组织皆能够获得利益保障的权利；公共利益是包容性的利益，它承认和尊重社会个人和组织之间的不同利益诉求，并不强求利益的一致性和同质化。

维护和实现公共利益，在行政管理中就是通过一些具体的制度、程序和政策保障的。它涉及政府行政行为的目的与内容，以及实现这些目的所采用的政策、方法和程序等问题。具体讲，公共利益要求在公共政策制定和执行的过程中，要充分考虑到以下因素，以作为实践公共利益的参考标准：

（1）公共政策的制定和执行，应遵循普遍利益和多数人受益准则。

（2）公共政策的制定和执行，应体现弱势优先保护原则。

（3）公共政策的制定和执行，应该超越特殊利益集团的利益，不应或者防止被利益集团所俘虏，成为利益集团谋取特殊利益的工具。

（4）公共政策的制定和执行，应该超越部门利益，更多地从整体的利益和国家利益的角度考虑问题以及谋取解决问题之策。

（5）公共政策的制定和执行，应具有前瞻性，考虑到国家和民族长远的发展利益和福祉。

（6）公共政策的制定和执行，应超越地方利益，更多地考虑全局和整体的利益需要。

（7）公共政策的制定和执行过程，应保持开放性、透明性和参与性；在涉及公民重大利益和重大关切的问题上，民主的磋商和参与程序是不可缺少的。

（8）公共权力，无论在任何情景，都不能用来作为谋取个人特殊利益的工具。

3. 公平公正

公平公正，在我国也是宪法位阶的基本原则。我国《宪法》第三十三条明确规定，“中华人民共和国公民在法律面前一律平等”。行政公平是指在公共管理的过程中，公共部门及其工作人员，对公民、法人和其他组织实施平等的法律保护。所谓公平，简单而言，就是公共部门及其工作人员在行使公共权力，实施公共管理的过程中，要平等对待当事人，做到同等的情况同等对待，不同情况不同对待。而公正，是指没有偏私，特别是政府行为涉及利益存在冲突的多方时，公共部门及其工作人员应当严格遵循法律的规定，平等对待利害关系人。公平公正不仅仅是指形式主义的平等，也包含实质意义的平等。

公平公正贯穿在公共管理整个过程中。具体而言，公平公正要求公共部门及其工作人员在实施行政管理的过程中，最起码要做到以下几个方面：

（1）反对特权。任何人、任何组织都不得具有宪法和法律之外的特权。如果承认特权，就等于承认了特殊的人或组织具有侵害他人权利的权利。反对和禁止特权，其关键在于彰显平等权的重要性。

（2）禁止歧视。政府机关及其工作人员在做出行政决定时，应依据法律、法规和规章，不能基于教育、宗教、财产、阶层、民族、性别等而予以区分，从而差别对待。

（3）自我拘束。政府机关及其工作人员在做出具体行政行为时，在法律、法规没有明确规定的情况下，对于相同或者具有同一性的事件，如无正当理由，应受行政惯例或者行政先例的约束，而做出相同的处理，否则便违反了公平公正的原则。当然，行政惯例和先例本身必须是合法的。

（4）行政中立和回避。任何人不能作为有关自己案件的法官。在行政管理的过程中，如果存在影响公平公正的因素，为了保持公平公正，负责处理的行政人员应申请回避或者自行回避。

（5）公开听证。任何人的辩护均必须公平地听取。行政机关做出影响公民权利义务的决定之前，双方提出证据与反证、相互盘问，在公平听取双方意见后再做出决定。

4. 公共责任

无责任则无行政。民主政治就是责任政治，现代政府的核心就是责任政府。所谓责任政府，就是政府对自己的行为承担责任，对自己的违法行为必须承担违法责任。责任政府是由政府与人民的关系所决定的。国家主权属于人民，政府权力来源于人民的授予，因此，政府应对人民承担公共责任。在广义上，公共责任意味着政府机关及其工作人员积极地履行法定的职能和职责，有效回应社会和公民的期待和重大关切。在狭义上，责任意味着政府机关及其工作人员违法行使职权时，应当承担的否定性的法律后果。

在现代社会，公共责任包括以下几个方面：

（1）社会责任。政府机关应当积极回应社会和民众的重大关切和利益诉求，积极地履行其社会责任，维护社会公共利益。

（2）政治责任。政府的行政必须符合民意，并对民意负责。在现代国家的治理体系中，民选的代表机构是民意代表机关。对民意负责，便意味着向代议机构负责。我国宪法明确规定，国家行政机关由人民代表大会产生，对它负责、受它监督。现代国家的治理是政党领导下的治理，政治责任也意味着向政党负责。中国的政府管理，是在中国共产党领导下的行政管理，政治责任意味着政府机关及其工作人员要坚决拥护党的路线、方针和政策，坚决维护党中央的权威，并自觉接受党的监督。

（3）法律责任。政府机关及其工作人员如果违反法律规定的义务，违法行使职权，就必须承担相应的法律后果。政府行为给公民造成损害的，当依法赔偿；政府工作人员违法失职、滥用职权、贪污腐败等行为则应当受到行政处分或者刑事处罚。

（4）行政责任。政府机关及其工作人员应自觉履行职责，不失职；自当遵守法定权限，不越权行事；在行政组织体系中，对上级有服从的责任和义务；在执行公务的过程中，有保守秘密的责任和义务；政府的行政行为，自当符合法定的目的，不滥用职权，更不允许利用权力谋取个人利益；政府机关和公职人员自当合理行使裁量权，避免行政失当。凡此种种，皆属行政责任。

（5）道德责任。政府机关及其工作人员的生活和行为要符合社会及人民所要求的道德标准和规范，拥护宪法和法律，忠于国家，服务人民，做到清正、廉洁，坚守道德的底线，做国民的楷模。政府机关及其工作人员要有民主的风度，尊民、爱民、益民、敬民、便民，不可高高在上；政府机关及其工作人员要有整饬的生活，为民表率，不可骄恣乱妄、奢靡放荡，更不得有损伤社会风尚的行为；政府机关及其工作人员要有忠诚的行为，直道而行；政府机关及其工作人员要有廉洁的操守，廉洁自持，一介不取。同时，政府机关及其工作人员更要通过积极有效的工作，服务国家和人民。一句话，做一个良善的公民，成为公民之表率，乃是道德责任。

5. 诚实守信

人与人之间的交往要诚实守信，维护信赖关系乃是社会正常运转的一个基本前提。在私人和社会交往领域，诚实守信乃是最基本的道德准则。所谓人无信不立。人与人之间应严守承诺，遵循共同的约定，承担约定的义务，并在内心保持善意和诚实，由此建立人与人之间相互信任和信赖的关系。在公共管理领域，政府与人民之间存在着相互信任和信赖的关系，而信任与信赖，不仅影响着政府的合法性，也影响着政府的效能和合理性。

诚实守信，意味着政府机关及其工作人员在行政管理过程中，在主观上要有善意、诚实，不容心怀诡诈；在客观上，所作所为应当顾及信赖关系的建立，维护政府的公信力。具体而言，诚实守信，在公共管理实践中要做到以下几个方面：

(1) 法律和政策的安定性。在法治国家，人民对政府的信赖首先是建立在对法律和政策的信赖基础之上的。因此，国家的法律、法规、规章和政策要维护稳定性、连续性和一致性，不可朝令夕改，破坏基本的信赖基础。政府规范和政策应尽可能明确、具体，以便人民可以清楚地理解什么是允许的、什么是禁止的，政府的行为必须具有可预测性，能被人民所预见，并据此安排自己的活动。法律、政策的明确性、安定性和政府行为的可预测性是建立信赖的一个基本前提和要求。

(2) 不溯既往。政府的法律、法规和政策作为人民行为之规范，实施后不许追溯既往不利于人民的变更。对法律、法规和政策公布实施以前已终结的事实，新法原则上并不适用。特别是侵害性、负担性的法令和政策一般是禁止溯及的，否则便会破坏信赖关系。

(3) 公共承诺的践行。政府对公民做出的承诺，是政府单方面约定将来作为或不作为。承诺一旦做出，自当积极践行。若政府机关不践行承诺，自当承担责任。

(4) 行政机关执法应当遵循信赖保护。政府的行政行为具有公定力和执行力，行政决定一旦做出，法律要求行政相对人对此予以信赖和服从，基于这种信赖的存在，法律亦应保护人民的信赖利益。

(5) 行政合同的履行。行政合同与私法人的合同一样，在本质上乃是当事人意思表示一致，而产生法律效果的行为。政府机关应当严格履行合同产生的权利义务关系。

(6) 政府信息的真实。政府信息乃是公共资源，对社会和人民影响巨大。政府向社会和公民发布和传递的信息要全面、准确、真实，否则会破坏政府的公信力。

6. 高效便民

从某种程度上讲，效能就是公共管理的基点。公共管理是否高效乃是衡量管理的一个重要标准。所谓高效便民，简单而言，便是行政机关要积极履行法定的职责，提高办事的效率，并方便公民、法人和其他组织，提供优质服务。“高效”中的“效”，是指经济、效率、效果。经济乃是指政府要以尽可能低的成本、最少的投入来达成目标。效率乃是在既定的时间范围内，实现了什么样的目标，也就是投入与产出之间的比率。效果乃是指解决问题、实现既定目标的程度。高效便是经济、效率、效果的统一。便民，也就是从公民的立场考虑问题，是对高效的另一层要求。公共部门乃是公共服务机关，要为公民提供优质的公共服务，便民要求在施政的过程中，应当尽可能地为公民提供便利，减少公民在时间、金钱、精力上的消耗，从而确保实现行政目的。高效便民的核心在于强调行政机关当为公民提供方便、快捷、优质、全面的公共服务。

3.3 公共管理价值创造和实现的过程

公共管理价值的意义不在于其作为一种理想、信念和教条，而在于在现实中能够得到转化，转化为具体的制度、具体的政策、具体的项目和行动，并产生出预期的结果，产生实际的影响，这便是价值的创造和实现的过程。从某种意义上而言，公共管理价值的创造和实现的过程，便是整个公共管理实践的过程。

公共管理学者穆尔在其名著《创造公共价值：政府战略管理》中，提出了创造公共管理价值的“战略三角”（the strategic triangle）模型，说明了实现公共价值的三项基本战略（Moore，1995）。所谓的战略三角，乃是公共价值创造的三个重要环节，现简析如下：

1. 公共价值的确认

公共价值创造的前提乃是明确政府的战略性目标以及公共期待的公共价值。政府的政策内容必须具有实质性价值，能够产生对社会利害关系人有价值的事物，并且能够以低成本的方式产出。

2. 形塑合法性

创造一个合法化的环境（political authorizing environment），使得公共政策能够获得合法性和政治上的支持。也就是讲，政府的公共政策和施政作为必须获得广泛的政治支持，包括来自政党、利益团体、社会团体等的支持。

3. 构建组织运作的能力

公共价值的创造和实现有赖于现实中运作的能力和行政的可行性，这包括建立组织机构、运用一切资源去实现价值目标的努力。

在穆尔看来，实质性价值、合法化的环境、行政能力乃是公共部门价值创造的必要条件。这三个条件互为作用、不可缺少。如果公共部门具有吸引力的价值目标，也获得了广泛的政治支持，但缺乏行政能力，目标仍然不能实现；如果公共部门有实质性的价值目标，又具有组织运作和行政的能力，但未能获取政治上的支持，同样会失败；如果公共部门能获取政治支持，也有行政能力，同样可能失败，因为组织丧失了存在的理由和价值。穆尔的“战略三角”理论，事实上是把公共管理的价值创造作为一个组织管理过程来看待的。

3.4 公共管理价值创造和实现的条件

公共管理价值的创造和实现，并非是一个单纯的管理问题，即假定有一套实质性的价值，然后通过有效的管理行动（计划、组织、资源、调配），最终达成价值期望的目标。

公共管理价值的创造和实现，事实上涉及更广泛的内容，也就是讲，公共管理的价值在多大程度上能够实现，取决于诸多条件。价值实现的条件是多种多样的，能够实现的程度也是不同的，公共管理价值本身与各种条件之间的逻辑关系，也不是可以用数学公式精确表现的。探讨公共管理价值实现的条件，换句话讲，就是我们应该创造一个什么样的有利环境才能确保我们珍惜的价值得以实现。在这里，我们将公共管理价值实现的条件分为以下几个方面：

1. 政治秩序与政治稳定

秩序是自然界和人类社会最普遍和最基本的现象，诚如法学家博登海默所言，秩序意味着在自然进程和社会进程中都存在着某种程度的一致性、连续性和确定性，正是秩序的存在，使得万事万物具有自我保存（self-preservation）、自我适应（self-adaption）和自我超越（self-transcendence）的能力，“凡是在人类建立了政治和社会组织单位的地方，他们都曾力图防止出现不可控制的混乱现象，也试图确立某种适于生存的秩序形式”。

稳定在某种程度上是秩序的产物。稳定总是意味着自然和社会组织的有序性、合群性（非分离性）以及适应性（构成部分之间能够容纳和吸收，而非相互排斥）。政治的稳定则更多意味着政治的秩序性（没有政治暴力或体系的解体）和继承性（政治体系关键要素没有发生改变）。当然，秩序和稳定并非意味着事物发展处于静止状态，而是意味着事物在发展变化的过程中，在保持连续性的同时，不会导致系统性的瓦解和崩溃。对于社会而言，秩序和稳定本身就是一个基本的价值，同时又是实现更高价值的基础，如果没有秩序和稳定的存在，公共管理的其他价值便很难得到有效的实现。

2. 价值认同与价值共识的形成

价值的实现程度始终是与社会大众对价值的认同有着十分密切的关系。从一方面来看，人们之所以认同某种价值，与价值本身有着密切的关系。任何一种价值或者价值体系要存在和发展，关键在于其本身是否具有生命力，而其生命力的关键在于是否回应了那个时代人们的根本愿望；是否具有范围上的普遍性，能够包容大多数人的信仰倾向；是否具有一定程度的继承性；是否能够在现实中给人们带来实在的利益；是否直接反映了社会发展的最新可能和必然前景；等等。从另一个方面来看，任何一种价值或价值体系能够实现，除了自己具有生命力之外，还取决于其被社会接受和认同的程度，如果价值被社会大多数人所接受，那么它就能转化为强大的力量，正如马克思所讲的那样：“批判的武器当然不能代替武器的批判，物质力量只能用物质力量来摧毁；但是理论一经掌握群众，也会变成物质力量。”（马克思，恩格斯，2012，9）价值的认同是通过社会化的过程实现的，即通过教育等方式将价值观念灌输给公民的过程。在社会化的过程中，家庭、群体、学校组织、大众传播媒介均发挥着重要的作用。政治社会化，已经成为任何政治共同体实现政治统治、治理公共事务的基本内容，也是价值获取正当性的基本途径。

3. 社会经济基础

公共管理的价值，乃是社会意识的重要组成部分，尽管具有其独立性，但究其根源，乃是由现实的经济关系以及在此之上的政治关系所决定，是对现实的社会生活的反映。社会的存在决定社会的意识，正如马克思所讲的：“物质生活的生产方式制约着整个社会生活、政治生活和精神生活的过程。”（马克思，恩格斯，2012，2）公共管理的价值乃是由文化背景下的世界观铸造的，并非是完全超验的，而是根植于经济社会的背景。从历史上来看，任何一种价值观念始终与经济发展有内在的联系，正如马克思分析的那样：“如果说经济形式，交换，在所有方面确立了主体之间的平等，那么内容，即促使人们去进行交换的个人和物质材料，则确立了**自由**。可见，平等和自由不仅在以交换价值为基础的交换中受到尊重，而且交换价值的交换是一切**平等**和**自由**的生产的、现实的基础。作为纯粹观念，平等和自由仅仅是交换价值的交换的一种理想化的表现；作为在法律的、政治的、社会的关系上发展了的东西，平等和自由不过是另一次方上的这种基础而已。”（马克思，恩格斯，1995，199）

公共管理价值的实现，始终不能脱离社会经济发展的制约水平。在一个社会，如果社会的公民不能享受最低限度的物质福利，所谓的人性的尊严的基础便荡然无存；如果人不能摆脱物的奴役、受制于贫困，所谓的自由则无非是一种想象；如果没有独立的经济人格，所谓的独立的政治人格也就不存在；如果存在实质上的经济上的不平等，所谓的政治上的、社会上的平等则成为一种形式上的平等，权利永远不能超出社会的经济结构以及由经济结构所制约的社会文化发展。经济发展不仅提供了价值实现的物质基础，同时也影响着价值实现的程度。正是在这个意义上，我们讲，贫穷的国家承担不起崇高价值的负担。

4. 公共管理的制度化

公共管理的价值乃是通过公共管理的行为来实现的，而行为又是通过制度来规范的，因此，公共管理的制度与价值实现之间存在着必然的联系。所谓的制度化乃是将公共管理的价值以“明文”的形式予以规范。在民主法治国家，乃是通过立法程序或者法律授权的程序进行的。制度化的好处不仅仅在于公共管理价值获取了合法性和正当性，重要的在于使公共管理者的管理行为具有明确的规范和标准可资遵循；同时通过制度化的设计，政府及其官员也能产生负责任的行为。缺乏制度保障的价值乃是空洞和无力的。当然，制度化的前提乃是制度创制者的价值自觉及价值的选择。在缺乏价值自觉，而制度化的过程又不透明的情况下，良好的价值也会被褊狭的意图所取代，使制度不能成为良好价值和民意的体现，反而成为谋取自己私利和不正当目的的工具。

5. 公民的参与

公共管理的价值在本质上是民意和公众利益的表达和体现，如果缺乏公民的认同和支持，任何善良的愿望都不可能得到实现。社会公民的参与既是公共管理价值确立的重要途径，也是公共管理价值实现的力量源泉和现实动力之所在。公共管理的过程与公共价值的创造过程实际上是公众与政府之间的互动过程。经由公民的参与，公共管理的价值以及共享的价值得以确立；经由公民的参与，强化了相互之间的了解和政府部门的回应性；经由公民的参与，调和了群体之间的差异和分歧；经由公民的参与，强化了社会参与创造公共价值，增加了价值实现的机会；经由公民的参与，强化了公共价值创造和实现过程中的社会问责。因此，公共管理价值的实现程度，在很大程度上是由公民对公共事务参与的广度和深度来决定的。

6. 社会的协力

公共管理价值的实现和创造，并非是政府单方行动所能达到的目标，更多的是整个社会协力的结果。建立政府、市场、社会之间的合作和协力网络，乃是在现今多元、复杂、动荡环境下，公共管理价值创造的重要途径。而所谓的协力关系，就是通过共识的建立、资源的共享、权力的授予、永续的合作，共同创造共享的价值。

本章小结

1. 公共管理的价值是指通过政府的行为以及政府所提供的服务，使公民之期望获得满足的精神意义。

2. 公共管理价值的作用与意义在于，它是公共政策制定、选择、执行和裁量行为的重要依据，引导和规范公共管理者行为，能够发挥整合和凝聚的作用。

3. 反映民主宪法的根本价值、反映公民的合理期待、扎根于民族优秀的文化传统、反映时代精神的发展，是判定和确立公共管理核心价值的基本依据。

4. 公共价值的确认、形塑合法性、建立组织运作的能力是公共管理价值创造和实施的三个关键环节。

5. 公共管理价值创造和实现的条件为：政治秩序与政治稳定、价值认同与价值共识的形成、社会经济基础、公共管理的制度化、公民的参与、社会的协力。

关键术语

价值　　公共管理价值　　公共管理的核心价值　　公共管理价值的创造　　公共管理价值的实现

复习思考题

1. 何谓价值？价值的本质与特性是什么？
2. 什么是公共管理的价值？公共管理的价值具有哪些明显的特质？
3. 在公共管理实践中，公共管理价值的作用与意义具体体现在哪些方面？
4. 判定和确立公共管理核心价值的基本依据是什么？
5. 如何创造和实现公共管理的价值？
6. 公共管理价值创造和实现的基本条件是什么？

阅读材料

良好治理的 12 条原则

良好治理（good governance）代表着公共事务和公共资源管理的负责任的行为。为了促进良好的治理，欧盟委员会（Council of Europe）于 2006 年建立了地方政府改革专技中心（The Centre of Expertise for local Government Reform），其使命在于通过立法支持、政策咨询和能力建设等途径促进良好的治理。为了促进良好治理，欧盟提出了良好治理的 12 条原则。良好治理准则是对欧盟各级公共行政的要求，代表了对公共治理基本价值的立场。12 条原则被视为政府创新战略和良好治理的神圣准则。

原则一：参与、代表性、公正的选举（participation、representation、fair conduct of election）

- 依据国际标准和国家立法，举行自由公正的地方选举，没有任何腐败；
- 公民是公共活动的中心，以明确的方式和途径参与地方各级的公共生活；
- 所有公民在决策中皆可发出自己的声音，无论是直接或者是间接通过合法代表其利益的中介组织；
- 所有的声音，包括弱势群体的呼声皆能听取，在决策过程，包括资源分配过程中，予以考量；
- 时时真诚地调和不同的合法利益，在何谓社会的最佳利益以及如何实现这种利益方面，达成最广泛的共识；
- 决策的选择依据多数人的意愿，同时尊重少数人的权利和合法利益。

原则二：回应性（responsiveness）

- 目标、规则、结构和程序满足公民的需要和合法期待；
- 公共服务的提供，对公民的要求和诉愿，皆能在合理的时间范围内进行回应。

原则三：效率和效能（efficiency and effectiveness）

- 确立的目标皆能实现预期的结果；
- 有效地使用资源；
- 绩效管理系统能够评估并强化服务的效率和效果；
- 定期审计、评估和改善绩效。

原则四：开放和透明（openness and transparency）

- 依据规章和规则做出和执行决策；
- 公民具有知情权，法律特殊规定者除外；
- 决策的制定、执行和结果的信息应向公众公开。

原则五：法治（rule of law）

- 地方政府尊重法律和司法决定；
- 依据正当法律程序制定规章和规则，并且公正执行。

原则六：行为规范（ethical conduct）

- 公共利益高于个人利益；
- 采取有效措施预防并反对各种形式的腐败；
- 防止利益冲突，在决策过程中利益相关者应主动回避。

原则七：知识与技能（competence and capacity）

- 为改善治理的产出和影响，应持续保持和强化公共管理者的职业技能；
- 激励公共管理者持续改善其绩效；
- 为将技能转化为能力，实现更好的结果，应创造和应用实用的方法和程序。

原则八：创新和变革（innovation and openness to change）

- 寻求新的以及有效的方法，发挥服务提供现代方法的优势；
- 大胆创新与试验，学习他人的经验；
- 创造支持变革的环境，实现更佳结果。

原则九：可持续性和长远导向（sustainability and long-term orientation）

- 现时政策的制定考虑未来世代人的需要；
- 充分考虑社会的可持续发展；
- 决策成本内部化，不转嫁问题，特别是不能将环境、结构性财政、经济和社会的问题转嫁给未来的世代；
- 充分理解决策问题产生的历史、文化和社会的复杂性。

原则十：有效的财政管理（sound financial management）

- 公共服务的收费不能超过其成本，重要公共服务的提供不能降低服务的水准；
- 财政管理，包括区域外包、货款、资源的评估、财政收入和储备以及预算外收入的使用，坚持审慎的原则；
- 跨年度预算的制定应与公众协商；
- 风险得到适当的预测并加以有效管理；
- 积极加强城市间的协力，公平承担负担，共享收益，减少风险。

原则十一：人权、文化多样性和社会凝聚力（human right、cultural diversity and social cohesion）

- 在地方政府影响范围内，尊重和保护人权，反对任何歧视；
- 将文化的多样性视为资产，持续不断地努力确保所有人在社会中存其地位，认同社会不被排斥；
- 促进社会凝聚，加强落后地区的融合；
- 确保基本服务的供给，特别是弱势群体人口的基本服务。

原则十二：问责（accountability）

- 决策者（无论是个人还是集体）皆要对其决策负责；
- 决策公开、说明理由并受约束；
- 不良行政、侵犯权益的行为得到有效的救济。

资料来源：Council of Europe，12 Principles of Good Democratic Governance，2006.

本章参考文献

Bozeman，B.(2007)，Public Values and Public Interest：Counterbalancing Economic Individualism，Washington：Georgetown University Press.

Cole，M. and Parston，G.(2006)，Unlocking Public Value：A New Model for Achieving High Performance in Public Service Organizations，Hoboken，N.J.：John Wiley & Sons.

Cooper，T.L.(2006)，The Responsible Administrator：An Approach to Ethics for The Administrative Role，5th ed.，San Francisco：Jossey-Bass.

Frederickson，H. G.（1997），The Spirit of Public Administration. San Francisco：Jossey-Bass.

Frederickson，G.(1991)，“Toward A Theory of the Public for Public Administration，” Administration & Society，Vol.22，No.4.

Hofstede，G. and Hofstede，G.J.(2005)，Cultures and Organization：Software of the Mind，London：McGraw-Hill.

Mansbridge，J.（1990)，Beyond Self-Interest，Chicago：University of Chicago Press.

Moore，M.H.(1995)，Creating Public Value：Strategic Management in Government，Cambridge，MA：Harvard University Press.

Moore，M.H.(2013)，Recognizing Public Value，Cambridge，MA：Harvard University Press.

OECD（2000)，Trust in Government：Ethics Measures in OECD Countries，Paris.

Rokeach，M.（1973)，The Human Side of Values，New York：Free Press.

Lawton，A.（1998)，Ethical Management for the Public Services，Buckingham：Open University.

Schein，E.H.(2004)，Organizational Culture and Leadership，3rd ed.，San Francisco：Jossey-Bass.

United Nations International Code of Conduct for Public Officials（1996)，New York：United Nations.

Van Wart，M.(1998)，Changing Public Sector Values，London：Garland Publishing.

Waldo，D.(2007)，The Administrative State：A Study of the Political Theory of American Public Administration，New Brunswick，N.J.：Transaction Publishers.

马克思，恩格斯（2012）．马克思恩格斯选集：第1卷．3版．北京：人民出版社．

马克思，恩格斯（2012）．马克思恩格斯选集：第2卷．3版．北京：人民出版社．

马克思，恩格斯（1995）．马克思恩格斯全集：第30卷．2版．北京：人民出版社．

第4章

公共管理的环境

公共管理体系乃是存在于特定环境下的开放体系。公共管理体系与其外在环境之间存在着相互依赖与相互作用的关系。环境的适应能力，是公共管理体系存在和发展的前提，而积极采取有效的策略和干预措施，创造有利的管理环境，是增强公共管理有效性，提升公共治理能力的关键。

重点问题

- 开放系统的特质
- 公共管理体系的基本特征
- 公共管理环境
- 公共管理的生态关系
- 公共管理的时代环境

4.1 作为开放系统的公共管理

4.1.1 系统与开放系统

东西方的智者早就揭示了一个简单而又明确的道理，即无论是微观的个体，还是宏观的宇宙，都是由诸多元素所构成的一个完整的整体。我们处于一个复杂的、相互关联的生命之网中，科学的发展也已经证明了这种整体而又普遍联系的世界本真。如今，系统观念的普遍被接受，便是一个明确的证明。

系统这一概念代表着人们对于万事万物存在本真的一种认知，即万事万物，包括物理层面、生物层面和人类社会层面，存在着相互关联的模式：构成事物整体的乃是部分（或者称之为全子）；构成整体的事物存在着层级的系统，其中较高组织层级上的系统包含了在所有从属组织层级上的下级系统；所有的系统都处在不断的发展变化之中，即不断的演化与进化之中。

学者博尔丁曾以层级体系的观点提出，宇宙间的万事万物，都包含在以下九个系统层级中：第一层级是静态的结构（static structure），例如宇宙的构成；第二层级是一种预定的、必须有动作的简单动态系统（dynamic system），小如钟表，大到太阳系；第三层级是控制的机制或控制系统（cybernetic system），即维持均衡且带有自我规则的系统，例如调温器或水库放水控制机制；第四层级是开放系统（open system）或者具有自我维持结构（self-maintaining structure）的系统，此乃有生物与无生物的区别；第五层级是植物系统（plant system），即为了维持生命，系统本身已具有综合性的活动，而且为了适应环境的变迁，系统会有不同的行为与举动；第六层级是动物系统（animal system），其特性是流动的、有目的的，而且有强烈的自我意识；第七层级是人类层次的系统（human level system），是较动物系统更为高级的系统，具有丰富的情报、语言以及艺术方面的能力，且能基于本身的目的或意志，从事各种决策或行为；第八层级是社会系统（social system），乃是由人类组织所构成的系统，也可以说是前面七种系统的综合体；第九层级是超自然系统（transcendental system），此乃系统的终极形态（Boulding，1956，197－208）。

现实世界中的所有系统都是开放系统。所谓的开放系统，是相对于封闭系统而言的，是指系统通过不同形式的能量交换，同环境发生相互的作用，从而适应环境的变化并维持自己的存在。根据学者卡茨和卡恩的分析，一个开放的系统，至少具有九个方面的基本特征（Katz and Kahn，1966，19－26）：

1. 能量的输入（the importation of energy）

任何一个开放系统都必须从其周围环境输入新的能量，以弥补并增加其原有的能量和功能。人类的社会组织既然是一个开放系统，当然就必须从外界输入能量，以作为总能量的一部分。

2. 转换过程（the through-put）

一个开放系统，不仅与环境之间存在着能量的转换，而且与其环境之间亦保持不同的转换过程。转换过程，就是改变投入的各种能量的形式，使其融合于系统之中，以增强系统的功能。

3. 输出物（the output）

输出物是指一个系统输送到周围环境中的产品，这种产品可在环境中发生新的作用，并可以作为另一个系统循环的输入项。任何一个系统，其输出的内容质量，永远小于其原有输入项的内容质量。

4. 事件循环系统（system as cycles of event）

开放系统是事件的循环体系。一个系统获得了某种信息，便会予以解释并做出反应，此种反应就是输出项。输出项必然会影响到周围的环境，而且将作为未来输入项的参考。在目的与手段链下，构成了事件的循环。

5. 负熵（negative entropy）

开放系统必须与环境存在能量的交换。开放系统与其他有机体一样，都会逐渐衰退、解体甚至死亡。依据热力学第二定律，物质和能量只能沿着一个方向转换，即从可利用到不可利用，从有效到无效，从有秩序到无秩序。熵就是对宇宙第一系统中由有效能量转化而来的无效能量的衡量①。任何开放系统必须储存能量以防止衰退。

6. 信息输入、负反馈以及编码（information input，negative feedback and the coding process）

一个系统可产生有用的输出项，亦可产生无用的输出项。一个系统必须具有矫正偏差和错误的功能，即负反馈的功能，如果负反馈的功能不存在，则稳定性会丧失，系统亦可能瓦解。

7. 自我稳定和动态均衡（the steady state and dynamic homeostasis）

开放系统都必须通过自动调节的过程维持系统的稳定。所谓系统的稳定，并非一种静止状态或均衡状态，而是一种使系统的输入量和输出量保持一定函数的状态。也就是讲，系统要随着外在系统的变化，具有维持原有系统存在，并足以适应外在环境变化的自我调节的能力。

8. 系统的分化（differentiation）

一个开放系统的行为，会因逐渐朝不同与复杂的方向发展而产生差异性，这是功能专门化而出现的一种必然现象。分化产生出更多部分性，分化产生整合的需要。系统发展的过程或者进化的过程，乃是分化与整合的过程，而所谓的整合，乃是系统产生整合性或单一性的过程。

9. 殊途同归（equifinality）

开放系统的最后一个特点乃是殊途同归性。依据系统理论家贝塔朗菲（Bartalanffy）的观点，一个系统可由各种不同的初始状态（initial condition），采用不同的途径，达到最终相同的终极状态。

开放系统的观念为人们分析和认识自然界、人类社会提供了一种全新的思考方式或者“典范”。诚如哲学家欧文·拉兹洛所言，系统的概念是一般理论最卓越的工具，它优于其他各种概念之处在于：当其他概念的适用性遇到限制时，它却能保持适用性不变，系统的概念可以被称为科学领域的元语言。

4.1.2　开放系统的管理理论

在公共管理的历史上，将组织和公共组织视为一个系统的观念已经有很长的历史。著名的有巴纳德的协作系统理论、帕森斯的社会系统理论以及社会-技术系统理论。

1. 巴纳德的协作系统理论

管理学家切斯特·巴纳德（Chester Barnard）认为，任何组织都是两个或两个以上的人有意识协调的活动或者效力的系统；作为一个系统，它按一定的方法调整的人的活动和行为的相互关系；组织是动态的和发展的，当一个系统的一个部分同其他部分的关系发生变化时，作为整体的系统也要发生变化；组织是协作系统（如政府机构）的一个组成部分；组织是整个社会协作系统的组成部分；协作系统以组织为核心，将构成组织的子系统，如物质子系统、人员子系统、社会子系统联结为一个复合的整体；组织处在特定的环境之中，组织所处的环境对组织施加各种压力、约束和限制。

① 关于熵的概念，可参见：里夫金. 熵：一种新的世界观. 上海：上海译文出版社，1987.

2. 帕森斯的社会系统理论

社会学家帕森斯（Talcott Parsons）从社会学的立场和角度，试图建构适用于一切组织的一般化的理论。他的思想主要体现在《社会行动的结构》《社会系统》等著述之中。

在帕森斯看来，社会是由因果关系所构成的一个复杂的网络，所谓的机制（政治、经济、文化、家庭）都是相互影响的，也就是讲，社会是由相互联系的各个部分组成的一个系统。官僚组织的兴起和发展，乃是复杂社会的产物，它是社会功能分化和专业化的必然现象，同时也是达成社会目标的必要条件；此种特定的目标，正是组织的特质所在，同时也是用以区别于其他形态的社会系统的标准。

从文化-制度的（culture-institutional）观点出发，认为每一种组织皆具有不同的功能范围与内容，组织的价值必须与整个社会的价值协调一致，只有这样，才能使组织的各种功能合法化。这一合法化的过程，不仅是组织确立目标的先决条件，也是一个组织赖以生存、持续发展的基本动力。

帕森斯认为，任何一个社会系统或者组织必须具备四种功能才能维持其生存和发展，即适应、目标实现、整合和维持。适应（adaptation）：包括从环境中获取足够设备和工具，然后在整个系统中进行分配；目标实现（goal achievement）：是指确定目标的优先程序，并调动系统的资源以实现这些目标；整合（integration）：意味着协调和维持系统单位之间的相互关系；维持（maintaining）：涉及模式的维持和紧张关系的处理。此即著名的"AGIL"系统。

从"AGIL"结构与功能出发，帕森斯认为社会系统中的组织分为四种类型：一是以经济增长为导向的组织（organization oriented to economical production），二是以政治目标为导向的组织（organization oriented to political goal），三是整合性组织（integration organization），四是模式维持型组织（pattern maintenance organization）。

由于任何一个系统或组织都要解决四个基本问题，所以每个系统皆存在三个层级：决策层、管理层和技术层。决策层（strategic level）直接与外部环境发生关系，主要解决组织的适应问题。管理层（managerial level）的主要任务，一方面是协调组织内部的行为，以维持组织的完整与统一；另一方面也负责维持组织与外部环境的关系。至于技术层（technical level），主要功能乃是执行决策，实现组织的目标。

在帕森斯看来，社会系统通过"分化"（differentiation）或者通过"去分化"（de-differentiation）而发生变迁，这意味着劳动分工程度提高，各系统在结构功能上日趋专门化，或者分工程度降低，而结构则承担更多的功能。社会发展的过程是从未分化社会到高度分化社会的过程。现代社会是由高度分化的各社会组织构成的一套复杂系统。

3. 社会-技术系统理论

巴纳德的协作系统理论着重从社会方面来研究组织，把技术系统排斥在外，而社会-技术系统理论认为，组织既是一个社会系统，又是一个技术系统，二者具有密切的关系并且相互影响。社会-技术系统理论是英国伦敦的塔维斯托克研究所的社会学家所提出来的。

社会-技术系统理论认为，组织不仅仅是一个社会系统，更是一个技术系统，技术系统是组织同环境的中介。组织或企业的投入与产出之间并不存在简单的对应关系，而是依存于技术系统。技术系统的灵活性对产出和市场变动的承受能力有重要影响。组织的技术系统在组织与外界环境的接壤处起着中介作用。技术系统适应于外界环境的变化而决定着企业或组织能做些什么以及企业的目标。社会-技术系统理论也十分重视组织系统与外部环境的关系，在环境日益复杂和变动的情景下，就必须研究和理解组织所处的环境。

在环境问题上，他们提出了环境特质和组织结构之间的因果关系，认为在宁静而分散的环境（placid，randomized environment）下，一般组织大多呈现静止不变的状态，在此状况下，未分化的组织（undifferentiated organization）产生。在宁静而群集的环境（placid，clustered environment）中，专业化的组织出现，组织为了生存下去，需要了解环境并制定战略与策略。在刺激反应的环境（disturbed reactive environment）中，由于存在竞争，整体性的战略显得十分重要。在动荡的环境（turbulent fields）中，环境不断变化，大多数组织都必须采取非官僚化的组织结构如矩阵组织，并发展一致的价值，以应对环境的挑战。

在社会-技术系统理论的基础上，管理学者卡斯特（F. E. Kast）以及罗森茨韦克（James E. Rosenzweig）建立了一个整体系统的组织管理模式，他们将组织看成是一种开放的，而且是多种次级系统组成的开放性社会-技术系统（socio-technical system）（见图 4-1）。它从外在环境输入各种能源、物质和信息，然后经由转换的过程，再以输入

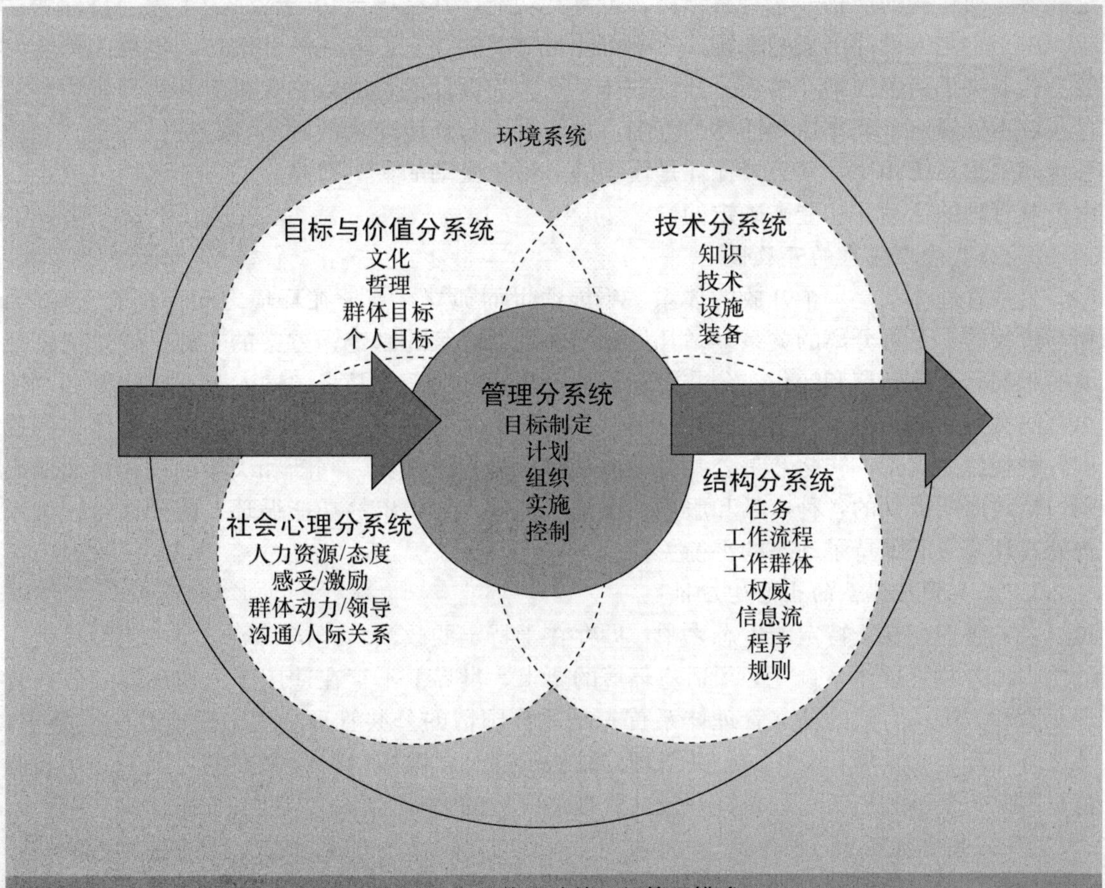

图 4-1　整体系统的组织管理模式

的形式投入环境。组织是社会-技术系统，社会系统决定着技术利用的效率和有效性，而技术影响着投入的种类、转换过程的性质和系统的产出。同塔维斯托克研究所的看法一致，他们认为组织内部乃是由许多次级系统所组成的，包括目标与价值分系统、技术分系统、结构分系统、社会心理分系统以及统筹全局之管理分系统。应该承认，社会-技术系统理论为人们理解组织及其管理提供了更为完整的概念。

4.1.3 作为开放系统的公共管理体系

从开放系统的理论出发，我们把公共管理也视为一个系统。当然，公共管理体系如同其他社会系统一样，乃是人们所建构的经验系统（construction empirical system），建构的目的乃是为了分析和解释公共管理的运转。公共管理体系意味着公共管理乃是存在于特定环境下的、由许多相互作用的内在部分构成的、有特定结构和功能的、实现特定目标的体系。这一体系具有以下几个方面的基本特征：

1. 公共管理体系的社会设计性和建构性

如同其他社会实体一样，公共管理体系在本质上并非天生自然的，而是人为设计的，是社会互动建构的产物。它有其结构，也有其功能，其结构与功能皆是为了社会目标的达成。由于它是人设计出来的系统，故不可能是完美的，它可能瓦解和解体，也可能持续发展，这取决于诸多因素；由于公共管理体系是人为设计的，所以它又具有其边界，边界的存在，不仅界定了其作用和活动的范围，也构成了与环境交流的障碍，与机械系统、物质系统和生物系统相比，其边界往往是模糊的，易于变动的，具有高度的可介入性，这也是由公共管理的活动和功能来确定的。

2. 公共管理体系的开放性

公共管理体系是一个开放的体系，不能遗世而孤立，与外在环境之间存在着密切的、相互依赖的、不可分离的关系。举凡目标的确立、政策的制定、方案的实施，皆是依据环境的状况和变动转移和变化。公共管理与环境之间的关系，乃是“输入”、“转化”和“输出”的关系。输入包括社会对公共管理体系的需求和要求，以及社会对公共管理体系所提供各种资源的支持；转化乃是公共管理体系对于输入的分析、判断和决策的过程；而输出则包括政府所提供的各种产品和服务。正是这种输入、输出的功能循环，使公共管理体系与外在环境之间保持了动态的平衡关系。

3. 公共管理体系的生态适应性

公共管理存在于特定的生态之中，即存在于特定的政治、经济、历史、文化和社会环境之中。公共管理体系首先必须适应环境的要求，世界上不存在适用于一切环境的公共管理制度和方法，有效的公共管理体系首先是适合国情的公共管理。生态适应性同时要求，随着外在环境的发展和变化，公共管理的结构、功能、政策、行为都要随之发生变化和调整，因此，变革和创新永远是提升公共管理适应性的唯一途径。

4. 公共管理体系的整体性

从系统内部而言，公共管理从横向上看，乃是由诸多子系统构成的一个完整体系；从纵向来看，乃是由不同层级构成的一个层级控制体系。公共管理的非加和性，即整体性是其显著的特征，这也是公共管理体系发挥作用的前提。整体性要求公共管理体系要解决系统分化所带来的问题，从整体主义的观点看待问题，解决问题，通过系统的整合，使公共管理体系成为一个有机的整体，更好地实现公共管理的目标。

5. 公共管理体系的动态平衡性

公共管理体系并非是一个静态的结构系统，而是随着环境变化自求调整和适应的有机体。面对外在环境之间以及内在系统的压力，必须维持一种动态平衡的关系（dynamic equilibrium）。为了防止系统的衰退，保持系统的负熵，公共管理体系必须具备反馈与修正的功能。所谓的反馈（feedback），乃是公共管理体系要不断对公共管理的输出进行评估，然后进行有效控制。反馈的意义在于提供信息，以作为改进的依据。

6. 公共管理体系的殊途同归性

公共管理的生态环境各不相同，环境永远处在不断的变化和发展当中，公共管理不存在至善之法，也不存在适用一切国度的公共管理制度，条条大路通罗马，公共管理体系具有殊途同归性。

4.2　公共管理的生态环境分析

任何组织或系统都不是孤立地存在于整个外在环境的，公共管理体系亦是如此。公共管理的整体环境是多样的，而且是变动不居的。外部的环境对公共管理体系施加影响，而同时公共管理体系也改变和影响着环境。公共管理与环境之间是相互作用的。

4.2.1　公共管理环境的性质

“环境”（environment）一词有着不同的意涵。当我们使用“生态环境”一词时，乃是从人类社会系统的角度来看待和界定的，在以人类为中心的文化中，我们将影响人类生命、生活的大自然系统称为外在的环境。大自然为我们的生命和生活系统提供了物质的支持，同时又分解和清除了人类生活和生产系统排放的废弃物，我们将自然视为无生命的物质构成，视为一种客体的存在。总之，我们是在二元对立的观念下认识和理解环境的，即环境是独立于我们的存在之物。

今天，我们谈论“环境”一词时，有意或者无意地，都是用以指称影响人或者人类实体（家庭、群体、组织、社会、国家等）存在和发展的一切外在因素的集合。对个人而言，环境是影响个人生活的全部客体的组合，这既包括了自然的维度，也包括了社会的维度。在社会的维度，环境是指影响人的社会功能实现的社会背景，如微观的、面对面接触和直接接触的人或事；中观的，如人际关系网络；宏观的，如社会制度或者文化环境。显然，“环境”一词的广泛使用，代表了一种从整体视角看待人类的观点，它意味着实体和环境是整体系统的一部分。在整体的系统中，人和环境是相互形塑的，人类的活动便发生在人类系统与环境的交界面上。当然，将系统与环境截然分开，本身也可能是十分武断的，因为系统与其环境之间并不存在天然的界限，环境与系统的划分，是建立在主客观二元划分的基础之上的，而事实上，主客观是相互转化的，并不存在绝对的主体或客体，这完全视个人的观念而定。因此，在我们看来，“环境”一词及其意涵也是“自我中心主义”的一种意义建构。

在我们讲公共管理的生态环境时，是以公共管理为中心而建构的，在这里“环境”一词是一种隐喻，即将公共管理体系视为一个有机系统；公共管理体系有其基本的结构和功能；公共管理体系与外环境之间发生着相互作用；公共管理实践活动发生在系统与环境之间的交互地带上；公共管理与环境的交互作用促进公共管理的发展，并同时改善环境。

从广泛意义上讲，公共管理的生态环境泛指影响一国公共管理体系的一切要素的集合。在这里，何者构成环境、何者构成系统本身的组成部分，主要取决于人们对公共管理系统边界的认知和界定。如果任何一个系统不存在边界的话，事实上也不存在所谓的环境。公共管理体系，并不像相对封闭系统有固定的、不可渗透的界限。家庭、政党、犯罪集团等组织体系的边界往往是比较清楚的。但公共管理体系的边界并不清楚。公共管理体系的边界（boundary）确立着公共管理活动的范围和作用的领域（domain），也决定着公共管理功能所必须具有的各种转换过程和方式。在现实中，公共管理体系的边界具有高度的弹性，随时都可能发生变化，其变动视公共管理的目标、战略、功能和活动而定。在某种程度上，边界只是一种观念的存在，并没有真实存在的藩篱。

在这里，我们是从广泛意义上来界定公共管理体系的环境的，即将公共管理体系的环境视为影响一国公共管理存在和发展的一切外在因素或者力量（见图 4-2）。

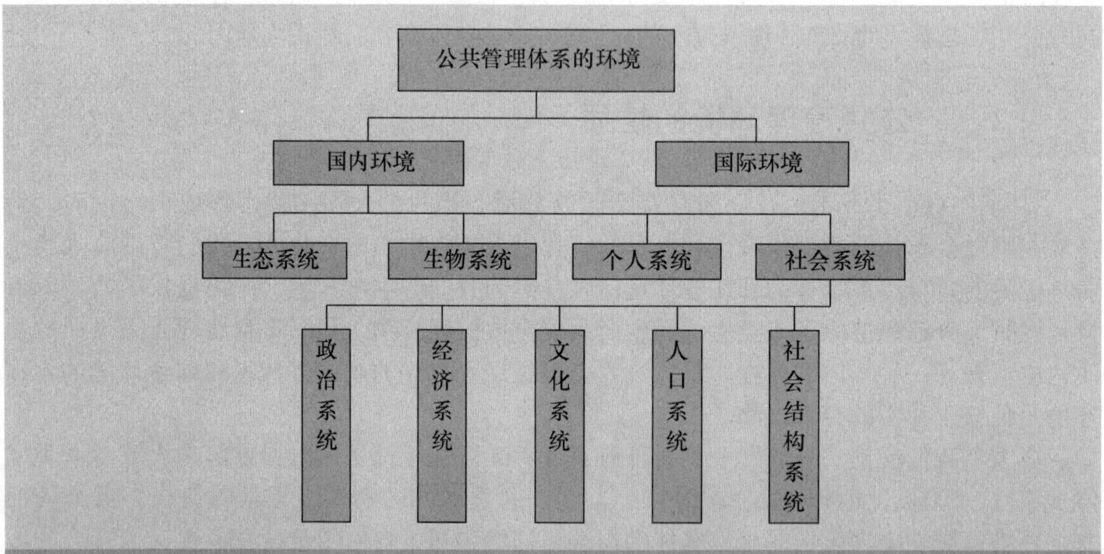

图 4-2 公共管理体系的环境

从图 4-2 我们可以看出，公共管理环境具有以下几个明显的特点：

1. 公共管理环境的多样性和复杂性

公共管理环境本身是由多个子系统组成的一个超级系统。公共管理环境这个超大系统的构成既包括了政治系统、经济系统、文化系统、人口系统、社会结构系统，也包括了生态系统等，十分多样。这些系统之间相互作用、相互影响，其复杂程度远远超过人们心智所能思考的范围。

2. 公共管理环境的差异性

一个国家的公共管理环境在现象上表现出了高度的差异性，这种差异性既表现在生态系统的差异上，也表现在政治、经济、历史、传统、文化等诸多方面，正是这种诸多的差异，人类社会展现了多元的文明。

3. 公共管理环境的变化性

变化是任何事物存在和发展的最显著的特征之一，公共管理环境总是处在不断的变化和发展之中，同其他动态系统一样，环境超系统以及构成环境超系统的子系统本身就是一个进化的系统。

4.2.2　公共管理环境的维度

对于公共管理的环境，依据不同的标准，可以划分为不同的类型。不同类型的划分，对于理解环境的性质以及对公共组织的影响是有意义的。

1. 一般环境与特殊环境

一般环境是指所有公共部门组织都会受到影响的环境因素，如政治、法律、经济、文化、社会结构、科学技术等等，这些因素对每个公共部门组织的影响或许不尽相同，但是在一般情况下，影响是间接的、长期性的或者潜在的。相比较而言，特定环境通常是指对一个公共部门组织直接发生影响，需要特别关注的环境因素。由于公共组织或者政府并非是一个同质的集团或者组织，构成直接影响的环境因素并不完全相同，一般而言，组织的性质、组织的关系网络、所提供服务的对象、资源的获取与依赖程度等等，均构成了不同公共组织特殊的环境。

2. 微观、中观与宏观系统环境

公共管理行为总是发生在公共管理者与环境的交界面上，公共管理者作为行动者，是生活在特定的社会结构和环境之中的。从公共管理者行动的角度，可以将管理的环境分为微观的系统环境、中观的系统环境以及宏观的系统环境。微观系统是公共管理者在其中进行的面对面接触或者直接接触的系统；中观系统乃是公共管理者生活于其中的人际关系网络以及影响个人行为的组织；宏观系统是指在微观和中观系统之外，更大的社会文化系统。

3. 环境维度

对管理环境的另外一个分类的方法是运用更多的分析元素对环境进行分析。学者奥尔德里奇（Aldrich）在《组织与环境》一书中，将组织的环境维度通过下列标准予以分析：(1) 环境容量。环境容量是指环境资源的丰富或者贫乏，即一个组织所能得到的资源水平。在资源丰富的环境里，组织能够获得更多的资源，资源贫乏的环境促进了组织之间的竞争。(2) 环境的异质性-同质性。这一维度是指环境的相似或分化的程度。在同质的环境下，组织能够发展出一套标准化的反应方法。(3) 环境的稳定性-不稳定性。这是指环境要素变化和更新的程度，不稳定性导致不可预测性。组织的任何环境既可能是稳定的，也可能是不稳定的。(4) 环境的集中与分散程度。这主要是指组织范围内资源等一些要素组成平均分布的程度，包括资源提供者、组织顾客、市场的分布等等。(5) 组织范围的一致性与不一致性。这主要是指组织本身所划分的活动范围要求被环境认可的程度。任何一个组织都拥有一个领域，组织总是努力通过立法或者法律保障来达成领域的一致。(6) 环境的紊乱程度。环境紊乱意味着构成环境的各要素之间有大量的因果关系，一个因素的变化可能导致其他因素发生变化。

4.2.3 公共管理与环境的互动模型

依据前面的分析，我们建构了一个公共管理与环境之间的动态关系模型（见图4-3)。图4-3表明了在公共管理部门和其环境以及社会主要力量之间的影响和反应的复杂性。它试图表明，对公共管理的主要影响力量来源于环境的变化；环境的变化影响着公共管理的主要利害关系人；不同的利害关系人有着不同的价值、需求；这些力量对公共管理过程产生影响，反过来又影响各种利害关系人及其外在环境。

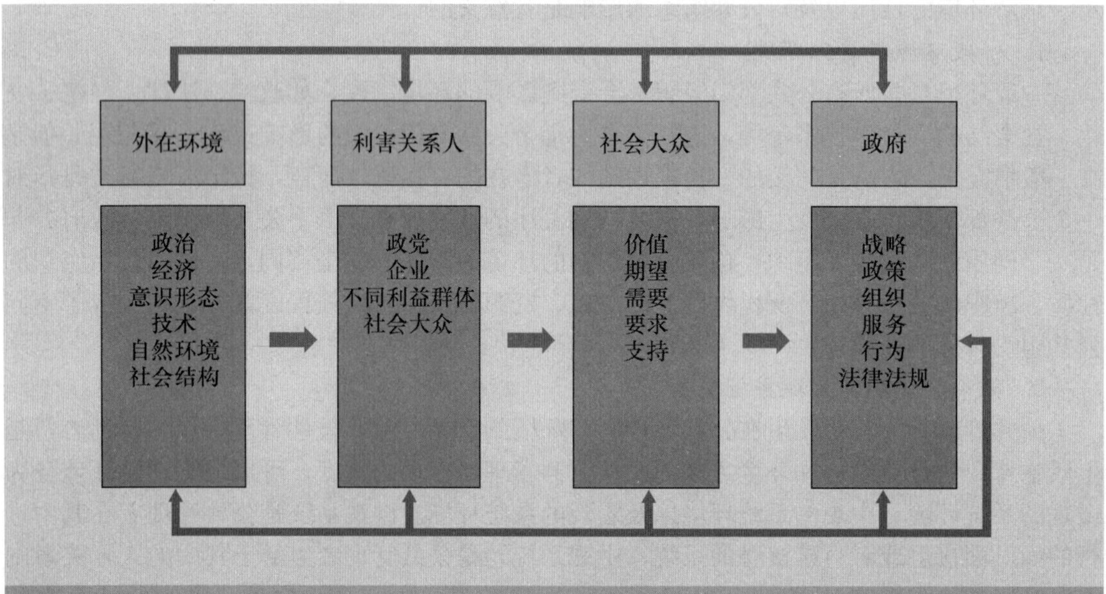

图4-3 公共管理与环境动态模型

从图4-3中我们可以看出，公共管理深深地扎根于外在环境之中，必须对社会的各种因果和力量做出反应，公共管理无法脱离其环境而存在，事实上也无法主宰其环境；在多元社会中，公共管理与多元利害关系人有着密切的关系，许多力量之间存在着复杂的相互作用，公共管理的世界是一个多元网络的世界；公共管理的关键在于取得社会公众的支持，而要获取支持，关键在于对外在环境力量做出适应和调整；公共管理与环境之间的互动是不断发展变化的。

4.3　公共管理的生态关系

公共管理体系与外在环境力量之间处在不断的互动之中，也就是讲，二者之间存在着相互依存、相互影响、相互形塑的关系。从生态学意义上而言，公共管理与环境之间存在着功能依赖关系（relationship of functional interdependence）以及动态平衡关系（relationship of dynamic equilibrium）。现从主要维度予以分析。

4.3.1　政治与公共管理

政治体系，是一个地域社会的这样一种组织，它合法地垄断了这一个社会之中的强制力量的权威性运用和调节，并通过强制性的力量，以维持体系的存在，实现社会的集体性目标。公共管理的政治环境，就是指一个社会内的政治结构和政治过程。政治因素是多样的，如政治权力的结构、政体、国体、政党制度、意识形态等等。

公共管理本身就是政治体系结构与功能的一个重要部分，这一简单的事实就表明了公共管理与政治的密切关系。在现代民主法治国家，公共管理的权力来源于代表人民权力的政治机构的授予；公共管理的行为要受到立法、司法和其他政治利害关系人的监督和制约；公共政策的制定过程也是通过政治过程或者多元政治利害关系人的互动而达成；在政党政治下，公共管理也要对政党负责；公共管理最终所维护的乃是在政治上占统治地位的阶级的利益；公共管理的合法性最终要获取公民的认可。凡此种种，均表明不存在超越政治利益、政治关系的纯粹的、中立的公共管理领域。

从另一个层面来看，公共管理对整个政治体系的维持和发展起着不可替代的作用。无论是传统政治体系还是现代政治体系，公共管理均承担管理整个社会公共事务的职能和角色，而这一职能和角色恰恰是政治统治的基础，因为任何政治统治只有在其履行社会公共事务管理职能时才能维持下去。公共管理体系具有维持统一政体的框架及吸收各种需求并加以转化的能力；它是维护国家统一和集中化的重要工具，使统治者能够执行其政策；它作为动员资源的工具（如税收），为政治系统提供支持；同时，公共管理体系也是执行政治社会化的工具，巩固政治统治的合法性。

4.3.2　经济与公共管理

经济因素泛指一个国家和社会的生产力发展水平以及生产关系。经济因素是影响公共管理的重要和决定性的力量。公共管理乃是上层建筑的组成部分，是由经济基础决定的，正如马克思所讲的：“人们在自己生活的社会生产中发生一定的、必然的、不以他们的意志为转移的关系，即同他们的物质生产力的一定发展阶段相适合的生产关系。这些生产关系的总和构成社会的经济结构，即有法律的和政治的上层建筑竖立其上并有一定的社会意识形式与之相适应的现实基础。物质生活的生产方式制约着整个社会生活、政治生活和精神生活的过程。”（马克思，恩格斯，2012，2）经济基础对公共管理的决定性作用，从宏观上分析，主要表现在：(1) 国家、政府以及公共管理是经济发展到一定阶段的产物，现代意义上的公共管理也是工业革命以后社会大生产的产物。(2) 经济基础决定着一定社会的上层建筑的性质，也包括公共管理的性质。(3) 经济基础的变化和发展往往会导致公共管理形态的变化和发展。

从具体分析我们也不难发现，公共管理与经济之间并不是互不相干的自治领域，而是相互建构的活动领域。一个最简单的事实在于，无论是历史还是现代社会，公共管理和国家的一切活动都要依赖于经济中的财政收入来展开。即使是最贪婪的统治者，所谓的掠夺性国家也要对自己的掠夺行为加以限制，以保证社会能够生产和提供必要的资源。在现代市场经济中，即使那些坚持自由市场、最具市场化导向的经济，也要依赖于法律和由政府所提供的最基础性的公共服务。

4.3.3 社会与公共管理

从本质上而言，公共管理是社会活动。通过公共管理的过程，社会的秩序得以维护，社会问题获得解决，社会冲突得以平息，社会得以不断地发展和进步。但社会究竟意味着什么，发生在社会脉络和环境之下的公共管理，是如何与社会生活发生紧密联系的呢？从广义上讲，社会是与自然界相对的存在物。而人们一般理解的社会，是一个占据共同地域的人民的集合体，但并非人民团体都能组成社会，社会的特征在于其有固定的社会互动模式以及人们之间通过持续的互动而形成的社会关系，社会可以被视为一个社会关系的网络。

在这里，我们将社会视为与国家、政府相对分离的一个领域，因为从历史到现在，国家和政府是从社会中产生又独立和凌驾于社会的力量。国家以及政府与社会的区别在于：(1) 国家和政府代表的是普遍性的公共利益，而社会是特殊利益的领域；尽管在本质上国家代表的是统治阶级的利益，是一个虚幻的政治共同体。(2) 国家是自为性的领域，而社会乃是自在性的领域。在现代民主法治社会，国家及政府的行为均要受公意的约束，受宪法和法律的严格约束，而社会则是建立在契约自由的基础之上。(3) 国家和政府的作用领域是由社会决定的，社会作用的领域主要是经济和其他社会生活领域。

从历史上来看，公共管理乃是社会进化和变迁的结果，其目的就是解决社会存在的利益冲突以及管理社会的共同事务；社会中的财富分配以及其他资源的分配事实上决定着公共权力的分配，在传统社会，经济权力决定着公共权力，反过来，公共权力也变成了谋取利益的重要途径；经济和社会的不平等，事实上也使政治的平等成为形式意义上的；在传统社会，构成公共管理权威基础的乃是对非世俗化和个人的认同，这与现代法理性社会对理性法律的认同形成反差和对照；在传统社会，由于层级组织占主导地位，社会关系的维持主要以血缘、亲缘、地缘等为纽带，这也导致了传统公共管理中的裙带主义和庇护关系；传统社会结构的封闭性也影响和决定着官僚体系的封闭性；在传统社会，公共管理体系的结构和功能乃是有限的分化，这与公共事务的范围有极大的关联；在传统社会，由于社会的不平等和民众缺乏权利的意识，也没有发展起来现代意义上的对民众负责任的制度；传统社会乃是一个身份社会，所以先赋性的和特殊主义的标准自然是官员选择的主要标准，而普遍意义的标准是第二位的。

在现代社会，社会结构和社会关系均发生了变化。这种变化主要在于：(1) 亲族群体的解体以及家庭功能缩小。随之而起的乃是随着社会分化而导致的功能性组织的兴起和发展，人类社会进入了组织化的社会。(2) 随着传统基础组织的衰落，社会逐渐从所谓的礼俗社会转向了法理社会，法理社会建立在广泛的市场网络之上，每个组织或企业承担着追求实现社会需求的功能。(3) 社区的结构发生了变化，最主要的变化在于传统的村落的衰落以及城市的兴起。(4) 随着社区结构的变化，社会关系从封闭走向了开放，主要表现为社会流动性的增加。(5) 随着社会结构的变化、社会关系的开放、国民社会的发展，国民国家（nation station）也随之形成和发展。(6) 社会由身份社会转为契约社会，社会阶层的分化更加剧烈，社会资源的分配出现了巨大的差异，社会不平等状态事实上更为明显。现代的公共管理，事实上也是随着近现代社会的转型而不断变化和发展，所谓的“行政国家”无非是对国民国家的另一个表述，说明了公共权力的集中、公共事务范围的扩张、公共部门职能的扩大以及政府规模扩大的趋势。

4.3.4 文化与公共管理

如果政治、经济、社会的因素被视为一个社会客观的、具体的和物质的组成部分的话，文化则是指一个社会或者政治共同体共享的内在的意义、价值观以及认同性。它代表了一个共同体共享的世界观或者内部的世界。从根本上讲，文化直接源于现实的社会生活，是现实社会生活的反映。在任何时候，我们都是依据自己的愿望、目的、意义和价值，也就是从精神世界中创造着我们自己，文化不仅反映着世界，并且创造着客观的世界。

从历史上来看，文化变革以复杂的形式同社会结构发生交互的影响。在丹尼尔·贝尔（Daniel Bell）看来，资本主义经济冲动与现代文化的发展从一开始就有着共同的根源，即有关自由和解放的思想。而在韦伯看来，文化与社会结构表现出高度的一致性，而所谓的现代化的过程，则是理性文化占统治地位的过程。文化与社会结构的一致性还表现在个人主义、自由主义、实利主义等占统治地位的意识形态中，成为一种文化的霸权（cultural hegemony），即被社会广为接受的主宰性世界观。

事实上，传统的公共管理典范，从文化意义上，完全是现代理性主义的另一个版本，中立化、集中化、专业化、理性化、程式化、非人性化、科学化，以最经济的手段实现有效率的公共行政，被视为最好典范。这也验证了韦伯的看法，即如果说我们能从经济和社会的发展史中学到什么，那就是文化会使局面几乎完全不一样。

以上从政治、经济、社会、文化四个方面对环境和公共管理的互动影响进行了简要的分析。从四个方面进行分析，并不代表其他未分析的因素，如自然生态环境、技术变化、人口结构、教育水平等等与公共管理没有关系，或者这些因素并不重要，这样的分析是初步的。通过这样的分析，我们只是想表达这样一个思想，即公共管理与外在环境之间是相互建构的，任何一个都不可能在缺少另一个的情况下有效地发挥作用；也同时试图说明公共管理在社会中的重要性及地位。公共管理与政治、经济、社会、文化之间是相互嵌入的，而且这种嵌入是不断变化和发展的。

4.4 主导公共管理变化的时代环境

每一个时代皆有其特质。公共管理乃是对变化了的时代问题的挑战和回应，从这个意义上，回应性公共管理乃是永恒的主题。公共管理体系的能力，在很大程度上，也就是体系自身拥有的自我维持和自我适应的能力。对于公共管理者而言，重要的便是对环境的变化保持敏感性，具有觉察力。对于当代公共管理环境的变化，人们也可能有不同的描述和理解，对重要性的认知也不尽相同，我们列举相关的几个方面，以期对变化的力量有所关注。

4.4.1 全球化与公共管理

全球化并非一个新的现象，在历史上，国家与国家以及人民之间的相互依赖和相互交往，已有很长的历史，这从中国的丝绸之路的历史中就可以看出。如今的全球化，在某种程度上，可以讲是这种历史上存在的依赖关系发展的高级阶段。对于全球化，人们可能有不同的理解，我们将全球化视为国与国之间日益增加和广泛的商品、服务、资本、信息、人员以及观念的流动，因这种流动而导致经济、社会、文化活动跨国家的整合，整个国际社会成为一个相互依赖的关系网络。全球化并非是一个单一的过程，而是许多过程的结合。全球化是多个维度的，既包括经济的，也包括政治的、社会的和文化的。全球化并不是讲存在一个世界社会，而是意味着随着相互交流和相互依赖程度的增加，整个世界呈现一体化，但非同质化的趋势。

全球化具有多个面向或者维度，主要表现在以下几个方面：（1）全球贸易和全球贸易秩序的兴起；（2）国际资本广泛流动和金融全球化的出现；（3）跨国公司的兴起以及全球生产网络的发展；（4）人口的跨国流动和全球迁移；（5）跨文化交流的发展和文化全球化；（6）跨国治理、全球治理秩序和全球政治的出现。在全球化的大背景下，人类的确成为一个你中有我、我中有你的命运共同体。

对于民族国家的公共管理而言，全球化既代表新的希望和发展机会，同时，也带来了许多的威胁和挑战。从全球秩序和发展的角度来看，全球化带来的最大挑战在于全球公共事务治理秩序的建立。传统的公共事务的管理或者治理是建立在单一民族国家管理或治理的基础之上的，国家传统上发挥着统治的功能和角色，政府作为主要的行动者，自上而下借着各种活动和努力，意图引导、控制或者管理社会，而受到全球化的影响，原本局限于民族国家的自上而下的治理（top-down governance）方式必须改变，朝公共事务全球治理

(global governance) 的形式转化。全球化强化了超越疆界的治理组织，如世界银行、世界贸易组织、国际货币组织等，其主导的决策和法律极大制约和影响了民族国家；全球化增加了现代国家之间相互依赖的程度，以便处理跨疆域的共同议题；在全球化的背景下，全球治理不必是政府的治理，也不是没有政府的治理，而是由同等重要的公共部门和私人部门共同管理过去完全属于政府管理或控制的事务；在全球化的背景下，政府与非政府组织均在政策执行中扮演重要角色，全球非政府组织拥有的资源，使其扮演了更为重要的角色，全球治理虽然并非一个世界政府的治理，但更多地展现了"协同治理"(to rule by agreement)。

对于民族国家的公共管理而言，全球化的影响和冲击是很大的。全球化虽然并不意味着传统的民族国家的衰落，但是民族国家的主权以及自立性、自决性受到侵蚀是显然的。传统民族国家的政府不再是有效的公共权力独享者，公共的权力被不同的力量和组织在国际、地区以及国家层次上被分享或者交换，不可分割的、排他性的公共权力明显被交叉的、相互冲突又相互联系的权威结构所冲淡。在全球化的背景下，国际事务与国内事务、内部管理问题与外部事务的区分已经过时或者已经不那么明显。政府面对的许多公共问题，如毒品、传染性疾病、跨境犯罪、恐怖主义、大规模杀伤性武器的扩散、全球气候变化等等，均是国家共同体和国际共同体共同的问题，需要跨边界的规制与管理，协调行动。全球贸易在深度和广度上的发展，极大地影响着国民经济的管理，在开放经济体系下，贸易影响着政府确保国内经济繁荣的能力，同时政府宏观经济决策的自主能力也受到其极大的限制和约束。金融全球化的发展，对民族国家的金融安全造成了很大的冲击，体制性的风险增加。随着跨国公司和全球化生产网络的发展，跨国公司不仅影响国家的经济绩效，而且公司的权力也影响着国家的权力，虽然还没有根本上改变政府的权力。全球人口迁移和文化传播，事实上也在影响着国内的人口结构、民族认同、文化认同和信仰等，许多问题也随之出现。国际化的发展使公共管理的环境变得更为多元、更加复杂、更加具有不确定性。国际化的发展固然强化了国与国之间的相互依赖和相互联系，但同样加剧了国家与国家之间的竞争，竞争性国家或许是又一种新的国家形态。

4.4.2 信息科技革命与公共管理

从历史上来看，科技一直都是推动社会变革的历史力量，也是推动公共管理体系变革的力量。现代公共管理环境最明显的一个特质就是信息科技的发展以及由此导致的信息社会或网络社会的兴起和发展。现代信息通信技术到目前经历了四波的发展，第一波变革包括电信、电话与广播的发展；第二波集中表现为电视、个人电脑与通信卫星的发展；第三波涉及网络的兴起和发展，即从个人电脑到群体计算机网络，从孤立系统到联合系统，从组织内部到跨组织的计算机网络；第四波涉及大数据、云计算和人工智能的兴起和发展。随着现代信息通信技术的发展，人类社会进入了"信息时代"(information age)。随着网络的发展，不同地区、国家的人民更加密切地联系，进入到"网络社会"(network society)。同时，信息科技的发展，特别是人工智能革命，正在将社会推入到一个新的境界，或者讲，人类社会的发展正在经历一场基本典范的转变。

毫无疑问，这场技术革命已经改变、正在改变、将会改变我们生活的世界的一切，它不仅改变着人类社会的生产方式、生活方式、交往方式，也在改变着社会的结构，改变着我们的文化，改变着与之相适应的公共管理模型，甚至在影响和改变着人类整体的命运。如前面所分析的，现代信息通信技术革命，是推动全球化的核心力量之一。对于公共管理而言，这场革命究竟会带来什么样的结果，任何的预测都是不可靠的。持进步主义观念的人，看到的是科技发展所带来的更高的效率、更多的权利和机会、更多的自由和民主、更方便和便利的服务，以及由此带来的更便捷与舒适的生活。而持悲观观点的人则看到的是科技的控制、数字的暴政、自由的丧失、资讯的混乱、新型的不平等。对信息科技与公共管理之联结，我们将在电子政府中予以具体分析。

4.4.3 知识经济与公共管理

早在1776年，经济学家亚当·斯密在其名著《国富论》中便提出技术进步（知识积累）对促进经济成长的贡献。英国新古典经济学大师马歇尔（Alfred Marshall）在其《经济学原理》中也提出知识的进步与扩散，促使新方法与新机器设备的使用，提高劳动和资本的应用能力；知识是促进生产力最有力的引擎。19世纪初，德国经济学者李斯特（F. List）强调，经由知识的创造与分配，可提高基础设施与制度对经济增长的贡献。奥地利经济学家熊彼特（J. A. Schumpeter）在其巨著《经济发展理论》中指出，创造性的破坏或者创新乃是经济增长的主要动力，知识创造和创新活动是产生技术进步的原因，导致了长期的经济增长。诺贝尔经济学奖得主库兹涅茨（Simon Kuznets）在1996年探讨经济增长的书中，便提出了知识经济的概念。1990年，经济学家罗默（Romer）提出新增长理论（new-growth theory）和内生增长理论（endogenous growth theory），用知识与人力资本的积累的报酬递增，来解释先进国家的经济增长。1996年，OECD首次提出“以知识为基础的经济”（knowledge-based economy），认为依附在人力资本和技术中的知识是经济发展的核心。

不同于以资源为基础（resource-based）的经济体系，知识经济乃是以知识资本为主要生产要素，通过不断的创新，以提升产品或者服务的附加值的产业或企业活动为主的经济体系。构成知识经济的基本要素，包括以下四个主要方面：

（1）知识资本。知识经济以知识资本为主要的生产要素。在知识型产业中，知识经济取代了土地、劳动力与资本等旧的生产要素，成为经济体最重要的生产要素。真正能为企业带来高额经济利润与竞争优势的，都是含有丰富知识内涵的部分。所谓的知识资本（intellectual capital），乃是人力资本、关系资本、组织资本等为组织带来竞争优势的一切知识和能力的总和。

（2）创新能力。依照熊彼特的定义，创新是指企业家对生产要素的新的结合，包括新产出的推出、新生产方法的提出、新市场的开发、新原料的发现、新产业组织的形成。创新包括技术创新、市场创新以及组织创新。一个国家的公司所具有的科技能力常常是国家竞争力的主要来源，这样的竞争力事实上是通过整个国家创新系统来实现的。依据尼尔森（Nelson）和罗森伯格（Rosonberg）的国家创新系统理论，国家创新能力并不能仅仅依靠研发经费的投入，更重要的是强化国家创新系统的主角（企业、大学、研究机构）之创新知识的流动与互动关系，以及改善相应的政府支持制度，这样方能将知识成功转化为经济实力。因此，国家创新系统的"知识分配能力"（knowledge distribution power）被视为经济增长和国际竞争力的关键因素。

（3）信息科技。信息科技是知识经济发展的催化剂。通过创新能力与知识的积累，大幅提升了信息科技中各种工具、技术的发展与应用，进而加速了知识的储存、积累与重组，促使知识资本增加的速度大幅提高。在知识经济中，创新能力、信息科技与知识资本三者之间形成明显的正向回馈效果，是互为因果关系的。知识经济的动力主要表现为编码型知识的不断积累、部分隐含经验类知识得以编码化，以及信息通信技术对编码知识的快速传递和扩散。这是由于随着ICT技术及知识扩散速度的加快，各个国家整体经济表现依赖知识存量与学习能力的程度也得以提高，社会发展形态也由工业社会转向知识社会。

（4）知识经济的社会基础。知识经济的发展也是建立在良好的社会基础环境之上的，这既包括教育的普及与发展、良好的金融环境以及促进知识发展的法律制度（如知识产权保护）等，也包括社会资本的积累和发展。所谓的社会资本（social capital），指的就是整个社会的凝聚力与社会信赖度。知识社会意味着社会之间互动的增加，而这种增加建立在互信的关系之上，而社会资本就是一种持续的信任与互惠关系，它具有强大的协调和积累个人与社会团体行动的能力。社会资本可克服追求私利的行为动机，解决集体行动的困境。

显然，知识经济改变了国家和政府的治理环境，国家和政府面临着提升国家竞争力和促进经济增长的双重压力。在全球化的背景下，国家专业化（specialization）将促使国家在特定产业上取得全球领先的地位，建立整个国家创新系统（innovation system），成为提升国家竞争力的关键所在。国家创新系统，对政府的角色和职能提出了转型的要求，政府不再是高高在上的权力中心，在多元网络的社会下，政府更需要扮演积极促进者的角色，鼓励政府与社会的互动，以多元化的方式来解决公共问题。如公私协力和合作，政府要成为学习型社会的导航者、国家创新的谋划者、研究和发展的推动者以及知识产权的保护者。政府自身也面临着从传统的官僚科层组织向学习型组织和知识型组织转型的挑战。

4.4.4 权利革命与期望革命

公共管理的正当性以及合法性乃是建立在国家、政府对公民基本权利的保护以及维护的基础之上，这乃是民主革命留给现代社会最宝贵的遗产。在历史上，作为臣民的普罗大众是没有现代意义的权利的，人无疑是作为政治动物存在的。尽管在罗马法时代，就有所谓的公民权的概念，但它并非现代意义上的公民权利。现代意义上的公民权利，乃是近代民主革命和民主政治发展的产物。所谓人权，简单来说，就是作为一个人所享有的权利，该权利并不只是法律所保护的特定利益，更是在于保护一个人之所以为人的完整性，不仅是不受到伤害与生存，更包括人格的独立与尊严，并且保护个人享有发展自我生存意义的各种可能的空间。在现代民主法治国家，公民的基本权利乃是受宪法保障的权利，基本权利不仅是个人主观的权利（个人可以请求国家行为不得过度侵犯的请求权），也同时是约束国家权力的客观制度规范。

权利革命，在此乃是指公民权利的扩大、增加、扩散以及保护机制完善的变革。从公民权利发展的历程来看，早期权利革命乃是公民从消极身份角度，消极地要求国家不要干预人民的生活，重点在于对于自由权、生命权、平等权、财产权的主张和要求。随着福利国家的出现，权利革命的重点转向积极方面，要求国家必须处于积极的地位，使人民享受到更广泛的权益，表现为公民受益权，如经济上的受益权、行政上的受益权、司法上的受益权以及教育文化上的受益权。不仅如此，公民同样具有以主动身份参与国家统治行为和公共事务管理的行为，即参政权。到了20世纪以后，公民的权利范围进一步扩大，人民有工作权和获取合理报酬的权利，有消费自主的权利，有享有清洁空气的权利，有享有体面住宅的权利，有获取充分医疗照顾和良好健康的权利，有享有优质公平教育的权利，等等。总之，享受权利的主体打破了一切限制（阶层、性别、民族、宗教等），从传统上的生命权、自由权、财产权、平等权，扩大到了社会、文化、经济、环境、弱势群体保护等诸多方面；权利的价值持续扩展，从发达国家到一切国家，从城市到乡村；权利的保护由国内法和国家机构，提升到了国际法和国际组织的层级。这是一个权利革命的时代。

权利革命对公共管理的影响是多方面的，最重要的是促进整个管理典范的转移，即从以政府为中心的公共治理和管理，转移到以公民为中心的治理。这种变革，涉及的不仅仅是观念的变革，也是权力的转移、权力结构的变革、管理方式的变革以及评价标准的变革，而在多大程度上适应这种变革，迎接权利革命的挑战，将直接影响着公共管理的合法性与合理性。

4.4.5 风险社会与风险治理赤字

人类文明发展的历史便是应对各种风险和灾难的历史。但是，与历史上的任何一个时期相比，人类的发展从来没有像现在这样要面对如此高度的复杂性、不确定性，人类社会的发展处于各种危机的边缘，我们的社会处于风险社会（risk society）。在传统社会中，主要的危险来自于自然的灾变以及人为的灾祸，如冲突与战争，而现代社会的危险则来自自然、经济、社会、政治、文化、技术等方方面面，大多数来源于人以及社会的观念和行为，并且具有加剧的趋势，风险已经成为我们这个时代的一个重要标志。“风险社会”一词的意义在于向人们指明了我们正处在自我毁灭的隐患之中，因为风险已经成为我们社会的结构性特质。

风险在广义上可以被理解为一个事件或者活动对人类珍惜的价值所产生的不确定性后果。风险乃是致灾因子、风险暴露和脆弱性作用的结果。从可能致灾的因素来看，风险的来源是十分广泛的，有物理性的（如电离辐射、噪声、动能的爆炸）、化学性的（有毒物质、遗传性致癌物、环境污染物、化合物）、生物的（细菌、病毒、各种病原菌）、自然力量的（如大风、地震、火山爆发、干旱、海啸、洪涝、山林火灾等等）、社会交往的（恐怖主义和破坏、人类冲突、人体试验、集体歇斯底里）、各种复杂因素共同作用的（如食品的、技术的、基础设施的）。从风险的来源上看，风险来源无非是自然的和人为的。基本上，我们日常生活的风险大多数是自然现象，或者是人类活动和自然现象相互作用的产物。自然现象导致的结果只有在它们对人类的生存和与人类生存密切相关的生态系统造成影响时，才能成为风险。我们常见的自然风险，包括细菌、病毒、寄生虫、遗传变异、地震（以及地震引起的海啸）、极端气候、洪灾、风暴、山体滑坡、火灾以及火山爆发；由人类活动和行为引起的风险，包括无意识的风险和有意识的风险（intended risks），恐怖主义、冲突和战争均是有意识的风险。

在现代社会，许多风险是系统性风险（systemic risks）。所谓的系统性风险是指单一的风险事件通过扩散传导的过程，蔓延到整个系统，对整个系统造成威胁，导致整个系统中断的可能。由于在现代社会，除了传统的风险之外，还出现了许多新风险（emerging risks）。所谓的新风险，是指那些在新的或者不熟悉的环境出现的风险，这些风险往往是多种因素相互作用的产物。导致这些新风险出现的原因是多种多样的，国际风险管理理事会（IRGC）认为，科学知识的不足，系统的复杂性，社会和文化的动态作用，发展水平、穷困以及不平等，自然资源和环境的压力，相互冲突的利益，意识形态和价值观念，风险治理能力，均成为产生风险的推动力量。

现代社会系统之间的相互依赖和相互联系的增强，导致系统性风险有着复杂的结构，其因果关系往往是非线性的，人们往往低估系统性风险，它并不像重大自然灾害那样引起人们足够的关注，因为人们只关注自己的责任，而无人对整个系统负责。系统性风险最典型的例证就是 2008 年全球金融危机、全球气候变化、因过度捕捞造成的全球渔业资源的衰竭等。

风险社会意味着风险的治理已经成为整个社会发展的一个构成部分，没有有效的风险治理作为支持，可持续发展的目标则难以实现，这对整个社会，特别是公共部门风险治理能力提出了挑战。风险治理能力的提升，则涉及一个社会政治、经济、行政、文化的诸多方面。一个明显的事实在于，无论是发达国家还是发展中国家，风险治理的能力存在着巨大的赤字，风险治理赤字意指风险治理结构与过程中的缺陷以及失灵，而如何解决风险治理赤字问题，则成为公共管理的重要议题。

本章小结

1. 现实世界中的所有系统都是开放系统，即系统通过不同形式的能量交换，同环境发生相互的作用，从而适应环境的变化并维持自己的存在。

2. 开放系统的管理理论主要有巴纳德的协作系统理论、帕森斯的社会系统理论、社会-技术系统理论。

3. 公共管理乃是存在于特定环境下的、由许多相互作用的内在部分构成的、有特定结构和功能的、实现特定目标的体系。社会设计性和建构性、开放性、生态适应性、整体性、动态平衡性和殊途同归性是公共管理体系的显著特征。

4. 公共管理与环境之间存在着功能依赖以及动态平衡的关系，与政治、经济、社会、文化相互嵌入。

5. 主导公共管理变化的时代环境为：全球化、信息科技革命、知识经济、权利革命与期望革命、风险社会与风险治理赤字。

关键术语

开放系统　公共管理体系　公共管理环境　环境维度　生态关系　时代环境

复习思考题

1. 何谓系统？开放系统的基本特征是什么？
2. 帕森斯的社会系统理论的主要观点是什么？该理论在实践中有哪些局限性？
3. 社会-技术系统理论认为，组织不仅仅是一个社会系统，更是一个技术系统。你是否认同？为什么？
4. 作为一个开放系统，公共管理体系具有哪些显著特征？
5. 如何理解公共管理的环境？公共管理的环境有哪些明显的特点？
6. 在公共管理的生态关系中，主要的影响因素有哪些？它们是如何形塑公共管理的？
7. 在快速变迁的当今社会，主导公共管理变化的时代环境发生了哪些变化，它们对公共管理环境产生了哪些影响？

阅读材料

社会影响评估的国际准则

社会影响评估（SIA）是一种分析、监测和管理的过程，处理计划性介入（包括政策、方案、计划、项目）所产生的有意或无意的社会结果，不论是正面的或负面的，以及由这些干预所引发的任何社会变迁。其主要目标在于发展更可持续的、更公平的生态和人文环境。

社会影响评估的主要特征包括以下几个方面：

(1) SIA 的目标在于发展更具生态性、社会文化性和经济上可持续发展的、平等的环境。因此，该评估促进社区的发展和赋能，促进能力建设，开拓社会资本。

(2) SIA 关心的核心在于积极主动的发展和更佳的发展结果，而不仅仅在于发展所导致的负面的和无意的结果。帮助社区和其他利害关系人确认发展的目标，确保积极结果的最大化实现，比消除负面影响所导致的伤害更为重要。

(3) SIA 的方法可应用于有计划干预的诸多领域，可以代表广泛的行动者，不局限于法规限制的范围之内。

(4) SIA 致力于政策、规划、计划、项目的适应性管理过程，因此需要知晓有计划干预的设计和运作。

(5) SIA 立足于地方性知识，采用参与的途径分析利害关系人的关切。它涉及社会影响评价、方案选择分析以及有计划干预的监测过程中的利害关系人。

(6) SIA 认为社会、经济和生物物理的影响是相互关联和不可分割的。任何领域的变化将会导致其他领域的变化。因此，SIA 必须理解一个领域变化对其他领域影响产生的途径，以及这种变化所产生的现时和后续的结果。换言之，必须考虑到次生的、更高层次的影响和后续累积的影响。

(7) 为了 SIA 的学习和进步，必须分析过去活动的结果所产生的影响。SIA 必须反思和评估自己的理论基础以及实际作为。

(8) 尽管 SIA 一般被运用于有计划的干预，但 SIA 的技术同样也可以被应用到其他类型的事件，如自然灾害、气象变化和流行病所产生的社会影响。

(9) 最好将 SIA 用一个伞状的或者拱形的框架，评估人和社会在与其社会文化、经济和生物物理环境互动过程中对于人类和其他领域所产生的所有影响。SIA 与可能介入到影响评估的诸多科学领域有着十分密切的关系，如审美的影响，考古和文化遗产的影响，社区的影响，文化的影响，发展的影响，经济和财政的影响，性别的影响，心智健康的影响，对原住民权利的影响，基础设施的影响，制度的影响，休闲和旅游的影响，政治的影响，贫困、心理的影响，资源的影响，社会资本的影响，等等。因此，全面的 SIA 通常不可能由一个人承担，需要团队劳动。

社会影响

社会影响包含所有与有计划的干预相关，而且会影响民众或是与他们有关的各种议题，不论是直接的还是间接的。社会影响涉及下列一种或多种的社会变迁：

- 民众的生活方式：也就是他们如何生活、工作、娱乐以及在日常生活中和他人的互动。
- 他们的文化：亦即他们共享的信念、习俗、价值、语言和方言。
- 他们的社区：社区的凝聚力、稳定性、特色、所提供的服务和所拥有的设施。
- 他们的政治系统：民众能够参与影响其生活的决策的程度、民主化的程度以及民主所需要的资源。
- 他们的环境：空气的质量，水资源的质量，食物的可获得性与品质，暴露于噪声、粉尘、威胁与风险的程度，卫生条件，居住安全，对资源的获取和掌控。
- 他们的健康和福祉：健康包括生理、心理、社会和精神上的良好状态。
- 他们的个人权利和财产权：尤其是当人们受到经济冲击或者遭遇个人不利处境，其权利受到侵犯的状况。
- 他们的热情和心愿：他们对安全的感知、对未来的担忧以及自身与下一代对未来的心愿。

SIA 的主要活动

SIA 大部分涉及下列活动：

- 参与有计划干预的环境设计；
- 确认利害关系人和受影响的民众；
- 促进和协调利害关系人的参与；
- 对有计划干预的地方历史背景进行文献分析，以便能够阐释干预、评估累积的影响；

- 收集基础数据，对影响评估过程以及有计划干预本身进行评估和审查；
- 描绘地方文化脉络，理解地方社区的价值，特别是将它们与有计划的干预相结合；
- 确认和描绘可能导致影响的活动；
- 预测（或分析）可能导致的影响以及利害关系人可能的反应；
- 协助评估和选择干预的方案；
- 协助选址；
- 对移民方案提供建议；
- 协助补偿评估并提供建议；
- 了解不同利害关系人之间可能出现的冲突，并提供解决方案；
- 制定应对对居住地居民影响的策略；
- 助力社区的能力建设和技能开发；
- 为各方提供制度安排的咨询；
- 协助营销、执行、监测和管理项目。

SIA 的核心价值

核心价值乃是根本的、理想的、持久的信息。SIA 社群相信：

- 人人平等享有基本权利，不受文化、性别所限；
- 基本权利受法治保护，公平施及所有人，无差异待遇；
- 民众有权居住和工作在有益于其身体和良好生活质量的环境，这有益于促进人和社会潜能的发展；
- 环境的社会维度，特别是（但不限于）和平、社会关系的品质、免于恐惧的自由、归属感，均是民众健康和生活质量的重要方面；
- 民众有权介入影响其生活的干预计划的决策；
- 地方性知识和经验是有意义的，可被用于加强有计划的干预。

发展的基本原则

SIA 社群认为：

- 尊重人的权益应该是一切行动的基础；
- 促进公平和民主应是发展规划的主要推动力，对社会贫困人员的影响应该是所有评估应主要考虑的问题；
- 文化的多样性、利益的多元性需要得到认可和尊重；
- 决策应该公平、公正和透明，决策者应为其决策承担责任；
- 发展项目应该被社群中的获益者或者受干预计划影响的大多数人所接受；
- 在有计划干预决策中，专家的意见和建议并不是唯一需要重视的；
- 所有发展计划关注的焦点应该是积极的结果，如能力发展、赋权以及人类和社会潜能的发挥；
- 环境是广义的，包括社会和人类的维度，因此要特别关注社会领域。

SIA 的实践准则

- 公平对待应是影响评价和发展规划的基本要素；

- 干预计划的社会影响是可以预知的；
- 干预计划可以调整，以减少其负面社会影响，扩大积极的影响；
- SIA 应是开发过程的有机组成部分，贯穿于整个过程；
- 应聚焦社会的可持续发展，致力于最佳发展方案的选择，而不仅仅是在经济效益和社会成本之间做出仲裁；
- 在所有有计划干预及其影响评估中，利用各种途径和方法以促进社会资本的发展，加强民主的进程；
- 在所有有计划的干预中，特别是在可能产生不可避免的影响的地方，要调查所有将受影响变为受益的方法；
- 必须对任何有计划干预的可替代的方式予以足够的考量，特别是存在可能导致不可避免的影响的情景；
- 应该充分考虑社会和环境影响的移民措施，即使受影响地区的社区可能同意有计划的干预；
- 地方性知识和经验以及承认不同文化的价值应该包含在任何评估中；
- 在进行有计划干预的执行和评估中，不得使用暴力、骚扰、恐吓和武力；
- 侵害社会任何群体人的权益的开发过程均是不可接受的。

其他指导准则

许多国际协议和宣言都包含着指导准则。如 1992 年的《里约环境与发展宣言》确立的第一条原则是：“人类处在关注持续发展的中心。他们有权同大自然协调一致从事健康的、创造财富的生活。”第十七条原则号召进行影响评估。1986 年的《发展权利宣言》写道：“发展权利是一项不可剥夺的人权，由于这种权利，每个人和所有各国人民均有权参与、促进并享受经济、社会、文化和政治发展，在这种发展中，所有人权和基本自由都能获得充分实现。人的发展权利这意味着充分实现民族自决权，包括在关于人权的两项国际公约有关规定的限制下对他们的所有自然资源和财富行使不可剥夺的完全主权。”

在国际协议和宣言中，社会问题通常都暗含着但没有给予适当的强调，尽管如此，宣言中的一些陈述可以改写指涉到社会问题。下列原则是通常可以适用于社会议题之原则：

- 预防原则：为保护环境，包括民众的生活方式和其社区的完整，应采用预防的途径。在存在严重社会影响的威胁和潜在威胁之处，缺乏威胁存在的充分证据不能当作同意计划干预，或者不要求执行移民计划和严格监测的理由。
- 不确定性原则：必须承认我们对社会和社会进程的了解乃是不全面的，社会知识从来不可能是充分的，因为社会环境和社会过程时时处处不断变化。
- 跨代公正：有计划干预所产生的利益应该惠及所有人之需要。社会影响不能不考虑到对特定群体，如儿童和妇女、失能和社会边缘群众、下一代人的影响。
- 代际公正：开发活动或有计划之干预应该满足本代人的需要，同时不能损害下一代人发展的机会和利益。
- 多元性的承认与保护：社区和社会是不同质的。社会由不同年龄和性别的人构成，具有不同的价值体系和不同的技能，需要特别关注社区中存在的社会多样性，理解特殊群体的独特要求，必须确保干预计划不会导致社会多样性的损害以及社会团结的损害。

● 外部成本的内部化：要通过经济和其他政策工具的应用，内化干预计划的全部社会和生态成本，也就是说，这些成本应视为干预成本的一部分，如果通过创新隐性成本的方式实施这一目标，干预计划则是不能被允许的。

● 污染者付费：避免或者补偿社会影响的全部成本应该由干预计划来承担。

● 防范原则：与事后恢复和损害修补相比，从长远的利益出发，防范负面的社会影响和生态损害更为廉价和可取。

● 健康和安全保护促进原则：健康和安全至上。所有的干预计划都应进行健康及其事故风险评估，特别是评估和管理从有害物质、技术或过程中所产生的风险，将其风险降到最低程度。健康评估涵盖物理、心理和社会福祉以及所有人的安全，特别要关注更脆弱的、更易受冲击的群体，诸如贫困群体、边缘群体、妇女、儿童、老人、失能人士以及暴露在干预计划风险所导致的风险的人群。

● 整合原则：社会发展要求和需要须考虑的社会问题应该适当地整合到所有的项目、政策、社会基础设施建设规划和其他规划之中。

● 辅助原则：决策权力应该下放，决策应尽可能地接近民众，这意味着干预计划应该尽可能征得受影响人群的同意，当地民众能够介入决策和管理的过程。

资料来源：IAIA，International Principes for Social Impact Assessment，2003.

本章参考文献

Atkimson，R. and Court，R. H. （1998），The New Economy Index，Progressive Policy Institute.

Boulding，E. (1956)，"General Systems Theory：The Skeleton of Science，" Management Science，April.

Clegg，S. R. (1990)，Modern Organization：Organization Studies in the Postmodern World，London：SAGE.

Etzioni，A. (1961)，A Comparative Analysis of Complex Organization，New York：Free Press.

Katz，D. and Kahn，R. L. （1966），The Social Psychology of Organization，New York：Wiley.

OECD (1996)，The Knowledge-based Economy，Paris.

United Nation (2001)，World Public Sector Report：Globalization and the State，New York.

OECD (2011)，Future Global Shocks，Paris.

Parsons，T. (1960)，Structure and Process in Modern Societies，Glencoe：The Free Press.

马克思，恩格斯（2012）. 马克思恩格斯选集：第 2 卷. 3 版. 北京：人民出版社.

第5章

公共部门的角色

无论是在何种类型的社会和经济中，以政府为核心的公共部门都是普遍存在的。可以毫不夸张地说，公共部门影响着整个社会以及经济。一个人或一个组织，不论其是否高兴或乐意，都时刻受到公共部门的直接或间接的影响。“从摇篮到坟墓”形象地描绘了政府无处不在的影响力。政府发挥着多种多样的作用，其作用范围远非用清单可以列举清楚。没有法律框架强制契约的履行，企业的交易行为就不可能顺利展开。公共部门是企业组织产品和服务的最大购买者和消费者。政府的再收入分配影响着低收入者。政府的法律、政策和管制影响着我们的生活质量，如教育、文化、娱乐、空气、环境、交通、安全秩序、社会福利的水准。同时，政府还影响着国民经济的效率、技术和组织创新的水平、结构调整的方向和速度等。

政府应该干什么、不应该干什么，或者说政府的角色是什么，一直是公共管理的热门话题，这一话题自历史上到现在一直发生着争论。特别是自20世纪70年代以后，世界范围内的大规模的政府再造促使人们重新认识和评价公共部门的角色和职能。争论的焦点一直是政府在经济方面的作为：政府是否应该提供财货和服务？是否应将其中一些移交市场部门？它是否应该管制或者在多大程度上实行管制？这些问题事实上就是关于政府职能合理配置的问题。

本章核心探讨公共部门的经济职能和作用、政府作用的方式以及可能的限制，同时对政府改革中涉及市场化的策略进行评述。

重点问题

- 公共部门的性质
- 市场失灵的理论
- 市场经济中政府的经济职能
- 政府治理工具的选择
- 政府失灵的原因与表现
- 矫正政府失灵和市场失灵的策略

5.1 公共部门的性质与需要

5.1.1 公共部门的性质

传统上，在实行混合经济（mixed economy）的国家，人们习惯于将整个社会划分为两大部门：公共部门和私部门或者政府与市场部门。那么，何谓公共部门呢？经济学家席克斯曾经这样定义公共部门：公共部门是指这样一种提供服务和产品的部门，其所提供服务和产品的范围与种类不是由消费者的直接愿望决定的，而是由政府机构决定的，在民主社会，是由公民的代表来决定的。这一定义虽然没有概括公共部门的全部活动，但它揭示了公共部门的关键点：公共部门是公共政治决策的结果，而不是市场运作的结果。

政治学家林德布洛姆在其名著《政治与市场》一书中，认为市场制度是建立在交换关系之上的，公共部门是建立在权威关系之上的。公共部门的显著特征在于它拥有对一切人或权利要求的权威，这种权威具有普遍性和唯一性。经济学家斯蒂格利茨（Stiglitz，1989，21）认为，公共部门与私部门的重要区别在于两个方面：一是经营公共部门的负责人所拥有的职务的合法性是直接或间接从政治选举过程中产生的；二是政府被赋予一定的强制力，这种权力是私人机构所没有的。简单地讲，公共部门与私部门的核心差异在于是否拥有合法的强制力，政府是社会中唯一可以合法使用暴力的机关。

虽然公共部门和私部门通常被人们看成是分离的，但无论是从经济的角度还是从其他的角度来看，将它们视为相互排斥的领域的划分可能是武断的。二者之间充满了互动，严格的二分法可能导致偏执和误导。事实上，现代经济和社会的发展正是二者相互作用的产物。任何一个经济和社会，都是公共部门和私部门的有机组合，二者之间也是相互依赖的。私部门依赖政府部门提供基础结构（infrastructure）和法律，政府依赖私部门提供产品和服务，依赖它们提供政府运作的基础结构——赋税。

5.1.2 公共部门的需要

对于一个社会为什么需要公共部门，人们可以从不同的方面予以解释和回答。政治学家伊斯顿（D. Easton）曾经分析道：任何社会得以存在的起码条件是确立一些机制，不管它们是多么的低级或简陋，以便做出权威性的社会决议来规定应该如何分配精神利益和物质利益。这种依权威分配价值的措施是任何社会最低限度的先决条件，即使它不是唯一条件。当一个集团或一些个人就被认为宝贵的东西的分配方式发生争执时，以及这些争执无法通过私人磋商的某种惯常程序得到满意的解决时，一项社会权威为其后盾并由社会承认其权威性的政策就被公布出来。显然，如果不规定某种办法对数量有限的价值在争执不下的当事人之间做出裁决，社会就会在经常的争吵中处于四分五裂的状态；使一个社会与许多个人组成的一群胡作非为的暴徒有所不同的有规律的相互作用，就不会存在。

公共经济学家马斯格雷夫（Richard A Masgrave）从经济的角度解释了公共部门存在和需要的原因。他认为：需要公共部门的部分原因是政府的普遍指导反映了某些与消费者选择和分散决策的前提相背离的政治和社会意识的存在，然而这只是次要原因，更重要的乃是市场机制事实上无法单独地发挥全部经济作用，在某些方面，需要公共政策的指导、修正和补充。认识这个事实颇为重要，因为它意味着适当规模的公共经济部门的存在，在很大程度上是技术问题，而非意识形态问题，其理由在于：

（1）市场机制导致资源的有效利用的要求是以竞争因素与产品市场的条件为依据的，这意味着自由地进入市场而不存在障碍，要获取这些条件，就需要政府的调节或其他措施。

（2）在那些由于成本降低而使竞争变得无效的地方，也需要政府调节。

（3）没有政府所提供的法律结构的保护与执行，市场活动所需要的契约安排和交易就会无法存在。

（4）某些具有生产特点或消费特色的货物，即使排除了竞争上的障碍，亦无法通过市场得到供应，于是发生外部性问题，需要公共部门解决。

（5）因市场体制与通过财产继承权转移而导致的收入和财富分配，须进行社会价值的调节。

（6）市场机制，尤其在一个高度发达的金融体系中，未必带来高就业率、稳定的物价水平和社会期望的经济增长率，要达到这些目标，则需要公共政策。

（7）从公共和私人观点看，估算的将来消费所用的贴现率可能是不同的。

的确，马斯格雷夫的观点为公共部门的经济存在提供了好的注释。

5.2 市场机制、市场失灵与政府干预

市场是买卖双方共同决定一项产品价格的场合。将所有各类的市场予以集合就是市场体系（或结构），在这个体系中的主要参与者是家庭（household）和厂商（firms），前者负责提供生产因素，例如劳动力、土地和资本，其目的是赚取金钱，并以所赚的钱购买所需的产品，同理，厂商则负责供给所需的生产要求。

在现实经济的运作中，价格的决定在多数情况下并不是人为的操纵，而是由“看不见的手”发挥功能的结果。这只“看不见的手”就是供求规律（the law of supply and demand），当某种物品有超额需求时，价格会自动上涨；反之，价格下降。各个市场相互影响，价格会不断变动，而后自动趋于平衡。因此，价格具有自动调节的功能，将市场体系中的经济活动者联结在一起，形成相互依赖关系。这种市场的自动调节功能被称为“市场机制”（market mechanism）。经济学者均认为，市场机制是通过市场供需均衡，使资源配置达到最有效益的方法。

完全竞争市场依据市场机制来决定财货和服务分配，具有效用极大化的个人以及利润最大化的厂商，会经“看不见的手”来运作，产出经济效率。而依据“帕累托效率”（Pareto efficiency）原则，并不需要公共政策的干预。然而，完全竞争市场是依据六项假设而成立的。

（1）市场中买卖人数很多，但无人可以影响价格，所以每个人都是价格的接受者（price taker）。

（2）市场出售的产品，其品质都是一样的，具有同质性。

（3）市场买卖双方，对于市场的相关信息都能充分掌握。

（4）产品的成本与效益都反映在供给与需求线上。

（5）没有任何人为限制，每个人均是追求自利，所以不会有价格协定或勾结情形。

（6）厂商可以自由进出产业。

显然，经济运作在实际生活中不可能完全符合市场竞争的假设，因而有了市场失灵（market failure）。这在许多情况下被看成是政府干预的正当理由。

市场失灵，简单来讲，是指因市场缺陷而引起的资源配置的无效率。市场失灵包括两种情况：一是市场机制无法将社会资源予以有效配置，二是市场经济无法解决效率以外的非经济目标。概括起来，传统上人们列举的市场失灵的清单包括以下几方面：

1. 公共产品的提供

依据市场的规则，消费者可以通过等价交换的方式，从市场上购买自己所需的商品和服务，从而使个人的需求得到满足。这时，消费者的偏好便可以在市场上反映出来。因此，生产者就采取行动，更多更好地生产消费者较偏好的商品与服务。因而资源是通过市场机制被分配于消费者较偏好的商品和服务。这就是说，市场化的资源配置是以消费者的偏好为依据的。然而对于消费者偏好在市场上反映不出的商品和服务，市场则根本不能进行资源的分配。这种消费者偏好在市场上反映不出来的商品和服务即是公共产品（public goods），如国防、警察、安全等行政性产品与服务，公园、道路等公共设施与服务。这些需要属社会性需求。与每个成员的个人利益与个人需要不同，社会性需求有这样的性质，即它是社会的共同利益和共同需要。以社会性需求为满足对象的公共产品具有社会成员共同消费、等量消费的特点。它不能在市场上表现出个人偏好，也不能成为交换的对象，因此不适用于“排他性原则”。不管社会成员为公共资财的给予所承担的费用为多少，他们都可能同样接受其给予，满足自己的需求。与个人需求不同，消费这种产品的社会成员不会自发表现自己的真正偏好，也不会自动支付相应的价格。

尽管某些社会性需求也可能通过市场机制来满足，如教育、道路。但在这种情景下，如果按照补偿生产费的价格买卖，其价格将会很高，只有部分消费者能够得到满足，而社会则希望更多的人能够享受这些商品和服务。同时，也存在另一种情况，即“价值需求”。价值需求如学校教育、公共福利设施、公共住宅等。满足这种价值需求的商品和服务，可以根据市场机制供给，也可以通过市场体系来分配资源。但是完全依靠市场体系，往往得不到合乎社会需求的供应量。为了保证合乎社会需求的供应量，应当在购买中尽量减少由消费者个人承担的部分，由政府来补助其不足的部分。同时，在价值需求中，有一种负需求，可以称为“非价值需求”，即有些个人需求，从社会上来看是不理想的。对此，要通过政府政策来遏制这种欲望的满足，典型的例子是对烟、酒征税或实施专卖，即试图通过惩罚性的征税，迫使消费者停止或者少消费这些商品。因此，对公共产品的生产或者提供是政府分内之事，市场体系干不了，或者能干但干不好。

2. 市场经济中的垄断

市场是否能实现资源优化配置部分取决于竞争是否存在垄断的现象。事实上，世界上根本没有出现过完全竞争的局面。相反，市场经济面临的是不完全的竞争。所谓不完全的竞争，是指由于买进或卖出数量足够多的某一物品，以至影响该物品的价格。任何事情总是这样：利弊共存。规模经济能够促进经济发展，因为它的优势在于成本的降低，但是持续的成本降低和竞争是相矛盾的。如果某一家厂商总是能够通过扩大再生产而长期降低它的边际成本和平均成本，那么，它将很快地扩大规模而成为整个行业的一个重要部门。简言之，该厂商将成为垄断者，而不再听任市场价格的支配，而对市场价格具有某种程度的控制。一旦它能控制价格，它就不再根据 $P=MC$ 公式获取最大利润。它将把价格定在边际成本等于边际收入的水平上，来使利润最大化。相反，在竞争性市场上，企业不能影响它所接受的价格，只可以依据市场价格调节其生产。即使在市场上存在若干个寡头，而非单一垄断者，由于其共同利益，为了避免经济战的损失，它们之间也会用默契或公开办法相互勾结。在此情况下，那种通过“看不见的手”来调节资源，从而达到有效率地满足需求的情况便不复存在。垄断和寡头经济的祸害不在于谋取垄断利润，而在于破坏正常的市场运作。由于众多小企业效率不高，价格不便宜，它们往往不去进行价格竞争，而倾向于索取相当高的价格和分割市场。这样，生产者蒙受损失，资源被浪费，导致资源分配的扭曲。

在此情况下，尽管国家可以通过征税来分取垄断利润，但未能矫正资源的不适当分配。显然，市场本身解决不了垄断问题。政府的责任便在于针对垄断或其他非竞争性因素的存在以及所引起的竞争的不完全性，采取有效措施，保证竞争的有效性。从世界各国的情况来看，主要方法是实行政府的直接调控（如控制垄断程度、价格管制）和立法的控制（如制定反垄断法、公平竞争法等）。在这里，政府的作用不是取消垄断或寡头经济，而是维持有效竞争。

3. 市场经济的外部性

市场机制能够实现资源的合理配置，但市场经济也会造成资源配置的障碍。这个障碍，除了前面所讲的公共产品与垄断之外，最为显著的便是市场经济的外部性。外部性有两种主要的情况，即外部经济与外部不经济。

外部经济，亦称外部利益，是指某一经济活动或某一项目所产生的效益被与该项目无关的人所享有。例如，甲修建一座水电大坝，处在下游的人因大坝防止了洪涝而提高了产量。在诸如水坝、道路、铁路、灌溉系统等经济性的社会基础投资中，外部经济效益是最重要的效益。在理论上，可以提出对所有受益者所享受的外部效益收费，但在实践中是不可能的。一方面，要控制人们对这些设施的利用，是困难的，与任何人都不能排斥他人享受阳光一样困难；即使能够控制利用，这种控制与管理的成本也太高。另一方面，收取费用要测定与计算每个人的使用量，事实上，很难测定哪些人是受益者，受益的程度有多大。在此情况下，私人投资者很难因外部效益而获取利益，并且这些工程投资巨大，回收期限较长，风险较大，因而私人资本不愿投入。而能够产生外部经济效益的经济活动和设施，又往往是一个国家经济发展的基础性设施，也是吸引外资、对外开放的一个重要投资硬环境。对此，在社会中，只有政府投资。在这方面，政府的作用始终是强化的趋势，任何国家都是如此。同时，在经济发展过程中，如果若干行业同时发展，有可能使劳动力足够为所有行业造就一个内部市场，而向后联系也可能为生产资料行业造成一个巨大的市场。依赖新造成的市场的私人投资者若不能确知其他投资是否在进行，他是不会投资的。政府的作用便在于保证这些外部经济效益的实现。

外部不经济，亦称外部成本，是指某一企业的经济活动造成了经济损失而企业并不承担外部成本的情况。举例说明：（1）某厂家为了节约自己的生产费用而将污染物（废气、废水、垃圾、噪声等）排放出去，使其他厂家或社会付出额外的费用或者更大的费用，从而蒙受损失。相反，减少排放的一切费用要由排放者自己承担，而受益则是平摊在所影响地区的人头上。在这两种情况下都没有控制污染的动力。（2）私人利用公共资源如森林、渔场，大家都去伐木、捕鱼，谁都不愿对资源加以保护和利用，这样会导致资源的枯竭。同样，一旦有人如伐木工、渔民开发了新资源，后来者会使大家伐木或捕鱼的单位产出成本都上升。新来者面对的单位成本只是略高于原有人的平均成本，但整个社会面临高得多的边际成本。人类无时不在进行着生产活动，每一生产活动几乎都会产生“残余物”，这些“残余物”对公共资源造成有害的影响，而这种非市场性的附带物使市场机制不能有效地配置资源。对此，政府有必要发挥作用。这里包括：行业性管制，如采取行政手段指令生产者提供最优的产业组合（如调整高污染工业的生产布局、严格限制厂址选择）；将生产外部性和受外部性影响的双方联合，使外部性“内在化”；在公共资源领域，可以建立强制性制度与命令；在公共场合，设置禁令和规则；采取经济性手段，如税收和津贴，对外部受害者给予津贴，对外部不经济者征税，对生产外部经济者给予补贴；等等。总之，政府的作用在于使外部不经济最小化。

4. 市场波动与经济的不稳定性

市场从来就含有不稳定性。它的发展始终是以周期性的增长形式进行的。通过市场经济进行自发性交换的过程，始终孕育着经济活动急剧且大幅度变动的可能性。这种变动，危害到市场机制的有效性，往往给资源分配、收入分配带来不利的影响。在市场经济中，几乎每一个国家的政府都在与经济不稳定、不景气和滚雪球似的通货膨胀这个恶魔做斗争，总是试图达到最大数量的经济增长和就业。对此，市场经济自身无法实现自动的调节，而需要政府来发挥作用。从世界各国来看，政府在此方面下的力气是最大的。经济稳定主要是通过政府的财政政策和货币政策来实现。

（1）财政政策。政府把财政收支作为一种均衡要素加以利用，通过财政来实现经济稳定，维持充分的就业、物价稳定以及控制总需求以保持适当的增长率。它大致可以分为两大类，即自动稳定政策和相机稳定政策。前者主要是指存在于政府内部的，通过年度收入与支出，以财政制度上的因素自动控制经济变动；后者是指通过税收政策和公共支出政策控制经济波动。

（2）货币政策。一般来讲通过货币供应量的控制谋求经济稳定，实行的主体是中央银行，而不是政府。但中央银行在现实中是政府实现调控的重要工具。政府可以利用利率政策、公开市场操作、银行储备政策等来实现对经济的控制。

从市场经济国家的现实来看，利用经济手段促进并保证经济的稳定增长，既是政府最艰巨的责任，也是最主要的职能范围之一。

5. 市场经济下的收入不平等

如果以自由竞争的市场机制为前提，就有可能实现资源的合理分配，并且有可能在既定条件下实现消费者的极大效用和生产者的极大利润。然而，这并不等于实现了符合社会要求的收入分配。以市场机制为前提的收入分配，是由市场上的力量关系、个人能力、继承财产的多少、利用教育机会的可能性以及在社会上的灵活性等方面决定的。因此便产生了各种不平等，便会出现那种“富人的狗可以得到穷人的孩子为了避免软骨病而必须饮用的牛奶”的情况，诚如西谚所说：“世界上最大的公平就是富人越富、穷人越穷。”如果我们考虑到市场上存在的诸种歧视和偏见，这种不平等更为严重。

收入分配的不平等、差距的扩大，无论是从社会公正、社会稳定，还是从经济效率来看，均是不理想的。如果改变了收入分配的不平等，整个国民经济的福利水平就会提高。但是收入分配的机械平等，可能有损于经济的效率。政府的作用便在于进行无损于资源最佳分配和经济效益的收入再分配。作为实现收入分配的手段，政府可以在公共经济管理中，全面实行税收政策和转移开支的政策。另外也可以通过政府直接干预市场机制，操作价格，以改变收入分配的不平等。

5.3 市场经济中政府的经济职能

对于市场经济中政府的职能问题，历来存在着广泛的争论，而且事实上在实践中，政府的角色也是不断变化的。在自由放任社会（the laissez-faire society），政府被视为“必要的恶”，主张越小的政府越是好政府。古典自由主义经济学的创始人亚当·斯密主张将政府职责范围界定在国防、司法、公共服务和维持公共机关的存在上。在近代福利国家（the welfare state）兴起以后，政府的职能大大扩张，从“摇篮到坟墓”形象地说明了政府广泛的作用范围，而为这种国家干预提供理论注释的则是国家干预的经济理论。从 20 世纪 70 年代以后，受新古典主义（new classicism）学说的影响，加上福利国家的危机以及传统计划经济的危机，主张小政府——缩小政府规模、限制政府作用、重视市场——的言论又趋于盛行，而企业型政府或以市场为基础的政府改革实践又强化了这一趋势。从历史上来看，政府职能及其作用范围是不断变化的，这与其说是观念的产物，还不如说是社会期望的结果——社会政治、经济、文化各方面综合作用的结果。历史发展证明，事实上并不存在一个理想的或最优的政府规模、政府作用以及政府作用的强度。当然，这并不意味着政府的一些基本职能是不可描述的。

世界银行在其 1997 年的世界发展报告中，认为有五项基础性的任务（fundamental tasks）处于每个政府使命（mission）的核心地位。如果这五项任务完不成，就不可能取得可持续性的、共享的、减少贫困的发展。它们是：（1）建立法律基础；（2）保持非扭曲的政策环境，包括宏观经济的稳定；（3）投资于基本的社会服务与基础设施；（4）保护承受力差的阶层；（5）保护环境。世界银行在报告中还认为，在基础工作之外，政府不必是唯一的提供者。

概括起来，在市场经济条件下，政府基本的角色或职能主要有以下几个方面：

1. 提供经济发展的基础结构

政府为市场经济的运作提供基本必需的制度（institution）、规则（rule）以及框架（arrangement）。它们包括：界定和产权保护、契约的执行、公司法、金融制度、专利保护、著作版权、法律和秩序的维持。现代的经济社会也是一个政治的体系，没有游戏的规则和经济生活的框架，经济体系的运转是不可能的。实践证明，市场交易的前提是受保护的财产权、得到维护的交易秩序和对纠纷的有效解决，而政府提供了安全的、有秩序和公正的、具有规模经济的制度安排。

2. 组织各种各样的公共物品和服务的供给

如前所述，公共物品和服务的最大特点在于其具有共享性以及非排他性，亦即公共物品和服务是任何人不付出代价均可使用，而且其使用并不损害他人的效用。这两种特性使公共物品和服务很难禁止他人不付费而坐享其成，导致“搭便车”或占便宜。这种特性使得私部门很少有动力去生产，导致公共物品和服务供给的不足，因此，政府必须介入而由政府来提供。典型的公共物品和服务包括：国防、基础研究、道路与桥梁、导航设施、灾害控制、交通管制系统以及其他基础结构。但是，政府干预并不意味着全部由政府直接提供，对一些公共物品和服务或准公共物品和服务政府可以组织私部门提供。

3. 共有资源和自然资源的保护

数千年前，古希腊哲学家亚里士多德曾说：“许多人共有的东西总是被关心最少的，因为所有人对自己东西的关心都大于与其他人共同拥有的东西。”在我们这个社会中，存在着许多共有的资源，如清洁的空气和水、不可再生的自然资源、许多野生动植物，这些共有资源与我们的生活，甚至与生命息息相关。共有资源与公共物品一样没有排他性，但有竞争性（一个人使用共有资源就减少了其他人的使用），共有资源不可避免地导致共有的悲剧，即私人决策者过分使用共有资源。我们不能依赖市场去保护自然资源的浪费使用，使自然环境免于遭受损害，并为我们的子孙后代的利益考虑。因此，政府通常通过管制措施保护共有资源和环境，或者实行收费，以减轻过度使用问题。

4. 社会冲突的调整和解决

政府存在的一个基本理由在于解决或消弭社会中的各种冲突，以维持正义、秩序和稳定。在一个社会中，不可避免地会出现各种各样的社会冲突，其出现的原因也可能是多样的，政府的职责在于促使冲突得到解决。此外，在一个社会中，总会出现强势集团，也会出现弱势群体，为保障社会中的弱势群体免遭强势集团的剥削和欺诈，政府需要保护弱势群体的利益。

5. 保护并维持市场竞争

从某种程度上来讲，市场机制的有效性来源于有效的竞争，这意味着市场上有许多买者和卖者，在市场上有许多企业提供着基本相同的产品，企业可以自由地进入或退出市场，如果一个企业成为某产品的独家卖者，而且其产品没有相近的替代品，便会出现垄断现象，如微软公司的视窗软件。垄断的原因是进入障碍，垄断者能在市场上保持唯一卖者的地位，而其他企业则很难进入市场与之竞争。垄断市场上的价格大于边际成本，导致垄断者生产的产量小于社会有效率的产量，从而导致资源配置的无效率。为此，政府必须有所作为，努力使垄断行业更有竞争性或者对垄断者实施管制，前者如用制定反垄断法以增强竞争，后者包括价格管制等等。

6. 收入和财产分配的调节

市场经济是会产生不平等结果的，为了实现社会的公平，需要社会有一种公平再分配的机制。市场交易不能进行有效的再分配，原因在于市场中不存在以公平为目标的分配机制；私人慈善机构或许能承担部分责任，但不能从根本上解决问题，而且也缺乏一种相互配合的公共政策。政府在进行再分配方面显然处于有利地位，因为政府拥有强制征税的权力，该项权力使得政府能大规模进入再分配工作，并且政府能够通过税制解决要素市场的不完备性与垄断定价产生的收入分配问题。政府实现再分配的直接手段有税收转移、累进所得税、对高收入消费者购买的货物进行课税，当然，在选择这些政策时，必须考虑到由此产生的效率代价。任一设定的分配变动都应以最小的效率代价完成。

7. 宏观经济的稳定

在市场经济中，充分就业和物价稳定不会自动出现，相反会出现周期性的经济变动，经济会为长期的持续失业与通货膨胀所苦，更为糟糕的是，失业与通货膨胀往往是并存的。政府的作用便在于通过公共政策的干预以保持宏观经济的稳定。稳定政策的工具包括：财政工具，主要是预算政策和税收政策；货币工具，如法定准备金、贴现率、市场开放政策、信用制度等等。当然，即便如此，如果公共政策指导不佳，其本身也会构成不稳定的因素。

在我们看来，上述七个方面的职能是政府的基本职能，称其为基本职能是因为这些职能是普遍的，甚至是跨时空的。当然，政府职能的范围、政府作用的强度，以及为实现这些职能所采取的公共政策和治理工具是会不断发生变化的。

5.4　政府治理工具的选择

5.4.1　政府的治理工具

研究政府职能，事实上包括两个独立的问题：一是政府应该干什么，二是政府如何去做。后者便涉及政府的治理工具（instrument of government）的选择问题。从某种意义上讲，政策选择用何种方式达到政府的治理目标，则显得更为重要。

治理工具，又可称为政策工具（policy instrument）或政府工具（tool of government），它是指政府将其实质目标转化为具体行动的路径（the ways）或机制（the mechanism），政策工具乃是政府治理的核心，没有政策工具，便无法实现政府的目标。

当代政府的治理工具究竟有哪些？对此有不同的分类。施奈德和英格拉姆（Schneider and Ingram，1990）认为政策工具包括：权威（authority）、诱因（incentive）、能力建立（capacities building）、象征和劝勉（symbolic and hortatory）以及学习（learning）。莫舍则将政策工具分为经费工具（expenditure instruments）与非经费工具（non-expenditure instruments），前者包括罚金、财政补助等，后者包括公开表扬、责令停工等。

总体而言，对于公共物品和服务的提供，不论是由公共部门还是私部门，其方式有十种（见图 5－1）。

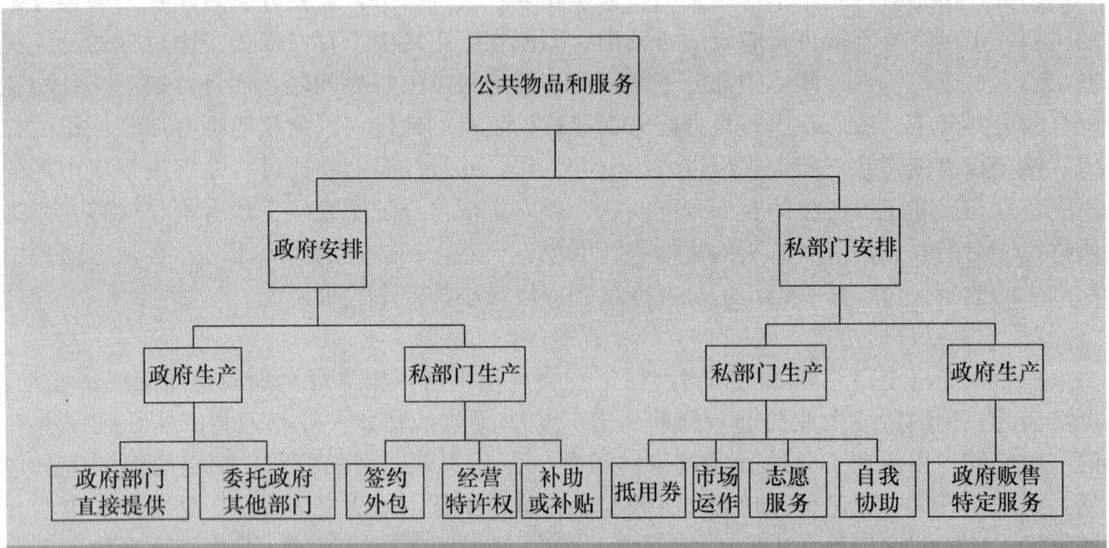

图 5－1　公共物品和服务提供方式

（1）政府部门直接提供。由政府部门承担政策规划即执行责任，费用由政府税收支出或使用者付费。如政府提供军队、警察、各种公共设施等。

（2）委托政府其他部门。此种方式是由政府部门负责提供，但由政府机关间签约并将其付诸执行。

（3）签约外包（contracting out）。此种方式是指政府雇用私部门（私人公司或非营利组织）提供公共服务，费用则由政府编列预算支出。如政府委托私人公司代理清运垃圾等。

（4）经营特许权（franchise）。这是指由政府核准私部门提供服务，但政府则保留价格之核准权，由使用者付费。如高速公路出口的路线经营权。

（5）补助或补贴（grants or subsidies）。即政府通过免税、低息贷款、直接补助等诱因来提供服务，其费用包括政府对从业者的补助及使用者所应支付的费用。如政府的出口退税政策，为鼓励高新技术发展而采取的免税政策，等等。

（6）抵用券（voucher）。这是指政府赋权符合资格的人自由选择消费某种货品，而由政府付费，例如社会救济以及医疗服务的提供。低收入者可持抵用券选择经政府认可的私部门消费，如消费已超过券额总值，差价则由用者补齐，私部门事后再持抵用券向政府部门兑现。

（7）市场运作（market）。这是指政府对于市场运作不加干预，完全由市场之需求及供给自行调节，由消费者自行决定消费对象，政府仅维持市场秩序。

（8）志愿服务（voluntary service）。这是指由非营利组织义工提供服务，如慈善团体的慈善救助，志愿认领道路、树林的保护，等等。政府对此予以鼓励。

（9）自我协助（self-service）。这是指由于政府提供的公共服务不符合或不能满足民众的需求，人们自行寻求解决问题的方式，如社区内守望相助等。

（10）政府贩售特定服务。这是指消费者向政府购买特定服务，民众成为需求者，而政府则为提供者。

上述十种方式，依政府介入的程度不同，可以用图5-2来表示。

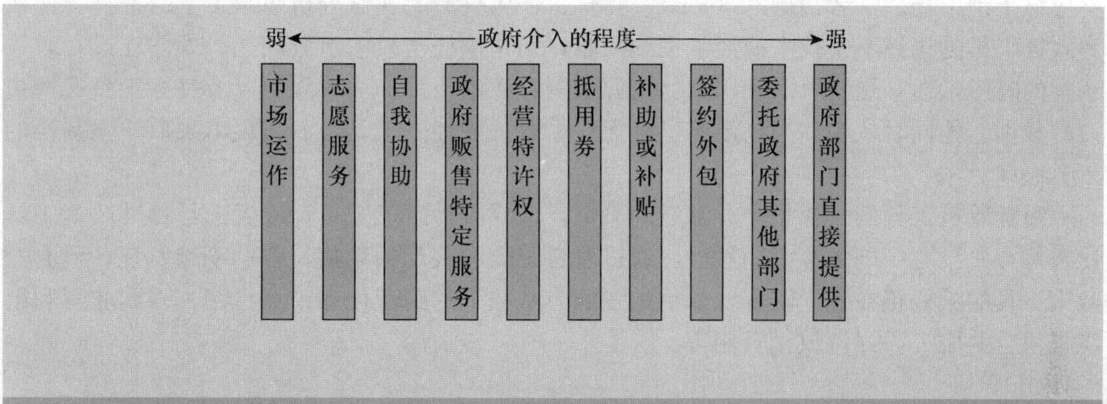

图5-2　政府介入公共物品和服务提供的程度

学者林德和彼得斯亦认为，政府政策工具是多元性的，主要包括：

（1）命令条款。政府直接发布命令，采取某种政策行动以达成政策目标，包括：发布命令，公共投资，公营事业。

（2）财政补助。政府机关给予标的团体某些经费上的补助或支援，包括：现金给付，如福利政策中对于社会津贴的给付；贷款；保证贷款。

（3）管制规定。政府机关颁布某些管制规定，包括：禁止某些不法行为，进行价格管制；设定产品标准；分摊配额，如纺织品出口配额的决定等。

（4）征税。政府机关征收赋税或费用，包括：纳税、规费的征收、罚款。

（5）劝诫。通常包含三种不同的劝诫方式：公开表扬，如表扬诚实纳税的企业或个人，以鼓励人们诚实纳税；公开展示或提供信息；发表演说。

（6）权威。政府机关以其优越的统治权，使人民服从其政策，包括：授予执照，许可证制度，行政程序指导。

（7）契约。由政府机关与私人公司订立契约，包括：签订契约，政府监理部门将车辆废气排放标准的检验任务交由合法的私人公司承担；保险，政府机关为确保公共安全，要求开办公共意外责任险；经销权，如将某些特殊物品的经销权交给私人公司经营。

5.4.2　政府治理工具的选择

很显然，政府可运用多元政策工具实现自己的治理目标。运用何种治理工具，政府干预市场到何种程度，完全视问题情势、政府主观偏好、资源拥有程度、目标的正确性与选择性、对市场依赖程度、相对成本等综合因素而定。在理论上，人们对政策工具的选择也提出了不同的观点。

在经济学上，政策工具的选择因经济主张不同而有所不同。福利经济学认为，国家为了大众的福利应该积极干预市场失灵的状况，因此倾向于强制性的工具（如政府管制、公营企业、直接提供产品和服务）以及混合性的工具（如提供信息与劝诫、政府补助、征税等）。而新古典经济学则认为强制性或者混合性的工具仅仅适宜于纯粹的公共产品，国家不应该干预市场。学者胡德（Hood，1983，9）从政治的观点分析政策工具的选择。他认为政策工具的选择不是技术或经济理论问题，而是信任与政治事务问题。人们在进行政策选择的时候，通常受制于四个因素：资源限制、政治压力、法律限制以及过去工具选择失败的教训。他同时认为，当代政府已经无法采取强制性的工具，而呈现出采取非强制性的工具倾向。

显然政策工具的选择是十分复杂的事情，选择哪种政策工具，或者选择哪种政策工具比较好，并没有明确的答案。然而，通过对各国政府改革的观察，我们不难发现，政府对政策工具的偏好正在发生转变，如更加强调公共服务的民营化和市场机制，强调非营利组织提供公共服务，强调放松管制等。

5.5 政府失灵

政府机制旨在实现社会资源通过政府配置而达成最大化的效益。但是，通过政府机制是否可以实现最大化的效益，这的确又是一个问题。正如许多学者分析的那样，不完全市场和不充分信息问题无论是在公共部门，还是在私人部门都是相同的，也是相当普遍的，加之其他方面的原因，“政府失灵”也是普遍存在的一个事实。认识到这一点，可以使我们恰当地理解公共部门的作用问题。

所谓“政府失灵”（government failure），是指由于政府机制存在的本质上的缺失，而无法使资源配置效率达到最佳的情形。依据学者的研究，典型的政府失灵的类型及其原因包括以下几个方面：

1. 成本和收益的分离：过剩和成本提高

无论市场怎样不完善，它都是与生产活动相联系的，这种联系是由价格决定的。政府活动因为缺乏任何价格的指引，便割裂了这种联系，因为维持政府活动的收入具有非价格来源，即来源于政府的税收等。由于缺乏这种联系，政府产生的价值同生产它的成本割裂。这种割裂意味着资源错误配置的程度增加，因此，无论公共政策采取何种形式（管制、直接提供），政府活动的一个趋势是产生明显的多余成本，从而导致社会资源的浪费。一方面，不完全信息的作用是十分明显的；另一方面，政府预算也会因利益集团的游说造成生产过剩和重复投资的问题。

2. 政策制定的复杂性和低质的政策

公共政策的制定是一个复杂的政治过程，由于理性选民的无知（rational voter ignorance）、利益集团对公共政策的影响、等级制和官僚制本身的障碍、政治家的偏好因素，以及政府部门的本位主义和机关利益等各种因素的综合存在，政府的公共政策并不能反映公共的利益，也不符合有效率的资源配置。

3. 内部性问题

公共组织为了进行其内部的管理，需要发展它们的标准或规则，这些标准或规则即内部性，用来评估机构的运行和机关人员的行为。这些标准或规则很接近“私人”的组织目标，因为机构内的动力是由个人或集体的行为产生的。政府组织内部性是规范组织运作的重要因素。正如外部性因素对市场经济的影响一样，内部性也同样影响着政府。外部性意味着社会成本和利润没有包含在私人决策的考虑之中，而内部性则意味着“私人”的或组织的成本和利润很可能支配公共决策者的计算。市场失灵的核心是外部性，而政府失灵的核心是内部性。内部性在政府机构中的具体表现为：

(1) 预算增长。由于政府机构缺乏利润作为评判的标准，政府倾向于将预算规模作为其主要的目标。

(2) 大机构规模。追求工作人员数量的扩张，追求“高技术”。

(3) 控制信息使之转化为有价值的产品或权力。

由于内部性的存在，政府机构运作的成本大大提高了，而其成本则被广大的纳税者分担了。

4. 政府组织的低效率

政府是唯一的对其成员拥有强制力且有权征收义务税的组织，从这个意义上讲，政府是名副其实的自然性垄断者。由于缺乏竞争，政府管理部门以及管理者缺乏竞争的压力，政府官员亦缺乏企业管理的理念，没有降低成本的动力，也没有较好的激励机制，这样导致经营的低效率。

5. 另一种分配的不公平

政府拥有强制力，这是其优势，也是其缺陷。因为政府运用权力进行收入分配时，不仅使财富从富人手中转移到穷人手中，而且也可能使财富又从穷人手中转到政治力量强的阶层手中。由政府活动产生的分配不公平，通常不是集中在收入或财富上，而是集中在权力或特权上。政府的公共政策本质上涉及价值和权力再分配问题，而这种再分配给不公正和滥用职权提供了机会。

6. 寻租

寻租（rent-seeking）是指在某种政府保护的制度环境中个人寻求财富转移的活动，或者追求非生产性利润的活动。寻租与寻求利润不同，寻求利润是作为经济人的生产者通过自身的市场生产力而获得高于生产成本的那部分收入，而寻租则是政府干预的结果。在政府干预的情况下，寻租者从政府那里寻到了某种特权，从而对某项资源具有垄断权，或者存在任何其他方面的政府庇护以保证寻租者按自己的意愿生产。寻租行为的结果是导致社会资源的浪费，主要表现在：为了获取租金，寻租者需要花费时间、精力和金钱，这种活动对社会没有任何效率；如果寻租行为得以实现，相关生产者和消费者将由于政府干预而付出代价，这种代价之和比寻租者所得到的利润额还要高，此外，整个社会也同样为此行为付出“道德的成本”，甚至于政治的成本。

7. 政策执行的无效率

政府干预的公共政策能否达成预期目标，不仅取决于政策设计，还取决于政策执行。

但是在实际中，由于各种因素的存在，公共政策不能达到预期目标，进而导致政府的无效率。典型的情形有：

（1）部门利益的存在使得部门可能出现“损公肥私”的情况。

（2）地方利益的驱动使地方政府做出与政策目标相反的选择。

（3）因委托-代理关系而导致的“逆向选择”和“道德风险”。

（4）沉淀成本（sunk cost）。在执行过程中，可能会发现政策有误，但政府部门因过去计划投入的资源，而不愿终止原有计划，因为怕背上“政策失误”的罪名。

8. 所有制残缺

“所有制残缺”这个概念是由产权经济学家阿尔钦与卡塞尔提出的。所有制残缺可以理解为是对那些用来确定“完整的”所有制权利中的一些私有权的删除。权利之所以残缺，是因为一些代理者（如政府）获得了允许其他人改变所有制安排的权利。国家干预管制是造成产权残缺的根源。产权的残缺在一定程度上导致资源配置的无效率，非排他性的公有产权似乎对人人都有利，结果谁也得不到更多的好处（如竭泽而渔的行为）。再如可交换的产权（exchangeable property rights）也是产权之一，如果政府对产权交易进行干预的话，便不可能实现资源的有效配置。

从以上方面来看，政府干预的制度和机制，正如市场机制一样，在许多方面是笨拙的，政府干预本身也可能是不奏效的。正如沃尔夫所言：市场与政府之间的选择是复杂的，而且通常并不仅仅是这两个方面，经常的选择是在两者不同组合间的选择，以及资源配置的各种方式的不同程度上的选择。认识到这一点对于政府治理是十分重要的。

5.6 矫正政府失灵和市场失灵的策略

如前所述，政府和市场皆存在失灵的问题。那么，如何解决政府与市场的双重失灵？对此，福利经济学建议采取如下策略：

1. 市场的自由化、促进化和活泼化

市场的自由化（freeing market）是指政府对已经存在的市场管制予以解除，让更多的参与者加入，使其充分竞争，让市场的供需法则能够充分运作。市场自由化的方式有解除管制（deregulation）、民营化（privatization）和合法化（legalization）。市场的促进化（facilitating market）是指原本的市场机制不存在或者失灵，即没有价格机制能够促进有效的交易，政府提供价格措施，使市场机制发挥作用。市场促进化的方式大致有两种：一是利用价格机制分配既有的财货，建立既有财货的财产权，如水市场、森林财产权等；二是创造可以市场化的财货，如污染许可证交易允许企业排污，但须付费，并确保污染总量在特定的水准之下。市场的活泼化（simulating market）是指对财货的重新分配。原有的市场虽有供需双方，但市场机制运作不佳，政府因此采取措施激发市场的功能。例如，对于有线电视、大型停车场用地都可以通过拍卖等方式使其得到合理的支付价格。

2. 诱因机制与政策

如果政府的目的不是着重资源的最佳配置，而是改变民众的行为，那么，政府便可以通过诱因的提供，促使政策标的团体表现出符合政府政策目标的行为。诱因机制主要包括以下手段：(1) 供给面的赋税手段。对外部不经济的生产者征收产出税，如根据排污量征收排放费；对进口货物征收关税。(2) 需求面的赋税手段。对外部不经济的财货课以货物税或消费税，如对酒、烟的征税；对公共产品使用者征收使用费，如高速公路的通行费等。(3) 供给面的补助手段。给予外部经济的生产者相对的配合补助款，此外减免赋税也是一种手段。(4) 需求面的补助手段。如发放代金券，让消费者到市场购买特定的财货或服务。

3. 政府管制

政府管制是政府利用法规来规范人们的行为，以期符合政府的要求。在自由市场体制下，产品的数量、价格均由市场机制来确定，当政府采取经济管制和社会管制措施时，政府便是通过“有形的手”来影响市场的利益分配。政府管制的目的在于维护公共财物的正常运作，防止外部成本的产生，消除信息不对称，维护平衡与防止偏差行为。政府管制的项目是很多的，如价格管制、数量管制、商品品质管制、服务品质管制等等。

4. 非市场的供给机制与政策

为了实现社会资源的有效配置，市场机制功能的发挥是重要的。但是，如果市场发生失灵，或者出于实现社会公平的政策目标考虑，政府必须用公权力矫正市场失灵，同时，政府亦可主动地提供公共产品与公共服务，以满足民众的需求，并达成政府的治理目标。由政府主动提供公共产品与公共服务，称为“非市场供给”。非市场供给，大致有以下几种情况：一是社会不能办理的事，由政府负责（如军事、外交）；二是不宜由社会办理的事，由政府负责（如公用工业）；三是社会不愿办理的事，由政府负责（如社会救济、义务教育）；四是不应由社会办理的事，由政府负责（如税收、制币等）。目前政府非市场供给的方式主要包括两种：一是政府直接供给，即由政府部门直接生产及分配公共产品；二是政府间接供给，即由政府设定独立的机构来负责产品与服务的提供或者通过外包的方式提供服务。

5. 社会保险与社会救助机制和政策

政府的一个重要功能在于保护社会的弱势群体，实现社会的公正。为此，政府可通过社会保险与社会救助达此目的。社会保险的目的在于保障被保险人或受益人生活安定，使其在遇到事故、收入中断或收入减少时，不但可以获得补偿，而且能够维持最低的生活水平。政府对保险财务负最后的责任，发生亏损时由政府负担或者拨款弥补。社会保险是一种强制保险制度。凡按法令规定应投保的国民一律参加，并无选择余地，就是讲，保险的对象为社会大多数人。社会救助则以老弱残障孤苦无依无靠者为主要对象，传统上，社会救助以私人、慈善机构和地方政府为主，如今已成为各级政府的重要功能。社会救助范围包括生活救济、医疗补助、急难救助、灾害救助以及对无家可归的人的救助等。

本章小结

1. 公共部门是建立在权威关系而非市场关系之上的，它是唯一可以合法使用暴力的机关。公共部门存在的主要原因，从经济角度来看乃是市场机制无法单独地发挥全部经济作用。

2. 市场失灵的存在，为政府干预经济和社会提供了强有力的说明。典型的市场失灵主要涉及如下几方面：公共产品的提供、垄断、外部性、市场波动与经济的不稳定性、收入不平等。

3. 市场经济下政府的主要职能在于提供经济发展的基础结构、组织各种各样公共物品和服务的供给、共有资源和自然资源的保护、社会冲突的调整和解决、保护并维持市场竞争、收入和财产分配的调节、宏观经济的稳定。

4. 政府治理工具是实现政府目标的具体路径或机制，政府可以选择多种多样的治理工具达成目标。政府治理工具的选择并没有理想的模式，必须综合考虑各种情景因素。

5. 政府同样是会失灵的。典型的政府失灵包括成本和收益的分离、政策制定的复杂性和低质的政策、内部性问题，政府组织的低效率、另一种分配的不公平、寻租、政策执行的无效率、所有制残缺。政府与市场的选择并非是非此即彼的选择，而是不同组合的选择。

6. 矫正政府与市场双重失灵的基本策略包括：市场的自由化、促进化和活泼化，加强政府管制，建立和完善诱因机制，非市场的供给机制与政策，社会保险与社会救助机制和政策等。

关键术语

公共部门　公共产品　市场失灵　外部性　政府失灵　寻租　内部性问题　政府治理工具　诱因机制　政府管制

复习思考题

1. 何谓公共部门，你是如何认识公共部门存在的正当性的？
2. 何谓市场失灵，典型的市场失灵有哪些主要的表现？
3. 如何认识和理解市场经济下的政府职能？
4. 比较中国计划经济时期和社会主义市场经济时期的政府职能变化情况。
5. 有许多人认为“管理的越少的政府就是越好的政府”，你同意这种看法吗？为什么？
6. 如何看待市场经济中的政府管制，政府管制有哪些优点和缺点？
7. 何谓政府失灵？政府失灵有哪些典型的表现？政府失灵的原因是什么？
8. 举例说明政府的寻租行为并分析寻租给社会政治、经济带来的负面影响。
9. 何谓政府治理工具？政府治理工具有哪些主要的类型？如何选择有效的政府治理工具？
10. 政府和市场皆存在失灵的问题，如何解决和矫正政府与市场的双重失灵？

阅读材料

公共基础设施治理的挑战与政策选择

公共基础设施（public infrastructure）是社会生产力发展和包容性社会的基石。公司因能使用基础设施赢得其竞争的优势，社会则依赖良好的基础设施确保公民获得公平的机会和公正的公共服务。然而，基础设施一直以来通常很难到位，除了技术的挑战之外，缺乏优良的治理是基础设施项目失败，未能达到预期目标的主要原因。基础设施的真正好处是可以通过良好治理实现的。为此，OECD 在广泛调查研究的基础上，制定了《基础设施治理的框架》，用以指导和评估基础设施管理系统。该框架分析了基础设施治理面临的挑战和问题，并提出了应对和解决对策。

挑战之一：制定基础设施的战略规划

制定满足基础设施服务需求的国家长期发展规划是成功实施基础设施计划的必要前提。这要求确认需要进行哪些方面的投资，确定基本的构成要素、需要和权衡关系，以及确认优先顺序。制定明晰的和一致的发展战略的原因在于基础设施投资的复杂性质。这种复杂性表现为基础设施问题涉及不同的组织、不同的管辖领域、不同层级的政府、不同的政策领域和专业，整合形成统一看法实属不易；基础设施建设往往服务于多元目标，具有不同的政策目标，如经济增长、生产力发展、可负担性、包容发展和环境保护等；基础设施具有长期的影响力和周期，要求可预测性和冷静的分析，但基础设施对政治以及经济和商业周期十分敏感，而这又是不断变化的；良好的基础设施规划要求跨部门的合作和协力。

涉及的主要政策问题包括：（1）中长期基础设施投资是否有整体的愿景？（2）是否已经建立制定、监测和调整国家战略性基础设施愿景的正当程序？（3）是否有专门的单位或组织负责基础设施政策的制定、评估和监控？（4）是否有适当的工具和程序分配公共资源？

挑战之二：管理腐败的风险

围绕政府主导的基础设施项目总是有腐败的指控。公共官员对投资决策的裁量权、项目的规模和复杂性以及项目阶段和利害关系人的多样性，都使基础设施项目面临高度腐败的风险。腐败可能出现在基础设施项目的每一个环节，会涉及各种各样的人和组织，必须采取整体政府的途径有效遏制腐败的风险。

涉及的主要政策问题包括：（1）是否明令禁止官员和私人部门雇员接受贿赂？（2）是否适当地确认并管理潜在的和显现的利益冲突？（3）是否规制和限制官员利用保密信息？（4）是否禁止违反公共利益的特殊利益集团或个人参与公共投资项目？（5）是否确保了社会、经济、环境可行性研究的客观性和可靠性？（6）是否限制潜在的私人经营者、建设公司或贷款方发挥其影响力？（7）是否确保指标文件的设计并不是量身定做的？（8）在公共投资中，是否禁止围标、串通？（9）审计部门是否有能力和资源提供及时可靠的审计？

挑战之三：选择如何提供基础设施服务

选择基础设施提供的方式以及由谁来负责提供对政府意义重大。在选择服务提供方式时，政府需要综合平衡各方面的要求。总的指导原则是合法、可负担和尊重金钱的价值，物有所值。依据风险的分担和政府控制的程度，政府可以确定最有效率的提供方式，从政府直接提供到公私伙伴关系或更多的方式。

涉及的主要政策问题包括：(1) 市场失灵的范围和影响如何？(2) 项目的政治敏锐性如何？(3) 政府能力、私人部门的能力和能动的法律环境如何？(4) 投资的规模和融资状况如何？(5) 成本收回的潜力如何？(6) 政府期望维持的控制水平如何？(7) 是否可能确认、评估和分散风险？

挑战之四：保持良好的监管设计

"游戏规则"的不确定或低质的规则影响基础设施投资、维护、升级以及终结使用的意愿，最终影响服务提供的质量。项目通常涉及许多政策领域、不同层级的立法和监管规章以及不同层级的政府。与收入流和资金来源有关的不确定性导致公共部门和潜在的投资者对项目缺乏信心。确定收费也相当困难，是极具政治性的任务。政府和运营者之间在资本成本、资产减值和消费者偏好方面的信息不对称也使定价困难重重。如果定价不能覆盖长期的资本资产的减值，投资决策可能是短期的，那么基础设施的维护和升级就是问题。尽管监管者很少介入市场的决策，但人们希望他们监督重要政策变化的执行。

涉及的主要政策问题包括：(1) 是否有完整的基础设施监管的框架？(2) 多层次的监管要求是否会增加多余的负担？(3) 不同的监管部门之间是否有合作和协调的机制？(4) 监管者的职责、权力和能力是否与监管者的角色相一致？(5) 在定价时，是否有充分的数据和信息？ (6) 监管者的整体治理状况是否促进了投资者的信心和信任？

挑战之五：整合协商过程

基础设施对社会产生影响，没有良好的协商，好的项目也可能陷入瘫痪。基础设施项目要考虑整体的公共利益以及相应的利益相关者的观点，协商应尽可能的广泛，并以公开、透明的方式进行。

涉及的主要政策问题包括：(1) 是否有协商的策略？(2) 特殊的利益相关群体是否参与了协商？(3) 是否有制度性的对话机制，确保系统的公共协商？(4) 是否有正式的参与机制，确保公众参与？

挑战之六：协调不同层级政府的基础设施政策

公共投资往往涉及不同层级的政府，即使大家都认识到投资的必要性，协调跨区域和不同政府层级之间的公共投资战略也是十分困难的。中央政府在确定投资优先顺序、加强不同层级政府能力、确保有效投资治理方面发挥重要作用。地方政府之间的水平合作同样在实现规模经济效益方面发挥重要作用。

涉及的主要政策问题包括：(1) 与基础设施开发相关的能力是否在不同层级政府之间得到明确的分配？(2) 融资的需求是否符合地方政府对基础设施开发的规定？(3) 跨政府之间政策协调的主要挑战是什么？(4) 不同层级政府之间财政和政策协调的工具是什么？(5) 加强协调的治理工具是什么？

挑战之七：确保可负担性和物有所值

政府必须确保基础设施项目可负担得起，总体的投资具有可持续性，同时要保证投资物有所值。

涉及的主要政策问题包括：(1) 基础设施采购过程是否与日常的预算过程相一致？(2) 是否有长期的基础设施发展战略，战略是否与长期的财政预测相联系？(3) 是否进行了成本-效益分析？(4) 对各种提供服务的方式是否进行了研究和分析，保证物有所值？(5) 是否进行了资金的可行性分析？(6) 是否有专门的部门负责并有能力进行基础设施投资绩效的评估？

挑战之八：有用的数据的收集、分析和披露

基础设施政策的制定和执行应以数据为基础。政府应确保制度到位，系统收集相关数据并有专门的组织负责数据的分析和使用。相关的数据应对公众及时公开。

涉及的主要政策问题包括：(1) 在项目的开发过程中，是否建立了法定的制度，确保系统地收集相关的财务数据和非财务数据？(2) 是否建立了法定的制度，收集基础设施绩效的财务数据和非财务数据？(3) 是否有足够的数据用以比较不同基础设施服务提供方式？比较是以数据为基础的吗？ (4) 所收集的数据是否对公众公开？

挑战之九：确保基础设施服务的绩效

在保持资产物有所值的同时，监控基础设施服务提供的绩效是比较困难的。要建立监控体系，确保资产在其整个生命周期高效运转。

涉及的主要政策问题包括：(1) 是否有确保资产绩效有效运营的策略？(2) 是否有专门的部门和机构负责进行每一个项目的绩效评估？(3) PPP 契约中是否有明确的产出和绩效要求？

挑战之十：公共基础设施需要保持适应力

基础设施需要有适应力和弹性，能够应对各种风险和灾害的冲击。水、电、煤气、交通、电信等基础设施是人民的生命线，因此要预防各种各样的冲击。重要基础设施的保护十分重要，因为它们之间具有相互依赖性，可能一损俱损，因此要确保基础设施的弹性和复原力，使其适应新的环境和冲击。

涉及的主要政策问题包括：(1) 如果出现灾害，是否有保证重要基础设施安全的政策？(2) 在出现可预见的冲击时，是否有替代或备用的系统？(3) 是否有能力加强重要基础设施的保护？(4) 是否从过去的教训中学习到经验？

资料来源：OECD (2011), Getting Infrastructure Right: A Framework for Better Governance, Paris.

本章参考文献

Buchanan, J. A. and Tullock, G. (1962), The Calculus of Consent, Ann Arbor: University of Michigan.

Downs, A. (1957), An Economic Theory of Democracy, NY: Harper and Row.

Friedman, M. and Friedman, R. (1953), Free to Choose. Harmonds Worth: Penguin.

Hicks, 1958, Public Finance, Walwyn: James Nesbit.

Hood, C. (1983), The Tool of Government, London: Macmillan.

Linder, S. and Peters, B. G. (1992), "The Study of Policy Instrument," Policy Current, Vol. 2, No. 2.

Musgrave, R. A. and Musgrave, P. (1989), Public Finance in Theory and Practice, 5th ed., New York: McGraw-Hill.

Niskanen, W. A. (1971), Bureaucracy and Representative Government, Chicago: Aldine-Atherton.

Savas, E. S. (1987), Privatization: The Key to Better Government, Ghatham, N. J.: House Publishers, Inc.

Schneider, A. and Ingram, H. (1990), "Policy Design: Element, Premise and Strategies," in Nagel, S., Policy Theory and Policy Evaluation, New York: Greenwood Press.

Stiglitz, J. E. (1989), The Economic Role of State, Cambridge, MA: Blackwell.

第6章

公共部门的战略规划与管理

21世纪公共部门面临的环境更具复杂性、动荡性和多元性的特征。由于影响公共部门运作的最大因素涉及公共部门与外界环境的互动问题，而非仅仅是内部管理问题，因此，战略规划与管理便日益受到公共部门的重视。公共管理与传统行政的一个重要差异便在于强调战略规划与管理的重要性。对于公共部门而言，战略是其发展总目标的表现形式，它涉及一个时期内带动全局的方针、政策与任务，它决定着一个部门在一定时期管理的方向和所要达到的目标。它对组织政策的制定、组织结构的调整、资源的配置均产生广泛影响。

重点问题

- 公共部门战略管理的性质
- 公共部门战略管理的过程
- 公共部门的战略规划
- 公共部门战略规划的方法与技术
- 公共部门战略管理的问题
- 公共部门战略管理的改进

6.1 公共部门战略管理的性质

6.1.1 战略的性质

“战略”（strategy）一词来源于希腊语“strategia”，其含义是统率（generalship）。在军事上，战略通常是指在敌方未到达之前，将军队布防到位。在这个意义上，战略是指部队的部署。一旦敌人介入，注意力便转移到战术。巴兹尔·H. 利德尔-哈特爵士（Sir Basil H. Liddel-Hart）在其名著《战略论》（*Strategy*）中，研究分析了从古希腊到第二次世界大战的战争和战役，认为军事战略乃是“分配和使用军事手段达成政治目的的艺术”。

战略一词后来被运用于管理领域，在管理领域，战略就是一个组织的总目标，它涉及一个时期内带动全局的方针、政策与任务。从某种程度上讲，战略是组织运用和管理所有资源达成目标的艺术。

钱德勒（Alfred D. Chandler）在其研究组织结构和战略关系的经典论著《战略与结构》（*Strategy and Structure*，1962）中，认为战略涉及“确定一个组织基本的长期目标、决定行动方针以及为实现目标而进行的资源配置”。哈佛大学教授、时任《哈佛管理评论》主编的肯尼斯·安德鲁斯（Kenneth Andrews）在其主编的《公司战略的概念》（*The Concept of Corporate Strategy*，1980）一书中认为战略乃是“公司的决策模式，它确立并揭示公司的目的或目标，制定实现这些目标的主要政策和计划，界定公司从事的业务范围、经济和人类组织的类型，以及公司对利益相关方、雇员、消费者和社会做出经济和非经济贡献的性质”。

乔治·斯坦纳（George Steiner）是加州大学管理学教授和《加州管理评论》（*California Management Review*）创始人之一，在其经典名著《战略规划》（*Strategical Planning*）一书中，认为在管理学领域，对于什么是战略，并没有达成共识。人们运用战略一词，有不同的意涵。战略乃是高层管理所做出的对组织至关重要的事情；战略是指基本的方向性决策（basic directional decisions），即目的和使命；战略由实现这些方向所必需的重要行动构成；战略回答的问题乃是组织应该做什么，我们追求的目的是什么以及如何实现这些目的。

迈克尔·波特在其名著《竞争战略》（*Competitive Strategy*，1980）一书中，认为竞争性战略乃是差异化，它意味着审慎地选择不同的行为方式，实现独特的价值的最大化。简言之，战略涉及竞争的定位，在顾客的眼中，展示自己的非凡之处，通过不同于竞争者的行为，创造附加值。

管理学家明茨伯格在其著作《战略规划的兴衰》（*The Rise and Fall of Strategic Planning*，1994）一书中指出，人们以不同的方式使用战略一词，最常见的包括四种：（1）战略乃是一种计划（a plan），涉及如何从这里到那里的途径；（2）战略乃是一定时间内的行动模式（a pattern in action）；（3）战略乃是定位（position），反映的是在特定市场提供特定产品和服务的决策；（4）战略是观点（perspective），是愿景和方向。

对于公共部门而言，所谓的战略，简而言之，乃是公共部门所采取的行动纲领，以实现其所设立的目标，解决公共问题，满足人民需求。战略决定了公共部门向何处去，描绘了未来预期的前景，确立了实现预期未来基本的目标，它为公共部门提供了行动的指导原则。

在公共管理领域，战略与政策有时是互用的。从严格意义上而言，战略和政策是既相区别又有联系的。政策乃是实现战略的手段，为了实现特定的战略目标，往往需要许多政策的协同作用。政策设计主要关注如何实现战略目标，如何选择最适当的政策工具以及如何在实践中运用政策工具。战略与政策的关系是密切的，而且是高度互动和相互作用的。战略的研究和制定要充分考虑到如何实现的问题，政策应在战略的框架下，研究如何达成预期的结果。

在政府和公共服务领域，良好的战略具有下列基本特征：（1）具有明确的战略目标、战略重点和重点的权衡；（2）建立在对原因、趋势、机会、威胁和可能前景的充分理解之上；（3）建立在对不同政策工具效能和组织能力的现实了解的基础上；（4）具有创新性，能够发现新的机遇；（5）依据经验，设计不同的运用机制；（6）建立在与战略制定和执行有关的利益相关者充分的沟通基础之上。

同样需要说明的是，对于公共部门而言，战略本身是手段，它是实现目的的手段，而不是目的的具体化。战略关心的是如何实现目的，而不是目的是什么或应该是什么，或者如何确立目的。如果战略有价值的话，它只能与目标或目的有关，而确立目标或目的乃是政治的范畴，战略在目的和手段之间架起桥梁。

6.1.2　战略管理的特征

对战略管理，人们认识的角度也不尽相同。有的学者从过程论的角度去界定战略管理，认为“战略管理是指规划、执行、追踪与控制组织战略的过程”。有的学者从战略决策的角度界定战略管理，认为战略决策通常是指四种情况：（1）将对组织未来发展产生冲击的内、外环境进行分析的活动；（2）将整体组织与对其发生冲击的议题进行分析的活动；（3）关注组织目标以及发展方向的战略选择；（4）促进战略的有效执行。

一般而言，战略管理可视为管理者有意识地选择政策、发展能力、解释环境，以集中组织的努力达成目标之行为。也可以被界定为：制定、实施和评价使组织能够达到目标的、跨功能决策的艺术或科学。

此外，欲理解战略管理，尚需区别三个概念和问题：

第一，战略管理与非战略管理。行政学家沙夫里茨和拉塞尔（Shafritz and Russell，1997）认为，战略管理有以下几个方面的特征：

（1）认定未来要达到的目标（愿景陈述）；

（2）具有目标达成的时间框架；

（3）有对当前组织环境，特别是组织能力的系统分析；

（4）有对组织环境的评估；

（5）比较各种备选方案后选择一个战略，以求目标的达成；

（6）围绕这一战略整合组织的努力与行动。

第二，战略管理与战略规划。战略规划在管理领域流行于 20 世纪六七十年代，在 80 年代以后逐渐被战略管理所取代。更重要的是，战略规划仅是战略管理的一个组成部分，并不涉及战略的执行与评估问题，如果将战略规划、执行与评估结合在一起，便构成完整的战略管理过程。

第三，战略管理与功能管理。战略管理看重战略目标的实现，而功能管理（functional management）强调做何事以及具体的目标，功能管理偏重于组织内部各单位功能的整合，强调内部管理。战略管理强调外部管理，强调长期、整体目标的实现。

基于上述认识，我们可以看到战略管理具有以下特征：

1. 战略管理是未来导向的

战略管理为组织未来的发展设立愿景，规划蓝图。从某种意义上来讲，战略管理是在一个组织的现在和未来之间架起桥梁。通过战略管理，组织及组织成员理解了组织的愿景、使命、目标。

2. 战略管理着重于较长远的、总体的谋略

战略管理通常涉及或关注组织发展的总体格局，也就是讲战略管理关注全局或非局部，关注较长远的利益而非当前利益。

3. 战略管理是组织寻求成长和发展机会及识别威胁的过程

战略管理的一个基本宗旨便是利用外部机会（external opportunity）化解或回避外部威胁（external threat）。也就是说，它关注的是组织外部环境，如政治、经济、社会、文化、人口、技术、国际竞争等方面的变化对组织发展的影响。由于机会和威胁往往是在人们的控制之外，故称为外部机会与威胁。战略管理就是外部环境的管理，即识别、监视和评估外部机会与威胁。

4. 战略管理是直觉和理性分析的结合

战略管理从决策角度可以视为进行重大决策的客观、逻辑的方法，因为它旨在对定性和定量的信息进行分析，以便在不确定情况下做出决策。然而，战略管理不是一种采用精密、明晰、一加一等于二的方法的纯粹科学。经验、判断、感觉、直觉（intuition）对于做出良好的战略决策至关重要。

5. 战略管理是持续性与循环性的过程

由于组织外部环境是不断变化的，组织应持续不断地关注内部与外部事物变化及发展趋势，以便必要与及时地做出调整。战略管理的目标便是组织能够具有适应变化的能力，持续不断地对外在环境做出反应。

6. 战略管理是前瞻性思考和由外而内的管理哲学

前瞻性思考，依行政学家摩根的看法，其特征为：向前看；寻找问题和机会；寻找重构问题的新方式以便将负面的东西转为潜在的正面性，开启新的发展途径；把握、形成和发展机会使其能够实现。“由外而内的管理哲学”（outside in management philosophy），即脱逃自我中心，从他人或外在环境的观点来看组织问题，而非从自己组织内部去诠释外在问题。

6.1.3 公共部门重视战略管理的原因

战略管理，原本在私部门的管理中受到重视。但是自 20 世纪 80 年代以来，战略管理问题越来越受到公共部门的重视。学者波兹曼和斯特劳斯曼认为，政府部门必须进行战略管理，才能解决公共部门中所发生的问题，提高公共部门的效率。公共部门之所以将战略管理作为重要的管理工具，乃是出于以下几个方面的原因：

1. 更加复杂和不确定的环境

在现代社会，公共部门管理面临的环境正在变得更加动态和不确定。不仅政治在发生变化，经济、技术、文化、社会都在发生巨大的变化。从管理角度来看，任何组织总是力图从各个方面降低或减少环境的不确定性。在平衡的环境中，这并不困难。因为在平衡的环境中，组织可以制定具体的政策、规章、条例来处理日常事务。但在动荡的环境中，这

种形式则行不通，组织必须建立一个更有适应性的反应系统。战略管理能够保证组织与其环境之间有一个良好的战略配合，使组织的能力与环境要求相匹配，同时安排组织内部的结构与程序以使其随战略选择而成长，并发展出新的、能应对未来挑战的能力。

2. 公共部门角色的变化

在福利国家时代，政府是一个大政府。政府在社会管理中扮演了十分重要的角色，生、老、病、死都由政府负责，认为“管理越多的政府是越好的政府”。从 20 世纪 80 年代以来，“大政府”的观念受到越来越多的质疑，相反，“小政府”在理论或实践上均获取了人们的认同和支持。在许多西方国家的政府再造中，主张在公共服务中落实市场机制。据此，政府（特别是中央政府）的角色发生了变化，即要成为掌舵者而非划桨者。因此，中央政府提出长期愿景及战略规划的作用就显得更为重要。

3. 全球化和国际竞争力的挑战

随着跨国公司的兴起、全球经济一体化以及信息通信技术的发展，国际化成为一个新趋势。全球化增加了政府治理的复杂性，加快了社会变革的速度，同时全球化也使国家之间的竞争更为激烈。为了应对国际化和国家竞争力的压力，政府必须从更宏观的视野、更长远的视角制定国家发展的战略，制定提升国家竞争力的战略。

4. 公共利益的挑战

政府是公共利益的代表者。公共利益不仅仅意指公民共同的利益（common interests），公共利益要求政府治理要兼顾整体利益与局部利益，兼顾长期利益与眼前利益。这就是说，公共管理者要有系统观、整体观、长期观。公共管理必须构建国家或地方长期发展战略，以维持可持续的发展与繁荣。

6.2　公共部门战略管理的过程

战略管理可以视为一种客观、逻辑和系统的过程和步骤。对于战略管理的过程，在理论上人们有不同的划分。管理学家斯蒂芬·罗宾斯将战略管理划分为九个步骤：确定组织当前的宗旨、目标和战略，分析环境，发现机会和威胁，分析组织的资源，识别优势和劣势，重新评价组织的宗旨和目标，制定战略，实施战略，评价结果（罗宾斯，1997，171-175）。一般而言，我们可从四个主要环节或阶段分析战略管理过程。

1. 环境分析

对于公共部门而言，环境包括一般环境和具体环境两个方面。一般环境是指社会的、一般的或宏观环境层的力量或因素。具体环境是指对公共组织的决策、管理发生直接影响的力量或因素，包括组织内部的环境。当然一般环境与具体环境的区分是相对的，界限也不是十分清楚。环境分析的主要任务在于运用系统思考去识别与组织相互作用的以及影响组织的外部系统，进而掌握公共部门内部的优势与劣势，了解外部的机会和威胁。这一分析通常被称为 SWOT 分析。在下节中我们将做进一步的说明。

2. 战略规划

战略规划是在环境分析的基础上研拟战略的过程，也是将战略意图转化为战略决策的过程。一般而言，它包括以下几个方面的主要活动：

（1）展现愿景和确认、陈述任务；

（2）确认重要的环境变化及趋势的议题；

（3）决定机关要强调的主要价值；

（4）选择重大的关切性议题领域；

（5）设定基本的、明确的策略方向；

（6）选择恰当的策略；

（7）创设执行这些策略方向的行动议程。

3. 战略实施

成功的战略规划并不能保证成功的实施，任何事情总是比想象中更困难。战略实施是建立和发展行动的能力和机制，将战略构想转化为现实绩效的过程。战略规划与战略实施之间存在着联系，又有根本性的不同：战略规划是在行动之前部署力量，而战略实施则是在行动中管理和运用力量；战略规划重视目标的有效性，而战略实施则关注效率；战略规划是思维过程，而战略实施是行动过程；战略规划需要协调的是少数人，而战略实施则需要更广泛的行动者之间的协调。

战略实施涉及的问题和环境很多，主要包括以下几个方面的活动：

（1）明确实际目标与进展的指标；

（2）进行有效的资源配置；

（3）建立有效的组织结构，使组织结构与战略相匹配；

（4）建立和发展有效的沟通与协调机制；

（5）促进变革，克服变革的阻力；

（6）通过社会及政府营销，促进战略实施。

4. 战略评估

战略评估是监控战略实施，并对战略实施的绩效进行系统性评估的过程，从战略管理整体来看，它着重于建立一种反馈机制。战略评估之所以重要，是由于如今公共部门的内部和外部环境因素往往发生快速和剧烈的变化，战略评估的结果可以作为调整、修正，甚至终止战略的合理依据。战略评估主要涉及以下几个方面的活动：

（1）检查战略基础，以了解构成现行战略的机会与威胁、优势与劣势等是否发生变化，发生了何种变化，因何发生变化。一些关键的问题包括：优势是否仍是优势，优势是否得到加强？内部劣势是否仍为劣势，有哪些新的劣势？内部机会是否变化，是否有新的机会？外部威胁是否存在，是否有新的威胁？等等。

（2）衡量战略绩效。将预期目标与实际结果进行比较，研究在实现战略目标过程中已取得的成绩。其中的关键是确立明确的绩效评价指标。此外，战略绩效衡量还要回答以下关键问题：战略是否与组织内部情况相一致？战略是否与外部环境相一致？从可利用的资源角度来看，战略是否恰当？战略涉及的风险程度是否可以接受？战略实施的时间表是否恰当？战略是否可行？等等。

(3) 战略的修正与调整。在战略检查与绩效衡量的基础上，做出是否持续战略、调整战略、重组战略或终止战略的决定。

战略管理是一个过程，但这个过程并非形式主义的、呆板的、特定安排或过于正式的。战略管理的作用在于促进公共部门不断地变革和学习，以适应社会的发展。管理学者伦茨曾提出以下进行有效管理的原则：

要使战略管理过程尽可能的简单和非程式化，就需要消除过于专业和神秘的计划术语。应当记住，战略管理是促进学习和行动的过程，而不只是一个正式的控制系统。为避免程式化行为，要对任务分配、团队成员、会议形式及计划日程进行变动。过程不应是完全可预期的，环境也必须有所变化，以便激发创造性。要强调以数字支持但以文字叙述为主的计划。如果管理者不能用一段话来表达其战略，那么他们或者是根本就没有战略，或者是还不理解这一战略。要鼓励那些向现行战略所基于的假设发起挑战的思想与行动，要欢迎坏消息。如果战略不能奏效，那么管理者亟须知道这一点，而且不能只因为某些相关信息不能被数量化便拒绝接收这些信息。要建立一种可以使战略管理的作用和基本目的得到理解的文化。不要只是让“技术专家”们来共同选择战略管理过程。它从根本上说是一个学习与行动的过程，要注意到心理、社会和政治因素，以及支持它的信息设施和管理程序。

另外，公共管理学者波兹曼和斯特劳斯曼也提出了战略管理的四条原则：(1) 关注长期趋势；(2) 将目的与目标整合成一贯的层级体系；(3) 战略管理与规划不是自我执行；(4) 强调外部观点，要适应环境，而且要预期与影响环境的变迁。

上述学者提出的战略管理的基本准则，对于我们理解战略管理是有意义和价值的。

6.3　公共部门的战略规划

6.3.1　战略规划的性质

战略规划乃是组织在分析和解读环境的基础上，产生组织战略的过程。如管理学家明茨伯格所言，战略规划是一个一体化决策系统的形式产生连贯协调的结果的正规化程序。战略规划的目的在于识别环境对组织的挑战，并指导组织对此做出反应，以获取更长期的竞争优势。

一般而言，战略规划所处理的议题和一般政策规划的议题是存在差异的。战略规划的议题具有三个基本属性：

(1) 稀少性。战略性决策是不寻常的，通常没有先例可循。

(2) 重大性。战略议题往往涉及全局性的重大问题。

(3) 指导性和长远性。战略性决策指导其他较低层次的决策以及引导着组织未来发展的方针。

战略规划的结果是形成组织的战略计划，一般来讲，一个好的战略计划包含四个方面的内容：

（1）战略范围，规定了本组织与社会环境因素之间发生作用的范围，即说明了要达到哪一方面的目标。

（2）资源部署，阐明了如何部署资源。

（3）战略范围的机会与威胁。

（4）最佳协调作用。在战略范围内，要使资源部署与竞争优势相互协调。

依学者伊迪（Eadie）的观点，战略规划在公共管理中的应用大致分为三类：

（1）涉及全国（省）的应用。这种较高层次的应用，通常需要广泛的公民参与，且战略执行亦有赖高度的组织之间的合作与协调。

（2）以部门为基础的策略性长期规划，关注部门的战略目标与计划。

（3）以部门为主的战略议题管理。此种应用是在前面战略计划中选择特定议题，而非做全面性的战略规划。

在此，有必要对战略规划和长期规划予以区分。

长期规划（long-rang planning），乃是一个部门或组织的领导者决定在某一特定的时间内（通常是 3～5 年）组织发展的蓝图，并以此愿景确立几年内的发展目标。长期规划预测未来的条件和现实、内外环境的变化以及组织如何有效依据计划行事。长期规划要求组织保持相当程度的稳定性，在危机和不确定性的背景下，很难制定明确的长期规划。

具体而言，战略规划与长期规划的区别在于：

（1）战略规划侧重于确认和解决问题，而长期规划聚焦于发展的目标以及将目标转化为具体的预算和工作计划。

（2）与长期规划相比，战略规划强调对组织内外环境的评估。

（3）战略规划体现了方向上质的变化，并包括了大范围的应急计划，而长期规划则属于对现状的线性外推。战略规划者通常要考虑各种未来的可能性，并聚焦于现有决策和行动的意涵；长期规划者倾向于假定最有可能的未来情景，然后逆向操作，设计出实现未来目标所需的决策和行动。

（4）与长期规划相比，战略规划更具有行动导向。简言之，战略规划要回答的问题乃是：我们现在身在何处？我们要到哪里去？我们如何到达确定的地方？我们如何衡量进展？

6.3.2 战略规划的构成

战略规划由不同的部分构成，不同的部分具有不同的目的。一般而言，战略规划是由以下几个部分构成的：

（1）组织的使命和价值（institutional mission and value）。任何战略规划的基础都是组织的使命、宗旨陈述，组织的使命或宗旨乃是用简洁的语言描述组织存在的理由和组织的任务及目标。组织的价值解释了组织的基本信念和行为的准则。

（2）组织的愿景陈述（institutional vision statement）。组织的愿景陈述描绘了组织在一定时间内发展的前景，愿景确立了组织未来的战略定位以及与使命陈述相联系的具体定位的内容。战略规划事实上是在使命和愿景之间架起桥梁。

（3）战略目的和目标（strategical goals and objectives）。目的乃是对组织选择完成的最终结果的宽泛描述，目标乃是战略所达成的具体和可衡量的结果。

（4）实施计划（implementation of plan）。实施计划的功能在于将目标转化为具体的行动计划，它涉及资源的配置以及组织将战略思想转化为具体行动的能力。

6.3.3　战略规划的过程

对于战略规划，有不同的模式和概念框架。不同的组织、学者对于战略规划提出了不同的理论和观点，主要包括：哈佛政策模型（Harvard policy model），其优点在于强调战略规划中的 SWOT 分析，对于如何制定战略并没有提供具体的建议。战略规划系统（strategic planning system），即将战略制定、执行和控制视为一个系统，主张任何战略规划系统都必须处理四个基本问题：我们向何处去（使命）？我们如何达到（战略）？我们的行动方案是什么（预算）？我们如何知道我们行走在正轨上（控制）？利益相关者管理（stakeholder management approaches）模式，强调战略在沟通利益关系方面的作用以及利益相关者的参与。逻辑渐进主义（logical incrementalism），视战略规划为不同决策之间相互调适的政治过程。其他的模式包括组合模式（portfolio models）、战略议题管理（strategical issue management）、战略协商（strategical negotiations）等等。不同的理论和模式被不同的人用于分析和解释战略规划。

对于如何进行战略规划，许多国际组织和学者也提出了具体的实施步骤以及建议。联合国在其《战略规划指南》（Strategical Planning Guide for Managers）中，提出战略规划的基本步骤包括：

（1）外部输入信息的收集（external input gathering）。战略规划的第一步是收集有关影响和形塑政策战略的信息，理解和确认问题、挑战、威胁，这便是通常所讲的外部环境审视（external environmental scanning）。与此同时，也要收集目标群体（target client），即受战略影响的利益相关者的信息（如人口结构、类型、行为特征），了解其要求、期望和需求。

（2）内部输入信息的收集（internal input gathering）。战略规划的第二步是收集内部信息，目的在于了解和掌握影响政府战略的政府部门或实体所面临的问题。主要了解政府能力、人员、资产、财政资源等方面的信息。最常见的方法便是 SWOT 分析。

（3）愿景确立（vision statement setting）。战略规划的第三步便是确立战略的总体方向和目标。愿景宣言在战略中发挥着“北斗星”的作用。

（4）确立战略目标，使用战略地图（creating objective and using a strategy map）。战略规划的第四步乃是明确战略的目标。以公共服务战略为例，战略目标涉及五个方面：一是顾客导向的目标（如何满足顾客的需要），二是服务导向的目标（提供什么样的服务），三是内部过程导向的目标（通过什么样的途径提供服务），四是人员和知识导向的目标（如何使人力和知识的价值最大化，实现服务的目标），五是财政资源导向的目标（如何获取和分配财政预算资源）。

（5）确立战略绩效衡量指标（strategic performance measure）。战略规划的第五步乃是在战略目标的基础上，制定衡量战略目标实现的指标体系。绩效衡量的指标必须与战略目标相关，能够定位，能够收集到数据，易于理解。

（6）制定战略实施行动计划（strategic initiatives）。战略实施行动计划必须能够对战略目标的实现产生明显的以及可衡量的影响，行动计划必须有效，行动计划必须获得有效的人力、物力、财力资源的支撑。

（7）确认战略风险（identifying strategic risks）。风险管理是战略规划的一个重要组成部分。战略风险包括了来自外部环境的可能出现的或已知的风险、内部环境的风险、影响战略制定的风险以及影响战略执行的风险。要在分析和确认风险的基础上，制定管理风险的对策。

（8）管理战略（managing a strategy）。为了实现战略规划的价值，公共部门的领导必须确保战略成为管理的有效工具，对战略进行有效的评审和改进。

世界银行在其《战略规划：十步指南》（Strategical Planning：A Ten-step Guide）（World Bank，1992）中，详细描述了战略规划的十个步骤，具体包括：

（1）形成战略规划的共识。组织就战略规划的重要性、必要性，如何进行战略规划，由谁进行战略规划等问题达成基本的共识。

（2）进行环境审视。进行外部环境的分析，确认组织面临的机会和挑战；进行内部环境的分析，评估组织的优缺点。

（3）确认战略规划要解决的主要问题。明确组织需要面对和解决的战略性议题和问题，对问题的重要程度进行排序。

（4）明确或评估组织的价值、愿景和使命。在组织为什么要存在、要追求的目标、组织的信念、服务的对象等问题上达成共识。

（5）制定组织共享的愿景。

（6）制定组织未来发展的具体目标，将愿景具体化。

（7）就达成目标的主要战略和核心议题达成共识。

（8）制定实现战略目标的具体行动计划。

（9）形成书面的战略规划。

（10）建立监控、评估和改变战略的程序。

总的来看，对于政府而言，战略的制定和规划乃是一个动态的、复杂的过程，也是政府与各种利益相关者互动的过程。公共部门的战略规划需要足够的时间对问题进行分析和研判，与受战略影响的各种利益相关者进行咨询和协商，制定恰当的战略目标和衡量指标，并拟定最好的行动方案。一般而言，下列环节或步骤是战略研发和规划不可缺少的环节（见图 6-1）：

1. 问题分析（problem analysis）

战略规划的第一阶段是对现状进行分析，目的在于确认问题及其成因，探讨发展与改革中所面临的挑战和机遇。在这一阶段，主要是收集和提供与问题、挑战和机遇相关的证据。所谓的证据就是证明信念、判断或观点是否真实有效的事实、数据或信息。问题分析

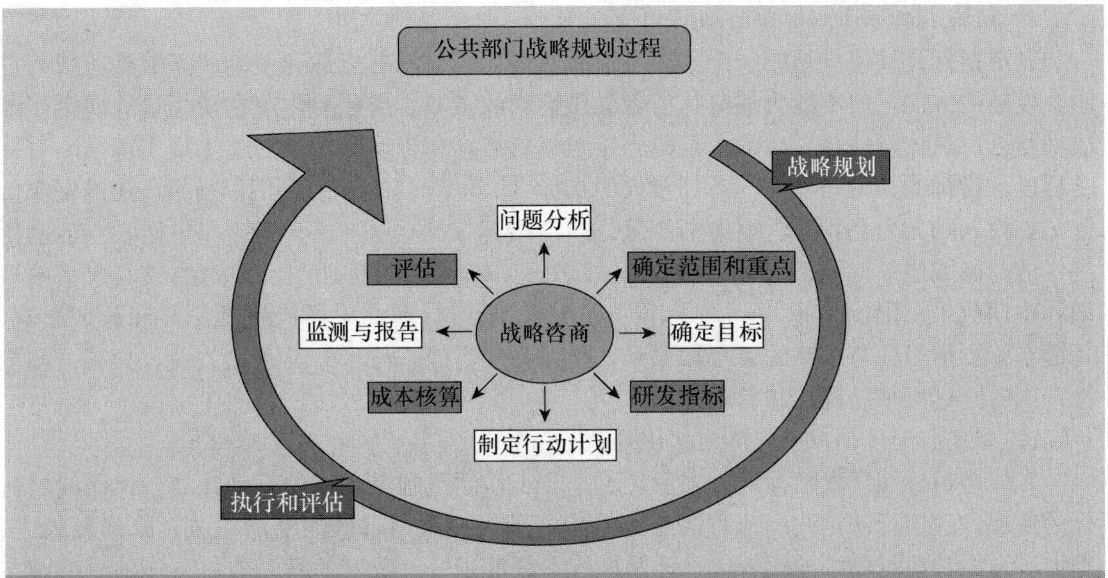

图 6-1 公共部门战略规划过程

的质量对于战略的质量至关重要，分析的范围将决定着问题的性质和类型，并影响着战略的目标。问题分析的范围应宽广和全面，能够了解现有政策问题所涉及的方方面面。为了研发相关的和可靠的战略，在确认主要的挑战和问题产生原因的同时，对事物的现状应进行全面的分析评判。问题分析可由政府部门进行，也可由专业的咨询组织进行，或者结合进行。无论采取何种形式，最重要的是各种利益相关方的介入和咨询，采取各种方式收集信息，关键是对核心问题及其产生根源的确认。

2. 确定范围和重点（scoping and prioritization）

通过问题分析所获取的信息的价值在于确立战略目标。经验表明，问题太多会影响战略目标的确立和达成。在资源有限、问题性质各异的情况下，依据问题的相对重要程度和急迫程度，合理界定战略的范围或者重点需要解决的问题，应把战略聚焦于"战略性"的问题以及通过政府干预能够现实解决的有限问题上。重点问题和范围的确定要确保战略是现实的，能够被执行。在此过程中，需要高层决策者的介入，也需要进行广泛的咨询和协商。

3. 确定目标（setting objectives）

愿景、目标、指标和政府的干预行动是构成公共部门战略的重要因素。愿景乃是对可预期的未来的描述，它是政府行动方向的抽象表达，激发着人们变革的热情。愿景的陈述应简明、扼要、易于记忆并明确地指明方向。战略目标指明了政府行动的方向和可预期的状态。一个战略可能有不同层次的目标，如总体目标和具体目标，总体目标代表着更一般的、长期的期望，而具体目标乃是在总体目标下，短期在特定领域要达成的具体结果。原则上，战略目标应是有限目标，有利于聚焦和调动资源实现目标。目标的确立并非孤立的，它必须解决确认的战略问题，必须有相应的政府行动的支持。同样，目标的确立过程应是民主参与的过程，主要的利益相关者应在目标上达成共识。从技术上讲，目标的设立要符合 SMART 的标准，即具体（specific）、可衡量（measurable）、行动导向（action-oriented）、现实性（realistic）、有时间限度（time-bound）。

4. 研发指标（developing indicators）

制定指标是战略规划的一个重要环节和阶段。如果没有指标和基准线，战略便成为空洞、模糊的文件，便不能为战略执行者提供恰当的指导。指标的作用在于衡量战略进步或成功与否，具体行动是否高效。指标直接与战略目标和行动有关，能够衡量实现战略目标的程度。指标的类型是多样的，如投入的指标（input indicators），用以衡量产出的资源价值，如投入的人力、物力、财力资源等；产出指标（output indicators），包括政府活动所提供的产品或服务；结果指标（outcome indicators），政府行动产出预期的或实现了的短期和中期效果；影响指标（impact indicators），政府行动结果所产生的总体和长期影响。关键在于要把指标与战略的目标相联系，指标必须明确，与目标具有相关性，具有可衡量性，同时指标必须是理性和有限的。

5. 制定行动计划（developing the action plan）

在战略目标和绩效指标确立之后，下一步工作便是制定具体的行动计划，确保战略目标的实现。政府行动是政府执行战略的手段，是由一系列有形的活动构成，既涉及人力、物力、财力和组织资源的投入，也涉及执行责任的划分。政府的行动应尽可能地具有改革取向，重视创新和有助于问题的解决。政府行动涉及政府采取不同的政策工具（policy instrument）解决问题，最常见的政府政策工具包括政府监管工具（regulatory instruments）、行政管理工具（administrative instruments）、信息工具（informative instruments）、组织工具（institutional instruments）、财政工具（financial instruments），政府可综合使用各种工具解决问题。政府行动需要行动计划，行动计划应包括：行动的性质与类型、行动的时间安排、负责行动的部门和单位、资源的获取与分配，以及行动的过程指标。

6. 成本核算（costing）

战略只有在其可执行的情况下才是有价值的。经验表明，许多战略面临的最大障碍在于缺乏资源的支撑。战略规划不仅要确认问题和提出解决问题的方案，同时要规划战略实施所需要的资源投入。因此，战略规划必须包括对实施战略所需的资源成本的计算，确保政府在年度和中期预算时有足够的财政资源支持战略规划的实施。战略实施的成本包括直接成本和间接成本。直接成本乃是与职能履行或服务提供直接相关的支出，间接成本乃是其他与直接投入无关的支出。由于公共资源通常是有限和稀缺的资源，成本核算的结果应及时反馈给政策规划者，以调整资源的再分配。

7. 监测与报告（monitoring and reporting）

一旦战略和行动计划得到批准，执行过程便开始。政府部门便需要对执行的过程和进展进行不断的和持续的监测与评估，以了解战略的执行是否实现了预期的目标。监测和评估的主要目的在于发现执行中出现和存在的问题，并提出解决问题的建议，关键是如何收集、分析和提出改进的信息和建议。监测和评估是确保战略规划目标得以实现，确保公共责任的有效途径。

8. 评估（evaluation）

评估是战略循环和规划的一个重要部分，其目的在于分析战略执行的成败及其原因，并将其作为重新调整战略方向和目标的依据。一般而言，评估应保持独立性和客观性，评估包括过程评估（process evaluation）、项目评估（programme evaluation）和影响评估

(impact evaluation)。

6.4　公共部门战略规划的方法与技术

6.4.1　PESTLE 分析

公共部门战略规划的一个重要任务在于进行环境的审视和分析，以了解公共部门面临的主要挑战和机遇。PESTLE 分析便是进行外在环境审视和分析的一种框架和技术，它被用以确定现在和将来对政府产生影响的环境因素。PESTLE 是影响政府组织外在六个环境因素的简称，即政治因素（political factors)、经济因素（economical factors)、社会因素(social factors)、技术因素（technological factors)、法律因素（legal factors）和环境因素(environmental factors)（见图 6 - 2)。

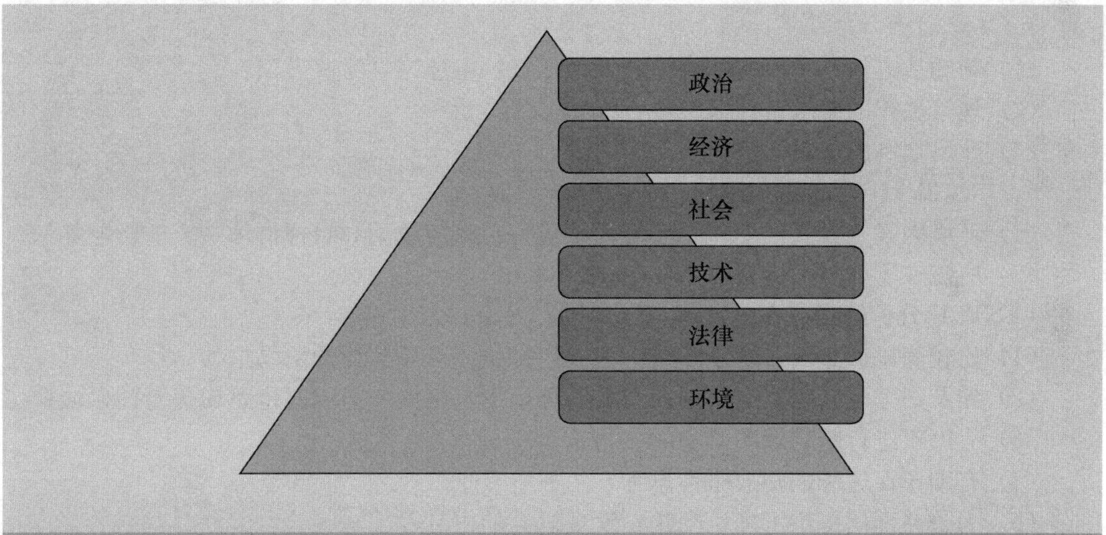

图 6 - 2　PESTLE 分析框架

PESTLE 分析主要回答两个方面的问题，一是影响政府行为的环境因素是什么；二是在诸多影响因素中，哪些因素是现在最主要和重要的因素，未来几年环境因素将发生什么样的变化。具体分析，在进行 PESTLE 分析时，战略规划研发者需要思考和回答如下问题：

1. *政治因素*

(1) 政治议程（如政府变化、政府发展规划、政治重点、政府偏好等）对涉及的战略议题的影响如何？

(2) 政治领导人对涉及的战略议题的态度和承诺如何？

(3) 国家其他战略领域和政策领域（如科技、教育、经济、社会等）对所规划的影响如何？

(4) 政治稳定和政治风险状况以及对规划议题的影响如何？

（5）政府的权威、信任度和支持度如何？

2. 经济因素

（1）现有的经济发展状况（经济发展阶段、经济增长率、国民收入、市场规模、基础设施等等）对规划的议题及其目标群体有何影响？

（2）政策目标群体的状况如何？情况是变坏了、改善了，还是基本稳定，目标群体有何新的需求？

（3）支撑战略的财政资源的可获得性如何？

3. 社会因素

（1）人口、教育、健康等因素对政府政策及其目标群体有何影响？

（2）社会对政府政策的期望如何？

（3）应进行什么样的变化和采取什么样的解决方案？

（4）文化、习俗、宗教等因素对政策可能的影响如何？

4. 技术因素

（1）技术对政府政策及其目标群体可能产生哪些影响？正面的影响和负面的影响是什么？

（2）政府可以采取哪些新的技术来提高效率和效能？

5. 法律因素

（1）制约战略规划及执行的法律瓶颈是什么？主要来自哪些方面？

（2）现行法律的要求是什么？

（3）政府规制的成本和负担如何？

6. 环境因素

（1）环境因素（如气候变化、环境污染等）对政府政策和目标群体造成的影响如何？

（2）应该在哪些方面进行改革和变化？

PESTLE 分析的优点在于：

（1）比较简单、直白，易于掌握，为人们提供了环境分析的简易框架；

（2）涉及的范围较为宽广，涵盖主要的环境影响因素，但同时也可聚焦专门领域；

（3）有助于进行跨领域和学科的参与合作；

（4）有助于促进和鼓励战略性思考；

（5）为公共部门提供了确认问题、发现机会的机制；

（6）有助于了解长期发展和变化的趋势及推动力。

PESTLE 分析的缺点在于：

（1）使用者可能将运用于决策和规划的信息简单化处理；

（2）分析要经常进行，而一般组织在这方面不愿意进行投入；

（3）使用者可能陷入为分析而分析的困境，忘记了分析的目的是确认问题；

（4）分析需要全面的知识和技能，在缺乏广泛参与的情况下，分析的质量也会成为问题；

（5）只有用于决策，其价值和作用才能得到体现。

6.4.2 SWOT 分析

SWOT 分析是目前战略管理与规划领域广泛使用的分析工具。从某种程度上来看，战略乃是将组织内部的资源因素与外部因素造成的机会与风险进行合理的、有效的匹配。SWOT 分析乃是通过了解自己组织的优势（strength）与劣势（weakness），掌握外部机会（opportunity），规避威胁（threat），从而制定良好战略的方法。SWOT 分析的主旨在于给出一个有关组织内外环境、问题的集中图画，并激励组织调动其优势，以便最大限度利用机会，规避风险。

图 6－3 是一个 SWOT 矩阵图。SWOT 矩阵由九个格子组成，进行 SWOT 分析，建造 SWOT 矩阵的过程有八个步骤：

保持空白	优势（S） 1. 2. 3. 4. 5. 列出优势 6. 7. 8. 9. 10.	劣势（W） 1. 2. 3. 4. 5. 列出劣势 6. 7. 8. 9. 10.
机会（O） 1. 2. 3. 4. 5. 列出机会 6. 7. 8. 9. 10.	SO战略 1. 2. 3. 4. 5. 发挥优势 6. 利用机会 7. 8. 9. 10.	WO战略 1. 2. 3. 4. 5. 利用机会 6. 克服劣势 7. 8. 9. 10.
威胁（T） 1. 2. 3. 4. 5. 列出威胁 6. 7. 8. 9. 10.	ST战略 1. 2. 3. 4. 5. 发挥优势 6. 规避威胁 7. 8. 9. 10.	WT战略 1. 2. 3. 4. 5. 减少劣势 6. 规避威胁 7. 8. 9. 10.

图 6－3　SWOT 矩阵图

（1）列出组织的关键外部机会；

（2）列出组织的关键外部威胁；

（3）列出组织的关键内部优势；

（4）列出组织的关键内部劣势；

（5）将内部优势与外部机会相匹配，形成 SO 战略；

（6）将内部劣势与外部机会相匹配，形成 WO 战略；

（7）将内部优势与外部威胁相匹配，形成 ST 战略；

（8）将内部劣势与外部威胁相匹配，形成 WT 战略。

SWOT 分析的关键是进行优势与劣势以及机会与威胁分析，并在此基础上形成行动的战略。考察关键的内部因素和外部因素是进行 SWOT 分析最困难的部分，它要求有良好的判断。经过 SWOT 分析，一个组织可以有不同的战略匹配和选择。

优势-机会（SO）战略。是一种发挥组织内部的优势而利用外部机会的战略。所有的组织及其管理者都期望可以利用自己的优势，并抓住外部环境所提供的机会，组织往往通过采用 WO、ST 或 WT 战略而达到能够采用 SO 战略。

劣势-机会（WO）战略。WO 战略的目标是利用外部机会来弥补内部的劣势。运用于这一战略的情况是：组织存在着外部机会，但内部存在着劣势，妨碍着外部机会的实现。

优势-威胁（ST）战略。ST 战略是利用优势回避或减轻外部威胁的影响。

劣势-威胁（WT）战略。WT 战略是一种旨在减少内部劣势的同时规避外部环境威胁的防御性战略，一个面对大量外部威胁和具有许多内部劣势的组织的确处于不安全或不确定的境地。

6.4.3 情景规划

情景规划（scenario planning），又称为情景分析（scenario analysis）、情景思考（scenario think）、情景实验（scenario testing）等，是组织用以制定中长期战略规划的方法。所谓的情景（scenarios），简单而言，就是关于未来场景的故事或对未来的叙述，它描绘了未来可能的面貌，探讨了未来世界的变化以及可能出现的各种事件。一般而言，人们开发或设想一组场景（2～5 个），代表了不同的关于未来发展的看法，这些场景被人们用来评估或测试不同的规划和政策的选择。从这个意义上而言，情景规划乃是进行未来长期战略分析和规划的方法与技术，其目的乃是让规划的参与者进行批判性思考，探讨未来可能发展的趋势，产生新的洞察和洞见，激发新的观点，提出有效的对策（见图 6-4）。

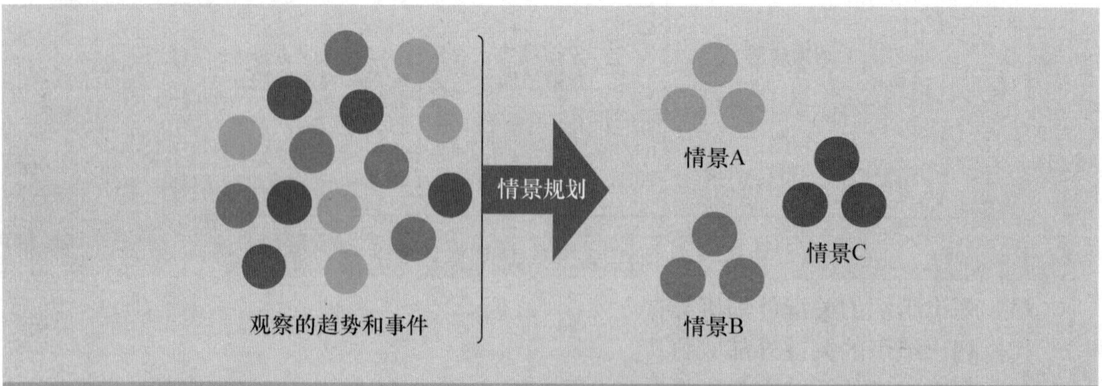

图 6-4 情景规划示意图

情景分析法被用于理解和规划未来已有半个世纪以上的历史。美国的兰德公司早在 20 世纪 40 年代就运用情景分析法进行军事对策的研究。在 20 世纪 60 年代，卡恩（Kahn）建立了赫德森研究所（The Hudson Institute），将情景分析法应用到社会预测和公共政策领域。此后，斯坦福研究所（The Stanford Research Institute）将情景分析法应用到企业管理领域，进行企业长期规划工作。美国的壳牌石油公司是最早在企业管理领域运用这种方法的公司。如今，许多国家政府、企业以及国际组织都广泛应用情景分析法进行战略规划工作。

情景规划不同于其他的规划方法，如意外事故规划（contingency planning）、敏感性分析（sensitivity analysis）和计算机仿真（computer simulation）。意外事故规划只关注一种不确定状态出现以后怎么办，而情景规划要探讨各种不确定性的综合影响。敏感性分析探讨的是单一变量变化的影响，而假定其他的因素不变，情景规划则要分析多种变量变化的情况及其影响。同样，情景并非是复杂模仿模型的产出，而是试图解释这样的产出。

情景规划的种类主要有以下三种：

（1）预测性的情景（predicative scenarios）。其关注的问题在于"最有可能发展的事态展现以后会发生什么"，关注的焦点在于未来事件的可能影响和结果。

（2）探索性的情景（exploratory scenarios），其关注的问题是"可能发生什么"，关注的重点在于探讨未来的情景，包括趋势、推动力和各种不确定性以及它们对政府战略规划和决策的意涵。其主要的假定在于未来是由人类的行为和选择所形塑的，未来不可能准确地加以预测或预见，不确定性的存在要求人们考虑到未来的各种可能性。

（3）规范性的情景（normative scenarios），其关注的问题乃是如何实现具体的目标，即在不同的偏好之间进行比较，以确认如何实现目标。

情景规划的基本框架如图6-5所示：

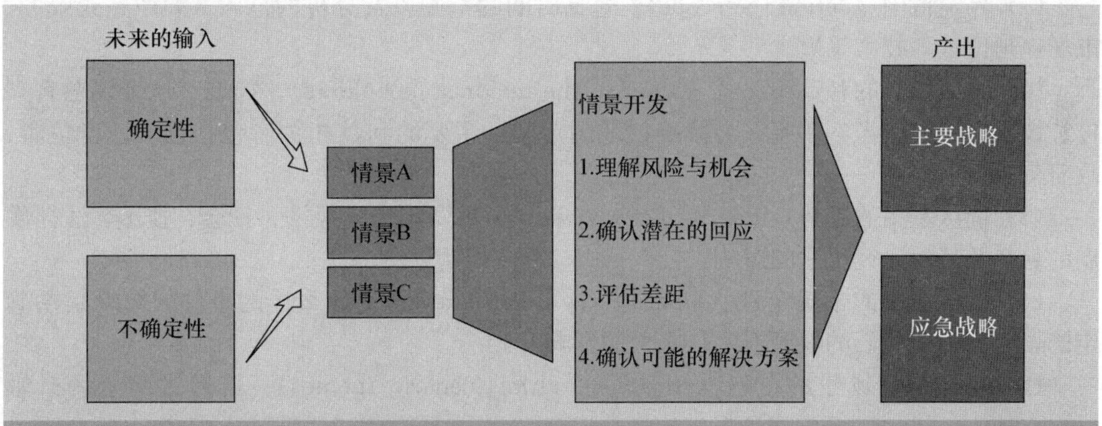

图6-5　情景规划框架

对于如何进行情景分析或者规划，事实上人们有不同的看法和理解，概括起来，主要有以下三派学说或主张：

1. 直觉逻辑学派（intuitive logic school）

直觉逻辑方法假定组织的决策要建立在对经济、政治、社会、资源和环境因素复杂关系的分析和理解的基础上，情景乃是未来各种事件的假设后果，因此要理解外部因素的变化，以提供洞见，改善决策过程。直觉逻辑方法可以用于开发弹性的和具有内在一般性的情景，这一方法要求开发情景的团队具有良好的知识和沟通能力。

2. 概率修正趋势学派（probabilistic modified trends school）

这一学派结合了两种不同的矩阵分析方法，即趋势影响分析（TIA）和交互影响分析（CIA），这一方法涉及对外推趋势的概率修正。传统的趋势影响分析依据历史资料进行趋势外推，不考虑未有先例的未来事件的影响，而交叉影响分析被用于分析主要影响因素之间的相互关系。

3. 法国学派（the French school）

这一学派暗含的基本观点在于未来并非是预定时间连续性的一部分，未来是人们刻意形塑和创造的。这一方法开发未来的规范性情景，描述理想的未来发展场景，这样的情景被用来为政策制定者提供指导的愿景，提供未来行动的基础。这一方法赋予情景分析更大的弹性和更普遍的意义。

情景分析最主要的特征在于，承认在任何给定的点上，存在着无数个可能出现的未来场景，因此，情景分析的目的不在于预测未来将会发生什么样的事情，而在于通过分析的过程，确认一组未来可能出现的场景，为战略规划提供有价值的参考。从这个意义上，情景分析是一种团队学习活动（a group learning activity）。一般来讲，情景分析者会开发出三种不同的情景——积极的（或乐观的）情景、消极的（或悲观的）情景以及中立（中间道路）的情景，通过使用不同的情景，可同时处理不同的问题，通过不同的假设、事实和趋势的组合研究，研发出不同的可替代的行动方案。

对于如何进行情景规划，学者休梅克（Paul J. H. Schoemaker）曾详细描绘了情景开发的步骤，具体包括以下几点：

（1）界定范围（define the scope）。包括时间的范围以及分析的范围（如产品或服务、市场地理位置、技术等）。

（2）确认主要的利益相关者（identity the major stakeholders）。如谁对这个议题有兴趣？议题影响哪些人？哪些人会影响议题的走向？主要的利益相关者包括顾客、竞争者、政府等等。

（3）确认基本的趋势（identity basic trends）。涉及政治、经济、社会、技术、法律发展的趋势及其对研究议题的影响。

（4）确认主要的不确定性（identity key uncertainties）。什么样的事件的结果是不确定的，将会对所关心的议题产生什么样的影响？

（5）建构初始场景的主题（construct initial scenario themes）。可通过两个场景轴（two scenario axes）开发两种极端的场景。

（6）检查一致性和合理性（check for consistency and plausibility）。对初始建构的场景进行检查，看其是否具有内在的一致性、关联性，是否具有说服力。

（7）开发学习的场景（developing learning scenarios）。在建构简单场景和一致性检查的基础上，便会显现一些基本的主题思想，主题是与战略相关的，围绕它们探讨可能的结果与趋势。

（8）确认研究的需要（identity research needs）。进一步研究形成对不确定性和趋势的理解。

（9）开发定量的模型（develop quantitative model）。

(10) 转换演变为决策场景（evolve toward decision scenarios）。依据情景验证战略，形成新的观点。最终的情景必须具有相关性，必须具有内在的一致性，必须具有典型性。它必须描述不同的未来场景，而不是一个主题下的不同变化。

有效情景分析的关键在于以下几个方面：

(1) 理解推动变化的力量。要考虑到不同的场景，必须深入挖掘推动未来发展趋势的深层次原因，这样才能有助于评估每一个情景的合理性，从而为决策者提供有价值的信息。

(2) 利用丰富的数据和分析资源。有价值的情景规划是远见和数据的结合，组织必须广泛收集有用的数据和分析资源，包括广泛听取外部专家的意见和建议。

(3) 避免分析的麻痹。没有关于未来的完美数据，因此不要期望对每一个问题都有完全明晰、确定的分析。

(4) 管理群体思维。为了研发有特色和完备的战略，组织必须整合各种不同的观点，避免群体思维的误区。

(5) 高层决策者的参与。由于未来是不确定的，真实的决策乃是分析和直觉的结合，而直觉往往来自领导的经验，因此决策者的参与是重要的。

(6) 要进行经常性的评估和改善。战略规划是动态的过程，情景规划不可能一步到位，环境是不断变化的，因此要对情景进行不断评估和改善。

6.5　公共部门战略管理的问题与改进

战略管理作为一种管理工具，受到许多政府部门、非营利部门的重视，并得到广泛应用。从实务方面来看，战略管理在公共部门的应用的确产生了许多正面的效益，同时也有一些负面的缺点。

6.5.1　战略管理在公共部门应用的正面效果

许多学者对战略管理在公共部门中的作用给予了充分的肯定。有的学者认为，战略管理的应用可以解决组织的重要问题；可以加强组织规划；可以通过政府单位，改善沟通；可以解决跨部门的功能问题；可以建立全面性的优先顺序；可以建立团队；可以强化整体管理能力；可以发展可行的决策制定过程；可以改善组织绩效；等等。

综合而言，战略管理对公共部门有下列正面的效果：

1. 提供战略性发展方向

战略管理集中于组织本身的能力与外部环境，对于组织未来发展的愿景提供了战略性的、前瞻性的思考，为组织的发展提供了战略方向。

2. 指导资源配置的优先顺序

任何组织都是在资源稀缺状况下进行运转的，在资源有限的情况下，如何将有限资源运用于发展的关键领域是管理者必须进行的选择。通过战略管理，可以将有限资源用于战略性、关键性的发展领域。

3. 强化组织对环境的适应能力

战略管理十分重视对环境的感知、分析与判断，十分重视对外部环境变迁的管理。这种特性有助于组织在动荡、多元、复杂环境下的运作和管理，有助于强化组织的适应能力。

4. 设定了追求卓越的标准

战略管理为组织设计了一套未来发展的愿景，可以为组织的运作设计追求卓越的标准，为组织发展定位。

5. 提供了控制和评估的基础

战略管理十分重视战略执行与评估问题，这为评估组织的绩效、实施控制提供了良好的基础。

6.5.2 公共部门战略管理的问题与限制

战略管理在公共部门的应用的确存在着许多限制和困难。对此，许多学者皆进行了分析。

学者托夫特（Graham S. Toft）认为，公共部门运用战略管理有许多限制，主要包括：

（1）政府任期的短期性和行动取向（near term，action oriented）。政府是有任期的，在2～4年的政治任期之内很难发展长期战略。

（2）公共管理战略的许多方面都是立法者所确立的。也就是说，法律确定了政府机关在什么时候、什么地点将如何做。战略管理的途径除了仔细研究执行的战略外，还应阐明立法意图。

（3）公共规则大部分是在组织内部进行的，而选民、媒介等要求参与，参与过程虽然可以改进普遍接受的程度，但冲淡了战略的焦点议题。

（4）可靠性分析通常是费力又费钱的。更重要的是，定量分析方法如成本-效益方法也不能抓住那些无形的东西。

（5）公共机构对问题解决的非正式群体过程不太熟悉，政府机构习惯于层级的、下达文件报告的过程。创造性、非正式性、弹性在公共组织文化中还不成熟。

（6）由于预算约束和短期观念，公共战略规划者的工作通常很难证明是合理的。

（7）与私部门相比，公共战略通常是通过组织设计、预算和财务控制、人事制度和政策来实现的。

公共行政学者罗伯特（Robert）认为，政府采用战略管理至少有四个困难：

（1）政府管理者在进行决策时，必须与其他重要的行动者分享权力。这些行动者包括组织内外的行动者。其他政府部门如立法或司法机构，或者利益团体。

（2）政府组织的功能是政治性的，与理性的环境相反，人们无法就适当绩效方案取得一致意见。某一纳税团体往往认为政府的社会方案很慷慨，但受惠者可能视为有所不足。

（3）政府管理者与私部门的管理者相比，缺乏完全的自主性与控制力，这使政府执行和协调任何行动规划时均显得困难重重。

(4) 政府的战略决策环境由于上述因素，要远比私部门更为困难和复杂。

的确，在公共部门采行战略管理确实存在着诸多限制和不利因素。但是，这并不意味着公共部门不能实现战略管理的方法。对于公共部门而言，以下几个方面对实施成功的战略管理是十分重要的。

1. 树立长期观

公共管理者必须树立长期观（long-termism），打破短期主义（short-termism）的思考，发展前瞻性思考。

2. 发展全局观

政府部门必须打破职责的限制，克服“功能性短视”，打破部门主义（departmentalism）的限制，发展一种全局观，强调整合（integration）的管理途径。

3. 提供广泛的参与机会

在重大问题的战略决策和规划过程中提供政治参与的权利与机会，这不仅有利于获取广泛的信息，也有利于克服实施战略管理的障碍。

4. 重视更高层次的问题

将问题放在更高层次上去看，就会发现很多短期利益可以让位于长远利益。

5. 追求满意

在战略管理中，满意比最佳更为重要。用可以接受的战略实现满意结果，这比用不受欢迎的战略而没有实现最佳结果要好得多。

6. 殊途同归

通过不同的方法或途径达到类似的结果是可能的。得到成功的结果远比规定得到这一结果的方法更为重要。

本章小结

1. 战略是一个组织的总目标，它涉及一个时期内带动全局的方针、政策与任务，是组织运用和管理所有资源达成目标的艺术。

2. 战略管理是制定、实施和评价使组织能够达到目标的、跨功能决策的艺术或科学。战略管理是未来导向的，着重于较长远的、总体的谋略，是组织寻求成长和发展机会及识别威胁的过程，是直觉和理性分析的结合，是持续性与循环性的过程，是前瞻性思考和由外而内的管理哲学。

3. 战略管理包括环境分析、战略规划、战略实施、战略评估等一系列环节，是一个持续不断的过程。

4. 战略规划乃是组织产生战略的过程。战略规划由组织的使命和价值、组织的愿景陈述、战略目的和目标、实施规划四个主要部分所构成。

5. 战略规划的过程是政府与各种利益相关者互动的过程。公共部门战略规划的基本步骤为八个关键环节：问题分析、确定范围和重点、确定目标、研发指标、制定行动计划、成本核算、监测与报告、评估。

6. 公共部门的战略管理有其正面效果，亦有其缺点。公共部门战略管理的成功取决于诸多因素，如树立长期观、发展全局观、追求满意等。

关键术语

战略管理　战略规划　战略执行　战略评估　PESTLE 分析　SWOT 分析　情景规划

复习思考题

1. 何谓战略管理？战略管理有何特点？
2. 公共部门为什么要重视战略管理？有何意义与作用？
3. 战略规划与长期规划有何区别？
4. 如何进行战略规划？战略规划由哪些主要部分构成？
5. 试述公共部门战略规划的过程与步骤。
6. 何谓 SWOT 分析方法？
7. 何谓 PESTLE 分析方法？
8. 什么是情景规划？主要的学派和主张有哪些？
9. 公共部门实施战略管理存在什么样的限制与问题？
10. 公共部门如何有效地进行战略规划与管理？

阅读材料

全球大趋势

从 20 世纪 50 年代起，人类进入了一个新的历史发展时期，即人类主导的全球变革（human-induced global change）期，“倍速发展”（the great acceleration）成为时代的特征。随着日益增加的世界互联性，形成了新的全球大趋势（global megatrends）。欧洲环境署（European Environment Agency）对此进行了研究并分析了全球变化和发展的 11 个大趋势。

全球大趋势之一：离散的全球人口趋势（diverging global population trends）

在整个世界范围内，由于社会和经济的发展，影响人口规模和结构的基础前提——生育能力、死亡率和人口迁移——已经发生了根本的改变，因此全球人口在 20 世纪后半期已达到 70 亿，在接下来的时期仍维持较高的增长，尽管在各地区的情况表现出差异。一方面，在发达经济体，人口老龄化加速，在有些国家和地区，人口的规模在减少。另一方面，发展中国家的人口急剧增加。随着人们追求更高的收入，逃避战乱和环境的衰退，人口迁移同样影响着人口的分布和结构。

劳动力的增加可能导致经济增长的人口红利，但是如果缺乏足够的就业机会，它同样可能引发社会动荡的风险。此外，如果要维持生活的标准，从人口红利中所获取的收益必须投资到健康、教育和养老领域。

如果世界仍然维持现在的发展模式，人口增长和人力资本的投资将继续为全球经济的发展提供动力，同时也潜在地增加了自然资本存量的负担。不同地区所面临的挑战是不一样的，发展中国家需要找到有效的方式，利用人口增长所带来的机会，发达经济体则面临着人口老龄化的增加以及劳动力外包维持生活标准的压力。

全球大趋势之二：生活在城市的世界（living in an urban world）

城市化是发展的一个有机组成部分。随着传统农业经济的转型，城市提供了更大的发展机遇。城市的工作和收入为人口迁移提供了强大的动力，这通常也是政府政策以及环境衰退的结果，只是后来城乡经济发展的失衡和差异才开始减轻了进一步城市化的压力。

城市化在 20 世纪极大改变了人口的地理分布。在 20 世纪初，只有 10%～15%的人口居住在城市，现在有 50%的人口居住在城市，这一比例在 2050 年将达到 67%。在发展中国家，到 2050 年，城市人口预计从现在的 26 亿增加到 51 亿。

对个人而言，城市化为个人发展和生活水平的提高提供了更多的机会。在宏观经济层面，城市化促进创新，提高生产力。但与此同时，城市化也带来了许多风险，如资源负担和污染的加重。城市治理将成为主要的问题。

全球大趋势之三：变化的疾病负担和传染性疾病的风险（change disease burden and risk of pandemics）

随着经济的发展和生活方式的改变，世界正在面临着健康问题的大转型。从 2000 年以来，全球因传染性疾病如艾滋病、肺结核、麻疹导致的疾病负担已经超过非传染性疾病（如心血管疾病、癌症、慢性呼吸道病、糖尿病等）。在世界上，非传染性疾病仍然是死亡的主要原因，并与发达国家的生活方式密切联系。尽管传染性疾病在全球范围内处于下降趋势，它们仍然加重了健康的负担，特别是在发展中国家。改变健康状态的第三个因素是全球大流行病的威胁。

许多发展中国家将会发现这一转变的挑战，因为它们将面对持续性的传染性疾病、流行性疾病的风险以及日益增加的非传染性疾病等多种负担。

除此之外，在国家之间以及国家内部，特别是城市和乡村之间巨大的健康差异仍然存在。其导致的结果是，一些弱势群体（儿童以及贫困人口）仍然面临更大的不良健康的风险，尽管预期寿命和普遍健康状况在全球范围内已经得到了持续的改善。

经济和社会发展的其他趋势将对全球公共卫生的未来产生影响。尽管在全球范围内与环境有关的一些因素（如有安全的饮用水）正在变化，但空气污染以及基本公共卫生设施的缺乏，仍将给人类的健康增加更大的风险。气候变化的渐进效果正在加重健康的负担。科学技术的发展带来了许多健康的好处，同时也增加了未知的健康风险。此外，制药工业正在降低治疗没有利润的疾病的药品的研发速度。

全球和国家层面的行动能够降低健康的风险。增加对于健康以及公共基础设施的投入、改善教育、良好的治理是实现人类健康可持续改善的主要途径。

全球大趋势之四：加速的技术变革（accelerating technological change）

技术变革的步伐正在加快。以世纪或千年分隔的技术典范的转移，如农业发展和工业革命，现在同时出现在一个时间范围内。的确，市场接受和社会使用新技术的步伐在过去的一个半世纪飞速提升。在20世纪初，美国大多数人口用了30年的时间接受电话和广播，如今，互联网的普及仅仅用了七年的时间。

如今，在全世界范围内的研究和开发正在加速，特别是在纳米技术、生物科技以及信息和电子计算机领域。更重要的是，这三个领域技术和知识的跨部门的整合正在加快创造发明的步伐，因这种整合而衍生的新产品和创新能够提升资源的效率，支持经济向低碳经济的转型。在此过程中，技术变革可能改变能源、制造业、卫生健康以及经济和社会生活的诸多领域。

技术变革带来了机遇，同时也给公共卫生和环境带来了新的风险，需要进行制度和政策的创新，减少新出现的风险，促进支持公共目的的技术变革。

全球大趋势之五：持续的经济增长？（continued economic growth?）

2008年和2009年的金融和经济危机已经导致了许多发达国家经济的低速。尽管危机的影响仍在全世界发挥作用，但主流的经济研究仍预测经济在全球范围内增长，随着亚洲和非洲地区巨大的人口将其生产和消费模式转变为西方的模式。全球经济发展的潜力是巨大的，经济的增长已经导致全球贫困人口的减少和福利的提升，但不平等和环境的压力持续增大。与西方消费模式相关的负面的经济和社会影响已经使人们质疑主流的发展模式以及衡量进步的指标，GDP作为衡量人类福利和发展可持续性的局限已经促使国际社会寻找更好的衡量指标。

全球大趋势之六：日益增加的多极世界（an increasingly multipolar world）

经济权力在全球范围内发生转移。在20世纪，大约占世界人口1/5的少数国家，在全球经济生产和消费中处于支配地位。如今，权力的再平衡正在进行。

受结构性改革、快速增长的劳动力和贸易自由化的驱动，发展中国家正在急速扩大其在全球经济产出、贸易和投资领域的份额。这表明，最富裕国家的影响力将继续减弱，其他国家和地区权力集团在经济、政治和外交方面变得越来越重要。

对于欧洲而言，这种再平衡意味着竞争的威胁，同样也代表着经济发展的机会。更大的和多样化的经济权力的出现，增加了全球协同治理的努力难度，日益增长的经济上的相互依赖将使管理与全球供应链相关的社会和环境的影响更为困难。

全球大趋势之七：全球资源竞争的加剧（intensified global competition for resources）

随着人口和经济的变化，全球对资源的需求剧增。在整个世界范围内，国家已经经历了结构性的经济转变，从依赖生物量以满足能量和物质需要的农业社会，转变到城市和工业化的经济社会。技术的发展、变化了的消费模式都导致资源需求的增加。新技术能够创造新的资源利用以及新的发现和开采资源的方式，同时也增加了环境的负担。但是创新能够促使社会减少污染资源的使用，转向选择更可持续的方式。

从20世纪初以来，全球对物质资源的利用已增加了10倍以上，到2030年会再翻一番，这带来了显著的风险。除了环境的危害之外，世界是一个封闭的物质系统，这也意味着资源可获得的有限性。即使从绝对意义上而言，资源并非稀缺，但全球资源的分配是不均衡的，资源的获取存在不确定性，资源价格的波动很大，并且隐含着冲突的可能性，这都影响着经济的发展和生活质量。

全球大趋势之八：日益增长的生态系统的压力（growing pressures on ecosystems）

受全球人口的增长、对食品和能量的需求以及改变了的消费模式的影响，地球生态系统的压力持续增加。尽管在某些方面出现了积极的进展，如热带森林砍伐的比例有所下降，但全球生物多样性的减少和生态系统的退化正在加剧。

由于改变了物种生存适应的环境，气候变化加剧了生态系统的退化。此外，向替代性能源资源转变的需求同样对全球土地和渔业资源提出挑战。

发展中国家的贫困人群受生态系统退化的影响最大。可持续的生态系统的管理和社会经济的发展相互影响，互为挑战。全球自然资源的持续耗减不仅给环境增加了压力，同样产生巨大的间接效果，如人口的环境迁移。

全球大趋势之九：日益严重的气候变化的结果（increasingly severe consequences of climate change）

在过去的 150 年中，大气层和海洋变暖，冰雪覆盖面积减少，海平面升高，极端天气和气候事件经常发生。全球气候变暖前所未有。

从 1880 年开始，据可靠的测量，全球平均气温上涨了 0.85℃，估计到 21 世纪末增加到 1.0℃到 3.7℃，全球气候变暖导致冰川、冰雪覆盖面积减少和海洋平面的升高，导致极端天气事件的出现。

可以预料，气候变化对地球自然生态系统将产生严重的影响，包括生物多样性的损失和物种灭绝率的提高。更有甚者，气候变化可能延缓经济的增长，损害全球的食品安全，加剧全球不公正以及影响人类的健康。对低收入国家和低洼国家的社会影响则更为严重。

全球大趋势之十：日益增加的环境污染（increasing environmental pollution）

由于诸多复杂的原因，在整个世界范围内，如今生态系统正在遭到严重的污染。人类活动（能源的生产和农业）、全球人口的增加以及变化了的消费模式是导致环境负担的主要原因。

历史发展的趋势和正常预测表明，在未来的几十年中，污染在一些地区可能减少，而在其他一些地区可能明显加重。比如，在欧洲和北美地区，氮氧化物、硫黄和对流层臭氧的排放将会减少，但在亚洲地区会明显提高。亚洲的情况会影响世界其他地区。

受增加农业生产要求的影响，从农业和废水中流出来的营养液流出物进入土壤和海洋的情况在许多地区普遍增加，释放到环境中的各种化学混合物日益增加，同样引起了全球的关注。

有证据表明，污染对自然环境、生态系统的服务功能以及生物多样性造成了有害的影响。因富营养化导致的海洋死亡区的数量在最近几年明显增加。研究表明，因臭氧水平提高，每年作物产量将损失 3%～12%。在亚洲地区，这一比例可能提高。

全球大趋势之十一：多样化的治理途径（diversifying approaches to governance）

在整个世界范围内，从以农业和农村主导的社会转型到现代都市化经济已经产生了广泛的社会和环境影响。伴随着这些变化，治理体系也一直在发生变化。两种迥异的治理模式——国家与市场——诱导并组织着社会经济的变革，管理着伴随这一过程而出现的社会和环境问题。

这两种治理方式风格各异。两种治理方式经常被人们视为可相互替代的。然而，在现实中，国家和市场是相互依赖、相互补充的，而不是相互替代的。政府的重要性部分来自于采取集体行动的能力，政府在促进竞争性市场的形成，提供公共物品，矫正外部性，弥补市场失灵方面发挥着重要作用，除此之外，在促进创新方面也发挥着积极作用。政府为市场的运转创造了条件，反过来，市场也创造了支持国家能力发展的财力资源。

在快速全球化的背景下，随着经济、社会和技术系统的整合，人类日益成为一个命运共同体。人类共同面临的许多问题，产生了对新的治理模式——协同治理（coordinated governance）的需要。环境、网络安全、气候变化、核扩散、流行性疾病、知识产权、金融市场、跨国企业税收，均要求新型治理模式的出现。在新的治理模式下，政府、市场、社会组织均发挥重要作用。然而，新的治理同样也带来了许多的不确定性和风险，诸如效率、效能问题以及治理的透明与责任问题。

资料来源：European Environment Agency（2015），Global Megatrends Assessment，Publication Office of the European Union，Luxembourg.

本章参考文献

Ackermann，F. and Eden，C.(2011)，Making Strategy：Mapping out Strategic Success，Thousand Oaks，CA：SAGE.

Andrews，R.，Boyne，G. A.，Law，J.，and Walker，R. M.（2012），Strategic Management and Public Service Performance，New York：Palgrave Macmillan.

Andrews，K.(1980)，The Concept of Corporate Strategy，2nd ed.，Homewood，IL：Dow-Jones Irwin.

Bryson，J. M.(2001)，Strategic Planning for Public and Nonprofit Organizations，San Francisco：Jossey-Bass.

Chandler，A.，Jr.(1962)，Strategy and Structure：Chapters in the History of the American Industrial Enterprise，MIT.

Ferlie，E. and Ongaro，E.(2015)，Strategic Management in Public Sector Organizations：Concepts，Schools，and Contemporary Issues，New York：Routledge.

Freedman，L.(2013)，Strategy：A History，New York：Oxford University Press.

Shafritz，J. M. and Russell，E. W.(1997)，Introduction to Public Administration，Longman.

Liddell-Hart，B. H.(1967)，Strategy，2nd ed.，New York：Frederick Praeger.
Mintzberg，H.(1994)，The Rise and Fall of Strategic Planning，New York：Free Press.
Nutt，P. C. and Backoff，R. W.(1992)，Strategic Management of Public and Third Sector Organizations：A Handbook for Leaders，San Francisco：Jossey-Bass.
Shoemaker，P. J. H.(1995)，Scenario Planning：A Tool for Strategic Thinking，Sloam Management Review/Winter.
Porter，M.(1986)，Competitive Strategy，Boston：Harvard Business School Press.
Porter，M. E.(1980)，Competitive Strategy Techniques for Analyzing Industries and Competitors，New York：Free Press.
Porter，M. E.(1985)，Competitive Advantage：Creating and Sustaining Superior Performance，New York：Free Press.
Quinn，J. B.(1980)，Strategies for Change：Logical Incrementalism，Homewood，IL：Richard D. Irwin.
Steiner，G.(1979)，Strategic Planning，New York：Free Press.
Tregoe，B. and Zimmerman，J.(1980)，Top Management Strategy，New York：Simon and Schust.
罗宾斯 (1997). 管理学：第 4 版. 北京：中国人民大学出版社.

第7章

公共政策的设计、执行与评估

公共政策乃是政府为了解决和处理公共问题，达成公共利益或公共目标，经过政治过程，所发展出来的原则、方针、策略、措施和办法。在现代社会，公共问题层出不穷，愈加复杂，解决和处理更趋艰难。政府如何及时发现公共问题，提出行动方案，从而化解问题，以保证国泰民安，实是当今政府公共管理面临的一大难题，也是公共管理的重要职责所在。

一个有为有效的政府应当具有回应性（responsiveness）、代表性（representation）、责任性（responsibility）及可靠性（reliability）。回应性是指政府必须回应民众的需求；代表性是指政府的所作所为须代表大多数民众的需求；责任性是指政府应承担义务，履行职责；可靠性是指政府的施政措施必须具有执行的可靠性及可能性，使民众对政府有信心，政府具有公信力。而此四性的实现，与政府的公共政策关系甚密。

从政府绩效（government performance）的角度来看，政府政策的品质和水准，确实与政府的绩效有关。政府绩效涉及政府选择做正确的事情，效能问题也涉及政府正确地做事（效率问题）。从某种意义上讲，政府的绩效事实上是政策绩效的综合反映。

所以，在现今政府治理领域，公共政策之研究已经成为一门显学。从公共管理的角度来看，研习公共政策，可促使政府公共管理者获取政策知识，发展公共政策分析的方法和技术，从而发展出良好的政策规划，以有效地解决治理问题。

重点问题

- 公共政策的性质与类型
- 公共政策的周期
- 政策问题的建构与诊断
- 政策规划的原则、过程和方法
- 政策执行理论与影响政策执行力的主要因素
- 政策评估的标准
- 公共政策制定的现代化

7.1 公共政策的性质、类型与周期

7.1.1 公共政策的性质

何谓公共政策，其定义不胜枚举。有学者从广义的角度去界定公共政策，认为“公共政策是政府所选择去做或不做的任何事情”。有学者从狭义的角度去界定公共政策，认为公共政策是“执行公共计划以实现社会目标的政治决定”。政治学家伊斯顿则认为，公共政策是政府对社会上的价值所做的权威性的分配（authoritative allocation of value）。此外，所谓的“价值”系社会上一般人认为有价值、想得到的有形或无形的东西，诸如权力、财富、技能、知识、安全与声誉等。

在本书中，我们倾向于这样去界定公共政策：公共政策是公共权威当局为解决某项公共问题或满足某项公众需要，所选择的行动方案或不行动。由此定义，我们可以理解公共政策的性质为：

1. *公共政策乃是公共权威当局所进行的活动*

所谓公共权威当局（public authorities）是指对公民个人的行动或私部门和其他社会组织的行为具有治制权和合法权的机构。一般而言，公共政策系由政府机关制定。当然，这并不意味着社会其他组织对政策制定不发生影响作用。

2. *公共政策的选择行动是一种有意识的行动*

一般而言，一项公共政策有一个或一组特定的目标，有一个基本的方针，有一条选定的行动路线或方案。公共政策的选择是政府有意识、有目的或目标导向的。

3. *公共政策是问题导向的*

公共政策的主要目的在于解决社会问题。如果一个社会没有任何问题，公共政策也没有存在的必要。公共政策所处理的公共问题可能是单一的，亦可能是一系列相互关联的社会问题，是一个政策问题的网络。

4. *公共政策包括公共权威当局的作为或不作为的行动*

公共政策既包括政府机关“积极”采取行动纲领，对社会生活进行干预，解决社会问题，也包括政府的不行动或不作为。其实不作为也是政府的政策，也会对社会活动起到干预的作用。

7.1.2 公共政策的类型

在现代社会，随着社会问题复杂性和公民需求的不断改变和多样性，政府制定的公共政策数量庞大、名目繁多、形态各异。公共政策几乎涉及公共事务的所有方面。为了帮助政府政策制定者了解不同政策的性质与特色，提高政策制定的品质，通过类型建构（typology construction）对公共政策进行分类乃是必要的。

公共政策学者罗威（Lowi）将公共政策分为管制性政策、分配性政策、再分配性政策。另外，索尔兹伯里（Robert Salisbury）再加上自我管制性政策。现将四种类型的公共政策介绍如下：

1. 管制性政策（regulatory policy）

这种政策类型是指政府设定一致性的管制规划和规范，以指导政府机关和标的团体（target groups）从事某种活动和处理不同利益的政策。例如，污染管制政策、交通管制政策、外汇管制政策、出入境管制政策等。从博弈理论（game theory）的角度分析，此类政策属于“零和赛局”（zero sum game）的政策。因为这种类型的政策的执行，常会使一方获利，而另一方失去利益。

2. 分配性政策（distributive policy）

这种政策是指政策将利益、服务和成本，义务分配给不同的政府机关和标的团体享受和承担的政策。此种政策基本上是一种“非零和赛局”（non zero sum game）的政策，因为这类政策的执行，并不构成他方之所得建立在另一方所失的基础上，不具备义务和利益的排他性，基本上是“有福同享”“有难共担”的政策。如社会福利政策、教育政策、财政补助政策等。

3. 再分配性政策（re-distributive policy）

这种政策是指政府将某一标的团体的利益或义务，转移给另一标的团体享受或承担的政策。如个人收入累进所得税基本上就是将富有阶层的财产通过累进税率的征收，转移给贫困阶层，以缩小贫富差距。这种政策出现利益上的排他性，乃是一种“零和赛局”的政策。

4. 自我管制性政策（self regulatory policy）

这类政策是指政府并未设定严格的、一致性的管制规划和规范，而仅仅设定原则性的游戏规则，由各政府机关和标的团体自行决定采取何种行动，而政府不加干预的政策类型。它是一种“非零和赛局”的政策类型，因政策的执行通常不至于以牺牲其他标的团体的利益为代价，也就是说没有利益上的排他性。

7.1.3 公共政策的周期

从20世纪50年代起，在政策分析领域，许多学者将公共政策的过程视为由不同阶段所构成的一个政策周期或政策。政策周期框架或主张（the policy cycle framework or theory）为人们理解公共政策过程提供了一个基本模板或启发性的范式。将政策视为由不同阶段所构成的一个过程，最早是由拉斯韦尔（Lasswell）提出的，其初衷在于建立一门跨学科性质的政策科学（policy science）。他将政策过程划分为七个阶段，即情报（intelligence）、推广（promotion）、处方（prescription）、启用（invocation）、应用（application）、终止（termination）和评估（appraisal），这一模型在政策分析领域影响巨大，成为以后各种政策过程理论研究的起点。在此之后，人们提出了各种关于政策阶段的理论，如梅和瓦尔达夫斯基的政策循环理论、詹金斯的政策循环理论等。在如今，议程设定、政策制定、政策执行与政策评估等已经成为基本的政策过程。政策周期理论基本上是处方型和规范性的，而非描述性和分析性的，现实世界的政策过程通常并非线性地、逻辑地遵循着明确的阶段进行，而更多的是政治的过程，情况要复杂得多。尽管如此，政策周期的框架还是为人们理解和分析公共政策提供了有益的参考。

公共政策周期包括了下述几个主要的阶段（见图7-1）：

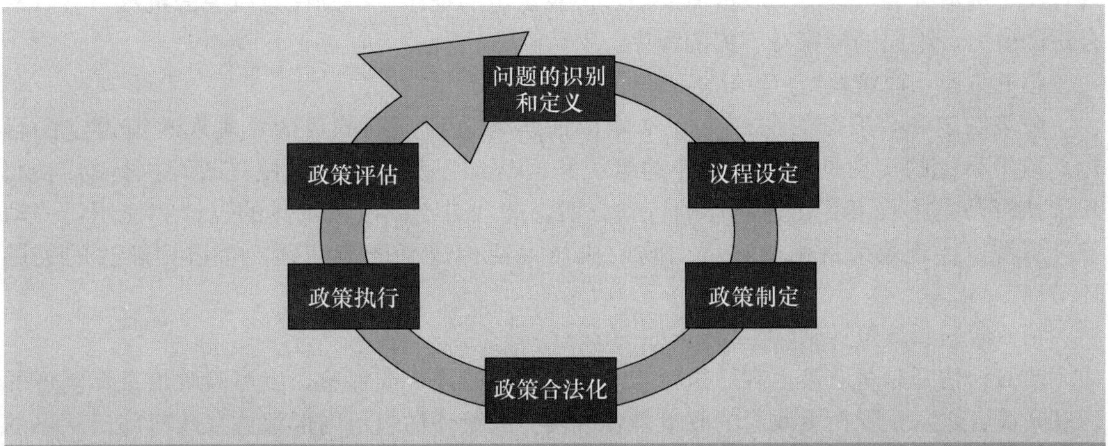

图7-1　政策周期框架

第一阶段：问题的识别和定义（problem identification and definition）。

解决问题的第一步是认识到问题的存在，对于公共政策同样是如此。公共政策的第一步便是确认和界定问题。问题的确认即是一个社会问题已经被认定，并且政府有必要介入和干预的理由。并非所有的社会问题都是公共问题，都需要政府采取必要的政策行动加以干预，在市场经济下，政策问题大多是因市场失灵、社会公平和道德要求等诉求所产生的问题。问题的确认和界定也包括对问题的性质以及产生的原因进行分析和研究。

第二阶段：议程设定（agenda setting）。

并非所有的政策问题都要被政府关注和接纳，凡是那些被政策制定者所接受，并列入公共政策日程表的公共问题，才能进入政策议程。所谓的政策议程乃是为决策机构设定日程，并采取积极行动和给予高度关注的议题项目。政策议程可分为两种类型：一是系统议程（systematic agenda）或公共议程（public agenda），是政治系统成员共同关注或关切，并且认为应属政府合法管辖范围内的所有问题；二是政府议程（government agenda）或制度议程（institutional agenda），即公共议程为政府所注意，并认识到要采取必要的行动。

公共问题进入议程，取决于诸多因素，如公共问题的性质（社会关注度以及问题的严重程度）、政治领导人的认知和考虑、利害关系人以及利益集团的影响、危机或突发性事件、社会运动、大众传播的影响以及国际的影响等。关于议程设定的过程，学者们也曾提出了不同的理论，如康恩与埃尔德（Conn and Elder）提出外在催化模式（outside initiative model），金登（Kingdon，1984）提出多元流模式（multiple stream model）。

第三阶段：政策制定（policy formulation）。

政策制定，简单而言，便是寻找政策问题解决方案的过程，包括确定政策的目标以及寻找各种可供选择的行动方案和选择采纳最终政策，政策制定的过程既是一个理性选择的过程，也是一个多种利益相关者互动的过程。

第四阶段：政策合法化（policy legislation）。

政策合法化乃是经过正当的法定程序，将政策转化为具有法律效力的文件的过程。在现代民主法治社会，政府的政策需要经过民主法定的程序，得到民意机关的批准，方具有合法的效力。不同的国家有不同的程序。

第五阶段：政策执行（policy implementation）。

政策制定和政策方案的产生并不能保证政策达到预期的目的，实现政策设定的目标。政策目标的实现是通过负责任的组织和机构加以落实的，这便是政策执行的问题。政策执行乃是将政策转化为具体的行动方案，并通过不同政策工具的设计和使用，调动各种资源，实现政策目标的过程。政策执行力便构成了政策问题能否得到解决的关键环节。

第六阶段：政策评估（policy evaluation）。

政策评估乃是对政策内容、执行与效果和影响的评审或评鉴，以测验政策目标实现的程度，简言之，是要衡量政府的政策是否成功。政策评估包括内部评估（政府部门从事的官方评估）和外部评估（由社会组织所进行的评估）。政策评估的主要内容包括政策的产出和结果（policy output and outcome）。政策评估乃是调整、改变或者终止政策的依据。

7.2 公共政策问题的建构

公共政策的特质之一是问题取向（problem oriented），也就是说公共政策密切关注解决和改善社会问题。政策分析学者邓恩（Dunn，1994）指出：对应用政治学者而言，政策分析中最关键的是问题建构方法论（problem structuring methodology）。从某种意义上说，政策分析可以称为问题分析之学（science of problem analysis）。一旦政策分析者找到了问题的症结，政策方案就很容易浮现；而政策分析过程中最致命的错误是解决了一个错误的问题。霍格伍德与彼得斯（Hogwood and Peters，1985）所谓的政策病理（policy pathology），其实就是政策分析者经常对错误的问题提出正确的解决方案，他原本以为解决了问题，实际上远离了问题的症结，从而导致政策方案的无效果。因此，成功地解决政策问题的关键在于针对正确的问题找出正确的答案。

7.2.1 政策问题的性质

何谓政策问题，对此人们一直存在着争论。政策分析学者琼斯（C. D. Jones）认为，问题是人们的需要、受剥夺或不满，可由自己认定或他人代为认定，且要加以解决。学者史密斯（Smith）认为，问题系某种状况或情境，造成当事人提出某种需求，或因而引起损失与不满，导致采取可行措施予以解决的现象。学者斯佩克特（Spector）与基苏斯

(Kitsuse）将公共问题界定为“向某些认知情景发出抱怨或要求的一组活动”。简单而言，所谓的政策问题，就是经由政策制定者（或分析者）认定，进入政府议程而欲加以解决的公共问题。

对于政策问题的性质，传统的政策分析者通常将公共问题视为封闭问题（close ended problem）或第一类问题（first type problem），或称之为“温顺的问题”（tame problem）。对此，学者里特尔（Rittle）认为，这类问题具有下列特征：

（1）有明确的问题形成与界定；

（2）问题解决阶段可以明确划分；

（3）解决问题的答案可加以考验，故能分辨出解决方案的对与错；

（4）能针对任何问题找到最后的答案，问题解决过程可以找到确定的结束点；

（5）可以列举所有解决方案；

（6）可以针对应然与实然间的差距进行清晰的诠释；

（7）每个问题皆能从现实世界中加以抽离，并予以解决；

（8）每个问题都能有明确的、可以认定的与自然的分析形式；

（9）温顺的问题可以复制；

（10）纵使解决问题会得到某些人的支持，但当问题解决失效时，则没有人需要负责。

也就是说，传统上对政策问题性质的认定，基本上是将问题视为结构良好的政策问题（well structured problem)。这类问题所涉及的决策制定者人数少，解决问题的政策方案有限，政策目标的价值和偏好可以排列，每一政策方案的后果可以预知。

事实上，当代政府所遇到的治理或政策问题，其性质是复杂的，在范围上亦日益广泛。依政策分析学家邓恩（Dunn，1994，140-141）的看法，当代的政策问题的性质有下列特性：

（1）互赖性（interdependence）。政策问题并非是单独存在的孤立实体，事实上，某一领域的政策问题经常影响另一领域的政策问题，因而发生纵横交错的复杂关系，增加了解决问题的难度。在解决政策问题时，必须采取整体的观点，将问题视为整体问题不可分割的一个组成部分。

（2）主观性（subjectivity）。政策问题是人类对环境所采取行动的思考产物。虽然政策问题有其客观情势，但它更是人类以概念诠释问题情景的感觉产物，是人类心智的产物（mental artifacts）。由于政策问题的主观性，政策问题的解决必须有人文的关怀，政策问题解决的方法和知识也必须重视心灵的感受和设身处地的理解。

（3）人为性（artificiality）。政策问题是人类主观判断的产物，它不能脱离那些试图界定该问题的利害关系人；因此，政策问题是基于社会需求而建构的、维持的与改变的。政策问题的人为性使得我们重视政策利害关系人的重要性，当我们分析一项政策时，千万不能忘记公共政策的制定可能影响人民的权益，也有人、企业影响公共政策。

（4）动态性（dynamics）。政策问题的情境不同，问题自然也不同。一个政策问题可能具有不同的答案，答案本身也很可能转变成一个问题，因此，问题与解决方案经常互相流动。如果问题未被正确加以陈述，则解决问题的方案会逐渐失去其时效。

当代政策科学家通常认为政策问题是一种开放问题（open ended problem）、复杂的问题（complex problem）或者是“恶劣的问题”（wicked problem）。学者里特尔认为这类问题的特性为：

（1）没有明确的问题形成与界定；

（2）问题形成即是解决方案的分析，了解问题就是解决问题；

（3）没有单一的标准能辨别出解决方案的对与错；

（4）恶劣的问题没有停止的规则；

（5）无法列举所有解决方案；

（6）应然与实然间的差距可能有许多不同的诠释；

（7）每一个问题欠缺明确的与自然的分析层次；

（8）每一个问题必须有一箭中的的运作，没有尝试错误的机会；

（9）问题是独特的、无法复制的；

（10）解决问题者没有错误的权利（no right to be wrong）。

这些反映了当代政策问题的复杂性。

7.2.2 政策问题建构的方法

公共政策所处理的问题大多数是结构不良的问题，今天政府所面对的也多属于结构不良的政策问题。解决此类问题，绝不能采用传统的分析方法，亦即视政策问题为结构良好的，并企图将它分割为若干独立的要素，运用精制的量化分析技巧，以促使问题的解决。结构不良的政策问题，实际上无法加以解决，充其量只能认定出其真正的性质，因此，必须采用革新性的问题建构方法。这种分析方法的特质是：政策科学家在认定政策问题时，必须扮演相当积极的角色，以具有创意的判断力和洞察力体会问题的情境，以掌握解决问题的基本方向。

当我们认定政策问题时，我们所感受到的政策情境必须符合人类的认知与感受，我们所搜索到的问题特征也必须与实际问题的性质相符合。如果在这些过程中，发生了认定错误的现象，将是相当可怕的，政策学者雷发（Raiffa）把这称为第三类型错误（errors of the third type）。雷发认为：第三类型错误乃是政策分析与规划过程中相当致命的错误，因此，一位好的政策制定者与政策分析家，必须尽量避免陷入此种错误。

问题建构方法既然如此重要，我们究竟如何建构政策问题？我们可以从分析方法与实质内涵两个角度加以说明：（1）四种分析方法：问题感知（problem sensing）、问题搜索（problem search）、问题界定（problem definition）与问题陈述（problem specification）；（2）四种实质内涵：问题情境、后设问题、实质问题与形式问题。结合方法和内涵，问题建构的程序如下：

1. 以“问题感知”体悟“问题情境”

此阶段中，我们的目标并不是发现一个单独存在的政策问题，而是企图发现政策利害关系人所共同感受到的问题情境形态。

2. 以“问题搜索”认定“后设问题”

此阶段中系以公共政策概念诠释问题情境，使之成为政策分析家所能处理的后设问题。政策分析家经常面对着相互纠葛的问题系统，他必须依据政策科学的理论找出结构不良的政策问题，以形成政策分析家感兴趣的后设问题。

3. 以“问题界定”发现“实质问题”

此阶段系以专业知识来判断究竟该问题是属于哪一个政策领域；若是属于经济学的范畴，则从供需法则的角度加以分析；若是属于政治学的范畴，则从权力与影响力的角度加以分析。不论是选择哪一种概念架构，这个阶段反映出政策分析家的世界观、观点或意识形态。

4. 以“问题陈述”建立“形式问题”

此阶段须以建构语言的方式，将实质问题转化为以数学语句或专业术语为表达方式的形式问题，但这种形式问题必须明确反映政策问题本身的性质。

在问题建构程序中，不同的阶段必然会使用不同的分析方法与理论基础。在前面两个阶段中，所运用的方法着重于主观的研究法或诠释的理解法，思考问题的理性则是政治与社会理性；在后面的两个阶段中，所运用的方法则注重于客观的研究方法或量化的分析方法，思考问题的理性则是经济与技术理性。

根据以上的分析，我们就可以更详细地说明“第三类型错误”的概念。当我们认定政策问题时，我们所感受到的问题情境必须与后设问题的性质相符合，我们所搜索到的后设问题也必须符合实质问题，而当我们将实质问题转化为形式问题时，必须维持一致的关系。如果这些阶段的转化过程中，发生了认定错误的现象，换言之，后设问题不能反映问题情境，实质问题与后设问题是两回事，形式问题无法凸显实质问题的真相，就是犯了相当可怕的“第三类型错误”。

7.2.3　政策问题诊断的误差

常言道，理解和把握问题便是成功地解决问题的一半。而在现实中，政策问题在诊断时，可能遭遇到许多误差，从而导致对政策问题不能正确地分析与了解。公共政策学者斯塔林（Starling，1988，92-106）曾指出，问题诊断时可能遭遇到的误差因素有以下九个来源：

1. 组织结构（organization structure）

组织结构的问题主要为：第一，层级节制体系（hierarchy）。在过分层级化的组织中，容易造成信息被隐藏，或视寻找新的信息为敌人，而有所谓信息病象的情形，从而使政策问题认定的工作无法有效地进行。第二，专业化（specialization）。专业化的结果造成了各部门的本位主义，使正确的信息无法有效地取得，尤其是地理上的区隔造成资源及信息传递上的困难。第三，集中化（centralization）。集中化的情形，使上层的人员信息负载严重，难以获得正确和相关的信息，以有效地认定问题。

2. 意识形态（ideology）

意识形态系指组织成员所共同拥有的一套信仰体系。第一，这种意识形态有其危险性，因为它就像“过滤器”，妨碍了真正信息的传达；第二，过于坚持的信仰，会影响对实际问题的了解，造成认知失去协调（cognitive dissonance），而使信念和实际现状产生强烈的冲突。

3. 无知（ignorance）

对于专业知识并不了解，故会相信某些错误的媒体报道。但政府对于传播媒体的报道最为重视。如果报道的信息不明确，甚至是错误的，将会造成政府官员对问题诊断的错误。

4. 信息太多（babel）

政府官员的信息太多，造成沟通上的障碍，对问题的探讨产生误差。而幕僚人员事先过滤，则又容易造成连续的错误。

5. 噪声干扰（noise）

当甲想让乙了解某种信息，但乙所得到的和甲的预期不同。同样的原始信息，会产生许多不同的意义。接受者的认知与人格结构的不同，使信息有不同的意义。

6. 时间落差（lag）

这是指从接收到信息至开始反应之间的时间差距。现在被忽略的问题，将来可能是严重的问题。

7. 逃避问题（avoidance）

决策者往往逃避其所不愿意面对的问题，于是对于问题的真相无法真正了解。

8. 隐蔽问题（masking problem）

这是指提出某些大家已知道的问题来隐蔽事实上的重要问题。

9. 虚假问题（pseudo problem）

解决了错误的问题，但不会对真正要解决的问题造成伤害。

7.3 公共政策规划

7.3.1 政策规划的特性

政策规划乃是政府为了解决公共问题，采取科学方法，广泛收集各种信息，设定一套未来行动选择方案的动态过程。依据政策专家罗伯特·迈耶（Robert Mayer）的看法，政策规划主要有以下五个特性：

1. 政策规划的目标取向

政策规划具有一定的目标导向，其主要表现就是任何一项政策规划必须有前瞻性与指导性。要实现政策规划所设计的“未来状态”，就必须有相关的人力、物力、财力的支持和大家的共同努力。而未来事务状态的确定，必须考虑目标与资源的配合。

2. 政策规划的变革取向

要实现未来状态，就必须逐步改变现状，因此，政策规划必须要有“变动性”与“创新性”。也就是说，政策规划要注重实际行动，要在时间、观念、行为、事务关系、人际关系等方面有所改变，以适应和符合未来状态的要求。

3. 政策规划的选择取向

政策规划包含一系列大大小小的抉择活动，其表现在选择上要有广度、深度、连续性、相关性。也就是在进行规划时，要设法扩大选择的机会，在有限的资源下，做有效的选择。只有这样，才能激发创新，发掘智慧。但需要指出的是，在选择时，要对选择的项目、程度、项目相配合的情形、时间等做适当和谨慎的考虑。

4. 政策规划的理性取向

政策规划的基本精髓就在于重视理性。其真正的意义就是，通过环境、目标、手段之间的有效搭配，使政策规划可行，如果政策规划超越了环境的限制，便缺乏可行性。通过目标与手段之间的配合，使政策规划有效，亦即目标与手段的配合越紧密就越有效。

5. 政策规划的群体取向

现代政策问题的复杂性，使得政策规划已难以由单方面的知识思考分析来决定，必须由相关方面的机关、人员相互协作与配合。即由大家一起来，人人参与，群策群力，相互补充，只有如此才能共同达成公共利益，才能真正为大众服务，并取得大众的支持和拥护。

由此我们可以看出，政策的规划与设计是公共政策适应政治环境的过程，是系统思考的过程，是发明政策方案的过程，也是可行性分析的过程。

7.3.2　政策规划的原则

政策规划人员在进行政策方案的设计时，应遵循一定的原则，以便获得可行的方案。学者卡普兰（Arabam Kaplan）曾提出以下政策规划的原则：

(1) 公正无偏的原则（principle of impartiality）。即从事政策规划时，应持无私无偏的态度，对当事人、利害关系人、社会大众等，均应予以通盘谨慎的考虑。

(2) 个人受益原则（principle of individuality）。即在从事政策规划时，无论采取何种行动方案解决问题，最终的受益者都必须落实到一般人民的身上。

(3) 劣势者利益最大化原则（maximin principle）。即从事政策规划时，应考虑使社会上居于劣势的弱势群体及个人，能够得到最大的照顾，享受最大的利益。

(4) 分配普遍原则（distributive principle）。即从事政策规划时，应尽可能使受益者扩大，尽量使利益普及于一般人，而非仅仅局限于少数人。

(5) 持续进行原则（principle of continuity）。即从事政策规划时，应考虑事务的延续性，对事务及解决问题的方案，从过去、现在及未来的角度研究可行性，不能使三者相互脱节，否则就不切合实际。

(6) 人民自主原则（principle of autonomy）。即从事政策规划时，应考虑该政策问题是否可交由社会处理，如果社会愿意且有能力处理该问题，基本上应由其来处理。

(7) 紧急处理原则（principle of urgency）。即从事政策规划时，应考虑各项公共问题的轻重缓急，对于较紧急的问题，应即刻加以处理解决。

另外，公共管理和政策学者斯塔林（Starling，1988，229-264）认为，一项周全的政策设计，应把握以下六个方面的原则：

（1）集中性（concentration）。所谓集中性是指将稀少的资源集中于策略性的项目上，换言之，即不能将原本稀少的资源浪费于无优先性的项目上，而必须集中应用于策略性的因素。所谓策略性因素是指政策设计所涉及的关键性的、主要的及基本的因素（包括优点、缺点、机会与威胁等）。

（2）清晰性（clarity）。清晰性是指目标清晰及进行步骤的明确。目标必须清楚简明，才能得到民众的共鸣与支持。同样，进行的步骤越明确，就越有利于政策规划的执行。

（3）变迁性（changeability）。政策必须有足够的弹性或缓冲以保证能够随着环境条件的改变而调整，也就是说，政策、方案及计划的设计应能够随着环境的不同而快速调整，包括组织结构的调整、功能的变动等。要使政策具有适应性，就须通过以下途径或活动加以推动：第一，建立“水平侦测性活动”以确认政策可能遭遇的机会或威胁之一般性本质及程度；第二，创造充分的缓冲性资源，以有效回应未预期事件发生的需要；第三，发展并赋予地位给负责推动政策者，使其在心理上承诺“于适当时机，愿意把握机会并弹性地推动政策”。

（4）挑战性（challenge）。挑战性是指政策目标的设定必须稍高于政府机关现有的能力和资源，但又不能脱离现实。目标具有挑战性，就可以维持组织的活力，以避免组织的衰退，但目标的挑战性如过高而难以实现，则会导致失败。因此，目标虽然应具有挑战性但却不能好高骛远而无法达成。

（5）协调性（coordination）。协调性是指应从系统整体的观点出发，使达成政策目标间的各政策手段形成网络而相互协调。除此之外，各单位的信息交换及外部回馈的影响均应加以考虑，设计者应建立内部与外部的沟通网络，以加速信息的交流，促进协调和灵活。周全而快速的协调是政策执行成功的一个重要因素。

（6）一致性（consistency）。有三种一致性是政策设计者所不能忽略的：第一，目标和目的的一致性及目的与行动的一致性；第二，目标内在的一致性，即一项政策所包含的目标不能相互冲突；第三，政策外在的一致性，即政策不能与经济、社会等政策相冲突。

7.3.3 理性政策规划的基本步骤

政策规划与设计是一个系统过程，在此过程中应把握一些关键的环节。政策学者迈耶（Mayer，1985）在《政策方案规划：发展的观点》一书中，曾提出理性政策规划的九个步骤。

1. 决定目标

目标是一种价值观念，是希望达到的一种未来事务的状态。一般来说，在决定目标时，应考虑的目标类型大致包括：个人性目标、社会性目标、机关性目标。政策目标的主要来源是：宪法的规定、法律的规定、行政首长的命令和指示。

2. 估计需要

需要是指“维持现有机体美满之基本必要条件”。估计需要系指对于特定群体的状况，决策者估计予以补救的范围和程度。特定群体即指“标的群体”。对于标的群体的命名，因不同的问题而定，有“需求群体”“风险群体”等。

3. 确定目的

目的是指所欲实现的具体成果，其特性为：第一，需要的可计量状况；第二，特定的人口；第三，变迁的数量；第四，时间幅度。目的的确定有其限制，例如，经费、技术、未预期结果、未预知的机会等等。目的的确定要与所能运用的经费、技术相配合。目的定得太高，缺乏充足的经费与可行的技术，便不可能实现。由于决策者所掌握的资源有限，不可能制定过多的目标，所以决策者对于多元的目的要仔细考虑。

4. 设计方案

方案的设计不仅承继了前面三个阶段，而且也是后面规划过程的基础。设计方案这一阶段担负了承前启后的角色，是整个规划过程的核心所在。

在设计方案时，应清楚和明确各备选方案间的关系及备选方案的意义。在各个备选方案间，大致存在这样几种关系：第一，互相排斥型；第二，不同程度型；第三，组合型。备选方案的意义在于：备选方案或替选方案乃是一组负相关的不连续行动，亦即当采取某一项行动后，便不可能再采取另一项行动，彼此是相互排斥的；替选方案均应与同一个目的直接相关。

5. 评定后果

此阶段对前一阶段加以更加详尽、更加具体的分析，以作为下一阶段选定方案的基础。评定后果主要包括：第一，效益分析：政治效益分析、社会效益分析、经济效益分析。第二，可行性分析：政治可行性分析、法律可行性分析、经济可行性分析、行政可行性分析、技术可行性分析、时间可行性分析等。第三，平等分析：方案的实施要注意社会大众平等地受益或公正地享用。即政府规划原则中应遵循的平等原则、公正原则、正义原则。

6. 选定方案

选定方案可分为五个步骤：第一，各种报告的准备；第二，外界评论；第三，内部的审核；第四，方案的修正；第五，回馈。

7. 设计执行

此阶段主要包括设计执行的程序以及执行的责任。执行的项目包括：第一，叙述和说明作业程序；第二，明确执行的责任，包括活动的顺序、工作人员、空间地域、设施、财务机制、主办机关；第三，明确管制程序，涉及方案顺利有效执行的行政程序有方案监测、经费监测、时间监测等。

8. 评估

一般而言，评估一项政策或方案主要是回答以下四项问题，也就是针对以下问题设计评估办法：第一，政策或方案是否已照原计划执行；第二，政策或方案目的所达成的程度如何；第三，政策或方案是否有效果；第四，政策或方案是否有效率。

9. 回馈

针对评估的发现，与原先所决定的目标相比较，察看其是否有差距，再进行修正或调整。通过回馈，使政策规划工作具有反复进行的特质。

7.4　公共政策执行

政策执行研究学者普雷斯曼和瓦尔达夫斯基曾言，“承诺会产生期待，但是无法兑现的承诺都会导致期望的破灭与失望”。的确，政府的施政即政策贵在能够彻底地执行，否则只是纸上谈兵，徒损政府的威信。政府政策问题的解决，不仅有赖于完善的政策方案，更有赖于有效的政策执行。

7.4.1　政策执行的理论模式

自20世纪70年代以后，政策执行的研究成为公共政策研究的热点，学者们提出了不少政策执行的理论。萨巴蒂尔（Sabatier）曾指出：当代政策执行研究有两种途径，自上而下（top-down approach）与自下而上（bottom-up approach）。

1. 自上而下的政策执行模式

自上而下的政策执行模式的理论来源于古典行政理论，古典行政理论认为行政组织为集权、层级的和“金字塔”形的，上下级之间形成指挥与命令关系，上级负责政策制定，下级负责执行；政治与行政分离，政治负责政策制定，行政则负责政策执行；行政管理必须遵循科学管理的原则，以提高行政效率。

政策学者纳卡木拉（Nakamura）和斯莫尔伍德（Smallwood）曾对自上而下的政策执行模式的命题做了阐释。

（1）政策制定与政策执行是有界限的、分离的、连续的。

（2）政策制定与政策执行之所以存在界限，乃是因为：第一，政策制定者设定目标，政策执行者执行目标，二者分工明确；第二，政策制定者能够陈述政策，是因为他们能够同意许多不同目标间的优先顺序；第三，政策执行者拥有技术能力，服从与愿意执行公共政策制定者设定的政策。

（3）既然政策制定者与执行者接受两者之间的任务界限，则执行过程必然是在政策制定之后的连续过程上。

（4）涉及政策执行的决定，本质上是非政治性与技术性的；执行者的责任为中立的、客观的、理性的与科学的。

总之，自上而下的执行方式讲究的是科学管理的精神，如功能分工、管理监督、命令统一、专业分工、层级节制、依法办事。

第一代政策执行研究的代表人物是史密斯（Smith，1975）、范米特（Van Meter）和范霍恩（Van Horn）。其中最具代表性的学者是萨巴蒂尔与马兹门尼恩（Sabatier and Mazmanian，1979）。这种执行模式，也反映了政策执行的许多特质。但其缺点也是明显的：

（1）自上而下模式强调了从中央政策决定开始，容易忽视其他行动者的重要性；

（2）许多政府没有支配性的机关，政策是由多元政府机关共同执行的；

（3）此模式忽视了低层官员与政策标的团体采取的各种策略；

（4）政策执行与规划之间的区分是不必要的、无意义的。

2. 自下而上的政策执行模式

自下而上的政策执行模式强调应该给予基层官员或地方执行机关自主裁量权，使之能够适应复杂的政策情境；中央的政策决定者，其核心任务并不是设定政策执行的架构，而是提供一个充分的自主空间，使基层官员或地方执行机关能够采取适当的权宜措施，重新建构一个更能适应执行环境的政策执行过程。政策学者埃尔莫尔（Elmore）将这种执行方式称为后推进的策略（backward mapping），以别于自上而下的向前推进策略（forward mapping）。

自下而上模式的基本命题为：

（1）有效的政策执行有赖于多元组织的执行结构；

（2）政策执行结构是有共识的自我选择过程；

（3）政策执行是以计划理性，而非以组织理性为基础；

（4）有效的政策执行取决于执行机关间的过程与产出，而非政策决定建构者的意图或雄心；

（5）有效的政策执行是多元行动者互动的结果，而非单一机关之行动结果；

（6）有效的政策执行有赖于基层官员或地方执行机关的裁量权，而非层级结构的指挥命令系统；

（7）有效的政策执行必然涉及妥协、交易或联盟的活动，故互惠性远比监督性功能更为重要。

该模式的优点是：它促使我们能够正视执行过程中机关组织间的互惠性与裁量权。政策执行往往涉及许多单位与人员，而每个单位与人员对于政策实施皆有其立场、利益与看法，所以沟通协调在所难免，自下而上的执行方式，促使我们重视彼此意见与利益的沟通交流。自上而下模式的缺点是过分重视中心而忽略边陲，自下而上模式的缺点则是过分重视边陲而忽略中心。

7.4.2　影响政策执行力的因素分析

公共政策执行的绩效并非是单一因素决定的，而是诸多因素交互影响的产物。对于哪些因素影响着公共政策的执行与绩效，政策学者们建立了不同的模型予以分析。史密斯认为政策执行力是理想化政策、标的团体、执行组织、环境因素互动的结果，爱德华兹（George C. Edwards）从沟通、资源、执行者意向即行政组织结构方面予以探讨，戈金（Malcolm L. Goggin）则从信息沟通的观点探讨执行力。概括各家观点，影响政策执行力与绩效的因素很多，主要有以下几个方面：

1. 政策问题的性质

政策问题的性质涉及问题的相依性、动态性、时空性及受影响之标的人口的特性。政策执行的成败，与欲解决问题的性质有着密切的关系。而问题的性质主要涉及以下方面：

（1）标的人口行为的分殊性。分殊性的程度越高，则越难建构清晰明确的统一管理标准，以作为评估绩效的标准，因此执行的成效将会大打折扣。

（2）标的人口的数量多寡。政策所涉及的标的人口数量越少、越肯定，将越可能动员其支持、拥护或反对政策的执行。

（3）标的人口行为需要调适的程度。一般人由于受传统习惯的影响，常养成某种固定的行为模式，不喜欢做太大的改变。因此，如果政策执行时需要大幅度地改变标的人口的行为方式，政策执行时遭遇的阻力或抗拒性的可能性就较大。

2. 政策执行的资源

任何一项政策的执行，都需要一定的资源为支持和后盾，缺乏相应的资源支持，政策的执行就如同纸上谈兵一样，根本无法实施与最终实现。影响政策执行的资源因素主要包括：

（1）人员：人员是政策执行的主力。执行人员的管理技巧及行政技巧，是执行过程中不可或缺的要件之一。当前，由于政府面临问题的复杂化，需要执行人员具有相应的管理技巧和行政技巧，需要其具备充足的专业知识。

（2）信息：信息是有效执行的前提，因此，执行人员必须熟知政策的内容，尤其是有关革新或高度技术性的政策，更应充分了解和掌握相关的信息，只有这样，才能正确地执行政策，才能顺利地推行政策。

（3）设备：经费、物料等是否充足，也直接影响着政策的执行。

（4）权威：应赋予负责执行政策的人员足够的权威，只有这样才可顺利地推动政策。然而有的时候，执行机构缺乏足够的权威，使得政策难以有效地执行。

3. 政策沟通

有效的沟通是政策执行的首要条件。在执行中，执行内容及命令传达得越清晰，就越能收到预期的执行效果。一般而言，造成执行命令传达错误或沟通不良的原因有两个：

（1）执行命令欠缺清晰性。执行命令如果不明确、含糊不清，往往会造成决策者与执行者之间的沟通受阻，特别是含糊的法规，往往使执行者曲解法规，引起意外的变化，使政策执行失败。

（2）执行命令欠缺一致性。执行命令即使清晰明确，但是如果命令的内容或做法发生矛盾冲突现象，沟通也会受到阻碍。造成执行命令不一致的原因，大致与执行命令不清晰的原因差不多。不过，执行命令不一致也可能是受到利益集团的压力所致。

4. 政策执行人员的意向

由于政策执行人员通常具有相当的自由裁量权，因此，他们对政策所持有的态度直接影响着政策的执行，而各机关的“本位主义”，使得各机关执行人员对同一政策所持的态度可能存在着很大的差异。一般来说，执行人员对政策目标的认同感越高，执行时的意愿及配合就越好；反之，如果执行人员对政策目标缺乏共识，或抗拒政策执行工作，甚至阳奉阴违、敷衍了事，则很难期望政策执行顺利有效。

欲解决执行人员不利意向对政策执行的不良影响问题，除可采取雇用支持该政策者为执行人员外，还可通过加薪、升迁、给予福利等奖励，强化执行人员的执行行为。

5. 政府组织结构

政府执行机关在结构及运作上是否科学、合理，直接影响着政策执行的成败，政府组织结构对政策执行的影响主要有以下两个方面：

（1）标准作业程序，即行政机关为有效处理繁杂的日常事务所发展出来的一套惯例规则。如果机关制定政策有标准作业程序，将有利于政策的执行。标准作业程序的作用在于：第一，可节省时间以处理更多的事务；第二，因政策资源通常不够充分，如果有规可循，就可以规则代替资源，减少因资源不足而可能发生的弊端；第三，采取统一的作业程序，较容易应付繁杂的状况，也容易达到公平服务的要求。然而，标准作业程序也可能对政策执行产生不利的影响，主要有：第一，限制执行人员执行的能力，造成行为本身缺乏弹性，无法适应客观环境变化的需求；第二，执行人员以遵守标准作业程序为主要行为目标，以至放弃达成政策目标的任务，形成“目标错置”的弊端，即把手段当成目标本身；第三，执行人员可能会以标准作业程序为借口抵制变迁，很难适应新的变化及危机管理的需要。

（2）执行权责分散化。政策的执行权责如果分散由不同的机关负责，必然因为事权不专而导致政策执行成效不彰甚至失败的结局。政策执行如果事权不专，会产生以下几个方面的弊端：第一，会造成政策协调的困难。执行活动所需的资源和权威分散到许多不同的行政机关，以至政策执行时，协调困难。第二，会造成政策资源的浪费。由于在同一个政策领域中，由不同的机关执行相同的目标，在金钱、人力及设备等方面均可能因重复而造成资源的浪费。若要解决执行权责分散的问题，应当调整执行的权责，强化沟通协调的功能，减少事权不专、责任不明的情况。

6. 政策标的团体的配合程度

在许多情况下，公共政策的制定是为了影响、管制或改变标的人口的行为，或是为了引导标的人口按照政府机关所规定的目标行事。因此，要使政策有效执行，就需要标的人口采取合作的态度，加以配合。但是，标的人口的组成情况、所受的领导情况，以及先前所接受的政策宣传或引导如何等，均会影响他们对政策执行的态度。

为了提高标的人口对政策的配合程度，执行机关在政策执行阶段，可采取教育、说服、宣传、激励的策略，随时与标的人口进行沟通，及时调整政策方案的执行做法、程序，并解决执行时所引发的问题，促使标的人口愿意采取合作的行为及态度，正面接受和配合政策的推行，以达到政策目标。

7. 社会、经济与政治环境

政策执行所涉及的外在社会、经济与政治环境，对政策执行的成效具有重要的影响。主要的问题是：

（1）执行机关可利用的经济资源能否支持政策的顺利执行？

（2）政策执行会如何影响社会、经济与政治情况？影响至何种程度？

（3）社会舆论对政策执行支持的情况如何？

（4）精英分子对政策执行所持的态度为何？

（5）意见领袖、利益团体、标的人口对政策执行所持的态度为何？

7.5　公共政策评估

7.5.1　政策评估的意义、特质与功能

政策评估是指政策评估人员利用科学的方法和技术，系统地收集相关信息，评估政策方案的内容、规划与执行过程以及执行结果的活动。依评估学家罗西与弗里曼（Rossi and Freeman，1982）的看法，政策评估是指系统运用社会研究程序，以评估社会干预计划的概念化、设计、执行与效果。基于上述观点，政策评估的内涵包括：

（1）评估的对象为足以影响社会发展的公共政策与计划；

（2）评估的方法为多元的社会科学研究方法；

（3）政策评估者包括官方的与非官方的评估者；

（4）政策评估的内容包括政策产出和政策结果，其中尤以政策结果为要。

政策评估有以下四个基本特质（Dunn，1994）：

（1）以价值为焦点（value focus）。政策评估必须质疑政策目标的妥当性与适当性，也必须说明公共政策对社会发展的贡献。

（2）价值与事实的互赖性（value-fact interdependence）。政策评估对于公共政策的价值判断，必须以事实资料为基础，因此，进行政策评估活动，我们无法避免事实与价值的互赖性。

（3）目前与过去取向（present and past orientation）。政策评估活动不仅要分析公共政策的当前发展状况，探究政策发展的方向是否按照政策目标进行；同时，我们也需要收集公共政策的过去发展经验，以掌握过去发展的路线是否按照所预期的方向进行。

（4）价值的双重性（value duality）。政策评估虽以完成内在价值为主，但有时外在价值也是评估项目之一。例如汽车尾气排放管制政策的评估。我们除了评估这一管制政策是否达成降低空气污染的目标（内在价值目标）以外，还要评估此项政策是否有助于提升汽车产品的竞争力（外在价值目标）。

关于为什么要进行政策评估，其目的与功能何在，政策评估专家韦斯（Carol Weiss）对政策评估的积极作用做了说明：

（1）继续或停止政策的实施；

（2）改善政策的实施与程序；

（3）增删特殊的政策执行策略与技术；

（4）作为他处推动类似政策的参考；

（5）作为分配各竞争政策资源的根据；

（6）作为接受或拒绝某一政策所涉及途径或理论的基础。

总之，政策评估的基本功能在于向政府及社会提供政策绩效的资讯；重新检视政策目标及政策方案，以谋求政策改进之道。同时，政策评估还可以作为形成政策问题或政策建

议的基础。

7.5.2　政策评估的一般标准

简单而论，政策评估的标准乃是评估政策结果（policy outcome）的特殊规则或标准。此处所谓的政策结果包括政策产出（policy output）与政策影响（policy impact）。前者指的是人口或受益者接受的政府给予的财货、服务或资源，而后者是指政策执行以后造成的有形与无形、预期与非预期的实际情况的改变。

对于具体的不同的公共政策的评估，其具体标准和指标可能不尽相同，但从一般意义上而言，政策评估要注意以下标准：

1. 效能（effectiveness）

效能是指某项政策达成预期结果或影响的程度。也就是将实际达成的程度与原定的预期水准相比较，以了解政策是否产生所期望的结果或影响。效能所涉及的含义并非是指政策是否按原计划执行，而是指政策执行后是否对环境产生期望的结果或影响。

2. 效率（efficiency）

效率是指政策产出与所使用成本间的关系，通常以每单位成本所产生的价值最大化或每单位产品所需成本的最小化为评估基础。

效率可分成两大类：技术性效率与经济性效率。前者是指以最小努力或成本完成某项活动或生产某种产品，亦即在成本受限制的情况下，寻求政策期望影响的最大化。后者是指政策整体成本与整体利益间的关系，包括间接成本与所有的影响在内，亦即着重于对资源做分配及使用，并使人民因此所获得的满足最大。

3. 充分（adequacy）

充分是指政策目标达成后消除问题的程度。虽然有的时候政策目标的设定，是为了消除整个问题，但由于各种因素的限制，政策执行后，目标常被缩小成一小部分或是只能部分解决问题。这样，政策并未能充分地解决问题或满足公众的需求。故以充分为标准，亦可衡量政策产生期望影响的程度。

4. 公正（equity）

公正是指政策执行后导致与该政策有关的社会资源、利益及成本公正分配的程度。一项公正的政策乃是一项努力公正合理分配的政策。某一项政策也许符合效能、效率、充分的评估标准，但若因它造成或引起不公正的成本或利益分配，也不能算是成功的政策。

公正标准与社会上如何适当公正地分配资源是息息相关的，由于每一个人、每一个团体都有其不同的需求，所以任何一项政策均难完全满足每一个人或每一个团体，因此，只能谋求社会福利的最大化。其做法有四种：

（1）使个人福利最大化。即使所有的人所获福利都最大化。

（2）保障最少量的福利。即增加某些人的福利，但使情况最糟者能获得最低基本数量福利的保障。

（3）使净福利最大化。即增加社会的净福利但假设其所获利益可用以补偿遭受损失者。

(4) 使再分配的福利最大化。即使社会中某些特定的团体，其所获再分配的福利能够最大化。

5. 回应性（responsiveness）

回应性是指政策执行结果满足标的团体的需求、偏好或价值的程度。回应性标准十分重要，因为某一项政策也许符合其他所有的标准，但因未能回应受此政策影响的标的团体的需求，故仍可被评估为失败的政策。

6. 适当性（appropriateness）

适当性是指政策目标的价值如何、对社会是否合适以及这些目标所依据的假设的妥当性如何。当其他的标准均将“目标”视为理所当然而加以接受时，唯独适当性的标准会问：是否这些目标就社会而言是恰当的？如果政策目标不恰当，则即使政策执行结果能达到效能、效率、充分、公正及回应性的标准要求，仍然会被视为失败的政策，所以，适当性标准应优先于其他标准。

7.5.3 政策评估可能遇到的问题和困难

政策评估在现实中可能遇到不少的问题和困难。这些问题和困难产生的原因是多方面的，既有政策本身的，亦有政策环境的。根据学者的研究和经验，政策评估可能遇到的问题和困难有以下几个方面：

1. 政策目标不易确定

评估政策目标的实现程度是政策评估的关键所在，这是没有异议的。但是问题在于，许多公共政策的目标并不是明确的和系统的。很多学者发现，在当代民主社会中，许多公共政策的目标是含糊不清的，是多元价值取向的，甚至是难以并列评判的。因此，要判断政策目标是否已经达成以及目标达成的程度，并不是一件容易的事情。

2. 政策成功与否的标准不易界定

要评估公共政策是否成功，首先要确定政策成败的标准。但是标准往往是相对的，不同的人因政治态度、价值偏好、利益等原因往往对标准有不同的看法。

3. 政策效果、影响与政策行动之间的因果关系不易确定

政策评估就是要在政策行动与实际的政策效果之间建立因果关系，即要确定政策行动是否真正地引起了客观社会现实的改变。但是现实世界复杂多变，一因多果、一果多因、互为因果的情况实属多见。要在二者之间建立和确定因果关系，绝非易事。社会现实的改变，可能是受到政策行动以外的因素的影响。

4. 政策影响涉及多个层面，政策评估需要仔细、全面，务求客观，否则将陷入评估的陷阱

第一，一项政策可能有几种后果，包括预期的和非预期的；第二，一项政策对于标的团体以外的团体亦可能产生某种影响，即所谓的政策的溢出效应（spill-over effect）；第三，一项政策不仅可能影响目前，亦可能影响未来发展；第四，一项公共政策除了产生直接成本，尚有间接成本，间接成本不易量化，而且常被忽视。

5. 政策评估所需信息资料不易获取

政策评估最大的困难在于信息和资料的缺乏，以至于无法进行科学的判断。

6. 评估的方法问题

政策评估的方法论多种多样，有的以实验为主，强调量化评估；有的以自然调查为主，强调质化的评估。现在看来，无论哪种方法论都无法对政策评估提供一套一致满意的方法。

7. 政治上的阻力

政策评估多少有些批评政府的意涵，政府机关往往尽力避免对其政策进行评估，甚至于有些人认为，对政府政策加以批评，是对政府人员的能力提出质疑。

8. 政策评估的成本

政策评估需要投入相当的人力和财力，成本是很大的。在政府财政预算紧张的情况下，评估的费用往往难以保障。因此，如何减少评估的成本，减少财政负担，同时又能达到政策评估的目的，是政策评估面临的问题。

7.5.4 政策评估结果的处理方式

邓恩认为，政策评估结果的处理方式，归纳起来大致有以下四种：

1. 政策方案调整（adjustment）

政策执行的情况在经过监测与评估之后，发现执行有困难或是环境已发生变化，或者是人力、经费等资源不足时，就必须调整方案执行的方法、技术或程序等。

2. 政策方案持续（continuation）

政策执行的情况在经过监测与评估后，经推测已初步满足标的人口的需求、价值观及机会等，即政策方案的执行已达成基本的目的，即可继续执行政策方案，不用修改政策问题、标的人口或执行人员及经费等。

3. 政策方案终止（termination）

政策执行的情况在经过监测与评估后，经推论原先的问题已获得解决或问题未获解决反而产生更多问题时，应终止该政策方案的执行。

4. 政策方案重组（restructuring）

政策执行的情况在经过监测与评估后，发现问题未获解决，乃是由当初对问题界定不当、目标不明确、解决问题的方法不妥当等所引起，就应重新建构问题，了解问题的症结，设计新的目标及新的解决方案，于是造成“政策循环”的情况。

7.6 公共政策制定的现代化

公共政策的制定，乃是政府将其政治的意愿转化为计划和行动，促进社会变革，实现预期目标的过程。解决公共问题，回应社会和民众的需要，提供公共服务，乃是政府的基本职能。政策的制定乃是政府的职责。高质量的公共服务完全取决于政府部门设计和执行有效的公共政策。

在当今时代和社会，政策制定者所面临的环境发生了巨大的变化，这主要表现为：

（1）政府面临的政策环境更加动荡不安，显示了新的特点，这些特点概括起来就是“VUCA”，即不稳定性（volatility），社会变革的规模扩大、速度加快；不确定性（uncertainly），未来的发展越来越具有不可预测性；复杂性（complexity），各种力量和因素都对政府的运作产生影响；模糊性（ambiguity），事物之间相互联系、相互影响、互为因果，风险加大。

（2）公共问题更加复杂，政府面临的许多公共问题，如环境、卫生、教育、贫困、不平等等问题，社会关注度高，涉及人数众多，相互交错，并没有单一的解决问题的方案，需要跨部门、跨地区的协作。

（3）公民的期望增加、需求扩大，公民希望政府能够及时回应和解决问题。

（4）政府资源的限制、政府始终面临着无限的问题、扩大的需求与资源紧张和约束之间的矛盾。在此背景下，对政府政策制定能力提出了新的挑战，政策制定的现代化便成为公共管理现代化需要面对和解决的问题。

政策制定现代化的关键乃是政府的政策支持体系适应变化了的环境，提升政府的政策能力，提高政策的质量，以最有效的方式回应和解决公共政策问题。学者豪斯沃什（M. Hallsworth）和拉特（J. Rutter）认为，现代化的政策制定有九个基本特征，即目标明晰、开放、以证据为基础、审慎的政策设计、回应性外部参与、仔细的评估、明确的责任、有效的反馈和评估机制。北爱尔兰政府在其《政策制定实用指南》（A Practical Guide to Policy Making）中指出，良好的政策制定具有以下十个方面的特征：

（1）前瞻性（forward looking）。政策制定过程要明确地确定政策设计要达成的目的，要有长远的观点，充分考虑政策未来五年可能产生的效果和影响。

（2）外向性（outward looking）。政策制定过程要充分考虑地区、国家和国际的环境和情势，从其他国家和地区吸取经验。

（3）创新性、弹性与创造性（innovative，flexible and creative）。政策制定过程应具有创新性、弹性与创造性，勇于质疑传统的行事方式，鼓励创新和创新性的观点。政策制定的过程也应尽可能地开放，广泛听取他人的意见和建议。

（4）以证据为基础（evidence-based）。政策的建议和决定要以证据为基础，应广泛收集来自利益相关者和专家的意见。

（5）包容性（inclusive）。政策制定过程应充分考虑受政策直接或间接影响的人的需求以及对他们产生的影响。

（6）整体性（joined up）。政策制定过程应具有整体全局观，超越组织的边界，更具战略的视野，建立政策的道德和法律基础。

（7）吸取教训（learn lessons）。从成功和失败的事件中学习经验，吸取教训。

（8）充分沟通（communication）。政策制定过程要考虑如何与公众进行沟通。

（9）评估（evaluation）。要把系统地评估公共政策的有效性融入政策制定的过程。

（10）评审机制（review）。对现行的或已执行的政策进行不断的评审，以确保其能够真正地解决问题，同时考虑政策的相关影响。

经验和研究均表明，政策制定的过程是十分复杂的，高质量的政策制定涉及体制、机制、能力、资源、环境等诸多因素。在我们看来，现代化的公共政策和公共政策制定要经得起以下几个方面的考验或检验：

1. 公共利益的考验

公共政策的制定不同于技术性的决策，首先要面临的是不同社会价值和不同利益之间的权衡与取舍。公共政策的制定、执行与评估在任何时候均应致力于追求和保护公共的利益。如何确保公共政策不偏离公共利益，如何防止既得利益集团或者权贵集团对政策制定施加影响，使公共政策偏离公共利益的轨道，成为谋取自己利益的工具，便成为政策制定的最大挑战。如果政府的政策牺牲公共利益，转而支持特殊利益集团或个人的利益，整体的社会变革和进步便会受到阻碍；政策将会恩惠于少数人；政府的政策以及一切理由和证据将会受到质疑，民众将会丧失对政府组织的信赖。因此，防止“政策俘虏”（policy capture）便成为重要的任务。政策俘虏可能出现在政策周期的每一个环节，应强化政策过程的公开、透明和参与。加强对政策过程的监督，乃成为现代化政策制定的必需品。

2. 政策干预正当性的考验

公共政策意味着政府运用公共权力和资源干预社会和经济，考虑到政府失灵的可能性、公共资源的有限性以及政府的社会回应性等多种因素，政策的制定者应证明有政府进行干预的正当理由，这便需要政策制定者对政策问题的性质、范围以及要解决的具体政策问题有明确的了解和理解。政策干预的重点和对象应为社会普遍关切的重大利益和重大议题、市场机制不能有效解决的市场失灵领域、社会力量无法有效应对和解决的政策领域。

3. 公共政策的可靠性检验

公共政策制定应实现从以意见为基础的政策（opinion-based policy）向以证据为基础的政策（evidence-based policy）的转变。公共政策的制定应建立在对事实的了解和掌握的基础之上。高质量的政策制定依赖高质量的信息，以证据为基础在改善公共政策的设计、执行和评估方面发挥着关键性的作用。证据的重要性在于：理解政策环境及其变化，评估政策变化可能产生的影响以及在不同政策行动之间做出选择，确定政策的目标，加强与利害关系人之间的沟通，了解政策的绩效以作为改进的依据。不仅要广泛搜集证据，更重要的是信息、数据、事实的可靠性和可信度。在当今大数据的时代，政府更要善于运用大数据分析政府的政策制定。

4. 公共政策的系统性和协同性检验

政府的公共政策是一个系统，不同层级和类型之间政策的一致性和协调性是公共政策发挥有效性的前提。公共政策要与国家中长期发展战略和规划保持一致性，服从和服务于国家整体发展战略目标的需要；不同公共政策领域，如财政、金融、产业、区域、科技、环保、社会、民生等方面的政策之间要相互协同，以增强政策的合力，提高政策的有效性；不同政策工具之间也要协调配合，应综合运用各种政策工具，提高解决公共问题的针对性和有效性。

5. 公共政策公平性和包容性的考验

公共政策的制定，特别是涉及受政策影响的利害关系人切身利益的政策，要通过信息公开、公众参与、政策听证、专家咨询等政策制定程序，充分反映社情民意，使利害关系人的需求和利益能够得到充分的表达，增加公共政策的公平性和包容性，提高对政策的认同度、支持度和顺从度。

6. 公共政策的国际化检验

国际化的发展环境同样为公共政策的制定提出了政策的国际化（internationalization of policy）要求，这意味着在制定国内公共政策时要充分考虑到国际的因素和影响。这要求公共政策的制定要具备国际化的视野，有长期的目标，从整体上考虑问题，特别是要加强与国际社会和组织的沟通和协调。在涉及多边利益的政策问题上，要加强对话协商，谋取共识；公共政策的制定要充分考虑到国际公约和国际基本的准则。

本章小结 »

1. 公共政策是公共权威当局为解决某项公共问题或满足某项公共需要，所选择的行动方案或不行动。公共政策主要有管制性政策、分配性政策、再分配性政策和自我管制性政策四种类型。

2. 公共政策周期是由不同阶段所构成的一个政策过程。政策周期框架主要由问题的识别和定义、议程设定、政策制定、政策合法化、政策执行、政策评估六个阶段构成。

3. 政策问题的建构是政策分析的关键。公共政策问题有结构优良的问题与结构不良的问题。政策问题的分析要防止出现诊断的误差。

4. 政策规划乃是寻求解决公共问题方案的过程。政策规划要遵循科学的原则和方法。

5. 良法美策贵在能行。政策执行问题在理论上有“自上而下”和“自下而上”两种研究途径。影响政策执行力的因素是很多的，主要有政策问题的性质，政策执行的资源，政策沟通，政策执行人员的意向，政府组织结构，政策标的团体的配合程度等。

6. 政策评估乃是政策循环的重要一环。政策评估的一般标准包括：效能、效率、充分、公正、回应性和适当性等。

7. 政策评估遇到的困难和问题主要表现为评估的目标、标准、因果关系、资料获取方面的困难以及政治上的阻力和评估成本问题等。

8. 现代化的公共政策和公共政策制定要经得起公共利益、政策干预正当性、公共政策的可靠性、公共政策的系统性和协同性、公共政策公平性和包容性、公共政策的国际化的考验或检验。

关键术语 »

公共政策　管制性政策　自我管制性政策　分配性政策　再分配性政策　公共政策的周期　政策问题的建构　政策规划　政策执行　自上而下的政策执行模式　自下而上的政策执行模式　政策评估　政策制定现代化

复习思考题

1. 何谓公共政策？公共政策有哪些主要类型？
2. 试述公共政策周期的构成阶段及核心议题。
3. 何谓政策问题？政策问题的特性为何？
4. 政策问题的认定可能遇到哪些误差因素，如何才能避免这些误差？
5. 说明政策规划的特质。
6. 政策规划应该遵循什么样的准则？
7. 试说明政策执行模式。
8. 影响政策执行的因素有很多，试分别予以分析。
9. 何谓政策评估？政策评估有什么价值？
10. 政策评估的标准是什么？
11. 现实生活中，政策评估可能会遇到的困难与问题有哪些？
12. 请选择你所在地区政府制定的一项公共政策，对其效果和影响予以系统的评估，并写出评估报告。
13. 试论公共政策制定的现代化及其实现途径。

阅读材料

OECD 管制性决策清单

OECD 管制性决策清单（The OECD Reference Checklist for Regulation Decision-making）是 OECD 国家为实施良好管制而制定的。清单列举了管制性决策需要回答的十个问题，它适用于各级政府的决策和政策制定。这些问题反映了良好决策的基本原则，其目的在于改善政府管制的效率和效能。清单包括：

问题一：问题是否界定正确？（Is the problems correctly defined?）

需要解决的问题应该明确，问题的性质及程度需要证据，并且要解释出现的原因。问题界定本身便隐含着解决的办法。许多问题是多维度的，以各种方式影响各种群体。在这种情况下，管制者需要全面了解问题，特别是要关注支持和反对群体的意见以及动机。并非所有的问题都需要通过政府的行动加以解决。问题界定的主要目标在于抽离出政府通过干预能够发挥影响力的相关因素，或者阐明政府可能无力解决这些问题。

问题二：政府行动是否正当？（Is government action justified?）

政府干预应当基于明确的证据，问题的确存在而且政府的行动是有正当理由的。要证明政府政策的价值、政府行动的成本和效益以及解决问题可供替代的其他机制。市场应是政府行动之外的可供选择的机制，应该评估私人部门和个体处理问题的能力。政府行动的评估同样应该考虑相关的政府行动，如果其他的计划和立法有可能解决问题，政府采取进一步的行动是没有必要的。在一些情形中，今天的问题可能恰恰是昨天干预的结果。在这种情况下，解决的办法是减少而不是加强政府的干预。当政府评审现存的管制时，对政府干预的再评估特别重要，因为自实行管制以来，条件可能已经发生了变化。

问题三：管制是否是政府行为的最佳方式？（Is regulation the best form of government action?）

决定如何干预与明确是否需要干预同样重要，在综合考量结果、成本、效益以及行政需要等诸多因素后，政府能够选择各种各样的管制以及非管制的政策工具。在实践中，管制者很少考虑非传统的途径。管制者偏好指挥-控制的管制途径是有许多理由的，包括喜欢标准化的解决途径、执法容易、对象明确、内容确定等，这种类型管制的缺陷在于刻板、过于烦琐、成本高、不能适应变化的环境，导致敌对情绪以及没有效能，这些问题致使政府考虑可供替代的形式，如经济性工具、自愿协议、自我管制、信息披露、说服教育等。在实践中，管制与其他政策工具通常是组合使用的，应该鼓励管制官员在管制之前了解管制以及非管制的工具。

问题四：管制是否具有法律的基础？（Is there a legal basis for regulation?）

所有 OECD 国家都认为对私人行为的限制应基于有效的法律权威，并且只能由被授权的部门行使。这样，管制过程应当受到制约，遵循法治。从最高层面而言，这涉及合宪性审查；从最低层面而言，涉及与较高层次的法规和国际条约与国际义务保持一致。主要的问题在于管制是否与现存的立法包括国际规范和协议兼容。新的管制必须与现存的规章共存，为了实现这一目标，管制者应该检查其他的管制是否需要废除或者修改，以保证法律的一致性。

问题五：由哪级政府采取行动是恰当的？（What is the appropriate level of government to take action?）

这既是一个法律问题，也是一个现实问题。在有些情况下，管辖权乃是由上级管制部门指定的，管制者没有自由裁量权。但在大多数情况下，政府能够选择由谁执法。在这种情况下，问题便是哪级政府或哪些部门联合执法更有效率。在许多政策领域，如分权化、联邦主义、辅助原则和国际化都存在这个问题。在分配管辖权限时，政府需要在民族国家内部、民族国家以及国际层级上审慎选择。这一问题的解决办法依赖于一些标准：是否属于跨越法律和政治边界的问题？是国内的和地方性的问题吗？管制涉及的规模经济是否是跨国的？不同层级政府的制度能力大小如何？在许多情况下，在管制标准的统一上，必须在不同层级做出平衡。政府的多层级也涉及管制政策的制定和执行，在此情况下，管制者需要思考不同政府层级如何才能有效地协商和合作。问题的解决通常需要不同层级政府之间的合作，而合作则要求建立新型的伙伴关系。为了保证管制成功实施，管制者必须确保行政能力到位。

问题六：管制的效益是否大于成本？（Do the benefit of regulation justify the costs?）

成本和效益是管制决策的重要信息。成本和效益的评估是判定管制合理性、人们是否遵循、设计管制方法以及评价其效果的重要依据。其目的在于能够使政策和政治官员提出正确的问题，并做出管制是否有效的判断。然而，大部分OECD国家并没有评估新的管制的经济成本，也没有评估预期的收益和价值。管制者应该经常对每一项管制措施的成本和效益进行评估，并将评估的结果告知决策者。评估应当包括企业、公民和其他层级的政府因管制而产生的所有经济成本。评估同样应包括管制的行政和财政成本，包括执法的成本，尽管这些成本与直接施加于私人部门的成本相比低得多，政府应采取现实和务实的方法解决这个问题。在成本和效益评估上投入的资源应随着管制的潜在影响而增加。

问题七：对整个社会的效果分配是否透明？（Is the distribution of effects across society transparent?）

政府应公开管制成本和效益分配的信息。通常成本并非由从管制中获益的社会群体来承担，比如劳动管制有益于工作者，但使失业者更难找到工作。这可能对特殊群体，诸如中小企业或某些地区产生不相称的结果。这样的结果对整个社会而言并不意味着管制行为不可取，但是政策官员应该考虑对弱势群体的补偿问题。

问题八：对使用者而言，管制是否明确、一致、全面和易于理解？（Is the regulation clear，consistent，comprehensive and accessible to users?）

管制者应当评估管制的规则是否易于理解，为此应采取措施确保规则的文本和结构尽可能明确。明晰和准确的语言同样能够减少学习的成本，减少争议，使人服从。

问题九：所有的利益相关者具有表达意见的机会吗？（Have all interested parties had the opportunity to present their views?）

管制政策的制定应当开放和透明，有适当的程序确保利益相关者，如受管制影响的企业和贸易组织、消费者、环境保护组织以及其他政府部门，能够有效参与，为此，行政部门应尽可能向公众提供充分的信息。协商和公众参与一直是改善管制品质的有效途径，它能够听取受影响者的意见和建议，有助于管制者平衡冲突的利益，确认问题并制约管制权力的行使。

问题十：人们是否服从管制规定？（How will compliance be achieved?）

即使在政府内部经历了严格的决策程序之后，管制仍需经受严格之考验，即公众必须同意并服从管制。尽管采取了教育、协助、说服、促进、经济诱因、执法和制裁等多种策略，执行仍然是管制过程的薄弱环节。在评估诱因和有效的制度之后，行政管理者应设计多种执行的策略，信息披露、提醒消费者注意与罚款和警告相比，可能是更有效的方法；与企业的合作关系相比对抗而言，可能会产生更好的结果；第三方机构（社会、工会和同业竞争者）也可赋能提供监督。执行应在决策过程中予以重视，而不是在决策之后。不顺从的一个普遍原因在于受影响群体未能理解法律。有效的执行计划应该回应管制群体的各种情况，回应各种信息和变化的条件。

资料来源：The OECD Reference Checklist for Regulatory Decision-making.

本章参考文献

Anderson，C. W. (1975)，Public Policy Making，New York：Praeger.

Bardach，E. (1977)，The Implementation Game，Cambridge，MA：MIT Press.

Brewer，G. D. and Deleon，P. (1983)，The Foundations of Police Analysis，Chicago，ILL：The Dorsey Press.

Coleman，J. S. (1972)，Policy Research in the Social Sciences，Morristown，N. J.：General Learning.

Dror，Y. (1968)，Public Policymaking Reexamined，San Francisco，CA：Chandler Publishing Company.

Dunn，W. N. (1994)，Public Policy Analysis：An Introduction，Englewood Cliffs，N. J.：Prentice Hall.

Edwards，Ⅲ，G. C. (1980)，Implementing Public Policy，Washington，D. C.：Congressional Quarterly Press.

Guba，E. G. and Lincoln，Y. S. (1981)，Effective Evaluation，San Francisco：Jossey-Bass.

Hogwood，B. W. And Peters，B. G. (1985)，The Pathology of Public Policy，Oxford：Clarendon Press.

Ingraham，P. W. (1987)，"Toward More Systematic Consideration of Policy Design，" Policy Studies Journal，Vol. 15，No. 4.

Jones，C. O. (1977)，An Introduction to the Study of Public Policy，2nd ed.，North Scituate，MA：Duxbury.

Kingdon，J. W. (1984)，Agendas，Alternatives，and Public Policy，Harper Collins Publishers.

Koenig，L. W. (1986)，An Introduction to Public Policy，Englewood Cliffs，N. J.：Prentice Hall.

Linder，S. and Peters，B. G. (1992)，"The Study of Policy Instruments，" Policy Currents，Vol. 2，No. 2.

Lindblom，C. E. (1968)，The Policy-making Process，Englewood Cliffs，N. J.：Prentice Hall.

Lynn，L. E.，Jr. (1980)，Designing Public Policy：A Casebook on the Role of Policy Analysis，Santa Monica，CA：Goodyear Publishing.

Mayer，R. R. (1985)，Policy and Program Planning：A Developmental Perspective，Cnglewood Cliffs，N. J.：Prentice Hall.

Nagel，S. (1984)，Public Policy：Means，and Methods，New York：St. Martin's Press.

Paul，E. F. and Russo，P. A.，Jr. (1982)，Public Policy：Issues，Analysis，and Ideology，Chatham，N. J.：Chatham House Publishers，Inc.

Pressman，J. L. and Wildavsky，A. (1979)，Implementation，Berkeley，CA：University of California Press.

Quade，E. S. (1982)，Analysis for Public Decisions，New York：Elsevier Science.

Rossi，P. H. and Freeman，H. E. (1982)，Evaluation：A Systematic Approach，Beverly Hills，CA：SAGE.

Sabatier，P. A. and Klosterman，B. (1981)，"A Comparative Analysis of Policy Implementation Under Different Statutory Regimes，" in Mazmanian and Sabatier，eds.，Effective Policy Implementation，Lexington，Mass.：D. C. Heath.

Sabatier，P. A. and Mazmanian，D. (1979)，"The Conditions of Effective Implementation，" Policy Analysis，5 (Fall).

Smith，T. A. (1975)，The Comparative Policy Process，Santa Barbara：Clio Press.

Starling，G. (1979)，The Politics and Economics of Public，Homewood：The Dorsey Press.

Starling，G. (1988)，Strategies for Policy Making，Chicago：Dorsey Press.

第8章

公共组织管理

组织是人类活动协调、合作的形式，其目的在于克服人类个体体能和智能的限制，达成某些群体的共同目标。从历史发展来看，组织产生的最初原因，乃是基于人类生存的需要。随着人类社会的发展，组织已经从单纯的"生存"功能，转变为复杂多元的政治、经济、社会、文化等功能。

正如管理学家杜拉克所言：组织化的社会（organization society），不仅是20世纪社会最大的特征，也是未来社会运作的主要形态。人类从生到死，与组织皆息息相关。现代组织的基本精神，在于理性地设计并具效率（efficiency）和效能（effectiveness）的组织，以便成功地达成组织目标。

公共组织，从广义而言，是指不以营利为目的，而是以服务社会大众、提高公共利益为宗旨的组织。从狭义上来看，乃是指行使行政权，达成公共目的的组织。在新的时代，公共组织的管理出现了诸多问题，如何设计并发展更具理性与效率、更富于弹性、更具有活力的组织，便成为公共管理的一个主要议题。

重点问题

- 公共组织的特性
- 公共组织设计与管理的原则
- 科层组织的特点与困境
- 弹性化组织与弹性化组织设计
- 学习与组织学习
- 学习型组织
- 公共组织的能力
- 高绩效的公共组织

8.1 组织的性质

"组织"一词，源自希腊文，是工具或手段的意思。根据《牛津英语词典》，在1873年以前，组织的概念主要是用以描述生物学上的组合状态或形成组合的活动。1873年左右，哲学家斯宾塞才用“组织”来指涉“已经组合的系统或社会”。1950年以后，《牛津简明英语词典》才开始列出“组织”这个词的现代意义。

作为人类社会最普遍的一种现象，组织的含义究竟是什么？由于学者们从不同的角度，运用不同的方法去研究和透视组织，所以对组织内涵的认识和界定也便是仁者见仁、智者见智、互不统一。综合各个时期组织理论的观点，我们可以从静态、动态、生态和心态四个层面对组织含义加以分析说明。

1. 静态的组织观

这种组织观以组织结构为研究的主要取向。它认为组织是人们为了达到一定目的和需要，按照一定形式联合起来的，有特定结构和活动方式的人的群体。简单地说，即认为组织是追求一定目标的人的集合体或者是权责分配关系构成的体系。美国管理学者穆尼（Tames D. Mooney）、赖利（Alan C. Reiley）提出组织是具有共同的目的的人组合的形式。高斯（John M. Gaus）提出“组织就是为了促进某些共同的目标而设置的团体，对工作人员做适当的职责分配，并将从事共同任务的个人与团体间的努力和才能予以结合，使管理者与工作人员双方在最大的满意和最小的摩擦下，获得所欲达成的目标”。实际上，早期管理学者基本上都持有与此相同或相近的观点和看法。马克斯·韦伯的科层论更是典型的静态组织观。

2. 动态的组织观

这种组织观从组织成员的相互交往行为的角度，也就是从行为科学的角度分析研究组织的一种取向。它认为组织是为达到一定目标而行动的人的活动体，组织目标的实现有赖于领导、决策、沟通、协调等一系列人的活动过程，即为实现某种目标而合理安排人力、物力，使之结合成具有特定功能的系统性整体的活动及其过程。德国学者阿斯曼和斯托贝格认为，过程或者活动，也称为“组织”，它的活动目标在于根据新的成熟条件，建立、稳定或者改变社会构成体的组织性，以实现组织的目标职能。简言之，这种观点认为组织是一个活动体，乃是一群人为完成工作时的一致行动或运作。

3. 生态的组织观

这种组织观以组织与内部环境和外部环境的平衡为研究的基本价值取向。它认为组织不仅仅有静态的结构、动态的功能与行为，而且是一个有机的生命体，是随着环境变化而自我适应、自我调整的一个开放系统，是整个社会系统的一个子系统。这种组织观强调的是：（1）只考察静态的结构和制度是不够的，还必须考虑到现实环境的变数；（2）既然组织是必须适应环境变化的一个有机体，故也不存在放之四海而皆准的组织理论与原则；（3）组织管理不能墨守成规，必须按情景的需要实行权变管理。这一派的主要代表人物是美国学者卡斯特、罗森茨韦克以及罗杰斯（F. W. Roggeis）。一句话，组织的生成、成长、发展、活动、变革都受社会政治、经济、文化等环境的影响或制约。

4. 心态的（或精神的）组织观

这种组织观以心理或精神为研究的价值取向。它认为组织不仅是权责分配关系、人与人之间的互动关系，或是一种不断变迁的生命体，同时也是一种群体的精神和意识。实际上，这种组织观是对动态组织观的一种延伸，将组织看成是一种意志和精神的有机组合。美国学者巴纳德认为“组织是两个或两个以上的人有意识协调的活动或效力的系统”。这比较典型地说明了组织的心态特征。事实上，行为科学对人的行为分析、对人的激励的探索、对组织文化的探讨、对组织沟通的分析等都不同程度地反映了这一研究的趋向。

从以上不同角度的分析和解释来看，组织是在特定的社会环境之中，由一定要素组成，为了达成一定目标而建立起来的，随着内部要素和外部环境的不断变化而自求适应和调整，并具有特定文化特征的一个开放系统。

8.2 公共组织的特性

社会组织是复杂多样的。不同的社会组织承担着不同的使命，故各有其不同的功能与特性。以追求公共利益为宗旨的公共组织，除具有一般组织与管理的共同特性外，与私人部门相比，在本质上存在着相当大的差异性。公共组织的特性归纳起来主要有以下几点：

1. 公共组织以追求公共利益为价值取向

推行公共组织行政的主要的目的与动机，是谋求社会的“公共利益”，一切的措施都是在顾及全局公平、公正、公开的原则下来为全体民众服务，并以最好的服务来争取民众的拥护与支持。所以，公共组织的目的在于追求公共利益，其动机在于加强服务，便民利民，使民众获得最好的福祉。而工商企业的目的与动机，则在于追求“个人利益”，而其追求的利润是眼前的、有形的、以金钱计算的。它的一切活动与决策是以“物价”或其生产产品的价格为决定因素，以赚钱为目的。

2. 公共组织的活动受法律法规的限制并具法律的权威

公共组织的活动举凡预算的编制或执行、人员的晋升、资源的使用等等，皆必须在宪法或法律的规范下行动，这与私营组织有所不同，私营组织虽然也要依法而行，例如反不正当竞争法、劳资关系法，但法律的角色是边缘性的，不像公共组织那么普遍集中。最好的比喻是，公共组织是一切要依明文规定而行动，缺乏法律的授权则不敢行动，但私营组织则只要法律未明文禁止的皆可行动。

再者，公共组织所制定与执行的法律是带有权威性的，其效力范围及于全国，如不服从将受强制制裁。而私营组织所制定的规则，其效力范围是有限制的、区域性的，人员的服从是自愿性的。

3. 公共组织权威的割裂

许多公共组织除了要向其上级行政单位负责外，同时也要考虑其服务对象、立法机关、司法机关和其他公民团体的要求。一般说来，政治越民主的国家，越注重政治权威的分立和制衡。行政部门虽然较注重层级节制的权威，但相对地亦要接受来自于立法和司法部门以及辖区内人民和各利益团体的监督。

4. 公共组织受到严密的公共监督

公共组织因为是政治性的组织，其一举一动都必须接受来自舆论或人民大众的批评和监督，其所作所为好似金鱼缸里的活动一样，必须是公开的、透明的。现在，许多企业为建立良好的企业形象，也逐渐公开其内部运作的情况，但其公开程度是远远比不上政府组织的。目前许多国家设立的“阳光法案”、公务人员的财产申报制度、重大公共工程的公开招标等，其目的就是为了引起公众的高度关切和对政府组织活动的严密监督，使公共组织的活动真正以民意为依归。

5. 公共组织间的相互依存性

公共组织中的各单位、各成员彼此是相互依存的，且其运作必须要在各级政府间的网络中折中协调，因为一个单位的工作必须在其他单位的配合下才能完成。公共组织不能存有本位主义的想法，应打破藩篱，通力合作，以促进公共政策的有效执行。

6. 公共组织政治因素的考虑

公共组织的目标和执行过程，如果忽略了政治文化的因素，则不容易理解其运作内涵。公共组织的行动必定发生在具有政治意涵的环境中，其制定的政策无论是文化的、教育的，还是经济的，皆具有政治的意义，即使行政人员以其专业的标准处理公务问题，其所产生的结果也有政治上的影响。私营组织则较为忽略政治或权力关系，而不必像公共组织那样必须面对全国性的或地方性的政治利益团体以及各种相互制衡的权力关系。

7. 公共组织的目标大多模糊不清且不易测量

公共组织的目标就是要创造公共利益，但公共利益大多是抽象模糊的，它似乎只是作为行政人员提醒自己负有公共责任以及必须为大多数人服务的一种象征符号。相对而言，私营组织的重要目标是创造企业组织的利润，员工的绩效是以其为组织创造的利润为标准，由于利润是以金钱价值来衡量的，因此它们非常清楚自己的标准和绩效水平。然而，公共组织的服务对象不仅差异性大，而且对于行政人员的期望亦很多，如既要求他们公正公开、顺应和体恤民意，同时又要求他们承担许多行政责任等。总而言之，公共组织不仅目标模糊、不易测量，而且民众的期望亦很多，时常还会有许多冲突和矛盾发生。

8. 公共组织的独占性

公共组织虽然可以通过政治权威或公共权力的行使而生产某些财货或服务，形成一种独占市场的局面，不许私人加入竞争，但在民主国家中，基于自由经济的理念，政府所提供的财货或服务大多具有公共财产的性质。然而，因为公共财产无排他性和竞争性，很少有私人乐意提供。此外，有些公共工程规模相当庞大，非私营组织所能担负，只好由政府来负担建设。像这些财货或服务，很少有私人愿意赔本去生产。由于政府几乎是唯一的生产者，自然没有市场竞争的问题。

9. 公共组织行为具有强制性

许多政府的活动具有强制的本质，例如，人民有纳税的义务，即使对税务机构不满，也无法再找其他机构或另立新的机构。政府虽然是一个服务的提供者，但也是公共权力的执行者，所以，公共组织的活动本身即具有强制性，凡是对其职权范围以内的事务，皆有管辖权，如果公民有违法乱纪的行为发生，公共组织便可依法予以处分。

8.3 公共组织设计与管理的一般原则

无论是进行组织设计，还是开展有效的组织管理，都必须遵循一定的规范，即组织的原则。组织原则是人们在长期的管理实践当中，基于对组织发展变化的规律性的认识而提出并被实践检验为正确的思想和行动的规范。它反映了人们在长期组织管理实践中积累的经验和教训，它是指导组织工作的准则，也是衡量、评价组织的一种基本尺度。概括起来，公共组织设计与管理的原则有以下几个方面：

1. 统一指挥，统一目标

任何组织体系都是一个完整的统一体，任何局部都是有机整体的组成部分，各自发挥不同的功能，互为条件、互为依存，从而形成一个完整的统一体。要保证各部分统一行动，就必须统一指挥、统一号令。

事实上，任何协作劳动都或多或少地需要统一指挥、统一意志，这是协作劳动得以顺利进行的条件。正如革命导师列宁所讲："任何大机器工业……都要求无条件的和最严格的**统一意志**，以指导几百人、几千人以至几万人共同工作。"（列宁，1995，500）

统一指挥的前提条件是统一目标。如果没有一致的目标来指导各个部门，部门之间以及人员之间的工作冲突则不可避免。因此，要实现目标统一，就必须对总目标进行分解，并分配给每一部门和个人，使每一个部门、每一个个人的目标成为实现组织总目标的一个有机组成部分；以目标为基础，建立各种形式的责任制，讲求合理分工与协调。

统一领导是统一指挥的关键。在一个组织中，不能出现两套或多套领导班子（机构），对同一个下属拥有同样的职权，否则便会出现双重领导或多重领导，其结果必然导致冲突和"内耗"。正如法约尔所言："如果两个领导人同时对同一个人或同一件事行使他们的权力，就会出现混乱，如果事情继续下去，混乱便会加剧，就像一个动物机体受到外界物体侵害那样出现病态。"（法约尔，1982，73）同样，在具体的组织管理中，不能越级指挥，不然会使命令接受者无所适从。

机构设置统一是统一指挥的保证。在一个组织中，要明确各种机构之间的指挥隶属关系，划清各职能部门之间的权限。如果几个部门的领导同时对同一工作下命令，各自认为是属于自己职责范围之内的事，便会破坏组织秩序，这不仅使下级无所适从，而且会出现某些人利用一个部门的命令反对另一个部门的命令的情况。

总之，统一指挥原则是"一项普遍的、永久必要的原则……如果这条准则受到破坏，那么，权力将受到损害，纪律将受到危害，秩序将受到扰乱，稳定将受到威胁……"（法约尔，1982，27）。

2. 分层管理，分权治事

任何组织都是一个层级节制体系。分层管理、分权治事是组织中存在的一个普遍现象，也是组织管理的准则。

要实现有效的分层管理、分权治事，就必须处理好两种基本关系。一是管理幅度和管理层次之间的关系，二是集权与分权之间的关系。

所谓管理幅度，是指一个管理人员能够有效地领导或控制的下级人员的数量。管理层次是指组织系统中划分的管理层级的数额。由于每一个管理人员的能力都是有限的，当他直接指挥和协调的下级人员超过一定的数量时，就不可能进行有效的管理，因而必须划分管理层次，逐级进行管理。在被管单位和人员不变的情况下，管理幅度与管理层次之间成反比例关系。一般来讲，管理幅度愈小，管理层次愈多；反之亦然。但是，管理层次过多，则会降低工作效率。因为，随着层次的增多，需要的人力、物力、资源也增多；层次过多易造成组织信息沟通困难，容易发生遗漏和误解；层次过多也容易导致组织失控，协调困难。

如何解决这些矛盾呢？实践证明，通过改变管理层次之间的相互关系，不仅能够增大有效管理的幅度，又能减少管理层次。如何改变管理层次之间的关系呢？首先，只设立必要的管理层次。一般来说，在一个大规模组织中，需要四个管理层次：高层管理层，负责总目标的制定和资源的分配；中层管理层，负责分目标的制定及完成上级政策，协调下级活动；低层管理层，完成高一层的决定及协调指导组织基层员工的活动；基层员工，负责执行具体工作。其次，实行逐级指挥、逐级负责制。最后，实行分权管理。

如何实行分权治事呢？这就需要解决好集权与分权之间的关系。

集权就是把决策权、控制权、人事调配权等集中于组织最高层。集权有利于集中领导与统一指挥。但集权将导致管理层次增加，限制下级的积极性和主动性；加之中下级管理者无权因地制宜、随机应变，使组织缺乏适应性和弹性。分权是指下级各级管理人员都有与其职责相适应的管理权力，可以根据实际情况独立地处理问题，选择达到目标的途径和方法。分权有利于下级积极性的发挥，有利于减少管理层次，有利于上级集中精力进行组织决策和规划。分权的缺点是独立性较强，容易导致各自为政、本位主义。

集权和分权是相互排斥和相互依赖的。组织既要集权，又要分权。分权能实现“近点决策”，集权能保持内部协调平衡。关键问题不在于集权还是分权，而在于如何平衡二者之间的关系，寻找一个适当的形式，使二者相互补充。

在现实社会中，不存在任何集权和分权的理想模式，只能视具体情形而定。这些具体情形主要包括：

（1）外部环境。在外部环境多变的情况下，需要较多的分权以提高组织的适应能力，增强组织同外界环境的动态平衡。反之，在外部环境比较稳定的情况下，较多的集权可以提高组织效率，保持内部的平衡。

（2）组织规模。规模庞大、层次过多容易导致决策传达和信息反馈迟缓，集权不能实现近点决策。相反，较大程度的分权则有利于提高效率。

（3）组织活动内容。如果组织活动内容比较单纯，集中领导往往有效。如果组织活动内容复杂多样，集中领导则会导致控制太死，瞎指挥；而采用分权则较为适宜。

（4）成员素质。成员能力素质较高，则可实行分权；如果下属在工作中需要较多的指导、协调和控制，实行集权则较好。

（5）空间区域。组织分布区域广，各地条件千差万别，在此，集权不如分权。

故集权与分权的程度只能依客观条件而定。但没有集权的分权将导致冲突；相反，没有分权的集权将导致组织僵化、丧失活力。

3. 职掌明确，权责一致

任何组织都是一个职、权、责体系，在组织活动中，职能、权力、责任是互为条件的。所谓职掌明确、权责一致是指职位（务）明确，权责分明，事有归属，责无旁贷，功莫由争，过无推诿。有职无权，不能完成工作；有权无责，则可能导致官僚主义、不负责任和滥用权力。根据管理实践，在组织中要体现这一原则，必须做到以下几个方面：

（1）明确事权范围。本着机能一致的原则，明确划分各个机关的事权，建立权责分明的组织系统，使一事不分归两部掌办，两部不同办一事；本着分层负责、层级授权的原则，使人人有定事，事事有定人；本着法制精神依法确定各机关的权限大小、责任范围；以工作细则和职务规范等明确各职员的权责与工作。

（2）实行职务分工。要分清领导和被领导、决策和执行、政务和事务、业务主管和业务辅助、主管人员和非主管人员、正职和副职、监督和非监督的职权范围，不能越级越权治事。同时，人员数目也要讲求适度，不能“管人之官多，治事之官少”。

（3）建立奖惩机制。厉行奖惩是达成事权明确的手段和途径。要对每个机关及其人员行使权限、尽职尽责的情况进行考核和监督，并依法进行客观、公正的奖惩。

4. 以人为本，人性管理

人是组织系统中最重要、最基本的要素，是实现组织目标的决定性力量。组织本身是为了发挥人的作用而创造有利条件，提供良好的场所。组织的活力在于组织成员的积极性、智慧和创造力，故组织设计和管理必须讲求以人为本、适合人性。要做到这一点，在组织设计时，需注意以下诸方面：

（1）工作分配要符合组织成员的主动性与兴趣。要尽可能地把组织工作的需要同个人的兴趣结合起来。这样，既有利于调动人的积极性，又有利于人的发展。

（2）创造条件满足组织成员合理和正常的需要。一方面为员工创造良好的工作环境和条件，包括技术设备、工作环境等；另一方面要满足成员维持生存的需要、归属的需要、尊重的需要以及自我发展的需要。

（3）要增加组织成员晋升的机会，扩大调任的范围，使其不断产生新的希望和抱负，激发工作的热忱。

（4）加强思想交流。由思想交流和相互了解而产生对组织的“认同感”“归属感”和“团体”意识，从而共赴事功。

（5）由纪律制裁走向人性激励。“徒法不足以自行”，要讲求纪律和法制，更要注重适应人性，讲求激励。因为法纪制裁仅满足最低限度的工作标准，并不能最大限度地提高组织的效率。而激励则能刺激、激发人工作的内驱动力，从而使其主动、自发地努力工作。

5. 经济高效，讲求效率

效率是组织追求的目标之一，达到效率目标的途径也是多样的，除了前面讲的几个原则外，在组织设计时，还应注意下列事项：

（1）组织机构要精简。我国《宪法》规定“一切国家机关实行精简的原则”，在组织机构的设计上，应严格控制机构的规模和数量，避免机构臃肿和机构重叠。

（2）人员要精简。根据职位要求配备合格的工作人员，建立和健全岗位责任制，减少冗员和避免人浮于事。

(3) 领导班子要精简。合理确定领导职数，科学配备领导班子，减少副职和闲职，避免“官多兵少”现象。

(4) 机构层次要简化。层次过多是导致机构臃肿、机构运转不灵、行政效率低下和官僚主义泛滥的重要原因。机构设计时，要尽量减少机构层次，以减少中间环节和中间堵塞。

(5) 办事流程要简化。简便审批手续，减少审批环节，下放审批权，实行就地审批的原则。

6. 适应环境，保持弹性

从环境系统来看，组织是环境系统的一个部分，组织与环境系统的其他各个部分之间有着依赖与影响作用，因此，其他各个部分的重大变动均会对组织发生影响，为保持组织与环境间的平衡，组织须做适当调整以求适应。从组织本身来看，组织本身也自成系统，由若干子系统构成，如果任何一个子系统有重大变动，则其他各个子系统亦须做出适当的调整，以期保持平衡。这样，组织设计必须讲求与环境的适应性，富于弹性。

(1) 单位区分保持弹性。各单位区分不宜过于固定，过于刻板。

(2) 职掌权责区分保持弹性。各单位和上下级层次的权责划分固然要明确，但不宜做硬性规定，而应保持相当弹性，以便因需要而调整。

(3) 员额编制保持弹性，以便随业务变动修订职数、调整职位及增减员额编制。

(4) 对特定任务可采用人员临时编组方式处理。所谓特定任务，是指临时性且非某一单位可单独主管的任务，不宜设立单位负责，较为妥善的办法是成立工作组（如研究小组、指导小组、专案小组等），一俟任务完成，小组可予以撤销。

弹性原则的好处在于增加组织的适应性与扩大人力资源的运用，弊病在于组织形式不稳定。

7. 顾及平衡，协调发展

所谓平衡，是指组织系统中诸要素之间以及组织同环境之间形成的协调、和谐、有序及适应的关系。在组织设计时，一定要注意下列平衡关系：

(1) 分工与协调的平衡。分工着眼于专业，专业化导致整体观念弱化；协调着眼于整体，但忽视单位之间的竞争。组织设计不论偏向分工还是协调，都将对组织目标达成造成障碍。故二者须求平衡，如技术部门或基层单位可偏向于专业分工，但中级以上单位则须顾及平衡协调作用，高级单位则更须以整体利益为重，通过协调求取平衡。

(2) 个体与整体的平衡。组织成员的价值目标、利益，在一定程度上是一致的，但又是相互排斥的。如过分强调整体目标与利益，将导致个体目标和利益受损；如过分强调个体目标与利益，则整体目标达成受挫。这样，需讲求个体与整体的平衡，尽可能地把组织目标与个人目标、组织利益与个人利益结合起来，亦即在实现个体利益的同时，须达成整体的目标；在达成整体目标时，亦须实现个人利益。

(3) 贡献与报酬的平衡。如果组织成员对组织的贡献大于组织所给予的报酬，则人事将难以安定，员工情绪不稳和低落，协作意愿降低，工作潜力收敛。如组织所支付的报酬大于组织成员对组织的贡献，则用人费用增加，浪费严重，产生冗员或闲员，不能起到激励作用。故须讲求按劳取酬，按绩效取酬。

最后，应说明的是，组织原则固然是人们在进行组织设计时的基本规范，但由于具体的客观条件是千差万别的，故应根据实际情况灵活地应用。这些原则只有在适应客观环境的情况下才能起到作用。“原则是灯塔，它能使人辨明方向；它只能为那些知道通向自己目的地的道路的人所利用。”

8.4 传统科层组织及其困境

8.4.1 科层组织的特点

现代国家的政府组织皆是高度正式化、严格的层级节制的科层组织。韦伯曾对这种组织的特征做了以下说明：

（1）在科层组织中，每一位成员都有固定和正式的职掌，依法行使职权。即在科层组织中，每个人都有固定的职责；以法令规章严格限制的方法，赋予命令权，以行使固定的职责；行政的责任和权利，都有一定的规范，只有具备一定资格的人，才能受雇用。

（2）层级节制的权力体系。科层组织中的每一个人，都能明确地知道，该从什么人那里取得命令，并将命令传递给什么人。这样，一方面可减少混乱的现象，另一方面对下属也较容易控制。

（3）人员的工作行为以及人员间的工作关系，须遵循法规的规定，不得掺杂个人好恶情感。也就是说，科层组织内的行为、决策和法规都是正式的，有一定的规格与要求；并且任何政党执政或任何人为机关首长，行政人员均要“依法行政”“政治中立”。

（4）科层组织内的职位，按人员的专长做合理的分工，其工作范围和权责也以法律明文规定。在这种专业分工的原则下，职位的获得主要以技能为主。

（5）职业化倾向。人员加入组织，是根据自由契约的方式，并经过公开的考试后被任用，除非人员犯错，并依法加以免职外，行政机关不能随便结束契约关系；相反，人员则有充分的自由，随时可以脱离行政机关。

（6）人员的工作报酬也有明文规定，有固定的薪俸制度。工资的付给主要是依照人员的地位和年资，不能因主管的好恶而有所偏私。有严格的奖惩制度和升迁制度，以鼓励员工努力工作。

（7）着重效率。行政人员的工作要明确、快速、具体，有充分的经验和知识，有档案文件等信息可供参考；工作性质具持续性、整体性且对个别案件有充分的裁量权；严格遵守上级的指令，尽量减少人力、物力、财力的浪费，有效达成目标。

8.4.2 科层组织的困境

显然，组织结构是影响组织运作的关键因素，决定了权威和权力的分配、决策和沟通的布置、效率和效能的达成。组织结构的影响也是社会性的，规范了人与人、团体与团体之间的关系，左右群体的行为表现。传统官僚组织虽然是一种理性的结构设计，但在预期的正面效果之外，也产生了一些始料不及的负面影响。

1. 决策权威集中化造成管理的恶性循环

传统官僚组织的结构特色之一是决策权威的集中化，强调统一指挥、单一权威的原则。权力集中的现象反映主管对人员失控的忧虑和不信任，上级未能充分信任下属，则必然采取严密的监督方式，若采取严密的监督就势必缩小主管的控制幅度，而控制幅度的缩减则造成上下层级数的增加，因而促成机关的“金字塔”结构形态；层级越多，权力越集中，则上下沟通越困难，越无法相互了解，这样就加重了上级对下级失控的紧张和不信任以及管理上的恶性循环。

决策权威的集中化也可能引起法规的过量增长。科层法规的运用，原来是为确保工作人员工作行为的可预测性及准确性，但加上严密的监督指挥方式，反而限制了下属裁量权的行使。其结果是：人员放弃裁量权以消极抵制，将直接影响服务品质，或是人员玩弄裁量权以图自保，二者都会造成防弊性法规的继续衍生。

2. 专业分工原则的扭曲

科层体系的专业分工原则原是为发挥专才专用的效率结果，但也可能使垂直的权力斗争“水平化”。科层意识形态的消极表现为科层政府的“帝国缔造”、“本位主义”或是“易增难减”，积极的表现则有将“科层决策模式”推向“政治权力决策模式”。

科层的水平权力争执加上上下层级的线性关系，将使组织内部、组织之间的网络联系更加困难，其影响包括中央政府各机关间的协调合作、各级政府间有关公共计划的管理、公私部门间的协作关系、公共服务的有效传输等。

3. 制式化对组织效能的可能影响

传统的理论观点认为，机关的制式化程度与组织效能具有正向的线性关系。制式化是指借工作内容、程序或法规的标准化，来确保人员行为的一致性。制式化除了可以确保工作行为的稳定性和可预测性，借以提高机关效率外，对外亦可维护公平处理的要求，因而构成科层体系设计的主要原则。不过，随着机关的成长与行政环境的改变，制式化对组织效能也会产生种种不利的影响：其一，线性负相关，制式化容易压抑工作人员的创新动机，往往会造成效能不增反降；其二，制式化的努力虽然可以促成机关运作的理性化，并建立起合理的运作体制，使组织效能随之提高，但当体制作用超过其处理环境问题的能力时，科层的反功能就出现了，组织效能也就随之下降。

组织内部同时存在着两种竞争有限资源的对立势力，一是探察新知、发现新知的活动，二是应用所知、发现已知的活动。前者旨在突破建制另辟蹊径，试图解决新的问题，建立新的法规制度，为组织带来新的技术、程序和理念；后者则在维系体制改良规则，从常规的重复应用过程中精炼其有效性，使信念更加周全、程序更加完善、技术更加成熟，也就是守成与渐进的活动。科层体系随着生命周期的发展，势必面对这种创新与守成的两难境地。

4. 遏制组织学习

组织学习是组织发展和组织创新的一个条件，理论研究和经验表明，传统的科层组织存在着遏制组织学习和创新的趋向，这主要表现在：

（1）学习动机的钝化。传统组织习惯于例行公事，往往是以固定的反应模式来应付环境的冲击，从而造成组织成员学习动机的钝化。

（2）偏好经验学习。科层体系是从成功的经验中建立起决策的模式，是一种经验式的学习。经验式的学习崇尚“渐进法则”，习惯于用老办法来处理新问题，往往低估了行政环境变化的紧迫性，长此以往，就会使组织机能因因循守旧而逐渐钝化，使组织的危机处理能力下降。

（3）形成组织学习的断层。根据阿吉利斯的研究，科层体系必然发展出自我防卫的组织文化：人们不是昧于事实强词夺理，想办法掌控全局以达到自己的愿望，就是逃避现实以求自身的安宁。这样，人们对组织革新问题的认识就是零散的、片面的，个人就无法从人际互动的过程中形成集体的学习行为，组织整体的革新问题就不容易获得解决。

5. 科层价值与民主行政价值的冲突

传统官僚组织确实是一种进行管理的有效工具，但它与民主管理的理念却存在着一定的冲突。

从民主发展的过程来看，政治科层化所造成的精英统治、权力集中，与民主多数统治的原则是相背离的。民主的政体必须坚持被统治者同意的理念，但作为行政权力核心的科层文官却非经选举任用，他们只对科层体系负责，不受选民控制。再者，科层组织的集权结构，更能有效组织力量和资源，而多元化的、分散的政治组织，确实难与其相抗。

科层体系穿透政治的手段是相当高明的。科层可以轻易地将所有的公众问题转换为行政技术予以处理，并以其理性中立的形象赢得民众的信任，从而展开与政治体系的对抗竞争。科层更能利用政务首长的专业知识限制，发挥其行政运作的战略地位，创造机关内部的“矮化政治”，借以谋取集团私利，而这种科层政治化的事实，外人是难以认识的。所以，科层政治化的结果使科层的价值取向与民主行政的价值取向相背离（见表 8-1、表 8-2）。

表 8-1　　民主行政价值与科层价值的对比

民主行政的价值	科层的价值
• 平等性	• 层级节制
• 政权转换更替	• 资深优先
• 自由抉择	• 命令服从
• 多元意见、多元发展	• 单一意见、整体发展
• 公民资格的普遍参与	• 唯专业资格
• 凡事公开透明	• 讲求机密
• 社群一体意识	• 对事不对人
• 由选举而获其正当性	• 讲求专业技能

表8-2　民主行政伦理观与科层伦理观的对比

民主行政的伦理观	科层的伦理观
● 向民众负责	● 只对上级长官负责
● 容许参与决策	● 决策权力集中
● 公开透明	● 讲求严格的法令规章
● 公民有表达异议的权利	● 权力控制
● 体察地区性的差别和利益	● 政策政令的完整统一

6. 科层价值与人格成长的冲突

科层组织的理性行为、专业化分工、权力作用和严密控制这四种价值观，与成人追求主动、自主、创造、负责等人格成长的趋向背道而驰，当人格长期遭受压抑的时候，消极顺势、心理逃避与幼稚等病态行为就会产生。

异化的心理情感，导致个人对自我的无力感。当个人的独立性被团体的统一性取代时，个人对自己行为的后果就无法把握，对自己就没有信心；就会导致个人与他人间的无规范感，就容易产生表里不一或阳奉阴违，就不容易信任别人。

科层体系要求的“整合性”，使单一忠诚和纪律遵守成为组织内部的美德，只重视规范的行为，而忽视了个人间的不同差异，压抑了个性的发展。

科层组织要求的绝对服从关系，使组织成员逐渐丧失了独立解决问题的能力，团体的盲从现象就会发生。

7. 防卫型的官僚人格

层级节制、专业分工、照章行事、缺乏人情的科层体系，常常会造成官僚的防卫型人格，这种人格反映为个人对于照顾、被爱、爱人、安全等需要的失望和焦虑。官僚的防卫型人格，在不同的层级中有着不同的表现：

(1) 高层管理者在组织晋升的过程中，养成要求完美、冷酷、自爱的个性，有高处不胜寒的孤立感。

(2) 中层管理者为贯彻任务，而有敌对、压抑、支配的行为倾向。

(3) 基层人员则因为所处地位的关系，有自我放任或听天由命的行为倾向。

防卫型的官僚人格将人类从情绪、感情的本性中抽离出来，所以，在人际关系上表现出两种极端的态度：对己有利者老练世故、热情照应，对己无益者冷漠无情、吝于关怀。

8.5　弹性化政府的组织设计

学者本尼斯（Warren Bennis）指出，依据工具理性所建构的传统官僚体系是工业革命下的产物，它已脱离现实而无法有效地解决层出不穷的问题，无法应对快速变迁所带来的冲击。根据本尼斯的观察，造成传统科层组织失效的原因主要有以下几项：

(1) 环境因素。当代科技的快速发展与分化使组织间的相互依存性高于竞争性，环境的变迁影响和制约着组织的发展。

(2) 人口特质的改变。现代社会已发展成为具有高教育水准的社会，人员文化素质的提高，使得人们的工作变换率大大提高；同时，由于交通工具的便利，人们不再局限于在一个地方或一个单位工作一辈子。

(3) 工作价值观的改变。由于工作价值观的改变，人们开始要求和重视工作上的自主权和参与感。

(4) 组织任务与目标的变化。现代组织任务的完成将需要精密的技术予以支持，组织的任务将会变得更复杂和更无法预测，目标亦会变得更加复杂，相互间的冲突也会随之相对增多。

(5) 组织结构的改变。未来组织结构的关键字是“暂时性”（temporary），组织结构必须具备有快速适应与变迁的暂时性系统，以问题为导向，人们不再依层级及角色做垂直的分化，而是以其专长机动地调整。

(6) 激励因素的改变。由于人们需求的多元化，具有挑战性的、创造性的工作，将会成为未来组织重要的内在激励因素。

政府结构的弹性化与功能化是当代民主政府的趋势，弹性化的政府结构的特性为：一是能够适应时代的变化并满足社会的需求，二是能够迅速地解决问题并提高组织的效能。这正如美国著名的行政学者全钟燮早在20世纪80年代中期所指出的：社会的本质已发生了根本的变化，迫切要求人们必须从权变的观点来处理、解决及设计公共事务及公共问题。因此，无论是公共政策的制定与执行、公共组织的设计与发展，还是人力资源的管理与发展等，均须反映社会的本质与价值观，以提升社会的公平与正义，并兼顾效率、效能的达成，只有这样，才能使公共组织具有弹性和动态适应性，才能回应未来社会变迁的挑战。

根据斯泰西（Stacey）的说法，弹性化组织指的是一种扁平化的组织结构，以此去除中层管理者与扩大控制幅度以改善垂直的沟通，管理者的角色不再是指挥与控制，而是教导与树立榜样。其定义有两个：

(1) 弹性化结构乃是简单、高度分化的结构，决策权与控制权充分下放。

(2) 弹性化结构将促使组织成员跨越功能与事业单位的界限。

一个弹性化的组织结构将包含一群自我管理的团队，团队的成员则视达成任务的需要而结合各种不同专长的人，团队的建立可以是暂时的，也可以是永久的，并视弹性化的程度来决定成员的流动、决策的权力以及沟通的方式。弹性化程度越低，成员的流动越困难，所能决定的事越少，沟通的管道越狭窄。反之，弹性化程度越高，则成员的流动就越容易，决策与控制资源的幅度就越大，团队间的信息流通就越频繁。

组织规模、组织策略、科技与外在环境乃是影响组织结构的重要因素，组织须视其规模的大小、策略、科技的应用与环境的复杂性来决定组织结构的形态，同时，组织结构弹性化的程度亦需要根据以上四个变数的情况来加以设计。当组织规模扩大时，将提升结构的复杂性，复杂乃意味着情报的流失，而情报的流失终将导致组织适应外在环境能力的减弱，从而破坏组织的效能，因此，如何避免组织规模扩大所造成的资讯沟通的障碍，将是组织结构设计的重点所在。组织策略是指组织的长期目标以及为达成此目标所采用的行动方案与资源分配。因此，策略包含了手段与目的，当组织寻求成长的时候，其策略就会变得越来越模糊与复杂，这便会增加组织内部各单位的相互依赖性与协调整合的需求，进而必须重新设计组织结构以维持组织的绩效。组织结构与策略的关系必须视外在竞争压力而定，组织所面对的竞争和压力越少，组织结构的调整就越缓慢。在组织的研究中，科技一直是用以解释组织间差异的重要变数之一，尤其是所有倡导"科技决定论"者，更认为每一种技术的运用，皆有与其相配合的组织结构，因而需要不同的协调方式与控制方法。虽然组织结构是否一定受制于其所使用的科技仍有许多争议，不过可以确定的是，科技对组织结构必然会产生一定程度的影响。

组织乃是一个开放的系统，组织的环境影响着组织的运作与组织绩效，这其中包含了政治的、经济的、社会的、文化的与科技的影响，组织必须有效地回应这些外在环境的变动与需求，并经由输入、输出与反馈的过程维持与外在环境的均衡，通常组织的外在环境越复杂，组织所必须接收与处理的资讯也就越庞大和多样化，因此，在组织结构的设计上便必须有利于内部沟通与资讯的交流。目前，组织所面对的环境更加动态与不确定，传统组织必然无法适应，取而代之的将是充满弹性的组织结构。

组织结构弹性化的趋势是不可避免的，因此，许多组织理论学者纷纷提出了各种新的组织结构的设计。从早期的委员会制到矩阵式组织，以至目前最新的网络组织，其设计的焦点不外是如何建构更具弹性化与反应力的组织结构。

1. 委员会制

委员会制是一种有别于首长制的组织结构，其决策是由一群具有相关经验与背景的人所共同决定并各自行使其不同的职能。委员会可以是暂时的，也可以是永久的，需根据所承担的任务来确定。例如，瑞士的联邦政府便是委员会制的代表，其所有决策皆由委员会开会集体决定，总统无权决定任何大政方针，总统只是名义上的国家元首，联邦委员会才是真正具有实权的机关，委员会成员各自掌管有关部门的业务。

委员会制的优点是：(1) 可容纳各方面的意见和建议，能集思广益，可以避免一个人决策的偏执或失误；(2) 彼此可以相互监督和相互牵制，不易营私舞弊；(3) 大家分工又合作，可减轻工作负担，有利于提高工作效率；(4) 不受上级长官的过分干涉，有较多的自主和自由，符合民主精神。

委员会制的缺点是：(1) 责任不确定，事权不专一，容易发生功则相争、过则相诿的现象；(2) 委员之间因权责、地位相同，容易形成彼此的倾轧和排挤；(3) 力量不集中，行动迟缓，容易贻误战机，影响工作效率；(4) 多人参加讨论研究，难以保守机密。

2. 自我包含的部门结构与分离的结构

自我包含的部门结构（self-contained departmental structure）是指于正式的层级之外，专门成立的为达成某种特别任务或目标的分支部门，此部门拥有完成任务所需要的所有资源与专才，且不受正式层级的约束。自我包含的部门结构并不排斥传统功能分部化的组织形态，因此，主要的焦点乃是将它置于哪一层级。通常，自我包含的部门结构可依照三种层面来执行：(1) 根据不同的产品或服务；(2) 根据不同的地理位置；(3) 根据不同的服务对象。

自我包含的部门结构的优点是：(1) 可简化单位间的协调整合问题；(2) 于庞大的组

织中仍能维持控制；(3) 有利于明确区分不同的产品、地区与服务对象；(4) 有利于上层控制系统的绩效监督；(5) 目标明确，有一定的自主性，有利于员工的激励；(6) 自我包含的部门结构将决策权下放至问题的领域，有利于做出正确的决策。

自我包含的部门结构的缺点是：(1) 容易造成各部门间资源的重复以及无法共用资源；(2) 降低技术的专业化；(3) 部门间容易造成恶性竞争。

自我包含的部门结构已具弹性化结构的雏形，但其缺憾在于部门的成立只限于以产品、地区或顾客为基础，且成员无法视需要而任意变动。

分离的结构（the divisional structure）是从现有的层级中分离出一个独立自主的单位，并由总部来进行协调与控制，每一个分离的部门皆有决策的权力与自主的专业能力，并由部门管理者全权负责此部门的财务、人事等事项。总部亦可视需要而给予适时的支援。分离的部门通常是依据特殊的产品或服务而成立，且内部的结构较为庞大。

分离的结构的优点有：(1) 部门管理者拥有完整的权力和责任，可避免传统官僚权责不清的现象；(2) 分离的部门能够免除上级运作细节的监督，可专注于长远重要的问题；(3) 自主性与自我包含的特性有助于训练通才管理者；(4) 分离的部门由于自主性高，有自我承担风险的能力，即使绩效不佳也不会影响到整个组织。

分离的结构的缺点有：(1) 容易引起资源与活动的重复；(2) 部门间容易起冲突；(3) 容易造成协调上的困难。

3. 矩阵式组织

矩阵式组织（matrix organization）又称“专案组织”（project organization），是指为达成某种特殊的工作而进行的团队组合，也就是为解决某种特殊问题所建立的团队或工作小组。矩阵式组织是一种很有效且逐渐风行的组织形式，此类组织的成员乃是自功能部门借调而来，任务完成后，工作人员归还原来的部门，因此，矩阵式组织打破了传统层级节制组织所坚持的命令一致原则，组织成员必须同时听从原来功能性部门管理者与专案管理者的指挥，但这种双重的命令体系亦为以后的冲突埋下了伏笔。

矩阵式组织的优点有：(1) 可促进整合复杂与相互依赖的活动；(2) 双重的权威体系避免了组织成员各行其是、目标错置的现象，可降低传统官僚组织的弊病；(3) 提升专业人员的有效分配；(4) 可提高适应外在环境的反应能力；(5) 可以营造民主管理的环境与气氛，有利于员工激励；(6) 任务明确，有助于目标的达成；(7) 有助于培养通才。

矩阵式组织的缺点有：(1) 决策复杂化；(2) 难以达成权力的平衡；(3) 多重利益造成政治性活动；(4) 双重权威造成角色冲突；(5) 人员变动大，造成心理不安。

4. 跨越功能的团队

跨越功能的团队（cross functional teams）与矩阵式组织相似，都是从各功能部门中借调其成员以组成团队，不同的是，跨越功能团队的领导者具有完整的权力指挥其成员，因此不会发生矩阵式组织中因双重命令体系所引起的冲突。团队内的事务主要由团队成员自己沟通协调，并没有正式的权威来统辖。跨越功能的团队的生命周期较短，当任务完成后，团队便解散，其成员则因新任务或新计划与其他专家组成新的团队，团队的成员可以随着任务的变化或需求而变动。此种弹性化的人力资源应用方式，可以迅速回应外在环境的变化与服务对象的需求，可以随时针对问题成立弹性化的组合，可以避免专业分工所形成的僵化和协调困难，同时，由于决策的下放与任务完成的挑战性，还可激发组织成员的成就感和责任心，为组织带来生机与活力。

由于此种团队形态跨越组织现存的权威体系，因此，跨越功能团队的领导者便扮演着十分重要的角色，通常跨越功能团队的领导者的来源包括：

（1）由主管部门的高层人员担任；

（2）由受团队活动影响最深切的部门担任；

（3）由参与团队的各部门人员轮流担任；

（4）由功能性部门之外另聘请方案管理人担任。

跨越功能团队的领导者不像传统层级的管理者，他们对于团队与团队成员缺乏正式的权威，因此，必须依靠影响力来领导团队，而其领导者必须具备以下条件：

（1）团队的领导者为组织中拥有较高声望者；

（2）团队的领导者拥有较高深的专业知识；

（3）团队的领导者对于计划方案的预算具有控制权；

（4）团队的领导者比其他成员拥有较多的资讯。

跨越功能的团队虽然能够使组织较迅速地回应环境的变化与顾客的要求，使决策的制定更能够接近顾客与掌握最多信息的人，但是，这势必会降低决策制定的专业性，影响对问题的宏观考虑。另外，团队用来决定跨单位事务与沟通协调的时间成本，以及不同单位所可能引发的冲突，也是在成立跨越功能的团队时必须考虑的。

团队的成立必然会减损管理者的正式权威并增加沟通与协调的需要，因此，组织在成立团队时，必须向组织成员灌输合作的信念，培养其自我管理的能力，并将管理者的角色转化为领导者，以影响力取代权威，只有这样，才能真正获得一个有效的团队组织。

5. 网络组织

网络组织（network organization）乃是一种以契约为结合基础的动态联结体，其通常拥有一个核心组织以负责统筹协调与其他组织间的关系与活动，一反过去组织完全包办所有事务。网络组织的核心可视需要而与任何其他组织产生联结或中断关系，因此，它是一种几乎没有界限的组织形态。

网络组织与其他团队形态的组织结构不同，网络中的各组织并无自我包含的能力，它们必须与其他组织合作才有存在的价值，这种依赖自我管理的组织形式极大地提高了组织的弹性和对外界的反应能力。由于网络组织拥有极端分散与动态的特质，因此必须借助于现代信息技术作为彼此沟通与协调的桥梁。信息技术的应用促使组织突破以往地域性的界限与公文旅行的限制，从过去文书处理的功能转变为策略的通信工具，因此，信息网络的建立已成为网络组织的必备条件。

一般而言，建构网络组织的步骤为：

第一步：打破疆界，依专长塑造有竞争力的“分子”。

第二步：解决内部计价问题。疆界打破后，由于都是独立的个体，彼此合作就需要考虑如何计价。

第三步：授权。从组织分裂出来的“分子”要能运作，关键在于拥有权力。

第四步：培养能力。要让“分子”能独立运作并决策，就要提高组织中领导者的能力。

第五步：信息流通。能否获得信息，是衡量网络组织的一个重要指标，传统的组织由于受层级节制的限制，信息流通越来越少，主管因掌握信息而拥有权力。在网络组织中，"分子"里的成员都是专业分子，因此，必须拥有第一手信息，以作为决策的依据。

网络组织虽然可以提升组织的效率和适应能力，但也带来许多冲击，而管理层首当其冲，从垂直的上下职位改变为平行的职位分配。在传统的组织中，权力来自层级和掌握的信息，而网络组织则以任务为结合，靠的是成员的专业能力。由于信息透明流通，无须通过层级传递，所以层级会逐渐淡化，中层主管将慢慢消失，领导者的角色将从发号施令转变为后勤支援，负责协调，使每一"分子"的作用和能力都能得到发挥。

8.6 组织设计：组织学习的观点

现代组织面临着许多重大而且快速的变革，如何使组织能够适应环境的变迁而获得永续性的生存与发展，一直是组织理论所探讨的话题。自 20 世纪 80 年代以来，许多学者针对新的环境变化，认为组织管理要改变传统的只重结构而忽视组织原本所拥有的智力以及学习能力的做法，主张重视组织学习，构建一个具有弹性、创新性、开放性，更能适应快速环境变化的学习型组织。

1. 学习与组织学习

学习是我们与生俱来的本能，它在人类社会中扮演了十分重要的角色。学习本身的行为是一个历程，其中包含了持续的刺激与反应，经由行动的转化、重组与整合，使我们可以反复地验证生活经验，并从经验中不断修正自己的行为，使行为符合社会的期待，而且能适应环境的变迁。学习有个人学习与组织学习、适应性学习与创新学习之分。

所谓的组织学习，是指为了促进组织的长期效能与生存发展，而在适应环境变化的过程中，对其基本的信念、态度、行为、结构和方式进行调整，从而获取一种面对各种问题持续改善的能力。组织学习不等于组织适应，组织适应属于被动防卫调整，而组织学习属于主动的攻势调整。

2. 学习型组织的意涵与特征

随着组织学习理论的发展，近些年越来越多的学者倡导建立学习型组织（learning organization）。何谓学习型组织，目前尚没有一致的看法。学习型组织的积极倡导者圣吉（Peter Senge）只是笼统地认为，学习型组织是"一种兢兢业业创造未来的组织"。自此以后，许多学者对学习型组织进行了探讨。

学者托宾（Tobin，1993）认为，学习型组织有三个特点：（1）接受新观念的开放性；（2）具有鼓励并提供创新机会的文化；（3）具有组织的整体目的与目标，并理解每一个人对其工作的贡献等普遍性知识。

学者豪哥蒂等人认为，学习型组织的基本特征与价值是：（1）学习意识甚强；（2）强烈地效命于新知识与新技术的创造与传播；（3）善于学习组织外部世界的知识。

尽管对学习型组织有不同看法，但可以肯定的是：学习型组织是一种不断学习与转化的组织，其学习的起点在组织成员、工作团体和整个组织。学习是一种持续性、战略性运用过程，并与工作相结合。学习的结果将会导致知识、信念及行为的改变，并可强化组织创新与成长的能力。

关于学习型组织的特征，沃特金斯（Watkins）和马席克（Marsick）在他们合著的《形塑学习型组织》一书中，根据美国两家公司的管理方式，对其做了详细的描绘，主要特征如下：

（1）领导者能采行风险承诺及试验性的模式；

（2）分权式的决策；

（3）对学习能力进行技术性的记载并审核；

（4）系统地分享信息，并将其运用于工作实务上；

（5）对员工的创见予以奖赏，并形成一套制度；

（6）对长期的成果以及对他人工作之影响等均能做深入的考虑；

（7）经常运用跨越功能的工作团队；

（8）从日常工作的经验中提供员工学习的机会；

（9）培养出回馈与坦诚的组织文化。

关于传统组织与学习型组织的区别，可从表8-3中看出。

表8-3　传统组织与学习型组织的区别

	传统的组织学习系统	学习型的组织学习系统
● 隐喻	机械式的组织、封闭的系统、官僚式的组织	有机式的组织、开放的系统、自我设计的组织、全息式的组织
● 学习体系的构成	由硬性的组织目标、部门层级分工、控制机制和法令规章所组成	借软性的共同愿景、自发的动机、开放的心灵和团队精神来维系
● 组织学习的理念		
学习的信念	每一行业都有其行业本色，只要尽心尽力就可以从经验中找到制胜的“法门”	行业固有其本色，但经验如流水；重要的是过去的方法今日是否依然行得通，是否已经充分掌握了全部经验，而我们又如何体会这些经验
学习的着眼点	规避风险、寻求稳定，讲究思想的一致性、行为的可预测性；效率至上	肯冒险，变动是常态，鼓励创新、异议，尝试试验，面对失败；效率其次，效果才重要
学习的类型	适应性的学习；想办法使组织配合环境，调整手段、规划和方法	创造性的学习；想办法让环境来配合组织，根本改变目标、规范与想法
学习的时间取向	过去和现在	现在和未来
学习的张力	渐进式的体制改革	理论与实践的辩证修正，很可能是激烈的、反体制的

续表

	传统的组织学习系统	学习型的组织学习系统
● 组织的结构安排		
结构的形态	层级节制的组织设计	以工作团队为单位构成网络体系
权力的分配	高塔式、中央集权，决策悉由高层做出	扁平式、地方分权，授权参与但需顾及整体
控制的机制	一切按正式文书法规来进行，不必怀疑	肯定人员有自我管理的能力，重点在价值的引导
整合的机制	借命令服从的关系来维持	借团队合作精神来达成
流通的流程	上下层级式的信息流通	向上下左右接邻的个人或单位进行沟通，形成网状式的信息通路
● 人力资源管理		
绩效的考评	以片段的绩效数据为依据，缩小评等差距	以整体事功为依据，扩大优劣之差距
诱因与报偿	单纯以金钱为主	附加个人生涯发展的机会
职位	以头衔、阶级区分	以事功大小区分
升迁降调	部门内部的局部流动	跨部门的职务轮换与锻炼
● 组织文化		
价值观念	利己取向、重视个人成就，孤芳自赏、独善其身	利他取向、强调集体成就，尊重人性、互敬互爱、精诚团结
人际交往的态度	竞争的，不是你输就是我赢	合作的，你赢我也赢，双赢的态度
批评讨论的立场	自我防卫、怪罪他人，迷信权威、不求甚解	开放的心态，勇于揭露自我，实事求是、追求真理
冲突的解决	避免冲突表面化、互留情面	面对争议表明立场，坦诚交谈，承认错误
● 管理者的行为		
心胸眼界	主导一切，非我不可	宽容异议，不必唯我
思考问题的着眼点	视野狭窄，拘泥于细枝末节	视野开阔，综观全局
对问题的反应	以安定现状为前提	求新求变
行事方式	巩固自己的名誉地位	设身处地，反求诸己
领导风格	以英雄的形象出现，信仰权威独断式的领导方法	做促成部属愿望实现的忠仆，民主参与式的领导作风

3. 学习型组织的建立

一个组织如何促使自己从传统组织转变为学习型组织呢？学者托宾（Tobin，1993）提出了学习型组织建立的五项基本原则：

（1）每一个人都是一个学习者。在学习型组织中，从上到下，每一个人都要学习，并从实际中学习，无人能例外。

（2）彼此相互学习。在学习型组织中，学习不局限于有结构的教育与训练方案，人人相互学习。学习是相互增强的，在学习型组织中，学习与知识的总效用大于组织中个人的学习与知识的总和。

（3）学习促进变革。学习可以使人认识到变革的需要，当人们学习时，将会发现做事更好的方法，以及增加个人与组织生产力进步的方法，这比管理层强迫推动变革更容易使人接受。

（4）学习是持续的。持续的学习与终身学习也是学习型组织的标志之一。组织要促进与建立持续性学习的组织气氛，鼓励并促使员工接受新的观念、新的思想。

（5）学习是一项投资，而非消费。学习型组织视教育活动为组织未来的一项投资，而不是可以避免的消费，学习活动也是人力资本的投资。组织的实体资产要保存；同样，组织对知识的储存也是非常必要的。

另外，学习型组织的积极倡导者圣吉也提出了建立学习型组织的五项修炼：

（1）系统思维（systematic thinking）。系统思维是学习型组织的精髓。系统思维要求认识事物间的因果关系，认识事物互为因果的循环关系，认识事物发展的兴衰循环原理，破除二分法的价值思维习惯，把握动态的系统反馈，培养整体的思考习惯。

（2）自我精进（personal mastery）。学习型组织要培养个人自我挑战的胸怀，专注于内在抱负和需求；从失败中学习；要有摆脱逆境、越挫越勇的信心与斗志。

（3）改变心智模式（changing mental model）。组织应改变传统的权威关系；领导应敞开胸怀，接纳异议，调整刻板的心智模式；而组织上下在开放互信的环境中，迸发出集体智慧。

（4）建立共同愿景（building shared vision）。组织应建立共同愿景。共同愿景建立在组织成员的期许基础上，是自下而上的过程，应有进阶指标。

（5）团队学习（team learning）。通过团体成员间的对话和讨论，促进团队学习。

8.7　公共组织的能力与高绩效的公共组织

公共组织乃是公共管理的基石。在多层级的治理体系（multi-level governance）中，公共组织发挥着重要的作用，因为高质量的公共管理乃是通过众多公共组织的运作来实现的，公共管理的质量在很大程度上乃是建立在单个组织的决策，对公共权力的使用，对专门领域职责的履行，对具体制度和程序的设计与执行，对各种资源的利用及其与公民、企业、社会组织的互动的基础之上的。政府的整体能力乃是建立在众多单个公共组织的能力的基础之上的，政府能力建设（capacity building）的关键在于公共组织的能力建设与发展。在如今，公共组织皆面临着巨大的挑战，一方面，几乎所有的组织都面临着资源的压力，特别是经济不景气所带来的财政预算紧缩和约束的压力；另一方面，社会和公民要求公共组织提供更多的产品和服务。此外，公共组织同样也面临着外在环境更大的变化和不确定性的挑战。这便为公共组织的建设和管理提出了一个重要的问题，即公共组织如何维持与开发它们的能力为社会提供良好的产品与服务，同时增强自己的韧性，强化能力的建设。

8.7.1 组织能力

组织能力（organizational capability）通常是指一个组织履行职责的能力（ability to perform functions）或者组织履行职责、实现其目标的促成因素（enabling factors）。在学术界，对于何谓组织的能力，并没有达成共识。学术界对组织能力的界定是如此的广泛和多样，以至组织能力仍然是一个难以捉摸的概念。其原因是多方面的，一是组织能力是多向度的，并非是单一向度的，涉及组织的资源投入、管理的过程以及产出；二是组织的性质各异，对组织的能力要求自然表现出差异；三是组织的环境系络是不同的，能力要求自然也不相同。

在学术研究上，对组织能力的认识和理解，大致可以划分为以下途径：

（1）资源的途径。如果将组织能力一般理解为实现其目标的能力的话，组织获取资源的能力无疑是组织能力最重要的构成。开放系统理论、资源依赖理论以及战略管理理论均强调组织从外部环境中获取各种资源是组织生存的关键。有些学者将组织的资源区分为有形的资源和无形的资源，前者包括财政、物质、技术和信息资源；后者包括不易量化和精确计算的资源，如组织的声誉、组织成员的知识和技能、信任等等。以资源为基础的组织能力观念采用的是经济学的逻辑。

（2）管理的途径。管理的途径将组织能力视为组织有效吸纳和管理资源的能力。这种观点认为，资源固然重要，但并非是组织能力的充分要素，组织必须有效地利用资源，才能对组织的绩效发挥积极的作用。在这个意义上，组织的能力是组织将投入转化为产出，综合使用有形和无形资源实现目标的能力，也就是管理的能力（management capacity）。

（3）绩效的途径。在新公共管理者看来，组织的能力是与组织的绩效结果（performance）有关的能力。简言之，是组织以最有效的方式解决问题、实现目标的能力。

综合看来，我们认为，组织能力乃是组织在环境和资源约束背景下，广泛吸纳和有效使用资源、履行职责、解决问题、实现目标的能力。

8.7.2 公共组织能力的构成

公共组织的能力并非是单一的，乃是由许多能力所构成的一个能力体系。对公共组织的能力构成，不同的学者和组织提出了不同的能力模型或者框架。

英国政府从 2005 年起，开始实施能力评估计划（The Capability Review Programme），系统地对每一个政府部门的能力进行评估，其目的在于改善和提高中央政府部门的能力，以迎接政府面对的各种挑战。依据英国政府的能力评估模型（见图 8-1），政府部门的能力分为三大领域十个方面（Civil Service，2009）：

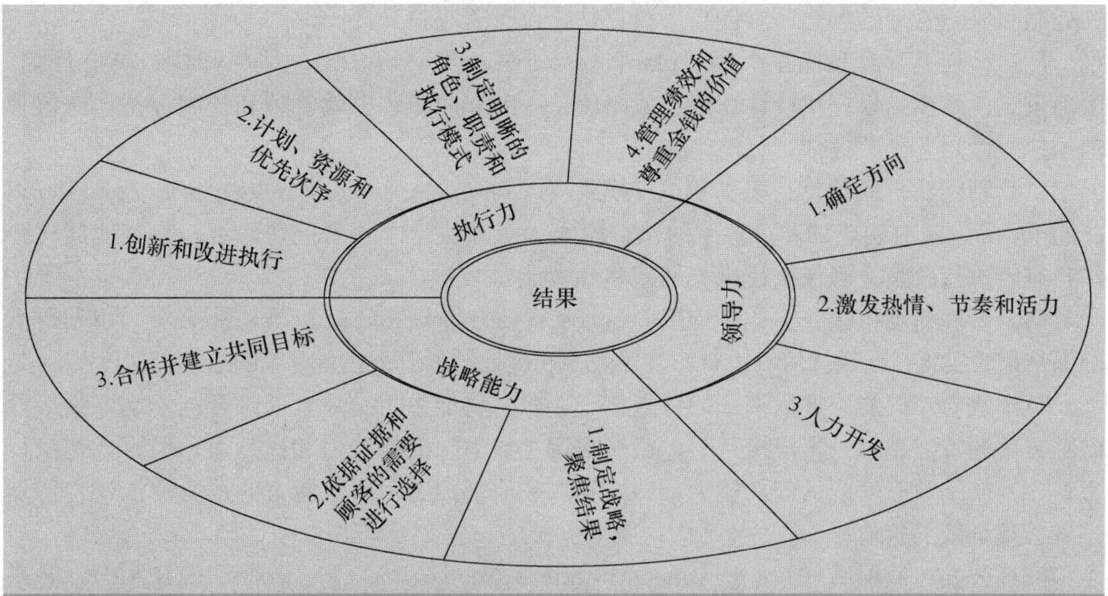

图 8-1　英国政府的能力评估模型

1. 领导力

(1) 确定方向 (set direction)。为组织未来发展确立明确的、一致的愿景，进行有效的决断，并依据环境的变化不断更新。

(2) 激发热情、节奏和活力 (ignite passion, pace and drive)。创造和保持促进组织活力、热情的文化、价值和行为，有效激励组织成员之间和利益相关者之间的尊重、信任和忠诚，展现廉洁、自信和自我的觉知，对实现目标充满激情。

(3) 人力开发 (develop people)。具有实现组织目标和战略的人才，有效地管理人员的绩效，具有有效地领导和管理人和团队的能力。

2. 战略能力

(1) 制定战略，聚焦结果 (set strategy and focus on outcome)。具有明确、一致和可实现的战略；明确战略目标和预期结果，聚焦国家的利益和人民生活的改善；依据环境变化更新战略，抓住机遇。

(2) 依据证据和顾客的需要进行选择 (based choice on evidence and customer insight)。政策和计划的制定应回应顾客的需求和意见；战略的制定以证据为基础；了解未来发展的趋势，在各种可能方案之中做出优化选择；在战略过程中对结果和绩效进行评估。

(3) 合作并建立共同目标 (collaborate and build common purpose)。与其他政府部门协作，共同制定战略和政策以解决跨部门的问题；在政策制定一开始便有利益相关者的参与；确保部门的战略和政策与其他部门保持一致性；与政治领导、组织内外的利益相关者一起制定战略，达成共识。

3. 执行力

(1) 创新和改进执行 (innovate and improve delivery)。建立支持创新的环境；赋权和鼓励组织及其伙伴的创新，改善执行力；创新要与组织的核心业务保持一致；具有创新的战略和风险管理的办法；对创新进行评估，以改善决策。

（2）计划、资源和优先次序（plan，resource and priorities）。战略和执行具有计划，明确重点，聚焦结果；执行计划要与战略保持一致和同步；有效管理和控制资源；有效管理和执行计划并不断评估。

（3）制定明析的角色、职责和执行模式（develop clear roles，responsibility and delivery model）。具有明确的和可理解的执行模式；明确执行中的角色和职责；与其他部门协作，有效执行政策；确保执行机关的效率和效能。

（4）管理绩效和尊重金钱的价值（manage performance and value for money）。明确目标，确保结果的实现；在做任何事情时，确保效率和金钱的价值；建立有效的绩效管理体系。

英国政府部门能力评估模式的特点在于：（1）将能力与结果紧密结合在一起，结果导向是首要的特点；（2）聚焦执行力，虽然强调领导力、战略能力和执行力，但更强调执行力；（3）鼓励政府部门的创新能力；（4）强调政府部门之间协作能力的重要性；（5）特别强调尊重金钱的价值。

欧洲公共行政网络（The European Public Administration Network，EUPAN），乃是致力于提高公共服务和公共行政质量的非正式网络。为了改善公共行政的质量，该网络制定了《共同评估框架》（The Common Assessment Framework，CAF），以作为评估公共组织能力的模式。依据CAF，公共组织的能力分为两大范畴，涉及九个方面。第一范畴涉及促进组织履行职责的能动因素，第二范畴涉及实现良好绩效和结果的因素。依据CAF，组织能力乃是组织通过有效的管理实践，实现高绩效结果的能力。所谓的能动因素（或能动力），就是一个组织的管理实践活动，这些方面的能力决定着为了实现预期的目标，组织做些什么，如何做的问题。而实现结果的能力，则决定了组织如何进行绩效的管理，实现预期的结果（见图8-2）。

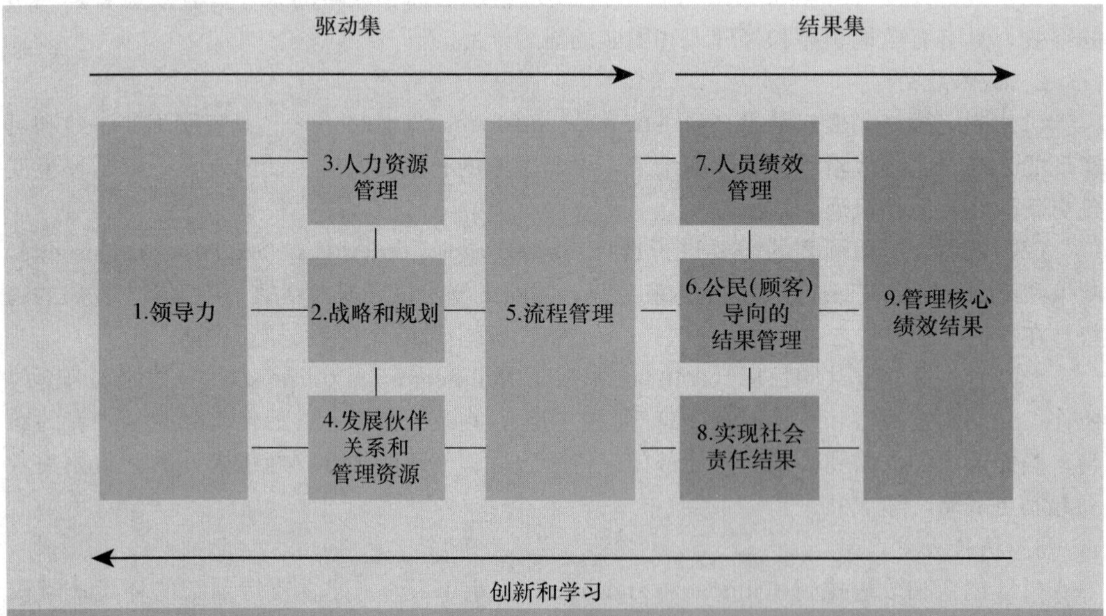

图8-2 CAF模型

依据 CAF，组织的能力包括以下九个方面（EUPAN，2020）：

1. 领导力

在代议制民主国家，政治家做出战略选择并确定不同领域政策的目标。公共部门组织领导的责任在于协助政治当局制定政策并负责政策的执行。领导力具体包括：（1）通过明确组织的使命、愿景和价值，为组织提供方向的指引；（2）组织管理，包括研发、执行并监控组织的整个管理系统；（3）通过个人的行为和人力资源管理的领导，激发、激励和支持员工成为组织的模范；（4）有效地管理与政治领导人和其他利益相关者的关系。

2. 战略和规划的能力

履行公共组织的使命和实现愿景，需要明晰的战略。确立战略目标包括确认利益相关者的需求、做出选择、确立优先发展的重点。战略需要明晰产出和结果，战略需要转化为具体的规划、计划和实际目标。战略和规划的能力具体包括：（1）确认利益相关者的需求和期望，了解外在环境的发展和相关的信息；（2）依据收集到的信息制定战略和规划；（3）进行广泛的沟通，执行并评估战略及其规划；（4）管理变革和创新，确保组织的灵活性和韧性。

3. 人力资源管理的能力

人是组织最重要的资产，有效的人力资源管理是组织实现战略目标的保证，组织必须充分发挥人的能动性和优势。成功的人力资源管理要促进人的参与，激发人的动力，开发人的能力，创造人能够发挥作用的良好环境。具体包括：（1）管理和改进人力资源的管理，支持组织战略目标的实现；（2）开发并管理人的才能；（3）授权员工，促进参与管理，支持并改善人的福利。

4. 发展伙伴关系和管理资源的能力

公共组织需要各种资源支持战略和规划的实施以及组织的有效运作，这需要与其他公共组织、社会组织、私人部门建立和发展协作关系；同时要有效地管理各种组织资源，如财力、知识、技术、设备。具体包括：（1）发展、维系、管理与相关组织的关系；（2）建立并促进与公民、社会组织之间的协作；（3）管理财政资源；（4）管理信息和知识资源；（5）管理技术资源；（6）管理组织的其他设施。

5. 流程管理的能力

每一个组织的管理，均是通过众多的管理流程进行的，每一个流程又是由许多具体的行为或活动构成，只有通过组织的流程，组织才能将资源有效转化为不同的服务或产出，产生结果（影响）。组织的流程主要包括三个相互联系的方面：核心流程（core processes），与实现组织使命和战略有关的、提供产品和服务的关键流程；管理流程（management processes），指导流程；支持流程（support processes），资源传输的流程。具体包括以下方面的能力：（1）依据顾客的需要设定和管理流程；（2）从满足顾客需要的立场，提供产品和服务；（3）对跨组织的流程进行统筹协调。

6. 公民（顾客）导向的结果管理能力

公民（顾客）乃是公共组织活动、产品与服务的受益者，公共组织实现的结果必须满足公民的需求。具体包括：（1）测量公民和顾客对于公共服务的满意度；（2）通过绩效管理指标，衡量公共服务的质量。

7. 人员绩效管理的能力

人力资源管理的绩效主要包括组织成员对组织的主观感受以及组织自身在管理、改善人员的满意度和绩效方面的结果。具体包括：（1）主观感受的衡量。主要是测量组织成员对组织以及组织对其提供的服务的主观感受。（2）绩效测评。绩效测评是由内部人员相关的绩效指标构成，涉及对人力资源管理结果的评价。

8. 实现社会责任结果的能力

公共组织的重要使命在于满足和实现社会的需要和期待。除此之外，一个公共组织应采取负责任的行为，对社会的、经济的、环境的可持续发展，对地区、国家和国际社会做出贡献。这包括改善生活的质量、环境保护、全球资源保护、平等就业和高尚道德的行为。社会责任的主要特点在于转换组织的意愿，在组织决策时考虑社会和环境方面的因素，同时能够回应决策对社会和环境的影响。具体包括：（1）衡量主观感受，即社会对组织在地区、国家和国际社会方面绩效的感知。（2）绩效的测评。测评组织在监测、理解、预测和改善社会责任方面的绩效。

9. 管理核心绩效结果的能力

管理核心绩效结果的能力涉及组织采取政策和有效流程实现目标的能力，包括外部的结果和内部的结果。外部结果是组织的产出和结果，内部结果是组织的效率水平。具体包括：（1）外部结果，即提供的产出和创造的公共价值；（2）内部结果，即组织运转的效率和效能。

综合来看，CAF组织能力模型体现了结果导向、公民中心、领导力、流程管理、人力资源管理、持续学习与创新、实现社会责任等追求卓越的公共组织管理原则，是一个较为完备的公共组织能力框架，运用这个框架，可以对组织的能力状况进行评估，从而持续不断地改善公共组织的能力。

8.7.3 高绩效公共组织的能力建设

强化公共组织能力，意味着公共组织要投资于组织能力的建设，从而最大程度利用公共组织资源，特别是公共组织成员的才能。从20世纪80年代起，能力建设（capability building）便成为公共管理的一个热门话题。所谓能力建设，从广义上讲，乃是个体、群体、组织、公共部门和社会增加其履行职责、解决问题、实现目标能力的过程。

能力建设，事实上涉及三个重要的维度：（1）社会维度。良好的公共治理并非仅仅依靠决策和有效的领导以及单个组织绩效，它依赖于整个公共部门实体构成的网络，它是由众多的公共部门所构成，制度的发展要确保整个政府的职能都能够得到履行。（2）组织维度。组织并非是个体的集合，而是一个动态的过程。从这个意义上讲，组织的能力建设涉及发展组织之间的互动以及组织内部在各个层级上的能力，如战略、文化、人力资源、技术管理、外部关系的管理等等。（3）个体维度。组织的能力建设涉及人自身的能力发展，即人力资源的开发。

组织的能力建设，乃是创建高绩效组织（high-performance organization）的关键。而所谓高绩效组织，乃是能够实现组织目标、具有卓越绩效结果和表现的组织。学者德瓦尔在进行了广泛的理论探讨和实证研究之后，描述了高绩效组织具有五大要素35个特征，这些要素构成了组织走向成功的基础（De Waal，2008）

第一要素：高管理品质（high management quality）。

管理的品质乃是第一和首要的因素。在高绩效的组织中，组织成员信任管理，人们之间充满信任关系；管理者廉洁奉公，是组织成员的表率；决策迅速、果敢、具有行动取向；支持、帮助、保护组织成员；对结果负责；领导有力，管理有方；管理充满了自信。

第二要素：开放性和行动取向（openness and action orientation）。

此特征体现为组织不仅能够创造一个开放的文化，而且能够运用开放性采取行动，达成结果；组织尊重成员意见的价值；组织成员经常参与组织的管理；组织成员之间能够进行充分的沟通，进行相互学习和交流；鼓励试验，允许犯错；鼓励变革和创新。

第三要素：长期的取向（long-term orientation）。

组织致力于长期的发展，而不是短期目标的实现。维护和发展与各种利益相关者长期友好的关系，目标在于更可能地、更好地服务于顾客的需求，通过伙伴关系促进组织的发展和成长，鼓励组织成员的成长和发展。

第四要素：持续不断的改进（continues improvement）。

组织致力于持续不断的改进，具有不同于其他组织的发展战略，持续不断地改革、完善、简化、整合组织的各种流程，不断提高和创新组织的核心竞争力，持续不断地创新产品和服务。

第五要素：高质量的劳动力（high workforce quality）。

作为第一要素的补充，第五要素涉及劳动力的质量。在高绩效的组织中，组织成员对其结果负责，鼓励组织成员超额完成目标，组织成员的能力和水平不断得到提升，组织的劳动力展现多元化和多样性。

本章小结

1. 公共组织一般是指行使行政权，达成公共目的的组织。公共组织的特性在于：以公共利益为法规取向、受法律价值的限制、权威的割裂、受到公共监督、相互依存性、政治因素的考虑、目标不易测量、独占性、强制性等。

2. 公共组织设计与管理的原则为：统一指挥，统一目标；分层管理，分权治事；职掌明确，权责一致；以人为本，人性管理；经济高效，讲求效率；适应环境，保持弹性；顾及平衡，协调发展。

3. 传统科层组织面临许多困境和危机，如决策权威集中、专业分工原则的扭曲、遏制组织学习、科层价值与民主行政价值的冲突等。

4. 弹性化组织设计旨在改变传统科层组织的弊端。典型的弹性化组织包括：委员会制、自我包含的部门结构与分离的结构、矩阵式组织、跨越功能的团队、网络组织等。

5. 在变革的时代，组织的学习能力十分重要。建立学习型组织已成为时代的选择。学习型组织最大的特征在于其开放性、分权、信息分享、对创新的重视等。

6. 组织能力乃是组织在环境和资源约束背景下，广泛吸纳和有效使用资源、履行职责、解决问题、实现目标的能力。公共组织的能力并非是单一的，乃是由许多能力所构成的一个能力体系。

7. 公共组织能力建设的核心就是建立高绩效的公共组织。高管理品质、开放性和行动取向、长期的取向、持续不断的改进、高质量的劳动力是组织走向成功的基础。

关键术语

公共组织　组织设计　弹性化组织设计　委员会制　矩阵式组织　网络组织　学习与组织学习　学习型组织　组织能力　能力建设　高绩效的公共组织

复习思考题

1. 何谓公共组织？公共组织有何特性？
2. 科层组织存在哪些困境？请对这些困境予以分析。
3. 公共组织设计与管理应遵循哪些基本原则？为什么？
4. 联系实际，试对我国公共组织的病象及成因予以分析并提出改革之道。
5. 弹性化组织设计有多种形式，试分析不同形式的弹性化组织的特性。
6. 何谓组织学习和学习型组织？学习型组织有什么特点？
7. 传统的科层组织与学习型组织有何不同？试比较二者的差异。
8. 一个组织如何才能成为真正的学习型组织？
9. 从20世纪80年代以来，我国多次对政府机构进行改革，有哪些成功的经验和失败的教训？
10. 什么是组织能力？如何进行公共组织能力的评估？
11. 试论高绩效公共组织能力建设的基本途径。
12. 试论我国公共组织能力的现代化及提升路径。

阅读材料

公共组织的健康

组织的健康乃是组织提供高质量和及时的公共服务的能力，它涉及组织的治理问题，诸如如何管理组织、法人治理的结构、组织的文化、组织的政策与策略，以及与组织各种利害关系人交往的方式。组织的健康状况和水平与组织的整体绩效有直接关系。高绩效的公共组织是那种能够有效利用所获得的资源，高效实现组织目标，达成政府所要求的使命和目标的组织。高效的组织具有弹性和适应性，能够很快回应环境的变化，有效实现目标。它们面向未来，不仅聚焦当前的要求和压力，而且具有实现未来长期目标的战略。

在私人部门，人们一直关注公司健康与绩效的关系。在公共部门，对组织的健康与组织绩效关系的研究刚刚开始。当然，公共部门组织或机构的健康是一个相对的概念，需要考量不同组织的管理及其外在的环境，因此不可能提供明确的、适用于一切公共部门组织的健康指标。

公共部门组织健康的指标，主要包括以下既相对独立又相互联系的六个方面：

1. 组织的方向感（organizational direction）

强烈和明确的方向感是机构健康的核心。组织需要对其核心业务保持觉知力和关注力。在现代公共部门的动态环境中，组织的核心业务是变化的，组织的目标和战略以及沟通机制需要经常不断审视，因为组织的方向嵌入于组织的结构中，组织的结构应直接源于组织方向的认同，组织的成员应理解组织的结构。组织方向需要通过研究的投入和政策能力的强化不断调整。通过创新和不断改善，实现服务品质提升和效率的提高，展现强烈的组织方向感。

缺乏方向感的组织具有以下特征：(1) 忽视核心业务和核心流程；(2) 未能在研究和政策能力开发上投资；(3) 空谈风险和创新；(4) 很少授权或赋权员工；(5) 员工不了解组织追求的目标和结果。

确保强烈方向感的关键乃是对组织环境的变化做出恰当的回应，未能注意组织环境的变化就会将组织置于不良绩效的风险境地。

2. 有效的领导力（effective leadership）

组织需要有效的领导，以便确认和处理组织出现的绩效不彰问题。高绩效组织通常具有强有力的、多元化的和聪慧的领导，其展现了如下特质：

- 热情并受人尊重；
- 对组织价值做出承诺；
- 有明晰的角色和责任意识；
- 能够进行有效沟通；
- 关注组织运作的方方面面；
- 具有前瞻性；
- 在提供愿景和关注实现结果的过程之间做出平衡；
- 关注并聚焦团队的运转；
- 遵循规则做出判断，对决策有信心。

相反，低绩效的领导往往具有如下的特征：

- 团队管理的程度不足；
- 未能有效管理绩效不彰问题；
- 缺乏解决问题的能力；
- 与组织成员缺乏良好的沟通；
- 在高层领导和中层管理者之间未能建立有机联系；
- 未能确定政策和行动的优先顺序；
- 关注组织运作的高层次方面，未能获得直线部门和支撑单位的支持。

3. 组织的能力（organizational capability）

建立和维持整体的组织能力是组织有效运转的核心所在。组织能力涉及组织实现其业务目标的许多方面的能力。整体的组织能力是由人员、流程、制度、文化、结构、资产诸多因素决定的。组织能力的缺乏对组织的绩效具有重大的影响。

组织中人的能力是组织能力的重要方面，智力资本乃是重要的资本。高绩效的组织十分重视和强调组织成员的能力发展。高绩效的组织将组织的发展与个人能力发展相结合；强调提供绩效反馈；鼓励和奖励创新；重视通过有效录用选拔优秀人才。

组织的能力当然远远超出成员个人能力的范畴，它与组织的其他系统，如知识系统、信息系统、财务系统的有效运转有着密切关系。在健康的组织中，这些系统得以有效整合，共同实现组织的目标。

4. 治理的过程（corporate governance processes）

治理过程是指导、控制和课责的过程。治理过程的有效性是组织健康的一项关键指标。运转良好的组织创造了一个简单、全面的治理环境，确保重要业务目标的实现，并且提供了实现组织目标的机制保障。在高绩效组织中，治理显示如下的特点：

- 资源的配置与预期的结果相一致；
- 责任和问责机制明确；
- 主要的风险得到有效治理；
- 决策的做出是建立在审慎的评价基础上；
- 依据环境的要求，制定绩效评估的标准；
- 治理的制度依据内外环境变化不断调整适应；
- 委员会运作及时有效；
- 委员会成员的选择谨慎进行；
- 机构的运作符合外部监控机制的要求。

5. 关系和廉洁（relationships and integrity）

运转良好的组织皆有高的道德标准，与利益相关者建立和发展了良好的关系，并以顾客为中心，提供高水平的优质服务。同时，内部人员之间以及管理层与组织成员之间亦有良好的内部关系。与利益相关者保持良善关系乃是组织有效性的基础。利益相关者能够理解组织的战略和目标并相互支持。

与顾客和服务对象保持有效互动是衡量组织有效性的另一个重要方面。以顾客为中心是组织运转良好的一个标志。顾客满意度也是衡量组织健康的重要指标。社会公众对组织的感知也可以对组织出现的问题提供预警，组织需要了解社会大众对组织的态度。

6. 有效的组织文化（effective agency culture）

组织的文化涉及组织共享的信念、价值、规范和行动，集体的信念影响和形塑组织的行为。没有符合一切组织情景的单一组织文化，组织的文化需要与组织的业务和目标相一致。公共部门需要创造一种高绩效的文化，重视持续的改善，赋权员工和建立人与人之间的信任关系。要创造这样一种文化，即组织强烈地聚焦其成员和绩效。高绩效的组织同样需要合作的文化，鼓励组织与其他政府部门协作，共同实现政府的整体目标。高绩效的组织也要坚守开放、透明和合作的价值。

此外，即使有卓越的领导和治理结构，组织也受政府政策、政治环境、利益团体以及财政经费等因素的影响。为了有效应对这种情景，组织需要保持高度的警觉性和灵敏性，建立有效的制度以预测和管理变化。

资料来源：Australia Public Service Commission，Agency Health：Monitoring Agency Health and Improving Performance，2018.

本章参考文献

De Waal，A. A.（2008），"The Secret of High Performance Organization，" Management Online Review，April，2.

Argyris，C.（1960），Understanding Organizational Behavior，Homewood，IL：Richard D. Irwin.

—（1992），On Organizational Learning，Cambridge，Massachusetts：Blackwell Publishers.

Argyris，C. and Bakke，E.（1954），Organization Structure and Dynamics，New Haven：Yale University Press.

Bergquist，W.（1993），The Postmodern Organization：Mastering the Art of Irreversible Change，San Francisco：Jossey-Bass.

Blau，P. M. and Scott，W. R.（1962），Formal Organizations，San Francisco：Chandler Publishing Company.

Bozeman，B.（1987），All Organizations are Public：Bridging Public and Private Organizational Theories，San Francisco：Jossey-Bass.

Civil Service（2009），Capability Reviews：Refreshing the Model of Capability.

Caiden，G.（1991），Administrative Reform Comes of Age，New York：Walter de Gruyter.

Clegg，S.（1990），Modern Organization：Organization Studies in the Postmodern World，London：SAGE.

Crozier，M.（1964），The Bureaucratic Phenomenon，London：Tavistock.

Daft，R. L.（1986），Organization Theory and Design，2nd ed.，St. Paul：West Publishing Company.

Denhardt，R.（1984），Theories of Public Organization，Monterey，CA：Brooks/Cole Publishing Company.

Downs，A.（1966），Inside Bureaucracy，Boston，MA：Little，Brown and Company.

EUPAN（2020），Common Assessment Framework.

Etzioni，A.（1964），Modern Organization，Englewood Cliffs，N. J.：Prentice Hall.

Goodsell，C.（1994），The Case for Bureaucracy：A Public Administration Polemic，3rd ed.，Chatham，N. J.：Chatham House.

Hummel，R.（1987），The Bureaucracy Experience，3rd ed.，New York：St. Martin's Press.

Katz，D. and Kahn，R.（1978），The Social Psychology of Organizations，2nd ed.，New York：Wiley.

March，J. and Simon，H.（1958），Organization，New York：John Wiley & Sons.

Morgan，G.（1986），Images of Organization，Beverly Hills，CA：SAGE.

National Audit Office（2009），Assessment of the Capability Program，Comptroller and Auditor General.

Rosenbloom，H.（1993），Public Administration：Understanding Management，Politics，and Law in the Public Sector，3rd ed.，New York：McGraw-Hill.

Thompson，J.（1969），Organization in Action，New York：McGraw-Hill.

Tobin，D. R.（1993），Re-educating the Corporation：Foundations for the Learning Organization，Essex Junction，VT：Oliver Wight Publications，Inc.

Weber，M.（1962），"Bureaucracy，" in Gerth，H. and Mills，C. eds.，From Max Weber：Essays in Sociology，New York：Oxford University Press.

列宁（1995）. 列宁选集：第 3 卷. 3 版. 北京：人民出版社.

法约尔（1982）. 工业管理与一般管理. 北京：中国社会科学出版社.

第9章

公共组织中的领导

任何一个组织，无论是公共的还是私营的，都是一个社会心理系统，更准确地说，它是一个相互影响的系统。因为，组织的主体是人，而人与人之间的交互行为实为人员之间相互影响的过程。对于一个公共组织的管理者，特别是高层管理者而言，如何有效地运用影响力系统，整合组织中个人的努力，并使之与组织目标相结合，最终实现组织的绩效，确实是一个重要的问题。这一问题实质上便是如何实施有效领导的问题。

重点问题

- 领导与影响力系统
- 领导权力与领导效能
- 领导方式
- 权变领导理论
- 转换型领导理论

9.1 领导与影响力系统

9.1.1 领导的含义

何谓领导（leadership），这是一个在领导研究领域一直争论不定的问题，从研究领导的文献中可以发现，人们从不同的角度给领导下了不同的定义，正如学者本尼斯所言："领导的观念既复杂又难以掌握，所以人们用许多词语试图加以解释，结果是越描越黑。"

在本书中，我们倾向于接受这样一个领导的概念：领导乃是领导者在各种环境中系统地影响组织成员的行为以达到组织目标的过程，也就是说，领导是与组织成员之间相互影响关系的确立过程。

9.1.2　领导的影响方式

影响过程，意味着影响者（领导者）对另一方（被影响者）的作用。当然，影响者可以利用不同方式去影响他人；影响者的行动可能改变对象的态度、价值、行为的一种或数种；对象改变的幅度可能是影响者所意图的，也可能不是；影响者的影响力可以强到足以控制对象的行为，也可以弱到只让对象感到有“压力”。

由于不同影响方式所需的条件不同，其效果也不一样。依据领导学学者约克（Gary A. Yukl）的研究，领导的影响方式包括以下方面：

1. 合法的要求（legitimate request）

合法的要求是组织内常见的影响方式，当组织成员体认到影响者有“权”要求而服从这一要求时，这种影响方式便会出现，要求的合法性基于：领导者的正式权威、传统、群体规范。服从的动机可能是已经内化的对权威人士服从的信念，或是其他如合作、礼貌、尊重传统、忠于组织等内化的价值。

2. 制约的服从（instrumental compliance）

领导者明示或暗示某人如改变行为将获得有形的结果时，制约的服从便产生了。制约的服从通过领导者操纵奖酬来实现。当对象依赖影响者获得某一重要奖酬时，制约的服从便会产生。

3. 强迫（coercion）

影响者在对象不服从时，威胁要对他不利，而且当影响者的威胁很可信，也就是被认为有能力且将要引发不良后果时，服从便会产生。

4. 理性的说服（rational persuasion）

领导者用理性说服的方式，使对象相信他建议的行为，是对象满足需要或达成目标的最好方式和方法。影响若要成功，必须了解对象的需要、目标等；领导者必须精于逻辑推论及展示可信的证据。

5. 理性的信任（rational faith）

领导者运用理性的说服时，必须用逻辑推论和指出能支持他所建议的行为的好处。但在理性的信任下，影响者的建议本身即足以引发对象的服从，而不需要任何解释。对象对影响者的专才和信用相当信任。如病人服从医生开的药时，并不知道药的内容和治疗过程如何；又如管理者听从法律顾问的建议避免诉讼。与理性的说服一样，影响者并不控制对象所渴望的结果，只是具有达成该结果的知识。

6. 鼓舞的诉求（inspirational appeal）

当对象被诱导从事某一能表达其价值和理想的活动时，鼓舞的诉求便产生了。影响者经说服对象，使之相信所要求的行为和某一种重要的价值观是相互联结的，如“报效国家”“正义的事业”等等。

7. 教导（indoctrination）

要确保组织成员具有某种价值观，从而达到鼓舞的诉求，组织可以将不具备这种价值观的人排斥于门外，亦可以通过教导和社会化的过程，向组织成员灌输组织期望的价值观，强化组织成员对组织的承诺和对价值的信赖。

8. 个人认同（personal identification）

当人们模仿或敬佩影响者的行为，并且发展出类似的态度时，就产生了个人认同。这种影响方式普遍发生在英雄、明星、政治和宗教领袖的身上。影响者可以塑造某种行为模式，供人模仿。有魅力的影响者，其潜在的影响力称之为“参考权”（referent power）。

9. 改变情境（situational engineering）

操纵和改变相关的物质和社会情境，可以间接地影响一个人的态度和行为。由于人的行为部分是由其对环境的机会和限制的知觉所决定，所以改变和重新安排环境，可以很微妙地改变人的行为。

10. 决策认同（decision identification）

个人在参与制定某一决策时，如感到对最后的抉择相当有影响力，他将认同该决策，视之为他的“决策”，此种认同和自我投入的结果，将使他乐于努力执行该决策，因此，当影响者所做的决策须交由他人执行时，最好让他人参与制定决策，以使他们积极地执行决策。当然，对象必须同意此种抉择，这样才能产生影响力。

9.2 领导权力与领导效能

在领导影响力系统之中，权力无疑是一个重要的影响力来源，因为领导者毕竟是掌握和拥有某种权力的人。领导权力在某种程度上构成了领导者的基础，有效和恰当地运用权力，与领导的效能有十分密切的关系。

所谓权力，简单来讲，就是从事或影响某些事情的能力。从一般意义上而言，权力表示诱发某一事情的能力，或者通过某种方法，由某人或某一群体对他人或其他群体按所需要的方式施加影响。在公共组织中，与权力相关的一个概念是职权，职权是制度化了的权力，它建立在法律基础之上，这种法律基础规定了一个组织的任务，并授权其成员实行其活动。权力的概念比职权大。

研究权力及其运用效果的学者，曾将领导的权力划分为不同的类型。其中弗伦奇对领导权力的划分最为典型，也广为引用。他将领导权力划分为五种：参考权、专家权、合法权、奖酬权、强制权。现以此种划分为例，分别说明不同的权力以及有效运用问题。

1. 参考权

参考权就是一个人的行为、意见、态度等，变成了他人采取行为模式、表达意见和参考的对象。也就是说，领导者的参考权是建立在组织成员对领导者的忠诚、敬仰和个人情愫的基础之上。我们也可以看到，在许多组织中，必有极少数人或因他们的高尚品格，或因他们具有他人所敬慕的优点，如待人谦和、处事公道、自我牺牲，随着时间的推移成为众人崇拜和模仿的对象。从这个意义上说，领导者参考权的运用过程，实际上是领导者“角色形象”的塑造过程。

领导学研究专家豪斯曾提出“神奇魅力式领导”，这可以看成是对领导参考权的佐证。

豪斯认为领袖是否具有超凡的领导能力，可以从以下几个指标看出：

（1）追随者深信领袖的信仰是正确的；

（2）追随者的信仰与领袖的信仰相似；

（3）追随者毫不迟疑地接纳领袖；

（4）追随者爱戴领袖；

（5）追随者乐于服从领袖；

（6）追随者热情投入组织的使命中；

（7）追随者有崇高的绩效目标；

（8）追随者深信他们对团体使命达成有贡献。

总之，一个有超凡魅力的领导的行为，会使追随者产生领袖深具能力必会成功的印象，他也会运用“角色塑造”，形成行为范例，让追随者模仿，并改变追随者的看法、态度、价值和行为。

2. 专家权

在日趋高度专业化和精细分工的组织背景下，具有专门知识技能的人在组织中的地位日益提高。任何专家在他们的专门知识和技能领域具有的权威即专家权。对一个组织中的领导而言，拥有卓越的专业能力，并不足以完全影响部属，但拥有专家权对于领导，特别是专业性组织的领导是十分重要的。领导问题专家约克，就领导建立和应用专家权曾提出如下建议：

（1）建立专家形象。领导应使部属、同事和上级确知其教育背景和相关工作经验，以及在专业领域显著的成就。

（2）维持信用。专家形象一旦建立，应好好维护。领导者对于不太了解的事情，应避免随意评论。如果下级发现领导者的论点不正确，或其建议不佳，领导者的专家权将大打折扣。

（3）处理危机时果断而自信。领导使用专家权的能力，在处理危机时应果断、自信。

（4）保持信息灵通。专家权系通过理性的说服和理性的信任而行使，领导者必须了解和掌握相关专业领域的知识发展，保持专业上的活跃。

（5）避免伤害部属的自尊心。专家权是基于领导与成员间的知识差距，领导者在运用专家权时，不可自认为优越，而显下属“无知”，从而伤害下级的自尊心。

3. 合法权

合法权是一种较为复杂的影响力，其产生于团体行为的规范（正式的和非正式的）或组织的形态。就文化价值而言，合法权乃出自于个人的内在价值，即人们认为组织中有合法的权力来影响他，所以自己有义务去接受这种影响；从组织结构的角度来看，个人之所以接受领导，是因为领导正式职位的存在。一句话，领导者的权力是通过合法的要求来行使的，这种要求可以是口头的或书面的，可以是请求、命令、指挥或指示。

一个领导者要有效地运用合法权，必须注意以下几个方面：

（1）礼貌的要求。傲慢的要求不会使成员承诺，而且会引起抗拒。

（2）要求明确。领导要使组织成员了解其要求并加以理解。

（3）要求是合法的。非法的要求会被忽视或抗拒，特别是人们反对去做的事情。

（4）解释要求的理由。一般而言，领导应向组织成员解释合法要求的理由，这种解释乃是运用理性的说服加速下级接受合法的要求。

（5）坚持服从。领导者应避免下级明显地拒绝贯彻某一命令或要求的事情发生，否则会降低领导者在组织成员中的权威。如果要求是合法的和合理的，领导者应行使权威，要求下级服从。

4. 奖酬权

领导者之所以能影响他人，乃是基于他人的这样一种信念：如果接受这一影响，必会得到某种程度的奖励。一般而言，领导者拥有的奖酬权的多寡是与下面的情况相联系的：

（1）受影响的人必须认为拥有奖酬权的领导者具有赋予某种奖励的能力，如果认为领导者缺乏这种能力，则不会受影响。

（2）受影响的人所期望的奖励必须和具有奖励权的人所能给予的奖励相吻合，否则影响便不能产生。

（3）一个人受另一个人的影响是否能够持久，须视有影响力者能否随着人的期望的变动而给予不同的奖励而定。

（4）一个人受另一个人影响的大小，也视领导者能给予的奖励大小而定，如主观认为给予其奖励大，那么受其影响便大。

因此，领导者的奖酬权取决于奖赏的吸引力，奖赏是否能兑现，奖酬是否公正合理。当然，如果领导者操纵奖酬，也可能引起组织成员的抗拒。

5. 强制权

与奖酬权相对应，强制权是建立在组织成员认为不接受服从便会受到惩罚的基础上。强制权属于剥夺他人某种权益，而奖酬权则是赋予他人某种权益。对一个领导者而言，除非绝对需要，应尽量少使用强制权，因为它会引起愤恨，销蚀参考权。人不可能因为强迫而承诺，面对强迫，一般人通常会采取生理上退却（离职、避开工作）、心理上退却或敌视和攻击。领导者有效运用强制权，应注意以下方面：

（1）将规定和罚则明示；

（2）在处罚之前有足够的警告；

（3）在处罚之前了解事实真相；

（4）使用适度的惩罚；

（5）维持惩罚的公正。

研究表明，领导者以专业才能和吸引力来影响组织成员的，通常有较高的绩效，成员也比较满意；利用合法权和强制权，通常会降低绩效和组织成员的满意度；而利用奖酬权者，绩效不定。

9.3 领导方式与领导效能

对于领导方式的分类，到目前为止还没有达成共识，有人以领导者态度为标准，有人以影响力产生的过程为标准，有人以领导者活动的范围为对象，有人以领导者的人格特质为标准，有人以团体的组成分子的态度为依归。目前比较有代表性的划分方式有两种：一是以领导者运用权力的方式来分，二是以领导者的作风与态度来分。

9.3.1 以领导者运用权力的方式为标准

以领导者运用权力的方式为标准，领导方式大致可以分为以下三种：

1. 独裁式领导

独裁式领导又称为专制的（autocratic）领导，是一种传统的领导方式，这种领导完全依赖手中的权力与威势以强迫部属服从，其效果是短暂的，因为人员在高压强制下工作，心中必然会充满愤恨，只要有机会他们就会松懈下来，所谓怠工正是在这种领导方式下常有的现象。独裁式领导的主要特征为：

（1）以权力威胁为基础，不以人格感召为手段。

（2）所有的政策、制度皆由领导者自己决定，部属只能奉命行事，没有参与和提供意见的机会或权利。

（3）以事为中心，追求生产成果而忽视员工的情绪与利益。

（4）采取严密的监督，时时刻刻鞭策员工服从。

（5）不以客观之事实为根据，常主观认定员工的工作效率。

（6）员工对领导者所指示的命令不能加以怀疑，即使命令的“可行性”有问题，也只有硬着头皮去干。

（7）有功则归首长独享，有过则惩罚部下，自己毫无责任。

2. 放任式领导

放任式领导就是主管放弃其领导任务，一切听其自然，任由部属自行处理业务，很少主动地给予指导，除非有部属前来请示，否则不表示任何意见，平时与员工接触很少，上下隔阂很深，彼此冷漠，感情淡薄，可以说这是一种最差的领导方式。

放任式领导的特征可以归纳为下列四点：

（1）领导者对机关的工作不加过问，完全交由部属自行处理。

（2）领导者毫不关心部属，也不关心工作。

（3）领导者与员工的关系疏远。

（4）领导者对员工的奖惩完全是被动的、刻板的，丝毫不能激发员工的工作积极性。

放任式领导的最大缺点为：

（1）主管人员对部下的工作没有适当的指挥监督，工作人员均凭自己的意见各自为政，工作缺乏统一的标准，容易形成纠纷，进而导致管理的混乱。

（2）主管人员对下属没有正确的领导，人员的思想与行动非常不一致，大家无法形成牢固的团体意识，组织如同一盘散沙，精神涣散，情绪低落，随时有瓦解的可能。

3. 民主式领导

民主式领导对部属使用鼓励和引导的方式，让大家参与工作的决定并了解如何去做工作，部属的工作潜力可以得到充分的发挥。

民主式领导被认为是一种较为理想的领导方式，它对于工作效率的增加能够产生明显的效果，在这种领导方式下，人员会产生一种喜悦感与满足感，故能自动自发地积极工作。

民主式领导的特征为：

(1) 机关的决策由大家共同参与制定，领导者只是处于决策过程中的最后一步而已。

(2) 决策制定以后，如果部属发现有不妥或行不通之处，可以直接请求修正。

(3) 决策实行的结果，凡有功之处，首长与员工共同分享工作成果；如有过失则行政首长先行检讨，然后再寻求造成过错的原因。

(4) 对部属的奖惩是根据客观的事实及公平的标准来决定的。

(5) 领导者与部属充分合作、水乳交融，没有心理上的距离感。

(6) 对部属做政策性的指导，有关工作细节则放手让部属自行处理。

(7) 关心部属的生活及需要，尊重部属的人格。

9.3.2　以领导者的作风与态度为标准

以领导者的作风与态度为标准，领导方式可分为以下两种：

1. 以人员为中心的领导

以人员为中心的领导者，把部属看得十分重要，不仅顾及他们的生活，而且让他们参与机关的决策。其特质为：

(1) 领导者关心部属的生活，如个人情况、家庭状况、工作是否满意等；

(2) 部属被授予应有的权责，在其职责范围内，领导者不随便加以干预；

(3) 经常与员工举行会议，交换意见，听取部属的工作报告及存在的问题；

(4) 以善意的态度为部属提供指示；

(5) 运用激励法则以满足部属的需要；

(6) 信任部属。

2. 以工作为中心的领导

以工作为中心的领导者把工作效率看得十分重要，认为工作第一，凡是能够达成工作效率者就是理想的工作人员，反之则是不良的工作人员，他们从不设身处地地为部属设想或考虑，只根据部属的工作表现来考核和评价部属。其特质为：

(1) 领导者只注重工作的进程，不关心部属；

(2) 工作人员的优劣，完全取决于他们的工作效率；

(3) 领导者与部属之间只有工作上的来往，没有其他任何的感情交流；

(4) 对部属采取严格的监督，动辄惩罚部属。

9.4　权变领导理论

传统的领导理论过于简单、偏执，未能对情境因素以及这些因素对领导效果的影响加以注意，因此不能有效地指导领导者如何选择及运用适当的领导形态，以达成工作效果并满足成员的需要。由于传统领导理论的缺陷，权变领导理论便应运而生。

所谓权变领导理论，主要是认为管理工作即为诊断与评估可能影响领导者领导行为与效果的各种因素，因此领导者在进行领导行为的选择与运用时，必须对各种环境因素加以考虑。最具代表性的权变领导理论主要有以下几种：

9.4.1 伊万切维奇的情境因素说

伊万切维奇（John M. Ivancevich）等人在其所著的《组织行为与绩效》（*Organizational Behavior and Performance*）一书中，认为领导者在选择与运用领导行为时，应注意下列四项情境因素：（1）管理者的特性；（2）部属的特性；（3）团体因素；（4）组织因素。这四项因素均会影响到领导者的行为选择与运用。

1. 管理者的特性

管理者本身特性如何，对其领导行为的选择与运用有着重要的影响。

（1）人格特质：如领导者的自信力、个性、智力、能力等，均影响其是否能成为有效的领导者，并将影响其领导行为的运用。

（2）需要与动机：领导行为是基于某种需要与刺激而产生动机，如对此能有所了解，将可以帮助解释、分析领导行为的取向。

（3）过去的经验与强化：领导者过去接受他人领导或以往领导部属的方式，如采取参与式、独裁式，抑或放任式领导，均将影响领导者日后的行为与领导形态。

2. 部属的特性

部属的特性如何，也影响着领导者的领导效能和领导行为的运用。

（1）人格特质：部属自信心的强弱对以“工作为中心”或以“员工为中心”的领导形态，将产生不同的影响；部属智力与能力的高低，亦会影响其与领导者之间的关系。

（2）需要与动机：依据马斯洛的需要层次论，部属将随需要层次的变化而产生不同的动机，因此，领导者应根据部属的需要与动机而采取不同的领导行为与领导形态。

（3）过去的经验与强化：部属过去所接受的领导形态，将影响其行为取向。

3. 团体因素

团体内部的组织结构、发展状况及工作关系等亦影响着领导效能及领导行为的运用。

（1）团体发展：团体在不同的发展阶段，其内部活动的重点将会有所不同，领导者应依据团体发展的不同阶段，不断地调整或改变领导行为与形态。

（2）团体结构：领导行为应根据团体成员的交互行为及聚合力程度的不同适时地加以调整。

（3）团体工作：团体的工作性质不同，将影响到领导行为与领导形态，例如，在例行情境下（如生产装配线工作），工作导向或体制型的领导较为有用；在非例行性不明确的情境下，员工导向或体恤型的领导则较为适当。

4. 组织因素

组织因素同样也会影响领导行为及领导形态，在组织因素中，须加考虑的因素包括：

（1）权力基础：弗伦奇与雷文在其所著的《社会权力的基础》一书中认为，产生领导的权力基础为五种：奖励权力、强制权力、合法权力、归属权力、专家权力（French and Raven，1956）。然而，在组织中，领导者所能运用的权力种类与大小并不一致，从而其领导行为自然而然会受到一定的限制。

（2）规则与政策：由于组织内部所制定的各项规则不同及政策目标的差异，领导行为除受其限制外，亦需要配合并适应。

（3）专业主义：在现代专业化的社会里，从某种程度上而言，专业知识是权力，也是影响力的基础，领导者与部属依其是否受过专业训练及所受专业训练程度的高低，影响双方的行为，如领导者受过高度专业训练，在领导行为上将具有较大的影响力；反之，如部属受过高度专业训练，甚至可能对领导者产生相当程度的影响时，就需要改变领导行为与形态。

（4）时间：组织中的决策如受时间限制，须急速完成时，领导者为达到目标，可采取工作导向的领导形态，例如，在高度紧急情形下处理危机问题，参与式管理是不可能实施的；而在一般正常情况下，仍以员工导向或体恤型领导较为适当。

伊万切维奇的情境因素说，使人们认识到领导行为是领导者、部属及情境等因素交互影响而形成的，领导行为是极端复杂的过程，不同的情境因素将产生不同的领导行为与领导形态，因此领导行为的选择与运用，只有对各种情境因素加以审慎的考虑，才可能产生良好的效果，而且，伊万切维奇的理论亦可使我们了解，领导行为最重要之处就在于适应情境，配合情境因素以发挥领导效能。

9.4.2 菲德勒的权变领导理论

权变领导理论（contingency leadership theory）首先由美国伊利诺伊大学的菲德勒（F. E. Fiedler）在1951年提出，这一理论的基本假设是若欲完成优秀的工作成果，领导者对其所领导的群体，应随领导者本身的需要结构，以及在特定情境下的控制及影响程度而权变。

菲德勒的权变领导理论认为，影响领导形态的情境因素主要有以下三个方面：

1. 职位权力（position power）

它是指职位本身所具有的权力（如奖励权力、强制权力等）。由于领导者所拥有的职位权力不同，其可采行的领导行为亦应有所不同。

2. 工作结构（task structure）

它是指群体工作任务的例行性程度及可预测性。如工作为例行性且工作成果或产出易于预测评估，则领导者的影响力就极为有限，因为此种工作的目标、工作程序或步骤，均已明确界定，其工作成果亦可由以往的经验及产出加以判断，故领导者的领导范围就较为狭窄；如为复杂的工作，其目标不确定，工作成果难以预测，在工作程序及步骤上有各种可行的途径，随不同的环境因素而异，则此时的领导行为活动范围较广，运用就较具弹性。

3. 领导者与部属的关系（leader-member relations）

领导者与部属相处时，如果双方关系良好，领导者就容易得到部属的合作与努力，领导行为就趋向于员工导向的形态；反之，领导者将趋向于工作导向的领导形态。

菲德勒认为上述三种情境因素决定了领导者对部属行为的影响能力，亦即决定领导情境对领导者有利的程度。在有利情境下，领导者拥有较多职权，获得更多非正式支持，同时工作结构化程度较低，对群体有良好的指导，成员被指示做哪些工作；在不利情境下，群体因缺乏领导者积极的介入，显得较疏离涣散，以工作为导向的领导较之体谅型及员工导向型的领导行为更为有效；在中度有利（或中度不利）情境下，体谅型或员工导向型的领导较为有效，如果成员认为有建议、贡献意见的自由，则领导者应提供无威胁及自由的环境。

菲德勒的权变领导理论虽然有缺陷，但它仍然引发了不少学者的研究兴趣，使研究者了解领导效能的知识；领导者应如何选择领导行为方能对部属产生影响；欲使组织发挥效能，可以从改变情境因素或领导形态方面着手。这一理论对于部属生产力的提高及员工满足感的增进，具有相当价值。

9.4.3 豪斯的途径目标理论

豪斯（R. J. House）的途径目标理论（path goal theory），基本上是根据弗洛姆（V. H. Vroom）所提的期望理论（expectancy theory）引申而来的，期望理论的主要观点为：激励受个人达成任务的努力程度与欲望的影响。豪斯认为领导者的主要功能在于影响部属的偏好与预期，假若领导者能够增进部属对达成目标的偏好，以及祛除部属采取行动以达成目标的各种障碍，增加预期达成的概率，将会使部属更努力工作，并使部属有较高的满足感及较佳的工作成果。豪斯认为，领导者的激励功能，包括对于部属工作目标的达成，增加个人报偿，并且澄清途径，减少阻碍或陷阱，使部属易于通过途径获得报偿，同时增加个人满足的机会（House，1971，323）。

豪斯的途径目标理论的基本命题为：

（1）领导者的功能为辅助功能，亦即领导行为应能为部属所接受，并使部属认为领导是员工满足的来源，同时亦为员工将来获取满足的工具。

（2）领导行为对部属士气之激励，其影响是由情境所决定的，此情境包括部属的特性与工作环境的特性。

因此，领导行为应以下列四种行为为架构：

（1）工具行为（instrumental behavior），即对部属的行动予以计划、组织与协调。

（2）支持行为（supportive behavior），对部属需要的满足，给予支持性的考虑与关心。

（3）参与行为（participative behavior），领导者与部属分享情报，征询部属意见，并运用部属的构想与建议，以达成团体决策。

（4）成就导向行为（achievement oriented behavior），领导者为部属设定富有挑战性的目标，期望部属有高水准的工作表现以及不断地寻求改进。

途径目标理论认为上述四种领导行为，可由同一领导者依情境的不同而选择采行，而对于情境因素的考虑，主要包括：

1. 部属的特性

部属本身的能力、需要、动机等均会影响领导行为的选择。

（1）能力是指部属本身所具有的完成工作的能力，如部属能力越大，认为自身能力足以完成工作，不需要领导者的协助，则较不愿接受领导者的指导行为与工具行为，此时领导者应采行参与行为与成就导向行为，引导部属能力的发挥，减少监督；反之，如部属能力较差，领导者即须以工具行为指导部属的行动方向，以符合目标取向。

（2）控制是指部属对于工作上发生的事故，其所能掌握控制的程度。此又分为内在控制与外在控制。所谓内在控制，是指部属认为能控制其工作环境，并对于由其行为产生之工作事故能予以妥善处理。所谓外在控制是指部属对于工作事故，认为其无法控制，须凭借外在力量。对于内在控制，领导者适合采用参与行为；对于外在控制，则适合采用工具行为，以使部属获得较大满足。

（3）需要与动机。部属追求的需要与其动机，均将影响领导行为的方式。根据马斯洛的需要层次论，对于生理需要及安全需要，应以工具行为为导向；对于归属感及尊荣感需要，则以支持行为为导向；如部属追求的是自我成就需要，则应运用参与行为与成就导向行为。

2. 工作环境的特性

对领导行为产生影响的工作环境因素有：

（1）部属的工作。视部属的工作结构为例行性抑或复杂而有别，在例行性工作中，员工对于工作成果已有相当的认知并可预期，此时指导性的工具行为不能产生效果，而应以支持行为或参与行为，增进部属的满足感；对于复杂或不明确的工作，目标与工作成果尚难界定及预测，此时，部属较能接受工具行为，应提供指导控制，增进部属工作动机与满足的增加，并增进部属对预期的偏好。

（2）工作团体。工作团体亦能影响员工对于特定领导形态的接受，工作团体的发展阶段可分为：第一，起始阶段，即组织刚成立，第一次将许多个人置于一起工作。此阶段的特征为：开始发展沟通形态与澄清群体成员间的依赖与相互关系，熟悉团体的结构与目标，辨别领导角色并澄清权威与责任的关系，发展目标达成的计划，成员间彼此相互接受成为团体。第二，内部问题的解决阶段，即对起始阶段所发生与遭遇的问题，试图加以解决。在此阶段主要为辨明与解决人际冲突，对规则、目标与结构关系做进一步的澄清，并在团体成员中发展一种参与的氛围。第三，成长与生产阶段，此阶段团体活动均朝向群体目标的达成，团体间的人际关系为聚合力的增加、观念分享及提供与获得反馈。此阶段的特征为：个人对于作为团体成员感到满意，并有满意的工作成果。第四，评价与控制阶段，此阶段领导角色强调便利、反馈与评价，并更新、修正与强化角色及团体的相互依赖，团体表现出较强的动机，朝向目标的达成。

3. 组织因素

组织因素包括：（1）规则、政策与程序对部属工作约束的程度；（2）高压或紧急情况；（3）高度稳定的情境。例如打卡工作，其程序是机械化的，因而工具行为并不合适，并不能使预期明确，且可能导致员工的不满；再如医院的急诊部门，其工作处于高压与紧急情况，工具行为或许是达成工作所必需的，但是支持行为将增加社会支持与人际关系的满足。

豪斯的途径目标理论所提出的领导行为较具弹性：依情境因素的不同而选择适当的行为，各种领导行为在不同情境下均应予以考虑，只是其运用程度有所不同。豪斯曾进行了多项研究，以说明其理论的用途，有些学者支持其观点，但仍有其他研究发现，领导结构对员工满足感的影响，视领导者体谅员工之方式及部属对非结构式、不明确任务的厌恶程度而定。另有其他研究发现，期望理论有能力预测及解释领导者的行为，途径目标理论可应用于支持领导者行为与部属满足间的关系，但不适用于对部属绩效的影响。

9.5 转换型领导理论

从领导理论的发展历史来看，早期是权力取向、特质取向的领导理论。20 世纪五六十年代行为取向的领导理论则将重点放在决定领导行为的各种因素上，70 年代情境取向的领导理论，开始关心情境因素对领导效果的实际影响，并有权变领导理论的形成。综观这些理论的内涵，仍存在着以下几点缺失：

（1）过去的领导理论皆将重点放在影响领导效能的各种因素上，如领导者的特质、能力、行为模式、权力来源，乃至于领导行为的情境特性，而未能关注领导者在组织变革活动中所应扮演的积极角色。

（2）过去的领导理论奠基于“领导者”“被领导者”的二分角色关系上，关注于领导与从属之间的角色区分，而忽略了组织成员自我导引、自我要求的可能性。

（3）过去的领导理论常将“领导者”与“管理者”混为一谈，而未能辨明管理者的主要任务在于“控制”，针对短期性与例行性的组织作业进行管制；而领导者的任务在于“创造”，基于对组织使命的深切体认和个人积极主动的开创精神，引导组织整体的变革方向。

针对这些缺失，90 年代乃有“转换型领导”（transformation leadership）理论的提出，以下分项说明。

9.5.1 转换型领导的意义

“转换型领导”一词最早出现在伯恩斯（J. Burns）1978 年所著《领导》（*Leadership*）一书中，他认为：领导是一种领导者与部属之间相互影响关系的演进过程，通过这一历程，领导者与部属的工作动机与合作道德得以提升，通过人际互动得以促进组织社会系统的改变及组织体制的变革。之所以称为“转换型”领导，乃是由于伯恩斯将领导的研究焦点放在如何通过领导的作用来转变组织原有的价值观念、人际关系、组织文化与行为模式上。其后，贝斯（B. Bass）补充说明这种转换过程的三个重点：

（1）领导者在不同的情境中运用不同的领导形态时，应本着个人良知，确实明了各种领导行为的价值意义和可能结果。

（2）领导者应以超越私利的心态，为谋求组织更大的利益而努力。

(3) 领导者从这种利他的实践过程中，赋予部属更宽广的自主权力与自我发展空间，以促进自我的实现。

换言之，转换型领导肯定人员有自我实现的需求，并有自主自动的能力，领导者通过激励与引导，唤醒成员自发的意识与自信心，而能心悦诚服地认同组织的目标，肯定组织与自己的未来发展，置个人私利于度外，来成就组织整体的事功。转换型领导的重点不再只是通过领导的工具来达成既定的组织目标，而是从价值面、人性面、文化面、社会面来讨论领导的现象，所以领导不再只是一种管理的技术，而是一种哲学观念的实践。

转换型领导源自于魅力领导（charismatic leadership）与交易领导（transnational leadership）两种理论。韦伯认为合法权威的发展过程历经传统权威、魅力权威和合法合理权威三个阶段。魅力权威来源于领导者个人所具有之天赋、超世俗的人格特质，通过个人的意志与远见，跟随者莫不衷心信服。现代的领导理论更将领导者的魅力特质归纳为八项指标：强烈的权力欲望、自信十足、对成员的影响甚深、英明形象的营造、归结组织目标的能力、创造领导者与部属之间共享的价值、观念、精神。具有魅力特质的领导者就像是具有远见的老船长，能够在狂风暴雨中赢得水手们的信赖、景仰与服从，带领大家渡过难关并开创新局面。这一类型的领导者善于应用沟通的技巧、形象的吸引力和未来美好的蓝图，有效处理组织所面临的危机难关。

交易领导理论可以追溯到巴纳德（C. Barnard）的贡献满足平衡理论，即影响力来自于领导者能够使部属相信贡献和报偿是公平、合理的，而部属对领导者的顺服与忠诚也是建立在交换互惠的基础之上。这种因为交易的公平性所产生的领导权力，并非完全是物质、金钱或利益上的交换，还包括精神、情感的交流。但无论如何，“赏罚二柄”仍旧是影响领导权威的重要因素。而所谓转换型领导理论，固然肯定领导作用的产生基本上是一种交易的结果，但更希望通过领导者的个人魅力与远见，从精神、观念和道德层面获得部属的信仰和认同，激发人员超越交易的现实关系，共同追求人格的成长，并有效达成组织使命。所以，领导者扮演组织意义的创造者、组织凝聚力的缔造者、组织不安的解决者等种种启发性的角色。

转换型领导的理论基础虽然源自于交易领导，但其所谓的交易并非物质、金钱或是职务升迁，而是基于价值观念的认同，人与人之间对于信任、尊重、承诺等所谓的情感性的交易，是一种由内而外所产生的领导关系。相对来说，在组织变革或是组织文化转换的活动上，转换型领导的运作比较近似魅力领导，部属能够从领导者的精神感召中，休戚与共。就此而论，转换型领导是一种能够结合组织成员共同需求与愿望的组织变革过程，通过领导的作用，建立起人员对组织目标的共识与承诺，基于共识与承诺，领导者创造人员信念和行为转变的有利条件。

9.5.2　转换型领导的构成要素

转换型领导由四个要素构成，主要有：

1. 个别的关怀

转换型领导同时关注工作与人员两个面向，但更重要的是针对人员性情、能力的个别差异，关怀其思想与行为的改变。转换型领导在工作构面上，将关切的焦点从工作绩效提升到工作道德的层面，所以绩效表现不是唯一的考评标准，人员对工作意义的体认和投入程度也是要项之一。在关心人员的层面上，转换型领导不仅仅关切人员的心理感受，更愿意通过引导来促进其人格的成长。一般而言，转换型领导对部属的个别关怀表现在三个方面：

（1）发展取向。领导者能够针对部属的个别条件与潜能进行了解，依照不同的属性指派任务，促进其个别的能力发展。

（2）亲和取向。领导者与部属之间保持密切的接触关系，主管能即时提供回馈，当面告知部属的工作表现如何，有否改进之处，并让部属充分明了组织的运作现状。

（3）辅导取向。领导者不仅关心旧部属的情况，更注意新进人员的适应问题，能够从旁辅导，使其安心工作。

2. *动机的启发与精神的感召*

转换型领导和传统领导最大的不同点，在于对人员工作动机的启发。领导者必须先揭示一个能够结合组织发展与个人成长的未来愿景，同时考虑组织所处之情境和部属个别的需要，使这个共同的愿景或组织目标成为人员工作的动机源头，赋予个人的工作行为比较深刻的行动意义。而在这种愿景形成与动机启发的领导过程中，逐步提升组织绩效的标准，逐步提高部属个人的自我期望，所以双向的沟通显得特别重要。比较常用的领导方法包括：组织意义管理、组织形象管理、组织符号管理、愿景管理、策略形成管理等。

除了工作动机的启发之外，领导者的精神感召也一样重要。这种精神的感召和传统的领导者个人魅力不同，魅力领导是部属对领导者人格特质的钦仰所产生的一种信任与无条件服从。转换型领导则强调部属对领导者的认同，系来自于领导者所提示的共同目标和哲学信念，此目标和哲学不是领导者单方面强加在部属身上的，而是通过真诚的交流所塑造出来的互信与分享关系。基于这种开放的关系，目标和哲学的形成过程，容许部属的批评和质疑。

3. *才智的激发*

基本上，转换型领导假定人员才智能力的发挥是组织存在、发展的命脉所在，所以，领导者的职责在于建立一种能够激发组织上下才智的互动创造过程。也唯有通过彼此意见的交换、脑力的激荡以及思考观念的多元化，组织才能够应付诡谲多变的环境。虽然个别关怀取向的领导与启发鼓励式的领导，对部属才智的激发是有帮助的，但更重要的是，如何破除过去唯命是从的领导关系，从根本来培养部属独立自主的能力，以避免盲目的服从和单一的思考。此外，部属才智能力的开发，可以从新知识、新观念等各方面的教育与训练来着手。

才智激发的领导方法包括：理性导向、存在导向、经验导向、理想导向四种途径。其中又以理想导向和存在导向途径比较合适，前者针对组织和个人的未来成长加以设计，后者则将焦点放在人员创造能力的开发上。

4. *相互的影响*

转换型领导的领导者与部属间关系，是一种“相互影响”的关系，这种关系的产生可能基于专业上的尊重、社会的影响力或是情感的交流，但基本上是超越层级职位权力的。而领导者的组织功能在于提供人员一种角色认同的模式，并借以增进组织绩效。所以，领导者无须凭借正式的权力地位，就能够在愿景形成、个别关怀、精神感召、才能激发、个人成长的过程中，建立起平等互信的关系。基于互信互惠、平等对待、感情交流，领导者成为一个浑然天成的魅力领袖。

9.5.3 转换型领导者的特质

转换型领导者既是组织活动的中心，也是组织图存变革的发动机，其应具有的领导特质可以归纳如下：

1. 创造前瞻愿景

转换型领导者的个人魅力来源，在于其能创造组织前瞻之愿景，借以凝聚内部的向心力和信任感，使人员的努力有了可以期待的目标，而不至于彷徨无措。愿景是组织期望达成的未来景况，是理想实现的蓝图，可以是梦想的美好未来，也可以是具体的计划与任务目标。前瞻愿景的建立系以人员的自我需求与体认为基础，由下而上地逐步形成，反映人员长久以来的期许和关怀。可通过领导的作用来结合人员不同的需要，并将其发展为可行的构想，此构想成为人员工作意义的所在，成为人员努力的最大动力。

2. 启发自觉意识

转换型领导并非通过强制的方式来获取权力，而是领导者能够洞察人员不同的长处和潜能，循循善诱加以启发，而部属从授权的过程中得到自我发展，并心悦诚服。所以，转换型领导者要能深切体察人员的个性能力、组织的变革需要，以长期性投资的眼光，以无比的耐心，培养部属自我觉醒、自我管理的能力。

3. 了解人性需求

从领导交易理论来说，如何掌握人员的需求并予满足，以促进绩效表现，是领导者的要务；而转换型领导也必须能够了解人员需求的个别差异问题，并给予适当的回应，只有如此，才能有效激发其潜能。

4. 鼓舞学习动机

在科技日新月异、竞争激烈的现代环境中，信息和知识是组织图存发展的唯一利器。转换型领导者本身不但要有渴求新知的强烈学习欲望，还要能培养部属不断学习新知的习惯。

5. 树立个人价值

在转换型领导过程中，领导者是组织上下敬仰的对象，是操纵组织存续的关键，所以转换型领导者必须树立起诚实、守信、正义、公道等价值信念，将其作为人员奉行的依据，并通过个人的身体力行，产生潜移默化的教化效果。

6. 乐于工作

转换型领导的施行，奠基于工作的伦理观念。领导者要求部属全力投入工作，自己也必须展现出对工作的高度热情，并能将这份热情加以扩散，以感染所有的组织成员。

本章小结

1. 领导乃是领导者在各种环境中系统地影响组织成员的行为达到组织目标的过程。

领导的影响方式是多样的，如合法的要求、制约的服从、强迫、理性的说服、理性的信任、教导等等。

2. 领导权力是领导的基础。领导的主要权力包括：参考权、专家权、合法权、奖酬权、强制权等。领导者必须依据情景要求正确行使权力。

3. 领导的方式是不同的。不同领导有不同的领导方式，不同的领导方式又有其不同的特点，究竟何种领导方式为佳，尚存在争议。

4. 权变领导理论不同于特质理论和领导行为方式理论，更加强调情景因素对领导效能的影响。权变领导理论最大的启示在于领导效果取决于领导环境、领导者、部属等多种因素的相互作用。

5. 转换型领导是当代领导理论的最新发展。转换型领导是以魅力领导理论与交易领导理论为基础的。而所谓的转换型领导，是一种能够结合组织成员共同需求与愿望的组织变革过程，通过领导的作用，建立起人员对组织目标的共识与承诺，基于共识与承诺，领导者创造人员信念和行为转变的有利条件。转换型领导强调个别的关怀、动机的启发与精神的感召、才智的激发、相互的影响等。

关键术语

领导　领导权力　参考权　专家权　合法权　奖酬权　独裁式领导　放任式领导　以人员为中心的领导　以工作为中心的领导　菲德勒的权变领导理论　豪斯的途径目标理论　转换型领导

复习思考题

1. 你是如何理解领导的？领导与管理有什么不同？
2. 何谓影响力？领导者影响力的来源是什么？
3. 试分析领导权力的基础。
4. 试分析不同领导方式的特点。
5. 你是如何看待领导的权变理论的？试分析不同的领导权变理论及其对现实领导工作的启示。
6. 何谓转换型领导？转换型领导有何特点？
7. 卓越行政主管应遵循哪些基本的行为准则？

阅读材料

公共部门卓越行政主管的行为守则

公共部门的主管在公共组织治理过程中发挥着十分重要的作用，为了鼓励所有公共部门的领导者在公共管理的实践中追求卓越，创造公共的价值，丹麦高级行政主管管理论坛（Forum for Top Executive Management）制定了公共部门卓越行政主管的行为守则，期望将其应用于行政主管最重要的工作领域，并激励卓越行政主管在其日常工作中展现以及发展其管理的行为。行为守则界定了行政主管最重要的工作，涵盖了不同层级公共部门行政主管共同的参照框架，聚焦于行政主管的角色、管理风格和行为，给行政主管提供了定期反思其管理实践的机会，为公共部门组织的对话提供了材料。建议的行为守则包括以下九个方面：

1. 明确管理的空间

作为公共部门的行政主管，你的管理空间取决于政治领导人的偏好，政治领导人是为组织负责的高级管理者。在实践中，政治领导人将会选择通过分担责任的方式与行政主管共享管理空间。这样，行政主管被赋予服务于政治领导人以及管理组织的双重责任。在丹麦体制下，这两个任务是整合的和相互依赖的。在这一体制下，公共部门行政主管的双重角色被视为优势，因为它为行政主管提供了将向政治领导人提供建议和管理组织整合为一体的机会，这能够使行政主管将组织要完成的管理任务与政治要求相协调，与政治领导人讨论政治要求和管理重点的结果。然而，双重角色也对行政管理提出了挑战，需要在二者之间做出平衡。在有些情况下，责任的区分是清楚的，但在大多数情况下，管理空间将出现在与政治领导人的互动过程中。行政主管在确保其和政治领导人实现共同的目标、相互理解和管理决策方面有特殊的责任。作为行政主管，在此背景下的责任在于向政治领导人提供建议，形成明确的任务分工和工作实践。行政主管必须思考和回答如下问题：

（1）如何做才能使你和政治领导人对你在组织管理中所发挥的作用有共同的理解？

（2）如何做才能鼓励你和政治领导人就组织管理责任的具体划分进行持续的讨论？

（3）如何权衡你作为组织的领导者和政治领导人的咨询建议者之间的角色和职责？

（4）如何做才能协调组织的政治要求和任务执行框架之间的要求？

2. 承担责任，确保通过组织落实政治目标

作为公共部门的行政主管，你处在一个大型组织活动中心的地位，组织具有许多事务，并由许多不同的职业群体组成，这些职业群体有特殊的职业规范和价值。在公共部门职员中，遵守职业规范的意识很强，但是这不一定导致职业环境脱离政治目标和管理框架。对职业价值的承诺和认同感是一个优势，但同时也带来了明显的行政管理挑战。一方面，你必须确保有关完成指定任务的政治意愿在组织的方方面面都能得到体现和执行，即使政治目标挑战职业方法、取向和假设的独立性；另一方面，你必须从你的专业人士那里获取关于政治目标效果的专业知识和意见，这样便可以将这些专业的知识和意见整合到你给政治领导人的建议之中，以及运用到服务的改善和效率的提高上。这对你的沟通能力和合理化的能力以及平衡各种不同意见的能力是一个巨大的挑战，这样才能确保政策、执行和专业的专家同心协力。对你而言，有必要与组织中的职业群体进行对话，应对各种挑战和困境。确保职业的环境不游离于政治之外，是你的职责。组织的各方面都必须理解和尊重政治领导组织的游戏规则，政治目标调和、资源的使用和结果的实现均要求不同职业之间的合作和组织中知识的共享。确保组织的管理和组织成员意识并

理解政治的目标与意图以及他们所追求的目标，是你的责任。你必须要求组织的职业群体评价目标实现的程度，并保持与你的沟通。在这方面，你必须思考和回答这样的问题：

（1）如何做才能确保组织及其成员明确地理解政治的目标和意图？

（2）如何做才能确保政策和职业主义之间相互支持？

（3）如何做才能确保各种职业群体将自己视为组织的一个组成部分？

（4）在和职业群体进行对话时，如何做才能获取关于他们任务履行和发展的知识？

3. 创建一个对周围世界有回应力和影响力的组织

作为公共部门的行政主管，你的一个主要任务在于创建这样一个组织，在这个组织中，你的员工尊重公民和消费者，组织对变化的环境和要求具有开放性和回应力，并在相关领域具有专业的能力。公共部门的合法性在很大程度上有赖于组织成员和公民之间直接互动的质量。公民必须面对有专业技能的雇员，他们必须回应不同人的需求，保障公民的合法权利。然而，公共部门的合法性和声誉同样受其对外沟通能力的影响。因此，你和你的组织为了能够影响周围的世界，必须确保政治领导人已经确立的目标和战略得到有效沟通，同样组织所坚守的东西也要得到充分的沟通。公共部门的声誉并非仅仅通过营销的手段便可获取，它是通过公民、消费者和公司与公共部门面对面的日常交往获得的，依赖公共部门的言行一致的表现。媒体也发挥着重要作用，它们有助于确保公民了解公共部门并发挥监督的作用，公共组织要保持与媒体之间开放的和建设性的互动。沟通的责任不能由你一个人承担，可以委托给专业的沟通专家。创造一个各级管理层和员工均得到培训，并愿意与公民、媒体和周围世界进行沟通的组织，是你的重要任务。这样做的一个前提是具有明确的沟通策略，在这方面必须思考和回答的问题是：

（1）如何做才能确保组织从公民和消费者的立场处理问题？

（2）如何做才能让组织对外保持开放性，加强与外部世界的互动和联系？

（3）如何做才能保护和提升组织的声誉？

（4）如何做才能保持组织沟通、日常工作和政治目标之间的一致性？

（5）如何做才能创造组织与媒体之间建设性的互动关系？

4. 创建一个与整体公共部门保持一体化的组织

作为公共部门的行政主管，你首先是你的组织的领导者，但同时在支持整个公共部门的一致性和协同性方面具有责任。与私人部门相比，合作和协调是公共部门的特征，公共部门组织之间有相互合作的义务，这样公民和使用者将会体验任务履行的一致性和质量。理解公共部门如何运转并非是公民的义务，依据公民的需要协调解决问题是公共部门组织的责任。比如开办企业，公民能够从各种机构获得弹性和整合的服务。履行公共部门职责的新的组织形态和合作，如伙伴关系和网络也带来新的挑战。协调、合作和协同的需要要求开拓你的管理视野，将视野向上转向政治领导，向下转向组织的管理是不够的，你必须将视野转向外部世界以及跨部门的协同，引导组织重视和强调跨部门和跨边界的合作价值是你的职责。数字化的行政和跨项目的团队在这方面提供了积极的推动力。你必须为你的组织能够通过与组织内外相关利害关系人的合作计划和实施任务创造条件。你必须思考和回答：

（1）如何做才能鼓励与相关伙伴的合作？

（2）如何做才能确保任务的执行，改善公民服务的一致性和质量？

（3）如何做才能确保组织的管理和成员视自己为整体公共价值链的一部分，相互间有机互动，保持公共部门的整体性、效率和一致性？

（4）如何做才能对现阶段关于框架是促进还是阻碍了公共部门运作的一致性和协同性的争论有所贡献？

5. 要求组织聚焦结果和效果

作为公共部门的行政主管，确保所有管理者和政府雇员聚焦结果和效果，是你工作的重要组成部分。确立目标和制定行动计划是远远不够的，有必要将重心放在结果的达成上。随着新的治理和组织形式的发展，这一工作的日常管理责任在很大程度上已被授权给每一个单位的管理者。尽管分权化已证明了其优势，但这也为你提出了挑战。创建结果导向的管理文化是你的特殊责任。确保每一个单位聚焦结果和效果，但又不能以整体性和一致性为代价是你的任务。同样，确保评估组织目标的实现程度，不断改善绩效是你的责任。当结果没有达到你设置的预期目标时，可能有各种解释和理由，因此，你应有前瞻性思考，确保后续结果持续不断改善。你必须创造政策和诱因，确保系统跟踪核心任务，鼓励每个单位强化绩效。设定总体的任务重点通常是政治的任务，但是作为行政主管，你在平衡重点任务之间的关系和付诸实施方面具有特殊的责任。这就要求，一方面，组织对外部的要求保持开放性和回应性；另一方面，在有证据表明有些组织运作不佳时，你具有行动的能力。应思考和回答如下问题：

（1）如何做才能使整个组织聚焦目的和手段的联系？

（2）如何做才能加强整体组织的目标和价值与下级单位的目标和价值的联结？

（3）如何做才能确保对结果进行有效评估？

（4）如何做才能确保从评估中所获取的信息用于绩效的持续改善？

（5）当你意识到组织执行不力或效率不高时，你如何回应？

6. 拥有愿景、制定战略、改善组织履行使命的方式

作为公共部门的行政主管，持续不断地完善组织的结构、流程、技术和技能，实现政治目标，满足高效和高品质的服务期待，追求卓越，乃是你的责任。公共组织的运作方式要不断变革，始终面对以更少的资源投入提供更多产品和服务的压力，这要求你对公共组织运作的环境要具有敏锐性、具有远见。所有的公共组织都受到全球化的影响，作为行政主管，你必须制定组织的全球化战略；你必须从更广阔的环境和资源背景学习并获取洞见；你必须意识到环境的挑战；你必须对创新持更加开放的态度；你将会在恰当的资源配置方面持续面临挑战；你必须在稳定、安全和动态试验创新二者之间保持平衡。科层制仍然是占主导地位的治理方式，但再也不是公共部门治理的唯一形式，市场机制、网络治理是公共部门组织新出现的治理方式，这些治理改革是建立在各种有时是相互冲突的诱因结构和观点的基础之上的。作为行政主管，确保不同治理方式的选择和综合运用，是明智的。管理这些选择带来的挑战和后果是你的责任。应思考和回答的问题有：

（1）如何做才能使你的组织意识到外在世界的变化？

（2）如何做才能使组织迎接全球环境变化的挑战？

（3）如何做才能在可靠的运作、创新与风险之间保持平衡？

（4）如何做才能确保你和你的政治领导人持续掌握知识，开阔视野，创造履行组织核心职能的新方法？

（5）你是如何形成科层制、市场机制和网络治理模型的比较优势的观点的？

（6）如何促进组织内外知识的共享？

7. 履行领导组织的权利和义务

作为公共部门的行政主管，你不仅拥有权利，同时具有引导组织发展的义务。人口构成的结构变化正在给公共部门造成压力，人才的竞争更加激烈，因此，你必须保持和增强组织的吸引力。作为行政主管，你有责任确保组织履行职责，完成任务，但你不可能独当千面，诸多事情在你的直接控制之外，你必须通过他人的管理来完成你的管理任务。你必须意识到你的优缺点，组建内部管理团队。你必须确保你的内部管理团队整体上拥有个人和专业的技能，应对组织面临的挑战。为了能够对话，强化你的领导价值和目标，你必须特别关注管理者的录用和培训。你必须建立制度，保证组织的行为和任务的执行与你的愿望保持一致。你必须有远见，持续意识到责任、技能、知识、资源之间的相互关系，这样组织和部门的管理者才能够完成指派的管理任务。你必须能够证明你的选择的合理性，理解分权化的管理空间和集中化控制之间的动态平衡。你必须对艰难的决策承担责任，如开除员工或降级，并能够以人道和职业的行为执行这样的决定。需思考和回答的问题有：

（1）你是如何扮演作为整个组织人事政策管理者的角色的？

（2）如何做才能履行你在确保组织能够录取到具有专业才能雇员方面的职责？

（3）如何做才能确保你的管理团队具有履职的专业和个人才能？

（4）你是如何履行做艰难决定的责任的？

（5）如何才能保证管理决策的有效解释和沟通？

（6）如何确保你与组织的成员保持接触和联系？

8. 展现个人和职业的清廉

作为公共部门的行政主管，你必须意识到通过你的言行和管理风格，你对组织的文化和行为规范具有巨大的影响力。行政主管的任务在于执行职业和廉洁的高标准，你必须具有道德的勇气以及个人和职业的自信，这样做便有能力应对那种你需要对公正、客观、忠诚特别留心的情景。你必须能够随机应变，特别是在你的选择和决策不能依据正式规则，只能参照道德规范有所行动时。作为行政主管，你是组织管理者和员工的楷模，你做的任何事情，无论成功与否，将会受到极大的关注。对你所信奉的价值和规范，你具有促进实现的特殊责任。你可以通过各种途径实现价值和规范，如通过展现对组织的忠诚，通过你在组织经历成功与失败的行为，通过你的沟通和反馈能力，通过你的回应力和面对挑战的能力，通过你对底线和规范的坚守，等等。作为行政主管，你必须在建立组织管理的整体价值方面发挥积极作用。你必须将主要的精力放在管理工作上，这样有助于增加你的能力。己所不欲，勿施于人，你必须努力树立你的合法性、可信度以及诚实正直的形象。需要思考和回答的问题有：

(1) 如何做才能确保你所提供的建议坚守公正、客观和诚实的准则？

(2) 如何做才能成为所有人心中的楷模？

(3) 你是否真正做到己所不欲，勿施于人？

(4) 通过你的行为和管理风格，你如何确保组织有正常的批评氛围？

(5) 你在沟通和反馈方面做得怎么样？

(6) 你如何获取组织中人们所关注事情的信息？

9. 维护公共部门的合法性和民主的价值

作为公共部门的行政主管，你在维护公共部门的合法性和民主的价值方面具有特殊的责任。所有公共部门组织的管理运作，都必须遵循一系列基本的价值，如公共利益、法治、公平、客观、参与和代表性民主，这些价值体现了公共部门和私人部门的差异，它们构成了公共部门的基石，展现了其合法性和特殊的社会责任。作为公共部门的行政主管，你必须在你的参谋咨询和管理工作之间，在满足利益相关者的需求和维护公共利益之间找到平衡点，确保公民、使用者以及政府雇员准确地理解在什么时候如何才能影响决策，是你的责任。必须明确最终决策的责任归属以及在什么时候如何做出最终决策。作为行政主管，你必须确保公共部门的基本价值在方方面面得到维护和遵守，然而，你自己理解并依这些价值行事是一回事，创造一个人人均按基本价值行事的组织又是另一回事。让组织的管理者和雇员保持对基本价值的忠诚的同时，维护政治领导人的意志和利益，是你的责任。所有的决策和行为必须具有合理性，因为它们可能成为政治利益和公众监督的对象。作为行政主管，你必须确保你的组织管理者和雇员不辜负公众的信任。需要思考和回答的问题有：

(1) 你是如何帮助公民和公共服务的使用者维持对组织的信任，让他们相信组织的管理依据客观、公平、公正、理性的原则进行的？

(2) 如何做才能确保组织在考虑整体利益的同时，能够回应特殊的需求和利益？

(3) 如何做才能确保组织持续不断的开发、开放、沟通和参与所需的方法和技能？

(4) 怎样才能有助于维护公共部门公平、公正、客观的基本价值？

(5) 如何明确什么时候过程需要开放？

资料来源：Forum for Top Executive Management (2005), Public Governance Code for Chief Executive Excellence, Denmark.

本章参考文献

Barnard, C. I. (1938), The Functions of the Executive, Cambridge, Mass: Harvard University Press.

Bass, B. M. (1990), Bass and Stogdill's Handbook of Leadership: Theory, Research, and Managerial Applications, 3rd ed., N. Y.: The Free Press.

Burns, J. M. (1978), Leadership, N. Y.: Harper and Row.

Fiedler, F. E. (1967), A Theory of Leadership Effectiveness, New York: McGraw-Hill.

French, J. R., Jr. and Raven, B. (1956), The Basis of Social Power, Ann Arbor: University of Michigan Press.

House, R. J. (1971), "A Path-Goal Theory of Leader Effectiveness," Administration Science Quarter, No. 16.

Ivancevich, J. M., Szliagyi, A. D. and Wallace, M. J. (1977), Organizational Behavior and Performance, Santa Monica, Ca.: Goodyear Publishing Co.

Sharte, C. L. (1956), Executive Performance and Leadership, Englewood Cliffs, N. J.: Prentice Hall.

Stogdill, R. M. (1948), "Personal Factors Associated with Leadership: A Survey of the Literature," Journal of Psychology, No. 25.

— (1950), "Leadership, Membership, and Organization," Psychological Bulletin, Vol. 47, No. 1.

Tannenbaum, R. and Massarik, F. (1957), "Leadership: Frame of Reference," Management Science, Vol. 4, No. 1.

Tead, O. (1951), The Art of Leadership, New York: McGraw-Hill.

Weber, M. (1947), The Theory of Social and Economic Organization, New York: The Free Press.

White, L. D. (1955), Introduction to the Study of Public Administration, N. Y.: The Ronald Press.

Yukl, G. A. (1989), Leadership in Organization, 2nd ed., Englewood Cliffs, N. J.: Prentice Hall.

第10章

公务人力资源管理

当今社会是知识经济社会。在知识经济社会中，人力资源的地位凸显。人力资源已取代工业时代的资本，成为我们这个时代最重要的战略资源。人力资源的战略性地位，一方面是由这个时代本身的特质所决定的：在知识经济社会，知识的生产分配和使用已经成为财富和权力的来源，而知识的生产以及创新完全建立在一个组织是否拥有高素质的人力资本的基础上；另一方面是由人力资源的高附加值特性所决定的。

在知识经济社会，管理的重点已从生产转移到知识管理以及人力资源管理。管理者最主要的职责在于创造一个人才成长的优良环境，通过激发人的潜能和创造性，最终实现高绩效的工作。

对于公共管理者而言，拥有积极主动、尽职尽责、精明强干的公务人力资源无疑是政府实现治理目标的根本保证之一，是故有“为政在人”之说。可以讲，缺乏高素质、有活力、负责的公务人力资源，政府是不可能有活力、有效率的。当今世界各国政府再造，莫不把公务人力再造作为一个重点，这也充分说明了这一点。

重点问题

- 人力资源的特性与现代人力资源管理的兴起
- 人力资源管理的功能
- 人力资源管理者的角色与知能
- 公务人力资源管理的战略目标
- 战略性人力资源管理
- 工作生活质量与人力资源管理
- 现代公务人力资源管理发展的趋势

10.1　人力资源的特性

资源既是人类社会存在和发展的前提，也是社会中任何一个组织存在和发展的基础。

一般来说，对一个组织而言，其所拥有的资源大致有四种类型：实体设备资源、财政资源、技术资源和人力资源。一般认为，这四者在任何形式的生产过程中都是不可缺少的最基本的要素；管理的本质便是对组织所拥有的资源进行理性的配置、组织和利用，使之产生最佳的效果，而且一个组织所拥有的资源的数量和质量将决定其生产和提供产品的数量、规模，影响一个组织的整体实力和竞争力。

对于人力资源，人们因研究之角度及范围不同，存在不同的看法。从广义上来看，一国的人力资源泛指现在和未来一切可能成为生产性要素的人口，它包括现实的人力资源（一个国家或地区在一定时间内拥有的实际从事社会劳动的人口）、潜在的人力资源（一个国家或地区拥有的具有劳动能力的人口）和未来的人力资源（那些未达到劳动年龄的人口）。从狭义上来看，人力资源是指一个国家、一个地区乃至一个组织能够作为生产性要素投入社会经济活动的劳动力人口的数量和质量。

如同其他资源一样，人力资源不仅有量的属性，也有质的属性。对于一个国家而言，人力资源的数量反映为一个国家人力资源或劳动力人口的总数。对于一个组织而言，人力资源的数量表现为组织所实际拥有的员工总数。人力资源的数量在一定程度上反映了一个国家、地区和组织的实力。人力资源质量是比人力资源数量更为重要的一个指标。人力资源的质量是一个国家、地区和组织的劳动者健康状况、知识与技能水平、价值与态度、行为能力等综合因素的反映。一个国家、地区和组织只有真正拥有了高质量的人力资源，才真正地拥有了竞争的实力。

在传统上，组织常常将其工作的重心或管理的重心放在实体设备资源、财务资源、技术资源的取得和操作上，往往试图凭借实体设备和财政资源的处理以解决经营上的管理问题和挑战，反而忽略了人力资源的特征。比较各种资源，虽然实体设备、财政、技术和人力资源各有其重要性，但人力资源更显特色。

1. 人力资源为能动资源

人力资源最显著的特性在于它的能动性，这是其区别于一切资源最根本的特性。人力资源之能动性，核心表现为人力资源在管理活动中的主导作用。一切经济活动和管理活动都是人力资源的活动，是人力资源活动引发、带动了其他资源的活动。在经济和管理活动中，人力资源的活动总是处在发起、组织、操纵和控制其他资源的中心位置。人力资源能统合其他资源，结合其他资源的效益，因而其脱离了“纯粹资源”地位，能创造更高的价值。与其他资源相比，在经济活动中，人力资源是唯一起创造作用的资源。创新是一切组织活动的生命，而只有高质量的人力资源才能承担不断创新的任务。

2. 人力资源是高增值性资源

组织的其他资源如实体设备资源和财政资源的运用方式与范围都有一定的限制和功能，而人力资源则基于“人”的特性，其所产生的价值与影响、收益的份额远远超过其他资源；人力资源和其他资源一样，在投入使用以后都可能引起损耗，但人力资源却能在使用过程中不断实现自我补偿、更新和发展。因此，人力资源是一种高增值的资源。

3. 人力资源无法储存

自然资源和物质资源可以闲置，资金和财政资源可以存于金融机构，但人力资源往往无法储存，如果现在不及时应用人力资源，就不能得到人力资源的价值，同时也不能保留人力资源以待日后使用，社会知识、技术的飞速发展使得“闲置的”人力资源逐渐流失其价值与特性。因此，闲置的人力资源是对人力资源的巨大浪费，唯有前瞻性地、有计划地、适时地运用人力资源，才能发挥人力资源的作用。

4. 人力资源必须不断地投资、维持与提升，才能保持其价值和增值

一切资源都有耗损性，人力资源也会老化，它表现为人的体力、智力、知识、技能以及态度与行为不能适应新时代的要求，而人力资源的老化结果表现为这种资源的价值或所能创造的价值的减损。为了维持人力资源的价值，一个组织只有依据社会和环境发展的要求、组织与个人的要求，持续不断地投资于人力资源，强化其知识、技能与态度，才能适应变革的压力，发挥人力资源的价值。

由此来看，优良而又可靠的人力资源实为组织最重要的资产和资本，人力资源系统是组织的动力系统。

10.2　现代人力资源管理的兴起

人力资源管理是 20 世纪 70 年代，特别是 80 年代以来流行与兴盛的一个管理领域。人力资源管理（HRM）一词，经过整个 80 年代再跨 90 年代，逐渐被管理者及管理学者们所熟悉。传统上，涉及人力的管理问题，人们所习惯并熟悉的词汇是人事管理。尽管对于人力资源管理的含义众说纷纭，但我们深深地体验到：人力资源管理一词取代传统的人事管理一词并非仅仅是词语的变化，而是反映了时代变化的特征乃至管理理念的变化。具体分析，导致人力资源管理兴起的主要原因或因素有以下几个方面：

1. 人力资源或人力资本理念的确认和广泛共识

在现代经济科学和管理科学创立之初，古典大师们如配第（W. Petty）、亚当·斯密等便在一定程度上认识到了人力资源在经济活动中的特殊地位。亚当·斯密在其名著《国富论》（1776 年）中提道，一个国家全体居民的所有后天获得的有用能力是资本的重要组成部分。但严格地讲，古典经济学并没有真正将人力资源看作是一种资本，它们都将人（或者说劳动、劳动力）与土地、资本并列为生产的要素，但认为作为生产性要素的人是“非资本的”。实际上，在他们看来，劳动力指的是不包含知识和技能的自然形态的劳动力。马歇尔尽管认识到所有资本中最有价值的是对人本身的投资，但同时认为，不应该把资本的概念用于人类身上，因为这样，纵然不损害人的自由，也会贬低他的人格。在 20 世纪 50 年代后期，由于科学技术的进步，人力资源在生产中的地位发生了变化，由此产生了人力资本的理论。人力资本理论的创始人是美国芝加哥大学的西奥多·舒尔茨（Theodore Schultz）和加里·贝克尔（Gary S. Becker）。他们认为，人力是经济发展和社会进步的决定性因素。人力——包括人的知识和人的技能形成，是投资的结果，也就是说，并非一切人力资源都是最重要的资源，只有通过一定方式的投资，掌握了知识和技能的人力资源才是一切生产资源中最重要的资源。因此，人力、人的知识和技能，是资本形态，我们称为人力资本。人力资源作为一种生产能力，已经远远超过了其他一切形态的资本生产

能力的总和。对人的投资带来的收益率超过了对一切其他形态的资本收益率。在 20 世纪 80 年代以后，人力资源和人力资本的重要性被人们广泛地认同和接纳，英国经济学家哈比森（F. H. Harbison）的观点或许代表了人们普遍的看法："人力资源是国民财富的最终基础。资本和自然资源是被动的生产因素；人是积累资本，开发自然资源，建立社会、经济和政治组织并推动国家向前发展的主动力。显而易见，一个国家如果不能发展人民的技能和知识，就不能发展任何别的东西。"国家的发展是如此，组织的发展和生存更是如此。诚如当代管理大师汤姆·彼得斯（Tom Peters）所言："企业或事业唯一真正的资源是人，管理就是充分开发人力资源以做好工作。"

2. 国际化与国际竞争的加剧

国际化是当代社会政治、经济发展的一个不可争议的现实。国际化所引致的一个明显的结果就是国际竞争的加剧。一个组织不仅仅要在生产、销售、财务、服务上与其他组织竞争，在人力资源管理上亦是如此。尤其是在国际竞争日趋激烈的当代社会，一个组织要想在国际竞争上占一席之地，就需要积极寻找有效利用人力资源、充分发挥员工的潜能、增强其竞争能力的方法。事实上，人力资源在某种程度上已成为一个国家核心的竞争优势所在，因为人力资源是一个国家发展和创新的核心资源。

3. 人力资源成本在所有经济生产体系的成本结构中所占比例增大

由于人力资源的重要性增强，人力资源投资的成本不断扩大。研究表明，很多组织中 55%的运营成本乃直接或间接地与人力资源费用有关。特别是在许多发达国家和地区（如北美洲和西欧），传统的制造业向服务业转移，大约有 2/3 的劳动力从事生产和提供服务，服务业与传统的制造业的最大区别就在于其知识经济性质，即要求从业人员有更高的知识、技能和创新水平。这一方面导致了人力资源成本的增加，同时也导致要求用新的人力资源管理方法去管理他们。

4. 整体性经营对人力资源管理的新要求

整体性经营是任何一个组织成功的不变的原则和秘诀。技术的优势来自人员在知识和技术上的不断创新，生产和销售的优势需要良好的人力资源作为支持。一个组织除了要有良好的计划和技术、健全的市场销售网络、有效的财务系统外，先进的人力资源管理也是不可缺少的，人力资源管理是组织整体性体系中的一个重要组成部分。

5. 管理方式的变化——从以事为中心的管理转向以人为中心的管理

一方面，随着社会政治的变革与进步，特别是权利平等化的发展，以及工作生活质量运动的发展；另一方面，随着对人力资源及其作用认识的变革，组织管理的方式也发生了一个根本性的变化，那种传统的以事为中心的独裁管理模式和监护管理模式逐步让位于以人为中心的人际关系管理模式和人力资源管理模式。管理学家迈尔斯（R. E. Miles）曾经区分了这种传统管理模式和以人为中心的管理模式（见表 10－1）。发展民主、人道的管理系统已成为当代管理的一个中心议题，这个议题的核心内容在于：怎样才能通过使个人能够享有更多的参与、创造性和尊严，通过发掘人的聪明才智而不仅仅是从技术职能方面来引导，从而既能提高组织的生产能力，同时又能帮助人得到充分的发展。

表 10-1　　传统管理模式和以人为中心管理模式的区别

传统模式	人际关系模式	人力资源模式
	假设	
1. 对绝大多数人来说，天生对工作是厌恶的 2. 员工对做什么要比对他们的工作报酬较少关心 3. 几乎没有多少人要求或能够处理那些需要创造力、自我指导或自我控制的工作	1. 人们要感到自己有用和重要 2. 人们要求有归属，同时要求承认是个独立的人 3. 上面的这些要求，在激励人们努力工作方面比金钱更为重要	1. 工作并不是天生可厌恶的，人们要求对自己参与拟定的目标做出贡献 2. 绝大多数人能够运用更多的创造力、责任、自我指导和自我控制，超过了他们现在所任工作的要求
	政策	
1. 主管人员的基本任务是严格监督并控制其下属 2. 他必须把工作任务分解成简单、反复、容易学会的操作 3. 他必须建立详细的日常工作程序并坚定而公平地执行这些规定	1. 主管人员的基本任务是促使每一个工作人员都觉得自己有用和重要 2. 他应保持使下属人员经常熟悉情况，并且听取他们对计划的不同意见 3. 主管人员应容许下属在日常工作中运用某种程度的自我指导和自我控制	1. 主管人员的基本任务是设法利用"未开发"的人力资源 2. 他必须创造出一种环境，使每一个工作人员都能竭力做出最大的贡献 3. 他必须在重大事情上鼓励员工充分参与，并不断扩大下属人员的自我指导和自我控制能力
	预期结果	
1. 如果工资合理，主管公平，则人们能够容忍工作 2. 如任务足够简单，而且对员工的控制十分严密时，他们的生产可以达到标准	1. 与下属人员分享信息，并在日常工作的决策中让他们参与，这将满足他们的归属感和工作自豪感的需要 2. 满足上面这些需要便可以提高士气并减少对正式权力的抵制，使下属人员愿意合作	1. 扩大下属人员的影响、自我指导和自我控制，将带来工作效率的提高 2. 下属人员对工作满意的程度将作为他们一种"副产品"而增加，也就是促使他们充分发挥其才智，为组织多做贡献

6. 人力资源管理的职业化

人力资源管理受到普遍重视的一个重要原因在于，人力资源管理专门化的趋势正在形成和加强。在今天，涉及人力资源管理的许多问题，如：如何进行人力资源的规划？如何帮助个人发展一种能使他们完全实现其能力和兴趣的事业，而同时又符合组织长期或短期对人力的需求？如何将工作设计得更为有效？在什么条件下各种类型的奖酬最能有效地鼓励员工工作？组织中成员的态度、行为及其变化如何？如何通过对人的管理成功地实现组织的变革……诸如此类的问题远非一般人员所能回答并解决的。人力资源的管理需要专门理论和知识作为支撑，需要专门的技能，需要职业的人力资源专家和职业管理者，因此，人力资源管理已经成为一种职业。

10.3　人力资源管理的性质、功能和系统

如前所述，对于人力资源管理的意涵究竟为何，一直众说纷纭，不能定于一宗。为理

解人力资源管理，我们必须首先理解什么是管理，管理在做些什么。

管理就是设计和保持一种良好的环境，通过使人有效地工作，完成组织目标的过程。大多数管理专家认为所有的管理者都从事或履行五种基本的职能：计划、组织、人事、领导和控制。这五个基本职能代表了管理过程（management process），每一个职能所涉及的主要活动包括：

（1）计划：建立目标和标准，制定规则和程序，制定战略，预测，制定各种管理计划。

（2）组织：建立和设计组织机构，为每一个下属指派工作，授权，建立权力和沟通的渠道，协调下属的工作。

（3）人事：决定雇用哪种类型的人员，人员录用，人员选择，确立绩效标准，奖惩，评价绩效，员工咨询，训练和发展。

（4）领导：激励下属，指导下级的活动，解决冲突，协调关系。

（5）控制：监控，比较，纠正偏差。

人力资源管理核心涉及一个组织管理中的人力资源方面的管理职能，传统上被称为人事和人事管理。简单地讲，人力资源管理是指组织内所有人力资源的获取、使用和维护等一切管理的过程和活动，或者是组织管理中涉及人力资源的政策和实践。

美国培训与发展协会（American Society for Training and Development，ASTD）曾在《卓越的典范》一书中提出了人力资源管理的标准功能（见图 10－1）。

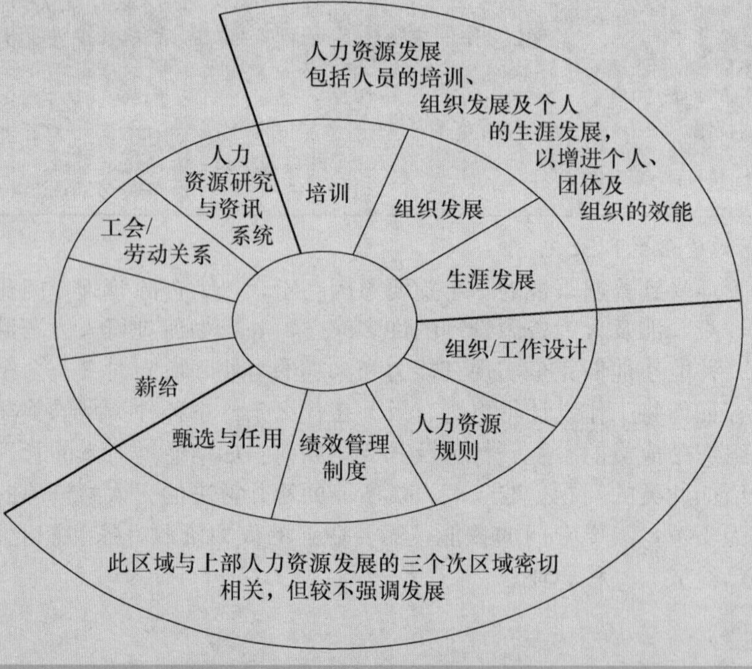

图 10－1 ASTD 人力资源管理轮

ASTD 的人力资源管理轮向我们展示了一个组织人力资源管理的主要活动领域。如果我们将人力资源管理视为一个过程或系统，人力资源管理事实上包括五大基本功能。现将五大基本功能简述如下：

1. 人力资源获取

一个组织必须为特定地点和时间的特定工作获得合格的人员，这样才能有效地实现组织的目标。人力资源的获取是人力资源工作的第一步，它涉及人力资源规划、录用和选拔。人力资源的规划是系统地评估人力资源需求以保证获取组织所需的具有专门技能的人才的过程。人力资源规划的主要任务是了解组织的目标与目的，继而在目标与目的指引下，从事组织结构的设计与工作分析，确定招募具有何种特定技术、知识与能力的员工。招募是吸引足够数量的个人并鼓励他们应聘和任职于本组织的过程。而选择是组织从大量的应聘人员中选择适合组织工作岗位所需要的人员的过程。一个组织若要成功地实现自己的使命和目标，完成这三项任务是十分重要的。

2. 人力资源发展

人力资源发展是整合培训与发展、职业发展、管理发展与组织发展，以增进个人和组织效能的过程，它经过训练、教育、发展与领导行为，有计划地安排学习，有计划地改进绩效和员工生产力。人力资源发展功能的需要来自组织内外环境的不断变化。

3. 人力资源激励

人力资源激励功能是人力资源管理过程中最重要但却不易为人理解的一个功能。这主要缘于人类行为的复杂性，在管理中，如何激励人员的动机和行为以达到组织的目标，实为不易。人力资源的激励的主要议题包括：联结报酬与绩效、工作再设计、提升工作的满足感、绩效评估等多方面。其主要的任务就在于确认和运用恰当的激励技术。

4. 人力资源维持

从管理过程来看，人力资源维持是人力资源管理过程的最后一个阶段，其目标在于如何留住人才。一个组织获取人才是重要的，但留住人才也同样重要，特别是在人力资源竞争十分激烈的现时代。人力资源维持涉及人力资源的许多方面，主要的议题包括人际关系和沟通问题、员工的福利问题、工作环境和职业安全问题等，它更加关注为员工创造一个良好的环境。

5. 人力资源研究

人力资源研究传统上并不受重视，而如今却显得十分重要。我们最好将其视为人力资源管理的一个重要的辅助性功能和领域。各种组织的人力资源管理虽然有其共通性，但每一个组织所面临的人力资源管理问题可以说是具体而又特殊的，发展出最适合自己组织的一套人力资源管理系统（政策、规则、技术、方法等）是非常重要的。

在考虑到人力资源的各种功能时，我们不应将人力资源管理的功能加以分割，事实上，人力资源管理的功能是高度联结和整合的，不同职能领域是相互交叉和影响的。举例来说，一个组织只重视录用和培训人员，而忽视人员的报酬结构问题，无疑是在浪费时间、精力和金钱；如果一个组织真正关注员工的福利，它就必须保证为员工建立一个安全而又健康的工作环境。

同时，在认识人力资源管理时，我们也不能忘记一个重要点：人力资源管理并不是存在于真空之中，而是存在于特定的组织环境之中，这就是说一个组织的内外环境对组织的人力资源政策发挥着巨大的影响。环境因素构成了人力资源管理的一个重要组成部分。因此，在研究人力资源管理问题时，不可忽略环境因素及其影响。

10.4 人力资源管理者的角色与知能

一般而言，一个已经形成的职业领域必须有完整的专业知识、为顾客服务的专业技能和态度、完备的理论及实际操作，以及不断提升整体专业水准的规范和决心。人力资源管理，到目前为止，是一个已经形成并不断发展的专业领域。同时，人力资源管理是一个跨领域的专业或职业，其中涉及政治、经济、社会、管理、教育和心理各领域的知识和专门人才。

依据美国培训与发展协会的调查研究，人力资源发展（HRD）专业人员的角色包括：

（1）行政管理者。支援与支持 HRD 的课程和服务。

（2）评价者。确认 HRD 活动对个人和组织的影响。

（3）职业生涯发展顾问。协助个人了解自己的能力、价值观或目标，规划与实施职业生涯发展计划。

（4）HRD 专业经理。指导 HRD 活动，并配合组织需求，整合 HRD 与组织业务。

（5）辅导员。提供信息、引导学习过程，协助小组讨论。

（6）行销人员。负责 HRD 课程或活动的行销事宜。

（7）教材开发者。负责 HRD 书面或电子资料的制作。

（8）需求分析师。分析组织在绩效或培训上的需求，协助组织解决管理上的问题。

（9）组织变革的推动者。协助或影响组织进行必要的变革。

（10）教学设计师。确认学习目标、拟定学习内容、设计学习程序等。

（11）研究者。研究和分析与 HRD 有关的理论、概念、模式或技术，并将研究成果转化，协助组织的学习需求。

人力资源管理与发展（HRM/D）工作，是一个专门的职业领域，因此对 HRM/D 专业人员而言，要求有较高的专业知识和能力。依据学者麦克拉根（McLagan）的研究，HRM/D 专业人员的知识和能力可分为 4 类 35 项。

1. 技术知能（technical competencies）

（1）成人学习认知。了解成人如何求取知识、技能或态度，以及差异。

（2）职业发展理论和技能。了解职业发展的理论、方法和技术及其应用。

（3）知能确认技术。确认工作、职务或角色所应具备的知识技能。

（4）电脑应用知能。了解并依需要使用电脑。

（5）电子系统操作技能。了解并能使用应用于教育和训练发展的各种电子信息系统。

（6）后勤支援技能。有效地规划和协调资源运用。

（7）目标调配技能。具体描述、制定和调整目标。

（8）绩效观察技能。追踪并描述行为及其效果。

（9）专业认知。对某一专业的整体认知。

(10) 培训理论与技巧。了解培训与发展的常用方法和技能。

(11) 研究技能。对新事物的了解、分析和掌握。

2. 组织知能 (business competencies)

(12) 组织经营认知。了解组织各部功能及关系和组织决定的影响。

(13) 成本效益分析技能。分析不同事物在财务、心理和战略上的优缺点。

(14) 授权技能。职责和责任的分配。

(15) 产业认知。了解组织所在产业的特点和运作方式。

(16) 组织行为认知。了解组织和成员行为的意义和影响。

(17) 组织发展理论与技巧。了解组织发展常用模式和方法。

(18) 组织认知。了解组织结构、权力分配或财务结构等情况。

(19) 组织规划技能。

(20) 资料管理技能。以适当方式存取资料。

3. 人际关系知能 (interpersonal competencies)

(21) 指导技能。协助个人了解其需求、价值观或目标。

(22) 反馈技能。将沟通信息或结果确实传给个人。

(23) 团队过程技能。了解影响团队运作的因素和需求。

(24) 协商技能。通过协商获得双赢的结果。

(25) 呈报技能。清晰的口头报告能力。

(26) 询问技能。收集资料信息，获取引导方向。

(27) 关系建构技能。建立个人和团队的信息网络。

(28) 写作技能。书面资料的整理和呈现。

4. 知识知能 (intellectual competencies)

(29) 资料浓缩技能。迅速整理、检视资料并求取结论。

(30) 资料搜寻技能。了解不同资料的本质与来源，并知道存取途径。

(31) 知识多元。多元逻辑思考。

(32) 模型建构技能。自概念或理论中整理出实用性的模式。

(33) 观察技能。观察四周的细致变化。

(34) 自我了解。了解自我的各项特质和优缺点。

(35) 视野展望技能。对未来的展望和视野。

总之，人力资源管理与发展职业是需要多方面的专门知识、技能作为支持的。一个良好的人力资源管理者，不仅要具备上述的知识和技能，也更需要高尚的职业道德。

10.5　公务人力资源管理的战略目标

在传统上，人力资源管理被视为一种事务性的活动，因而人力资源的管理角色在整个组织系统之中，仅处于辅助性的地位，人员的获取、组织、使用和维持被看成是人力资源管理的目标。如今这种狭隘的观点受到挑战，因为人力资源已经是一种战略性资源。人力资源管理已成为一个组织管理的重要组成部分，人力资源管理已成为整个组织战略的重要环节，成为一种战略性管理。作为战略性管理，人力资源管理的目标已超越了传统的目标，而与整个组织管理的目标相融合。

10.5.1 人力资源管理与生产力

在现实世界中，各类组织的管理者合乎逻辑的目的，应是创造效益和提高生产力，即管理者要创造这样一个环境：投入最少的时间、资金、原材料和劳动，达到预期的目的。用最少的资源去达成目标或运用现有资源尽可能多地完成任务，是组织永恒的目标。

可以这样讲，一个组织的生存与发展取决于其生产力的高低。在如今，虽然对生产力的真正含义没有完全一致的看法，甚至存在争论，但生产力通常以产品或服务的数量为主，也可引申为产品和服务的整体价值。一般的看法认为，生产力是一个时期内投入与产出的比率，并保证质量。用公式表示为：

$$生产力=\frac{产出量}{投入量}$$

人力资源管理，作为提高组织生产力的关键领域，其对生产力提升的贡献可以从两个大的方面予以说明：一是不断降低人力资源的成本，扩大人力资源投入的收益，实现组织生产力的提高；二是通过人力资源管理的科学化，促使人力资源价值的实现，最终提高组织生产力。

1. 人力资源管理成本的控制问题

传统上的人力资源管理部门只是“花钱”部门（成本中心），而不考核其工作的经济效益。因此，人力资源管理部门往往忽略了成本问题，不注意人力资源的收益。从组织生产力的角度观之，人力资源管理要求将人力资源管理部门由成本中心改造为利润中心，控制人力资源的成本，直接达到实现生产力的目的。

人力资源成本是一个组织取得人力资源、使用人力资源、维持和提升人力资源而付出的代价。一般而言，一个组织用于人力资源上的成本主要包括：

（1）人力资源的获取成本。它是一个组织在招募和甄选人员过程中发生的成本，包括招募成本，即为吸引和确定组织所需的内外人力资源而发生的费用，主要包括招募人员的直接劳务费用、直接业务费用和间接费用；选择成本是组织为选择合格人员而发生的费用；安置成本是将被录用的人安排在确定工作岗位上的各种行政管理费用。

（2）人力资源的开发成本。人力资源的开发成本是组织为提升人力资源的质量而投入的培训和教育费用。在现代人力资源管理中，一个组织用于开发上的成本所占的比例有不断上升的趋势。

（3）人力资源的使用成本。人力资源的使用成本是组织在人力资源使用过程中所发生的成本，包括维持成本（如劳动报酬、福利、津贴、分红等）、奖励成本（奖金）等。

（4）人力资源的保障成本。这是保障人力资源在暂时或长期丧失使用价值时的生存权而必须支付的费用，包括事故保障、健康保险、退休养老保障、失业保障等。

(5) 人力资源的离职成本。这是由于职工离开组织而产生的成本，包括离职补偿成本、空职成本。空职成本即机会成本，它是组织因职工离职或离岗使该岗位空缺而承受的经济损失。

在现代组织中，人力资源的成本是最大的开支之一。因此，如何有效控制人力支出，并不断扩大其收益便直接影响着一个组织的效率。在如今，人力资源会计及人力资源审计已经广泛地被作为提高生产力的一个重要方法。

人力资源会计是将人力资源作为一种经济资源或资产而进行的确认、计量、记录、报告和管理，对其供给与需求进行预测，对其投资效益进行分析，做出人力资源投资决策分析，并将有关结果报告给管理决策者的会计管理方法。

2. 通过科学化的方法与管理，扩大人力资源的收益

从某种意义上来讲，整个人力资源管理本身研究和探讨的一个重要议题便是如何扩大人力资源的收益和生产力，从而最终达到实现组织生产力的目标。已被人们视为提升组织生产力的有效的人力资源途径与方法包括以下几种：

(1) 通过增加生产力的工作，如工作扩大化、工作丰富化、工作轮换、缩短工作时间、弹性工作时间等途径，促使生产力的提高。

(2) 通过工作场所的再设计，如办公环境的改进、智慧型办公科技等人类工作学(ergonomics) 的设计，不断促进生产力的提高。

(3) 通过人力资源的开发，如培训、管理发展、职工个人生涯发展、组织发展，提升人员能力，从而达到提高组织生产力。

(4) 通过有效的人员激励，以激发人的潜能和动机。

(5) 通过建立满意的工作环境，促使人们更有效地工作。

(6) 通过报酬和待遇体系的改进，如浮动工资方案、利润分成方案、技能工资方案、灵活福利、个人技能计划等，促使人们有效积极地工作。

10.5.2 人力资源管理与政府服务品质的提升

在现代社会中，产品（服务）的质量是组织生存的重要因素，是创造产品附加值的重要元素，也是组织竞争优势的核心所在。假如一个组织或公司想要维持其基本客户，首先必须对其产品及服务树立质量的形象，其次它必须能对顾客保证其产品绝对是高品质的，并且是物超所值的。在今天，提升产品与服务的质量已成为全世界政府及企业界的热门话题。而这一努力是通过全面质量管理实现的。

全面质量管理（TQM)，是一种管理哲学，也是一种要求组织不断改善的指导原则。它应用人力资源管理与发展的方法，针对组织运作的过程加以改良，致力于组织目标的实现，以及顾客需求的满足。正如人力资源管理学者罗宾斯（S. P. Robbins）所说：“TQM 主要是指组织整体的发展过程，亦即，这个过程必须被上层管理者所接受与支持，并汇集全体人员的努力，通过组织的每一个界面加以贯彻。”事实上，TQM 的本质在于使组织全体成员均能深深地投入，并赋予其活动持续性地改善产品与服务的品质，进而追求顾客的满意。

由此可见，全面质量代表着一种全新的管理典范或文化，代表着一种新的人力资源管理运作模式，这种典范或模式的核心在于：

（1）价值观点：着眼于长期，以顾客的满足为中心；

（2）管理态度：员工是宝贵资源，更是重要顾客；

（3）组织文化：重视集体成就，培养员工能力，追求顾客至上；

（4）关注重点：组织所有活动；

（5）资源管理：以品质管理系统持续改善工作的质量；

（6）问题解决：团队处理；

（7）工作设计：强调弹性与创新；

（8）绩效评估：重视团队目标，由顾客、同事与领导共同考评；

（9）沟通方式：多向沟通；

（10）薪资设计：针对团队表现，物质与精神并重；

（11）人员升降：参考团队绩效与个人能力，跨部门职务轮调；

（12）教育训练：培养广泛知能，提升解决问题的能力。

至于组织如何运作，特别是通过人力资源管理的方法造就这种质量的文化，综合国际经验（如美国联邦政府），下述几个方面是主要的：

（1）高层人员的领导与支持。高层人员必须直接积极地投入，为建立一个致力于质量改进的环境而努力。

（2）通过战略性规划，促进组织集体改善质量的持续性努力。

（3）以顾客为导向，了解内外顾客的需求。

（4）通过教育与训练，促使对质量的价值共识。

（5）组织中的政策、规则及流程是用来协助成员更愉快地有效工作的，充分给每一个成员授能。

（6）建立良好的工作关系及沟通。

（7）强调团队合作。

（8）肯定和赞赏个人和团队的工作绩效。

（9）高度的士气。

（10）强调事先的预防而非事后的检测，第一次就把事情做好。

10.5.3 人力资源管理与组织变革的促进

今天的组织（无论是公共组织，还是私营组织）所面对的是一个动荡、不确定的环境。社会技术、政治、经济、文化均构成了组织变革的动因。不变革则灭亡，已经成为一切组织领域的共识。组织变革，既是促进组织生存与发展的前提，也是组织管理的目标。

组织变革，简单来讲，就是一个组织试图有意识地或有目的地对组织自身或其他组织的现状施加影响或改造的过程。组织变革的目的不外乎有两个方面，一是提高组织的适应能力，将组织变革视为对付组织外部环境变化的途径；二是在于改变组织内部个人的态度、作风和行为，使之适应组织目前发展和长远发展的需求。

任何改革都不是一帆风顺的。在一个组织之中，既存在着支持变革的力量，也存在抵抗变革的力量。在一个组织中，变革的阻力主要来自组织和组织员工个体两个主要的方面。组织变革的个体阻力来源于人类行为的基本特性和需要。一般来讲，个体反抗或抵制变革的原因在于：

（1）有选择地注意与保留。一个人一旦确定了自己的态度之后，他对别人的建议就往往只在既定的态度范围内做出反应。

（2）习惯。习惯一旦形成，它就可能变为一个人获取满足的根源，除非万不得已，人们总是按照自己的习惯做出刺激反应。

（3）经济上的考虑。人们担心改革会使自己丧失既得利益或收入降低。

（4）安全。改革会改变人所熟悉的东西，从而丧失安全感。

（5）对未来的恐惧。面临着未来不可预知的情况，人们对不确定性总是持不信任的态度。

组织变革从组织层面上来看，也存在许多阻力，这些阻力主要来源于：

（1）对权力和权威的威胁。

（2）组织结构的稳定性和惰性。

（3）群体的惯性。

（4）留滞成本。

（5）对已有资源分配的威胁。

组织变革的成功，在很大程度上取决于一个组织在多大程度上化解了组织变革的抵抗力量。组织变革的本质是对人的态度和行为的变革，因此人力资源管理在推动组织变革与再造方面发挥着重要作用。人力资源管理在组织变革过程中的角色，可以从以下几个方面得以体现：

（1）人力资源管理者和人力资源管理专家作为组织变革的推动者，影响和协助组织进行变革。

（2）通过有计划的教育与培训战略，促进组织成员对变革的认同，使组织成员感到改革的压力并愿意进行变革。

（3）通过参与战略，吸收组织成员参与管理及变革方案的制订，以此化解变革的阻力并提高变革决策的质量。

（4）直接通过工作再设计，如工作内容丰富化、作业或职务轮换、自组小组、目标管理等方法促使组织变革的实现。

（5）通过为组织员工提供支持与帮助，如知识培训、职业发展咨询、心理咨询、福利保障计划等支持性措施，化解阻力，减少恐惧和忧虑。

（6）通过奖惩和强化措施，鼓励人们创新，并制约反对改革力量的发展。

（7）从外界引进新的思想和意见以帮助内部人员找到提高组织效率的方法。

（8）通过充分授权给员工，让其根据情景的需要致力于自我的变革。

10.5.4 人力资源管理与组织文化的建立

如前所述，组织文化是一个组织的成员共同持有的价值观念体系。组织文化对于一个组织而言，具有重要的意义，因为它影响着：

（1）对其他个人及群体的看法，从而影响人与人之间的关系；

（2）个人对所面临的形势和问题的看法；

（3）个人所选择的决策和解决问题的方法；

（4）确定什么是道德的和不道德的标准；

（5）个人接受或抵制组织目标的程度；

（6）对个人及组织成功和成就的看法；

（7）对个人和组织目标的选择；

（8）个人与组织的行为。

一句话，组织文化影响着一个组织的绩效。正是出于这样的原因，世界上许多著名的公司或组织均致力于其独特的组织文化建设。一个组织的成功，不仅取决于其财力、技术，更取决于其能否创造财富的文化体系。人力资源管理在创造、发展和维系一个组织的文化过程中，同样起着十分重要的作用。

（1）通过人员甄选过程，不仅识别并雇用那些有知识、有技能、有能力适应组织工作的人，更重要的是选择那些适合自己组织文化的人；

（2）通过人员的需要，支持那些拥护新型文化的员工；

（3）通过组织的规章制度，确认组织文化的准则；

（4）通过改变组织报酬体系，鼓励员工接受新的价值观念；

（5）通过人员的调职、工作轮换或停职，来动摇组织中的亚文化；

（6）通过教育与培训，使组织员工适应变化。

10.6 公务人力资源管理的新理念：战略性人力资源管理

传统的人事管理或者人力资源管理最大的缺陷在于“管人”与“管事”之间的分离。如果讲人力资源管理与其他管理活动之间存在联系的话，那也是存在最低水平的联系。所谓最低水平的联系，是指人力资源管理职能的重点放在日常的活动上，人力资源管理人员没有时间或者机会对人力资源问题进行战略性思考，组织的战略规划职能也没有得到人力资源部门的有效参与，人力资源部门与组织的战略管理过程相分离。在日益重视战略管理的今天，无论是私人组织，还是公共组织，都认识到战略性人力资源管理的重要性，即人是组织中最重要的资产，这种资产的价值可以通过投资得到强化；一个组织的人力资源管理应该围绕如何实现组织的使命、目标这个标准来进行设计、执行并加以评价。

那么，什么是战略性人力资源管理，如何实现战略性人力资源管理呢？

学者亨德里和佩蒂格鲁（Hendry and Pettigrew）1986年提出，所谓的战略性人力资源管理有四层含义：一是强调战略规划的作用；二是依据战略规划设计并管理人事体系；三是人力资源管理的政策和活动要与组织的战略相匹配；四是将组织的人力资源视为实现组织竞争优势的战略性资源。简言之，战略性人力资源管理是一种新的人力资源管理理念和政策，它的核心在于整合，即将人力资源战略与组织的战略整合在一起，使人力资源管理成为组织战略的一个重要组成部分，从而使人力资源管理更好地服务于组织战略的实现。

近些年来，许多企业已经认识到，组织战略的实现与否在很大程度上都与人力资源管理的职能参与有关。根据美国审计总署（GAO）的研究，私人组织践行战略性人力资源管理已经成为一个潮流。同时，美国审计总署也总结了私人组织成功实现战略性人力资源管理的基本经验。这些基本经验和原则包括：

（1）将人力资本的管理视为整个事业发展战略的核心。它们将人力资本管理与其发展战略和日常的管理工作有机地整合起来，因为人力资本的管理支撑着组织，使其能够实现组织的使命和目标，创造高绩效。

（2）将人力资本的管理职能和人员与整个管理团队有机整合在一起。人力资本的管理者和管理部门不仅承担人事行政服务的职责，而且参与到整个管理团队的工作中，保证能够前瞻性地处理人力资本问题。这样人力资本管理者便扮演了决策者、咨询者的角色。

（3）借用外部专家的力量使组织内部的人力资源管理职能得到有效的发挥。它们借用外部咨询者、专业协会和其他组织的力量，使其为自己提供更加专业化、低成本的服务；同时为组织提供新的观念；使组织能从其他组织中学习经验。

（4）根据确认的能够实现组织特殊使命和目标的基本的领导特质标准来雇用和开发领导者。许多组织都确认了自己独特的领导能力评价标准，它们相信这些标准对于实现组织的目标和长远的成功是不可缺少的，并以此标准作为录用、雇用、开发、更换领导的政策依据。

（5）与所有的员工开展充分不断的沟通，使大家在组织的使命、目标和核心价值上达成共识，像一个团队一样一起工作，从而共赴事功。

（6）根据知能的标准雇用、开发员工。为了确保组织的竞争力，许多企业都制定了员工的能力标准，即实现组织目标所需的知识、技能、能力和行为的标准，以此作为人力资源管理的政策和行动依据。

（7）运用绩效管理制度，包括工资和其他有价值的诱因机制，将绩效与成果挂钩。它们一般执行绩效工资、利润分享、弹性工资或其他综合性的措施，鼓励员工和团队创造高绩效。

（8）支持和奖励团队实现高绩效。它们鼓励和支持团队作为实现高绩效的手段，采取多种多样的措施鼓励团队工作，如跨功能的团队或矩阵组织，团队诱因和奖励计划等。

（9）将雇员的投入与人力资本政策以及措施的设计和执行有机地整合。通过员工满意度调查，了解员工的意见和需求，鼓励员工提出建设性意见，并以此作为改善组织人力资源管理政策和措施的依据。

（10）衡量人力资本管理政策和措施的有效性。运用多种多样的方法和措施，衡量人力资本政策和措施的有效性，这样，不仅能够使员工了解他们对组织的贡献，也能促使管理者更负责任。

由此可见，战略性人力资源管理反映的是这样一种人力资本的管理理念：人是组织的重要资产，其价值可以通过投资得以强化；一个组织的人力资本管理政策和措施的设计、执行和评价应当依据这样的标准进行，即最大限度地帮助组织达成使命、实现目标。对于公共组织而言，应如何进行战略性人力资源管理？对此，美国审计总署曾提出政府部门战略性人力资源管理的八大重要因素，兹分别说明如下：

（1）对人力资本管理的重视和政治承诺。政府机关的领导者将人视为机关绩效的能动力量，承认从战略层面管理人力资本的必要性，鼓励和支持将人力资本的管理与组织目标的整合。组织的人力资源管理的政策和措施依据如何更好地支持机关实现目标来进行，各级管理者都积极支持这些观点并为有效地管理人力资源负责。

（2）人力资源管理部门的角色。人力资源的管理者与机关的领导和直线管理者合作制定战略和规则；人力资源管理部门要为满足机关眼前和长远的发展需要，实现功绩制的基本原则和其他国家目标而提供有效的人力资源的战略；人力资源管理要为组织内部的顾客提供一系列的技术性和咨询性的服务；机关的领导者和管理者承认人力资源管理者在服务机关和人员有效实现机关使命方面的重要作用。

（3）整合与联盟。机关的人力资源管理措施要支持组织的绩效目标，机关要从组织变革的角度审视人力资源措施，发现人力资源措施的优缺点。

（4）人力资源决策要以事实为依据。涉及人力资本管理的决策要建立在完全、有效和可靠的信息和资料的基础之上。资料、信息的收集要及时。

（5）有目的地投资于人。机关在人力资本方面的投资策略要符合机关战略和年度规划的需要。在这方面投资的目标和期望应该明确和透明。要对投资的效率进行监控，对投资的效果不断地进行评估。

（6）机关制定的人力资本措施要符合组织的要求。机关制定的人力资源战略要满足其特定的使命要求。在现行的法律、规则下，尽可能地采取一切必要的管理行动。要尽可能地寻找强化人力资源作为竞争优势的机会，消除人力资源管理的障碍。

（7）授权的包容性。要授权各级管理者、团队和公务人员，使他们有完成计划目标的必要权力，鼓励创新和解决问题。在制定人力资源管理措施时，机关的领导者要听取各级公务人员的意见，进行充分的沟通。机关的工作要充分考虑不同员工的需要，努力消除产生工作场所冲突的因素，并且能够保证工作场所的冲突得到公平和有效的解决；要创造一个宽容、和谐的工作环境。

（8）将个人、单位的绩效与组织的目标相结合。与传统的那种层级的、过程导向的组织文化不同，在战略性人力资源管理体系中，组织文化是结果导向的。个体的绩效管理完全与组织的目标相整合，并以此作为组织管理的基础。管理者是通过绩效管理体现责任。组织的奖励体系着眼于实现组织的目标、鼓励创新以及支持组织绩效持续的改善。

10.7　工作生活质量——公务人力资源管理的新策略

政府公务人力资源管理的重要目的在于，使公务人员有良好的绩效表现以及较高的服务品质，而这一切均涉及改善公务人员的工作生活质量问题。现代公务人力资源管理已经抛弃了传统人力资源管理那种重控制、重监督、重处罚的消极管理，而转向营造良好的工作生活质量，并以此激发公务人员的活力。

10.7.1　何谓工作生活质量

工作生活质量（quality of working life，QWL）有多种含义，对一些人来讲，它意味着民主参与管理；对另外一些人来讲，它意味着努力通过改进组织的社会心理系统而不是结构来提高组织的效率；有些人则认为是平等地分享收入和利益；还有一些人认为是工作扩大化和工作丰富化。凡此种种，皆表明了对工作生活质量的不同看法。

工作生活质量的定义基本上有三种不同的取向：(1) 强调工作场中某些条件的质量的提升；(2) 强调工作生活品质领域内工作环境能满足个人需求的程度；(3) 强调改善个人福利和组织效能的方法。

学者纳德勒（Nadler）和劳勒（Lawler）则从历史发展的角度探讨了不同历史阶段人们对工作生活质量的看法。

(1) 1959—1975 年。QWL 被视为一个变数，观点集中在工作满足感或心理健康等个人面向，亦即强调工作和对个人的影响。

(2) 1969—1974 年。QWL 被视为一种研究取向，基本焦点在个人面向，被看作是有意义的劳资合作。

(3) 1972—1975 年。QWL 被视为一种方法，用以改善环境品质及创造更具生产性与更满意的环境。

(4) 1975—1980 年。QWL 被视为一种运动，强调参与管理、工业与组织民主。

(5) 1972—1982 年。将 QWL 等同于一切事务，所有有关组织效能和发展的努力都被贴上 QWL 的标签。

我们同意对工作生活质量采取比较宽泛的定义，各种有助于提高员工福利与组织效能的活动，都可视为与工作生活质量相关。为此，我们将工作生活质量定义为：通过有计划地组织干预方法，以改善组织效能与组织成员福利的过程。它包含工作环境和工作安排、员工参与、人际关系、经济报酬和福利、个人自我实现与潜能发挥。也就是说，工作生活质量实际上表示组织成员在广义的工作环境中，个人的许多需求能被满足的程度，满足程度越高，表示其工作生活质量越高，反之则越低。

10.7.2 工作生活质量的发展

工作生活质量并不是一个全新的思想或概念，事实上，早在 20 世纪 30 年代之霍桑实验中，组织理论家就已经研究了工作本身与组织绩效的关系。在 20 世纪 60 年代之前，许多理论家的研究和经验表明在组织内部，人员的工作满意度与组织的绩效有直接的关系，即拥有高满意度的组织比那些低满意度员工的组织更有效。这也证明了管理领域的一句格言："人们只有是快乐的，才是最有效率的。"在人力资源管理上，高满意度往往意味着低的缺勤率和离职率。

从 20 世纪 60 年代以来，由于下列原因导致工作生活质量在发达国家发展成为一场普遍的社会运动。

（1）物质生活水准的提高，使工作者转而追求权力、平等及成功。

（2）教育水准的提高，使工作者的期望提升及对权威的接受程度降低，并要求参与和影响。

（3）劳动者权益法的实施，权利的平等化，使劳动者觉悟到自己应有的权益。

（4）社会民主化进程的发展，使得主雇关系已不是施恩与受惠、指挥与服从，而是员工的自尊与荣誉、雇佣间的平等关系。

（5）新价值观形成，人们普遍认识到工作、收入、就业福利和高水平的生活不再是特权而是权利。

10.7.3 工作生活质量的标准

那么，构成工作生活质量的标准是什么？或者说用什么样的指标来衡量工作生活质量的高与低呢？对此学者们提出不同的看法。

学者瓦尔顿（Walton）1973 年提出，构成工作生活质量的标准包括：

（1）公平合理的报酬；

（2）安全与健康的工作环境；

（3）直接运用与发展个人能力的机会；

（4）持续成长与安定的机会；

（5）工作组织中的社会整合；

（6）工作组织中的宪法保障；

（7）工作对整体生活的影响；

（8）与工作生活相关的社会因素。

另一位学者伯恩斯坦（Bernstein）1980 年提出的构成工作生活质量的标准为：

（1）决策的参与；

（2）经济上的回报；

（3）分享管理信息；

（4）保障的权利；

(5) 独立超然的司法审判；

(6) 创造一种参与的民主氛围。

另外，在美国，根据20世纪80年代初的舆论调查，提出了人们最期待的10种工作环境，它们是：

(1) 工作中的相互尊重；

(2) 有意义的工作；

(3) 重视工作质量；

(4) 发展技能的机会；

(5) 主管人员能倾听关于改进工作的建议；

(6) 执行指示时可以考虑自己的情况；

(7) 能了解自己工作的最终成果；

(8) 主管人员重视效率；

(9) 不是过分容易的工作；

(10) 能了解工作的进展情况。

综合诸家看法和经验观察，工作生活质量与以下几个方面的关键问题有着密切的关系：

(1) 如何促使人事制度的公正化，包括录用、升迁、绩效、奖惩等的公平性；

(2) 如何帮助员工发展能使他们实现其能力和兴趣的事业，同时又符合组织事业发展的需求；

(3) 如何使工作本身更有意义和挑战性（包括多样化、成就感和自主性等）；

(4) 如何使各种类型的奖酬更有效地激励员工，并保障员工的福利；

(5) 如何建立和促进更为良好、和谐的人际关系和群体间关系；

(6) 如何促进组织成员的参与、民主，并实现权利的均等化；

(7) 建立和保障安全与健康的工作条件和环境；

(8) 如何才能使理想的已经确认的组织目标和变革得以实现。

10.8 现代公务人力资源管理发展的趋势

每一个时代和不同的历史时期，皆有不同的管理理念、制度和方法，管理和环境之间存在共生和依存的关系。公务人力资源管理，自20世纪80年代以后，随着公共管理环境的变化，也呈现出了新的特点和趋势，概括起来，主要有以下几个方面：

1. 知识工作者的兴起以及政府职业化

随着知识经济和信息社会的来临，随着政府管理复杂性的增加，随着政府管理对大量信息的需求，随着政府管理日趋技术化和专门化，政府管理对专门性人才的需要更加强烈，这一切均导致了知识工作者的兴起。以发达国家为例，据估计，在不远的将来，无论是公共组织还是私营组织的工作，将有90%为专家系统（expert system）或人工智能

(artificial intelligence) 所扩张或替代，所谓扩张（augmentation)，系指专家系统与专门技术人员兼顾工作，使工作的效率及效能提高；所谓取代，系指未来相当比例的工作，由机器代替人力去做。与此同时，知识和信息工作者（knowledge worker）在政府公务领域内将占主导地位。在未来的公共组织中，知识和专家的权威将会凸显。

2. 从消极的控制转为积极的管理

传统的公务人力资源管理，是一种以控制为导向的消极的管理，这种管理的基本特点在于：强调效率价值的优先性，强调公务员的工具角色，强调严格的规划和程序，重视监督和控制，强调集中性的管理等。传统的以控制为导向的管理不免使公务人力制度僵化、缺乏活力。而新的公务人力资源管理更具积极性。所谓积极性的公务人力资源管理，是指在已有的公务人事制度的基础上，创造一个公务人员潜能得到发挥的良好环境，促使公务人员具有使命感，从而促使组织目标达成和效能实现。与传统的控制导向不同，新的公务人力资源管理强调"授能"(empowerment)，即授权赋能，主要特征表现在：

(1) 对公务人员达成行政绩效和服务品质的高度期望和高度信心；

(2) 开放参与决策的机会；

(3) 提供行政人员发展自主性的机会；

(4) 设立具有意义与具有激励力量的目标；

(5) 发展组织的共同愿景；

(6) 发展并维持组织成员之间信赖、开放的沟通；

(7) 信息的开放与透明；

(8) 公务人员的权益保障；

(9) 强调相互的利益；

(10) 人事制度的公正性。

3. 公务人力资源发展的重视和强调

面对知识经济和信息社会的到来，面对新知识和新技术的挑战，越来越多的组织认识到公务人力资源发展——通过持续的学习以改变公务人员和公共管理者的态度、行为和技能——的重要性。更为重要的是，由于今天公共组织管理者和公务人员面临的是一个快速变迁的社会，过去被动式的学习已经无法适应时代的要求，具备新的学习能力是公务人力资源发展的核心，学者马夸德（Marquard）1996 年将之称为新学习。所谓新学习，它具有以下特征：

(1) 学习的目标是欲达成组织绩效；

(2) 学习的重点在于"学习如何学习"的过程；

(3) 灵活适用具有弹性的组织结构，使学习多样化；

(4) 学习时要发挥及运用创造力，培养非直线式、直觉式的思考；

(5) 学习可使人们更有意愿及能力发挥创造及分享经验；

(6) 持续不断的学习、多元化的学习才能更有效率地迈向成功；

(7) 鼓励人们积极参与及投入各项组织的活动；

(8) 组织应具有开放性的特性，对于不同的学习方式都能够讨论及包含；

(9) 学习是一连串的规划、执行与反馈过程；

(10) 强调教学相长，相互学习；

(11) 将学习融入工作之中，同时成为生活中不可分割的一部分。

另外，未来学家约翰·奈斯比特等人亦认为，未来组织的人力资源发展将强调学习如何学习，学习如何思考，学习如何创造，并向终身学习发展。

4. 人力资源管理与新型组织的整合

在信息技术的冲击下，传统的"金字塔"式的组织机构正在让位于新信息社会更合乎需要的组织结构。为了因应环境的变化，提高效率、符合创新的要求、发挥公务人力的专业才能、有效运用科学技术、组织的弹性化和灵活化、临时性扩大授权已成为必然趋势。对于未来的组织结构，人们有许多描述，如网络组织、无缝隙组织、后官僚组织等等，不管叫什么名称，可以肯定，新型的组织结构将具有如下特色：

(1) 对环境具有开放性；

(2) 组织结构的弹性化；

(3) 组织更趋扁平化，中层管理的削减；

(4) 强调通过对话建立权威，权力的均等化；

(5) 信息的共享和决策的开放；

(6) 权力结构从集中、等级式的，转化为分散、网络式的；

(7) 从自上而下的控制转为相互作用和组织成员自我控制；

(8) 组织的价值观从效率、安全、回避风险转向效能、敏感性、适应性和勇于创新；

(9) 组织的地位结构更倾向于以专门技能和专业知识为基础；

(10) 组织协调的手段将更多地强调建议和说服，而不是高压强迫。

总之，新型组织结构强调发挥公务人员的能力和潜能，而不是抑制创新与活力。

5. 公务人力资源管理的电子化

信息和网络技术在公务人员管理中的应用已成为一个最显著的特征，人力资源管理的电子化和网络化，可以增加效率，节约成本；有利于人力资源战略和政策制定；有利于加强人员之间的沟通与联系；有利于实现参与管理。未来主要的发展包括：

(1) 电子人事政策法规和电子人力资源资料库；

(2) 电子招聘；

(3) 电子福利支付；

(4) 电子动态管理；等等。

6. 政府人力精减与"小而能"的政府

政府组织规模的庞大，乃是过去各国政府的一个普遍现象，究其原因在于政府功能的扩张、社会的发达、政务的增繁以及政府自身的内在扩张。而政府之扩张反过来导致财政赤字、绩效低下、成本扩张。所以，从 1990 年以后，各国之文官改革，莫不把人力精减和紧缩管理（cutback management）作为主要措施。美国计划在 1999 会计年度精减全职公务人员 27.29 万；加拿大亦从总数 22.5 万名公务员中精减 5.5 万名。随着"小政府"观念的深入人心，人力精减将继续成为公务人力资源管理的一个基本趋势。

7. 绩效管理的强调与重视

如果公共组织摆脱不了目的取向色彩，那么绩效厕身于种种目的当中，便不免成为最受关注的课题。事实上，组织的成功与否，视人力资源运用的有效程度而定。如今无论公、私组织，绩效管理均成为一个最热门的话题。绩效管理意味着组织管理者为公务人员规划责任及目标，以使他们的能力获得最大的发挥；并通过绩效考评，以此作为公务人员奖惩的依据。一个有效的绩效管理系统应包括以下几个部分：

（1）对每一项任务及价值做清楚的陈述；

（2）规划一套用以建立个人行为表现契约的程序；

（3）建立一套流程，作为公务人员能力改善计划的基础；

（4）订立绩效指标；

（5）建立绩效评鉴机制。

8. 公务伦理责任的强调和重视

近几十年来，越来越多的公职人员的不道德行为（如腐败）导致了政府威信的下降，导致了公民对政府官员产生“信任赤字”，严重者甚至影响到政府的合法性问题，在此背景下，通过强调公务人员的伦理责任而重振政府的威信，就成为公务人力资源管理的一个显著特征和趋势。在美国，1978 年制定《政府伦理法案》（The Ethics in Government Act），对公务人员的伦理做法律规定，同时成立政府伦理局（Office of Government Ethics），具体负责公务人员的伦理管理问题。美国公共行政学会 1985 年发表《公务人员伦理法典》，1994 年又予以修正，要求公务人员为公共利益服务，尊重宪法及法律，展现个人正直，促进伦理组织，追求专业卓越表现。OECD 国家也致力于公务道德基础设施建设工程，许多国家亦有公务员伦理的法律。可以肯定，如何维持公务人员伦理的生活及行为，是公务人力资源管理的最大挑战之一。

本章小结 »

1. 人力资源不同于其他资源，它是一种能动的、高增值性的、无法储存的、需要投资的资源。

2. 现代人力资源管理的兴起和发展得益于人力资本理念的传播，其发展的直接动因在于国际竞争的加剧、知识经济的到来和管理方式的变化。

3. 人力资源的基本功能在于人力资源获取、人力资源发展、人力资源激励、人力资源维持和人力资源研究。

4. 现代人力资源管理是一种专门的职业。人力资源管理者应具备技术知能、组织知能、人际关系知能和知识知能。

5. 公务人力资源管理的战略目标在于：提高生产力，提高服务品质，促进组织变革，建立组织文化。

6. 战略性人力资源管理是一种新的人力资源管理理念和政策，它的核心在于将人力资源战略与组织的战略整合在一起，使人力资源管理成为组织战略的一个重要组成部分，从而使人力资源管理更好地服务于组织战略的实现。

7. 工作生活质量已成为现代公务人力资源管理的新策略，即通过有计划地组织干预方法，以改善组织效能与组织成员福利的过程。它包含工作环境和工作安排、员工参与、人际关系、经济报酬和福利、个人自我实现与潜能发挥。

8. 当代公务人力资源管理呈现出新的特点和趋势，如知识工作者的兴起，从消极控制转为积极管理，重视人力资源的发展，强调人力资源与新型组织的整合，公务人力资源管理电子化，人力精减，绩效管理的重视，强调公务伦理。

关键术语

人力资源　　人力资源管理　　人力资源管理的功能　　人力资源管理者的角色　　战略性人力资源管理　　工作生活质量

复习思考题

1. 何谓人力资源？人力资源有何特性？
2. 试分析当代人力资源兴起和发展的时代背景。
3. 人力资源管理的主要功能是什么？
4. 人力资源管理者应该具有什么样的知能？
5. 公务人力资源管理的战略目标是什么？
6. 何谓工作生活质量？工作生活质量的标准是什么？
7. 请对你周围的人进行一次调查，分析工作环境对工作行为有哪些影响。
8. 什么是战略性人力资源管理？公共部门如何实施战略性人力资源管理？
9. 私人部门成功实施战略性人力资源管理的经验与启示是什么？
10. 现代公务人力资源管理有什么发展趋势？

阅读材料

提高竞争优势的人力资源管理措施

美国斯坦福大学教授普费弗（Jeffery Pfeffer）在 1994 年出版的《运用人力资源创造竞争优势》一书中，列举了 16 项创造竞争优势的人力资源管理措施。

1. 保障就业安全：任何一个雇员都不会因为工作缺乏而被解雇

组织向雇员们提供一个长期承诺。这种实践导致雇员的忠诚、承诺和愿意为组织利益付出额外努力。就业安全也给劳资双方较大的诱因进行培训的投资，因为劳资关系越长久，培训的投资越有足够的时间收回。

2. 精致化的挑选：仔细地以正确方式挑选合格的雇员

一个非常合格的雇员要比不太合格的雇员平均劳动生产率高出两倍。此外，通过在招聘实践中挑选，组织向求职者发出的信息是：他们加入的是一个精英组织，同时发出的信息是：它对雇员的绩效有高度期望。

3. 具有竞争力的工资：工资高于市场水平所要求的工资

高工资倾向于吸引更加合格的求职者，使流动较少可能发生，并且发出一个信息：公司珍视它的雇员。

4. 诱因薪金制度：让那些导致绩效和盈利率水平提高了的雇员分享津贴

雇员们认为这样一种实践既公平又公正。如果由雇员们的才智和努力所产生的获益都归最高管理部门，人们将把这种情况看作不公平，将会气馁，并放弃他们的努力。诱因薪资制度包括：年奖金、绩效奖金、久任奖金、目标达成奖金、创新奖金、团队奖金、盈余分享、利润分红等。

5. 雇员所有权：通过向雇员们提供诸如公司股票份额和利润分享方案等，把组织中的所有权的利益给予雇员

如果恰当地加以实施雇员所有权，可以让雇员们的利益和其他股东的利益密切地结合起来。这样的雇员将可能对其组织、对其战略和对其投资政策抱持一种长期的信念。

6. 信息分享：向雇员们提供有关运作、生产率、盈利率的信息

为雇员们提供正确评价他们自己的利益与公司的利益是怎样关联的信息基础，并因此为他们提供其所需要的信息，去做要想成功就必须去做的事。

7. 参与和授权：鼓励决策的分散化和在控制工人们的工作过程中扩大工人的参与和授权

组织应当从一种层级制的控制和协调活动的系统走向这样的系统：在其中，较低层次的雇员们被允许做那些能提高绩效的事情。

研究已经表明，参与既能提高雇员的满意度，又能提高生产率。

8. 团队和工作再设计：使用跨学科的团队以协调和监控他们自己的工作

通过设定关于恰当的工作数量和质量的规范，团队对个体施加某种强烈的影响。当存在着对群体努力的奖励时，当群体对工作环境拥有某种自主权和控制权时，以及当群体受到组织严肃对待时，更有可能产生来自群体影响的正面结果。

9. 培训和技能开发：为工人们提供完成其工作所必需的技能

培训不仅保证雇员和经理们能胜任他们的工作，而且也显示了公司对其雇员们的承诺。

10. 多技能工人的培训和运用：培训人们去从事好几项不同的工作

让人们去做多项工作可以使工作变得更加有趣，并为经理们提供安排工作日程的更大弹性。例如，它能用一个受过培训的工人代替一个缺勤的工人去尽那些职责。

11. 创造平等主义的文化：平等对待雇员可以通过诸如取消经理餐厅和泊车保留之类的行动而做到

减少社会类别的体现有可能减少“我们”对“他们”的对立思想，并且提供一种每个人都为一个共同目标而工作的感觉。

12. 降低工资差距：缩小雇员间薪金差别的程度

当任务需要互赖以及完成工作需要协调时，降低工资差距可以减少人际竞争和提高合作的机会，从而导致生产率改进。

13. 内部晋升：通过将处于较低组织层次上的雇员晋升去填补职务空缺

晋升增加培训和技能的开发，提供给雇员们一个“好好干”的诱因，并且能提供一种关于工作场所的公平和正义的感觉。

14. 长期经营人力资源的观点：组织必须明白，通过人力资源达到竞争优势需要花费时间，因此需要一种长期观点

在短期内，与维持就业安全感相比，解雇人员也许更有利可图，减少培训经费也是保持短期利润的快捷方式。但是，一旦通过使用这些人力资源管理实践获得竞争优势，那么这种优势就有可能实实在在地更为持久。

15. 测量与诊断人力资源管理的效益：组织应当测量诸如雇员态度、各种方案和首创精神的成功以及雇员绩效水平等方面

测量能够通过指明“何者重要”而指引行为，而且它能为公司及其雇员提供反馈，告诉他们，相对于测量标准，他们表现得有多好。

16. 鲜明的和一致的哲学：让根本的管理哲学把各种个体的实践连接成一个凝聚性的整体

列在第 1 项到第 15 项中各项实践的成功，一定程度上依赖于形成一个关于成功的基础和怎样管理人的价值和信念的系统。例如，AMD（Advance Micro Devices）公司的贯穿性哲学是：“持续快速改进、授权、无缝的组织界限、高期望和技术卓越。”

资料来源：Pfeffer，J. (1994)，Competitive Advantage through People，Boston：Harvard Bussiness School Press.

本章参考文献

Burke，W. W. (1982)，Organization Development：Principles and Practices，Boston，MA：Little，Brown and Company.

Bernstein，P. (1980)，Workplace Democratization，NJ：Transaction.

Cummings，T. G. (1989)，Organization Development and Change，4th ed.，St. Paul，MN：West Publishing Company.

Drucker，P. (1980)，Managing in Turbulent Times，New York：Harper and Row.

Heneman，H. and Dyer，L. (1989)，Personnel/Human Resource Management，4th ed，

Nadler，L. (1984)，The Handbook of Human Resource Development，New York：John Wiley.

Nadler，L. and Nadler，Z. (1990)，Developing Human Resources：Concepts and a Model，San Francisco：Jossey-Bass.

Porter，M. (1985)，Competitive Strategy，New York：The Free Press.

Schuler，R. and Youngblood，S. (1989)，Effective Personnel Management，MN：West Publishing.

第11章

公共预算与财务管理

公共部门需要财政资源（finance resource）以达成使命并实现组织目标。但是获取稀有资源仅仅是公共管理者面临的一个问题，财政资源必须在众多相互竞争的利益之中实现有效的配置，同时，财政资源也需有效管理，以防止浪费。

在公共管理领域，预算以及财务管理的地位十分重要，谚云："财政为庶政之母。"没有有力的财政支持，公共管理难以为继；从公共政策的角度来看，公共预算和财务管理事实上便是政府制定有效公共政策的过程，因为财务预算事实上是以货币数字表达的政府政策和施政计划。从组织管理绩效的角度来看，公共预算和财务管理是控制成本、衡量绩效的主要依据。从社会角度来看，公共预算和财务管理是促使社会财富的分配趋于合理，实现社会公平的主要途径。

近些年来，东西方各国的公共管理改革，莫不把预算与财务管理改革作为重点之一，这反映了公共预算与财务管理在公共管理中的战略地位。一位有效的公共管理者必须掌握了解公共预算和财务管理的理论、方法和技术。

重点问题

- 公共预算的性质与功能
- 公共预算的原则
- 政府预算制度
- 政府会计
- 政府财务报告及其功能
- 政府采购管理
- 政府审计的类型与程序

11.1　公共预算的性质与功能

政府预算（公共预算）起源于英国国王对国会的财政需求文书。预算制度的形成与代议制政治的兴起和发展有密切关系。而预算制度形成后，在发展的过程中，除受代议制政府的影响之外，国民经济的发展趋势，科学管理方法的形成与发展也对其产生了巨大的影响。

11.1.1　政府预算的性质

政府预算，可以从不同角度予以审视和分析。学者瓦尔达夫斯基曾说预算可以指许多不同的东西：一项政治行动、一项工作计划、一次未来预测、一个启蒙源泉、一次愚昧的举动、一个控制机制、一种对限制的逃避、一种行动手段、一种进步的障碍。当代著名的预算专家鲁宾（Irene S. Rubin）曾于 1997 年这样描述预算：

（1）预算反映了政府做什么或不做什么的选择，反映了一般公众对什么样的服务政府应该提供的共识。

（2）预算反映了政府所提供诸多服务的优先权。

（3）预算反映了为地方和全体选民，为效率、效能以及更大的公共目标而做出的决策的相对比例。

（4）预算为公民提供了强有力的责任工具，使公民可以知晓政府是如何花钱的，政府是否遵循着公民的偏好，预算连接着公民的偏好和政府的产出。

（5）预算反映了公民对不同的税种和不同税率的偏好，以及特殊纳税人群体转移税收负担的能力。

（6）预算对国家的整体经济发生着影响，因此财政政策影响着就业水平——在某时间有多少人失业。

（7）预算反映着不同个体、组织影响预算结果的相对权力。

预算本质上是一个分配稀有资源的活动，因此它意味着在不同的潜在支出目标（potential objects of expenditure）之间做出选择。这样，我们可以将预算界定为：一国政府在一定时期内为达成政治、经济和社会目标，依据国家之施政方针，以国家整体资源与国民负担能力为评估基础，所预定的公共财政的收支计划，也即经过政治程序所为之的国家资源配置。基本上，政府预算是一种多重面向（multi-faceted）的政府财务制度。在预算文件中，政府表达了其基本的价值偏好，所欲完成的各项政策、行政措施。政府预算作为政府治理的工具，是政府施政的蓝图。

11.1.2　政府预算的功能

政府预算制度起始于“抑制”统治者对被统治者的财政要求，其原意在于落实民主政治的监督功能，以防止行政权力的扩展，加重人民的税务负担，但随着民主政治的发展、政府角色以及职能的转化，现代的政府预算功能也随之扮演着偏重财务规划、管理的积极角色。学者威洛比（Willoughby）1918年认为预算制度在民主社会中扮演了三个方面的角色：

（1）在民主社会中，公共事务的进行须顺应民意，预算制度为社会提供简单、明了的预算信息，而这些信息是民众了解、参与、监督政府的工具。

（2）预算制度是行政与立法部门有效沟通、协调的工具。立法单位根据行政部门的财政计划，一方面可授权行政部门，不必事事干涉牵制；另一方面又有充分的工具在事前与事后加以严密的管制。

（3）现代民主社会与政府分化越来越复杂，由行政首长的专门预算机构来主导、统筹、整合的预算制度，是行政部门维持其整体运作以及各部门有效运作的先决条件。

依据美国学者阿克塞尔罗德（Axelrod，1988，7-16）的分析，政府预算的功能有下列主要面向：

1. 为达到施政优先次序、目标及政策所从事的资源配置

预算反映各种势力争取政府资源的记载，它记录着这场竞争中的胜负情况，通过社会公开的辩论和慎思的过程，试图将资源进行“合理、公正”的分配。曾担任过英国首相的格拉德斯通（Peel Gladstone）说过，“政府支出应以政策为归依”，这是预算作为政策分配的最佳说明。

2. 通过税收和借贷（公债）筹措预算财源

预算为政府筹措财源的计划书。税收应由谁负担？负担的效度比例是多少？政府财务应否借贷？借贷的比例应是多少？……政府筹措资金的方案大多呈现在预算计划书中。

3. 通过与货币政策的协同，以预算展现的财政政策稳定经济发展

国家可以通过预算所展现的财政政策与货币政策等工具来促进经济增长、抑制通货膨胀及提高就业率，作为经济调节的工具，但对于此项功能的效果，学术界仍有不同意见。

4. 促使政府机关对预算资源使用达到效率、效能的运用责任

政府通过年度的预算程序及既定的预算制度，对于预算的使用状况给予定期的检查，通过绩效检讨，来追踪首长的行政责任，并进而对政府官僚体系给予适当的监督。

5. 控制支出的合法性、确实性并与政府决策相吻合

预算的原始功能即支出的控制，希望政府每一项的支出都符合法律、确实及诚实的要求。按月、按季度的核拨及在核准的会计制度下，对政府的支出予以适当的控制。

6. 提供不同层级间资金转移的机制

中央政府的税基（tax base）往往大于地方政府的，因此，在多数国家中，地方政府需依赖中央政府的资金转移（补助款）以支持其日常的运作。这种转移不仅让地方政府能履行其应尽的职责，也可以达到均衡全国地方财政之目的。

7. 作为预算计划的社会和经济发展的工具

预算可作为政府中、长期社会和经济发展计划，而这些计划则需靠政府的预算支持方能落实。

8. 经由财政的监督权，驱使政府机关使其计划实施更具经济性、效率和效能

预算不仅在于对预算收支的控制和计划的规划，亦注重对计划、方案的实施，是否达到

合理、公平的情况，亦即对预算实施中及实施后进行完整周全的监督和评估。

由此可以看出，政府预算是现代政府治理不可或缺的工具。

11.2 公共预算的原则

公共预算应遵循哪些原则，才能充分发挥其功能？在学理上有许多的建议，以下针对传统强调民主政治监督的预算原则与提升行政绩效的预算原则，分别说明之。

11.2.1 传统强调民主政治监督的预算原则

针对传统预算所强调的民主政治监督功能及财务收支规划功能，德国学者马克斯(Marks) 的八点原则最具代表性。

(1) 公开原则。政府预算内容应公开，让所有国民充分了解政府的收支状况、财务计划及施政内容。

(2) 明确原则。政府预算的收入来源及支出用途、项目与分类皆应明确。

(3) 事前决定原则。政府预算应在年度开始前，经由议会审议通过。

(4) 严密原则。预算应对各支出项目产生约束力，并力求与将来的决算一致。

(5) 限定原则。预算的各个项目相互间应有明确的界限，禁止经费相互流用，同时限定在同一年度支出。

(6) 单一原则。国家的财政收支应纳入一个预算内做综合表示，不得另有独立的预算，即预算须单一，不得重复。

(7) 完全原则。所有收入与支出完全列入预算中，亦即不得有任何预算外的收支，以维持国家财政的完整。

(8) 不相属原则。任何财政收入与支出，不得有个别相属关系，如以特定收入支应特定支出。

上述传统预算原则的基本精神，在于强化民主议会对政府行政部门的控制，时至今日，由于政府任务的不断扩大，政府预算与国民经济及全民福祉的关系密不可分，上述各项预算原则的适用性颇受争议。例如，由于预算规模的庞大与复杂，要形成单一、明确、严密、完全的预算，不免遭受很大的困难；随着国营事业、特种基金的增加，政府预算内的许多支出项目是由特定收入财源支应或采取转账方式编列，预算的不相属原则，很难予以贯彻；政府预算影响国民经济甚巨，学者主张采取多年度复式预算方式，对经济景气循环产生稳定作用，因而维持预算事前决定与限定原则，亦有其困难。

11.2.2 提升行政绩效的预算原则

基于预算的经济稳定、资源配置及行政管理等功能，现代的预算原则不应再局限于民主政治监督控制，政府行政责任与行政职能的加强更为重要，美国前预算局局长史密斯所倡议的新预算原则有下列八项：

（1）计划原则。政府所有预算皆应按照计划来编制，预算反映政府计划，两者具有密切关系。

（2）责任原则。行政首长对于预算的责任是使行政机关的计划符合立法部门所反映的民意，并以最低廉的成本来执行计划。

（3）根据报告原则。预算的编制、立法与执行，均应根据政府各机关的财务及业务报告，而非盲目地任意决定预算。

（4）具备适当权力原则。行政机关为有效执行预算，必须有执行预算的权限及执行职权的必要人员。

（5）多元预算手续原则。政府预算的手续，可依行政活动、工作计划的不同而有差异，无须强求一致。

（6）自由裁量原则。对于政府各支出项目及内容，不宜过分详订并限制留用，在不违反施政方针或目标的前提下，可授予各机关自由裁量的空间，以更有效率地使用资源。

（7）预算时间弹性原则。为充分发挥预算的经济稳定功能，政府施政计划的实施及经费支出时期，可随总体经济状况做必要而有弹性的调整，例如多年期大规模公共建设的资本性支出，即有其时间弹性的必要。

（8）预算机关关联原则。中央预算机关与各机关执掌预算及计划的部门，应相互保持充分联系及协调与合作的关系。

史密斯所提出的预算原则中，多元预算手续、自由裁量、时间弹性三项与前述马克斯的原则是互相矛盾的，责任、根据报告、具备适当权力及预算机关关联原则，以往均视为行政机关内部问题而不予重视，但在今日讲究行政管理规划的时代则备受重视，至于预算计划原则，更是倡议计划预算制度下的产物。总之，预算的规范性原则并非一成不变的，预算原则将随着预算的时代功能及制度的演进而改变，我们学习预算原则的目的，主要在于了解如何通过这些原则进行预算过程，达成预算制度所预期的功能。

11.3 政府预算制度及其评估

如前所述，预算是民主政治发展的产物。1215 年英国的《大宪章》，使议会获得了赋税的立法权。1688 年光荣革命后，议会进而控制政府的支出。几经变化，议会将控制权扩张到事后的审计监督权。1787 年，在首相威廉·皮特（William Pitt）任期内，议会通过《统一基金法案》(Consolidated Fund Act)，将所有基金合并为一项联合王国总基金。此基金的原则为：除特殊情况外，所有公共收入皆纳入此基金，而所有政府支出都出自这一基金。19 世纪中叶，立法部门对财政的控制权确立，议会具有经费核准、拨款、审查的权力。至此，预算制度不但对财务有严密的控制权，且形成指导、监督以及批评一切行政活动的最有效工具。此时，预算制度的主要作用在于立法部门对行政部门的消极控制，即以减少政府支出为终极目的。

传统的预算制度虽然为国家施政所需的计划，或人民监督政府、控制财政的工具，但其原始用意在于对政府的财政支出予以适当的限制，其重点在于避免浪费与禁止征敛无度，而其终极目的在于减轻人民的负担。除此之外，别无积极作用。因此，政府预算的编制，原则上是“量出为入”或“收支平衡”，内容上旨在将国家一切收支全部编入单一预算之内。对各项经费究竟为经常费用还是资本性支出，一概不加区别。此种预算制度的优点是人民的代表很容易了解国家财政的全貌，以便监督政府活动。但其缺点也是很明显的：(1) 预算科目的分类不能对年度政务活动提供正确的记录；(2) 支出按机关类别编列，并非按政府提供服务的性质，欲计算政府某项服务的成本几乎不可能；(3) 各种费用不按性质区分，即对经常账目与资本账目不加区别，在政府经济活动扩张、对社会经济影响大时，该缺点十分突出；(4) 坚持预算平衡原则，而且以税收应付政府支出，但政府收入随经济循环变动，政府支出在萧条时期需要大量增加，如果每年维持平衡，则经济不稳定程度就会增加。

在传统预算制度之后，出于不同目的，政府预算制度一直有很大变化。各国政府当局及财政学者，常致力于预算制度的改革，力求使预算制度不仅成为民主政治的工具，而且能完成经济政策的任务以及实现科学管理的效果。其中有以完成经济政策任务为目标的复式预算，以实现科学管理效果为目标的绩效预算、设计计划预算和零基预算。

11.3.1 复式预算

自 20 世纪 30 年代以后，随着国家干预和福利国家的发展，人们逐渐认识到了传统预算制度的缺陷，认为政府之预算不应仅以监督政府财政的消极目的为限，更应负起积极的使命，以预算作为挽救经济危机和发展国家的积极的工具。最初将预算编制方式进行改革以适应经济政策的国家为瑞典。1937 年，瑞典改变了传统的预算制度，放弃预算的逐年平衡，而改采用与经济的景气循环同期的预算平衡原则，这种消除景气循环的预算方法，虽赋予政府财政政策以弹性，但依国家资本状况的变化，衡量财政健全与否的原则依然保持。

复式预算制度的作用在于发挥预算的经济功能，亦即使预算完成经济政策的任务。从有关国家实行的结果来看，不仅在经济景气调节方面有成效，而且有助于推动经济的开发和经济的增长。此后许多不发达国家亦采用这一预算制度，以进行资源开发和经济建设。其意义体现在：

(1) 不发达国家的社会资本积累有限，政府的作用具有重要性。复式预算的编制足以明确资本形成的资金来源，并了解公共资本的积蓄动向。

(2) 经常性预算与资本预算的划分，使政府可以按轻重缓急衡量经常性支出与资本支出，便于考核经常性支出，且以其结余资金用于投资。

(3) 复式预算使财政的运行不再受狭义的预算平衡观念的拘束，对资本支出，可以根据经济情况予以必要的调节。

(4) 不发达国家制订长期经济发展计划时，复式预算能使每年的预算与该项长期计划保持密切而长期的联系。

上述四点，充分说明复式预算制度中资本预算成为独立预算后，一方面有助于资本形成，另一方面确立了长期平衡观念。但复式预算的作用有其限度，采取这种制度后，不可认为经常性收入仅充作经常性支出，而政府投资所需资金，应完全依赖借入；更不应将资本预算视为政府财政赤字方便处理的方法。

除此之外，对资本预算的采用，下列三个方面应予以注意：

（1）资本预算虽为动员资源，是促进经济发展的工具，但可能会出现加强资本支出，而过分节省经常性支出，重视物资投资，而忽视教育、卫生方面的投资的情况。

（2）资本预算虽为资产或企业管理的工具，对公营企业较多的国家有利；但是如果尽以公债从事投资，而且以税收收入供应经常性开支，势必导致资本支出过度膨胀。

（3）资本预算的采用，对公共工程的举债投资，在前后期延续的使用者之间，可实现公平负担。但政府所举办的公共工程事实上必须依赖资本预算的采用，而举债投资则增加了以后的负担。

11.3.2 绩效预算

预算制度便于对公共部门活动进行控制与评价，决定公共部门活动的适当性。传统预算制度对于控制任务尚能完成，但对于“评价”的任务则不能胜任。原因在于：

（1）它不能显示特定活动的成本和效益。因为它以机关为基础编列，不注意各机关之间的关联。

（2）预算编制仅关注投入，不能监理投入、产出之间的比例关系，无法比较每年或各机关间计划的有效性。

（3）预算以一年为基础，对将来的发展不重视。为补救传统预算的缺点，便有了绩效预算的倡议和推行。

绩效预算（performance budget）一词，系美国胡佛委员会，亦即行政机关组织委员会于 1949 年对国会的报告中提出。该报告称：“绩效预算系基于政府的职能、业务与计划所编制的预算……绩效预算将注重一般重要工作之执行，或服务之提供，而不着眼于人员劳务、用品、设备等事物之取得。……预算最重要之事，系工作或服务之完成以及该项工作或服务付出的若干成本。”

据此，绩效预算的目的，在于便利政府在会计年度内，完成各项工作计划与所列举的具体建议，其编制是以政府应做的工作或应提供的服务事项为基础，并汇总表示每一工作与服务的事项所需的成本。政府机关绩效预算的编制应采取下列步骤：

（1）决定适当的计划种类；

（2）将计划分割成数个子计划；

（3）针对每一个子计划的细部活动进行评估，以确定所需经费；

（4）汇总所有经费资料编制预算。

经过上述步骤，绩效预算因此又可称为成本预算或成本分析预算，它可以使计划与预算合一；使成本与工作对照比较；使效率与考核相关联。因此，绩效预算的特征为：

(1) 注重最后产出而非投入；

(2) 强调各种产出或计划所需投入间的关系；

(3) 尽量使计划包罗无遗，并关注于活动所具有的全部贡献及其发生的全部成本。

因此，绩效预算有下列优点，亦即其功能之所在：

(1) 寻求工作衡量单位，计算每一计划单位所耗成本，以决定各项工作是否值得开展；

(2) 针对过去成果与现行计划的比较，借以考核计划的成本变动情况；

(3) 比较各机关同性质之活动所需之经费，以便考核行政管理效率，并提出改进意见；

(4) 把企业成本观念引至政府，有助于政府机关进行成本-效益分析。

尽管绩效预算有上述优点，但其亦有以下限制：

(1) 绩效预算基本上着眼于管理上的经济效率，往往忽视了政府活动的政治性，尤其是政治回应性。

(2) 绩效预算因未能建立成本会计制度与成本意识而难以采行。

(3) 政府机关之活动，有时涉及无形成本、抽象成本，难以确立工作衡量的标准。

(4) 强调单一年度预算与计划的配合，对组织之未来目标政策设计无法连贯。

(5) 绩效预算强调成本效率，对国家资源之整体规划有所忽略。

由于绩效预算有上述缺点，遂由设计计划预算取代。

11.3.3 设计计划预算

设计计划预算制度，1961 年由美国国防部部长麦克纳玛拉（Robert McNamara）首先推行于美国国防部，嗣后于 1965 年约翰逊总统发表备忘录指示 20 个左右的行政部门推行此制度。此制度用至 1971 年尼克松总统下令废止始告终结。

所谓设计计划预算制度，是指审视一国长期的政策目标与机会，以及国家当前所达成之目标与可运用之资源，利用一切分析工具，评估各种公共计划书的成本与效益，协助国家最高当局拟定最佳决策，以利国家资源的合理分配的预算制度。所谓设计计划预算制度，系目标的设计（planning）、计划的拟定（programming）与预算的筹编（budgeting）三者合而为一的一种预算制度，亦即以设计为中心，以分析为手段，以达成提高行政效率为目标。它与以控制为中心的总额拨款、以管理为中心的绩效预算制度均不相同。

基本上，设计计划预算制度的主要特质有以下四点：

(1) 以运作化观点去分析计划的目标，例如，计划目标旨在促进高速公路的安全，则需将此一目标转化为交通事故减少的死亡人数的多少、减少的严重伤残人数的多少和降低财产损失的多少等。

(2) 分析一年和数年内政策计划的总成本。

(3) 分析达成目标的不同方式，此可使用成本-效益分析的方式进行。例如，计算使用安全带在减少或降低每一死亡所需的成本的多少。

(4) 以比较的方式去研究分析所有政府政策计划之成本与利益的系统方法。

设计计划预算的编制主要采取以下步骤：

（1）政策目标的规划。将组织的长期目标予以明确设定，并拟定达成此项目标的各种替代方案，分别评价并排列优先适用顺序。

（2）制定细目计划。就政策目标的设计，设定一个较为可行的预定期限，通常为五年，预计整个期限所需的投入与可能的产出，并做时间的分配。

（3）预算的编列。针对前两个阶段的成果，筹措被采行计划所需的年度经费，并编列预算。

设计计划预算制度的主要优点是：

（1）设计计划预算融设计、计划、预算三者为一体，注重设计功能的发挥。

（2）采用长程方法，预先设计数年间政策之成本与效益，翔实考核。

（3）阐明国家目标，辨认何者为最迫切者，并确定达成目标之政策途径及其成本之计算，表示政府努力改善公共政策决定的决心。

（4）便利政府资源做最佳运用，注重资源配置的效率，以最低成本最大效益的原则，寻求达成目标之各种交替方案，以避免国家资源的浪费，达到最适当计划的最佳报偿。

（5）使长期政策计划目标之设定与短期预算之编制形成有机的联系，提高总体资源配置的效率。

（6）利用成本-效益分析的方法，对于具有决定性的重要因素，尽可能予以数量化，以建立具体的评估标准。

（7）明确确立政策目标，详细标明各种政策决定的过程，以符合政府预算公开负责的态度。

设计计划预算制度的主要缺失有：

（1）实际成本不易确定，尤其以间接成本为最，而共同成本亦难以精确推算，尤其国防及外交政策等公共财政性质之重要施政工作，则不易确定其效益。

（2）预算全由高层做重大决策，容易使决策者集权于中央政府。

（3）以明确目标和量化方法解决问题，容易招致政治冲突与对抗，特别是立法部门以及利益集团间难以调和。

（4）设计计划预算虽是“目标导向”的技术，但国家的目标有时是难以认定的，有时受国际政治与经济的影响，故难以评估。

11.3.4 零基预算

零基预算制度源于对设计计划预算制度精神的修正。1969 年，得州仪器公司正式采用此制度，1973 年，卡特总统于佐治亚州州长任内，率先引进此制度用于筹编州政府之预算，然后又于 1977 年入主白宫后，将此制度推行于联邦各行政单位。推行零基预算制度的前提是：拟由预算的分配来评核政府方案的政治可预测性与行政效能，而其“零基”概念的由来是现有的计划和活动不应该自动地预算拨付，而应由行政主管合理说明其继续存在而成为年度预算循环之部分的理由。所以在理论上，每种政府计划和活动应在新的会计年度归整于零，重新开始。换言之，零基预算意味着各机关应致力于追求现行计划的效率和效能，同时亦应提升计划削减或裁并的可能性。因此，零基预算与设计计划预算的最大差别在于前者重视计划的削减，后者则强调计划的发展。

一般而言，零基预算制度的主要程序为：

(1) 划分决策单元 (decision unit)。确定预算之最低层级的组织或计划单位，而且每个单位皆有配置管理者负责该单元内的整体行政业务之运作。

(2) 编拟决策包 (decision packages)。所谓决策包，乃是指决策单元的主管人员针对决策单元所进行的目的与功能性年度评估，其内容为：第一，决策单元所拟定的计划内容与目标之说明；第二，决策单元所欲采取行动之分析；第三，上述行动之成本-效益分析；第四，决策单元履行计划所需之人力与绩效之分析。

(3) 最高决策首长及立法委员根据决策包比较各决策单元之计划并排列计划的优先顺序。要完成前述决策包，各决策主管人员至少需提供下列两项信息：第一，确切提出完成任务的各个方案之评估以及说明方案之所以被选择的原因；第二，主管人员必须明确指出经费的层次性：最低经费、维持现行运作所需经费、经费扩张的程度。

零基预算制度的基本优点，大约有以下数项：

(1) 以零为预算编制基础，不受往年预算金额的拘束，对新旧计划均须考虑，可避免传统预算累积加成与持续膨胀的弊端。

(2) 一律以决策包的效益评估为基础，删除效益较低的计划，可使国家资源予以合理配置。

(3) 承袭设计计划预算之精神，仍有长程规划与整体资源合理配置的优点，但因以决策包取代设计计划预算制度的计划策定，利用主管人员的专门知识与经验弥补系统分析人才之不足，且决策包由基层人员拟定，符合下情上达、注重基层沟通的民主精神。

(4) 新旧计划均以同一基础评估，对新计划有激励作用，对无效率的旧计划予以删除，具有提高行政效率的效用。

(5) 决策方案优先顺序的排列与分级，有助于预算分配的弹性，在预算执行期间如有新业务或应删除计划，亦以相同的步骤评估，不至于形成累计庞大会计剩余与不足的问题。

零基预算制度也有其明显的缺陷，其基本缺失主要为：

(1) 以零为基础编制预算，建制初期将会增加会计人员和各主管人员的工作负担。

(2) 与设计计划预算相同，一些政务活动难以用数量化来衡量其效益。

(3) 删除旧计划或裁减机关员额人数，容易增加人事上的困扰。

11.4　政府会计

政府会计是分析、记录、汇总、评估及说明政府机关的财政活动与财政状况的科学和艺术，也是那些对结果感兴趣的人交流信息的艺术。在公共管理中，政府会计是重要的，原因在于：

（1）政府会计能把可靠的、贴切的和及时的信息提供给决策者和行政官员。这些人需要评估政府的行为和确定未来行动的方向，而政府会计为决策者提供了经济数据。

（2）各种组织，无论私人的或政府的，由它们处置的稀有资源的数量总是受到限制的。影响未来资源配置的各种政策都需要把已经发生的或将要发生的成本同已经获得的或预期获得的收益相比较。政府会计正是记录和预测成本及收益的工具，它对于预算决策、执行是必不可少的条件。

（3）健康的政府会计能够保证公共资源不被滥用，保证公共资源被合理地使用。

许多人都认为企业会计和政府会计差不多。账目的复式簿记制度和一致性、客观性、物质性、完全公开性、储存性等一些基本的会计概念，都适用于政府会计和企业会计，甚至于整个会计过程的性质都是相同的，无一例外的、统一的技术被运用于这两个领域。从环境角度来看，政府会计和企业会计在许多方面都是相似的；两者组成一个完整的经济系统；两者都必须获得稀缺资源并把它们转变为各自的商品和劳务；两者都有类似的财务管理程序；两者都要运用各种分析技术来保证经济、有效、充分地运用资源等。

然而，政府会计与企业会计是有区别的，依学者的研究，二者的主要区别包括：

（1）政府会计的组织目的不同，政府业务不是利润推动型的，目标是以最少的费用提供最大的服务。

（2）政府会计受法律、法规的广泛影响。

（3）资金来源不同，各级政府可以通过税收、规费、罚没来强制性获取资金。

（4）在会计制度方面不同。在私人部门中，各种“基金”或基金会计不被运用，而在政府会计中，各种基金是需要的。在私人部门，固定资产及折旧的管理是清楚的，固定资产必须作为财产记入平衡表，而且在预期寿命期间折旧；在政府部门中，固定资产和折旧根据基金的不同类型可以记入或者不记入平衡表。

为了保证建立有效的政府会计，许多国家都建立了严格的政府会计制度、程序和准则。美国全国政府会计委员会曾制定了政府会计的13条基本原则，美国注册会计师协会也重申了这些原则，并且将它归纳为7项（见表11-1）。

表11-1　美国政府会计原则

美国全国政府会计委员会会计原则	美国注册会计师协会重申的会计原则
1. 依法经营原则	1. 遵守法律的原则
2. 会计原则和法律规定之间的冲突	2. 预算和预算会计的原则
3. 预算和预算会计的原则	3. 基金会计原则
4. 基金会计原则	4. 长期负债原则
5. 基金类型原则	5. 固定资产会计原则
6. 基金编号原则	6. 会计基础原则
7. 基金账号原则	7. 财政决算原则
8. 固定资产的估价原则	
9. 折旧原则	
10. 会计基础的原则	
11. 账户分类原则	
12. 统一术语和分类的原则	
13. 财务报告原则	

11.5　政府财务报告

在整个公共预算和财务管理的过程中，财务报告是财务行政管理中的一个重要环节。公共部门以月报作为主管机关送交审计机关的主要依据，同时配合行政首长以及内部各级管理人员作为财务规划与控制的依据。政府每年度就财政收支计划实施结果而做的报告，为决策报告（final report），亦即预算执行的报告。无论是政府机关的月报或年度决策报告，我们均可以称为政府财务报告（public sector financial report）。

11.5.1　政府财务报告的目的和功能

政府财务报告的目的是为评价管理效果和资源占用情况提供有用的信息，它报告政府机关已经获得了什么和将能获得什么。财务报告通过对过去预算执行情况的评价提供财政能动性的经营效果和财政约束的指标。这些信息同样有助于财务报告的用户预测未来和决定资源配置。一般而言，财务报告的目的有下列四个方面：

（1）作为衡量政府施政绩效的依据。

（2）作为了解政府财务状况的判定标准。

（3）作为分析工作业务成本的工具。

（4）作为判断财务是否合法的依据。

根据英国财务行政学者利克尔曼（Likierman，1992）的见解，政府财务报告的主要功能包括以下几点：

（1）承诺与职务。财务报告为上级单位或权责机关以及使用者提供一种保证，确认该组织在使用经费资源时确实遵照相关法令的规定与要求。

（2）责任和回溯报告。公共部门财务报告一方面可衡量施政管理之绩效，以作为组织与组织间，或者不同期公共部门执行者预算绩效之比较；另一方面亦可向外界提供有关该部门产品或服务之成本信息，以评估其资源使用之效率与效能。

（3）规划与授予信息。提供规划未来政策与行动的基础，同时也为未来即将委办的经费支出提出支持性的信息。

（4）生存能力。向外界证明组织的生存能力，并向社会说明其未来可以继续提供产品或服务。

（5）公共关系。为组织提供一个机会，向有影响力的使用者、员工和社会大众介绍施政绩效与成果。

（6）事实与数字的来源。提供给其他有兴趣想了解该组织的个人或团体（如学术界）有关财务上的资料来源。

11.5.2　政府财务报告的质量要求

政府财务报告，无论其形式如何，都应符合某些基本的质量要求，财务报告须尽最大可能满足不同需求者的要求。一般而言，一个高质量的财务报告应符合下列基本要求：

（1）及时性。财务报告会因过时而失去其价值，所以财务报告须及时，以便充分利用。

（2）内容的公正性。财务报告所反映的事务都必须符合实际情况，以便人们准确了解有关财务运转的情况。

（3）适用性。提供的信息必须面向客户的要求。

（4）可信性。财务报告提供的信息是有依据的，并且反映的情况是有意义的。

（5）可比性。财务报告提供的信息应该便于比较以满足做出决策的需要。

（6）中立性。财务报告中的信息不应有故意的倾向性和偏见。

（7）物质性。信息科目可能使财务报告的有关读者在判断和行动方面产生影响和差别。财务报告应该包含物质的和质量的或数量的信息。

（8）连贯性。不同时期的会计方法和主要的会计基础不变，报告的财政数据应该从这样的账户中获得，它所反映的物质内容在不同时期都按不变的基础进行。

（9）内涵的丰富性。财务报告中的信息是可理解的、清楚的以及简明扼要的。

11.5.3 政府财务报告的需求者

公共部门财务报告具有评估绩效、规划、提供财务信息或公共关系等功能，其所涉及的使用者范围自然是相当广泛的，有些使用者与财务报告有直接利害关系；而有些使用者则仅有间接关系，因而关心的程度就有所不同。下面就公共部门财务报告的可能使用分述如下：

（1）民意代表。公共部门财务报告对于民意代表而言，是一份相当重要的信息资料。民意代表往往以政府的财务报告为依据，来评估和监督政府政策的效果或经费支出的情况。

（2）选民或纳税人。投票是公民的权利，纳税是公民的义务。全民有权利通过财务报告了解他们所授权的政府提供哪些施政措施与服务。纳税人也有权利从政府的财务报告中，了解他们所纳税金的使用情况，是否符合纳税人的利益与需要，是否符合法定的预算等等。

（3）顾客。使用公共部门所提供的服务的顾客有时也希望了解政府今年将提供何种服务及未来的展望。

（4）公务员。有些公共部门的公务员会比较关心本身的就业保障与工资调整，因而也会试图从政府财务报告中，了解一些情况，预测和评估经费的增减是否会影响到本身的权益。而高层行政管理人员也可以从政府财务报告中发掘过去经费使用的可能问题或负责单位执行预算的绩效，以谋求未来的改进。

（5）消费者与供给者。与国有企业或政府机关有生意往来的民营厂商，可能是公共部门产品的消费者，也可能是供给者，他们可从政府的财务报告中了解公共部门的资金能力或产品供应的情况。

（6）政府机构。许多政府机构也许想知道其他公共部门组织的财务情况，以从中了解其业务范围及政策走向。

（7）市场竞争者。公营企业在自由竞争市场中，可能必须面对其他民营企业的竞争，为了掌握有关的商机或信息，这些竞争者自然对公营企业的财务报表感兴趣。

（8）管制者。政府部门的管制单位对于管辖下的公共部门组织的财务报告亦有直接的兴趣，以从中了解该组织的资金运用是否合理恰当，是否符合有关的规定。

（9）捐赠者。某些公立大学或研究机构的创设资金部分来自外界的捐赠。一般说来，受惠的学校或机构大多会主动提交年度财务报告给捐赠者，以示尊重，并接受其监督。

（10）其他关心的团体。诸如环保集团相当关注环境保护的主管机关在经费使用及资金分配上的情形。另外，研究政府预算的学者自然也十分关心政府的决算报告并注意收集这方面的资料。

11.6 政府采购管理

政府提供公共财货与服务，同时它也是许多财货与服务的消费者，政府每年需向社会采购大批的物资与货品，其中包括消费性与耐久性的商品，因此采购是政府内部一项重要的事务，采购影响到政府各部门功能的发挥。采购因涉及利益的输送，亦经常造成流弊与公务人员的贪污行为，所以对于采购事务应做好有效的管理。

11.6.1 政府采购的一般准则

根据国际组织和有关国家的规定，政府采购协会提出了采购的准则，包括以下几个方面：

（1）透明。采购作业应公开，不能私下进行，避免利益输送之嫌。

（2）一贯性。采购方式、流程与政策应前后一致，不得朝令夕改。

（3）公众的信任。采购作业应做到赢得人民的信任，即以公开诚信原则进行，无贪污不法之行为。

（4）公平对待厂商。对于所有符合提供产品条件的厂商皆一视同仁，不得厚此薄彼，图利特定厂商。

（5）提升经济与最大化购买价值。购买应以最低成本（最经济的）方式取得财货，即让经费的使用获得最大化购买价值。

（6）促进竞争。政府应通过向不同厂商的购买来促进市场的竞争，而非造成厂商市场独占力量的增强。

（7）监督保证品质与无瑕疵。采购管理的基本原则之一，即确保所购买之财货品质的完整无瑕疵，以符合公务需要及减少损失风险的发生。

11.6.2 政府采购的方式

采购事务可分为由各部门自行采购的分散采购、由专门部门负责采购的集中采购及各机关联合采购三种，其优缺点分述如下：

1. 分散采购

分散采购之优点为：高度专业部门可自主决定采购决策，以其专业知识分辨采购物品的品质，亦可配合其业务需要适时进行采购。

分散采购的缺点有：

（1）不易产生标准化采购作业指导：各部门因个别业务性质不同，加上各自为政，不易有一致性的采购政策或策略，亦不易达成标准化的采购方针。

（2）采购决策可能与预算财务制度不符：各部门人员可能对于预算财务规定等不熟悉，而导致其决策与有关规定抵触。

（3）采购财货与劳务缺乏内部控制：各部门自行负责采购，缺乏专门部门负责采购验收，存在内部控制的漏洞。

2. 集中采购

集中采购的优点为：

（1）节省采购成本，建立有效率的采购制度。集中采购节省人员及各项采购支出，同时由专门的部门经年累月负责采购事务，可建立起节省经费与有效管理的制度。

（2）减少各部门个别采购可能造成的不当行为。让各部门不直接经手采购，可杜绝各部门与相关厂商的不法行为，同时采购部门的加入可加强监控功能。

集中采购的缺点有：

各部门需配合采购部门之进度而调整业务。

负责集中采购的部门，其人员如同各部门的采购代理人，对其要求如下：

（1）采购代理人须熟悉供给来源。

（2）了解定价与市场特征。

（3）了解组织法令限制。

（4）对审查与执行采购政策负责。

（5）与销售厂商或承包厂商互动。

（6）在投标过程中代表组织。

3. 联合采购

联合采购是指各机关联合起来共同采购，其目的在于节约采购成本。

联合采购的优点为：

（1）可采购到较低价格的产品。

（2）品质管制较个别机关为佳。

（3）对厂商有较多的选择。

联合采购的缺点有：

（1）参与的机关需放弃部分弹性。

（2）参与的机关可能需配合联合采购的时间而改变其操作方式。

（3）将原由机关控制的品质管理移至其他地方。

（4）增加运输成本。

11.6.3　采购制度、方法与决策

有效率的采购需建立在完善的制度基础上，也就是需要有相关的法令规章与作业程序对各项基本要素与采购方法予以合理规范。

1. 采购制度之基本要素

一个完善的采购制度需规定以下事项：

(1) 订定组织内部采购之各方责任。组织内部各部门间的权责划分应明确，例如业务单位负责提出采购需求与产品规格，采购单位负责招标采购事宜，会计单位负责监督与款项支付，保管单位负责验收等。

(2) 采购财货与劳务的方法。组织的采购方法应统一，分散采购、集中采购或联合采购可选择一种方式办理，所有财货与劳务的采购须一致办理。如需采取两种以上的采购方式，亦需先确定原则，规定不同采购的项目使用不同的采购方法，不得任意变更。

(3) 规格说明书的格式。规格说明书的基本内容有：说明机关对于销售厂商的要求、产品规格、厂牌、特殊设计、操作方式、效率等，规格书的格式亦应力求标准化。

(4) 销售厂商与承包商之规定。对于销售产品的厂商或参与承包的厂商，其条件必须事先有所规定，如厂商的资本额、营业额、信用状况、过去记录、人员素质、担保品等。

(5) 行为道德标准。对于组织内负责采购人员的行为道德规范与工作伦理等皆需订明，以降低不法利益输送事情的发生。

(6) 内部控制。对于采购流程必须建立内部控制系统，从提出采购要求、采购决策、招标、签约、点收、支付款项、存货管理与使用等，皆需由不同单位人员参与，以便牵制与稽核。

(7) 存货管理。存货管理影响采购决策、物品品质与耐用年限等，自应建立一套管理制度。

2. 采购方法

采购方法一般可分为四种：竞标、比价、议价以及非竞争性协商，兹分述如下：

(1) 竞标。采购以竞标（competitive bidding）方式进行，是当市场上有许多潜在的供应商时，竞标可以获得最低的价格，以节约采购成本。采行竞标的方式，应公告、公开拟采购的产品需求，所有有兴趣的供应商皆可参与。对于参与竞标厂商所提出的采购计划书需做一定的规格要求，同时机关亦应事先决定一定的底标。

计划书至少应包括下列两项重要内容：

第一，产品规格。厂商应对其产品的规格、性质、数目、使用方式等特征，提出详细说明。

第二，保证金的要求。保证金一般是以公债做担保，计有下列三项：

一是投标保证金（bid bond），或称押标金。如厂商获得授权签约，却未履行签约得予没收。

二是绩效保证金（performance bond）。如厂商未能完成契约所订的一定绩效或工作

量，得予没收。

三是支付保证金（payment bond）。如当承包商未能完成其供应时，其次级承包商、供应商或第三者需负责支付。

采购机关一般需先依采购产品的市场价格、预算数额等，设定竞标的底价，并以机密的方式处理，作为竞标的决策参考。若最低的竞标价格超过机关所设定的底价，则可以合法地拒绝所有的竞标厂商。

（2）比价。以比价（competitive proposal）方式进行采购，可以允许厂商所提之计划书更具弹性，同时也可以不进行公告，而由采购机关选择适当的投标人径行比价。这种方式一般是因为金额较小或因为采购机关对于提案有足够资讯做比较判断。

（3）议价。议价（negotiated bid）一般是发生于只有少数符合条件的供应商或服务提供者的情况，政府机关商请其提出议价案，机关可以公开或不公开的方式进行。对于议价案可以经过机关与供应商之间的协商予以修正。议价的对象经常是属于需专业性服务的厂商，如会计师、律师或专案委托研究计划等。

（4）非竞争性协商。非竞争性协商（noncompetitive negotiation）出现的情况系市场上只有一个供应商，因此没有选择与竞争的机会，只有采取与唯一供应商谈判协商的方式，决定采购金额与数量。

上述四种采购方法无论采用哪一种都可以，重要的是政府机关本身应订定一套一致的采购政策，并对所有厂商一视同仁。尤其需重视一致性与透明化，否则很容易因机关决策者个人因素，而偏好特定厂商或采用特定采购方式。

对于厂商亦应让其了解机关有权拒绝所有投标，若因预算限制，机关可以在厂商得标后，甚至签约后取消合约。厂商更有义务不让政府机关造成负债，如违反专利权与著作权等。政府机关亦应要求厂商对其得标所提之价格维持一段合理时间，以避免厂商得标后短期内任意提高价格。此外，厂商亦有义务对于机关的特定要求做出正确反应。政府机关本身为获得负责任的投标，对于投标厂商的能力、信用、售后服务、过去记录等皆有责任事先了解。

11.6.4 采购人员的伦理

采购人员首先要重操守品德，对于经管业务要尽忠职守，同时还要特别强调诚实。对于采购亦需要不断接受各种有关采购业务的训练，对于所采购的物品之市场信息等应充分搜集与了解。对于采购人员的伦理要求有以下五项：

（1）避免利益结合。采购人员与厂商之间应避免有非公务的个人情谊或亲戚关系，以防止利益的结合。

（2）行为公开。任何与采购有关之公务行为皆应公开，不得有私下行为。

（3）不得接受酬金。采购人员不得接受厂商以对其所提供之服务为由的酬金。

（4）不得接受好处费。任何公务员皆不得接受厂商的好处费，进行采购案件的游说。

（5）利益回避。离职卸任之采购人员不得接受担任与以往职务相关的厂商之聘任，避免利用以往之关系进行活动。

11.7　政府审计

在政府预算以及财务管理当中，审计是相当重要的，这是因为：审计提供了可信的独立裁决，使财务报表合法，同时指明了公共部门管理者履行职责的方式；通过审查程序、管理和政策或计划管理，有利于组织效率的提高；同时审计也可以发现公共部门的预算舞弊行为。

11.7.1　政府审计的范围

政府审计的范围，一般而言，包括以下几个方面：

1. 财务管理审计和合法性审计

这是传统意义上审计的情况，审计是审查文件、记录、报告、内部管理系统、会计和财务程序以及另一些证据的过程。其要求：政府的财务报表所提出的内容是公正的；政府的财务往来是适当的、合法的；数字是准确的；所有财务往来都做了适当的记录；从事政府财务管理的公务人员是称职的。

2. 效率性和经济性的审计

这主要关注政府的支出是否符合经济和效率的原则，是否达到了最大化的结果。这类审计的范围包括：需要完成或提供商品或服务的数量，成本核算或支出的合理性，资金保管和使用的合理性，资金来源的合理性，收费商品或劳务收入的合理性等。

3. 计划绩效审计

计划绩效审计包括检查和判断政府计划和行动的预期结果和效益是否达到，以及立法或行政机关确立的目标是否适当。这种审计工作包括判断下列方面：对预期结果产生负面影响的管理薄弱环节；对可能更有效或成本更低的达成目标的途径进行选择；外部的效益或损失，也就是当初确定计划时没有预计到的效益或损失。

11.7.2　政府审计的类型

政府审计可以按不同的标准划分为不同的类型，主要有：

1. 事前审计和事后审计

事前审计是在财务往来发生前的审查，主要审查其是否合法。事前审计是日常管理检查和细节修改的必要部分，但缺点是：耗费大，烦琐，容易削弱被审计部门的责任性以及造成单位内部之间的摩擦。

事后审计是在会计期终了时对财务往来的审查。它能履行政府审计中的所有审计范围。

2. 内部审计和外部审计

内部审计是指履行审查的审计者是政府行政部门的成员，其目的是通过提供信息、分析、评价和发表与管理职责及目标有关的意见，以加强管理，以便达到组织的目标。内部审计的好处是：首先，内部审计可以公正的、贴切的信息为基础，提出建设性的意见，以帮助组织解决管理中的许多问题；其次，可以及时发现和提供组织的现存问题，有助于组织及时解决和排除管理上的故障；再次，对于那些职责划分不经济或缺乏效率的组织，内部审计可以起到有效控制的功效；最后，内部审计可促进组织间更好的信息交流，有助于高层管理者把注意力集中到对既定政策或程序的修改、解释和完善上。

外部审计与内部审计相反，外部审计的审计者是被审查的政府或政府机构以外的执行机构的成员。

11.7.3 政府审计的程序

为达到审计目的，政府审计基本上包括以下三个工作阶段：

1. 调查阶段

审计的调查阶段是初步获得信息和检查工作的过程，以便于分清问题和掌握审查所必需的详细资料。调查阶段的主要工作包括：

(1) 了解审查单位的制度。尽快了解被审计单位的计划或活动的情况，以便审计者安排审计计划。审计者可通过下列方式了解被审计单位的有关制度：第一，审查单位的出版物，如年度报告和新闻稿等；第二，以前审计工作者的工作文件；第三，会见审查单位的管理人员和监察人员；第四，查阅包括会计和资产管理活动的有关工作程序及资料。

(2) 学习法规。仔细领会并搞清楚有关的法律和立法。包括该单位的权力和责任的性质及范围，被审计单位的计划或活动的目的、范围及目标，该单位的经营及资金供应情况。

(3) 初步审查。初步审查的主要目的是：通过对特殊工作活动控制的有效性和有用性的初步检查，搞清楚该单位的控制制度实际上是怎样运转的；搞清明显的控制薄弱环节。

2. 审查阶段

审计的审查阶段是指审查或评价特殊的单位活动或在必要的限度内实现指定的或契约规定的目标的经营情况。按照指定的或契约规定的审计范围，查验该单位的经营和行政程序及实际做法、会计制度、报表、内部审计和下列几个或所有方面促进内部管理控制效果的制度因素：(1) 支出、收益、收入和资产的效率控制；(2) 合理说明资金和财政业务往来；(3) 正确、可信及有用资料的产生及报告；(4) 符合适用法律、规定和决定的要求；(5) 经营效率；(6) 财力和人力的有效使用；(7) 预期计划和活动目标的成果。

3. 报告阶段

审计的报告阶段，即将审计结果让有关单位和人员了解。需要了解报告内容的单位或人员主要包括：（1）需要了解审查报告内容的有关立法部门或行政部门和以此为活动依据的单位职员；（2）投资者；（3）一般公众。审计报告的内容随审计范围而定，但是，一般来说，报告至少包括三个部分：一是审查范围；二是调查事实的情况报告（对于效率、效益的审计）或财务报表（财务审计或守法审计）；三是审计者的观点或建议。

本章小结

1. 政府预算既是政府施政蓝图，亦是政府治理的重要工具。在现代社会，政府预算发挥着资源配置、收入规划、稳定经济、行政责任、支出控制、资金转移、经济发展等重要功能。政府预算的原则有以强调民主政治监督的预算原则和以强调提高政府绩效的预算原则。

2. 政府预算制度的演进经历了不同的阶段，亦有不同的预算制度，主要有复式预算、绩效预算、设计计划预算、零基预算。当代世界各国盛行企业化的预算制度。

3. 政府会计是分析、记录、汇总、评估及说明政府机关财政活动与状况的科学和艺术。在公共管理中，政府会计十分重要。

4. 政府财务报告的目的是为评价管理效果和资源占用情况提供有用的信息。财务报告应具有及时性、内容的公正性、可信性、中立性等特点。

5. 政府是社会中最大的消费者。政府采购应透明、一致、诚信和公平。政府采购应有完整的制度和方法。政府采购人员亦应具备良好的职业道德。

6. 政府审计主要是指对政府财务的合法性、经济性、效率性及绩效等进行审计。

关键术语

公共预算　复式预算　绩效预算　设计计划预算　零基预算　政府会计　政府财务报告　政府采购　审计　绩效审计

复习思考题

1. 公共预算的性质和功能为何？
2. 政府预算的原则是什么？
3. 试说明不同政府预算制度的特点及优缺点。
4. 政府财务报告的目的和功能是什么？
5. 政府采购的原则是什么？
6. 政府采购有哪些主要方式，其优缺点是什么？
7. 政府采购的主要方法是什么？
8. 政府审计的性质、作用和类型是什么？

阅读材料

预算治理的原则

预算是政府的主要政策文件，表明政府年度和跨年度的目标以及实现目标的途径。预算的目的在于与政府的其他政策工具（如法律、规制和与其他社会行动者的联合行动）一起，将政策的计划和期望变为现实。更重要的是，预算是公民和政府之间的契约，表明如何获取公共资源以及如何分配公共资源，为公民提供公共服务。良好的预算与透明、开放、廉洁、负责任的现代公共治理相互支持，预算也是国家及其国民之间信任关系的基石。

预算治理是整个公共治理框架的一个重要支柱，为了加强预算治理，促进良好的公共治理，OECD提出良好预算治理的基本原则，旨在作为成员国和非成员国的参考。不同国家有不同的预算制度，这些原则基于不同成员国在预算领域的最佳实践的经验，其目的在于为各国决策者和实践者提供有价值的参考，确保公共资源能够得到有效的规划、管理和使用，对公民的生活产生积极的影响。

良好预算治理的十条基本原则为：

（一）在明确、可信和可预测的财政政策的限度范围之内管理预算

（1）建立程序，支持政府实施反周期或周期中性政策，审慎利用资源禀赋。

（2）承诺致力于追求有效的和可持续性的财政政策。

（3）考量这种承诺的可信度是否可以通过下列途径得到强化：第一，具有明确、名副其实的财政规划或政策，国民能够易于理解和预测整个经济周期的财政政策走向；第二，有能够提供独立观点和判断的其他制度机制。

（4）在明确的财政政策目标范围内，使用自上而下的预算管理，保持政策与每年中期财政期限资源的一致性。在此背景下，政府采取年度总体预算目标，确保收入、支出和经济政策等所有因素保持一致。

（二）预算要紧紧围绕政府中期战略重点

（1）超越传统的年度周期预算，在预算过程中，强化中期预算。

（2）依据国家的目标，组织和安排预算分配。

（3）在确立年度预算基准时，认识到中期支出框架（MTEF）的潜在价值。

（4）考虑到预算过程和政府政策实现的相互依赖性，中央预算机构和其他政府核心部门应建立密切的工作关系。

（5）要考虑如何设计、执行和评估现有的支出政策，确保预算的预期与政府的发展目标保持一致。

（三）为满足高效、协同地实现国家发展需要的目的，设计资本预算的框架

（1）资本预算的影响超过年度预算，资本预算计划应建立在对经济能力差距、基础设施发展需要和社会重点发展需要客观评估的基础之上。

（2）评估包括：对投资的成本和效益的评估、对使用者负担能力的评估、对各种项目发展次序的评估，以及是否物有所值的评估。

(3) 投资项目决策的评估要与具体的融资机制相分离。

(4) 制定和执行支持公共投资的国家框架。框架的内容包括：评估、购买和管理大型资本项目的制度能力，稳定的法律、行政和监管的框架，不同层级政府投资计划的协调，资本预算与政府中期财政计划的整合。

(四) 确保预算文件和数据的公开和透明

(1) 预算制定、执行和评估每一阶段的信息都要公开。

(2) 在最终预算通过之前，预算执行阶段和预算年度结束的每一个阶段都要以可比格式呈现预算的信息。

(3) 全部预算报告的出版必须完整、及时，公民、社会组织和其他利益相关方有途径得到报告。

(4) 明确地发布并解释预算措施的影响，无论是税收还是政府的支出，并以标准的亲民的格式呈现。

(5) 预算数据的设计和使用要促进和支持其他重要的政府目标，诸如开放政府、廉洁、项目评估以及跨部门的政策协调。

(五) 在预算选择时，提供包容性、参与性和实际的辩论机会

(1) 为议会以及委员会参与各阶段预算过程提供机会。

(2) 促进议会、公民和社会组织就预算的重点、权衡取舍、机会成本、是否物有所值展开实际的辩论。

(3) 对公共支出项目的相对成本和效益提供明确的信息。

(4) 确保所有重大的决策都遵循预算的法定程序。

(六) 提供全面、准确和可靠的公共财政说明

(1) 在预算文件中，对全部政府支出和收入提供全面、准确的说明。

(2) 提供完整的国家公共财政概况，包括中央政府和地方政府的财政状况。

(3) 解释说明要包括预算决策的全部财政成本和收益。

(4) 要解释非传统途径（如 PPP）资助的公共项目。

(七) 积极地规划、管理和监控预算的执行

(1) 预算一旦获取议会的批准，就必须全面忠实地执行。

(2) 仔细分析、控制并监督现金支出，明确每个组织和相关人员的职责、责任和权限。

(3) 全部的收入和支出，均采取单一的、集中控制的国库资金的方式，以此作为实施有效监管和控制的机制。

(4) 在议会授权的范围内，允许各部门在确保有效管理的基础上，具有分配资金的一定弹性。

(5) 简化程序，授权部门管理项目支出的再分配。

(6) 准备并审查预算执行报告，确保执行责任。

(八) 确保绩效、评估和物有所值是预算过程不可或缺的组成部分

(1) 有助于议会和公民不仅了解花了多少钱，而且了解给公民带来了什么实际的好处和利益。

（2）按时公布预算的绩效信息。

（3）绩效信息要聚焦与每一个政策规划相关的指标，信息要明确、易懂，信息可用于对标和比较，要与政府整体的战略目标相衔接。

（4）支出项目的评估和审查要具有客观性、经常性。

（5）确保获取高质量的绩效和评估信息。

（6）对所有新的重大政策建议均要进行日常的和公开的事前评估，评估其是否与国家发展的重点、目标和预期的成本及效益相一致。

（7）定期对政府全部支出进行评估，评估其是否与财政目标、国家发展重点保持一致；对评估的结果进行说明。

（九）确认、评价和审慎地管理长期的可持续性与其他财政风险

（1）建立必要的机制，提升预算规划的弹性，预防潜在的财政风险，促进公共财政的稳定发展。

（2）对财政风险要进行确认、分类，探讨风险的源头并尽可能地进行量化分析。

（3）在年度预算中，明确风险的报告和管理机制。

（4）定期发布公共财政的长期可持续性报告，以作为公共政策的参考。

（十）通过各种质量保证措施，促进预算预测、财政规划、预算执行的廉洁和质量

（1）为确保职责的有效履行，持续进行人员技能和能力的开发。

（2）考虑通过独立的财政机构或其他制度安排的协调和支持，增进国家预算的可信度。

（3）承认并发挥独立的内部审议的作用，将其作为维护预算和财政管理过程廉洁和质量的必要保证。

（4）支持最高审计机构在维护财政责任各个方面所发挥的权威性作用。

（5）促进内部和外部控制系统在审计单个项目的成本和效能以及在评估绩效责任的质量方面发挥作用。

资料来源：OECD，Recommendation of the Council on Budgetary Governance，2015.

本章参考文献

Axelrod，D.（1988），Budgeting for Modern Government，New York：St. Martin's Press.

Coe，C.（1989），Public Financial Management，Englewood Cliffs，NJ：Prentice Hall.

Hyde，A. C.，Shafritz，J. M.（1978），Government Budgeting：Theory，Process Politics，Illinois：Moore Publishing Company.

Likierman，A.（1992），"Financial Reporting in Public Sector，" in Henley ed.，Public Sector Accounting and Financial Control，London：Chapman Hall.

Reed，B. J. and Swann，J. W.（1990），Public Finance Administration，Englewood Cliffs，NJ：Prentice Hall.

Rosenbloom, D. H. (1993), Public Administration: Understanding Management, Politics and Law in the Public Sector, NY: McGraw-Hill.

Rabin, J. and Lynch, T. (1993), Handbook on Public Budgeting and Finance Management, New York: Marcel Dekker.

Rubin, I. S. (2010), The Politics of Public Budgeting, Washington: CQ Press.

Shick, A. (1995), The Federal Budget: Politics, Policy and Process, Washington, D. C.: Brookings Institution.

Wildavsky, A. (1984), The Politics of Budgetary Process, 4th ed., Boston, MA: Little, Brown and Company.

第 12 章

公共服务的绩效管理

随着时代的发展，人们在各方面对政府的需求日益增加，致使政府扮演的角色越来越重要，其提供公共服务的功能逐渐扩大。一方面，政府为社会大众所提供的各项公共服务必须由社会大众支付所需成本，政府功能的扩张与强化势必增大政府的施政成本；另一方面，社会公众又期望政府以最经济的手段，花最少的钱，提供更优质的服务。在不断增长的预算赤字和财政压力之下，绩效管理便成为政府管理中的一个大问题。

公共行政学发展 100 多年，尽管各个时期或各典范讨论的主体各异，但总有一个基本的目的没有发生变化，即提高绩效，尽管人们冠以不同的称谓，如效率、生产力等。公共管理更是举起绩效这个大旗，致使绩效成为管理价值量表中的第一定律。

20 世纪七八十年代迄今的各国政府再造，亦莫不把绩效作为追求的首要目标。美国开展绩效管理运动，并发布《政府绩效与结果法》和《绩效基础组织法案》。英国、新西兰等国亦推行绩效管理运动。绩效管理成为政府改革的重要策略。

重点问题

- 绩效管理的性质与作用
- 公共部门的绩效指标
- 公共部门绩效指标设计
- 标杆管理
- 公共部门绩效管理面临的主要问题
- 公共部门绩效管理的改进

12.1 绩效管理的性质与作用

12.1.1 绩效管理的性质

绩效管理（performance management）从某种程度上来讲，是公共管理者的主要职责。在行政学者沙夫里茨和拉塞尔（Shafritz and Russell，1997，297－298）看来，绩效管理是组织系统整合组织资源达成其目标的行为，绩效管理区别于其他方面的纯粹管理（mere management）之处在于它强调系统的整合，全方位控制、监测、评估组织所有方面的绩效。从某种意义上说，绩效管理代表着组织的全方位的管理工作，因为管理工作的目的便是提高绩效。

关于绩效管理的含义，美国国家绩效评估组织中的绩效衡量小组（Performance Measurement Study Team）曾给它下了一个经典性的定义，所谓绩效管理，是“利用绩效信息协助设定统一的绩效目标，进行资源配置与优先顺序的安排，以告知管理者维持或改变既定目标计划，并且报告成功符合目标的管理过程”。据此，绩效管理乃是对公共服务或计划目标进行设定与实现，并对实现结果进行系统评估的过程。

绩效管理过程一般包括三个最基本的功能活动。

1. 绩效评估（performance evaluation）

它系指一个组织试图达成某种目标，如何达成以及是否达成目标的系统化过程。绩效评估可以是组织的绩效、计划的绩效和个人的绩效。在人力资源管理中，一般重视个人绩效评估，并以此作为工资、奖惩、晋升的依据。但对公共部门而言，现在比较重视的是对组织绩效的评估，绩效评估是如何利用追踪与评估组织绩效的过程。

2. 绩效衡量（performance measurement）

为了进行绩效评估，管理者必须设计一套足以衡量组织目标实现的指标系统，也就是衡量组织绩效的标尺，这样才能进行不同机关与不同时期的比较。

3. 绩效追踪（performance monitoring）

绩效追踪系指对组织的绩效进行持续性的监测、记录与考核，以作为改进组织绩效的基本依据。

由此看来，绩效管理乃是收集绩效信息，进行绩效衡量，设计与执行有效管理，推动绩效不断持续改进的整体活动和过程。

12.1.2 绩效管理的作用

在现代公共管理中，绩效管理既是十分重要的，也是十分必要的。学者弗林（Norman Flynn）1997 年提出的观点的以下几个方面是主要的：

1. 责任落实

公共部门对公民至少在以下三个方面的事情上负主要责任：一是政府的支出必须获得国民的同意并按正当程序支出；二是资源必须有效率地利用；三是资源必须用于达成预期的结果。与此同时，人们期望政治家能为自己做出的决定负责。上述这些责任都要求存在某种绩效评价方式。如果不能测评政府的绩效，我们就很难知道公共部门是否负起了责任。因此，从实现和落实责任的角度来看绩效管理是重要的。

2. 利害关系人的期望

公共服务具有各种各样的顾客，他们并非是对同一结果感兴趣，公共管理者经常面临着困境，特别是满足了一部分顾客的要求，可能使另一部分人感到不满。利害关系人都希望政府的公共政策满足他们的利益。绩效管理是衡量是否满足不同顾客要求的一个方法。

3. 对结果导向的强调

在现阶段，公共管理更讲究“结果导向”（management for results），而非程序、规则导向。传统上，公共行政比较强调过程、投入，不重视结果，往往导致形式主义、浪费和官僚主义。公共管理认为，程序和规则固然重要，但最后是否产生好的结果，是否满足公民需求则显得更为重要。

4. 个人绩效和组织绩效的双重要求

过去几乎所有的公共部门都进行公务员的个人绩效评估，但在个人与组织互动日益密切的情况下，仅仅进行个人绩效评估是不够的，个人绩效的提高并不完全导致组织绩效的提高，只有将二者有机结合起来，才能促进组织整体绩效的提高。

12.1.3 绩效管理与评估的意义

从实践中来看，绩效管理与评估在当代公共管理中尚有下列意义：

1. 绩效管理作为一种诱因机制

任何管理，包括公共组织的管理，都需要某种诱因机制（incentive mechanism）的存在，才能激发人的工作热情和动力。组织诱因机制最重要者莫过于将绩效与奖惩相联系。通过绩效评估，使组织的激励约束机制有了依据，建立在绩效评估基础上的奖惩，强化了组织的激励机制。

2. 绩效管理作为一个管理工具

绩效管理作为一个管理工具（management tool），其最重要的意义在于在政府运作和管理上加上了成本-效益的考虑，改变了政府机关的浪费现象。从某种角度说，它是公共部门进行有效资源配置的一个重要手段。

12.2 公共部门服务绩效评估的一般性衡量指标

绩效管理最核心的环节莫过于绩效评估，而绩效评估最困难者莫过于确立衡量的指标体系。

从理论上讲，建构绩效评估的衡量指标，可以使用一个包括下面四个方面的模式：一是输入（input），包括提高服务所需的资源，如人员、物力、财政；二是过程（process），包括传送服务的路径；三是输出（output），即组织活动或提供的服务；四是结果（outcome），系每一个产出或服务所产生的影响。

上述模式虽然多少可以反映一个组织的绩效，但是许多组织更乐于使用更具体的概念来建构绩效评估的衡量指标。学者芬威克（Fenwick，1995，104－143）认为绩效测量包括三个层面：经济（economic）、效率（efficiency）与效果（effectiveness），即 3E 指标。

学者弗林 1997 年又加上了公平（equity）指标，成为 4E 指标，现分别说明如下：

1. 经济

在评估组织的绩效时，首要的问题便是："某组织在既定的时间内，究竟花费了多少钱？是不是按照法定的程序花费金钱？"这是经济这一指标首先要回答的问题。经济指标一般是指组织投入到管理项目中的资源水准。经济指标关心的是"投入"的项目，以及如何使投入的项目做最经济的利用。换句话说，经济指标要求的是以尽可能低的投入或成本，提供与维持既定数量和质量的公共产品或服务。经济指标并不关注服务的品质问题。

2. 效率

效率要回答的问题是："机关或组织在既定时间内，预算投入究竟产生了什么样的结果？"效率指标通常包括：服务水准的提高、活动的执行、服务与产品的数量、每项服务的单位成本等。如医院可以计算病人求诊人数，图书馆可以衡量借书册数，大学可以用学生接触老师的时数衡量其成果。因此，效率可以简单地理解为投入与产出之间的比例关系，效率关心的是手段问题，而这种手段经常以货币方式加以表达与比较。

效率可以分为两种类型：一类是生产效率（productive efficiency），它是指生产或提供服务的平均成本。另一类是配置效率（allocative efficiency），是指组织所提供的产品或服务是否能够满足利害关系人的不同偏好。也就是讲，在政府部门所提供的种种项目中，如国防、社会福利、教育、健康等，其预算配置比例是否符合民众的偏好顺序。经济学家所讲的帕累托最优（Pareto Optimality）就是指资源的配置能否产生最大多数人的最大利益。帕累托最优分配，是指一经济状况的改变，在没有其他人感觉福利变坏的情况下，有人福利水准提高了，就表示社会福利水准的提高。用俗话来讲，即"达到不损人而利己"的状态。传统经济学家认为，当供应者和制造者都有相当数目时，市场本身就具有这种达到最适境界的机能。不过，如果消费者没有太多的选择时，能否达到帕累托最优状态，则是一个问题。

3. 效果

以效率作为衡量指标，仅适用于那些可以量化的或货币化的公共产品或服务，而许多公共服务性质上很难界定，更难量化，而分配效率亦不易理解。在此情况下，效果便成为衡量公共服务的一个重要指标。效果关心的问题在于："情况是否得到改善？"这样，效果通常是指公共服务实现标的（targeting）的程度，又可称为公共服务对于标的团体的状态或行为的影响，如福利状况的改变程度、使用者满意程度、政策目标的成就程度等。因此，效果是指公共服务符合政策目标的程度，通常以产出与结果之间的关系加以衡量，效果关心的是"目标或结果"。

效果可以分为两类：一类为现状的改变程度，例如国民健康状态、水质的净化程度、道路的耐用程度；另一类为行为的改变幅度，例如以犯罪行为的改善幅度来衡量刑事政策的效果，用接受辅导的病情改善状况来衡量社会工作的效果等。

4. 公平

传统上公共行政与管理重视效率、效果，而不大关心公平问题。自新公共行政运动以来，公平问题日益受到广泛重视，并成为衡量政府绩效的重要指标。公平作为衡量绩效的指标，它关心的主要问题在于："接受服务的团体或个人都受到了公平的待遇吗？需要特别照顾的弱势群体是否能够享受到更多的服务？"因此，公平指标系指接受公共服务的团体或个人所质疑的公正性，通常无法在市场机制中加以界定出来。公平的指标相当难以衡量。

公共行政学者弗雷德里克森（Frederickson，1997）曾提出社会公平的复合理论（compound theory of social equality），认为社会公平可以分为下列类型：

（1）单纯的个人公平。系指一对一的个人公平关系，例如"一人一票，每票等值"。

（2）分部化的公平（segmented equity），系指同一类别下的公平关系，如农夫与商人有不同的赋税标准与薪资水平，这是基本分工所造成的实际上的公平。

（3）集团性的公平（block equality），是指团体或次级团体所要求的公平，例如黑人要求与白人有平等的参政权，妇女和男人在就业市场上的公平等。

（4）机会公平。每个人的天赋不一，后来的发展必然不同；但如果两个人都有相同的概率能够谋得某项职位，就是展望性的机会平等（prospect equality）。

（5）世代间的公平（intergenerational equality），是指这一代与未来一代之间的公平。

依据塔尔博特（Talbot）的分析，目前美国行政机关运用 3E 的情形相当普遍，其中至少有 68％的政府机关使用"效果"指标；14％的使用"经济"指标；8％的运用"效率"指标。在实际的绩效衡量过程中，通常都是以 3E 指标为关键性的思考主轴。在经济指标内考虑"成本"与"资源"，在效率指标内考虑"资源"与"产出"，在效果指标内考虑"产出"与"结果"。在这样环环相扣的过程中，观察其对标的团体所产生的"服务水准"与"接受比率"（见图 12－1）。

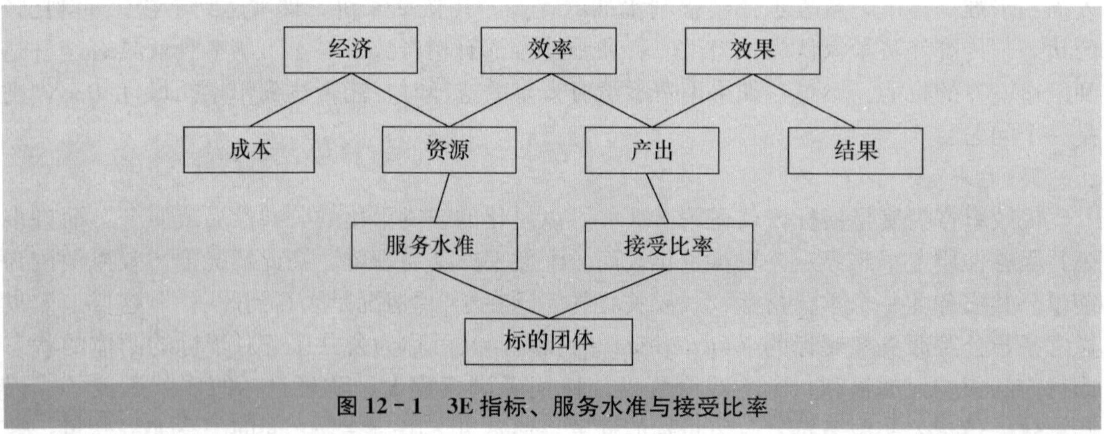

图 12－1　3E 指标、服务水准与接受比率

5. 绩效指标设计的其他问题

3E 或 4E 指标可以说是一个一般性的衡量绩效的标准。这些标准本身仍是指导性的和抽象的。在实际公共管理过程中，不同性质的组织或行政机关，乃至不同的政策规划和项目，衡量其具体绩效的标准仍有不同。在实际中，绩效指标的设计是受到诸多因素的限制的。

学者凯特（Cater，1995）等人通过详细的个案分析研究，认为影响绩效指标设计的因素或变项有以下几个方面：

（1）所有权（ownership）。公共部门组织是在共同的限制之下运作的，追求的是政治和社会目标，因此绩效衡量的困难性高于私人部门。如警政的所有权便属于公众，而银行则属私人所有，公众性的组织当然不能有太多的营利性绩效指标。

（2）交易状态（trading status）。如警政在经济制度方面就不具备交易状态，而银行便有交易状态。就非交易状态的组织而言，不宜设定营利性的绩效指标。

（3）竞争程度（degree of competition）。如警政的竞争程度较低，银行的竞争程度由中等趋向高等。对于竞争程度较高的组织而言，为了争取顾客，非财务性的绩效指标便显得格外重要。

（4）政治责任（political accountable）。受公众监督的组织，如警政、法院等，其所设定的绩效指标就必须考虑政治责任的有关问题。

（5）异质化程度（degree of heterogeneity）。这是就提供不同产品或服务的数量而言的。产品单纯的组织较产品异质性高的组织容易设计其绩效指标。如法院的异质性低，而全民健康机构的异质性较高。

（6）复杂化程度（degree of complexity）。这是就组织在提供服务或生产财货时所能动用的技术数量而言的。可动用的技术越多，其相互依赖程度就越高，绩效所有权就越难被确认。

（7）不确定程度（degree of uncertainty）。这是就手段与目的间的关系而言的，亦即输入资源与达成既定目标间的因果关系。如警政的不确定程度高，而法院的不确定程度低。因此，警政的绩效指标比法院的更不易设计。

（8）权威的结构（the structure of authority）。它是指中央（center）与周边（periphery）的制度性关系。有些组织分支机构众多，有复杂的权威性结构和责任划分。

（9）自主性程度（degree of autonomy）。如有专业社群以专业知识来为组织设定目标、规章以考核绩效，则组织自主性较低。

以凯特等人的看法，好的绩效指标应符合以下标准：

（1）界定清楚而有一致性；

（2）应由组织之所有者来使用，不可依赖外人或环境因素；

（3）必须和组织的需求与目标有关；

（4）被评估的单位或个人不可影响绩效指标的运作；

（5）必须有广博性（comprehensive）（涵盖管理行为的所有面向）和一定的范围（bounded）（集中有限数量的绩效指标）；

（6）建立绩效指标所使用的信息必须正确和广泛；

（7）必须为组织的各级人员所接受，符合组织文化。

另外，为避免或减少不同单位或个案使用类似的绩效指标，使绩效指标无法发挥评价组织绩效的功能，笔者认为可以通过以下的比较标准来设计指标：

（1）目标（target），根据政策成果或预算目标来从事绩效分析是比较普遍的做法，可以避免绩效指标的雷同。

（2）时间序列（time-series），比较相同组织的历史记录也可以克服前述困境。

（3）进行单位间的比较。

（4）外部比较（external comparison），例如公私部门对照比较。

12.3 标杆管理与绩效管理

标杆管理（benchmarking），在工商企业界事实上已经运用了几十年。最著名的案例是亨利·福特把芝加哥屠宰厂猪肉处理系统应用于汽车生产装配线。从 20 世纪 70 年代起，标杆管理在企业界大行其道。1980 年初，施乐公司以标杆作为改善绩效的方法，获得了前所未有的绩效表现，并且成为标杆管理的代言人和典范。从 1990 年起，标杆管理被引入政府管理领域，很快受到重视和喜爱，成为推动政府绩效改进的一个重要的管理工具。

12.3.1 何谓“标杆管理”

标杆（benchmark）一词，原系地质人员或地政人员在测量时，在地形、地物上做符号，以作为测量的参考点。在管理学上，有学者将标杆界定为“寻求达成卓越表现所需要的最佳经营方法、创新概念及高效率操作程序的一套系统过程”。在 20 世纪 70 年代，标杆管理仅局限于将自己公司或组织的绩效，与主要竞争对手相比较；80 年代以后，越来越多的组织开始重视寻找绩效卓越的组织或公司，努力学习其卓越的做法或经验，并加以吸收转化，纳入自己组织的改革，以提高组织的绩效。

简单而言，所谓的标杆管理，即追求卓越的管理模式，并将之学习转化，以提高组织绩效的管理工具。严格来讲，标杆管理与绩效管理或绩效评估并不是一回事。绩效标杆的设计本身并不能改进组织的绩效，但是二者又是相互关联的，从绩效管理的角度来看，标杆向组织提供了改进组织绩效的信息。对一个组织而言，绩效的高低与卓越与否，是相比较而言的，在绩效管理中，你必须寻找你所要比较的对象的绩效。通常这些组织的表现优于你的组织，你期望超越它们。另外，必须试图了解为何它们的表现优于你的组织，哪些方法、程序是你想学习并引进的。因此，标杆管理学习（benchmarking learning）是促进组织学习与变革，提高绩效的良好途径。

一般而言，标杆有两种类型：一是内部标杆，主要以企业或政府各部门之间为实施对象；二是外部标杆，主要以竞争者为对象，希望创造组织的成长空间。

12.3.2 标杆管理的程序

对于标杆管理的程序，不同文献有不同程度的介绍。以下介绍当下比较流行的标杆管理的程序：

1. 摩托罗拉公司所采用的模式

（1）决定标杆的标的物；

（2）确认比较的对象；

（3）搜集资料；

（4）分析资料，整合资料和行动方案；

（5）重订标准，重新再来一次。

2. AT&T 的九步骤模式

（1）决定标杆的标的物；

（2）发展标杆管理的计划；

（3）选择搜集资料的方法；

（4）搜集资料；

（5）选择业界表现最好的公司；

（6）对此最好的公司进行现场访问、搜集相关资料；

（7）比较双方的工作流程，找出表现的落差所在，提出改善建议；

（8）执行改善建议；

（9）重定标杆。

3. 施乐公司的五段式、十二步骤模式

第一阶段：计划。

（1）决定标杆的标的物；

（2）决定比较的对象；

（3）决定搜集资料的方法并搜集资料。

第二阶段：分析。

（4）决定目前的绩效落差；

（5）提出未来绩效应有的水准。

第三阶段：整合。

（6）和员工沟通分析的结果并使其接受此结果；

（7）建立功能的目标。

第四阶段：行动。

（8）发展行动方案；

（9）执行特定行动并考核进展；

（10）重定标杆。

第五阶段：成熟。

（11）成为领导者；

（12）将此运作融入工作流程中。

不论是企业组织、政府机构还是非营利组织，在适用上，或多或少都会做一些调整。但是，一般而言，标杆管理的程序在各种组织中的应用，并不因为是公共部门或私人部门而有太大的差异。虽然标杆管理在公共部门只有短短十几年的历史，但科恩和埃米克（Cohen and Emicke）1995 年提出，下列模式较适合于公共管理者：

（1）决定哪个单位或流程将会是比较的标的物；

（2）找出衡量成本、品质及效率的指标；

（3）针对每个标杆，找出表现最好的其他单位；

（4）衡量这些表现最好的单位之表现；
（5）衡量或界定自己的组织与最好的表现者之绩效落差；
（6）决定缩短落差的行动方案；
（7）执行方案并追踪考核。

12.4 公共部门绩效管理的问题以及改进策略

12.4.1 公共部门绩效管理存在的问题

从历史发展来看，对绩效评估与管理的重视，早在20世纪初便已开始。在20世纪80年代以后，实施绩效管理，追求高绩效的公共组织成为公民与政府一致的目标。只有对政府绩效进行衡量，民众才能知道政府各部门的生产力如何，政府才能真正了解自己到底做得如何。然而，公共组织的绩效管理，特别是绩效衡量实属不易，许多学者皆认为绩效不易衡量为公共组织之特征。

学者林奇和戴伊（Lynch and Day，1996，409-419）在回顾了美国公共部门的绩效衡量后，认为要有效地衡量政府绩效并不容易，因为，在实际中常常存在如下限制：

（1）内部无能的反功能（internal incapacity dysfunction）。每一个组织的绩效衡量理论上都应该量身订制，但公共部门内部缺乏具有分析背景的专业人才，使得绩效衡量的工作变得眼高手低。

（2）政府绩效的因果关系难以确认。公共部门的计划结果往往很难衡量，因为公共产品通常无法分割，所以公共输出不易描述，产出的价格和单位成本也不易衡量。

（3）公共部门组织很少能控制环境的因素，因此绩效衡量往往只限于直接的输出项。例如公务员无法控制与公共安全及公共健康有关的所有因素，所以要求公务员负责亦值得商榷。

（4）政治考量经常是资源配置的重心，所以要获取客观的绩效衡量，仍值得怀疑。

的确，如何进行公共部门的绩效管理，特别是进行绩效衡量，是十分困难的。具体而言，绩效管理制度共同的问题在于以下几个方面：

（1）绩效管理的一个重要前提就是必须将所有绩效都以量化的方式呈现，再据此进行绩效衡量。此项做法对私人部门基本上不构成问题，因为私人部门的服务可以出售，并且可以以金钱价值衡量。但公共部门则面临着如何将公共服务量化的问题。要精确算出“投入/产出比”并不容易，这样我们便无法衡量“效率”这项绩效。另外，即使绩效可以量化，也要考虑以量化形式表现绩效是否适宜。

（2）功能相同的公共组织有地区性的差异，其规模大小亦不一，以同样的绩效指标来衡量它们之间的绩效，并做比较，并不公平。另外，分散于各个分支机构的绩效，能否总结起来当作中央机构的绩效，不仅在技术上有其困难，在实践上也令人怀疑。

（3）如何订定与品质绩效有关的指标仍是绩效衡量的主要限制。如前所述，政府的服务绩效有三个基本面向：经济、效率、效果。而服务产出的品质也是一个关键之处。服务不仅要关注效率、效果，也要关注服务的品质。问题是大多数公共服务的品质好坏很难用客观具体的数据来衡量。

(4) 绩效管理或衡量制度的成效，其主因之一取决于绩效指标的制定是否周延、是否合理、是否客观、是否能涵盖该组织的重要绩效。而负责订定绩效指标的人是否拥有这样的能力，就变得非常重要。因此，这个组织是否拥有从事绩效管理能力的专家，就成为绩效衡量的先决条件。许多组织推行绩效管理之所以失败，便是缺乏熟悉这方面的专家所致。

(5) 绩效管理做得好不好、是否正确，有赖可靠的信息，如果所收集的信息错误，不够全面，就无法真正反映机关的实际绩效。基于这样的原因，在制定绩效指标时，上下级机关难免会在指标的数量、范围、权重等方面发生争议。因此，充分的沟通是十分重要的。

12.4.2 绩效管理成功的条件

绩效管理虽然会遇到许多困难，但并不意味着绩效管理是不可能的。许多公司、政府机关绩效管理的成就便是明显的例证。1983 年，美国审计总署在对许多公司和地方政府实施绩效管理的做法进行调查后，确认了七项成功进行绩效改进的做法。这七项做法是：

1. 管理者成为组织绩效的中心

中心可以是一个人，也可以是一个群体。绩效中心的作用在于：促使绩效管制制度化，收集和传递绩效信息，向高层管理者提供绩效数据。

2. 高层的支持与承诺

这并不意味着行政首长仅仅阐述绩效的重要性，更重要的是，要求高层管理者定期地审查组织以及组织管理的绩效，促使组织成员为绩效的改进负责。明确的高层支持可以使绩效改进具有合法性和有效性。

3. 制定绩效目标和绩效规划

一个组织必须在绩效改进方面有明确的目的和目标。目标可以是宏观的，亦可以是具体的。要将总体的目标与实现目标的方法结合起来。尽管适应每个组织的规划可能是千差万别的，但规划本身是必要的，因为它向所有的组织成员阐明了目标，以及如何实现这些目标。

4. 绩效衡量对组织要有意义

绩效衡量是绩效改进中重要的一个环节。绩效衡量并不一定要非常全面，但它必须是那些容易理解和计算，并且对管理者和组织成员有意义的。

5. 利用绩效规划和衡量体系使管理者负责任

除非得到运用，否则绩效规划和衡量体系没有任何价值。要通过阐明预期的绩效，比较现有绩效与预期绩效的差距，并运用这些信息评价管理者和组织的绩效等方法，促使责任的实现。每一个组织必须研制适合自己的绩效责任体系。

6. 意识到绩效的重要，并促使组织成员参与绩效改进

要促使组织成员认识到绩效的重要性。组织的成员要参与到组织绩效改进的进程之中。

7. 连续不断地发现问题，提供绩效改进的机会

通过绩效评估，发现绩效管理存在的问题，并寻找机会加以改进。

此外，美国审计总署在1997年进行调查时，也提出了绩效管理成功的要件，包括：（1）对于绩效资料要有清晰的期望；（2）对于绩效资料的收集要有足够的诱因；（3）对于绩效管理要有熟练的技巧；（4）绩效管理者要有权威性和公正性；（5）最高决策层要认同和支持；（6）必须培养互信自主的实施绩效管理的文化；等等。

本章小结

1. 绩效管理乃是对公共服务或计划目标进行设定与实现，并对实现结果进行系统评估的过程。绩效管理代表着组织的全方位的管理工作，主要包括绩效评估、绩效衡量、绩效追踪等活动。

2. 公共部门绩效管理的必要性在于：（1）责任落实；（2）利害关系人的期望；（3）对结果导向的强调；（4）个人绩效和组织绩效的双重要求。

3. 衡量政府绩效的一般标准是经济、效率、效果和公平。

4. 绩效指标的设计受诸多因素的限制，影响绩效指标设计的因素或变项主要有：（1）所有权；（2）交易状态，（3）竞争程度；（4）政治责任；（5）异质化程度；（6）复杂化程度；（7）不确定程度；（8）权威结构；（9）自主性程度。

5. 标杆管理是组织追求卓越的管理模式，并将之学习转化，以提高组织绩效的一种管理工具。标杆管理已经成为政府提高绩效的一个重要方法。

6. 公共部门的绩效管理存在着许多困难，但这些困难是可以克服的。成功的绩效管理的基本条件为：（1）管理者成为组织绩效的中心；（2）高层的支持与承诺；（3）制定绩效目标和绩效规划；（4）绩效衡量对组织要有意义；（5）利用绩效规划和衡量体系使管理者负责任；（6）意识到绩效的重要，并促使组织成员参与绩效改进；（7）连续不断地发现问题，提供绩效改进的机会。

关键术语

绩效　　绩效管理　　绩效指标　　绩效衡量　　绩效评估　　标杆管理

复习思考题

1. 何谓绩效管理？绩效管理有哪些主要活动？
2. 公共部门为什么要进行绩效管理？
3. 公共部门的绩效评估的一般衡量指标是什么？
4. 公共部门绩效管理面临的主要困难是什么？
5. 何谓标杆管理？公共部门如何实行标杆管理？
6. 改进公共部门绩效管理的策略有哪些？
7. 影响公共部门绩效的主要因素是什么？
8. 提高和改善政府绩效有哪些途径和方法？

阅读材料

公共部门绩效管理的原则和基础

强化政府的绩效近几十年来一直是公共部门改革的焦点问题。在全球范围内，政府都寻求在各个方面改善绩效，如公共资源的利用、公共服务的提供以及强化政府的透明和责任。建立高绩效的公共管理体系，已成为各国公共管理改革的目标。澳大利亚公共服务委员会制定了《加强绩效的框架》，在此框架中，列举了政府绩效管理的构成要素、基本原则和基础。

高绩效的政府由四个层级构成，包括高绩效的治理（high performance governance）、高绩效的组织（high performance organization）、高绩效的群体（high performance group）和高绩效的个体（high performance individual）。高绩效的治理体系，乃是能够促进跨组织高绩效的系统结构，它包括了促进公共服务整体绩效的能动环境、组织间的领导和管理；高绩效的组织聚焦于组织的特征和高绩效的组织管理实践；高绩效的群体聚焦于高绩效群体团队的特征；高绩效的个体关注高绩效个体的特点。高绩效管理的基本原则主要有以下几方面：

1. 要明确高效的意涵和目的

实现高绩效的目标的第一步，对于政府、组织、群体和个人而言，均要明确界定在特定背景下，在每一个层面，高绩效意味着什么，明确绩效管理的目的。如果缺乏一致的和共同的理解，人们便不知道期望所达到的结果，共同的理解有助于建立并管理预期和期望。为了明确目的，组织需要在其各个层级就组织的目标进行有效沟通，也可以运用绩效协议（performance agreement）作为明确角色期望的机制，这样，绩效管理才具有意义和价值，鼓励人们积极参与绩效管理。

2. 将组织战略和个人的目标有机结合，整合人力资源的活动

实现组织战略与群体和个人目标之间的结合对于确保个人了解自己的努力和工作对组织和政府目标的贡献很有必要。如果实现了成功的整合，组织的目标就更加清晰，不同层级的沟通更加明确。如果组织成员了解其工作对组织和政府目标的贡献，便能激发其工作的动机和热情。重要的是，让组织成员理解组织运作的背景、组织之间的相互依赖关系以及实现特定绩效目标和标准的重要性。只有当所有层级的成员对绩效期望有更加清醒的认识，绩效的改善才有可能。人力资源实践的整合对于绩效管理也是必不可少的，具体包括工作设计、录用和选拔、试用、绩效协议和评估、学习和发展、奖励和认同、工作规划等。

3. 雇员和绩效管理者的互利性，推动雇员创造高绩效

有效的绩效管理和高绩效，在那些管理者和雇员共同负责，绩效期望的实现有共同所有权的地方得以达成。要鼓励雇员积极参与他们自己的绩效管理和自己的职业发展；管理者需要对管理的雇员负责，确保他们能够得到适当的支持，加强绩效，实现他们的目标；要激发雇员实现政府目标和公共利益的动机，认可和承认高绩效。

4. 保持绩效的灵活性，不断实现组织和政府目标

公共管理的环境是不断变化的，在变化的环境中，绩效管理要保持灵活性。组织适应变化和解决环境问题的能力，取决于群体调整和适应变化的能力。为了提高组织适应变化的能力，组织必须系统地关注雇员的能力，为他们提供发展的机会，开发他们的能力和技能。高绩效组织要持续不断地改进，鼓励组织制定长远的目标，并依长远目标衡量进步，不断改善。

除了上述四个原则之外，还有支持实现高绩效的三个基础：

1. 证据和数据

实现高绩效需要将思维方式从服从转向持续的改善，这可以通过与目标实现程度直接相关的绩效数据得以实现。绩效信息可用于战略和管理的决策。绩效信息需要公开，并在组织中进行沟通。

2. 现实主义

那种期望解决所有绩效管理问题的想法是不切实际的。公共部门组织在不同的环境中运作，不存在适用于一切组织的绩效管理方法，组织需要开发能够回应其具体环境和挑战的管理系统。现实主义意味着组织找到适应自己的做法，并考虑到可能性和可行性。

3. 能力

为了高绩效，组织必须能够理解如何将其资源、结构、制度和程序加以整合，支持高绩效的运作；必须能够理解如何使组织的机制适应变革，这便要求组织有足够的能力。高绩效的组织需要各方面能力的支撑，包括领导的能力、管理的能力、人力资源的能力和雇员的能力。

资料来源：The Australian Public Service Commission（2013），Strengthening the Performance Framework：Towards a High Performing Australian Public Service.

本章参考文献

Cater，N.，Klein，R. and Patricia，D.（1995），How Organization Measure Success：The Use of Performance Indicators in Government，London：Routledge.

Fenwick，J.（1995），Managing Local Government，London：Chapman and Hall.

Norman，F.（1997），Public Sector Management，3rd ed.，Englewood Cliffs，N.J.：Prentice Hall.

Frederickson，H.G.（1997），The Spirit of Public Administration，San Francisco：Jossey-Bass.

Lynch，T. and Day，S.（1996），"Public Sector Performance Measurement，" PAQ，409-419.

Nuttley，S. and Osborne，S.（1994），The Public Sector Management Handbook，London：Longman.

Shafritz，J.M. and Russell，E.W.（1997），Introduction to Public Administration，Eng-

land：Longman.
Newcomer，K. E. and Downey，A.（1997），Performance-Based Management in the Federal Government，PATimes，20（12）.
U. S. General Accounting Office（1983），Increased Use of PRODUCTIVTY. Management Can Help Control Government Costs，AFMD－84－11，Washington，D. C.，G. P. O. 35－37.

第13章

公共部门知识管理

在知识经济时代，知识将取代劳动力、土地、资金等传统的资源和资本，成为一个组织竞争力的关键。在农业时代，土地是最主要的资本；在工业革命时代，资金、设备与劳动力是最重要的资本；现时代，知识则成为组织与组织之间、国与国之间发展与竞争的主要利器。以发达国家为例，知识密集型产业——就业人数已超过传统工业的就业人数——成为知识经济的主导者。信息科技的发展和网络社会的出现，加速了知识的流通和信息的爆炸，如何在快速变化的、动荡的环境中，获取有用的知识予以利用并创造更多的附加值，便成为组织生存与发展的关键。公共部门，在本质上是一个知识密集型组织，也是最大的知识创造与服务的组织，有效的知识管理不仅能够提高政府效能，而且能够创造更大的公共价值。知识管理乃有效政府治理的关键所在。

重点问题

- 知识与知识的性质
- 知识管理的性质与作用
- 知识管理的基本流程
- 知识管理的模式和框架
- 公共部门知识管理的推动

13.1 知识与知识管理

13.1.1 知识的性质和类型

在了解知识管理之前，我们需要理解知识及其性质和类型。知识是一个十分广泛、复杂及抽象的概念，不同的人，可以从不同的角度进行界定和解释。人类的行为是以知识为基础的，所有类型的团体和组织都依赖于知识，知识是一个人类社会的常数。美国学者丹尼尔·贝尔在其《后工业社会的来临》一书中，曾对知识下过这样一个定义，认为“知识是对事实或思想的一套有系统的阐述提出合理的判断或者经验性的结果，它通过某种交流手段，以某种系统的方式传播给其他人”，显然，贝尔在此所重视的只是能够被描述为科学知识的生产和证实的理想结果的东西，也就是理论知识，而这种理论知识的力量和合法性不受时间、地点的影响，独立于偶然的条件，所以能够被转变到许多不同的和各种各样的环境之中。

欲理解何谓知识，首先要理解数据、信息和知识的不同。简言之，数据（data）是未经整理分类的原始信息，也就是还没有经过人们加工处理的数字和事实。信息（information）泛指处理过的资料，经过脉络化（contextualized）、分类（categorized）、计算（calculated）、订正（corrected）与浓缩（condensed）等方式，来传达某种信息。信息通常可由媒体获得，具有价值判断的能力。知识（knowledge）则是把既有的信息加以分析处理，并通过比较排序、联结以及交谈等组合，来创造新的价值，因此，知识属于人类的思想结晶，可提供建议和对策，供决策者参考。学者贝克曼（Beckman）1997 年就认为，知识是人类对于数据（或资料）及信息的一种逻辑推理，可以提升人类的工作、决策、问题的解决及学习的绩效，这一观点强调的就是知识的形成过程以及其指导决策与行为的作用。

综合各种观点，我们大致可以认识到，知识是一个不断发展变化的综合体，它是人类认知活动的产物，它存在于人类的心智模式之中，其构成是多样的，包括事实（fact）、法则（rule）、经验、洞察力、信息以及价值观等，其主要的功能在于提供一个参照系（reference framework），对新的信息进行选择、理解、分析、推理、综合等，形成新的框架并指导决策与行为。

不同于其他有形资产，知识具有其自身明显的特点：知识是隐形的，它存在于人类的心智模式内，很难模仿与定义；知识是动态变化的，知识可随着心智模式的变化，不断学习并随时修正；知识可以重复使用，不会磨损，知识的价值并不会因为使用和分享的人多而减损；知识具有无限的延伸性，通过人们的学习、交流，知识可以无限地延展，发展的潜力是无穷的；知识是行动导向的，能够直接指导人的行为。

由于呈现的方式、存贮的地点、抽象的程度以及应用的目的不同，知识会呈现出不同的形态。人们以不同的标准将知识划分为不同的类型。

1. 理论知识与实务知识

以知识的抽象程度为标准，可将知识分为理论知识和实务知识。理论知识（theoretical knowledge）是指运用科学的方法收集资料，进行归纳、分析和验证以后，所获得的概念性的知识，例如经济学的供需理论、政治学的精英理论、政策分析中的渐进主义理论、管理学中的需要层次理论等等，人们可以通过演绎、推理来解释、预测以及理解人类社会的现象。实务知识（practical knowledge）是指个人经由对特定事件、工作上的实际经历，在实际生活和工作中学习到的经验、教训、方法等等，是抽象程度较低、具体、复杂、内隐的知识。

理论知识与实务知识的区别在于：理论知识是外显的，而实务知识则是内隐的；理论知识是知识工作者对实务资料和案例进行分类归纳后，再经逻辑推演而成，而实务知识则大多是在具体操作和实践中所获得的；理论知识的抽象程度高，且简单明了，而实务知识抽象程度低，由许多细节、工作的过程和资料等组成，比较复杂；理论知识适用的范围较广，有成为通则的可能，而实务知识往往适应特定的环境和背景；理论知识容易理解、分享和转移，而实务知识则比较复杂，不易表达和转移。当然，理论知识与实务知识存在着极大的互补性，理论知识能够演绎和指导实务知识，而实务知识则能够利用归纳或者案例的验证后，形成理论知识；同时运用经验性的实务知识和理论知识，比只运用单一知识会更有效果。从具体行为中所获得的实务知识是生动、活鲜的，但由于未经验证，可能无法运用于未来或者其他广泛的情境或环境，通过专门的教育和训练，从理论中学习，往往比自己探索可能更有效果。

2. 外显知识与内隐知识

从认识论的层面，学者波兰尼（Polanyi，1966）将知识分为外显知识与内隐知识。所谓的外显知识（explicit knowledge）是指可用文字、数字、图形或其他象征性符号清楚表达的知识，即可定义、可获取的知识，而且容易沟通和交流。内隐知识又称默会的知识（tacit knowledge），是指高度个人化，难以正式化，只可意会不能言传，而且深植在个人的经验、判断、联想、创意及潜意识之中的知识。

比较而言，外显知识可编码呈现，可清楚说明，较为客观，而内隐知识则更多的是直觉、想象力、创意，无法清楚说明，具有很大的主观意涵；外显知识可经由正式的文字、图表、符号等进行系统的传播，而内隐知识不容易记录和文件化，不易系统传播；外显知识可广泛存贮于文件和资料库中，而内隐知识则存在于人类的心智之中；外显知识可以用来完成结构化的工作，而内隐知识则对于突发性、新问题的发现和解决有重要作用。当然，内隐与外显也不是截然不同的。事实上，大多数知识均有内隐和外显的部分，其只是差别的大小不同。内隐知识具有重要的价值和作用，从组织的观点来看，只有将内隐知识通过外化、文件化转变为组织的能力，才能够创造更大的价值。

3. 其他的分类

对于知识，还有其他的分类。如将知识分为个人的知识和组织的知识。个人的知识是指组织成员自己本身所具有的知识，包括技能、经验、习惯、直觉与价值观等，个人的知识随着组织成员的流动而流动。组织的知识则是内含于组织系统的知识，如组织的资料、组织的文化、组织的业务流程等。学者奎因 1996 年也曾将知识依照其目的及其利用划分为五类：

（1）描述性的知识（declarative knowledge），是指“know-what”的知识，即了解事件的概念、构成与结构的知识，例如何谓公共管理，何谓知识管理，何谓公共产品与服务等。

（2）程序性的知识（procedural knowledge），是指“know-how”的知识，即了解事件的执行程序、步骤、方法，例如了解政府如何进行绩效管理，绩效管理的步骤以及方法如何等。

（3）因果性的知识（causal knowledge），是指“know-why”的知识，即了解事件发生的前因、后果等关系的知识，例如了解政府为什么要进行绩效管理，绩效管理为什么能够成功，而引入绩效管理又会产生什么样的问题等。

（4）情境性的知识（contextual knowledge），是指“know-when”的知识，即了解事件背景或不同事件之间互动及相互作用的知识，例如了解政府机关在什么样的情境和背景下，要推动公私伙伴关系。

（5）关系性的知识（relational knowledge），是指“know-with”的知识，即了解事件与其他重要因素间关系的知识，例如了解要实现电子政府，如何在电子科技、组织法规、管理流程、组织文化、组织结构等方面实现相互统一、相互配合、有机联系和整合。

13.1.2　知识管理与信息管理

在现实中，由于知识和信息被许多人互用，以至于很多人认为知识管理与信息管理是一回事。事实上，知识管理与信息管理存在着本质上的不同。如前面所提到的，知识与信息是完全不同的，正如外显知识和内隐知识存在根本差异一样。尽管信息和数据的管理十分重要，特别是随着大数据技术的发展，人们将目光聚焦于大数据，但是，数据和信息管理与知识管理是不一样的。

信息与信息管理的特点与重心在于：

- 关注的焦点是数据和信息。
- 处理非结构化和结构化的事实和数字。
- 主要得益于技术的发展，特别是信息技术。
- 关注的焦点在于组织、分析和检索。
- 主要涉及的是描述性的知识，如一个事实。
- 事实本身并没有、不代表行动的过程和行为方式。
- 信息本身容易复制。

知识与知识管理的特点与重心在于：

- 关注的焦点是知识、理解和智慧。
- 主要处理的是外显知识和内隐知识。
- 技术虽然重要，但知识管理更重视人和程序的重要性。信息技术的优势在于处理显性和编码的知识。
- 关注的焦点在于发现、理解、赋能和鼓励，如鼓励知识创新和知识分享。
- 主要涉及程序性知识、因果性知识、探索性知识和关联性知识。
- 知识很难复制，特别是内隐知识。

显然，信息管理是组织收集、储存和提供接触信息的渠道。知识管理依赖信息管理以确保组织能够接触到数据和信息，但它强调组织成员之间的网络联结、协作、学习以及知识的应用，这完全是在信息管理之外的活动。在信息管理的生命周期中，涉及的主要活动包括：创造或获取信息（如文件的起草）；对信息进行归纳和分类；信息的储存或存档；定期对信息进行确认，以明确审核什么样的信息需要保存，什么样的信息不需要保存；信息的发现和访问（如搜索引擎、图书馆目录等）。在知识管理的生命周期中，主要的活动包括：组织成员通过学习的过程，如通过了解他们发现或接触到的知识，或者通过与同事在工作中的合作等得到知识；组织成员在完成其工作的过程中利用和应用他们的知识；组织成员的知识定期地被捕捉和编码，并被其他人所利用，这一捕获的过程以各种方式（程序性文件、培训材料、经验教训等）产生信息，捕获的知识又成为信息周期的输入（见图13-1）。

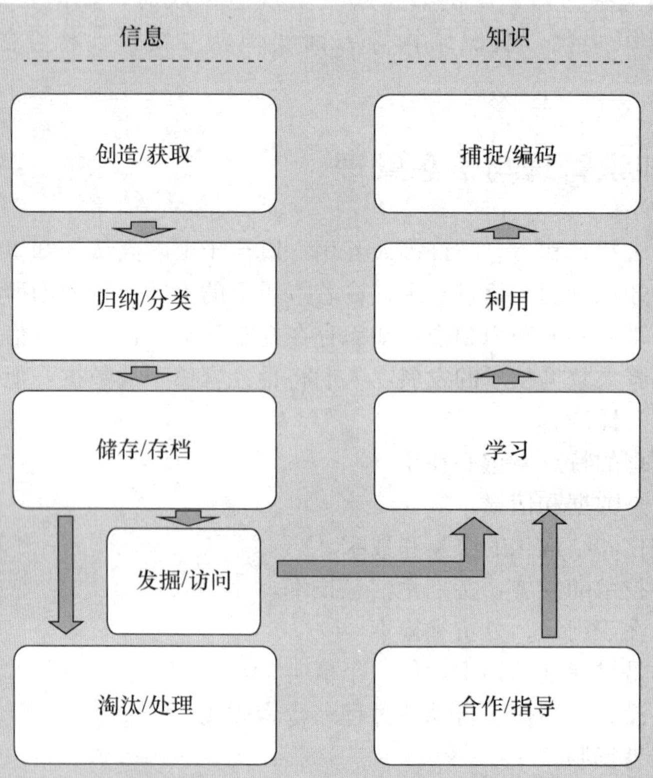

图 13-1　知识管理与信息管理的区别

13.1.3　知识管理的性质与作用

对于何谓知识管理，不同的学者有不同的看法。美国生产力与质量中心（APQC）从知识流程和目的的角度认为，知识管理是能够帮助使用者改善生产力的一种系统性的流程，包括知识的辨识确认、获取与转移。学者威格（Wiig）认为，知识管理是指组织系统地对其知识资产进行充分开发使用，并发现新的知识，以提升组织内知识相关工作的绩效。学者戴尔则认为，知识管理是应用系统的途径来寻找、了解和使用知识，以便创造价值。美国安德森管理顾问公司认为知识管理的内涵可用下列公式表示，即 K=（P+I）S，其中，"K"是指知识（knowledge），"P"是指人（people），"+"是指技术（technology），"I"是指信息（information），"S"是指分享（sharing）。据此，知识管理是通过科技将人与知识结合起来，再利用分享的文化，加速知识的积累，是知识、科技、人、分享文化整合下达成的乘数效应。

综合学者的观点，我们认为，公共部门的知识管理是公共部门对部门内外的各种有价值的知识，进行系统的辨识、获取、存贮、分享和利用，在此基础上创造新的知识，从而提升政府绩效，创造更佳公共价值的活动。从此出发，我们可以看到，知识管理的性质与作用在于：

1. 知识管理重视和强调知识作为战略性资源的重要性

传统的设备、资本、技术固然不可缺少，但在全球化的背景下，其流通性加强，组织易于获得，而且易于模仿。相反，知识则是组织中最难模仿的资源，是组织最重要的智力资本（intellectual capital）与无形资产（intangible asset），而组织的价值恰恰大多数是无形资产的价值。

2. 知识管理的核心是在“恰当的时间、恰当的地点”“由恰当的人利用恰当的知识”来解决组织中存在的问题

具体而言，知识管理要解决的问题涉及知识的辨识、知识的获取、知识的创造、知识的创新、知识的分享、知识的转移、知识的存贮、知识的利用等一系列问题，因此，必须在恰当的时间、恰当的地点由恰当的人利用恰当的知识来解决组织中存在的问题。

3. 知识管理十分重视信息科技的应用与整合

随着现代信息科技的发展，出现信息与知识的超载现象（knowledge overload），知识的爆炸与超载一方面虽然有助于解决组织传统上所面临的信息和知识的不对称问题，但同时也使组织产生了混淆、迷惘、不知所措的状况。科技的发展，如网络解决了知识的移转问题，知识库系统解决了知识的储存问题，大数据和人工智能有效解决了知识创造以及应用的问题，也就是说，没有现代科技支撑的知识管理是不可能实现的，因此整合科技应用，便成为知识管理的重要特征。

4. 知识管理的目的在于创造更大的组织价值，提升组织的核心竞争力

知识管理的最初目的是通过有效的知识管理过程，使组织中的知识资源能够得到有效的使用，在此基础上，支持和优化组织的决策，提升组织的能力，提高组织的服务品质和质量，最终实现组织的价值。

13.1.4 知识管理的原则

知识管理的原则是组织管理知识的基本准则，明确知识管理的原则是促进有效知识管理的前提。现代知识管理是建立在对以下基本原则的理解与支持之上的：

1. 知识是有价值的资产

知识管理是基于这样的认知，即知识是资产，应当善加管理。明确承认知识是有价值的资产，意味着需要管理和保护知识。

2. 知识要储存在中央储存库中

知识管理面临的最大问题之一在于知识的孤岛，个人和群体倾向于把知识掌握在自己手上，这一原则强调，组织中的知识应该集中存储，以方便使用者创造和利用。

3. 知识需要保存

要依据组织的知识保存政策来保存知识，要根据健康检查的标准对知识进行体检，对

于过时的、没有参考和再利用价值的知识应该不再保存。

4. 知识需要质量控制

知识的价值在于知识的质量，要明确知识管理的质量标准，以确定应获取、共享和使用哪些知识。

5. 知识是分散化的

集中所有的知识管理流程是一个错误的观点。

6. 知识是社会的

摆在书架上的知识是没有价值的，知识的价值依赖于知识的交流和社会化，知识的创造、评价、改进和使用是社会化的过程。

7. 知识是共享的

知识管理的主要目的在于促进知识的共享，鼓励组织共享知识。

8. 知识是可接触的

知识越是被更多的人接触，就越有价值，隐私和认证阻碍了大部分组织共享知识，当然也有正当的理由限制接触某些知识。

9. 知识是安全的

知识是最有价值的信息，知识管理的过程要遵循信息安全的需要。

10. 知识是可以搜索到的

搜索是知识发现的重要途径，能够搜索到知识是知识管理重要的任务。

11. 知识管理需要衡量

知识管理的过程和知识资产需要衡量绩效。

12. 知识是需要改进的

没有改进的知识很快会失去其价值，知识管理是不断改善的过程。

13.2 知识管理的基本流程

组织应如何实施知识管理？这涉及知识管理的流程问题，即如何解决组织的知识缺失，如何以有效的方式将知识转化为组织中有价值的智慧资本，从而提升组织的管理能力、竞争力乃至绩效问题。对于知识管理的基本流程，学者们有不同的分类。如德勒顾问公司认为知识管理的流程主要包括定义、收集、适应、组织、利用、分享、创造等基本环节。贝克曼则认为，知识管理涉及定义、获取、选择、储存、分享、利用、创造、销售等环节。而我们认为，知识管理的主要流程包括知识的获取、创造、分享与转移、利用以及存储五个主要的环节。

13.2.1 知识的获取

知识的获取，简言之，就是组织从内部和外部获取组织生存和发展所需要的有价值的知识的过程。对于任何一个人或者组织而言，所面临的最大的问题是知识欠缺和知识不足的问题，也就是知识差距或者知识不对称问题，那么如何获取所需要的知识，便成为知识管理首先需要关注的问题。知识的获取涉及知识差距分析、知识辨识以及知识获得三方面问题的解决。

1. 知识差距分析

知识差距或知识缺口（knowledge gap）分析的目的在于解决组织为实现其目标所必须具有的知识与目前已掌握知识之间的差距问题。知识差距分析主要思考和回答四个基本问题：一是组织的使命、目标以及策略是什么，即回答应该做什么的问题；二是组织必须知道什么，即组织要实现目标，哪些方面的知识是必须知道的；三是组织目前知道什么，即回答组织目前掌握了哪些方面的知识；四是组织目前知道的和实现目标必须具备的知识之间存在什么样的差距。

组织的知识差距是与组织的策略、目标紧密相关的。知识管理是围绕组织的策略和目标的，而不是漫无目的的，重点是弥补组织的知识差距和缺失。

2. 知识辨识（knowledge identification）

简言之，知识辨识即组织对组织内外既有知识状况了解和掌握的过程。对组织而言，如果不能清楚知晓目前的知识状况，是无法知道需要或者创造哪些方面有价值的知识的。如果不进行知识的辨识和确认，组织则面临无法充分发挥及利用现有知识，从而导致资源的浪费以及知识的重新开发的双重风险。同时也面临着不了解外界环境变化，导致盲目自信和乐观，丧失知识资源优势的风险。知识辨识的核心就是要解决四个方面关键问题：一是组织内部拥有哪些知识？二是哪些人和群体拥有知识？三是外部有哪些是组织所需要的重要知识？四是这些知识在哪里，通过什么样的渠道可以获取这些外部的知识？

在现实管理中，由于知识更新的速度加快，加之人员流失和人员流动的加剧以及政府组织之间的分工和各自为政，要进行有效的知识辨识，的确是件不容易的事情。

3. 知识获得

知识获得是组织从组织的内外部获取有价值的知识的过程。组织的知识获得主要有两个渠道：一是组织内部；二是组织外部。内部获得的关键是组织内部知识的充分利用问题。这里重点说明外部知识的获得。组织外部知识的来源是多种多样的，它几乎涉及一切可能成为组织知识来源的个人或组织，如专家、公司、学术研究机构、网络、顾客、合作伙伴、竞争者等等。知识获得的途径，基本上有三个方面：一是通过市场化的途径从公开的市场上获取组织所需要的知识，如从外部招募专家或者通过知识外包（knowledge outsourcing），委托承包单位负责研发组织所需要的知识；二是通过建立正式的合作关系，不同组织之间共同提供及分享各自的知识，以达到资源的共享和利用；三是通过非正式的合作和交流，达到知识的交流和共享。

13.2.2　知识的创造

所谓的知识创造，是指组织内部通过各种不同的方式提升和强化既有的知识，或者创造对组织有价值的新的知识。知识创造对于任何一个组织均是十分重要的，其原因不仅仅在于创新永远是组织获取竞争优势的前提，其本身就要求组织要拥有丰富的知识积累。更重要的是，对于一个组织而言，其具有核心竞争力和能力的知识往往是无法从外面获取的，这些知识具有独特性和差异性，是很难从市场上获取的，需要组织依靠自己的知识和能力的积累，而加以提炼、升华或者创造新的知识。

组织知识创造的前提和来源主要是组织学习，可以讲，组织学习是组织知识创造的基础。组织知识创造建立在个人层次、群体层次和组织层次之上。个人的知识创造，是组织成员经过学习和训练、个人的创意以及相互之间交流而产生新的知识与技能；群体知识创造是通过组织成员互动、交流、分享、讨论，而产生的集体性知识；组织知识创造是经个人、群体、组织整体的知识创造而产生的创新性知识，如产品和服务的创新、管理流程和方法的创新、政策的创新、组织文化的创新等等。

在组织的知识创造中，群体学习（或者集体学习）对于组织的知识创造有着举足轻重的作用。在现实中，几乎所有的组织都重视集体学习。学者迪伦伯格（Dillenbourg）1995年认为，集体学习之所以具有个人学习更好的绩效，其重要原因在于集体学习的机制。他认为：不同意见（disagreement）的存在，能够防止个人永远认为自己没错的盲点；不同（alternative）方案的存在，可让人们能够比较和鉴别，防止自以为是和不合理的方案；解释（explanation）的存在，不仅可以将默会的知识外化，亦可以在解释的过程中，了解自己并领悟许多新知识；内化（internalization）的存在，使得组织成员可以经由更多知识的介绍、说明与讨论，了解和吸收新的知识，内化并整合到自己的心智模式之中；调适（appropriation）的存在，使得组织成员学习到新的观点，新观点通过学习者重新解释、转换、调整而运用到不同的环境中，形成新的知识；分担（shared load）的存在，使得组织成员能够将不同层次的知识整合起来，加深对知识的了解和理解；规范（regulation）的存在，使得组织集体学习和讨论更加聚焦、更加具体、更具成果；同步性（synchronicity）的存在，使得组织成员能够步调一致，共同进步。总之，与个人学习相比，集体学习更易获得正确、合理的知识，更易获得更广泛、更深入的知识；亦能促进个人的学习成长，更有效地创新知识。

事实上，组织知识的创造是建立在个人学习、集体学习、组织学习相互之间不断循环的过程之中的。它包括个人连续不断地学习、创造知识；个人与集体的学习循环，即个人在群体内通过互动和知识的分享，增强自己的知识；群体之间的学习循环，即群体之间的互动、分享、激荡、获取和创造知识；以及群体和组织的学习循环；等等。组织知识创造的关键是要鼓励组织成员创造知识，不断学习成长；鼓励组织成员分享知识；鼓励知识外化，即通过对话、辩论、研讨等多种方式，能够将默会的知识转变为外显的知识；鼓励知识的应用，扩大知识应用的范围，在此基础上建立并整合为组织的知识。

13.2.3 知识的分享与转移

在知识管理的过程中，知识的分享无疑是最重要的环节之一。与其他资源和产品不同，知识的使用不会出现效益递减的现象，知识也不会因为分享而损害其原有的价值，知识越是能够分享，越能最大程度地发挥它的价值，而且在知识分享的过程中，不同知识之间的交流和碰撞，往往能够创造出新的知识。对于组织而言，知识的分享可以减少因重新开发导致的资源浪费以及不分享知识导致的不能从过去的失败、教训中学习而重蹈覆辙的成本。

所谓知识的分享，是指组织内部不同的成员、群体、部门之间或者跨组织之间的知识交流活动。知识分享可以通过组织正式的制度安排或者非正式的制度安排来进行。就正式的制度安排而言，科层制组织上下级层级控制和信息传递，本身就是信息和知识共享的正式网络（formal network），也是组织上下级之间知识分享的惯例机制。现在，越来越多的组织建立了自己的知识库，即把有价值的文件、案例、经验、教训等知识加以分类整理，储存在网络上，这是知识分享的一种形式。此外，组织举办的各种会议、培训、报告以及论坛等，亦是知识分享的形式。除了正式的制度安排之外，知识网络和知识社群的兴起，也成为更为自由和开放的知识共享的非正式安排。随着网络的发达，组织内外具有共同兴趣、共同爱好、共同专长的人们，建立以知识分享为目的的实务社群（community of practice），通过网络来讨论分享特定领域的知识。

在现实中，无论是公共部门还是私人部门，知识分享均存在不同的障碍，可以讲，知识分享的主动性不高。影响知识分享的因素是多方面的，无论在什么时候，知识总是多多少少和权力与利益紧密关联，分享知识，也意味着分享自己的权力和利益，因此，人们因担心权力和利益的丧失而不愿意分享知识。知识分享的障碍也可能来自组织成员的态度或者行为，如自我中心，很难听取别人的观点和看法；认为自己高人一等，看不起或者看不到别人知识的价值。知识分享的障碍也可能来自组织的文化，组织缺乏沟通、缺乏共同的价值等。

13.2.4 知识的利用

知识利用（knowledge utilization）是指组织将采纳、获取的外来的新知识，应用到实际工作中，用以解决组织管理中所存在的问题的过程。知识利用实际上也就是知识价值的实现（realization of the value of knowledge）。知识利用的前提条件在于组织能否将正确的知识，在正确的时间，利用正确的渠道，传送到正确的地方，给予正确的人。当然，也取决于组织是否有意愿去接纳新的知识以及组织是否有能力吸收知识，即使组织成员学习和吸收到新知识，但缺乏动机，或者有利用新知识的动机，但缺乏利用的能力，也不能有效地利用知识。

学者威格认为，知识价值的实现其实是知识利用、知识提供、知识植入、知识销售的过程。所谓知识利用，就是利用最佳知识达到解决问题的最佳效果；知识提供就是把知识有效提供给需要的人，支援组织的决策，提升组织解决问题的能力以及创新的能力；知识植入，即将知识有效植入相关的产品和服务中去；知识销售，即能够把知识商品化（knowledge commercialization），提供专家团队、提供顾问服务、提供知识性的产品和服务等。

13.2.5 知识的储存

知识储存（knowledge store）是指组织将有价值的知识经由选择、加工、提炼之后，储存在适当的媒介中以方便组织获取、使用和更新。知识储存不仅可以减少知识重新开发所导致的资源浪费，减少因组织成员的变动（如退休、辞职、死亡等）而导致的知识流失，更重要的是可以使知识资源的利用更加充分，使得组织在知识积累的基础上，强化组织记忆，学习和创造新的知识。

知识储存涉及许多环节，重要的包括：

1. 知识的选择与过滤

在知识爆炸的时代，过量的知识，会削弱知识处理的能力，也会导致困惑，因此，组织的知识选择要关注与组织策略和目标有关的知识，关注能够对组织核心能力产生直接影响的知识以及组织所急需的知识，关注创新性的、独特性的知识，关注有关经验和教训的知识。

2. 知识的加工和提炼

知识加工和提炼的目的在于提高组织知识的正确性，提高知识价值，方便知识利用。为了方便知识的利用，便需要对知识进行分类、编辑，进行索引；为了提升知识的价值，便需要对外显知识进行说明，对内隐知识进行整理、评估和分析；为了提升知识的正确性，便要对知识的不一致、矛盾和冲突，乃至知识的错误进行改正；等等。

3. 知识的储存

知识的储存，在现代社会，最关键的是建立知识库（knowledge base），通过信息化和网络储存某一相关领域的知识、经验等。这些知识均是经过整合、过滤、分析加工、提炼和分类后的知识，其目的在于方便知识的获取。

13.3 知识管理的模式和框架

知识管理的模式和框架是专家和学者在案例分析、调查研究的基础上提出的关于知识管理的关键要件、实施步骤、影响因素等的一般性参考框架。知识管理是一个跨学科的领域，不同的学者从不同的角度提出了不同的知识管理的模式。这些模式为知识管理的实施提供了不同的视角。

13.3.1 知识管理的能力模式

知识管理的能力模式是由学者戈尔德（Gold）等人于 2001 年提出的。在进行大量调查研究的基础上，他们认为影响知识管理的关键是知识管理的能力，并将知识管理的能力分为基础能力和流程能力。

1. 知识管理的基础能力（infrastructure capability）

基础能力是组织为了支持知识管理所应具备的基础设施以及有利于知识管理的环境。基础能力主要包括三个方面的能力。

(1) 科技支撑的能力。信息技术是知识管理的主要推动力，为此组织必须具有优良的信息基础设施，如网络、知识库、数据库、文件管理系统、搜索引擎等，这能够使组织成员快速有效地了解外部环境的变化，加强组织内部的沟通和合作，发现组织内外的有效知识。

(2) 组织结构性的基础能力。包括组织的管理、政策、流程、人事制度、部门分工与合作等。组织的结构性因素的设计要有利于知识管理，比如要有明确的知识管理策略和政策设计，组织部门之间的共享与协作，知识管理的奖励制度等。

(3) 文化性的基础能力。组织要形成有利于推动知识管理的组织文化，如组织成员理解知识的重要性，组织成员参与知识管理，鼓励创新，鼓励知识的分享等。

2. 知识管理的流程能力（process capability）

主要涉及知识管理整个流程的能力。主要包括：

(1) 知识获取的能力。能够有效、快速吸取新的知识以促进组织的成长。

(2) 知识转换的能力。通过交流、分享和转移，发挥知识的能量，将知识转化为产品和服务的创新，转化为有效的竞争策略和行为，并将知识传递给组织的成员。

(3) 知识利用的能力。知识能被有效地吸收和快速地利用，能够从经验和教训中学习，不再犯错；能够将知识快速应用于问题的解决、产品和服务的开发、工作效率的提高以及了解市场和环境的变化，强化调适能力。

(4) 知识保护的能力，由于知识是战略性资源，必须善加保护，以防止知识的产权遭到损害。

13.3.2 知识网络模式

埃森哲（Accenture）公司提出，应该用知识网络（knowledge network）来分析不同的知识管理实施策略。依知识网络模式，一个组织要实施知识管理，须考虑六个主要的实施架构部件。它们是：

(1) 知识管理的战略。组织要自上而下地制定知识管理的战略方向，包括支持组织发展愿景的战略目标、核心能力、价值使命、竞争优势等。

(2) 组织学习。建立和发展以学习、创新、进步、尊重知识为核心的文化与管理制度，鼓励组织成员不断地创造、分享、学习新的知识。

(3) 实务社群。鼓励、支持组织成员组织和建立以学习、分享知识为主要目的的虚拟社群，以此非正式的组织结构来提升组织知识的创造与扩散。

(4) 信息科技。建立和发展各种支持知识管理的信息基础设施和信息系统。

(5) 知识库。将组织内有价值的、重要的各种知识、最佳实践、经验、教训，以标准化、结构化的方式有系统地组织与储存，让组织成员可以很便利地获取有价值和有用的知识。

(6) 绩效考核。对知识管理的流程，要以量化和质化的方法来评估考核，以了解知识管理存在的问题，不断加以改进。

每一个组织可以根据不同的环境背景，选择不同的知识管理的策略。如要解决知识分享问题，采用的实施策略为：组织学习 → 知识库 → 信息技术。切入的重点是先建立学习型组织的文化，鼓励组织成员分享知识，然后再建立知识库，并配合信息技术的应用促进知识的流通和交流；如果组织要应对全球化和环境快速变化的需要，学习新的知识改变组织的发展方向，采用的实施策略为：实务社群 → 知识管理战略 → 组织学习 → 知识库 → 信息技术。鼓励员工经过参与讨论，研究新的知识管理的战略，同时推进组织学习，建立和发展知识库，再应用信息技术支持知识管理的实施。总之，组织知识管理的实施，要明确问题，然后补齐短板，选择最适合自己的知识管理方法。

13.3.3 知识层级与价值贡献模式

如前所述，在组织中，内隐的智慧和知识比较难以学习和获取，因此，其价值要大于外显知识；而有行动力的知识和价值要大于没有行动力的信息；经过加工处理的、有意义的信息，其价值当然大于没有意义的数据。从另一个维度来看，如果个人拥有的信息和知识能够被分享、整合到群体的层级，那么群体所掌握的信息、知识对组织的贡献则会大于个人；跨组织的联盟、供应链、需求链的整体知识大于单一组织。从以上两个维度出发，便可以构建出知识层级与价值贡献模式（knowledge hierarchy and contribution model）（见图 13－2）。

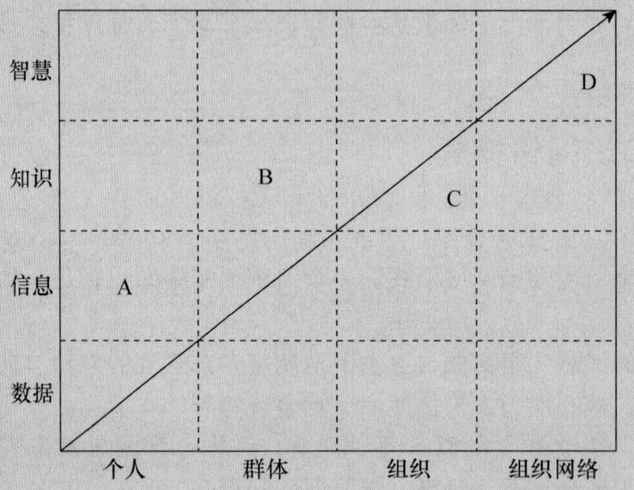

图 13－2　知识层级与价值贡献模式

由此可以看出，不同组织知识管理的成效，是由不同的知识层次和管理层次决定的。在个人层次（A），组织内的员工，大都是通过分析信息，被动地对外部环境变化做出反应，没有主动地创造与学习知识，也没有利用群体的力量来创造知识，这也表示组织不重视知识管理；在群体层次（B），群体成员之间进行知识的分享和交流，但各群体之间未能整合群体的知识，未形成组织整体的知识与能力；在组织层次（C），组织内部进行知识管理，能够有效运用知识支持组织的各项事业，但与外部环境之间缺乏交流和学习；在跨组织的协作网络层次（D），不仅内部的知识管理完整，而且能够与外部组织（政府、企业、科研机构、市场、顾客等）建立协力关系，有效获取知识，特别是组织外部的知识。

组织的知识资源事实上是存在于不同层次的。个人层次的知识，通常是内隐知识，也包含外显知识；群体层次的知识，是群体了解和掌握，但又没有在组织中共享的知识；组织层次的知识，泛指在组织内部传播的知识和能够利用的知识；组织以外层次的知识，泛指存在于组织之外，但可以被用来增强组织绩效的知识。显然，为了增强组织的知识，知识管理必须涉及整个组织知识的光谱，必须在各个层级上促进知识的发展，促进知识在个体、群体、组织以及组织网络之间的融合和交流，不断开拓组织的知识资源。从更广泛意义上讲，知识管理涉及组织学习、组织记忆、知识共享、知识创造和组织文化等许多方面。

13.3.4　知识管理的 SECI 模式

如前所述，知识可分为外显知识和内隐知识。传统上，组织将关注的重点放在外显知识上，日本学者野中郁次郎（Nonoka）和竹内兴隆（Takeachi）将二者结合起来，建立了知识管理的 SECI 模式，提出知识结合和转化的四种方式（见图 13－3）。

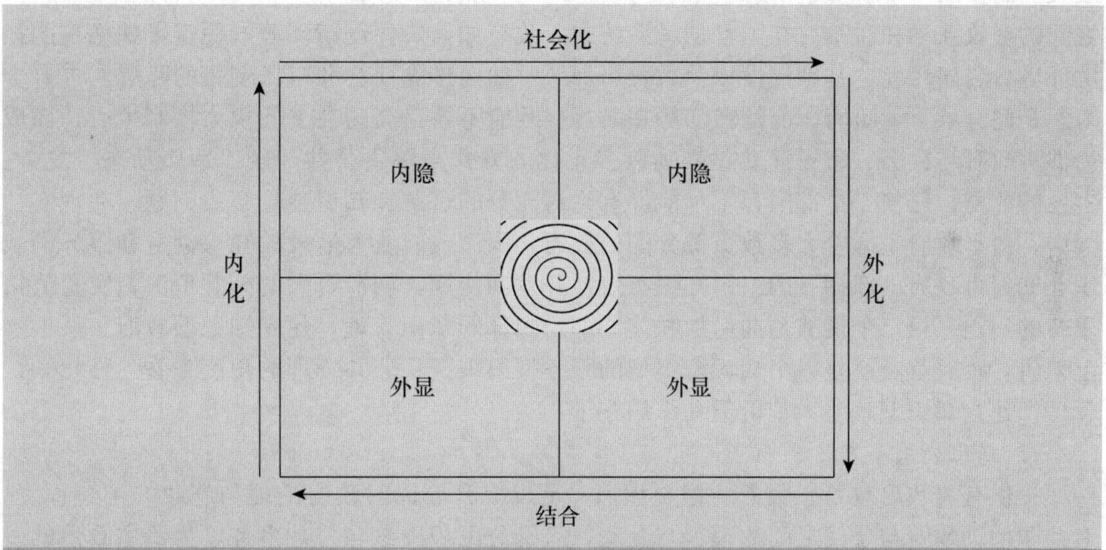

图 13－3　知识管理的 SECI 模式

（1）社会化（socialization，S）。从内隐知识到内隐知识。通过实践、指导、模仿和观察传递知识。

（2）外化（externalization，E）。从内隐知识到外显知识。内隐知识被编码成文件、手册等，以便在组织中扩散和传播。由于内隐知识事实上很难被编码，这种知识的传导机制是受到质疑的，隐喻往往是外化最重要的机制。

（3）结合（combination，C）。从外显知识到外显知识。这是知识传播和转换的最简单方式，结合现有外显的知识，创造新的知识。

（4）内化（internalization，I）。从外显知识到内隐知识。随着外显知识的使用和学习，知识被内化，改变了使用者现有的内隐知识。

SECI 模式将知识管理的过程视为连续、动态的过程，而不是静态的。知识正是随着使用者实践、相互协作、互动和学习，不断得到转化和创造。

13.4 公共部门知识管理的推动

13.4.1 公共部门知识管理的需要

如前所述，知识经济社会的兴起与发展，意味着一种发展典范的转变，谁能够创造、储存与应用优质的知识，谁就能够拥有竞争的优势。知识经济社会的运作是建立在知识的创造、储存、分配、扩散和应用的基础之上的。在知识经济时代，政府面临双重的挑战。第一个挑战是政府如何发挥有效的作用，建立国家创新系统（national innovation system，NIS）。国家创新系统不同于传统上国家对技术发展的管理模式，即强调国家借由研发经费或人员的投入-产出的线性模式，而是重视不同行动者（政府、企业、市场、国际合作者）之间的有效互动和联结。在国家创新系统中，政府如何确保创新环境的稳定，如稳定的经济环境、法律环境、基础建设以及教育培训等？如何排除社会和市场创新的障碍，提升合力？在此背景下，政府职能的转变势在必行，政府不再是高高在上的权力控制中心，而成为促进政府与社会、市场互动，鼓励以多元化的方式来解决公共问题。适应动态、复杂、多元的环境，任何一个部门都不可能拥有绝对充分的资源和知识独立解决问题。在现实社会中，由于政府掌握着大多数资源分配的权力，因而政府成为最大的知识创造和服务的组织，如何将政府内部拥有的组织知识有效地开发和使用，创造更大的公共价值，实是值得思考的问题。第二个挑战是如何加强公共部门内部的知识管理，建立知识型政府。从根本上来讲，政府本身就是一个知识密集型的服务型组织。从公共管理的角度来看，强化知识管理，建立知识型政府，其价值和作用在于：

1. 强化公民参与

提供有关政府政策、服务的相关知识，足以提升公民对政府治理与施政的了解程度，有益于增进政府与公民之间的理解与互动，鼓励公民积极参与公共事务，为民主政治的发展建立基础条件。

2. 强化和提升政府政策制定的能力

运用知识管理可以有效利用政府内外的知识和智慧，改进政府政策制定的过程，使得政府政策制定更加科学化和民主化，有助于提升政府政策的质量和水平。

3. 提升政府公共服务的质量

运用知识管理可以快速、准确地了解公民对公共服务的需求以及需求的变化，能够实现需求与供给间的有效对接，提高公共服务传输的效率，提升公共服务的品质。

13.4.2 公共部门知识管理的实施步骤

一般而言，政府部门推动知识管理的实施，有四个主要的步骤或阶段，在每一个阶段，均需从事一系列的活动。

第一步：知识评估（assessment）。

知识管理的第一步是对整个部门或组织面临的风险和机遇进行评估，也就是进行知识评估。知识评估的目的在于确认组织的脆弱领域，例如，随着大量有经验的人员的退休，存在着知识替代的困难；评估组织现存的能力水平以及为了实现组织的战略目标所急需的主要知识和技能；确认运用现存的技术，扩大知识转移的机会。

知识评估可以在不同的层次上进行。有些部门可能想对组织整体进行评估，以了解组织整体上存在的知识落差；有些部门可能对知识管理的某些领域，如知识的获取和共享状况进行评估。知识评估可以采取各种方法进行，如可以进行知识风险评估（knowledge risk assessment）和全面的深度知识调查（in depth knowledge survey）。

第二步：制定知识管理战略（strategy）。

知识管理战略是部门知识管理的纲领性文件。知识管理战略应该支持部门或组织整体发展战略，并反映知识管理风险与机会评估中学习的经验和教训。制定知识管理战略的过程，可以使组织的领导和管理者聚集在一起，共同研讨和制定发展的方向和目标。知识管理战略可以是组织整体发展战略的一个组成部分，也可以是一个单独的战略，但无论是何种形式的，都要与组织的整体发展战略相联结，能够支持组织整体战略目标的实现。

知识管理战略应该阐明知识管理的基本目标。一般而言，目标会涉及以下或多个方面：（1）说明知识落差的主要风险；（2）建设和发展组织的制度记忆（institutional memory）；（3）如何解决组织的“知识孤岛”（island of knowledge）问题；（4）如何鼓励知识的创新；（5）如何加强组织的适应能力和弹性；（6）如何提升组织的效能；等等。

知识管理的战略应包括实现战略的策略。一般而言，包括：（1）知识管理的领导与体制；（2）如何促进知识的共享与协作；（3）知识管理的步骤和程序的规定；（4）人员的管理。

知识管理的战略要平衡知识管理的三个关键领域与因素。

（1）信息管理与技术。信息管理与技术涉及提供知识分享的电子化平台，以及确保相关的数据和内容能够获取、储存和方便使用。

（2）人的因素。涉及促进知识共享的行为以及发展组织成员的能力和技能。

（3）过程的因素。确保工作流程得到改善。

第三步：知识管理的执行计划（implementation plan）。

知识管理的战略确立了知识管理的目标，知识管理的执行计划则提供了战略计划如何落实的细节。它提供了明确的具体行动的方案，确保投入恰当的人力、物力、财力资源实现知识管理的战略目标。

研发知识管理的执行计划，主要包括：（1）明确战略实施的知识管理活动；（2）确立标准及评估的方法；（3）制定执行的评级方案；（4）制定沟通方案以提高人们的参与意识；（5）确认资源的需求，如人员、信息基础设施以及咨询的支持；（6）制定预算；（7）明确时间表；（8）建立周期性的评鉴机制和方法；（9）执行计划同时要明确执行者的角色和责任。

第四步：监控结果（monitor results）。

如果对投资的回报和价值缺乏理解，知识管理就是不可能持续的。在确保知识管理责任的同时，绩效的评估同样提供了知识管理进展的成效如何的信息，这为调整和改进知识管理提供了理由。绩效评估要回答四个方面的基本问题：

（1）成本，在知识管理方面投入了多少成本；

（2）产出，知识管理提供或产出了什么；

（3）使用，知识管理支撑的活动的“市场参与”是什么，即有谁在使用它；

（4）结果，知识管理是否达到预期的效果和影响，是否实现了目标。

成本主要涉及在知识管理方面投入的人力、物力、财力和时间资源；产出包括计划执行活动所生产的产品和服务（如政策、法规、培训等）；使用主要涉及组织成员参与知识管理，使用知识资源的情况；结果的评估比较困难，如组织成员的知识、组织的效能、政策之连续性以及组织抗风险的能力；等等。

13.4.3 影响公共部门知识管理的因素

在知识经济社会，政府效率、效能与公共服务品质的提升，都依赖于对知识的有效管理。但是，知识管理的推动和实施，在现实社会中，存在诸多的障碍，这些障碍来自多个方面，如文化、组织结构、组织中人员的行为和态度、组织对外关系以及推动的策略等等。可以讲，影响公共部门推动有效知识管理的因素是多种多样的，对于公共部门而言，推动政府成为知识型政府，下列几个方面是不可或缺的：

1. *政治承诺与领导力*

领导力是组织推动任何工作均不可缺少的核心议题。对于公共组织的知识管理而言，领导是知识管理愿景的提出者，要为组织提出知识管理的方向以及努力的目标；领导是知识管理目标的制定者，能够明确知晓组织的知识差距，如何将有效的知识资源加以利用；领导也是组织知识资源的配置者，因为组织的知识管理是需要长期投资的，具有资源配置权力的领导，对长期投入的承诺至关重要；领导亦是知识管理障碍和问题的解决者，需要协调各方面的矛盾和冲突。

2. *知识管理基础设施的建设与完善*

建立一个能够激发、引导、便利政府、企业、社会等各部门进行知识创造、分享、应用的软硬设施和平台，乃知识管理的基础工程。对于公共部门而言，需要建立能够支持知识管理的信息科技结构。这一科技结构包括能够支持组织整体的知识管理的知识管理信息系统，核心的工作是建立一个容易使用、容易搜索、分类清楚、内容正确、简洁明了、有价值的知识库；知识工作者系统（knowledge worker system），能够利用信息技术帮助知识工作者更容易、更有效、更经济地创造新的知识。随着科技的进步，如何运用大数据、人工智能等智慧型的科技，帮助组织完成某些特定目标及任务，亦成为未来发展的趋势。

3. 有利于知识管理的组织文化

组织文化是组织形成的价值观、态度和行为的综合体。文化往往具有不成文、稳定且不易改变、影响又很大的特征。大量的研究表明，在知识管理的推动过程中，科技的作用只占 20%，其余 80%与组织文化有关系。有研究表明，知识管理的最大障碍在于组织提倡个人绩效的制度和文化与知识分享之间的矛盾。对于组织而言，欲成功推动知识管理，便必须形塑和建立有利于知识管理的组织文化。学者戈尔德认为，要建立有利于组织知识管理的文化基础设施（organizational cultural KM infrastructure），主要包括：理解与认同知识对组织成功的重要性，尊重知识的价值；组织有清楚的知识管理的愿景并依此指导组织成员；组织要对环境保持警觉性，能够居安思危，愿意接纳外来的文化；组织要鼓励组织成员的学习、探索、不惧怕失败；组织要鼓励组织内外的协同交流。对于公共部门而言，最重要的是改变权力本位的文化，而建立有利于知识创造、分享的文化。政府组织要保持开放性，愿意接受不同的观点和意见；政府组织不能搞一言堂，应鼓励自由批评；政府组织要鼓励协同合作，通过集体讨论、头脑风暴，产生创意；政府组织成员之间彼此信任和关怀，能够彼此坦诚、交流和共享知识与经验；政府组织能够授权组织成员，鼓励创造和创新。

4. 有利于知识管理的组织结构

组织结构（organizational structure）与组织的知识管理亦有着十分密切的关系。传统上，公共组织结构的最大特点在于权力集中、自上而下、层级节制、分工精细，在这种组织结构下，组织重视命令、指挥、服从、控制，行事风格多为消极被动，缺乏协调、互动、信任、授权。这样的结构是不利于组织知识的创造、分享和交流的。因此，欲推动公共部门的知识管理，须设计以知识为导向的组织结构（knowledge-based organization）。这种组织结构与传统的组织结构相比，复杂化程度低，分工简单，高度整合，决策分散，参与程度高，重视非正式的网络沟通，强调分享、合作、互信与团队精神。在现代，越来越多的组织建立实务社群，实务社群已成为知识管理实践中最重要的一个组织结构。所谓实务社群，即组织内一群对某些专业知识有共同兴趣和爱好的人，通过一个共享的平台（实体或者虚拟的），以非正式、自由、自主的方式，彼此交流共享知识，以达到相互学习、知识创造、解决问题的目的。实务社群实际上是一个集体学习的群体，其目的在于创造、分享、学习新的知识。由于组织内许多重要的知识是内隐知识，而这些知识只能通过人与人之间的有效互动来学习和分享。实务社群具有即时传递、来源可靠等正式结构无法提供的比较优势。在现实中，知识实务社群亦有不同的类型，有专业导向的（professional-oriented）实务社群，由专业人员组成；有工作导向的（work-oriented）实务社群，由相同工作领域人员组成；有问题导向的（problem-oriented）实务社群，以解决某种管理中存在的问题为目的的人员所组成；有主题导向的（topic-oriented）实务社群，由对相关知识主题感兴趣的人员组成。总之，实务社群的目的在于使知识分享更为方便。考虑到传统的组织结构的限制，实务社群可以讲是在正式结构之外，促进跨部门、跨团队知识分享的非正式结构。

本章小结

1. 知识是一个不断发展变化的综合体，它是人类认知活动的产物，存在于人类的心智模式之中，其构成是多样的，包括事实、法则、经验、洞察力、信息以及价值观等，其主要的功能在于提供一个参照系，对新的信息进行选择、理解、分析、推理、综合等，形成新的框架并指导决策与行为。

2. 公共部门的知识管理是公共部门对组织内外的各种有价值的知识，进行系统的辨识、获取、存贮、分享和利用，在此基础上创造新的知识，从而提升政府绩效，创造更佳公共价值的活动。

3. 知识管理是一个过程。知识管理的基本流程为知识的获取、知识的创造、知识的分享与转移、知识的利用、知识的储存五个主要环节。

4. 学者们从不同的角度提出了不同的知识管理的模式和框架，具有代表性的知识管理模式和框架有知识管理的能力模式、知识网络模式、知识层级与价值贡献模式、知识管理的 SECI 模式等。

5. 公共部门知识管理的实施步骤为：知识评估、制定知识管理战略、知识管理的执行计划、监控结果。

6. 影响公共部门知识管理的因素多种多样，主要有以下几个方面：政治承诺与领导力，知识管理基础设施的建设与完善，有利于知识管理的组织文化，有利于知识管理的组织结构。

关键术语

知识　理论知识　实务知识　外显知识　内隐知识　知识管理　知识管理流程　知识管理模式　公共部门知识管理实施

复习思考题

1. 如何理解知识？知识具有哪些明显的特点？
2. 什么是理论知识和实务知识？二者有何区别？
3. 何谓外显知识和内隐知识？各自有何特点与价值？
4. 知识管理与信息管理的主要区别在哪里？
5. 何谓知识管理？知识管理的性质与作用体现在哪些方面？
6. 现代知识管理的基本原则是什么？
7. 知识管理的基本流程包括哪几个主要环节？每一环节或阶段知识管理的要求、重点及影响因素是什么？如何克服与改进？
8. 知识管理的能力模式主要涉及哪些方面的能力？
9. 知识网络模式的构成要件与实施策略是什么？
10. 公共部门知识管理的实施步骤需经由哪些关键环节？
11. 公共部门实施知识管理面临哪些障碍？可采取什么样的策略来推动公共部门的知识管理？

阅读材料

政府的知识原则

公共服务是一项知识事业，它应用其集体的知识，支撑政府日常的运作，履行责任，提供高质量的公共服务，维护国家的安全。确保最大化地实现知识的价值，是政府的责任所在。考虑到知识对公共部门的重要性，因此有必要将知识视为重要的战略性资源，并使用最新的方法和技术，确保知识能够有效地分享、获取和再利用。为此，英国政府制定了《政府的知识原则》，用以指导所有公共部门的知识管理。

原则之一：知识乃珍贵的资产（Knowledge is a valued asset）

知识是资产，是公共服务有效提供的基础。这一原则强调了组织要认识到获取和共享知识将导致良好的结果的重要性。良好的结果包括加强协同，改善以证据为基础的决策品质，提高决策的速度，减少重复劳动，增强组织的弹性和适应力。组织需要了解它们的知识需要，尊重知识的价值。它们应体认到正是通过知识，组织才有价值，才能发挥影响。和组织的其他资产一样，为了实现事业利益的最大化，知识的需求应得到最充分和恰当的满足。将知识视为资产是其他知识原则得以确立的基石，有必要建立尊重知识、鼓励人们自由地获取和分享知识、组织的领导促进知识管理的文化。

原则之二：知识需要茁壮成长的良好环境（Knowledge needs the right environment in order to thrive）

为了促进知识的繁荣，组织的领导和个人需要具有恰当的行为和文化，鼓励有利于个体、组织和公民自由的知识共享。领导必须投入时间，做出表率；个人必须积极回应，利用一切机会获取和分享知识。建立鼓励知识分享的文化、政策和措施，确保知识的潜能在整个组织尽可能得到利用和再利用。

原则之三：尽可能地获取知识（Knowledge is captured where necessary and possible）

知识的获取能够将组织成员大脑中默会的知识转变为明示的、可记录的知识。需要注意的是，并非所有的知识都需要以这种方式获取，一些知识，特别是广为传播应用和具有长期价值的知识，尽可能地获取。知识获取需要对知识进行更新，如确认所有权和相关的责任。获取知识提高了知识再利用的潜能。

原则之四：自由地寻找和分享知识（Knowledge is freely sought and shared）

知识是个体智力活动开发的资产，它可以汇集成为组织的知识。不能强制个人获取知识或要求披露全部的知识，相反，组织应建立一种文化，鼓励自由地获取和分享知识。为了实现知识的价值，知识自由分享是必要的，否则只有知识的拥有者获益，就限制了知识的价值。这一原则说明了知识分享的重要性，要从"知识就是权力"的观点转变到"知识分享更具威力"。知识分享不应该受到限制，除非有重大安全考量。

原则之五：知识通过再利用而增值（Knowledge increases in value through re-use）

知识的价值因知识的再利用而倍增。知识的再利用包括组织内部再利用（internal re-use）以及跨组织边界的知识共享，即外部再利用（external re-use）。尽管这一原则强烈鼓励知识再利用，同样重要的是，知识的再利用也要求进行风险的判断，保护敏感性的知识，考量成本与效益，以及权利保障。

原则之六：知识为个体学习奠定基础（Knowledge underpins individual learning）

知识是学习的基石。学习需求的了解、学习的内容以及学习的吸收同样来自个体或团体的知识或加强个体或团体的知识。真正的价值在于工作学习，工作学习提供了获取新知识的机会。作为个体，如果我们不能经验新的事物或者不能从他人的经验和技能中获取知识，我们就无法学习。我们需要从他人的知识和经验中学习，挑战我们对世界的理解，增加我们的知识。没有分享和接触他人知识的机会，学习的机会便会丧失。

原则之七：知识为组织学习奠定基础（Knowledge underpins organizational learning）

组织学习是组织从其组织成员的共同知识中获取好处，通过培训加以应用，改变组织的程序、政策以及工作方法，最终改进效率和效能。知识的分享和再利用与组织绩效改善之间存在直接的关系。要建立一种文化，制定政策措施，鼓励知识共享，确保知识的潜能在整个组织中得到有效发挥。

资料来源：HM Government，Knowledge Principles for Government，2016.

本章参考文献

Ackoff，R. L.（1989），"From Data to Wisdom，" Journal of Applied Systems Analysis，No. 16.

Argyris，C.（1993），On Organizational Learning，Cambridge，MA：Blackwell.

Beckman，T.（1999），"The Current State of Knowledge Management，" in Liebowitz，J. ed.，Knowledge Management Handbook，Boca Raton，FL：CRC Press.

Bell，D.（1978），The Cultural Contradiction of Capitalism，London：Heinemann.

Bergeron，B.（2003），Essentials of Knowledge Management，Canada：John Wiley & Sons，Inc.

Bounfour，A.（2003），The Management of Intangibles：The Organisation's Most Valuable Assets. London：Routledge.

Bukowitz，W. and Williams，R.（2000），The Knowledge Management Field Book，London：Financial Times/Prentice Hall.

Dalkir，K.（2005），Knowledge Management in Theory and Practice，Burlington：Elsevier Butterworth-Heinemann.

Davenport，T. H. & Prusak，L.（1998），Working Knowledge：How Organizations Manage What They Know，Boston：Harvard Business School Press.

Druckes，P.（1964），"Knowledge Worker：New Target for Management，" Christian Science Monitor，retrieved June 3，2009.

Kelleher，D. and Levene，S.（2001），Knowledge Management：A Guide to Good Practice，London：British Standards Institute.

Knight，T. and Howes，T.（2003），Knowledge Management：A Blueprint for Delivery，Oxford：Butterworth Heinemann.

OECD（2003），Knowledge Management in Government：An Idea Whose Time has Come，GOV/PUMA/HRM（2003）1.

Liebowitz. J. and Beckm，T.（1998），Knowledge Organizations：What Every Manager should Know，Delray Beach，Florida：St. Lucie Press.

McNabb，D. E.（2007），Knowledge Management in Public Sector：A Blueprint for Innovation in Government，New York：M. E. Sharpe，Inc.

Nonaka，I.（1994），"A Dynamic Theory of Organizational Knowledge Creation，" Organization Science，5（1）.

Polanyi，M.（1966），The Tacit Dimension，New York：Doubleday.

Schwartz，D. G.（2006），Encyclopedia of Knowledge Management，London：Idea Group Reference.

Wiig，K. M.（1993），Knowledge Management Foundations：Thinking about Thinking-How People and Organizations Create，Represent and Use Knowledge，Arlington：Schema Press.

第14章 数字政府

从20世纪中叶开始，数字化革命在全球兴起。数字化革命最显著的特征在于数字技术的发展和扩散，由此导致物理、数学、生物领域边界的融合。技术革命从根本上改变了我们生活、工作以及交往的方式，数字革命引领着整个社会的转型。在数字化时代，政府管理也正经历着典范的转移，运用数字技术创新政府，实现政府转型，建立数字政府已经成为世界的趋势。

重点问题

- 数字化时代的政府职能
- 数字化转型与数字政府
- 良好数据治理的特征
- 数字化公共服务的特点与基本原则
- 数字政府面临的挑战

14.1 数字化社会与数字政府

14.1.1 数字化经济和社会

从人类历史的发展过程来看，人类社会的发展经历了不同的阶段。人类社会从狩猎和采集社会（社会1.0）进化发展到农业社会（社会2.0）、工业社会（社会3.0）和信息社会（社会4.0）。现时代，一个新的数字化社会（社会5.0）正在出现。推动数字化社会出现的主要力量被人们称为第四次工业革命。在历史上，第一次工业革命的推动力是蒸汽机的发明和使用；第二次工业革命的推动力来自电力；第三次工业革命的推动力来自电子和信息技术；现在的第四次工业革命（fourth industrial revolution）建立和发展在第三次工业革命的基础之上，推动的力量乃是数字革命（the digital revolution）。第四次工业革命不仅仅是第三次工业革命的延伸，而且是建立在许多领域新技术革命的基础之上，这些技术的变革目前有 5G、大数据、人工智能、物联网、智能机器人、区块链、自动驾驶、3D 打印、纳米技术、生物科技、材料科学、量子计算等。

在过去的几十年中，随着计算能力的大幅提升以及相应成本的下降，数字技术得到了长足的发展。数字技术的发展在今天已经形成了一个相互依赖和相互作用的数字技术生态系统（an ecosystem of interdependent digital technology），并成为经济和社会变革的推动力量。从目前的发展来看，构成这一数字技术生态系统的要素在相互作用和支持下，具有比单个技术发展更强的功能。这一数字技术系统的主要构成包括：

（1）物联网（internet of things）。连接物体的传感器，收集和传递巨量的数据。物联网应用包括了从智能家居、可穿戴的身体健康监控产品到更高级的应用，如自动驾驶。物联网设备涉及短程和长程的通信互联，大规模的机器对机器（M2M）的通信。它催生了无数新的商业模式、应用和服务。政府可以运用物联网数据改善公共管理和服务。

（2）下一代无线网络 5G 以及未来。尽管缺乏明确的国际标准，5G 将是下一代无线网络，其主要的特点是高速（比 4G 快 200 倍）、更快的数据传输以及更好地支撑多种应用。5G 的最大特点是其不仅是人的互联，而且是物的互联。M2M 通信系统提供了设备，实时数据在系统之间、远程设备之间和个人之间建立无线连接，综合了数据采集、远程监控、电信和信息技术，可使业务流程自动化，集成信息技术系统和非信息技术设备的实时状态，创造增值服务。

（3）云计算（cloud computing）。云计算是向客户提供弹性、灵活、依需求接触计算资源的服务模式，客户可以在网上接触到这样的资源（如软件的应用、存储能力、网络和计算能力），每一个使用互联网的人都可以使用网络上庞大的计算资源和数据中心，用户通过网络就可以获取无限的资源，同时获取资源不受时间和空间的限制，其最大的特点在于高灵活性、可扩展性和高性价比。

（4）大数据分析（big data analysis）。大数据通常是指以巨量、复杂、多样性为特点的数据，它得益于物联网和其他数字技术作为数据的来源，并且得益于云计算强大的计算功能。数据的价值来源于其中蕴含的有价值的信息。大数据分析技术及其软件工具被运用于数据挖掘、文本挖掘、机器学习、预测并优化数据。大数据分析能够促进新的产品服务、市场和组织模式的产生，并改变现有的产品和服务。

（5）人工智能（artificial intelligence）。人工智能是机器和系统获取与应用知识，完成各种认知任务，如感知、语言处理、图形识别、学习、决策和预测的能力。人工智能的基础在于机器学习（从过去的经验中，进行可能判断，并做出决策）。大数据分析、云计算以及计算能力的大幅提升（量子计算），都使人工智能可以处理超大规模的数据，加速数据模式的发现。在许多国家，人工智能已经是日常生活的一部分，其应用前景十分广泛。

（6）区块链（block-chain）。区块链是分布式数据存储、点对点、传输、共识机制、加密算法等数字技术的新型应用模式。区块链技术是一种分散化的或分布式总账技术，从一方到另一方（或多方）的交易是以公开和信任的方式进行的，交易记录并非存储在一个中央权威部门（如银行），相反，文本存储于每一个使用者运行的区块链软件中，并与区块链网络相连接（如节点）。在这些网络中，大部分节点必须受到审查，在交易之前得到确认和记录。这样，没有人可以篡改账本，每一个人都可以监督，因此它是值得信赖的。区块链的特征之一便是分布式和共享，正因为如此，建立在区块链之上的系统具有减少或削弱摩擦及现有中介的成本，提升了数据的可靠性，使信任变得去集中化和非中介化。区块链技术可以广泛应用于公共管理的许多领域，如身份认证、个人信用记录（健康、保险等）、金融、土地业权登记、供应链管理、契约管理、知识产权、投票，简化机关和部门之间的业务流程等。

（7）计算能力（computing power）。高性能计算（high-performance computing）是利用聚集起来的计算能力来处理标准工作站无法完成的数据密集型计算，其通常被应用于解决大科学、工程或商业问题，如今已被广泛应用于工业、商业和政府以解决复杂的数据处理问题。量子计算（quantum computing）处理信息的能力使得人工智能和云计算的发展加速。

显然，每一个技术的发展都蕴藏着无限的发展机会和应用的可能，但最大的潜能在于技术之间的相互结合，构成了数字技术的生态系统（见图 14－1），使人类进入数字时代（the digital age）。数字化（digitization）已经成为我们现时代的主要特征。数字技术的发展产生了广泛的经济、社会和政治影响，推动着整个经济和社会的转型，即数字化转型（digital transformation）。

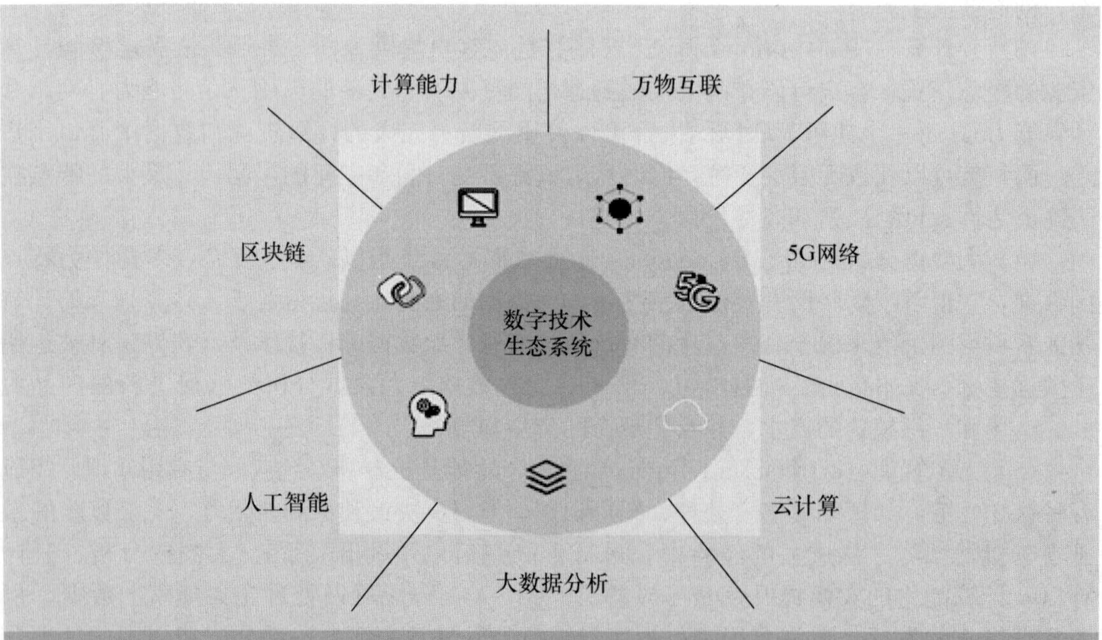

图 14－1　数字技术的生态系统

新技术发展的速度和广度以及其对经济社会产生的影响，都是前几次工业革命无法比拟的。随着新技术更快、更广泛的应用，新的技术革命正在改变着各种社会结构，推动着整个人类社会的转型，人类社会进入了数字经济和数字社会的时代。数字经济和数字社会已经初显端倪，在许多方面超出了人们的想象。在数字经济和数字社会中，数据成为经济和社会的核心，整个经济和社会成为数据推动的经济和社会（data-driven economy and society），无论是企业还是公共部门运用充分数据所提供的信息来改善产品和服务，极大地降低了交易成本，这主要表现在：一是高质量的、可信赖的和互相操作的数据集的可利用性和促其作用实现的基础设施。首先是数据集本身。高质量的、可靠的数据来源于大量的数据集，包括开放数据（地理、气象、科学、交通、健康、金融等等），它们能被用于产生新的数据产品。其次是要有使用数据集的弹性，这包括标准和共享的格式和协议，用一致、互用的方式收集和处理由不同渠道、不同部门和纵向市场而来的信息。此外，还需要发达的基础设施和服务的支撑（如开放数据的门户和研究的基础设施，还包括更快的网络和大型弹性的计算服务，如云计算服务）。二是不断改善的制度环境，促进数据价值的产生，这包括人才的培养以及不同部门之间密切的合作，包括大学、政府、私人机构之间的合作。三是大数据处理的改善和应用，反映在社会生活的各个方面。

数字经济和数字社会已经显现出了许多新的特质。

（1）数字化。社会进入了以位元（bit）为单位的数字世界。

（2）去密集化。先进的数字科技，使企业能够结合散布全球的资源，减少对劳动密集、原材料密集、资金密集的需求。

（3）虚拟化。通过网络，许多交易得以在虚拟市场进行，不仅交易标的及交易地点虚拟化，服务也可以虚拟化。

（4）整合化。不仅组织内部整合加强，组织与组织之间、企业与顾客之间也强化相互的联结。

（5）聚合性。不同行业和异业结合，使不同的经济部门一起创造新产品和服务。

（6）个性化。顾客在产品和服务中扮演了积极角色，生产和消费合一，产品和服务更加个性化。

（7）即时性。科技发展的速度加快，产品和服务的生命周期缩短，随时都会有新的产品和服务出现。

（8）价格动态化。由于产品和服务的升级和转换，价格不再基于时间和地点有所改变，价格已经不是消费行为的决定性因素。

（9）顾客社群化。数字经济催生顾客社群化，顾客在地方或者全球的层次上彼此交流，其他顾客的意见成为选择产品和服务的参考。

数字经济时代，整个社会体系方方面面都面临着巨大的转型。数字化转型成为每一个社会领域都面临的挑战。对于公共部门而言，其面临的压力和挑战更为突出。其挑战主要来自两个方面：一是政府公共部门如何更好地发挥其作用和职能，与整个社会一起解决数字社会所面临的诸多新的问题和挑战，化解新的风险和可能出现的危机，建立一个包容的、值得信赖的和可持续发展的数字社会。包容的数字社会（inclusive digital society），不仅仅意味着网络和数字的可及性，更重要的是让每一个人能够得到数字社会发展的好处；值得信赖的数字社会（trustworthy digital society），信赖建立在信任的基础之上，在数据环境下，隐私、安全、责任、透明和参与都是信赖的基础所在；可持续发展的数字社会（sustainable digital society），意味着确保经济、社会、环境的共生共同发展。这是人类社会面临的共同挑战，但政府的职责和作用重大。二是政府如何应对数字经济和社会的转型，建立数字化政府，为社会创造更大的公共价值。

14.1.2 数字化时代的政府职能

面对数字化时代的到来，政府的职能也要随之发生转型。具体而言，在数字化时代，政府应履行好以下职能：

1. *政府是数字技术研究和发展的推动者与整合者*

在数字化时代，研究和发展创新是获取竞争优势的关键，对科技的大量投资与高度的研发创新能力将是国家处于比较优势的主因。政府不仅要加大对技术研发的投入，提供传统市场机制无法提供或者提供不足的知识和技术（如基础研究和高端研究），而且要确保数字化时代到来所需的教育，整合学校教育与产业人力资源的培养，推动鼓励数字技术的创新并开拓新的信息技术应用的领域，对社会力量的研究开发给予协助和激励。

2. *政府是前导计划的规划者与投资者*

政府要对萌芽和发展中的数字技术进行相关的先导试验和原型试验，掌握未来数字技术发展与应用的方向；政府与市场共同努力推动国家信息基础设施（NII）建设，由于此建设投资巨大而且要长时间才能获利，在先进技术的研究和应用上政府除鼓励市场投资外，应加大投资的力度；加强现代数字技术在政府的应用，不断扩大政府数字化的效益和社会引领作用；强化城市和乡村的网络基础设施建设，特别是智慧城市的发展，提升城市的竞争力。

3. *政府是网络安全规范和网络伦理的维护者*

确保数字安全和网络安全是政府的基本责任。政府要制定法律和政策，确保政府与企业、社会的信息安全；政府要取缔并加重处罚网络犯罪，确保交易安全，保障民众的权益；强化网络空间的自律机制和自治系统。

4. *政府是隐私权和知识产权的保护者*

政府要应对数字化时代的到来，保障数字形态之知识产权，同时要保障公民的隐私权，避免数字知识产权和公民隐私权遭到不法侵害。

5. *政府是方便、公正、平等接触数字服务的维护者*

在数字化时代，公平接触数据以及数字化服务是公民的权利。政府要采取有效的政策，促使网络、通信费率合理化，并为公民提供多元选择的网络和电信服务，促使网络与电信服务业公平竞争，避免垄断；实施数字服务的普遍化政策，鼓励公私部门开放数据，同时促使网络服务者和数据提供者都可以让公民以合理的价格运用各种信息资源；普及数字教育以及使民众易于接触网络，了解网络的应用，消除接触网络机会的不平等；提高网络普及度，使每一个人都有获得网络使用与学习的机会；政府在公共服务区投资，特别是偏远地区，设置网络设备，给公民提供更便捷的服务。

6. 政府是数字技术的应用者

在数字化时代，需要以数字技术为基础，建设以公民为中心的、数据公开的、互动的、回应民意的数字化政府。加速推进图书馆的数字化工作，在交通收费、税费收取、政府采购、社会治理、公共医疗、教育、社会福利领域推广数字化的服务。

7. 政府是数字社会转型的推动者

数字化转型涉及企业和社会生活的方方面面，政府要积极推动电子商务的发展和数字企业的转型，协助企业强化其内部基础设施，为企业转型提供信贷、税收、奖励等各种诱因机制；加速产业间供应链的数字化，建立和发展企业与供应商及客户间的交易网络，节省交易成本；同时要促进数字社会的转型，促进文化事业的数字化、教育事业的数字化、金融服务业的数字化、都市生活的数字化。

14.1.3 数字化转型与数字政府

新的数字技术已经从根本上改变了人们的生活、工作和交往的方式，给政府带来了前所未有的压力，也创造了前所未有的机会，即有效地利用新数字技术，实现政府治理的转型，创造高绩效的公共价值。

在 20 世纪 90 年代和 21 世纪初，许多国家和地区致力于发展电子化政府（E-government），其主要的特征在于建立政府网站和信息技术系统，同时提供线上服务，这有时被称为电子化政府 1.0 版，主要是应用互联网技术，其目的在于实现政府内部流程的创新和改革，以提高公共部门的效率。为了实现这一目的，政府部门开始投资于现代信息通信技术，政府运作的模式从线下转到线上，但并没有发生实质性的变化。

在 21 世纪的最初 10 年，政府关注的重点转向电子化政府 2.0 版，人们冠之以开放政府（open government）和电子治理的名称，其主要特征在于政府运用网络 2.0 版的协作技术，目标在于建立开放的资源平台，政府、公民和企业可以通过平台互动，其主要涉及外部程序（治理）的创新，目的在于通过政府与公民之间的双向交流和互动，增强参与、协作以及政府的透明度。在此过程中，政府的角色也在发生变化，政府成为开放数据和网络服务以及作为基础设施平台的提供者。

从 2010 年之后，电子化政府关注的重点是如何通过现代信息通信技术创新公共部门，建立更智慧的或智能的（smart or intelligent）政府，这可以称为电子化政府 3.0 版，推动创新的力量来自开放数据和大数据、物联网、区块链以及人工智能等。电子化政府 3.0 版的目的不仅仅在于让政府运作得更好、更为开放和透明，而且在于让政府更有思想和智慧，即运用大数据和人工智能，更好地做出决策，更好地解决社会问题，优化公共资源的配置，促进公民的福利增加以及参与。它涉及政策的创新问题以及改善公共政策的可持续性、可承受性和恰当性。

最近几年，理论和实务界关注的重点在于如何实现一个转型的、公民驱动的政府，即电子化政府 4.0 版，主要致力于运用现代数字技术满足公民、企业和社会的期望，创造更大的公共价值。许多国际组织或地区性组织积极推动，如联合国将数字政府或者电子化政府4.0版视为建设有效、包容、负责的公共机构，支持公共政策和服务创新，实现可持续发展目标的工具。

数字政府与电子化政府既相联系，又有区别。其相同之处和相联系之处在于都是利用现代信息通信技术，对政府进行改革和创新，以期提高政府效能和能力，为公民和社会创造更佳的服务。从这个意义上讲，从电子化政府2.0版起，已经体现了这种运用信息技术促使政府转型的成分。其不同之处在于两个方面：一是推动这种转型的技术背景；二是数字政府更重视和强调数字化时代的政府转型，其重点并不在于技术本身，而是如何利用现代数字技术促使政府的数字化转型（digital transformation）。所谓的数字化转型，其基本含义在于运用数字技术改变政府的结构、功能、工作流程、服务提供的方式以及文化，再造政府履行职能和治理的模式。

因此，所谓的数字政府是指运用数字技术创造公共价值，它是整体政府现代化战略的一个不可分割的部分（OECD，2014），它依靠的是由政府、非政府组织、企业、公民组织、个人互动所构成的数字政府的生态系统（digital government ecosystem）。数字技术是指现代的信息通信技术，包括互联网、移动技术和服务、数据分析、人工智能、区块链等，而公共的价值则包含了这种转型为社会带来的各种各样的好处和收益。

政府的数字化转型是一个过程。欧盟委员会在其报告《数字政府标杆：数字政府转型之研究》（European Commission，2018）中，提出了数字政府转型的框架（digital government transformation framework），用六个方面的指标来衡量政府的转型。主要包括：政府服务的模式（service model）、数字化系统（digital system）、生态系统和使用者（ecosystem and users）、领导力（leadership）、技术焦点（technology focus）、主要衡量标准（key metric，即目标实现程度）。依据基本框架，政府的数字化转型可分为以下阶段：

第一阶段：电子化政府。

在此阶段，关注的焦点是为了方便使用者和节约成本，在网上提供服务。推动力来自提高政府的效率，服务是被动的，应使用者的请求提供服务，接触服务的渠道主要是通过网络和政府的App，仍然依赖于物理上的办公地点和服务机构，数字系统是以信息技术为中心的；整体的生态系统是以政府为中心的（government-centric），技术的焦点是服务导向的结构（service-oriented architecture），最重要的是建立面向服务的架构，促进不同功能之间的整合和联结；从领导方面来看，主要是由政府的信息技术部门主导，由技术团队负责执行；衡量绩效的主要指标是网上服务的比例，即通过移动设施提供服务的比例、整合服务的比例以及电子化渠道的应用。

第二个阶段：开放政府。

在开放政府阶段，主要的推动力和目标是政府的公开和透明。政府服务是积极主动的；数字系统是以公民为中心的，顾客门户网站更加成熟，开放数据的利用主要局限于外部的消费，因为政府还没有发展成熟到从这种数据中获取好处；整体的生态系统呈现共同创造服务（service co-creation），生态系统面向能够从开放数据获益的外部的社会，数据的使用者和提供者能明显确认；技术的焦点是API（应用程序接口）驱动的结构，主要关注开发和管理API，以支持接近大数据；领导力来自数据的驱动，开放政府项目往往是由首席数据官负责；可资衡量绩效的指标主要是开放数据集的数量以及建立在开放数据之上的 App 的数量。

第三阶段：以数据为中心的政府（data-centric government）。

以数据为中心的政府的推动力和目标在于公民的价值，即向公民提供建立在数据基础上的公共服务。政府的服务是中介性的，服务可通过汇集者和中介，诸如数据看板和第三方 App 实现；数字系统是以数据为中心的，数据再利用成为趋势，聚焦于数据分析；整体生态系统处在“觉知”层次，政府组织开始理解政府运作的生态系统的复杂性以及目标的复杂性和角色的多样性；技术的焦点在于共享更多的数据，政府也运用数据的力量改善决策；领导的力量来自事业，组织的领导认识到创新地运用数据的价值；可资衡量绩效的标准在于建立在共享数据之上的新的或者创新性服务的数量以及外部利害关系人利用开放数据的数量。

第四阶段：转型实现的政府（fully transformed government）。

在这个阶段，公共部门组织已经完全认同并致力于采用以数据为中心的途径改善政府的运作和服务，并依据开放数据的原则创新政府；跨部门和组织的数据流动成为常态，并导致不同利害关系人之间的互动和向社会提供更好的服务。推动政府完全转型的力量来自远见驱动的转型，公共部门和信息技术领导者均追求服务大规模的系统转型；政府的服务是嵌入式的，公共服务是通过各种各样的渠道（包括非政府部门）来提供，政府的服务将嵌入个人的服务之中，这些服务可能是通过商业服务提供者提供的；数字系统是以物为中心的（thing-centric），数字系统聚焦于万物的互联；整体生态系统是参与式的，着眼于能够从标准化的、开放的公共数据中获益的外部社群；技术聚焦于作为数据的物，从各种途径获取数据以支持转型的能力将要求使用特殊的服务架构；领导力的来源是信息驱动的，数据和信息的价值得到广泛的认可，首席信息官（CIO）在领导创新中发挥重要作用；可资衡量绩效的标准包括消失的服务的比例和新的服务以及它们上升的比例。

第五阶段：智慧的政府（smart government）。

在这个阶段，运用开放数据实现数字创新的过程已经深度融入整个政府，创新的过程是可预测、可重复的。智慧政府的推动力来自自我定义的数字服务或可持续的数字服务，政府服务的模式是前瞻性的，具有可预测性，服务以及互动可以通过各种接触点进行，互动的步调因政府预测需求的能力和预防突发事件的能力的增强大大加快；数字系统是以生态系统为中心的（ecosystem-centric），政府服务及其运作不断进行动态的调整以适应内外环境的改变，API 管理软件能够处理巨量的不同类型的 API；整体生态系统是不断进化的，组织开始认识到其运作其中的生态系统的复杂性以及目标的复杂性和各种参与系统者的角色；技术聚焦于智能，人工智能和发达的机器学习成为处理海量大数据之必需；领导力来自持续不断的创新；可资衡量绩效的标准在于通过数据的开发利用服务被替代（或提供）的数量。

14.1.4　数字政府的基本特征

数字政府的核心在于政府如何善用现代数字技术去实现良好政府的基本原则，更好地达成政府施政的政策目标，为公民和社会创造更大的公共价值。数字政府的本质在于通过数字政府的转型，建立新的政府典范。数字政府代表的是政府典范或者公共服务典范的转移（paradigm shift）。具体而言，数字政府的基本特征在于：

1. 从现有流程的数字化到设计的数字化

依据成功和持续转型的战略的要求，设计政府的运作方法，重新思考、再造和简化政府的运作，实现有效、可持续和公民驱动的公共部门，充分考虑数字技术以及数据的潜力。

2. 从以信息为中心的政府到数据驱动的政府

数据是战略性资产和资源，是公共部门协同运作的基础动力。充分运用数据预测公民和社会的需要以提供公共服务，了解政府运作的绩效并不断回应变革的需求。

3. 从封闭的政府运作过程到开放的政府

开放政府数据，政府的运作本着透明、廉洁、责任和参与的原则进行。在开放政府下，公民不仅仅可以了解政府的信息，实现充分的知情权，还可以通过协商、直接参与等途径，直接介入公共政策制定的过程，使得政府政策能够更好地回应民意，保障公民的权益。

4. 从以政府为中心到以使用者和公民为中心

政府要聚焦于使用者的需求和公民的期望，在公共政策的制定和公共服务的提供上，应充分听取公民的意见，并依据他们的需求，用数字化的方式提供优质的服务，包括跨机关的整合服务、自制式服务、个性化服务和高附加值的服务。

5. 从政府作为公共服务的提供者到政府作为公共服务共同创造的平台

政府建设支持性的生态系统用以支持和赋能公务人员设计有效的公共政策，提供优质的公共服务。这一生态系统能够促进政府与公民、与企业、与社会和其他组织之间的协作，激发他们的创造力，运用他们的知识和才能共同面对挑战。

6. 从被动的政府到积极前瞻性政府

政府无论是在政策制定还是在公共服务的提供上，能够提前预测和了解社会的变化和公民的需求，并对此做出快速的反应。政府要积极地开放数据、公开信息，而不是等到公民请求之后才提供信息。积极的政府同样要求政府积极解决问题，要有结果，而不是消极的、无关紧要的回应。

总之，通过数字化的转型，数字政府不仅仅是可信赖的、可预测的政府，而且是开放的和透明的政府，是负责任的政府，也是能够有效运作和提供服务的政府。这正是数字政府的价值和功能所在。

14.2 数据与数据治理

数据驱动（data-driven）是数字政府的显著特征之一。数字政府的核心之一在于通过良好的数据治理，提供优质的公共服务。

14.2.1　大数据与公共管理

2017 年，英国《经济学家》发表论文称："世界上最有价值的资源不再是石油，而是数据。"（The Economist，2017）尽管这一宣称一直被许多人滥用和误用，但的确说明了数据的重要性。在今天，数据是资产这一观点得到了国际社会的普遍认可。利用数据进行选择和决策，并非现代的现象，事实上，任何有意识的选择和决策，均是建立在对一定数量的数据分析的基础之上的。只是在今天，随着互联网以及各种各样的联网设施的普及和发展，数据呈现出巨量、迅速以及多元积累的趋势，导致善于处理结构化数据的传统方法失灵，而且还有大量的非结构化的数据因无法被分析而难以辨识其价值。在此背景下，大数据分析技术的出现，可以帮助公共部门具有一个新的分析步骤与思维逻辑，从大量的数据洪流中获取有价值的管理信息，特别是用于挖掘公共需求和社会变化的信息。

技术美国（Tech America）基金会将大数据定义为："迅速、复杂以及多元的大量数据，需运用先进的技术，方能撷取、储存、分配、管理以及分析信息。"美国政府认为，"大数据为庞大、多元、复杂、长期性及分散性的数据集，数据系通过各种仪器、感应器、网络交易、影音、点击流以及各种现今以及未来能以产生数字资料的设备而产生"。大数据是无法以传统的流程或工具所处理和分析的资料。总之，大数据的基本特征在于：

（1）巨量（volume）。所有产生的数据或数据强度（data intensity）必须被吸纳、分析以及管理，以便能够依据完整的数据分析进行决策。根据 IDC 数字宇宙的研究，全球的数字宇宙产出的信息持续呈指数增长，估计 2020 年将达 35～40ZB。数据的来源增加且不断增长，这需要良好的数据储存技术的支持。

（2）迅速（velocity）。数据以超快的速度产生与改变，而且必须被接收、了解与处理。数据具有可接近性，不论使用者在何时、何地、以何种方式需要信息时，就是数据产生影响的时候；数据具有可应用性，在一个领域内相关的、有价的信息成为即时的现象；数据具有时间价值，即时分析改善数据驱动的决策。

（3）多元（variety）。信息的增加同时来自组织的内部和外部。结构化的资料大约有 15%，非结构化的人为资料有 85%。半结构化、非结构化的数据成为常态。数据的来源经常是移动的和归属的，呈现复杂性。

（4）真实（veracity）。这涉及数据的品质与来源。大数据的品质可能因数据的不一致、不完整、模糊、隐藏、欺骗等而不高。以数据为基础的决策要求数据的可追踪性与正当性，这对数据治理提出了挑战和要求。

企业界对于应用新的技术增加绩效和提高竞争力一直有着强大的动机。面对大数据变革，如何有效撷取、储存、管理、运用这些巨量的数据和信息，已经成为企业获取市场洞察力和竞争力的重要方法。大数据议题已经开始明显影响全球产业的脉动，国际上无论是政府或企业，纷纷进入大数据领域，挖掘大数据时代的庞大机会。

对于企业而言，大数据的主要贡献在于：

（1）增加决策透明。在组织中各部门借由数据的共享与整合，可缩短产品上市时间和提高产品质量，更多的数据分享与流通，使组织内部的决策更为透明和合理。

（2）改善企业绩效。大数据可提供更精确、详细的即时绩效数据，管理者可以利用这些数据进行进一步的内容分析、统计分析与非结构化资料的语意判断，协助找到绩效不佳的原因并加以改善。

（3）市场区隔。大数据可根据适合的产品与服务做出明确的区隔，市场区隔越精准、独特，越能发展有效的营销策略吸引顾客。

（4）决策支持。利用结构化和非结构化的数据，可以帮助决策者制定较佳的决策，有效降低风险，提供新的洞见。

（5）新的商业模式、产品与服务。借由大数据分析，帮助企业找到新的商业模式、产品与服务，同时不断创新产品和服务。

大数据分析方法成为强化政府治理能力的利器。对政府而言，大数据可以以数据产生的来源分为内部数据与外部数据。就内部数据而言，政府本身拥有大量的数据资料，举凡财政、健康、教育、民生福利等均属政府内部设置之系统或者设备产生的数据；对于外部数据则是与公共治理相关但非由政府拥有的系统或者设备产生的数据，例如网络媒体的资料、研究机构公开调查的数据、民众公开在网络上讨论分享的数字资料等等。对政府而言，产生于政府之外的民意资料正是改善政府治理能力的重要信息。因为外部资料的来源十分复杂且数量巨大，无法用一般资料库方法进行分析，大数据分析方法可以将多样繁杂的资料做进一步分析，协助公共管理者在面对数字化时代时，能有一个全新的分析步骤与思维逻辑，在大数据洪流之中获取有价值的信息，特别是发掘公共需求的信息，以协助公共管理者改善公共服务，降低成本，提高公共服务的效能和水平。

如果不区分政府与企业需求，大数据分析可以应用于下列三个方面：一是提升组织的智慧，协助组织发掘未知的未知（unknown unknowns），提高竞争力；二是公民工程学（civil engineering），即通过数据挖掘预测可能发生的公共议题或者公共需要，如传染病的暴发、了解交通模式及改善教育；三是顾客关系优化（customer relationship optimization），即通过网络分析了解顾客的消费模式与需求，以改善服务的品质，提高满意度。

若专注在政府应用，大数据分析可用于下列政府运作面向：

（1）运用自动化的算法代替或支持人力决策的制定；

（2）降低机关的无效率；

（3）提高机关的透明度；

（4）借由试验发现需求与揭示变化来改善绩效；

（5）改善信息技术的投资回报率；

（6）改善决策的制定与运作的智慧；

（7）提高预测能力以改善任务结果；

（8）降低安全的威胁与犯罪；

（9）去除浪费、欺骗与滥用；

（10）创造新的管理模式以及提供利害关系者所需的服务。

欧盟一直致力于推进数据驱动的公共部门管理，在它看来，大数据分析应用是创造公共价值的最好途径，这主要是通过以下三个途径或者三个阶段实现的（OECD，2018）：

第一阶段：预测和规划。主要是理解数据在政策设计、变化预判、需求预测和憧憬未来发展可能性方面的作用。此阶段关注的焦点是如何运用数据预测未来，探索未来的各种可能性，并为解决现实问题提前采取行动。

第二阶段：执行和提供服务。主要是涉及政策执行、公共服务的提供以及对挑战和问题做出即时的回应，主要是利用现有产出的数据来改善执行和服务的提供。

第三阶段：评估和监控。主要是运用数据评价影响，监督决策和监控绩效，聚焦对已经发生的事件的回溯分析，从第二阶段获取的数据中提供洞见。

这三个阶段，构成了利用数据创造价值的系统反馈循环（见图 14－2）。

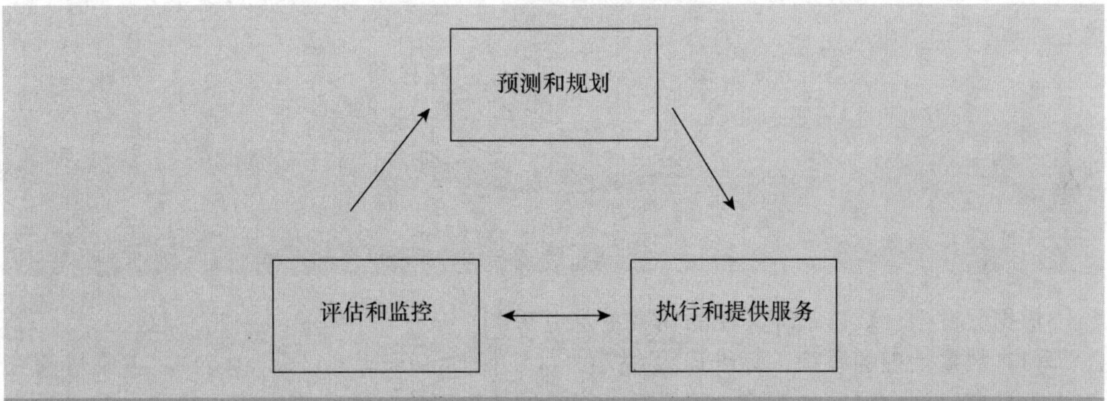

图 14－2　利用数据创造价值的系统反馈循环

14.2.2　数据治理

数据在公共部门创造价值的过程中发挥着不可替代的作用和功能，但数据的价值和功能是通过良好的数据治理来实现的。可以这样讲，正是数据治理构成了数字政府转型的基石。

数据治理（data governance），是对组织内或跨组织的数据资产的管理实行有效管控、政策选择和执行的过程。国际数据管理协会（DAMA）将数据治理定义为管理、监督和控制数据，以及与数据和数据相关的资源的使用。数据治理在明确数据资产所有权的基础上，界定了不同利害关系人的角色、责任以及确保责任实现的过程。数据治理事实上是决策权利和责任的系统，它规定了数据治理的相关方在何时、何地、何种情况下，采取何种方法确保治理目标的实现，确保数据资产的有效利用，同时避免可能出现的风险。

公共部门的数据治理是一个庞大的系统工程，图 14－3 展示了公共部门数据治理的一般框架。

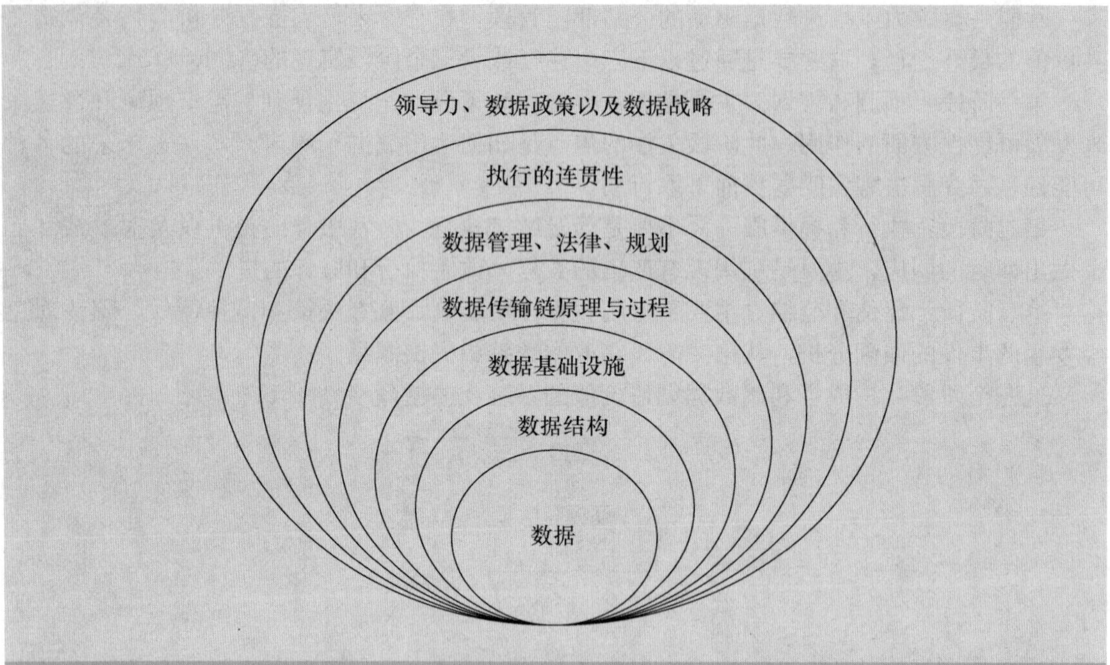

图 14-3　公共部门数据治理的一般框架

依据此框架，数据治理关注的领域主要包括：

（1）数据治理的政策、标准以及战略（policy，standard and strategy）。主要目的在于为公共部门制定统一的数据发展战略，明确涉及数据治理的政策和统一标准，这是数据治理与领导的基础。

（2）数据本身的质量（quality）。数据的价值在于数据本身的质量，这便涉及明确数据质量的标准，监督与评价数据的质量，改进数据质量存在的问题。

（3）安全与隐私（security and privacy）。保障安全与隐私是数据治理获取信任的基础，如果缺乏信任，便不存在促进数字化转型的社会基础。

（4）数据基础结构或集成（architecture/integration）。随着面向服务的框架（SOA）的应用，便产生了对良好治理的数据的需求，需要关注元数据、基本数据的管理（MDM），需要组织的数据管理（EDM），这便需要确保数据语义的一致性，建立基础结构的标准，解决跨部门数据集成的挑战等。

（5）数据仓库和商业智能（data warehouses and business intelligence）。需要建立数据使用和数据定义的规则、明确利益相关者的权利和义务、确认数据治理过程中软件生存周期等。

（6）管理支持（management support）。为数据治理的决策和执行提供有效的支持。

数据治理贯穿于政府或公共部门利用数据创造公共价值的整个过程（见图 14-4）。从这一过程来看，要实现政府数据的价值，首先在于数据的质量，也就是讲，公共部门首先要能够确认、收集和获取有价值的数据。而数据的价值或者有用性，是建立在以下三个基础之上的：

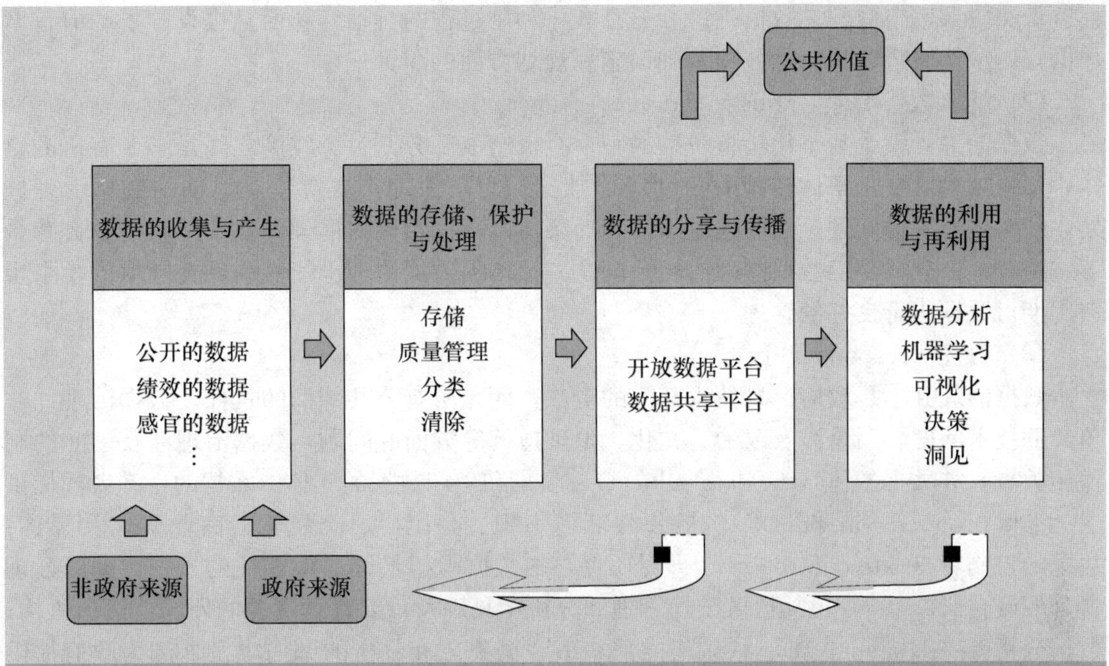

图 14-4 政府数据的价值循环

一是数据的可获得性（data availability）。这涉及数据的广泛性、代表性问题。网络上的资源并不能代表全体。

二是数据的质量（data quality）。这包括数据是否准确和精确、是否全面、是否完整、是否及时等等。

三是数据的相关性（data relevance）。数据本身不具有任何意义，特别是非结构化数据。非结构化数据具有系络（context）的意义，如果忽视背后的系络意义，数据将失去其意义和价值。同样，相关性并不意味着因果关系。

良好的数据治理从结构层次上来看，涉及不同数据治理层的有效协同。从国际的经验来看，数据治理涉及了三个主要的层面：

第一个层面为战略层（strategic layer）。其主要职能是制定国家整体的数字战略并发挥领导作用。

第二个层面是策略层（tactical layer）。其主要任务是指导和执行数字战略和政策，包括制定与数字战略相关的法律、规章和规则，如数据开放、保护、共享等。

第三个层面是具体的执行和操作层（delivery layer）。其主要职责是负责具体项目的执行和操作，包括数字基础设施、数字服务平台和数据价值周期的管理等。它涉及数据价值创造的每一个阶段，如收集、储存、分享和利用。

从国际的经验来看，良好的数据治理具有以下几个方面的基本特征：

(1) 领导力和愿景（leadership and vision）。

数据治理是一个系统工程，需要强有力的统一领导。许多国家的数据治理分散在不同的政府部门，缺乏明确的正式领导。一些国家和政府部门设立了政府首席数据官（the government chief data）。法国是欧洲第一个建立首席数据官的国家，于 2014 年设立，全权负责和协调整个政府在数据生产、分享和再利用过程的行动。新西兰也设立了政府首席数据官，承担政策、战略、数据基础设施和规划方面的职责。

（2）整体数据治理（holistic data governance）。

数据治理是整个数字化转型政策的一个有机组成部分，各个政策之间是一个有机的整体，不可分割。要从整体转型的角度考虑数据治理，因此，需要建立整体的数据治理框架，从整体上考虑问题。欧盟建立了统一的整体的数据治理的框架，在数字政府的大背景下，综合考虑公共部门数据治理的相关问题。整体的数据治理也能够确保在数据的整个生命周期对数据进行良好的管理。

（3）责任（responsibility）。

数据治理并不是政府信息技术部门的责任，而是所有公共部门的责任。数据治理并非单纯的技术问题，而是涉及政治、文化、伦理道德等方面的问题，数据治理涉及多元的利益相关者，如数据主体（the data subject），收集和生产数据的实体；数据的生产者或提供者（data producer/provider），包括公共部门组织、公民、研究机构、商业机构和媒体；数据的控制者（data controller），即对所保存的数据承担最终法律责任的人；数据的处理者（data processor），包括提供数据管理和分析工具以及重要计算资源的外部公司和机构；数据分析者（data analyst），如政府内部从事数据集成和分析的部门以及外部为政府提供咨询服务的公司等。数据治理不仅涉及公共部门，也涉及商业机构和社会组织，因此，多元行动者和利益相关者均要承担数据治理的责任。

（4）法律法规（legal and regulatory framework）。

数据治理需要依法行事，法律法规在数据治理过程中的重要性是不言而喻的，无论是数据的获取、数据的共享、数据的开放，还是敏感性数据的保护，均需要法律法规的支持。立法先行，是发达国家进行数据治理的基本经验。

（5）能力建设（skill/capacity building）。

公共部门的知识、才能和能力是数据治理的关键所在。数据化和数据治理，需要公共部门和公务人员具有数字化的知识和技能，不仅仅包括数字生存的能力，也包括领导和管理的能力。许多国家，如新西兰、澳大利亚等，均制定了公共服务数字技能和能力框架（Data Skills and Capacity Framework），对公共部门管理者进行培训，以提升技能。

（6）国家数据基础设施和结构（national data infrastructures and architectes）。

数据治理需要技术的支撑，它是在数据基础设施和结构的基础上进行的。正是发达的数据基础设施和结构为跨部门数据治理提供了平台。

14.3 数字化的公共服务

公共部门的主要职责在于为公民提供有效的公共服务，数字化的价值就在于通过数字化的过程改善公共服务的质量。衡量政府数字化转型绩效的关键在于公共服务的数字化，是否实现了公共服务向以公民为中心的转变。

14.3.1　公共服务数字化与公共服务典范的转变

公共服务数字化本身并非目的，数字化的核心在于运用数字技术改变政府服务公民、企业和社会的方式。数字化的公共服务泛指通过数字途径向公民所提供的服务。政府的运作是在不同层面上进行的，在数字化的时代，政府运作可以划分为三个主要的范畴或者领域（见图 14－5）。

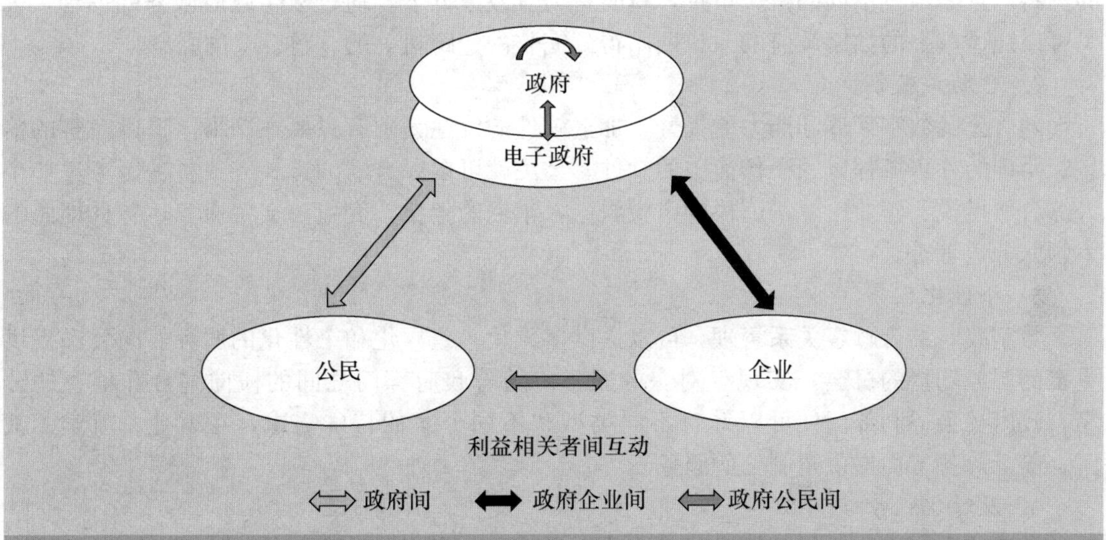

图 14－5　数字化时代的政府运作与互动方式

公共管理过程和公共服务提供的过程，事实上涉及不同利益相关者之间的互动，这种互动包括：

- G t G（government to government），是指运用数据技术，实现政府组织内部和跨部门之间的信息、服务的交流，加强部门之间业务的整合。
- G t B（government to business），即政府与企业之间的信息交流和电子商务的开展，如电子化政府采购、向企业提供信息和指导等等。
- B t G（business to government），即企业在线上注册、纳税以及满足其他监管的要求的业务处理。
- C t G（citizen to government），即公民在线上查询政府信息，提供建议，线上办理各种服务业务，电子投票等。
- G t C（government to citizen），即政府通过数字技术向公民提供信息和诸多公共服务。

政府对公民和企业所提供的公共服务，大体上可以划分为两种类型：一是信息服务。数字化信息服务（information service）是指政府向使用者提供信息或发布内容，以便使用者理解政府的意图和运作，并与政府取得联系。二是交易服务。数字化交易服务（transaction service）是指需要明确使用者交换的服务，交易服务允许使用者参与到与政府的交易之中，典型的交易服务包括信息的交换，如执照的申领、税务的申报和办理等。

通过数字化技术，政府公共服务的方式发生了很大的变化，出现了新的公共服务典范，即以公民为中心的服务典范。这一新的服务典范与传统的以政府为中心的运作相比，具有以下特点：

1. 跨部门整合服务

传统上，公民办理一项事务（如开办公司、房屋买卖、变更等），需要往返不同的政府机关，分别办理工商登记、税务登记、环保评估、公共卫生等业务，重复填写各种类似的资料，且需经过不同的机关审批，费时费力且效率低下。通过数字政府服务的平台，公民可以通过单一的数字政府的入口网站得到完整的、跨机关的、整合式的服务。

2. 自助式服务

随着公民数字素养和能力的提升，加上软件的发达，政府只要在网络上提供完整的信息、明确的办事流程以及操作简单的软件，公民就可以以自助的方式完成各种服务，如个人综合所得税、营业税、增值税的申报服务，车辆的年检、变更、交费服务，各种证照的申领服务，等等。

3. 个性化服务

数字政府结合顾客关系管理，可以提供多元化、差异化和个性化的服务，向公民提供更多的服务选择的机会，实现一对一的服务。随着政府部门之间的横向整合和信息的分享，政府社会福利部门便可以针对不同类型和不同个案的特殊需求，在就业、就学、就医、养老等各方面提供定制化的服务。

4. 及时化服务

随着移动网络和无线宽频时代的到来，政府可以将信息及服务立即传送并告知公民，并与公民保持双向的互动。通过 E-notice，政府可以将各种最新消息，在短时间内以一对一或一对多的方式，传送到公民的手机或移动设备，如各种通知或公告、汽车定期检验、极端天气和各种风险信息的发布与提示等。在超网络时代，政府与公民之间可以随时随地进行信息的交流，实现政府服务随时随地跟着公民走。

5. 高附加值服务

数字政府不仅可以提供整合的、无缝隙的服务，亦可以提供高附加值的服务。在政府机关信息共享的背景下，政府可以提供高附加值的服务，例如公民购买新房变更地址后，户籍部门可将有关信息推送给水、电、煤气等服务单位，以方便为公民提供服务。政府可以配合定位服务，向公民提供更多的旅游、天气、交通路况、安全等多种服务。

6. 参与式服务

在数字服务背景下，政府与公民之间的关系，不再是单向的、固定的、被动的、静态的和信息不对称的关系，而是双向的、互动的关系。政府可以利用数字技术，加强与公民之间的沟通和联系，广泛听取公民的意见和建议，不断了解公民对公共服务的需求，不断创新及改进公共服务，通过数字化手段，扩大公民对公共事务的参与。

7. 协作服务

在数字化的背景下，考虑到数字技术的变化、财务和成本、风险共担、市场的灵活性等多种因素，政府可以用公共服务外包的方式，或者与企业、非营利组织形成合作伙伴关系，共同提供更符合公民需求的创新数字服务。企业可以提供政府机关在合理范围内无法提供的高附加值服务，可以将政府的信息及服务内容建在自己的网站上，为公民提供更有价值的服务，同时争取更多商机；银行可以为顾客提供所得税、投资抵减、税收优惠等附加值服务；政府也可以依据公平的原则，在公立医疗信息服务中，为公民提供私立医院的信息服务；等等。

总之，数字化背景下的公共服务，更多的是从服务需求方的角度考虑公共服务的提供和保障。

14.3.2　数字化公共服务的基本原则

数字化公共服务，是指运用数字技术对公共服务的组织、结构、流程和方式进行变革，其基本目标在于发展与公民、与企业之间开放、弹性和协作的新型关系，运用数据提高公共服务的效率和效能，并持续不断地改进公共服务的质量和水平。新加坡是数字政府的典范国家，在推动数字化公共服务方面一直处在世界的前列。新加坡建立了数字化公共服务的标准，强调了数字化公共服务设计和提供的三个基本原则。

一是直观实用（intuitive design and usability）。数字化公共服务的设计能够使公民和企业用直观和易用的方式与政府互动和交易，公民和企业能够发现政府提供的服务并理解如何运用，这包括：政府网站设计更加直观、容易记忆；数字化的服务更易搜寻；政府服务的项目和内容一目了然；政府交易服务更易发现；政府关于交易服务的信息明确无误；为数字化的政府服务提供导航和链接；数字化服务的可获得性更强，更方便使用；能够在网上方便地进行互动和交易，能够查询和追踪交易的进展；等等。

二是可及性和包容性（accessibility and inclusivity）。政府的数据服务要能够使不同的人群受益，遵循国际可及性标准、网络内容的可及性标准，制定为老年人服务的标准。

三是相关性和一致性（relevance and consistency）。数字化公共服务的提供要与公民和企业的需求相关联，并提供跨政府的一致性的服务体验。

从世界发达国家的经验来看，数字化公共服务应坚持以下基本原则：

（1）数字默认。

在保留传统服务渠道的同时，公共部门应将提供数字化的公共服务作为优先选项。公共服务的提供应通过单一接触、一站式服务的方式或其他不同渠道来提供。

（2）只跑一次。

公共部门要确保公民和企业向管理部门提供一次相同的信息，在与其他部门打交道的时候，不需要重复提供信息，不给公民和企业增加负担。

（3）包容性和可及性。

数字化公共服务的设计应遵循默认包容，应该考虑和迎合不同的需求，包括老年人和残障人士的需求。

（4）开放性和透明性。

公共部门应该相互之间共享数据和信息，能够使公民和企业接触、控制和改正他们自己的数据，能够让公共服务的使用者监督评价行政的流程，在设计和提供服务的过程中，利益相关者能够介入和参与。

（5）默认跨界。

公共部门应该提供跨界的整合服务，避免服务的分割。

（6）默认互操作。

公共服务的设计应该跨越组织的边界，通过不同信息系统之间共享信息，达到业务的协同。

（7）信赖和安全。

公共服务的设计要遵循法治的原则，严格个人数据和隐私的保护，确保信息系统的安全。这是数字化公共服务的前提条件。

14.4 数字政府面临的挑战

政府的数字化转型并不容易，有风险，也有阻力。数字政府的转型需要政府和社会面对各种挑战。

14.4.1 数字政府转型的风险

数字技术运用于政府创新管理，其积极作用和影响是不容置疑的，但同时也要看到，数字化的转型还面临着许多不可忽视的风险。如何管控好风险，也是数字政府转型需要解决的问题。从现阶段发展来看，数字政府面临的风险主要有以下几个方面：

1. *劳动力的富余*

数字技术，特别是人工智能的发展，使其不仅具有了专属于人类的技能，更具有了非人类的能力。人工智能具有超人类的能力，在于其互联性和可更新性。电脑可以通过互联，集合成单一、灵活的网络，并能够很快得到最新的资讯，通过机器学习，这种资讯可以不断更新。随着机器学习和机器人科技的发展，许多工作可以被智能机器所取代，人类社会的许多领域面临着系统性大规模失业的风险。在公共部门领域，如果人工智能能够被运用于分析民意，为政策制定提供信息，分析趋势并做出选择和决策，那么现在从事这些工作的政府公职人员的存在又有什么价值？依据常规偏差技术变革（routine-biased technical change）理论，新的技术将会替代常规的工作（routine tasks），包括体力的和智力的工作，这些工作将由机器通过简单的程序规则来完成。公共部门的工作主要由三个工作群体组成：一是日常行政和运作；二是互动和一线的角色（如教师、警察等）；三是认知性的工作，主要是管理岗位的工作。有专家预测，第一类的工作可能在2030年完全被机器所取代。在欧洲，这种类型的工作占整个公共雇佣的1/4。至于从事互动和认知角色的工作，技术的进步也完全可以取代部分的工作，如机器人完全可以替代医师、律师的工作。当然，也没有必要过分夸大公共部门就业的风险，自动化在提高政府运转效率的同时，也会创造新的工作，然而这在目前尚缺乏经验的证明。

2. 技术的偏差、不公正和歧视

即使没有人类的干预，技术本身也会制造偏见。在进行独立分析和开始从它们的环境中学习时，算法可能导致无意识的偏差，因为从一开始便删除了某些个体或群体，如未能接触到技术的人。以推特（Twitter）为例，所有的推特使用者并不等于是所有的人，如果直接以推特收集的资料进行分析并且进行推论可能犯方法论上的“区位谬误”（ecological fallacy）。此外，数据可以是造假、捏造的，虽然能够在事前使用演算法排除无效的信息，然而刻意被捏造的误导性信息可能无法被判断出。此外，如果忽视了数据背后的策略意义，这样的分析也是没有价值的。诸如此类都会导致其产生的政策结果出现偏差、不公正和歧视。

技术的进步可能进一步加大了不平等，这种不平等不仅表现为数据拥有者和数据匮乏者之间的差距，还表现为由此带来的政治、经济和社会的不平等。人工智能和生物技术的发展，又可能将不平等扩大到生物上的不平等。

3. 责任落差

新的数字技术首先应用在私人领域，私人领域处在绝对领导的地位，公共部门在应用数字技术时，往往通过公私伙伴关系的方式来弥补这种知识和技术上的差距。私人部门数字化的领导地位导致了公共部门和私人部门之间权力的不对称，许多政府部门正在失去对自己系统的控制力。事实上，智慧城市大多是依赖私人公司，与政府部门相比，私人部门不仅掌握着技术，而且掌握了大量的数据资产。当私人部门有了足够的数据和运算能力，实际上便有可能操纵人们的生活。如何实现责任的平衡，这是一个巨大的风险。

4. 隐私的威胁

公民的隐私问题是数据转型面临的最大风险之一。大数据大多数是私人的，而且对于如何取得资料目前都是未知数。数据资料始终存在着因疏漏和外在的使用而被误用和滥用的风险，组织如何透明化地收集资料并保护好资料，始终是一个没有解决的问题。

5. 数字独裁

民主和自由，从信息处理上看，是建立在分散式的信息处理基础之上的，由许多人和机构做出影响我们生活的决策。在数字化时代，由于集中式的系统处理能力的大幅提高，信息和权力呈集中化的倾向，随着演算法的发展，将有可能对公民进行控制，其程度可能超过历史上的任何一个政府，人工智能通过监视系统可以了解人的一言一行。未来很有可能出现数字独裁，侵害公民的自由和权利，这并非杞人忧天的事情。

6. 文化冲击

自从网络被广泛应用和进入数字化时代之后，其文化的冲击是巨大的。首先是由于网络本身的特质，加上使用者对网络自由和应用缺乏正确的认知，以致网络的滥用和误用大行其道。网络上充塞了轻率的文辞、不负责任的谣言、扰人的垃圾邮件、黄色网络影像，存在着非法复制、下载、窃取商业机密和个人隐私、贩卖非法物品等等，在某种程度上展现了网络无政府主义的状态，形成恶质的网络文化。数字化时代，赋予了个体网络权（cyberpower），网络空间在本质上是反阶层的，比现实社会更接近平等主义，这导致了网络个人主义，造成了社会价值的偏差。同样，由于网络本身依赖于高科技和专业技术能力，数字技术的精英实际上创造、修正与控制着网络，事实上成为现实世界权力的支配者，网络上的社会达尔文主义也得到呈现，大部分中小公司和一般公民处在被引导和支配的地位。由于网络的结构、语言甚至内容，基本上是由西方所主导，具有相当深刻的西方特性，网络对于本民族国家和社会民众产生了强势影响，其文化霸权可能造成文化主体性与本土意识的丧失。

14.4.2 数字政府的阻力

数字政府转型在现实社会中面临着许多方面的阻力，换句话讲，数字化转型是需要一些基本条件作为支撑的。概括起来，数字政府的阻力主要来自以下几个方面：

1. 数字技术方面

数字技术是推动数字政府转型的力量，数字政府的基础更是建立在数字技术与应用环境之上的。数字政府所涉及的最主要的技术与应用环境包括：

（1）建立和发展发达的信息基础设施；

（2）发展公钥基础设施（PKI）框架，保障网络应用环境的安全；

（3）发展可携式的元件（portable components），解决各机关之间的数据交换与服务的获取，加强沟通和整合；

（4）应用符合国际发展趋势的技术标准；

（5）建立单一的政府服务平台；

（6）建立便于交换的信息标准；

（7）建立良好的政府信息系统与数据管理制度。

同时政府需要不断地更新信息技术基础设施，以满足大数据分析的需要。

2. 组织方面

成功的转型需要组织化的保障。从现实来看，下列组织因素影响着数字政府的发展：

（1）缺乏明确的发展战略和规划（lack of strategy）。由于缺乏明确的发展战略，数字政府的发展缺乏愿景和目标，缺乏系统化的一致的行动和努力，对数字政府发展中遇到的重大战略性问题缺乏洞见。

（2）缺乏领导和协调（lack of leadership and coordination）。许多政府和机构，将数字化视为信息技术部门的事情，缺乏从整体转型的视角看待问题，因此缺乏统一的领导和协调，导致各个部门、各级政府各自为政，不易形成合力，也导致资源的浪费和重复投资与建设，同时也不能形成不同部门和层级之间的信息共享，数据的价值被大大削弱。

（3）缺乏人力资源的支持。数字化转型是建立在公务人员数字技术的发展和利用基础之上的，数字能力的缺乏也是影响转型的重要因素。

3. 法制方面

缺乏与数字技术发展和应用相适应的法律框架（lack of legal framework）一直是影响数字化转型的关键因素。数字技术的发展和应用需要法制的规范，无论是电子认证与网络安全管理，数据的收集、存储、保护和再利用，还是个人资源的保证和保护等等，均需要法律的规范。缺乏系统的法制，政府就无法应对数字技术及其应用过程中许多法律方面的挑战。

4. 道德方面

数字化转型需要得到社会大众的支持，而这种支持是建立在信任和信赖保护的基础之上的。公民对网上服务和数字政府应用的信任一直是各国面临的共同难题之一。信任涉及许多复杂的因素，也不仅仅是技术应用和技术的安全与可靠问题，政府最起码应保证数据的管理和使用是透明、负责任和安全的，是出于公共利益考虑的。同时，合法性不仅仅是政府遵守法律法规，更重要的是，政府的行为应是正当的，符合法律、道德和社会的规范。

5. 社会和文化方面

公共部门的数字化转型并不仅仅是政府的事情，而且涉及与社会整体的联结。这种联结表现在家庭与社会的网络化，网络能够提供更多有价值的资讯和服务，消费者与企业之间形成更多样性的、立即的互动关系，网络经济的发展和电子商务的发达，传播、出版等媒体走向数字化的形态，电脑多媒体成为人际沟通和互动的最主要方式，等等。同样更重要的是，数字化的习惯和生活方式的形成，如果缺乏坚实的数字社会的基础，数字政府的转型事实上也是无本之木。

6. 经济和财政方面

数字化转型需要巨大的投入，而且投资的价值在短期内不易显现。在 2008 年世界范围的金融危机之后，许多国家，特别是发展中国家面临着巨大的财政压力，发达国家也普遍存在着巨额的财政赤字，财政和预算的约束使得数字政府的投入减少。与更紧迫的其他政治议程和公共服务压力（教育、就业、医疗）相比，这些方面更需要政府的投入。

14.4.3　数字政府的推动

数字政府的转型需要一些最基本的前提条件，这些条件也是随着技术变化以及社会发展和公民的需求不断发展和变化的。许多国际组织，如联合国、世界银行等，为了推动各国数字政府的发展，发展了数字政府就绪评估框架（Framework of Digital Government Readiness Assessment）。从这些就绪状态的评估中，我们可以发现促进政府数字成功转型的基本前提和条件，主要包括以下几个大方面：

1. 领导与治理（leadership and governance）

数字政府的转型涉及法律、体制、技术和文化的变革，因此，高层领导者的政治认知和承诺在确保政府进行必要的和及时的改革方面发挥着重要作用。领先国家，如美国、英国、欧盟各国、日本、新加坡等在数字政府的发展中都有强有力的政治领导力，具有明晰的愿景和战略，具有良好的治理架构和组织保证。明确的发展战略，不仅确立了发展的目标和阶段，也使得将数字政府的建设和发展与公共部门的改革和创新紧密结合，促进部门之间的协调。同时，为了保证战略的实施，需建立强有力的治理组织，专门负责战略、政策、规划的落实，由总统办公室、总理办公室、公共部门信息长、指导委员会等负责。在这方面，需要思考和回答的问题主要包括：政府是否具有明确的数字化转型的愿景？是否具有具体的、可衡量的、可实现的目标？是否具有明晰的执行路线图？是否建立专门的政府机构（部、会、执行机构等）负责数字政府的转型？政府其他部门是否有专门的机构和人员推动自己部门的数字化转型？政府部门的领导是否理解和支持数字政府的建设？是否有足够的资金以保证数字政府项目的建设和发展？

2. 以使用者为中心的设计（user-centered design）

聚焦于使用者和公民的需求是数字政府的基本原则。建立公开、透明、可接触性的数字政府，关键在于以公民的需求为中心，因为政府的角色在于服务公众。如果数字政府的建设不能以公民的需求为先，就失去了其基本的意义和价值。需要思考和回答的主要问题包括：数字政府的战略是否以数字化的公共服务为中心？是否充分考虑了公民、企业、政府工作人员和政府部门的实际需要？以使用者为中心的原则是否体现在数字化或者电子化服务的设计与执行过程中？使用者是否参与到了电子化服务的设计、试验和使用的过程当中？是否有单一的、整合多种渠道的提供电子化服务的方式（如网络入口和服务平台）？数字化的政府服务是否具有包容性，充分考虑了各种不同人群的需要？是否具有改进数字化服务的反馈机制？

3. 公共管理和变革管理（public administration and change management）

如前所述，数字政府的核心不是简单地应用数字技术，而是再造政府后台的流程和公共服务的方式。在电子化政府的早期阶段，基本上是以政府现有的流程为基础的，而数字化转型则要改变公共管理的过程，优化公共服务的供给，这便涉及公共部门的变革与创新。许多数字政府计划恰恰忽视了数字化转型，数字化转型是政府改革或者现代化的重要部分，必须将数字化转型与公共部门改革相结合，而不是游离于政府改革之外。需要思考和解决的问题主要包括：政府改革或者现代化的战略是否支持数字化转型？政府部门是否遵循标准的程序简化、优化以及数字政府的公共服务？政府的参考数据（如个人身份信息、企业注册、土地数据、资产数据等等）是否实现了电子化的跨部门共享？是否开发了整体政府式的公共服务？政府是否应用了管理信息系统和电子化的服务系统？

4. 能力与文化（capabilities and culture）

数字政府的转型需要政府公职人员具有数字化时代的技能和能力，同时政府部门必须创造一种创新的文化，促进数字化的转型。许多国家的经验证明，现有的行政文化不足以支持数字政府的转型，数字政府转型需要改变人们的陈旧思维、墨守成规的心态和抗拒创新的惯性，人们无法将新的科技和管理程序强加在尚未准备好的行政文化上，新的数字化时代要求有知识分享文化、数据公开的文化、团队合作的文化、鼓励创新的文化、工作学习的文化和积极进取的文化。需要思考和解决的问题主要包括：对数字化时代的能力和技能是否有明确的认知？政府是否拥有具备数字技能的人才推动数字化转型？政府是否为公职人员提供了数字化技能的教育和训练？政府是否有灵活的雇佣机制，从私人组织和其他社会组织招募和使用数字化的专门人才？现有的行政文化是否支持数字化转型？

5. 数字技术基础设施（technology infrastructure）

数字政府转型的技术基础在于建立标准化的技术基础设施，当然这并不意味着政府投资于特殊的基础设施，而是充分利用现有的技术。需要思考和解决的问题主要包括：政府是否为数字政府的发展开发了整体政府的技术架构？政府是否具有数字政府的互操框架？政府是否具有整合各种数据、提供许多服务的企业服务总线（ESB）？政府是否有连接所有实体的政府数字化网络？政府是否运用分布式技术？政府的核心服务是否数字化？是否有数字政府的统一平台？

6. 数据治理（data governance）

数字政府依赖于数据驱动，运用数字技术收集、储存、分析和共享数据是改善政府公共服务的关键。有价值的数据不仅可以支撑科学决策，而且可以改善管理和绩效。发达国家均建立了国家基础数据寄存器，这样政府组织可以使用和共享标准化的数据获取更大的效益。需要思考和回答的问题主要包括：政府是否有数据管理的战略？国家是否将基础数据库予以明确界定，并加以数字化和可以共享？所有的政府单位是否在法律上要求使用基础数据库？国家空间数据基础设施（SDI）是否已经确立？政府是否运用大数据、人工智能以支撑更好的决策？国家是否实行开放数据政策？

7. 网络安全、隐私和复原力（cybersecurity、privacy and resilience）

安全以及政府运作的连续性是数字化转型的重要前提之一，确保安全并保证在受到各种威胁后的复原力是必不可少的。同时，公众对数字化公共服务的信任也是建设数字政府的关键所在，政府必须投资于网络安全体系并保证其有效运行。需要思考和回答的问题主要包括：政府是否制定了网络安全的战略和政策？政府是否建立了专职网络安全的部门或中心以管理和维护所有数据资产和平台的安全？政府是否具有网络应急的能力？国家是否制定了国家重要基础设施安全的规划？

8. 法制化和规制（legislation and regulation）

数字政府的发展需要有效的法律和良好政府规制的环境，为数据隐私、消费者保护、数字签章、数字认证、网络安全等提供新的法律保障，这也有助于促进开放的数字市场，确保公平竞争；同样公私伙伴关系方面的法律也能促进私人部门参与数字化转型，共享其知识和技能，并促进经济和社会的长远发展。需要思考和回答的问题主要包括：政府是否制定了个人数据保护的法律？是否有数字交易和电子商务的立法？是否有数字认证的立法？消费者权益的保护是否包含着电子商务领域？是否有立法制止网络犯罪？是否有立法支持开放政府数据？政府其他方面的立法是否适应数字环境下的发展需要？

9. 数字化生态环境（digital ecosystem）

数字政府能够赋权公民，扩大参与，通过集体的行动解决政府与公民之间的障碍。一个开放的、参与的社会生态环境，不仅仅能够促进创新、强化教育、孕育企业家精神，也能够促进现代数字经济的发展。数字化生态环境的核心是政府之外的组织和个体以及环境是否支持数字政府的转型。需要思考和回答的问题主要包括：国家的大学和科研机构能否提供数字企业和技术发展的专业，并培养专门化的人才？私人市场主体和企业是否愿意和能够与政府建立伙伴关系，以促进数字化转型？公私伙伴关系是否制度化？社会组织是否积极参与，特别是参与到边远、不发达地区的服务提供中？国家银行和投资机构是否积极参与数字化转型项目？

显然，政府的数字化转型是多种因素相互配合和作用的产物，是一个庞大的系统工程，其本身需要科学的规划和管理。

本章小结 »

1. 今天，数字技术的发展已经形成了一个相互依赖和相互作用的数字技术生态系统。

这一数字技术生态系统的主要构成包括物联网、5G、云计算、大数据分析、人工智能、区块链、计算能力等。数字技术的发展推动着整个经济和社会的转型，即数字化转型。

2. 在数字化时代，政府应扮演好数字技术研究和发展的推动者与整合者、前导计划的规划者与投资者、网络安全规范和网络伦理的维护者、隐私权和知识产权的保护者等角色，并发挥积极作用。

3. 数据治理是对组织内或跨组织的数据资产的管理实行有效管控、政策选择和执行的过程。数据治理是决策权利和责任的系统，不仅要确保数据资产的有效利用，同时要避免可能出现的风险。

4. 数字化的公共服务泛指通过数字途径向公民所提供的服务。与传统的以政府为中心的运作相比，具有跨部门整合服务、自助式服务、个性化服务、及时化服务、高附加值服务、参与式服务以及协作服务等特点，是以公民为中心的服务典范。

5. 数字技术运用于政府创新管理，有其积极的作用和影响，但数字化转型还面临着许多不可忽视的风险，这些风险主要包括劳动力的富余，技术的偏差、不公正和歧视，责任落差，隐私的威胁，数字独裁，文化冲击等。

6. 数字政府的转型需要一些最基本的前提条件。领导与治理，以使用者为中心的设计，公共管理和变革管理，能力与文化，数字技术基础设施，数据治理，网络安全、隐私和复原力，法制化和规制，数字化生态环境，是推动政府数字成功转型的基本前提与条件。

关键术语

数字技术系统　　数字化时代　　数字化转型　　数字政府　　大数据　　数据治理
数字化的公共服务

复习思考题

1. 当今数字技术生态系统的主要构成有哪些？它们如何影响和推动经济和社会的转型？

2. 在数字化时代，政府应扮演什么样的角色？应在哪些层面更好地发挥政府的功能和作用？

3. 电子化政府与数字政府有何联系？又有何区别？

4. 何谓数字政府？数字政府有哪些特征？

5. 数字政府转型主要经历了哪几个阶段？不同阶段在建设目标、技术应用、领导管理、绩效衡量等方面有何不同？

6. 大数据的基本特征是什么？它如何影响和推动公共部门管理的创新？

7. 何谓数据治理？良好数据治理的核心与前提条件是什么？

8. 数字化公共服务运作的核心是什么？与传统的服务方式相比，有哪些显著特点？

9. 数字政府转型面临哪些风险和阻力？如何推动数字政府的成功转型？

阅读材料

开放数据国际宪章

1. 在数字技术的促进下，世界正在经历巨大的全球转型。这一转型在促进更透明、更负责任、更有效率、更具回应和效能的政府的建立，促进社会和私人部门组织的发展，在支持全球范围内可持续发展目标的设计、执行和评估方面具有无限的潜力。开放数据位于这一全球转型的中心位置。

2. 建设一个更加繁荣、平等和正义的社会需要一个透明、负责任的政府，需要公民积极和有意义的参与。因此，在全球范围内出现了数据革命，围绕社会的主要挑战，寻求合作，对政府活动实施有效的公共监督，支持创新，实现经济可持续发展，创造和发展有效的公共政策和公共项目。开放数据是实现这些目标的关键所在。

3. 开放数据能够使政府、公民、社会组织和私人部门做出以证据为基础的科学决策。有效、及时地接触和了解数据，有助于个体和组织形成新的洞见和创新观点，这能够产生良好的社会效益和经济效益，改善人民的生活，开放数据是必须抓住的机遇。

4. 开放数据允许使用者接触到大量不同计划和部门的数据来源，接触不同的数据集，并能进行比较和综合。当数据能够进行有效的结合和分析时，人们便能了解发展趋势，确认社会和经济的挑战，评估公共计划和服务的进步。

5. 开放数据能够赋权和助力政府、公民、社会和私人部门在诸如健康、教育、公共安全、环境保护和应对自然灾害方面的公共服务，实现更好的结果。

6. 通过支持创造新的市场、企业和工作，开放数据有利于包容性的经济增长。随着越来越多的社会组织和市场组织开放数据的实践，与公众共享它们的数据，这些利好会成倍增加。

7. 开放数据有助于改善政府内部以及政府部门之间的信息流动，使得政府的决策和运作过程更为透明。透明度的提升能够促进责任，实现良好治理，减少腐败。

8. 开放数据提供了创造创新的循证决策的途径和支持经济与社会发展的机会。开放数据可应用于诸如支持循证的政策制定、促进跨部门的协作、重视金钱的价值、改进资源的治理、评价政策和项目的影响、促进包容性增长等许多方面。开放数据是一种主要的公共产品，人们可以利用它创造价值，形成洞见，创新服务，实现美好生活。

9. 我们拥护《开放数据国际宪章》，意识到政府和其他公共部门组织拥有巨量的有益于公民的数据，而且并没有得到充分的利用。开放政府数据能够鼓励建设一个更加互联的社会，能够更好地满足公民的需求，能够促进创新，实现社会正义和社会繁荣，同时能够确保公民参与政府的决策，加强问责。

10. 我们同意遵循下列六项基本原则，这些原则构成了开放数据和利用数据的基础：(1) 默认开放；(2) 及时与全面；(3) 可接触和可利用；(4) 可比较以及可互用；(5) 致力于改善治理和公民参与；(6) 致力于包容发展和创新。

11. 我们将制订行动计划或确认现存的机制或政策，支持宪章原则的落实。我们同意在政治和法律的框架内，投入必要的资源执行这些原则。

12. 本宪章之制定考虑到被各级政府和多边组织所采纳。虽关注于开放政府数据，但其他组织，如私人部门，也欢迎接受这些原则。

13. 我们认为，政府数据包括（但不限于）由国家、地区、地方、城市政府、国际机构以及其他类型的广义的公共部门所持有的数据。政府数据一词同样适应于外部组织为政府所创造的数据，以及由外部组织持有的、与政府计划和服务有关的、与公众利益相关的数据。

14. 我们认为公开和利用政府数据对社会和经济存在巨大价值，因此，政府的数据应默认公开。

15. 我们认识到有必要促进全球发展，为创造、利用、交换以及开放数据的和谐制定标准和政策。

16. 我们认为只有当公民确信开放数据不会侵害其隐私权，公民有权影响个人数据以及与政府交往过程中所产生的数据的收集和使用的时候，开放数据才能得以真正地实现。

17. 我们将：(1) 制定政策和办法确保所有政府数据默认开放，尽管也承认许多数据有合法的理由不能公开；(2) 有些数据不能公开，要提供正当的理由；(3) 要通过立法和政策以及教育培训，转变人们的意识，创造开放的文化；(4) 要通过领导、管理、监督和绩效评价等必要的途径，促进这种开放文化的实现；(5) 要审视国内法律和国际标准，特别是涉及安全、隐私、认证和财权保护的法律法规，如果相应的立法不完备或者过时，需要立法和修订；(6) 遵循隐私保护的法律和标准，在数据公开之前做匿名处理，确保敏感性的个人数据被删除。

18. 我们认识到确认公开的数据，需要花费时间，投入必要的人力和技术的资源。

19. 我们认识到与数据使用者，包括公民、其他政府部门、社会和私人部门，在确认哪些数据需要优先公开、哪些地方需要改进等方面进行协商的重要性。

20. 我们认识到，为了有益于政府、公民、社会和私人部门，数据必须全面、准确和高质量。

21. 我们将：(1) 为了便于在围绕数据公开议题上进行有意义的协商，创造、维护和共享全面的数据持有目录；(2) 及时公开高质量的数据，数据是全面、准确的，并依据与数据使用者协商的优先次序公开数据；(3) 公开的数据尽可能是原始、未经改动的；(4) 公开的数据尽可能分门别类，如性别、年龄、收入和其他的分类；(5) 允许使用者提供反馈，确保质量不断改善；(6) 采用信息生命周期管理方法，确保历史的数据集得到保存和维护，尽量维护其价值；(7) 在数据结构和提供发生重大变化时，向使用者提供咨询，以尽量弱化对使用者的影响；(8) 在数据的收集、标准以及公开流程中保持透明。

22. 我们认识到开放数据能够促使政府、公民、社会和私人部门做出更好的决策。

23. 我们认识到当数据公开时，数据应易于发现、有更多接触的机会，能够得到有效利用，而没有行政的障碍和负担。

24. 我们将：(1) 在中央门户网站公开数据，这样公开的数据易于发现，并在一个地方能够得到；(2) 以公开的方式发布数据，确保数据在尽可能大的范围内得到和利用；(3) 开放数据是免费的；(4) 开放的数据无须登记，允许使用者下载数据而不需要认证；(5) 确保数据能够被更多的使用者接触和利用。

25. 我们认识到为了确保有效性和有用性，不同部门之间的数据应易于比较。

26. 我们认识到为了确保互操作性、可追溯性和有效利用，数据应以结构化和标准化的格式呈现。

27. 我们将：(1) 在收集和公开数据时，在涉及数据格式、互操作性、结构和共同标志方面，执行一致的和公开的标准；(2) 确保公开的数据集包括一致的核心数据，是人、机器可读的；(3) 确保数据的描述是详尽的，所有包含数据的文件记录都必须用明确、简单的语言写成，数据的使用者有充分的信息理解数据的来源、优缺点和分析的限制；(4) 参与国内和国际标准化组织和其他标准确立的活动，鼓励增强现存国际标准之间的互操作性，支持创建共同的国际标准，确保新的数据标准在最大可能的程度上与现有的标准可相互操作；(5) 给地方标准和标准认定者提供国际新出现标准的信息，以便结果能公开共享。

28. 我们认识到开放数据会加强公共机构的治理，增进信任，强化政府遵守法制的义务，为改进决策提供透明的和负责任的基础，强化公共服务的提供。

29. 我们认识到开放数据可促进计划和政策的制定、执行与评估，以满足公民的需求，能够促进公民参与，强化政府与公民之间的互动。

30. 我们认识到与公民、社会和私人部门之间的参与和协商，有助于政府理解哪种类型的数据是其所需的，这反过来能够完善数据的开放实践。

31. 我们认识到城市或地方政府通常是政府与民众互动的前沿，因此这些政府在支持公民参与开放数据方面发挥着重要作用。

32. 我们将：(1) 对数据开放进行监督和评估，并向公众定期报告结果和影响；(2) 确保披露的信息是透明或反腐败法律要求公开的信息；(3) 为确保政府工作人员能够在政策制定过程中有效利用开放数据，为他们提供必要的培训和指导；(4) 落实知情权，将政府积极公开数据与依公民请求公开数据相结合；(5) 积极与公民、社会和私人部门代表一起确定哪些数据是他们问责政府之所需；(6) 保护利用开放数据揭发腐败和批评政府的人，尊重公民的言论自由；(7) 鼓励运用开放数据制定创新性的、以证据为基础的政策方案，以有益于整个社会，同时赋权边缘群体。

33. 我们认识到开放在促进创造性和创新方面的重要性。政府、公民、社会和私人部门利用的开放数据愈多，愈能产生更大的社会效益和经济效益，无论出于政府、商业或非商业的目的使用，其道理均是如此。

34. 我们认识到开放数据能够有助于了解社会和经济的挑战，有助于可持续发展计划的执行和监督。开放数据同样能够有助于应对诸如贫穷、饥饿、气候变化和不平等的挑战。

35. 我们认识到开放数据，就其本质而言，是一种能够赋权所有人的平等资源，然而我们也认识到在技术工具和知识能力方面，在全球存在着数字落差，这种落差限制了在社会和经济上处于边缘地位的人接触和利用数据的能力。

36. 我们认识到政府在促进创新和可持续发展方面所发挥的作用并不因开放数据而减少，政府必须同样在支持开放数据的有效和创新再利用方面发挥积极的作用，确保政府工作人员、公民、社会和私人部门拥有他们所需要的数据，并且有工具和资源理解并有效地利用这些数据。

37. 我们将：(1) 为了实现具有多种开放数据来源、更丰裕的开放数据的生态系统的目标，鼓励公民、社会和私人部门、多边机构公开他们创造和收集的数据；(2) 在政府和社会、私人部门以及多边机构之间发展伙伴关系，支持开放数据，并通过数据的有效利用扩大影响；(3) 创建或支持促进开放数据的计划和动议，支持学校和继续教育机构从事开放数据的研究，在学校教育中提供相应的课程；(4) 开展以及支持开放数据的社会和经济影响的研究；(5) 与全世界的国际组织和政府一起，拓展能力，共享知识，确保每一个人都能够享受开放数据的好处；(6) 通过能力发展，鼓励研发人员、企业家、社会和私人部门、科研机构、媒体代表、政府工作人员和其他使用者发掘开放数据的价值，赋权和赋能未来世代的数据创新者。

资料来源：OECD，International Open Data Charter，2020.

本章参考文献

Algmin，A. and Zaino，J.(2018)，Trends in Data Governance and Data Stewardship：A 2018 DATAVERSITY Report，Dataversity Education，LLC.

Digital Nations (2019)，Digital Nations Data 360° Declaration.

European Commission (2018)，Digital Government Benchmark—Study on Digital Government Transformation.

European Union (n. d.)，eIDAS：The Ecosystem，https://www.eid.as/home.

Fitzgerald，M.，Kruschwitz，N.，Bonnet，D.，Welch，M.(2013)，"Embracing Digital Technology：A New Strategic Imperative，" MIT Sloan Management Review，research report 2013.

GAO (2018)，Artificial Intelligence：Emerging Opportunities，Challenges，and Implications. United States Government Accountability Office，March.

Ghavami，P. (2015)，Big Data Governance：Modern Data Management Principles for Hadoop.

NoSQL & Big Data Analytics，Create Space Independent Publishing Platform.

Manyika，J. et al. (2011)，Big Data：The Next Frontier for Innovation，Competition，and Productivity，McKinsey & Company.

OECD (2019)，Going Digital：Shaping Policies，Improving Lives，Paris.

OECD (2009)，Rethinking e-Government Services，Paris.

OECD (2018), Open Government Data Survey 3.0, Paris.
OECD (2018), Open Government Data Report: Enhancing Policy Maturity for Sustainable Impact, OECD Digital Government Studies, Paris.
OECD (2017), Recommendation of the Council on Open Government, Paris.
OECD (2017), Recommendation of the Council on Health Data Governance, Paris.
OECD (2017), Digital Government Review of Norway: Boosting the Digital Transformation of the Public Sector, OECD Digital Government Studies, Paris.
OECD (2015), Data-Driven Innovation: Big Data for Growth and Well-Being, Paris.
OECD (2014), Recommendation of the Council on Digital Government Strategies, Paris.
OECD (2018), The Regulatory Future of Emerging Technologies—A Scoping Paper on Gaps and Opportunities, Paris.
Putman, R., Leonardi, R. and Nanetti, R. (1993), Making Democracy Work, Prince-ton, New Jersey: Princeton University Press.
Sen, H. (2019), Data Governance: Perspectives and Practices, Tectonics Publications LLC, Bradley Beach, NJ.
The Economist (2017), "The World's Most Valuable Resource is no Longer Oil, but Data: Regulating the Internet Giants," The Economist.
Van Ooijen, C., Ubaldi, B. and Welby, B. (2019), "A Data-driven Public Sector: Enabling the Strategic Use of Data for Productive, Inclusive and Trustworthy Governance," OECD Working Papers on Public Governance, No. 33, Paris.
Wiseman, M. J. (2018). Data-driven Government: The Role of Chief Data Officers. IBM Center for the Business of Government.
World Bank (2014). Technology Options, World Bank Group.
World Bank (2019), Digital Government and Open Data Readiness Assessment, Washington D. C., 20433.
World Economic Forum (2018), White Paper on Agile Governance: Reimagining Policy Making for the Fourth Industrial Revolution.

第 15 章

公共危机管理

自从有文字记载的历史以来，人类社会始终面临着各种各样的危机，可以这样讲，人类文明的发展过程便是回应各种危机的挑战的过程。在当代，危机给社会造成的损失是巨大的。据联合国和其他国际组织统计，2000—2019 年，全球共发生各种各样的自然灾害 7 348 起，导致 123 万人死亡，受灾害影响的人数达 4.3 亿，导致的经济损失约 2.97 万亿美元。全球约有 45%的自然灾害发生在亚太地区，给这一地区带来巨大的社会经济损失。仅在中国，2000—2019 年发生的各种各样的自然灾害就有 500 多起。而 2020 年在全球蔓延的新冠肺炎疫情，已成为两次世界大战以来人类社会所面临的最大的危机，而不仅仅是公共卫生危机，给世界各国的发展带来巨大挑战。危机管理是政府的重要职能之一，公共危机管理的能力也是政府综合能力的体现。如何提升政府的危机管理能力，是当代公共管理面临的一个重大挑战。

重点问题

- 危机的性质、类型与影响
- 公共危机管理的战略
- 公共危机管理的体系
- 公共危机管理的阶段与政策

15.1 危机的性质与影响

15.1.1 危机的性质与类型

依照韦氏词典的解释，危机（crisis）通常是指“事件的转机与恶化之间的转折点”。其中包含着价值的中立性，也就是讲，危机可能转化成好的结果，也可以造成更坏的结局，是好是坏取决于决策者和当事人进行危机管理的能力。在中文中，危机包含危险与机会共存的意思。在危机管理的文献中，危机一词经常与紧急事件、灾害、灾难、危险与风险等词交互使用。在本书中，我们把危机界定为：所谓危机，它是这样一种紧急事件或者紧急状态，它的出现和爆发严重影响社会的正常运作，对生命、财产、环境等造成威胁、损害，超出了政府和社会常态的管理能力，要求政府和社会采取特殊的措施加以应对。

在现实世界中，危机是各种各样的。危机管理学者纽得（Mayer Nudell）等在《危机管理手册》中把危机划分为五大类型：自然灾害（natural disaster），包括地震、洪水、风灾等等；交通和通信事故（accidents）；科技意外事件（technological accidents）；人为诱发的灾难（induced catastrophes），如政治示威、罢工、恐怖主义事件等；以及战争引起的危机（war-related emergency of civilians）。从我国的情况来看，我国现阶段面临的危机主要有四大类型：各种各样的自然灾害，因传染性和流行性疾病所引发的公共卫生事件，各行各业在生产和建设过程中发生的安全生产事故，以及因诸多原因导致的群体性突发事件。

尽管危机的成因和形态各不相同，但是，危机具有以下几个方面的共同特点：

1. 危机具有威胁性

危机的出现或者发生，可能会对个体、组织或者社会的基本目标和价值，如生命、财产、安全、秩序、自由等产生威胁。至于危机所产生的威胁，要视该危机所造成的损失和所产生的影响而定，同时也要视当事人或者决策者对危机的认知程度而定。

2. 危机具有时间的紧迫性

对于当事人或者决策者而言，危机的出现往往出乎意料，留给决策者做出反应和决策的时间十分有限。决策者要在有限的时间内做出快速的反应，而在信息不对称的情况下，决策者往往面临着巨大的压力。

3. 危机的发展具有阶段性

危机的发展，如同疾病一样，也有其周期。学者芬克认为，危机的发展往往会经历四个阶段，即潜伏期（prodromal crisis stage）、爆发期（acute crisis stage）、持续期（chronic crisis stage）和解决期（crisis resolution stage）。危机所造成的影响和损失在很大程度上取决于决策者和管理者在不同的阶段所采取策略和对策的恰当性。

4. 危机具有不确定性

危机的发生固然有其因果性和阶段性，但是由于信息不对称以及人类的有限理性，危机往往具有不确定性。危机的不确定性主要表现在：危机发生的不确定性（包括危机发生的时间和地点），危机发展过程和危机状态的不确定性，危机应对的不确定性，危机影响和后果的不确定性等。如果决策者不能减少这种不确定性，有效地掌控危机，危机所造成的损失就可能增大。

5. 危机具有新闻性

危机往往成为新闻媒体追逐报道的热点，因此也往往成为社会关注的焦点。在当今信息发达的社会，媒体对危机以及危机管理的影响更大。对于危机管理者而言，媒体是一把双刃剑，媒体的报道会对决策者产生广泛的压力，造成负面不良影响，甚至是导致危机事态扩大的消极影响；但同时，媒体的报道也有提供信息、警示公众、防止谣言、增强公众危机意识等积极作用。因此，有效的媒体管理，是危机管理的一个重要组成部分。

6. 危机具有结果的双重性

危机既是危险，也是机会。危机会带来各种损失，但危机也是机会和转机，如果决策者直面危机，危机可以促进一个组织或者社会在价值趋向、制度、公共政策、管理等方面的不断创新和进步。危机管理的一个重要作用在于把危机转化为发展的新机遇。

从当代的现实情况来看，以下几个因素的存在以及相互的作用使得各种灾害和危机发生的可能性大大增加：(1) 人口的增长和人口密度的增加；(2) 全球气候的变化；(3) 环境的破坏和恶化；(4) 科技发展所带来的负面作用和影响；(5) 恐怖主义；(6) 社会压力和冲突的增加。

从实际情况来看，一方面，发生各种危机和灾变的可能性增加；另一方面，由于以下因素，危机和灾变将造成损失的可能性也大大增加：(1) 国际化的发展，(2) 城市化的发展，(3) 交通的发展和广泛的人口流动，(4) 各种社会冲突和压力的增加，(5) 社会有效治理能力的缺乏，(6) 社会有效的危机预防和权变管理能力的缺乏，(7) 不发达地区整个社会服务的基础设施的薄弱，(8) 贫穷与社会发展的不公正。

15.1.2 危机的影响

从发展的角度来看，危机给整个社会发展所造成的影响是巨大的。概括起来，危机给社会发展所造成的负面影响在于：

1. 导致资源的损失

危机会直接造成人们生命和财产的损失，破坏基础设施，由于破坏正常的生产和服务以及增加产品和服务的成本而导致生产和服务提供的损失；间接的损失包括增加债务的负担、增加财政的支出、减少储蓄等。由此导致的结果是经济增长速度的降低和发展计划的延缓。

2. 导致发展计划的打断

危机打断了政府和社会正常的发展计划，使发展的资源从所计划的领域转移到危机的回应和重建方面，从而使发展从长期的考虑转到满足近期的需要。

3. 影响投资的气候和环境

危机，特别是在短时间内不断出现的危机，以及时间持续较长的危机都会对投资产生负面影响。投资者需要一个相对稳定和确定性程度较高的投资气候和环境以降低投资的风险，而危机会引起失业、抑制消费的需求、导致经济的滞胀等，这些都增加了投资环境的不确定性。

4. 导致政治的不稳定

危机的出现无疑是对国家政治和政府治理的挑战，不适当的政府政策、政府管理的失误、政府对危机缺乏有效的回应、政府和民众之间缺乏有效的沟通、政府责任的丧失等等，皆会造成政府与社会大众之间的紧张关系，引发政府的信任危机，从而对政治的稳定产生负面影响。

当然，从发展的角度来看，危机的发生也孕育着新的发展机会。无论是从历史上还是从现实的情况来看，如果政府和社会保持理性的话，危机的出现所产生的社会经济影响和政治压力往往会转化为变革的推动力和催化剂；导致危机出现的因素和发展的薄弱环节往往会受到政府和社会的关注，从而成为新的发展领域。从公共管理的意义上而言，危机的出现具有发现公共问题、推动公共问题进入政府议程、促使政府制定有效的公共政策、解决公共问题的功能；危机的出现会促使政府重新评估其制度、政策和行为，改进政府管理之缺失。一言以蔽之，危机既是灾难和痛苦，也是发展和创新的机会。问题的关键在于，一个社会、一个政府是否具有学习的意愿、学习的文化、学习的能力以及改正错误的勇气。

15.2 公共危机管理与全面整合的危机管理体系

鉴于危机给人民的生命、财产、安全所造成的巨大损失，鉴于危机会阻碍发展、导致贫困，鉴于危机会引发社会和政治的不稳定，危机管理成为当代整个国际社会关注的主题，也成为公共管理理论和实务界一直所重视的一个领域。所谓的危机管理，是一种有组织、有计划、持续动态的管理过程，政府针对潜在的或者当前的危机，在危机发展的不同阶段采取一系列的控制行动，以期有效地预防、处理和消弭危机。危机管理的重点在于危机信息的获取和预警、危机的准备与预防、危机的控制与回应、危机后的恢复与重建、持续不断的学习与创新。

在现实社会中，政府面临的以及需要回应的危机是多种多样的。有效的危机管理需要政治的承诺和支持，需要全社会的共识和危机管理意识，需要政府整合各级政府、各种组织乃至于整个社会的力量，需要政府动员和调动各种资源，需要政府各种各样的政策、制度、法律的支持；在全球化的时代，有效的危机管理需要地区、区域和国际间的协作；等等。一句话，政府危机管理能力的大小取决于各种各样的因素及其相互的作用。因此，从国际社会和危机管理先进国家的经验出发，建立一个全面整合的危机管理体系（comprehensive and integrated emergency management system）是十分重要的。

所谓全面整合的危机管理体系，是指在高层政治领导者的直接领导和参与下，通过法律、制度、政策的作用，在各种资源支持系统的支持下，通过整合的组织和社会协作，通过全程的危机管理，提升政府危机管理的能力，以有效地预防、回应、化解和消弭各种危机，从而保障公共利益以及人民的生命、财产安全，实现社会的正常运转和可持续发展。全面整合的危机管理体系，代表着一种危机管理的哲学和理念，代表着一种危机管理的基本制度安排，代表着一种危机管理的整合流程，代表着一套危机管理的科学方法。具体而言，全面整合的危机管理体系的基本特征和主要构成因素包括以下几个方面：

1. *政治承诺、政治领导与政治支持*（political commitment、leadership and support）

全面整合的危机管理理论认为，有效地预防、准备、回应和化解危机，保障人民的生命、财产安全，使人民免于危机的侵害和恐惧，保障社会的秩序和正常运转是政府的基本职能，也是政府的基本政治责任之一。作为一个负责任的政府、负责任的领导者、负责任的公共管理者，应该有这样的强烈的使命感和政治责任感。政治领导者和高层公共管理者应该有强烈的危机意识、忧患意识，即所谓的“安而不忘危，存而不忘亡，治而不忘乱”；应该创造一种危机管理的文化和环境；应该积极地领导变革，通过制度、政策和管理的创新来预防和回应危机；应该积极地支持各种危机管理的计划和项目，并确立优先发展的次序；在危机爆发时，应该做出快速准确的决断，通过政治动员的力量，整合和调动各种资源回应危机；应该通过自己的行为，加强与人民的沟通，获取民众的信赖，展现公信力。

2. *全危机管理*（all types of disasters management）

政府和社会所面临的危机是各种各样的。人们一般把危机划分为自然的和人为的危机（nature disaster and human-made disaster）。区分自然的或者人为的危机的主要标准在于，视导致某种灾难或者危机的直接原因是否在于可以确认的人的行为（identifiable human actions）。要一一列举各种危机可能需要很长的清单，但是，有几种类型的危机由于其对人类的危害程度较大而引起人们的普遍关注，如：地质和气候因素所引起的危机（geological and climatic hazards），典型者包括地震、海啸、洪水、热带风暴、火山爆发、山体滑坡等；环境因素所引起的危机（environmental hazards），典型者包括旱灾、饥荒、环境的恶化、沙漠化、害虫灾害等；工业和技术系统的失败所引起的灾害和危机；战争和冲突（war and civil strife）引发的危机，如军事入侵、暴动、恐怖主义等；大规模的传染病所引起的公共卫生危机。尽管每一种危机的成因不同、特点不同，但是，从危机管理的角度来看都是相同的。此外，各种危机之间也有相互的关联性，危机之间的相互关联使得某一种单一的灾变和危机会转化为复杂性危机（compound and complex emergency）。因此，危机管理要从单一危机管理的方式转化为全危机管理的方式，这包括了制定统一的战略、统一的政策、统一的危机管理计划、统一的组织安排、统一的资源支持系统等等。全危机管理有助于利用有限的资源达到最佳的效果。

3. *发展途径的危机管理*（development approach to emergency management）

整合的危机管理理论认为，从本质上而言，一切危机都是人为的。人们所谓的现在的许多危机和灾难，严格而言是一种自然现象（nature phenomena），只有当社会不能应对它的时候，才会转变为一种灾难和危机。从另外一个层面而言，社会出现的许多危机是人类社会不理智的发展方式、不理智和不适当的行为方式和生活方式的结果。所以，一方面，发展途径的危机管理所重视的是整个社会的危机管理能力的建设（capacity building）和发展，也就是社会做出有效的规划应对潜在危机、管理和减弱危机的影响，以及尽可能地预防危机的出现和重演的能力的提高。另一方面，更重要的是，发展途径的危机管理强调要从人类和持续发展的角度理解和进行危机的管理。人类社会必须重新思考自己发展的方式、行为的方式和生活的方式，谋求人与自然的和谐；人类社会需要重新思考个体、群体、社会、国家之间的相互关系，通过政治、经济、文化的改革建立一个健康的社会；我们需要重新思考国家的治理，通过改革不断致力于实现善政和善治；我们不仅要考虑现世代的发展和公平，更要考虑后世代的发展和公平。

4. *全过程的危机管理*（an emergency management lifecycle）

传统上，人们把危机管理的重点放在危机后的救济上；在第二次世界大战之后，人们把危机管理的重点放在危机的准备上；从 20 世纪 80 年代之后，人们普遍地认识到危机的发生和发展有其生命的周期，危机管理也是一个系统的循环过程。一个完整的危机管理过程包括四个基本的阶段，即疏缓（mitigation）、准备（preparedness）、应对（response）和恢复（recovery）。所谓危机的疏缓，它包括了消除或者减少灾难出现的机会或者影响的一切活动。其基本的出发点在于，一个社会即使不能预防灾难，也可以通过各种努力减少灾难的损失。所谓危机的准备，是指制定计划，以确定在危机出现的时候如何有效应对危机，它包括危机管理规划、危机训练、危机管理的资源准备和储备等。所谓危机的应对，是指危机出现以后，政府向危机的受害者通过危机援助，通过各种反危机的措施，控制和降低危机所造成的损害。它包括了许多重要环节，如警示（warning）、隔离与转移（evacuation and migration）、搜寻和援救（search and rescue）、灾难评价（disaster assessment）、紧急救助（emergency relief）、基本设施的提供（logistics and supply）、沟通和信息管理（communication and information management）、安全保障（security）等等。所谓危机的恢复，是指通过各种措施，恢复正常的社会运作和秩序。显然，危机管理的四个基本的阶段是相互联系和不可分割的。

5. 全面风险的危机管理（total risk management of emergency）

当代危机管理的一个重要趋向在于从单纯的危机管理转向风险的管理。风险是指发生可预期的损失的可能性（probability）。风险管理是指运用系统的方式，确认、分析、评价、处理、监控风险的过程。危机管理的风险管理是这样一种危机管理的主张和行为，即把风险的管理与政府政策管理、计划和项目管理、资源的管理，亦即与政府日常的公共管理的方方面面有机地整合在一起。在政府管理的过程中，实施风险的分析和风险的管理，这包括建立风险管理的能动环境，确认主要的风险，分析和评价风险，确认风险管理的能力和资源，发展有效的方法以降低风险，设计和建立有效的管理制度进行风险的管理和控制。危机管理的风险管理的一个基本出发点在于：政府只有在政府政策、规划、资源的管理方面有效地实施了风险的分析与风险的管理，这样才能有效地预防、疏缓和降低危机所带来的损失。

6. 整合的危机管理（integrated emergency management system）

危机管理是政府的职责，各级政府在危机管理中扮演着十分重要的角色，但是，有效的危机管理需要政府、社会、企业、国际社会和国际组织之间的协作伙伴关系（working partnership），其原因在于危机是没有边界的，受危机影响的是各种利害关系人，危机应对需要调动各种资源。整合的危机管理强调的是一种统一领导、分工协作、利益共享、责任共担的危机管理机制。

7. 建立在充分资源支持基础上的危机管理（emergency management based on sufficient resources）

全面整合的危机管理系统是建立在各种资源的支持系统的基础之上的。如果危机管理缺乏必要的和充分的资源支持，则无异于空中楼阁。一个现代化的危机管理的资源支持系统包括：危机管理的信息系统和知识系统，危机管理的人力资源系统和教育与培训系统，危机管理的财政资源系统，危机管理的物质资源系统，危机管理的政策资源系统等等。上述各种资源的生产、分配、共享，以及各种资源的有效配置和使用，直接影响着政府和社会的危机管理能力。

8. *以绩效为基础的危机管理（performance based emergency management）*

全面危机管理所强调的是以绩效为基础的管理，也就是讲，为了实现有效的危机管理，政府必须设立危机管理的绩效指标。正如联合国所强调的那样，政府危机管理的指标必须具有可持续性（能够持续较长的时间）、可衡量性（明确界定成功的标准）、能够实现（在政府确定的时间范围内能够达成）、具有相关性（能够满足各种危机和灾变管理的要求）和及时性（满足近期和长远的需要）。此外，危机管理的绩效指标还必须明确、具有弹性、有机地与政府管理工作相整合、能够被政府部门和社会所接受、能够反映国际社会的经验等。当然，仅有危机管理的绩效指标是不够的，还要进行绩效的管理，这包括绩效的衡量、绩效的监控，以及持续不断的绩效改进等。

15.3 公共危机管理的战略

无论是从历史，还是从现实的情况来看，中国都是一个各种灾难和危机多发的国家，它们给中国社会造成了巨大的损失。我国政府和社会也经受住了各种各样灾难和危机的考验，并且在危机管理方面积累了丰富的经验。但是，实事求是地讲，我国政府的危机管理与公民的期望还有较大的差距；我国政府危机管理体制和机制尚不尽完善，政府和整个社会的危机管理能力尚有待提高。我们在危机管理方面还存在许多弊端和缺陷，其主要是：政府官员、公共管理者以及整个社会公民的危机管理的意识比较弱，政府的危机管理缺乏系统的战略和政策规划，政府的危机管理缺乏组织化的保障，政府的危机管理缺乏完善的法制保障，政府的危机管理缺乏整合和协调的机制，政府的危机管理缺乏有效的信息支持和信息沟通的机制，政府的危机管理缺乏制度化的财政资源保障，政府的危机管理缺乏有效的知识管理系统和支持系统，政府的危机管理缺乏人力资源的保障，政府的危机管理与国际和地区组织的合作机制有待完善，危机管理缺乏系统化和制度化的教育和训练机制。

从中国公共危机管理的现状出发，构建现代化的危机管理体系，全面提升政府和整个社会的危机管理能力，首先应确立明确的公共危机管理战略。经验表明，一个全面的危机管理战略应该包括以下主要内容：

1. *把危机管理纳入国民经济和社会发展的可持续发展战略之中，在此基础上，制定国家危机管理的战略、政策和规划*

危机管理首先要求我们转变危机管理的观念。我们要避免就危机谈危机，就危机管理谈论危机管理的做法。事实上，导致危机发生的正是某些特定的社会、文化、经济和政治环境。尽管人们不能消除危机，但是人们可以消除危机产生的原因，防止危机的扩大和恶化。因此，把危机管理纳入国民经济和社会发展的可持续发展战略之中是十分重要的。我们要把危机管理同经济的发展结合起来，把危机管理同资源和环境保护结合起来，把危机管理和文化发展结合起来，把危机管理同以人为中心的发展结合起来，把危机管理同政治和法制的发展结合起来，把危机管理同社会基础设施的发展结合起来。一句话，要把危机管理的策略有机地整合到国家方方面面的可持续发展战略之中。政府要在各种政策的制定中，把危机风险的认定和评估作为一个重要的方面和环节，以期收到防患于未然的效果。制定国家危机管理的整体战略和政策用于指导各级政府和整个社会的危机管理是政府危机管理体系的重要组成部分。因此，国家应考虑制定危机管理的战略和政策，以阐明国家危机管理的目标和基本的政策选择。危机管理的政策要涉及危机的评价、危机的预防、危机的准备、危机的回应、危机后的恢复和重建等各个方面。

2. 建立和完善政府危机管理的组织体系和机构

危机管理是各级政府、各个政府部门的职责和责任。把危机管理的职能整合到各级政府和各个政府部门的职能体系之中，整合到各级政府和各个政府部门的日常工作之中是十分重要的。但是，考虑到危机管理需要统一的领导、统一的指挥，需要协调和调动各种资源与力量，需要常态的管理战略、政策和机制，因此，建立统一领导、分工协调的危机管理体制是十分必要的。

从国际和其他国家危机管理的经验出发，考虑到中国的具体情况，国家有必要在中央政府建立高层次的危机管理的领导、指挥和协调机构。这一机构的主要职能在于：制定危机管理的战略、政策和规划；进行危机信息管理；进行危机风险的评估；在非危机时期，负责危机的预防和预警工作；在危机发生期间，负责领导与协调工作；负责危机管理的监督管理工作；对政府管理者和社会公众进行危机管理的教育和培训；等等。

在中央政府的统一领导下，明确中央各部委、各级人民政府危机管理的职能、职责和责任。考虑到危机的多样性，应明确不同政府机构在承担某些特定危机管理时的职能和职责，这样，便形成统一领导、分工协调的危机管理体制。

3. 制定并完善国家危机管理的法律法规体系

我国已经制定和颁布了一些应对危机状态的法律和法规。但是，从整体上来看，法律法规体系尚不完整。最核心的问题在于，我国宪法没有关于危机状态或者紧急状态的规定，政府紧急管理权也没有明确的宪法授权；我国尚没有一部完整的危机或者紧急状态管理法。因此，为了使政府危机管理法制化，使危机管理工作有法可依、有法必依、执法必严、违法必究，有必要加紧涉及危机管理的立法。首先，要在宪法中对紧急状态、紧急状态的确认、紧急状态的实施、政府紧急管理权等做出规定。其次，制定统一的“紧急状态管理法”，统一的“紧急状态管理法”应该就下列主要问题做出明确的规定：紧急状态的确认和宣布，政府的紧急管理权，政府在紧急状态下的回应措施，紧急状态下的法律责任等。最后，制定、完善管理和应对各种各样的危机或者紧急突发事件的专门法律、法规。

4. 为政府的危机管理提供充分的物质资源和财政资源支持

物质资源和财政资源是政府危机管理的基础。政府要加大直接服务于人民的基础设施的投入，因为基础设施的落后往往是导致危机产生和扩大的一个重要因素。各级人民政府要把危机管理的预算纳入政府的预算体系之中；政府应设立必要的专项基金，用于应对各种突发事件和危机，并且建立监督的制度和程序以保证基金的合法、合理以及有效的使用。政府有必要建立完善各种战略性资源的储备制度；建立资源目录，以便在关键时期有效地调动资源；同时就危机状态下资源的征用问题加以立法。

5. 建立政府危机管理的信息系统和决策支持系统

政府的危机管理，无论是危机的预防、准备，还是危机的回应和危机后的重建，必须建立在准确、全面、适时的信息基础之上；政府危机管理的政策制定、危机决策也离不开决策支持系统的支持。危机管理最大的特点之一在于不确定性和环境的复杂性，这样，完善的信息管理对于危机管理能力的提高至关重要。一个比较完善的危机管理信息和决策支持系统包括：资料库、知识系统、规范模型、危机的预警系统、电子信息技术的应用平台等。因此，要把现代信息技术运用于政府的危机管理之中，通过科技的力量，提高政府危机管理的能力。

6. 建立有效的危机管理的沟通机制

有效的沟通机制在政府危机管理过程中发挥着十分重要的作用。明智、及时地进行信息沟通，即使不能防止危机的发生，也可以控制危机及其影响；良好的信息沟通，可以加强反危机的协调工作；良好的沟通可以防止信息的误传和谣言的传播；在危机发生时，政府与民众的及时沟通还可以起到稳定民心、警示、教育、监督等多种作用。危机管理过程中的沟通主要包括政府与民众之间的沟通、政府与新闻媒介之间的沟通、政府部门之间的沟通。不管哪种形式的沟通，一定要保障信息的及时、准确和客观，要保证重要通信基础设施的安全和信息沟通渠道的畅通，要建立制度化的信息公开和发布制度。

7. 加强危机管理的教育和训练，增强整个社会危机管理的意识

国家危机管理的能力，取决于多种因素，政府官员和公共管理者的危机管理的意识、知识、能力，以及整个社会公民的危机意识，应对危机的知识和能力无疑是一个十分重要的因素。因此，强化危机管理的教育和训练是政府危机管理系统的一个不可缺少的组成部分。因此，笔者建议：把危机管理的教育和培训纳入政府官员和公共管理人员的教育和培训之中，在高等院校中进行危机管理知识和技能的教育，把应对各种突发事件的基本知识和技能的教育作为素质教育的一个组成部分，利用各种形式对社会公众进行危机管理知识和技能的传播和教育。为此，有关政府机构、教育和科研机构要加强危机管理的研究，形成系统化的知识，进行危机教育的需求分析，明确危机知识和管理教育的目标群体，提供教育的资料。

8. 促进危机管理的多边合作和国际合作

在全球化的时代，一个国家或者地区出现的危机，不可避免地会产生国际化的影响。危机管理问题一直是国际社会、国际组织和地区组织十分关注的一个问题。预防和管理各种各样的危机和灾难一直是联合国长期以来所致力的事业。联合国的人道主义事务协调办公室（OCHA）、联合国难民事务各级委员会、联合国世界粮食计划署、联合国儿童基金会、世界卫生组织直接介入危机和灾难的管理。在国家层次，联合国开发计划署直接代表联合国协调危机管理事务。国际气象组织、国际粮农组织、国际红十字会和红新月会国际联合会也介入国际和地区性的危机管理。在这个变得更加相互依赖的世界中，我们的政府有责任，也有压力与国际组织在危机管理方面扩展合作。在危机管理上，我们要积极争取国际性组织和地区性组织在资金、人员、技术、教育和培训，以及道义上的支持，同时加强与国际组织在信息方面的沟通。

15.4 公共危机管理的阶段与政策

全面整合的危机管理模式不仅仅意味着危机管理需要政府、社会、企业和民众的广泛参与和合作，也意味着危机管理是一个系统的过程。传统上，人们把危机管理关注的重点放在危机发生以后的应对方面，危机的应对固然十分重要，但仅局限于此是不够的。危机管理，包括了危机的疏缓、危机的准备、危机的应对以及危机后的恢复和重建四个关键的环节或者阶段。为了有效地管理危机，危机管理者需要在不同的阶段，采取不同的政策和措施。

15.4.1 危机的疏缓

危机的疏缓是指管理者采取各种各样的预防措施，通过持续不断的努力和行动，以降低或者消除灾害及其影响的风险。危机的疏缓不同于其他危机管理环节的一个重要特点在于它关注长期的预防性工作，而不是着眼于危机发生以后的应对。传统上，人们并没有把疏缓作为危机管理的一个阶段或者环节，其中一个重要的原因在于疏缓需要社会方方面面的参与和支持，而疏缓工作又远远超出了传统的危机管理者的工作和职责范围。如今，疏缓的观念已经普遍被社会所接受。疏缓工作的目的就是创造一个经济安全、社会稳定、环境友好和安全的社会。

疏缓工作涉及面十分广泛。从各国实践来看，下列政策和措施是人们普遍采用的：

1. 风险源的确认和控制

如果人们不知道什么样的灾害或者危机可能对什么样的人群发生影响，那么就不可能防止灾害或者危机的出现。因此，任何的疏缓和防范措施都是建立在对特定区域可能发生何种灾害的分析基础上的。因此，对于任何地区或者组织，要根据历史的资料和现实的探查，确认可能出现的灾害的类型，建立风险档案，确立风险源，在此基础上绘制风险地图。

2. 通过工程项目防范灾害

一些工程项目如疏通河道、修建大坝、建设和加固大堤等的确可以预防一些自然灾害，如洪水对人们所造成的影响。当然，研究表明，这些工程也会给人们造成安全的假象，会影响自然资源本身在减灾中的作用发挥。此外，这些大型工程也往往耗费巨大的资金。大坝一旦出现问题，往往会引发更大的灾难。

3. 通过有效地管理地区的发展来疏缓风险和灾害

地方政府在规划和管理发展的过程中，可以通过发展规划，如土地使用规划、城市建设规划、市政建设规划、人口控制规划等有效地降低可能的风险。如避免在地质活动频繁的地方发展、避免在容易发生山体滑坡的地带修建住宅、避免在居民区兴建从事高危作业的企业、控制地区的人口密度等等。

4. 通过制定和实施严格的管制措施来疏缓风险和灾害

强化政府的管制历来是各国政府疏缓各种灾难和危机的有效措施。这些管制措施涉及经济和社会生活的方方面面，如建筑标准和质量的管制、安全生产管制、食品安全管制、药品安全管制、危险化学物质的管制等等。

5. 通过公共信息和教育的途径疏缓风险和灾害

在任何时候，建立一个安全的和具有防卫能力的社会的关键在于公民的风险意识和能力。因此，进行危机管理的教育是疏缓风险的有效途径。通过学校、社区、公共传媒等各种机构，利用各种方式传播危机管理的信息和知识，提高危机管理的意识以及增强危机管理的能力十分重要。

6. 通过政府的财政诱因政策的途径疏缓风险和灾害

政府的诱因政策在危机疏缓中发挥积极的作用。诱因政策主要是通过政府的财政补贴和税收发挥作用的。对于有利于提高社会抵御力的项目和事业，政府可以提供补贴，甚至通过减免税收方式予以鼓励；对于那些给公共安全产生不良影响的事业或者行为，政府通过提高税负的办法加以限制等等。

政府的疏缓政策及其工具是多种多样的，每一种政策工具都有其优缺点，政府需要综合使用各种政策和工具以收到良好的效果。

15.4.2 危机的准备

尽管危机的疏缓工作可以使社会变得安全，但并不能消除各种危机的风险和发生的可能性。因此，政府部门需要未雨绸缪，做好准备。危机的准备不同于危机的疏缓，它涉及的是危机管理的功能性和运作的层面，即直接针对危机的应对及危机后的恢复和重建。危机准备包括了制定应急的计划和预案、提前准备应急的资源等等。一个较为系统的危机准备项目需要回答以下四个问题：

（1）哪些部门和机构需要参与到危机准备的工作之中？

（2）什么样的应急和灾害恢复行动是可行的？比如，如果要进行人员的疏散和撤离，疏散和撤离的途径是否明确？

（3）应急组织如何有效地运作，有效地运作需要何种资源？

（4）应急准备工作是否充分，预案是否得到演练？

危机准备的核心是制定危机管理的规划。危机规划涉及许多方面的计划，如行政管理规划、疏缓规划、长期的恢复和重建规划、标准化的运作程序等等。其中，应急管理计划（the emergency operation plan）的编制是最为重要的一个规划活动。从国际实践和经验来看，应急管理计划包括三个组成部分：一是基本计划（basic plan）；二是功能性计划（functional annexes）；三是特殊计划（special appendices）。

基本计划是对一个地区应急管理的一般性说明，包括对目的的阐述、危机情景的假设、危机管理组织及其职责的分配、具体的运作程序、行政、后勤的保障和资源的支持等。功能性计划的核心旨在回答危机出现以后如何有效地运作，即回答需要干什么，谁负责具体的执行问题，如谁负责指挥和协调，谁负责信息沟通，谁负责预警，谁负责人员的撤离和疏散以及如何进行，谁负责医疗救助等等。特殊计划是指超出常态计划之外的、需要做出特别处理的事件的特殊应对方法。

15.4.3 危机的应对

一旦危机爆发，危机的应对过程便正式开始。危机应对阶段的主要目标是：保护人们的生命安全，降低灾害的最初影响和损失，最大限度地减少危机产生的次级影响和损失。危机应对阶段的主要工作包括：

1. 通知和警示

一些自然灾害，如台风、洪水等的发展是有一个过程的。因此，有关灾害的监测部门需要向有关政府部门和社会公众发出警示和通知。在此时，应急部门处于待命状态，社会公众同时也需要采取相应的行动，如随时了解和掌握危险发展的程度；采取一些准备措施，如储存一些必需的资源，准备撤离危险地带等。

2. 发布警告信息

有些事件出现得很突然，以至于有关机构没有足够的时间发出警示和通知，如危险化学物质的泄漏、天然气井井喷等。因此，要立即通过喇叭、广播、电视等传播途径向当地居民发出警告信息，以便使居民采取迅速的预防措施。

3. 保护生命和财产

一旦危机事件发生，应急部门和社会公众需要立即采取必要的措施和行动保护人们的生命和财产的安全。对于应急部门而言，需要提供的主要服务包括安全保卫、消防、医疗救助、人员搜救、人员撤离、提供临时避难场所等等。

4. 向公众提供基本的生活服务

灾害发生后，向受灾地区的民众提供基本的服务，如衣、食、住、医疗等等。

5. 恢复和重建

在灾害发生之后，要立即开始灾后的恢复和重建工作，采取措施恢复正常的生活、生产秩序。

15.4.4 危机后的恢复和重建

恢复和重建阶段开始于危机的应对阶段，一直持续到社区恢复到正常的生活状态。在有些情况下，恢复和重建可能需要很长的时间。恢复和重建的首要目标是恢复社区的基础设施和基本的社会秩序，要迅速恢复水、电、天然气、交通、通信等与社会公众的生活和生产密切相关的系统的正常运转；最终的目标是确保社区居民的生活质量恢复到灾前的状态。恢复的措施有短期的和长期的。短期措施主要是救济和安置，长期措施包含了灾害后的重建工作和社会经济的发展措施。

救济和安置工作主要包括清理灾害的现场，恢复经济的活动，恢复政府的服务，为灾民提供基础性的公共服务。重建工作则包括了基础设施的重建，重振地方经济和社会的活力等。需要说明的是，灾害后的恢复和重建工作一定要与灾害的疏缓工作紧密地结合在一起，把恢复和重建计划与疏缓计划有机地整合在一起。

本章小结

1. 危机管理是一种有组织、有计划、持续动态的管理过程，政府针对潜在的或当前的危机，在危机发展的不同阶段采取一系列的控制行动，以期有效地预防、处理和消弭危机。

2. 危机管理的重点在于危机信息的获取和预警、危机的准备与预防、危机的控制与回应、危机后的恢复与重建、持续不断的学习与创新。

3. 全面整合的危机管理体系是指在高层政治领导者的直接领导和参与下，通过法律、制度、政策的作用，在各种资源支持系统的支持下，通过整合的组织和社会协作，通过全程的危机管理，提升政府危机管理的能力，以有效地预防、回应、化解和消弭各种危机，从而保障公共利益以及人民的生命、财产安全，实现社会的正常运转和可持续发展。

4. 危机管理战略是提升政府公共危机管理能力的重要途径，它包括：制定国家危机管理的战略、政策和规划，建立和完善有关的组织体系和机构，制定并完善有关的法律法规体系，提供充分的物质资源和财政资源支持，建立政府危机管理的信息系统和决策支持系统，建立有效的沟通机制，加强危机管理的教育和训练，促进危机管理的多边合作和国际合作等。

5. 公共危机管理是一个系统的过程，它包括四个关键的环节和阶段：危机的疏缓，危机的准备，危机的应对，危机后的恢复和重建。

关键术语

危机　　公共危机管理　　全面整合的危机管理体系　　风险管理　　公共危机管理战略　　发展途径的危机管理　　全过程的危机管理　　全面风险的危机管理　　整合的危机管理

复习思考题

1. 什么是危机？危机具有哪些基本的类型和特征？

2. 在当代社会，公共危机多发的原因有哪些？危机给社会发展和人们生活会带来哪些负面的影响？

3. 什么是危机管理？危机管理的重点是什么？

4. 试分析全面整合的危机管理体系的基本特征及主要构成要素。

5. 结合实际分析我国政府公共危机管理存在的问题。

6. 全面的公共危机管理战略应包含哪些主要内容？

7. 探讨公共危机管理的过程与应对措施。

阅读材料

印度洋海啸灾难经验的总结

2004年12月26日的印度洋海啸在人们的记忆中是最具灾难性的事件之一，它给上百万人造成了巨大的痛苦。我们对所发生的事件进行了深思并对怎样减少自然灾害的影响进行了总结，这些经验有助于人们建立一个更具活力和更安全的未来。

突发的、强大的海浪是引起灾难的初始因素，但缺乏相关知识和准备工作不充分亦是造成巨大损失和影响的一个重要因素。2006年7月17日发生在印度尼西亚爪哇岛的海啸也使得上百人丧失了生命。这些事实说明，自然界对人类的威胁很大，因此，建立一套有效防御自然灾害的系统是非常必要的。

生活在地球上的人们，每天都会受到暴风、洪水、干旱、山崩、地震的威胁，并经受着社会、经济、地理和环境方面的苦难。然而，灾难是可以通过一些途径来加以预防的，诸如公共危机意识、危险和易受侵袭的知识、团体预备状态项目、早期预警系统、疏散计划、长期土地利用计划和环境保护以及良好的建筑法规。通过这些措施，政府和社会能够帮助人们增强对自然灾害的抵御能力，减轻危害的影响，从而减少自然灾害转变为灾难。

通常，在世界上，生活在贫困地方的老百姓，最容易受到自然灾害的影响。许多贫穷的群体，诸如以捕鱼为生的村民，受到印度洋海啸的打击最为沉重，他们不仅丧失了家园，而且丧失了基本的生活资料。降低人们对自然灾害的脆弱性是减少贫穷、实现千年发展目标的基本前提条件。许多政策制定者开始认识到预防自然灾害是整个国家和国际战略的有机组成部分。

在过去的几十年当中，灾害发生的频率以及严重性在持续增长，在世界范围内，人们花费越来越多的精力应付灾害造成的损失。但是，许多国家的政府和组织已经达成共识：有必要采取切实的行动，扭转这种趋势，降低灾害的风险。联合国2005—2015年的Hyogo行动框架，确立了减灾行动规划，制定出了必须执行的具体措施，以增强对未来自然灾害的抵御能力。

联合国秘书长任命的处理印度洋海啸灾后恢复事务的特使威廉·克林顿总结了印度洋海啸事件的许多经验。现在这份报告是在他总结的其中一条经验“必须降低灾害的风险”的基础上扩展而成的。下面的11条经验有助于人们学习和了解国家、社会和个人怎样才能更好地应对和减少潜在自然灾害的影响。

经验1：公共意识是灾害预防的一个核心组成部分

印度洋海啸之后，许多研究报告表明，造成如此巨大悲剧的原因在于人们普遍缺乏对海啸风险的意识，以及不知道如何恰当地做出回应以减少生命财产的损失。此后，人们在国家和社区层面上已经开展了各种提高灾害风险意识的活动，以增强人们的灾害风险意识。这些活动的积极效应已经显现。比如，2006年7月17日印度尼西亚爪哇岛海啸来临之前，许多生活在岸边的人已经知道海啸来临前的某些征兆并撤离到安全的地带。

生活在社区中的每一个人，特别是生活在危险地方的居民，包括政府以及一些其他部门，例如旅游部门，都有必要了解所面临风险的基本情况，掌握有关预警以及撤离的知识。开展对大众的教育和社区的安全训练应该与其他救生措施联系起来，诸如设立海啸的预警标志、标明人员安全撤离的线路等。设立这样的明显标志对于整个社区来说都是一种永久的风险预警。

同时，在制定和执行风险意识培养和教育的战略时，要充分地考虑到社区中处于社会边缘的族群和人民的特殊需求，并在战略中得到体现。

经验 2：个人和社区在应对自然灾害风险中发挥着重要的作用

和人们通常的想法相反，受灾害影响的人们和社区绝非是坐以待毙、没有希望。几乎所有的最初的救生行动和应急服务都是由本地居民实施和提供的。在海啸发生的短短几天内，许多社区的行动都证明了它们具有应对灾难的能力。在一个国家，如果它的社区和人民能够直接参与到风险的评估和灾害风险的削减活动中去，并且能够理解和回应风险的话，那么这个国家抵御自然灾害影响的能力就能够得到提高。国家抵御自然灾害的能力同样有赖于国家应对灾害的就绪状态的改善，能力指标也需要得到社会的认可和不断的支持。

这种方法的价值可以由 Samiyarpettai 村庄的经验得到很好的说明。这个村庄位于印度泰米尔南部海岸线地区，在海啸发生之前的数个月，一个以社区为基础的灾难准备和提高防范意识的计划得到确立，此计划是在联合国的支持下，由当地政府负责实施的，其目的在于防止洪水、旱灾、地震的发生。与没有实施此项计划的相邻地区相比，Samiyarpettai 村庄的死亡人数大大降低。这表明：尽管没有正式地告诫或者撤离危险地带的秩序，村民们风险意识的提高以抵御风险的准备和就绪工作使得他们能够采取有效的行动来减少损失，尽管在海啸发生之前，村民们并没有得到正式的预警和撤离的命令。人们应该把更多的注意力放在发展社区的“自救”能力方面。

Samiyarpettai 村庄的经验也同样表明全危机处理的观点的优势，因为在通常情况下，为洪水这样的事件所做的准备工作，也会有助于抵御海啸这样的灾害的影响。

经验 3：多种生计以及小额的财政支援能够帮助穷人渡过难关

多样化的收入来源、小额的财政和保险，以及产权能够提高个人和小企业应对灾害以及灾后恢复的能力。小额财政支持不仅能够提高家庭的收入，帮办家产，而且能够加强妇女在经济生活中的作用，这反过来又有助于家庭减少对单一资产和生计的依赖程度，从而更好地应对灾害。通过诸如个人技能培训和企业管理培训，小额财政支持的效果通常更为明显。

例如，在安达曼群岛和尼古巴群岛——受到海啸影响最为严重的两个地区，非政府组织提供了小额的财政贷款来帮助灾民重建家园和生产自救，与此同时，社会救助、保险赔付以及为未来生计的免费技能培训同时进行。在 Kanyakumari 地区，非政府组织向 1 263 个自救小组提供了小额信用贷款和各种各样的培训，如鱼品加工、椰壳加工、刺绣和裁缝的培训等。

中央政府和地方政府应该对这种活动的开展给予支持，例如实行适当的政策，把小额财政贷款和灾难风险的减少相结合，为产品提供有效的市场，通过培训、提供示范项目等方式交流经验。政府要把这些措施纳入国家发展和社会政策之中，从而减少自然灾害对弱势群体的影响。

经验 4：传统的知识是有价值的，它能够告诉人们灾害的风险以及如何更好地保护自己的社区

在印度尼西亚 Aceh 省的 Simeulue 岛，有 83 000 多名居民，然而只有 7 人在 2004 年 12 月 26 日发生的海啸中丧生，这多亏了人们关于海啸的传统知识的力量。据口述的历史，1907 年一场巨大的海啸发生在岛上，这场海啸使许多人丧生并且也使上百座房屋倒塌。传统知识十分简单——在大地剧烈摇晃之后，观测海水，如果海水退去，那么应该立即向山上跑，因为海啸将要到来。1907 年灾难的幸存者把这个事实告诉了他们的孩子，并让他们做好准备以防同样的事情再次发生，代代相传至今。Simeulue 岛上的人们相信这个传统的知识，并且在后来的海啸中保护了许多生命。

同样的，泰国的 Moken 部落的老人们的经验也是建立在传统知识的基础之上，一个小小的捕鱼群体，在海啸袭击村庄之前正井然有序地往山顶上撤离。在孟加拉海湾观察到不寻常的海水运动之后，长者们对村民发出警告。结果在整个部落的 200 人中，只有一人在海啸中丧生。把传统的智慧和本土的知识整合到未来的减灾策略中，并确保这样的知识代代相传，显得十分重要。

经验 5：有关灾难的知识应该包括在正式的课程教育中

在与受海啸影响的地方的孩子和成人的访谈中，有学者研究表明：他们中的大多数想要学习与灾难（包括海啸）有关的知识，应该在学校的课程中包括这样的知识。他们认为教育是最有效的一种让人们了解关于海啸风险的方式。大部分孩子说他们会把在学校里所学到的知识与家庭的其他成员进行讨论。

教育增强了人们的意识，使得人们能够更好地理解他们所生活和工作的环境。此外，正规教育能帮助孩子了解灾难的知识，并且帮助他们在未来的突发事件到来时做出适当的回应。

许多在泰国海滩旅游观光的旅游者的生命的挽救归功于一个来自英国的 10 岁女孩，因为是她提醒她的父母和其他的旅客，在海啸吞没海滩之前，逃到了安全的地方。在去泰国旅游之前的几周，她在学校的地理课上了解了关于海啸的知识，她知道海啸即将来临时的征兆。因此，所有国家的公民都需要对各种类型的自然灾害的知识有一个基本的了解。

经验 6：有必要为各种灾害建立早期的预警系统

2004 年 12 月 26 日发生的那场毁灭性的海啸惊醒了整个世界，人们这才知道，如果建立了有效的海啸早期预警系统，那么成千上万的生命就有可能得到挽救。在太平洋地区，早在数十年之前，就建立了海啸的早期预警系统。在印度洋海啸灾难发生之前，许多从事灾害研究的科学家都意识到了在印度洋地区有发生海啸的风险，但是人们却忽视了他们的看法。无论是政府还是民众，都对此不感兴趣。

非正式的早期预警的确也挽救了一些人的生命。例如，当从新加坡电视上得知印度尼西亚发生灾难时，一个有心的人立即把相关的消息告诉了处在 Nallavada 的印度人村庄里的家人并及时让整个村子里的 3 000 多人撤离，因此这个村子就没有一人丧生。位于斯里兰卡西部海岸的社区在受到海啸的袭击后，便立即向居住在南部和东部海岸边的亲戚发出警告，20 分钟后这些地区也受到了海啸的袭击。

在联合国的帮助下，处于印度洋地区的一些国家现在已经建立了地区性的海啸早期警报系统和各自的国家预警系统。在泰国，这个系统包括：国家自然灾害预警中心，在海边人口聚居的地方设立海啸报警器。印度尼西亚已经在苏门答腊岛的巴东市，进行了人员疏散的演练，这个地方发生海啸的风险很大。

在世界许多地方，人们还没有建立一个有效地应对各种灾害的早期预警系统。早期预警系统的建立需要“以人为中心”，也就是讲预警系统要以人们可能面对的风险为基础，能够为面临各种灾害的人们提供可以理解的信息。这种系统要能使人们迅速地行动起来并采取适当的措施以减少人们的生命和财产的损失。早期的预警系统需要科学和技术的强有力的支持。科学和技术能够使预警系统联通，从而发挥规模经济的作用，产生更高的效率，同时能够确保预警系统的持续运转。

经验 7：土地利用规划和生态系统的保护能够减少自然灾难的风险

有近 30 亿人居住在沿海地区。海洋给人们提供食物与财富的来源，如捕鱼、旅游、运输，但海岸也暴露在各种各样的自然灾害的风险之下，如热带飓风、暴风雨、洪水和海啸。

海啸发生后的多项研究表明，在海岸生态系统健康的地区，海啸对人们及其生活的影响要小一些。一项针对斯里兰卡 Batticola 地区的评估发现，红树林、椰子园和灌木丛都能减少海啸的进入。在泰国 Ranong 省，海岸边许多村子的居民之所以能够幸免于难，是因为这个地区的红树林繁盛茂密。据报道，在 Phang Nga 省，建于红树林后的住宅和学校是海啸中唯一保留下来的建筑。一些沿海地区，为了生产石灰和水泥进行采矿而破坏了珊瑚暗礁，为了养殖小虾砍伐了红树林，据报道，这些地区由于海啸引起的灾害比其他地区严重很多。

2006 年 8 月在泰国 Khao Lak 召开的一次科技研讨会上，人们一致认为，在保护人们的生命和其他财产，抵御海啸和其他海洋灾害方面，森林可以发挥“生态防护罩”的作用，当然其效力依赖于许多因素，而不是有绝对保证的。为了维持这种保护作用，森林和暗礁需要受到保护，避免遭到掠夺性开采和破坏。

沿海地区的整体管理规划，能为海岸地区的生活、经济发展与脆弱生态系统的长期健康发展相结合，奠定良好的基础。政府和地方权力机构需要制定长远的土地使用规划来减少各种自然灾害带来的风险。

经验 8：建立和坚持建筑的规则和标准能够减少风险和损失

在印度洋海岸地区，有很多旅馆和商务建筑，居住着几百万人。如果建筑合乎标准，面对诸如地震、海啸和热带飓风这样的自然灾害，建筑可以为人们提供有效的庇护。但是如果建筑是豆腐渣工程，相反它们常常导致人员的伤亡。

一座建筑物的安全取决于它的工程设计、建筑材料的种类和质量以及所采用的建筑技术。位于印度尼西亚 Banda Aceh 的清真寺，是合理设计的建筑典范。在 Banda Aceh，这个清真寺是海啸发生后依然坚固的极少的建筑物之一，原因是开放的地下室设计使得海水很容易穿过建筑物。

为了确保必要的安全，防御灾害，应该制定和强制实施标准的建筑规范。例如，多层强化结构可以抵御海啸、暴风雨和洪水的袭击。

经验 9：减少灾害的风险必须有政治的、公共的承诺

我们必须承认，海啸、洪水、地震等自然灾害是我们人类生活的一部分，需要人们去面对和应对。为了给当前及未来的一代构建一个安全的环境，强有力的政府承诺和社区介入参与不可缺少。孟加拉国政府已经认识到这一点，例如，该国从 1970 年起与地方组织共同合作，致力于减少热带飓风袭击的工作。在国际社会的支持下，政府制定了国家行动计划，这一计划包括建立早期预警系统、在高风险地区做好应急准备工作等。

所有国家都需要建立一套法律和制度框架，以明确风险评价、风险削减和危机管理中的各项要求和责任。所有各方都应充分理解法律及其责任，明确在灾难发生前、发生中、发生后“谁应该做什么事”。在印度，在一系列灾害事件发生之后，政府的政策得到明显的改进。在 1999 年 10 月奥里萨邦飓风灾难之后，印度政府采取行动，建立跨学科、跨部门合作的应急管理方式，并且把自然灾害风险的管理纳入社会发展的计划和战略之中。在 2001 年 1 月 Gujarat Bhuj 地震之后，灾难管理的责任从农业部门转移到国家事务部，2002 年 2 月政府法规也做了相应修改。

海啸暴露的一个突出问题在于，许多国家没有国家应急管理的规划。即使一些已有的规划，也不是在对自然灾害的风险进行充分的评估、对脆弱性进行充分估计和对各级政府的应急能力进行科学评价的基础上制定的。为了应对海啸，斯里兰卡政府制定出灾害管理的全面路线图，包括制定新的法律、建立灾害管理中心。

经验 10：人道主义和发展创新有助于降低灾害风险

通常，慈善机构对它们的主要角色十分清楚，那就是在灾难发生后救助生命和提供帮助以减轻人们的痛苦。但是它们也同样扮演着另外一些重要的角色，包括作为倡导者，倡导采取各种措施以降低人们面对自然灾害的脆弱性。过去几年内，全球在应对灾难方面的投入日益增加。政府和个人已在印度洋海啸中捐赠了创历史纪录的 60 亿美元资金用来帮助灾难中的受害者们。最近发生的灾难后的情况表明，要维持这样的捐赠水平是相当困难的。

很明显，人们需要建立这样一种意识，那就是投资于减少风险的活动，以缩小灾难的规模和范围，降低灾难的损失。减灾措施在灾难发生后的恢复阶段是很重要的，它可以确保我们不会重蹈覆辙。

显而易见，投资于减灾能够避免或者减少灾难的损失和社会影响。发展银行和政府的各部门应该把这些因素纳入其政策之中。同样它们也需要确保发展投资免受自然灾害的威胁。英国已经在减灾方面采取了行动，承诺用于减灾方面投入的资金要占全部应急管理投入的 1/10。如果所有的国家——无论是捐赠者还是其他人士——都采用这样的方法，那对于世界上那些容易受到侵袭的地方来说，就会更好地做好准备，增强应对未来灾害的能力。

经验 11：自然灾害没有国界，灾害管理需要全球合作

自然灾害没有国界，而且经常会影响到多个国家。受印度洋海啸直接影响的有 12 个国家，其中 5 个国家情况最为严重，伤亡人员涉及 39 个国家和地区。对于遥远的瑞典而言，543 个公民在海啸中丧生，在瑞典的现代历史上，这无疑是最大的灾祸。全球化以及通过贸易、财政、旅游和移民等途径而加速的人类社会之间的相互依赖和联系，使得自然灾害对全球产生影响的可能性大大增加。全球范围内的城市化、环境的改变，特别是全球气候的变化将大大增加各种自然灾害发生的可能性。

区域及国际间合作与协调对减少自然灾害风险和处理灾害事件是必不可少的。在印度洋海啸发生后，许多国家很快请求对受到影响的相邻国家提供帮助。合作是地区性的海啸早期预警系统的基础，这个预警系统后来由印度洋国家建立。这些系统包括分享数据、风险评估、发展开发国家预警系统方面的合作，以及在联合国指导下的政府之间的协调机制。在这个区域之外的政府以及其他专门的组织也都为系统的研发提供资金和技术的援助。

国家之间同样需要在减灾方面进行合作。进行合作之前需要做这样的准备，诸如制定信息交流的政策和程序，加强科学和技术机构之间的联合，以及建立中央政府和地方政府之间相互的信任和理解关系。一个较好的例子是，东南亚国家联盟在处理森林火灾方面建立了正式的程序。

在印度洋海啸发生后不久，国际减灾组织通过的 Hyogo 行动框架明确规定，在实现一致行动，减少灾害对人类、经济和社会的损失方面，国际和地区之间的合作必不可少。

资料来源：United Nations International Strategy for Disaster Reduction.

本章参考文献

Carter，W. N. (1992)，Disaster Management：A Disaster Manager's Handbook. Manila：Asian Development Bank.

Comfort，L. K. (1988)，Managing Disaster：Strategies and Policy Perspectives，Durham，North Carolina：Duke University Press.

Fink，S. (1986)，Crisis Management：Planning for the Inevitable，New York：American Management Association.

ICDO (1998)，Disaster Management Guide，Geneva International Civil Defence Organization.

Nudell，M. & Antokol，N. (1988)，The Handbook for Effective Emergency and Crisis Management，Lexington，Massachusetts：D. C. Heath.

Perry，R. W. (1985)，Comprehensive Emergency Management，Greenwich，Connecticut：JAI Press.

Sikich，G. W. (1996)，Emergency Management Planning Handbook，New York：McGraw-Hill.

Waugh，W. L.，Jr. (2000)，Living with Hazards，Dealing with Disaster：An Introduction to Emergency Management，Armonk，New York：M. E. Sharpe.
Waugh，W. L.，Jr. & Hy，R. J. (1990)，Handbook of Emergency Management：Programs and Policies Dealing with Major Hazards and Disasters，Westport，Connecticut：Greenwood Press.

第16章

公共管理的新策略

现代政府组织普遍面临更为复杂的和挑战性的环境。公共管理如果要达成目标，求得组织的生存、发展与繁荣，便要不断地创新。政府创新涉及多个层面，如观念的创新、制度的创新、结构的创新、政策的创新等，其中公共管理的技术与方法亦要不断创新，方能有效地实现管理目标。正所谓“工欲善其事，必先利其器”。

现代管理理论和实践的发展，特别是企业管理中已经成熟的管理技术和方法，为政府管理方法和工具的创新提供了许多新思路，同时，公共部门亦开始重视并利用先进的企业管理方法于政府之中，以求得更好的绩效。

重点问题

- 公共服务的民营化
- 非营利组织与公共服务
- 目标管理在公共部门的应用
- 公共服务的质量标准与政府全面质量管理
- 公共管理的顾客导向

16.1 公共服务的民营化

16.1.1 民营化的意涵

民营化（privatization）是指市场或私营部门（private sector）参与公共服务生产及输送的过程。也就是讲，政府部门通过契约外包（contracting out）、业务分担（load shedding）、共同生产（co-production）或解除管制（de regulation）等方式，将部分职能转由私营部门经营，政府须承担财政筹措、业务监督以及绩效成败的责任。

公共服务民营化的主要目的有两个：一是利用市场经济的“经济原则”与“效率原则”，改善并提高政府公共服务的水平和质量；二是针对某些政府职能和政府业务，给予删减或终止，以此缩小政府活动和政府职能的范围。学者桑德奎斯特（Sundquist，1984）认为，真正的民营化（true privatization）并不是政府责任的丧失和转移，转移的仅是通过社会的功能所表现出来的成效。真正的民营化，并不会造成政府角色的消失，而只是减少了政府活动的范围。因为政府仍要承担政策说服、政策规划、目标制定、监督标准拟定以及执行、评估及修正等功能，因此，民营化的成功，是建立在一个健全的政府功能的基础上的。

关于公共服务传输的民营化，历来存在着争论。支持民营化者，以公共选择（public choice）理论为依据，认为政府失灵也经常出现，因为政府组织及公营事业的垄断地位，使其缺乏生产竞争的压力，造成政府效率的低下。而民营化意味着某种程度的“再市场化”（re-marketization）。他们认为通过民营化方式，可以减少官僚体系的繁文缛节、政府的过度膨胀，可以提高政府公共服务的品质与效能。

民营化的反对者则认为，民营化不但会侵害主权的完整性，而且还会腐蚀民主政治的根基。因为民主政治的基础是政治社群意识（a sense of political community），民营化会动摇这种整体意识。另外，市场组织的营利取向，亦容易使公共服务在效率的观念下，忽略公共责任和公共利益。

从现实来看，尽管理论上存在广泛的争论，但民营化已成为各国行政改革不可缺少的一个策略，这又是一个基本事实。

16.1.2　民营化的类型

学者萨瓦斯（Savas，1992）认为民营化有以下几个基本类型：

1. 撤资

公营事业或资产移转至民营。此种移转型之民营化可采用出售（sale）、无偿移转（free transfer）及清理结算（liquidation）等策略进行。出售及无偿移转的对象可以是事业机构现有的员工、产品的使用者或服务对象、社会大众，以及市场上现有的其他私人企业，或事业机构原有之所有人（prior owner）。对于经营绩效不佳的公营事业，则可通过削减预算、关闭工厂以及出售资产等方式使之退出市场。

2. 委托

政府部门委托私营部门承担部分或全部财货与服务的生产活动，但政府继续承担监督的责任。政府委托外包的形式有：

（1）签约外包（contract out），即政府将部分货品或服务委托私营部门提供办理。

（2）特许权（franchise），指由政府提供给私营部门经营权，如水电、天然气及交通运输业的经营权，但政府保留“价格率之核准权”，而费用由使用者支付。如申请者超过一家，则可在竞标的情形下，由民众、政府共同决定核准权。

（3）补助（grant），即由政府通过免税、低利贷款、直接补助等形式，以形成“诱因操作”（manipulations of incentives）。

（4）抵用券（voucher）。由政府核发给有资格使用的民众，以指定消费某类货品（如食物、房租）。社会福利救济通常就是通过此种方式来实施的。

（5）强制（mandate）。由政府以命令的方式要求私营部门支付强制性的服务，如失业保险金即是由私营部门支付分担或共同承担若干社会安全责任。

3. 替代

当大众认为政府所提供的生产或服务不能满足社会的需求，而私营部门则意识到此种需求时，私营部门就可替代政府提供某种生产或服务，以满足社会大众的需求。替代的形式有：

（1）功能不足之替代（displacement by default）。如当社会治安日趋恶化，而警力又明显不足时，就可由民营保安公司替代。

（2）退离之替代（displacement by withdrawal）。由于私人企业规模及市场占有的逐渐扩张，公共部门缩减规模及资源的投入，以利私人企业的发展。

（3）放松管制之替代（displacement by deregulation）。经由法令的修订，允许私人企业对原本由公有独占的市场环境进行竞争和挑战。

16.1.3 公共服务民营化的优缺点及可能导致的问题

无论是从理论还是实践上来看，民营化的确存在许多优点，这些优点主要体现在以下几个方面：

（1）成本降低。竞争的市场可以提升管理的效率和降低生产的成本。据学者塞登斯泰特（Seidenstate）1996年的研究，公共服务的竞争性外包平均降低25%～30%的成本。美国学者奥斯本等人在《政府再造》一书中提出了许多地方政府民营化成功的例证。英国的经验显示，一度是政府财政包袱的英国石油、英国航空公司、电信公司等转为民营后，从1979年起，英国政府每年增加50%的收入。

（2）提高服务质量。美国都市研究所比较了肯塔基州和马萨诸塞州的公、私矫正机构，发现私人机构有些微的进步；在飞机场、大众速寄系统，以及港口的经营方面，私营部门比公共部门的确有较高的服务水准；在社会服务领域，非营利组织所承包的服务比公共部门提供的服务好。

（3）选择机会增加。通过公共服务的民营化，政府的政策可以促进不同输送系统的发展，使公民可以有选择服务的机会。

（4）整合社会资源用于国家发展。公共服务的民营化，也可以解决政策资金不足、智慧不足、管理能力不足等问题，有效地将社会资源整合到国家发展之中。

（5）示范效果。由于大部分公共服务不具有市场性，缺乏竞争的压力，借由公共服务的民营化，可以对政府及政府人员造成压力，促使他们改进绩效。

但是，任何事情都是有利必有弊。公共服务的民营化亦多有限制，存在许多被诟病的缺点。由于政府部门与市场部门在本质上的差异，政府的许多业务和服务很难民营化，如含有国家主权的业务和事关国家安全的业务。此外，民营化可提供的“信息的详细性”对于可以采用何种类型的民营化，亦均有不同限制。即使极力主张民营化的萨瓦斯在讨论民营化的必要条件时亦指出，诸如契约外包的使用必须建立在对外包的工作内容、预期工作成就的衡量方式、监督方式等信息的充分了解的基础之上。

至于民营化在现实中可能导致的问题，主要有以下几个方面：

(1) 关于公共责任问题。私营部门的盈利取向，可能使民营化的公共服务，在最高效率、最低成本的指导下，忽略社会责任与公共利益。

(2) 特权与贪污。民营化可能因自利的承包商、代理人贪污或假公济私等状况，为不法的官商勾结提供便利条件。

(3) 公共服务的不公正。在公共服务转至私营部门后，使用者的付费能力将决定其获得服务的数量和质量，而对于付费能力低者或无能力付费者，往往只能得到较低等的服务，导致社会服务等级化。

(4) 取巧规避。私营部门对于不具经济效益的公共服务，则取巧规避，而只进行较有利的事项。私营者关心的仅是利润的获得，故其所提供的公共服务无法满足社会公正性与社会外部利益。

(5) 管理问题。在民营化过程中，因为信息不对称等，政府部门往往缺乏对被委托者的有效监控，在此情况下，便容易出现“逆向选择”和道德风险问题。

16.2　非营利组织与公共服务

传统上的公共行政与公共管理，一直未能打破“政府管制”与“市场机制”这两种相互对立的思维定式，一直比较忽视公民参与的重要性。随着“政府失灵”和“市场失灵”的出现，非营利组织在公共服务和公共管理中扮演的角色越来越重要，为公共服务和公共管理提供了不同于传统的新途径。

16.2.1　非营利组织的性质

关于非营利组织（non-profit organization），一向有不同的称谓，如慈善部门（charitable sector）、独立部门（independent sector）、志愿部门（voluntary sector）、免税部门（tax-exempt sector）、非政府组织（non-government organization）等等。由于上述名词强调的角度和重点不同，所以在意义上有所差别，在国际上目前尚未有一致的名词。但从近些年来的研究和出版的著作来看，非营利组织这个名词为较多的学者所使用。

何谓非营利组织，其界定也不统一。美国联邦国内税法，对于合乎免税规定的非营利组织，曾做过以下定义：“非营利组织本质上是一种组织，限制其将净盈余分配给任何监督与经营该组织的人，诸如组织的成员、董事或理事等。”也就是说，非营利组织受到不分配盈余的限制。根据美国税务部门的统计，在美国适用税法 501 条款规定的非营利组织多达 575 000 个。联合国国家会计系统也曾从收入来源方面界定组织的性质，该系统将经济活动归类为五个部门：非财务法人、财务法人、政府、家庭、非营利部门；其中非营利部门的收入并非来自市场上财货与服务的销售，而是会员与支持者的赞助。有的学者从功能的角度来界定非营利组织，认为非营利组织是满足公共目的的、实现社会公善的私人组织。不过有学者认为公共目的一词太过宽泛。

虽然对非营利组织的定义有差异，但是它有一些基本的特征。萨拉蒙（Salamon，1992）总结了非营利组织的六个特色：

（1）正式的组织。它必须有某种程度的制度化，临时和非正式的民众集合并不是非营利组织。非营利组织同时要得到国家法律的合法承认；具备这种法人资格，才能为团体托付订定契约和保管财物。

（2）社会的组织。它必须与政府组织分开，既不是政府组织的组成部分，也不由政府官员充任的基金会所管理。但这并不意味着非营利组织不能接受政府的明显支持，或者政府官员不能成为董事；最主要的在于它在基本结构上是社会组织，不能为政府控制。

（3）非利益的分配。它不是专为组织本身生产利润，非营利组织在特定的时间中聚集利润，但是要将其使用在机构的基本任务上，而不是分配给组织内的财源提供者，这是非营利组织与私人企业的最大不同之处。

（4）自己治理。非营利组织能监控自己的活动，它们有内部的治理程序，不接受外在团体的控制。

（5）志愿性的团体。传统上，非营利组织的管理与人力供给主要是来自义务性与自动、自发的志愿工作者。

（6）公共利益的属性。非营利组织为公共目的服务，并为社会提供公共服务。

据此，我们可以将非营利组织界定为：组织设立的目的不在于获取利润，且净盈余不得分配，由志愿人员组成的，实现自我管理的，具有独立、公共和社会性质的组织或团体。

16.2.2 非营利组织的类型

非营利组织的分类亦是一项十分困难的工作。联合国的国际标准工业分类系统（The UN International Standard Industrial Classification）曾将世界各国的经济活动划分为60个组别，非营利组织为其中一组。依据该分类系统，非营利组织可以归为：（1）教育，小学、中学、高中以上、成人教育或其他；（2）健康与社会工作，如健康服务、社会工作活动等；（3）其他社区社会与个人服务活动，如卫生、商业、贸易、娱乐、新闻、图书馆、运动等。该分类最大的问题在于未从收入方面考虑非营利组织的活动。

欧洲共同体在联合国分类的基础上，制定了欧共体经济活动的一般工业分类标准（The European Communities General Industrial Classification of Economic Activities）。在此标准中，将非营利组织细分为：（1）教育，高中以上、中小学、托儿所等；（2）研究发展；（3）医疗健康，医院、疗养机构、牙医、兽医；（4）娱乐文化，娱乐、图书馆、博物馆、动物园、运动等；（5）其他公共服务，社会工作、专业协会、宗教组织等。

在各种分类当中，非营利组织国际分类（The International Classification of Non-profit Organization）是一个受人们重视的分类标准。该系统将非营利组织分为 12 大类：

（1）文化娱乐：文化艺术、休闲娱乐、服务俱乐部等；

（2）教育研究：中小学、高中以上以及其他教育和教育研究等；

（3）健康：医院康复、医疗机构、心理健康与咨询、其他健康服务；

（4）社会服务：社会工作、紧急救护、收入支持与维持等；

（5）环境：自然资源与动物保护等；

（6）发展与住宅：经济社会与社区发展、就业训练等；

（7）法律宣传与政治：公民与宣传组织、法律服务、政治组织等；

（8）慈善中介与自愿性服务：募款服务、支援服务组织等；

（9）国际活动：国际救护组织、人权组织、发展协会组织等；

（10）宗教：如天主教、基督教、犹太教等；

（11）商业与专业协会：如商业协会、劳工联盟、专业组织等；

（12）其他。

16.2.3　非营利组织与公共服务

在传统上，非营利组织的主要功能在于收容、救济、医疗、办学、文化和社会服务方面。随着非营利组织的不断发展，其功能和影响不断扩大，在公共问题的解决和公共服务的提供方面，发挥了重要的作用。

行政学者全钟燮（Jong S. Jun，1986）在分析非营利组织解决公共问题的作用时，认为非营利组织有六个显著的特征：

（1）非营利组织与大多数政府部门一样，均为服务导向；

（2）非营利组织可以成为政府与服务对象之间的桥梁；

（3）非营利组织乃行动取向，针对服务对象直接提供服务；

（4）较之企业或政府组织，非营利组织的结构通常较简单，甚至没有层级节制，更具弹性；

（5）非营利组织通常被作为检验创新理念或实验社会替代方案的场所；

（6）多数非营利组织，如消费者或环境保护团体不仅关心公、私组织的服务和产品质量，更关注它们对消费者或社会的影响，它们扮演的正是捍卫公共利益的角色。

具体分析，在公共服务方面，非营利组织发挥的主要功能在于以下几个方面：

1. 发展公共政策

非营利组织在直接参与社会事务的处理过程中，能够发现许多公共问题。同时，非营利组织也广泛运用其影响力，如提供信息、陈述请愿、参与诉讼、直接代表、影响大众传媒、影响政府的决策等。对于长期的政策，通过持续的分析研究，为政府政策制定和决策提供意见或建议。

2. 监督市场

在政府无法充分发挥功能的领域，非营利组织可以扮演市场超然的监督者的角色，如消费者权益保护。在许多方面，非营利组织可以直接提供选择方案，提供更高品质的产品给社会。

3. 监督政府

虽然政府组织有防止弊端的机制，但仍不能完全保证公正无私。非营利组织可以不断地提醒政府与公民，使政府与公民尽到其责任，更关心公共事务。

4. 直接提供公共服务

对于政府无法履行的公共服务和社会福利的职能，非营利组织可以弥补其不足，尤其是在社会服务、文化教育、医疗卫生、社区发展、社会互动等方面发挥极大的功能。

5. 维护良好的社会价值

非营利组织对公共服务的奉献精神，对人、自然、社会的关怀与关爱，对平等权利的重视，对参与的重视等，均体现了民主社会的基本价值，它们通过自己的行为，倡导和维护着社会正面的价值观。

6. 促进积极的公民精神和扩大社会参与

非营利组织所倡导的是积极的公民精神，这种精神强调：公民应积极主动地介入公共事务，对社会应有仁德与爱心；对社会要承担个人的道德责任；要有利他主义的精神。这种精神是民主社会最重要的精神。更重要的是，非营利组织为公民参与公共事务提供了重要的途径，也为培养积极的公民精神提供了场所。

16.2.4 非营利组织与公共管理的互动

在现代国家，非营利组织被喻为"影子政府"（shadow government），可见其影响之大。学者萨拉蒙提出"第三者政府"（the third government）理论，认为非营利组织的出现不是对政府与市场失灵的反映，而是一种提供集体财货和服务的优先机制（preferred mechanism）。所谓的"第三者政府"是针对现代政府行动的转变与多样性，在公共服务的提供上，必须依赖于许多非政府组织之意。

萨拉蒙认为，在民营化之后出现的"第三者政府"对于政府部门提出的挑战主要包括公私责任及公私界限的模糊、改变政府的层级结构、管理方式的变化等。非营利组织对公共行政和公共管理带来了许多有价值的参考，亦带来了一些挑战，主要包括：

（1）公共行政与管理意涵的扩大。公共行政与管理不再是政府单方面行使权力实施治理的过程，而是整合包括非营利组织的更多社会组织，实现对社会的良好治理。

（2）公共管理的价值。公共管理不仅仅要重视效率、经济、效能等问题，更要重视"公共性"问题。诚如文特里斯（Curtics Ventriss）所言："行政或许是政府的核心，但公共才是国家的重心。"

（3）对公共服务的强调。传统上公共行政与公共管理比较重视控制，重视管制，缺乏公共服务的精神，而非营利组织是以服务为导向的组织，这值得政府组织学习。

（4）设计更民主、开放的政府组织。非营利组织最重要的特征在于信息的共享，强调权力的非集中化，强调自主负责，强调参与和对话，强调合作，强调学习和创新，这些恰恰是政府组织所缺乏的。如何将这些落实到政府组织的设计当中，值得思考。

（5）参与机制的建立。公共管理部门如何建立有效的参与渠道，将非营利组织的热情引导到公共事务的治理方面，值得研究。

政府与非营利组织之间的关系，不是冲突关系，在提供公共服务方面，可以发展合作伙伴关系，通过两者的合作，提高公共服务提供的效率和质量。此外，非营利组织的发展亦需要得到政府部门的扶助和管理。从世界各国的经验来看，政府在促进非营利组织的发展和服务提供方面亦可发挥重要作用。

(1) 补助。在国外，政府一直是非营利组织经费的主要补助来源。据萨拉蒙估计，美国联邦政府在 1980 年对非营利组织的补助金多达 404 亿美元，而私人捐献则为 255 亿美元。

(2) 租税诱因。各国对非营利组织通常采取税收减免与慈善捐赠扣除等诱因，来鼓励非营利组织的发展。

(3) 委托公共事务。政府可以委托非营利组织办理公共事务，这样可以鼓励其参加公共事务，同样亦可减轻政府的负担。

(4) 法律管制。政府制定非营利组织管理的法律法规，规范非营利组织，并使其发挥正面的功能。

(5) 辅导监督。政府在鼓励非营利组织发挥正面功能的同时，也要监管非营利组织，以防止发生违法的事情。

16.2.5　非营利组织提供公共服务的限制

非营利组织在公共服务的提供方面有其比较优势，但是也存在许多限制。这些限制既来源于非营利组织的性质和公共服务的性质，也来源于其自身的因素。

非营利组织的民营性质，使其不能提供一些公共服务，如涉及国家安全、公共安全、法律执行领域的公共服务便不能由非营利组织提供；此外，由于非营利组织是社会组织，不是公权力机关，在涉及运用公权力的领域，其提供服务的能力受到限制。

萨拉蒙（Salamon，1987）认为，非营利组织也存在着“失灵”的可能性。由于非营利组织的资源是不稳定的，所以提供的服务也是不稳定的。他认为这种“失灵”的可能性缘于以下几个方面：

(1) 公益的特殊性（philanthropic particularize）。有些组织可能发展为极端的、排他性极强的只为特殊群体服务的组织。

(2) 公益的父权性（philanthropic paternalism）。可能为少数人控制，变成私人图利的组织。

(3) 公益的业余性（philanthropic amateurism）。从事公益活动的常常是志愿服务者，可能热心有余而专业不足。

西蒙（Simon）1980 年提出了非营利组织发展在当代遇到的五种困境。

(1) 任务困境。非营利组织的社会、文化或经济任务是什么？它应该与政府或企业保持密切或独立的关系吗？

(2) 财务困境。非营利组织的经费来源如何解决？个人或民营企业的捐助、政府的补助或自行经营业务与收费之比例应该如何分摊？

（3）权力困境。非营利组织可以影响政府或营利部门决策过程之底线是什么？

（4）效能困境。非营利组织本身的效能怎么样？如何改进其组织效能？

（5）治理困境。非营利组织可以在不影响其创造社会秩序多元主义的前提下，对不同的利害关系团体负责吗？如何在治理过程中担当责任精神？

的确，非营利组织自身的发展与管理问题，亦是公共管理和非营利组织所共同面临的挑战。

16.3 公共部门的目标管理

16.3.1 目标管理的意涵

目标管理概念可追溯到20世纪20年代的企业管理技术，此后，自杜拉克在其名著《管理实践》（*The Practice of Management*）中明确提出目标管理以后，目标管理便被企业和政府部门广泛采用。

何谓目标管理？各家见解不尽相同。奥迪奥恩（Odiorne，1965）认为："目标管理是一种程序，借由组织中上、下层级的管理人员一起来确定组织的共同目标，并以对组织成员的期望结果来界定每一位成员的主要责任范围，同时依次指导各部门的活动，并评估每一位成员的贡献。"

韦里克（Weihrich，1985）从系统的观点来界定目标管理，认为目标管理为"一套广博的管理系统，其以系统的方式整合诸多管理的关键活动，有意识地引导组织与个人目标能有效率且有效能的完成"。

由此我们可以看出：目标管理系由参与管理制定目标，并经过自我管理和自我控制等管理方式，建立各级人员的责任心和荣誉感，最终实现组织绩效的一套管理系统。

16.3.2 目标管理的基本形态

目标管理是一个管理系统，并非一个孤立的途径和方法，其基本形态包括以下几个重要环节：

1. 目标设定（goal setting）

每一位行政人员应与其管理者对于工作的结果达成协议，然后以书面形式将组织目标、单位目标与个人目标分别呈现出来，分清相互之间的关系及排定优先顺序。

2. 预算（budgeting）

目标的达成与资源配置相联系，通过预算以金钱的形式将目标予以落实。

3. 自主（autonomy）

自主性是指在目标执行过程中赋予组织成员适当的权力与责任，使其在执行目标时，可以控制自己的行为及活动，依其自定的工作方式，主动解决问题，并对结果负责。

4. 反馈（feedback）

反馈在目标管理中居于重要地位，通过信息的反馈以保证目标能如期达成或适当修正。

5. 奖赏（payoffs）

基于激励原理，为促进目标的达成，奖赏系统的设计是不可或缺的，如果缺乏适当的奖赏，目标管理亦不会成功。

16.3.3　目标管理的实施

目标管理一般分为计划阶段（目标设定与行动方案的规划）、执行阶段、检查阶段，以及检讨与改进阶段。为了发挥目标管理的潜在优势，防止出现理论与实际的脱节，管理学家韦里克（Weihrich，1985）曾归纳了 15 项指导纲领，以作为实施目标管理的指引。

(1) 目标管理与生产力改善方案必须仔细规划。尤其是运用于大型、复杂的组织，更应特别予以注意。事实上，在任何目标管理方案实施之前，都应在有限的范围先行适用。

(2) 方案的参与者必须事先准备。为保证目标管理能够发挥出功效，参与人员必须对目标管理的哲学基础——强调自我控制——以及其主要内涵有所了解。

(3) 参与者需要指导纲领以协助设定目标。目标设定是目标管理的核心，亦是目标管理的困难所在。目标设定得太高，容易造成参与者的挫折感，而目标设定得过低则缺乏挑战性，因此，需要有一个指导纲领以协助设计有意义、合理的，同时具有挑战性的目标。

(4) 目标网络必须能够被了解。个别目标应配合整体目标网络，只有了解整体目标网络的意涵，组织的整体目标才能实现。

(5) 目标的达成可能无法正确地指出绩效表现的好坏。目标的达成并不一定表示绩效卓著，因此，在衡量绩效时，管理者无法控制的外在因素往往不列入考核之中。

(6) 目标的时间周期是重要的。目标设定通常以一年为期（或更短），为避免目光短浅与副作用的产生，目标管理应配合长期计划来实施。

(7) 目标管理的主管人员在设定目标与执行方案等困难任务中起着重要作用。目标管理的主管人员若能由职位高、有名望的人出任，将有助于目标管理方案的施行。

(8) 将目标管理直接运用于奖赏系统会引起负面的边际效果。由于管理者可能会试着操纵以增加其报酬，因而容易忽略了与其目标直接相关的重要活动。

(9) 目标管理亦有缺乏弹性的可能性。目标管理的适度运用应可促进工作弹性，然而目标规划是一个持续的过程，在变动的环境中需要一再评估。目标既不能轻易改变亦不能一成不变，需根据计划的变动而加以调整。

(10) 管理系统应加以监测且至少在一开始时要保持纯粹。目标管理方案的成功需要持续的监控与评估其效能。另外，为避免管理事务的错综复杂，管理系统应该尽量保持纯粹，至少在一开始时应做到这一点。

(11) 高层主管人员积极投入所设定的所有目标并将其传达到组织中的较低层级。

(12) 管理的生产力需要加以衡量。目标管理不仅是一个管理工具，也是一个管理过程，可用于衡量管理的生产力。

（13）组织氛围必须支持生产力的追求。目标管理的达成有赖于良好的组织氛围的支持与配合。

（14）高层管理人员必须对目标管理与生产力改善做出承诺。管理界的一个普遍共识就是：成功的目标管理方案需要高层主管人员的承诺。

（15）目标管理必须被视为一个管理系统。目标管理不是管理者工作的额外负担，而是一种管理方式，其目的在于使管理者更有效能并提升其专业潜力。

16.3.4 目标管理在公共部门应用的限制

目标管理自杜拉克提出以后，在1950年以后被广泛运用于企业和政府部门，并继1960年的计划预算制度实施后成为公共部门管理的一个重要工具。经验研究表明，目标管理在公共部门应用十分广泛，而且在提高政府生产力方面起到了重要作用。然而，目标管理在政府部门的采用，也遇到了一些问题，这些问题包括：

（1）目标管理在封闭体系的组织中较易管理，但对于变动而且难以预测的动荡环境则不易使用，因为此时目标往往难以设定。

（2）目标管理存在信任问题。在传统行政组织中，目标往往是高层领导制定的，一般人员很少有参与机会，在执行过程中，一般人员也少有裁量权，目标管理要打破这种状况，也是不容易的。

（3）公共部门的目标往往比较模糊，不易量化，其结果也不容易衡量。

（4）公共目标的制定过程，并非是一个理性选择的过程，而是一个政治过程，往往充满了多元目标的冲突。

（5）目标管理的实施一般以一年为周期，这种强调短期目标的管理，可能忽视组织长期目标发展的规划。

16.4 公共部门的全面质量管理

对于管理者而言，全面质量管理并非一个新名词，而对于公共管理部门和公共管理者而言，全面质量管理还是一个新鲜名词，其应用到政府管理中还是一件新鲜事。那么，何谓全面质量管理，全面质量管理在公共部门如何使用，又有何限制，是公共管理者需要了解和探讨的。

16.4.1 全面质量管理的意涵

虽然全面质量管理在企业甚至公共部门应用有较长的历史，然而何谓全面质量管理，其意涵究竟为何，一直没有一个一致的见解，有人认为全面质量管理即为广泛的授权及参与式管理模式，有人认为全面质量管理为生产线上的过程质量控制，有人认为全面质量管理为有计划的组织文化的改变，也有人认为全面质量管理是系统化地记录质量控制的过程。

美国国防部认为全面质量管理是一种管理哲学，也是一套要求不断进行组织改善的指导原则。全面质量管理应用计量和人力资源管理发展的方法，针对组织的运作过程加以改良，不但能有效实现组织目标，更能使顾客的需求得到满足，全面质量管理因结合了多项基础性管理技术以改进现状而成为一种新的管理典范。

著名的质量管理专家费根鲍姆（A. Feigenbaum）认为，质量管理的最高指导原则为：组织要产生真正的效能，对品质的控制须始于产品的设计，而终于顾客接纳该产品并且感觉满意。他所说的全面质量控制，指的是一个有效整合来自组织内各成员之维护及改进方案的系统。

概括起来，全面质量管理是一种全员参与的、以各种科学方法改进组织的管理与服务，通过高质量和不断改进的产品和服务，以获取顾客满意的管理理念、制度和方法。一般而言，全面质量管理都是以战略、远景、作业三者为主，具体特征为：

（1）全面质量管理的范围，包括组织、社会及社群，以最佳客观标准作为评价标准。

（2）全面质量管理系质量改善的整体制度，改善质量的方法，依据事实的决策，而非主观臆断。

（3）全面质量管理的内容，不仅限于顾客（使用者）所得到的产品或服务的质量，也包括改善组织内部绩效的一切作为。

（4）全面质量管理认为质量是组织内部一切业务的必然结果，所有部门及成员皆应参与；组织不但有追求质量的制度，也需要追求高质量的文化。

（5）全面质量管理是一种管理方法，要求一切的工作、程序能全程无误地完成。

显然，全面质量管理是强调顾客中心、绩效中心、前馈控制、全面管理的一种现代化的管理典范，它与传统的管理有许多不同之处（见表 16-1）。

表 16-1　传统管理与全面质量管理的区别

	传统管理	全面质量管理
1. 组织文化	个人主义、专业分工、独断领导、利润至上、追求生产力	集体努力、跨部门合作、教导授能、顾客满意、追求品质
2. 沟通方式	下行沟通	下行沟通、平行沟通、斜向沟通、多向沟通
3. 意见表达和参与方式	主管裁定、建议制度	正当程序、品质管理小组、态度调查
4. 工作设计	效率、生产力、标准化作业程序、狭窄的控制幅度、详尽的工作说明书	品质、顾客导向、革新、宽广的控制幅度、自主化的工作范围、充分授能
5. 训练项目	工作相关技能、单一部门业务技术性知识、生产力	广泛技能知识、跨部门业务、诊断问题与解决问题的相关知识、生产力与品质
6. 绩效评估	个人目标、由主管考核	团体目标，由顾客、同事以及主管三者共同考核，强调品质与服务
7. 薪资制度	以个人为单位争取功绩、加薪以及福利	以团队为基础发放酬赏、财务酬劳，提出非财务性质的表扬

续表

	传统管理	全面质量管理
8. 卫生医疗与工作安全	处理问题	预防问题、安全计划、保健计划、员工互利
9. 考选升迁与职业生涯发展	由主管考选，狭窄的工作技能，以个人绩效决定升迁，单一部门的直线式生涯途径	由同事考选，解决问题的能力，以团队表现决定升迁，不同部门的水平式生涯途径

16.4.2 公共服务的质量标准

在政府服务中，质量意味着什么呢？它根据何标准予以衡量？在政府管理中，所谓质量，是指民众于第一次及每一次接受政府服务时，该服务均能满足民众的期望与需求。根据联邦质量协会的规定，政府的服务品质，主要包括以下七项：

（1）绩效（performance）。绩效是民众在接受政府部门所提供的服务时，首先考虑的最重要的面向。例如，民众在申请养老保险时，相关机构能够提供正确且清晰的信息和协助。

（2）专业特色（special features）。这是补充基本的政府产品与服务品质的第二项标准。例如，失业人员在申请就业指导时，劳动部门能够提供相关的就业信息作为参考。

（3）可信度（reliability）。对于许多民众而言，最重要的品质标准是服务或产品应具有的可信度。所谓的"可信度"，系指一项产品或服务，在某一特定期限之内，能符合民众期望的可能性。

（4）持久性（durability）。所谓的"持久性"，系指某一服务或产品给民众所带来利益的持续时间的长短。例如，一项就业培训是否能持续地帮助失业者找到一份满意的工作。

（5）一致性（conformance）。系指政府所提供的产品或服务，是否达到了预先所设标准的程度。

（6）及时性（available）。系指政府所提供的服务或产品，必须能够及时地满足民众的需求，或是政府能够及时地解决民众所遭遇的问题。

（7）变动性（change over time）。系指政府所提供的产品或服务是否会根据时间和空间的改变而适时转变。民众的期望或需求是在不断变化和增加的，因此，政府部门应随时掌握和了解民众的需求或愿望，只有这样，才能提供符合民众期望的产品或服务。

16.4.3 政府全面质量管理的推行

全面质量管理的推行，除了政府管理者要达成共识之外，还要有一套完整的实施程序。美国联邦政府自1988年起沿用了企业界的全面质量管理的理念，并加以改造，使之适合公共部门。他们总结了七大具体实施步骤（Federal Quality Institute，1991）。

（1）高层人员之领导与支持。全面质量管理最重要的构成要素是来自高层人员的领导与支持。高层人员必须直接且积极地投入，并为建立一个鼓励变革、创新，以工作为荣以及为了公共利益而持续不断地改进的组织环境而努力。换言之，就是政府部门在推行全面质量管理的过程中，高层领导必须自始至终亲自参与，必须给组织的未来树立一个可达成的远景，必须营造一个开放的且具有信任感的组织氛围，为全面质量管理的推行赋予动力。

(2) 策略性规划。策略性规划的目的在于促使组织进行持续性的质量改善，并使之成为组织日常运作的重要组成部分，进而建立一个动态的和参与的规划过程。

(3) 以顾客为导向。一个具有高绩效的政府部门能够较好地满足民众的期望，从而积极地影响公众对政府施政措施的满意程度，正确地发掘公众的需求，即成为全面质量管理的重点。

(4) 考评与分析。考评制度的运作必须使组织能系统化地了解民众对其产品或服务的满意程度，并且必须能以组织内部过程的改善作为考评的重点。此外，为了确保组织能持续不断地改善其服务的过程，对有关服务过程的资料收集与问题分析也是不可忽视的一个重要方面。因此，对品质的考评与分析，其直接目的在于降低错误与浪费，改进服务的成本与效能，提升服务的品质，最终确保组织能够切实掌握民众的需求和意向。

(5) 训练与奖惩。加强员工的训练与培训，建立适当的奖惩标准，对于推动组织服务质量的改进有着重要的推动作用。适当、适时的奖励可以提振工作人员的士气与提高满意度，进而促使组织服务品质的改善。

(6) 赋予组织成员活力与团队合作。一旦高层人员认同并支持全面质量管理的实施，使组织达成品质承诺最重要的因素，乃组织所有成员的投入、富有活力以及团队合作。工作过程的改善只有在所有的组织成员，以及各个功能部门均积极投入努力的情形下，才能获得全面的成功。

(7) 品质保证。在全面质量管理的过程中，品质保证即是自工作过程之始为开端，从资源的输入阶段即防止问题的产生，而不是传统管理中问题发生后才进行控制与检查。所以，使工作人员着重分析前一阶段的供应者所提供的相关信息，并且与民众建立起“伙伴关系”，才能真正保证服务品质符合民众的期望与需求。

行政机关在推动全面质量管理时，可以将下列指标作为改善服务品质的标准（Zeithaml, 1990）：

(1) 可靠性。在民众第一次提出要求时，机关是否能立即提供正确无误的服务；能否遵守对民众的承诺；能否在指定的时间内完成对民众的服务。

(2) 回应性。当顾客需要服务时，组织能否提供便捷、迅速而亲切的服务，能否全力配合民众时间上的紧迫性。

(3) 能力。机关人员是否具备执行职务所需的专业知识和技能。

(4) 服务通道。机关服务民众的通道是否通畅，民众能否非常方便地与机关打交道，机关的服务时间和服务地点是否方便民众。

(5) 服务礼貌。机关人员在提供服务时，是否彬彬有礼、和蔼可亲，是否尊敬、体贴、善待民众。

(6) 沟通。机关人员能否耐心地听取民众的陈述，能否充分了解事情的来龙去脉，能否详细地向民众说明相关的法律法规，并尽力为民众解决问题。

（7）可信度。机关人员的行为表现是否让民众信赖，机关人员能否处处以民众的利益为先，机关能否真正树立起“全心全意为人民服务”的良好形象。

（8）安全感。政府应提供给民众安全、自由的环境，能够保护民众的生命、财产与隐私权不受侵犯。

（9）善解人意。政府机关应了解、悉知民众的愿望，全力满足民众的需求。机关工作人员能够做到“视民如亲”。

（10）有形性，即服务过程中的外观。机关的硬件设备是否适用，行政人员的衣着仪表是否美观得体。

16.5 公共管理的顾客导向

16.5.1 顾客导向的意涵

顾客的概念，源于企业组织中的顾客服务（customer service）的理念，以顾客为尊，追求顾客满意已成为企业管理和获取竞争力的基本法则。在公共管理领域，顾客导向的管理基本上源于1980年以后的政府全面质量管理，政府全面质量管理的一个重要基础在于将顾客满意作为政府服务质量的核心。自1990年以后，各国的政府改革，均将顾客导向作为改革的一个重要措施，以此改变传统上政府的权威心态和政府为尊的状况，从而为民众提供更好的服务。自此以后，顾客导向随之在公共管理领域盛行。

欲理解顾客导向（customer driven），首先要理解公共管理中的顾客为何。在公共管理中，顾客一词基本上是一个比拟的说法，将人民与政府之间关系的重要性比拟为市场中企业与顾客关系的重要性。对企业而言，顾客是指具有消费能力或消费潜力，会购买产品或服务的人，而顾客对企业的重要性是不言而喻的。对于政府机关而言，顾客是指受公共政策和公共管理行为影响的人，一般可分为外部顾客和内部顾客。

（1）外部顾客，指组织的最后政策产出之直接受益者，或者间接受益者，也就是行政机关直接或间接接触的对象。一般我们称之为人民，或俗称之为老百姓。

（2）内部顾客，指公共组织内部参与组织管理和运作的成员，他们是公务员，是为民提供具体服务的服务者和行动者。

所谓顾客导向，意指组织及其组织成员站在顾客的立场上，仔细评估组织的管理绩效，以追求顾客满意为基本目标。具体而言，顾客导向的意涵为：

（1）站在顾客立场上思考。组织所关心的是顾客，而非组织，重视问题而非产出。

（2）将顾客视为主要资产。组织真正的资产不在收支平衡或盈利的增加，而是顾客。当组织失去顾客的同时，也就失去了其他资产。

（3）顾客满意即组织目标，即工作的重点在于达成顾客的合理期待和愿望。

（4）建立与顾客之间的长期互动关系。针对顾客的需要，设计、提供理想的产品或服务，加强与顾客的直接互动，了解顾客的期望，并将此信息作为改进工作和管理的方向。

将顾客导向引入政府管理，对政府效能和服务质量的提高可产生重大的影响，依奥斯本和盖布勒（Osborne and Gaebler，1992，181－186）的看法，顾客导向的积极作用在于：

（1）顾客导向的组织可促使服务提供者对顾客真正负起应有的责任；

（2）顾客导向的组织使组织成员在决策时，能减少政治因素的不当干预；

（3）顾客导向的组织可激发出组织成员更多的创新行为；

（4）顾客导向的组织可对民众提供更广泛的选择；

（5）顾客导向的组织的产出较能符合大众的需求，不容易形成浪费；

（6）顾客导向的组织能培养顾客的选择能力，并协助其了解本身应有的地位和权益；

（7）顾客导向的组织可创造出更多公平的机会。

16.5.2　顾客导向的公共管理的推动

顾客导向的理念主张将企业管理中顾客至上的精神和方法运用于政府管理，这样的政府把民众尊为顾客，尽量提供高质量的服务，以顾客需要为施政方向，规划各项施政方针，以此获取人民的支持。然而，作为一种抽象的理念，它是如何被引入公共管理实践中从而发挥其效用的呢？

从实践来看，许多国家以法令形式落实顾客导向的服务理念。以美国为例，克林顿总统于 1993 年发布第 12862 号行政命令，要求联邦政府设定顾客服务标准，而且服务标准必须向企业典范看齐。这项名为“联邦政府内部革命”的行政命令，包括下列七项内容：

（1）确认行政机关的实然顾客与应然顾客；

（2）调查顾客所期望的服务项目与品质，了解顾客对现有项目的满意度；

（3）公告服务标准，并据以衡量成效；

（4）效法企业标杆，提升顾客服务标准；

（5）给予顾客多元的服务与输送方式；

（6）务求信息、服务以及申诉制度简明易用；

（7）提供畅通的顾客申诉途径。

1997 年，美国绩效评估委员会汇集联邦各机构所制定的“服务标准”，出版有史以来第一本政府的服务标准手册——《顾客至上：服务美国民众的标准》。1996 年，美国联邦政府共有 200 多个机构，全力执行 3 000 多种服务标准。

举凡民众办理公务之场所以及内部服务传输之场所，均须展现下列重要之服务标准：

（1）了解标的顾客所在。服务于民众的政府公务人员，必须充分了解相关业务的标的顾客的特性及其需求。

（2）善待顾客之公务人员。服务于民众的政府公务人员，必须遵行政府所颁布的“顾客服务之实务准则”。

（3）顾客为主的洽谈处理公务场所。民众洽谈公务的场所，必须符合下列要求：

1）保持清洁、舒适及宜人的环境；

2）方便全体标的顾客，包括无障碍通道的设置及方便顾客之办公时段等；

3）尽量为顾客设想，依据顾客的价值观，整合各项顾客导向之措施；

4）提供清晰易懂的标识、说明、表格及洽谈公务的相关信息，包括告诉顾客表达满意度之管道；

5）在显著的地方，陈列“全心服务宣言”以及工作绩效标准。

（4）周延之申诉处理程序。民众洽谈公务之场所必须建立“正式法定之申诉处理程序”，处理程序之标准，不得低于政府所颁布的“申诉处理之最佳实务标准”。

（5）“顾客价值”导向之绩效评估与标的。民众洽谈公务之场所必须符合下列之绩效相关要求：

1）建构合理的绩效评估方法及标的，其标准不得低于政府颁布的“顾客优先顺序及价值”；

2）确实依据绩效标准进行绩效考评；

3）适度整合组织设定的“绩效目标与评量”与个人提出的“全心服务宣言”。

（6）电话及柜台应对技巧。民众洽谈公务之场所必须建立“正式法定之电话及柜台技巧”，其标准不得低于政府颁布的“电话及柜台最佳实务标准”。

（7）永续改善的精神。民众洽谈公务之场所必须不断寻找顾客导向的机会，以改善服务之传输。

澳大利亚亦确立了实践型文官体系的顾客服务标准，系以七项原则建构而成，这七项原则是：

（1）了解标的顾客所在；

（2）善待顾客之公务人员；

（3）顾客为主的洽谈处理公务场所；

（4）周延之申诉处理程序；

（5）“顾客价值”导向之绩效评估与标的；

（6）电话及柜台应对技巧；

（7）永续改善的精神。

16.5.3 顾客导向与公共管理形态的改变

顾客导向的公共管理，的确不同于传统上的公共组织管理，它意味着公共管理理念、管理方式的巨大变革。这种变革主要体现在以下几个方面（Barzelay，1992，117-132）：

（1）施政目标的标准由专家决定，转变为对公民所需的考虑，即以人民的需要和价值作为组织行动的指导，使公共资源的投入与执行政策的过程，均能达到顾客期望的结果。

（2）以成本-效益为基础的效率标准，转变为对服务质量以及民众评价的重视。

（3）从依法行政转变为“产品质量”的评估与改进，即从消极的控制转变为积极的服务。

（4）管理理念由控制员工转化为获取员工的认同。

（5）从对特定“功能”“权威”及“结构”的服从，转变为对“使命”“服务”“顾客”以及成果的高度认同。

（6）责任由法规强制，转变为公务人员自主性的建立与认同。

（7）由一味地遵循“法规”“程序”，转变为对问题彻底理解并找出解决问题的方法。

（8）从一条鞭式的管理，转变为寻求民众的支持与认同。

本章小结

1. 民营化是指市场或私营部门参与公共服务生产及输送的过程。民营化的目的是利用市场机制提高公共服务的效率和质量。民营化有撤资、委托、替代等方式。民营化有其明显的优点，亦有其限制。

2. 非营利组织在公共服务提供方面扮演着积极的角色，如发展公共政策、监督市场、监督政府、直接提供公共服务、维护良好的社会价值、促进积极的公民精神和扩大社会参与等。非营利组织给公共管理带来了新的挑战。

3. 目标管理是由参与管理制定目标，并经过自我管理和自我控制等管理方式，建立各级人员的责任心和荣誉感，最终实现组织绩效的一套管理系统。目标管理在公共管理中可以得到有效运用，但亦存在着限制。

4. 公共部门全面质量管理是一种全员参与的、以各种科学方法改进组织的管理与服务，通过高质量和不断改进的产品和服务，以获取顾客满意的管理理念、制度和方法。全面质量管理与传统的公共管理有根本的差异。公共服务的质量标准在于：绩效、专业特色、可信度、持久性、一致性、及时性和变动性。

5. 顾客导向的目的是改变传统上政府的权威心态和政府为尊的状况，为民众提供更好的服务。顾客导向的关键是了解谁是顾客、顾客有什么要求、如何做才能满足顾客的要求。

关键术语

公共服务的民营化　　签约外包　　特许权　　非营利组织　　目标管理　　全面质量管理　　顾客导向的公共管理

复习思考题

1. 何谓公共服务的民营化？公共服务民营化有哪些主要类型？
2. 公共服务民营化有何优点和缺点？
3. 何谓非营利组织？非营利组织的特征是什么？
4. 非营利组织在公共服务的提供方面有何作用和限制？
5. 非营利组织给公共管理带来了什么样的挑战？
6. 何谓目标管理？公共部门如何实施目标管理？
7. 目标管理在公共部门的应用有何限制？
8. 何谓全面质量管理？如何在政府部门推行全面质量管理？
9. 全面质量管理与传统的管理有何区别？

10. 公共服务的质量标准是什么？
11. 何谓顾客导向？顾客导向的公共管理有何积极作用？
12. 公共部门提供服务如何才能以顾客为导向？

阅读材料

公私伙伴关系治理的原则

公私伙伴关系（public-private partnership，PPP）是政府与私人部门伙伴之间的协议，私人部门依据协议提供或者资助公共服务。PPP提供的公共服务，既可涉及基础设施资产（道路、桥梁）领域，也可涉及社会服务资产（如医院、公用设施、监狱）领域。

PPP最近几年得到迅速的发展，政府财政的压力也促进了其发展。PPP的发展也为公共部门的治理提出了许多新的挑战，如果政府部门缺乏有效治理的能力，PPP很难体现尊重金钱的价值，做到物有所值。更重要的是，PPP可能使实际的支出变得隐晦，使政府的行为变得不公开和不透明，这意味着PPP面临财政可持续性的潜在风险，导致政府信用降级。为强化PPP的治理，OECD公共治理委员会于2012年5月4日提出PPP公共治理的原则（principles for public governance of public-private partnerships），为政策制定者提供确保PPP实现良好治理、物有所值的具体指导，内容涉及三大方面12条原则：

一、建立明确的、可预测的和合法的制度框架，并得到有能力的、资源充裕的权威机构的支持

1. 政治领导应确保公众了解PPP和传统的政府采购的相对成本、效益和风险。普遍理解PPP要求在确立项目以及后续对服务质量的监测方面，与利益相关者和终端使用者进行积极的协商，让其参与到PPP的过程中。

1.1 只有政治领导层了解并接受使用PPP的成本和效益，PPP的运作才有稳定性和可预测性，围绕PPP所产生的许多问题才能得到适当的解决。财政部和执行机关应确保公共部门PPP政策的一致性。考虑到PPP的复杂性和长期性，社会的参与者也是PPP成功的前提条件。在涉及主要公共服务的提供领域，情况更是如此。从理想角度来看，PPP应是整体的公共部门基础设施投资和购买制度的一个组成部分。

1.2 与利益相关者的积极协商和参与应是PPP过程的有机组成部分。PPP被运用于以私人部门的途径来提供传统上由政府提供的服务，这可能会对工作的条件、工作的场所、工作场所的文化和发展晋升的机会产生影响。工会代表着可能受PPP项目影响的主要利益相关群体，为确保PPP项目的合法性，劳工组织应积极介入。非政府组织和其他社会组织可能因项目的社会和环境影响而关注PPP，非政府组织的参与可促进PPP的透明。

1.3 在PPP契约中明确产出是必要的。确定项目的产出可以确保服务的提供满足使用者的特殊需要，对服务的提供者施加压力使之符合服务的标准。终端使用者的参与可以促进项目的合法性、公平性，增强公众的理解。

2. 应确保主要组织者的角色和责任。这要求对采购的部门、公私合作的单位、预算部门、最高审计部门和监管部门提出明确的要求，赋予足够的资源确保审慎采购和明确的责任。

2.1　涉及的组织的角色应当明确，确保有能力保证和维护金钱的价值。PPP涉及有效的采购过程、具体PPP项目的执行、财政和预算、审计、规划的执行和监督等许多环节，许多部门发挥作用，关键是职责要相互分离，明确各自的责任。

2.2　负责PPP的部门要对项目的各个阶段承担最终的责任。其要负责准备、谈判和契约的管理，监督和评估契约的绩效，这是确保PPP物有所值的关键。

2.3　考虑到PPP的复杂性和使用的经常性，确保物有所值的关键技能可集中在PPP平价单位（PPP Unit）。平价单位应有助于政府部门有效地创造、管理和评价PPP。这一角色要求平价单位具有丰富的金融、法律、经济和项目管理的经验和技能。

2.4　为确保财政的能力和项目的质量，中央预算机构应审查每一个PPP项目。预算部门在项目的计划、可行性评估、设计以及外包的准备，竞标和契约的签订，建设和运营等每一个环节发挥监督作用。尽管中央预算部门不需要掌握PPP项目技术设计的专门知识，但需要有足够的能力评估呈交的文件。预算部门应确保资本的投资与政府短期和中期宏观经济的稳定目标相一致。

2.5　最高审计部门（SAI）在确保项目的风险是否得到有效管控方面发挥重要作用。审计部门应审计和评估PPP事后的绩效，审计部门应有足够的能力对项目是否最终体现了物有所值的价值做出明确的结论，对PPP的监管提供改进的建议。

2.6　良好的监管政策能够促进监管机构的有效运转，要确保监管机构的运作具有明确和恰当的法律依据，保证监管机构的独立性，保证决策的透明和责任。当PPP涉及具有自然垄断性质的基础设施服务提供时，监管者的角色和组织对于确保物有所值、保护消费者权益十分重要。监管者的职责应当明确，有关监管部门应在项目设计时便介入，并监督使之符合服务标准。

3. 确保所有影响公私伙伴关系运作的重要规章明确、透明并得到执行，消除不必要的繁文缛节，新的和现有的规章制度都应进行审慎的评估。

3.1　政府监管要降低企业的成本，增加PPP项目能物有所值的机会。

3.2　尽管契约是PPP的基石，仍有必要建立明确和透明的监管框架，这一框架是当事人都可依赖、能够得到执行，并且不会对市场准入设立障碍的。框架要促进竞争，减少利益冲突，监管俘虏、腐败和不道德行为的风险。为此，政府应坚持开放政府的准则，信息和政府的决策过程应保持开放性和公平性。

3.3　消除不必要的繁文缛节，简化审批程序，将会促进私人的投资。有效的监管框架意味着对新的规章进行仔细评估，对现行的规章进行审查，以确保它们适时、符合成本效益原则，并与政府目标相一致。法治、财产权保护和契约权利的保护同样是核心的原则。

二、夯实选择基础，确保物有所值

4. 所有投资项目在高层政治层面应处在优先发展的地位。因为存在着许多相互竞争的投资项目，所以确认并追求战略目标是政府的责任。投资决策应从政府大局出发，并与如何采购和支持项目相分离。无论是支持还是反对 PPP，都不应存在组织的、程序的和会计方面的偏见。

4.1 进行的项目在政治层面已经处于优先发展地位十分重要。决策的基础应包括最初的成本评价和机会成本的评估，投资决策应包括全部的成本-效益分析。

4.2 依据最初的成本评估、整体的成本-效益分析以及政治判断，做出最初的可行性决策，并确定项目优先顺序。成本-效益评估以及不同项目的排序应尽可能鼓励公开辩论。投资决策应与如何采购以及资助具体项目的决策相分离。

4.3 无论是支持还是反对 PPP，都不应存在制度性、程序性和会计的偏见。物有所值是决定是通过 PPP 模式还是传统预算采购途径开展项目的唯一标准。

5. 要对哪种投资方式更能体现物有所值进行深入的调查研究。要通过政府采购预评估，评估具体项目的特点和主要风险因素。政府采购预评估应有助于政府做出是否需要推进 PPP 模式调查的决策。

5.1 一旦政府决定进行投资，应对项目进行采购预评估，这有助于政府选择何种采购方式，更好地体现物有所值。下列因素应包括在这样的预评估之中：

- 不同方式的财政、建设和运营的比较成本如何？
- 项目的风险能否确认和衡量？
- 为确保物有所值，适当的风险是否转嫁给私人部门？
- 项目是否存在将风险转嫁给其他利害相关者，包括工人和社区的情况？
- 潜在的私人部门合作者的风险容纳力是否足以承受 PPP 的风险？
- 市场竞争的潜力如何？如果缺乏竞争，如何才能形成市场竞争性？
- 是否有足够的市场利益，确保竞争体现物有所值？
- 在项目建设和运营的整个周期，利益有多大？
- 项目失败的风险是什么？公共部门在项目失败时要承担什么样的成本？
- 与项目有关的或有负债的情况是什么？
- 公共部门能否量化和管理风险、成本以及与质量的平衡？
- 预期的项目产出事前能否明确？计划的项目是否在激烈变化的政策环境或要求下进行？
- 潜在的 PPP 项目的规模是否大到足以证明交易成本的合理性？
- 谁将为私人部门合作者的契约付费？使用者付费占多大的比例？
- 如果向使用者征收费用，所收费用是否能够确保私人合作者满足利益最大化所获得的收益？除了收益风险之外，潜在的私人部门伙伴可能接受使用者是否愿意接受长期收费的风险？

5.2 如果必要，还要对不同方式的投入、成本和效益进行比较分析。

6. 将风险转嫁给最善于管理的人。应界定、确认和衡量风险，风险应由预防风险花费最少或者以最少成本管理风险的人承担。

6.1 在对具体问题和比较成本进行基础评估之后，使用PPP方式决策的关键因素在于将风险由政府转嫁给私人伙伴。无论是由公共部门承担风险，还是通过合约或适当的支付机制将风险转嫁给私人伙伴，风险都应明确确认和予以衡量。风险应分配给善于处置风险者；善于处置风险的人是指以最小成本预防风险的出现，或者以最小成本处置已经发生的风险的人。

6.2 不能仅仅为了转嫁风险而将风险转嫁给私人伙伴。政府和公共机构不能将与提供服务相关的法律责任的风险转嫁给私人部门。

6.3 关键的问题在于项目的风险是否界定、确认和衡量。如果没有出现风险，争议可能更大，潜在的私人伙伴同样可能不愿意承担没有明确界定、得到确认和衡量的风险。

7. 采购部门应为PPP运营阶段做好准备。确保物有所值要求与前运营阶段一样保持警惕。当PPP转入运营阶段，随着公共部门方面行动者发生变化，更应保持警惕。

7.1 存在着这样的危险，即PPP融资结束后，公共部门决策者和主要行动者可能丧失警惕。监控PPP在建设和运营阶段的绩效要求特殊的技能和奉献，特别是在目标可能发生变化，未预见的障碍可能出现的时候。确保私人伙伴履行责任同样是采购部门的责任。

7.2 为确保运营的成功，所有相关的行动者均应积极参与。项目运营阶段的责任主要取决于采购部门。可能出现的问题应在这个层次上得到确认和处理。PPP平价单位、预算部门、审计部门和监管部门同样要负起各自的责任。

7.3 在项目后期阶段，特别要关注契约安排和监控能力。

8. 在重新谈判时，应坚守物有所值，只有在因公共政策的原因导致条件变化时，政府才考虑对私人部门的补偿问题。任何的重新谈判都应透明公开，符合法定的程序。同时应确保有明确的、可预测的和透明的解决争议的规则。

8.1 在监控和与私人伙伴合作时，公共部门在整个运营过程中应坚守项目要物有所值。原先的风险转嫁和契约条款应得到遵守，确保私人部门契约运营的标准不受毁坏。

8.2 在一些情况下，项目潜在的假设可能存在缺陷，在极端情况下，可能导致项目的失败。因为公共部门在确保项目运转顺利方面有利益，有时也有法律责任，应重新谈判以寻求解决问题的方案。然而，即使项目的结果与私人合作者的预期不一致，私人部门也得承担项目的风险，双方应区分风险的实现以及未预见的环境变化。只有在公共政策条件发生变化时，政府才考虑对私人部门的补偿问题。任何因商业条件变化导致的补偿应在契约中明确说明。

8.3 任何导致协议根本变化的重新谈判应公开举行，并要得到有关负责部门的同意。

9. 政府应通过竞争性竞标过程，建构PPP计划等形式，确保市场的竞争性。在市场运营者缺乏的地方，政府应确保建立公平的竞争环境，使得其他的运营者能够进入市场。

9.1 竞争有助于有效地转嫁风险，有助于私人部门研发最优解决方案，有助于最有竞争力的投标赢得合同。在PPP投标时，应保持市场的竞争性。

9.2 保持开放和非歧视性的投资环境是有益无害的，政府应采取措施确保国内和国外公司能够平等竞争。

三、运用透明化的预算过程，降低财政风险，确保采购过程的廉洁性

10. 中央预算部门应确保项目的财政可行性以及全部投资组合的可持续性，符合政府的财政政策。

10.1 PPP以及传统的政府长期借贷投资，很难与年度预算过程相统一，在准备项目时，负担能力的评估特别重要。如果政府现有的支出和收入水平能够容纳政府支出或有负债，该项目便是可负担的。项目投资预算，包括或有负债的评估，应基于中长期的财政预测。

11. 项目预算应该公开透明。预算文本应披露全部的成本或有负债。

11.1 预算文本应公开涉及项目的全部成本或有负债的信息。信息应包括政府支出的时间和方式、担保以及或有负债的详细内容。

11.2 审慎、透明地利用PPP的特殊挑战在于，不仅在公共部门内使用，还要在政府之外，特别是国有企业使用这一工具。国有企业参与PPP，并且经常要求中央政府担保。国有企业可能具有从私人部门购买产品和服务的长期义务，这些义务一般不包括在公共债务的范围，中央政府可能缺乏适当的监控。

11.3 在中央政府具有相关的宪法权威的地方，应考虑允许地方政府审慎使用PPP。如果有中央政府的担保，PPP活动应通过关于PPP存量和流量的规则加以控制。

12. 政府应反对浪费和腐败，确保政府采购过程的廉洁，有关当局应具备必要的政府采购的权力和技能。

12.1 要认识到采购过程的内在风险，强化对风险的管理，加强监督，确保廉洁。PPP采购是一个战略性职业，要了解和掌握相关的商业规则，而不是简单的行政流程，这要求公共部门掌握专门的知识和技能。

资料来源，OECD，Recommendation of Council on Principles for Public Governance of Public-Private Partnership，2020.

本章参考文献

Barnekov，T. and Raffel，J. (1990)，“Public Management of Privatization，” Public Productivity and Management Review，14.

Barzelay，M. (1992)，Breaking through Bureaucracy：A New Vision for Managing in Government，California：University of California Press.

Drucker，P. (1954)，The Practice of Management，New York：Harper and Brothers.

Federal Quality Institute (1991)，Introduction to Total Quality Management in the Federal Government，Washington D. C. ：Federal Quality Institute.

Gaster，L. (1995)，Quality in Public Service：Manager's Choice，Buckingham：Open University Press.

Jun，J. S. (1986)，Public Administration：Design and Problem Solving，New York：Macmillom Publishing Company.

Kent，C. (1987)，Entrepreneurship and Privatizing of Government，New York：Quorum Books.

Morgan，C. and Murgatroyd，S. (1994)，Total Quality Management in the Public Sector：An International Perspective，Philadelphia：Open University Press.

Odiorne，G. (1965)，Management by Objectives：A System of Managerial Leadership，New York：Pitman.

Osborne，D. and Gaebler，T. (1992)，Reinventing Government：How the Entrepreneurial Spirit is Transforming the Public Sector，N. Y. ：William Patric Book.

Pirie，M. (1988)，Privatization：Theory，Practice and Choice，Hants，England：Wildwood House.

Salamon，L. (1989)，Beyond Privatization：The Tool of Government Action，Washington，D. C. ：Uban Institute.

Salamon. L. M. (1992)，America's Nonprofit Sector，New York：Foundation Center.

Salamon. L. M. (1987)，Partners in Public Service：The Scope and Theory of Government Nonprofit Relation，in Powell ed. ，The Nonprofit Sector：A Research Handbook，New Haven：Yale University Press.

Savas，E. S. (1987)，Privatization：The Key to Better Government，Ghatham，N. J. ：Chatham，House Publishers，Inc.

— (1992)，"Privatization，" in Hawkeaworth，M. and Kogan，M. ，eds. ，Encyclopedia of Government and Politics，vol. 2，New York：Routledge.

Sundquist，J. (1984)，"Privatization：No Panacea for What Ails Government，" in Brooks，H. et al. ，Public Private Partnership：New Opportunities for Meeting Social Needs，Cambridge，Mass. ：Ballinger Publishing Company.

Weihrich，H. (1985)，Management Excellence：Productivity through MBO，New York：McGraw-Hill.

Zeithaml，V. (1990)，Delivering Quality Service：Balancing Customer Perception and Expectations，New York：The Free Press.

第17章

公共管理中的责任

在两千多年前，罗马诗人朱文诺曾提出一个严肃的问题："谁来监督监督者（施政官员）？"（Who is to watch the watchers?）即如何保证政府官员成为真正的公共利益的捍卫者，而不至于损害国家、公民的权益。美国建国时的先哲麦迪逊（James Madison）也曾说过一段发人深省的话：

"假如人类是天使，则不需要政府。假如天使治理人类，则控制政府内部、外部的措施统统没有必要。在有关建构一个由人类治理人类的政府议题上，最大的困难在于：首先必须使政府有能力管理被统治者；其次是让政府能够控制自己。无疑，人民是控制政府的主要方式，但是历史经验告诉我们，辅助性预防措施是必须具备的方法。"

在现代行政国的时代，公共管理者被喻为"行政国的卫士"（the guardians of the administrative state）（Rosenbloom，1997，507－508）。但如何保证国家卫士不监守自盗，捍卫宪法价值，履行责任，确实是一个大问题。面对越来越多的腐败行为，维持公共管理的责任成为公共管理最大的挑战。

重点问题

- 公共管理责任的性质与内涵
- 行政控制与责任
- 立法控制与责任
- 司法控制与责任
- 公民参与责任的维护

17.1　公共管理中的责任概述

17.1.1　公共管理责任的性质与内涵

在公共行政与公共管理的文献中，对于何谓责任，一直存在着争议。行政学者费斯勒和凯特尔（Fesler and Kettle）认为，行政责任有两个方面：其一是负责（accountability），表现为忠实地遵守法律、遵守上级的命令，以及遵守经济与效率的标准。其二是道德的行为（ethical behavior），即坚守道德的标准，避免出现不符合伦理道德的行为。

公共伦理学家库伯（Cooper）于 1997 年将行政责任分为主观责任（subjective responsibility）和客观责任（objective responsibility）。主观责任意指忠诚、良心以及认同。主观责任来自公共管理者对责任的感受和信赖，强调我们之所以去做某事是源于内在的驱动力。客观责任是指法律以及上级交付的客观应尽的义务责任，意指负责任（accountability）和义务（obligation）。对于公共管理者而言，客观责任源自对法律负责，对组织规划、政策和标准负责，以及服务于公共利益的义务（an obligation to serve the public interests）。

公共管理学者斯塔林（Starling，1987，115-125）认为，一般民众大多赞成或喜好政府具有回应性、弹性、一致、稳定、廉洁、慎思、守法、负责任等特性，而这些价值表述可用"责任"（responsibility）一词作为概括，用以表达人民对政府的价值期待。据此，他认为行政责任的内涵有以下几个方面：

1. 回应性（responsiveness）

"回应"一词是指公共组织快速了解民众的需求，不仅包括"回应"民众先前表达的需求，更应洞察先机，以前瞻主动的行动研究问题，解决问题。民众常常批评政府行动迟缓、犹豫不决、无能为力，便是指政府的回应力不够。

2. 弹性（flexibility）

公共管理者在制定和执行政策的过程中，不可忽略与政策目标的实现有关的团体、地方性的或者情境的差异。政府所面对的是公众，而不同人的需求、认知与偏好不可能完全相同。在大多数情况下，政府无法用同一尺度对待所有事情。因此，政策的规划和执行要充分考虑各种不同因素，不可死板。

3. 胜任能力（competence）

责任同样要求公共政策的规划和执行应受到客观标准的指引。行政行为必须谨慎，不能草率，必须考虑后果，不能顾前不顾后。政府的行为必须有效率、有效能。在某种程度上，最糟糕的事情便是政府的无能。

4. 正当法律程序（due process）

正当法律程序的精义在于：未经正当法律程序，不能剥夺任何人的生命、自由与财产。简言之，政府必须依法而治，而不是恣意而治。今天，正当法律程序随着行政程序立法的发展，已经广泛进入行政管理领域，成为制约行政权滥用的有效途径。

5. 负责任

负责任的意义是指当行政人员或政府机关有违法、失职的事情发生时，必须要有人对此负起责任。

6. 廉洁

廉洁一方面是指政府要坦白公开（candor），即在政策的制定与执行的某些阶段要公开，接受外界的监督；另一方面，则要求政府的公共管理者不能利用权力谋取不正当的利益。

17.1.2 责任与民主政治

在民主社会中，政府组织是由民众所创立，为了民众而设立，以及需要对民众负责。从这个意义上说，民主政治既是民意政治、法治政治，更是责任政治。从某种程度上讲，民主制度的根本便是责任。

公民与政府之间的关系，可以视为一种委托代理人之间的关系，其中公民同意某些人作为其代表行使统治权和管理权，但前提是公民的利益得到满足。政府与公民之间的委托代理人关系，实际上是一种责任系统，其中政府组织行使其职权，而公民则允许政府组织如此作为，但条件是不得滥用职权以及行为者能够承担责任。

但事情并非如此简单，在任何社会中，均存在着这样一个趋势，权力越是集中于社会上的任何一个组织或人，越存在着滥用的可能性。在现代世界，公共部门（无论东西方国家）和公共管理拥有的权力现已极为庞大，除非社会设法消除权力增长的诱因，否则公共部门的权力仍将继续增长。

公共部门权力的增长，一方面无疑会增强政府的权能，运用恰当的话，可以造福于民众；但在另一方面，若这些特性发展过度，那又会造成政府的擅权跋扈，严重危害到民主政治的前途。最好的解决问题的办法是：授予政府多少权力，必须课以相等的责任。

17.1.3 维持和实现公共管理责任的困境

维持和实现公共管理的责任，说起来简单，做起来却十分困难。行政学家罗森布鲁姆等人于 1998 年分析了追求责任的几大困境，兹分析说明如下：

1. 专业知识与信息

公共管理者在其专业领域可谓是一个专家，外人无法挑战其专业性，也没有办法用间接的方法揣摩其决策或行动。另外，公共管理者掌握着一般人无法获知的信息，而这些信息通常是决策的重要基础。由于公共管理者有特殊的专业知识和信息，所以他们比监督者更有优势，可以躲避来自监督者的监督。

2. 专职地位的优势

绝大部分公共管理者都是全职的，而外部监督者无法全身心地观察与掌握他们所做的一切。如议会，议会有其他许多活动，对行政监督投入的时间也是有限的，而且也缺乏足够的诱因去监督政府行政机关。

3. 人事制度的保护性质

美国和其他国家的人事制度对公务员的工作都予以极大的保障。虽然对公务员的惩戒和开除是有可能的，但也是相当困难的。一些情节轻微的贪污受贿行为可能倾向于不惩罚，如利用公共资源为己图利。但一旦诸如此类的错误累加起来，其影响是很大的。同样，除非引起民愤，一般的违法行为也往往不了了之。

4. 反制法则

反制法则（the law of counter control）是指决策者或高级官员越是致力于控制下级的

行为，部属就越致力于付出更大的心力去规避或反制这些控制。

5. 协调问题

权力分立是为了实现责任。但立法、司法、行政三部门有各自的职能、角色和利害关系。在缺乏协调的情况下，彼此的监督制衡容易造成监督能力的丧失。

6. 政治指导的缺乏

在美国，政治并没有为公共管理者提供全面的政治指导。政党是分裂的，政治指导是不明确的。

7. 组织结构和功能的分割

公共组织的权力、结构和功能是分割的，政府的功能和职责亦是重叠交叉的，而且许多问题的解决需要不同机关彼此分工与配合，因此便产生了行政责任的多头问题（many-hands problem）。责任不易明确。

8. 公共管理的规范和范围的庞大

公共部门雇用了大量的人员，从事各种各样的活动，每天花费大量的经费，这使得监督变得十分困难。

罗森布鲁姆所分析的是美国行政国家的情况，但是在很大程度上，也反映了公共管理领域责任的一些普遍困境。

17.1.4　责任机制

在研究公共管理者的责任问题时，探讨责任的内涵固然十分重要，但是设计和完善责任机制更为迫切。如果缺乏良好的责任机制，谋求责任的行政可能只是一个良好的愿望。责任机制（responsibility mechanism）是旨在实现责任的一套制度安排或确保责任实现的途径。

吉尔伯特（Charles E. Gilbert）在其著作《行政责任的框架》（*Framework of Administrative Responsibility*，1959）中曾以两个层面——正式与非正式、内部与外部，构建了四个达成行政责任的途径（见表 17－1）。

表 17－1　　行政责任的框架

	内部	外部
正式	行政控制	立法控制与司法控制
非正式	职业规范 代表性官僚 公共利益 道德	利益集团 公民参与 大众传媒

确保责任实现的正式途径是指宪法、法律、行政规章所明确的责任归属机制，如上级的行政命令、议会的立法、法院的判决。非正式途径是指责任要求的起源之处，如个人伦理道德、公民偏好、政治过程等。内部、外部的区别在于启动责任的来源，若来自行政部门内部，则属内部途径；若来自行政部门以外的外部环境（如议会、法院、新闻等），则属外部途径。

在下面各节中，我们分别就几个主要的责任机制予以简要说明。

17.2　行政控制与责任

从某种程度来看，公共组织本身就是一个责任机制，这最典型地表现在科层制的设计原则之中，科层制本身便是一个层级节制的监督网络。此外，随着对责任的重视，在公共组织内部，发展了许多维持行政责任的方式。

17.2.1　传统管理取向的责任机制

在韦伯看来，科层制不仅是一个理性效率的体制，也是一个责任的体系。实现官僚责任的最好办法在于以下几个方面：

（1）高度的专业化分工。组织强调横向的区域分工和单位分割。它的基层由负责执行日常任务的工作岗位组成，根据功能性质将这些工作岗位归类为单位。单位内的活动，直接由较高职位的人负责。

（2）明确的权责分配。每个层级和单位皆有明确的权力和责任，各执其掌，各负其责。

（3）完备的规则和程序。管理者会致力于建立完善的措施、组织规范，以规范组织成员的行为，减少组织中的离异行为。组织成员的行为受精心设计的规则和程序的指引。

（4）科层节制。组织形态系一个层级节制的体系，依地位高低规定人员的命令服从关系。

（5）重视文件和资料的处理工作。组织的一切活动，应尽量用文字加以记录，有健全的资料处理制度。

显然，传统的管理制度设计在维护责任方面是有其比较优势的，如能保证公共管理的专业水平和能力，规则和程序能起到控制的效果，不存在含混不清的责任归属问题，亦能促进组织的效率。

17.2.2　行政监督权

如前所述，行政组织是以层级关系形成的体系，在其组织系统之中，上级对下级基于隶属关系具有控制的权力，以维持与下级之间的命令-服从关系，最终达到实现责任的目的。唯各国体制不同，行政监督权之大小各有不同，但其作用方式有共同之处：

（1）指挥。在隶属关系下，上级机关为使下级机关有所作为或不作为，而对下级以命令或训示的方式做出意见表示。

（2）指示或指导。在无隶属的情形下，上级或有权机关就其主管业务范围，在下级执行业务时，做出意见表示，以发生监督作用。

（3）认可或核准。凡下级机关执行业务，应先经上级同意或承认，始能取得合法效力。

(4) 备案或备查。凡下级机关制定行政措施或法律性质的文件，应向上级提出报告，使上级知悉了解，并保留事后审查的权力。

(5) 视察。上级机关派专员就下级业务或特定案件，做实地调查。

(6) 审核。上级机关对下级呈报的各种报表，查核其内容有无违法或不合理之处，而分别予以批准、反驳或据以衡量其业务绩效。

(7) 撤销、变更、废止。上级机关对下级机关制定的规范性文件或行政行为，认为有违法、不当者，可视情况予以撤销、变更或废止。

(8) 奖惩。上级机关根据视察或考核的结果，或下级的绩效表现，对被监督机关或人员给予奖赏或惩处。

(9) 争议解决。下级机关发生权限或意见争议，上级机关予以裁决或调解，使其彼此之间能够协调合作。

(10) 行政立法与解释。上级机关制定或颁布行政法律规定，并做解释，对下级机关有直接拘束力。

上述列举的行政监督权行使的方式，均属行政机关监督权之范围，这些行政监督权的主要目的在于防止及矫正违法不当的行政行为，但同时也兼具积极的作用，有助于责任的维护与实现。

17.2.3　行政监察

与一般的行政监督不同，为了保证行政责任的实现，许多国家均在行政机关内部设立专门的监察机关，监督行政机关以及公务员的行政行为。目前世界上具有代表性的行政监察制度，如美国监察长制度、政府道德署，日本内阁行政监察局和行政审议会，英国的行政监察专员制度，新加坡的反贪污调查局，等等。

各国行政监察之组织体制各不相同，监察的对象、范围、权限亦有所不同。但总的来讲，有一些共同的趋势，它们是：

(1) 监察机关均有相对独立的地位，它们均隶属于政府的独立机构，有独立的权限，不受任何机关的限制，如新加坡的反贪污调查局。

(2) 均有独立的监督权限，主要包括检查权、调查权、纠正权、弹劾权，甚至逮捕权。

(3) 均有行政监察的立法，对行政监察的职责、权限、程序做了明确的规定。

(4) 监察工作的重点均为反腐倡廉，维护政府的责任。

17.2.4　审计

审计 (auditing) 是对公共部门各机关一切财务事项的记录、报告与验证。由专职机关做系统的审查，以鉴定其收支事项的正确程度以及财务行为是否忠诚，并考核其绩效。此种由外部专职的审计机关所做的审计称为外部审计 (external audit)，其产生的年度报告，有助于民众代表、政府管理者以及一般大众评估政府整体财务绩效，亦有利于公债购买者对于政府债务的掌握，同时可以帮助政府机关确认问题并研究改进意见。另一种形态的审计为绩效审计（performance audit），是由机关内部人员所为，针对行政效能予以评估，目的在于提高效能，节约财务资源。

审计作为维护行政责任的重要环节，其不仅有消极的目的，亦有积极的目的。从消极角度来看，它作为财务控制的手段，确保公共资金用于适当的地方，以发现不法行为。强调控制的原因在于，公共组织的资金主要来自强制性税收，这使得公共部门对资金的使用需特别重视预算与组织目的，将公共资金用于法定的用途或项目，是公共管理的重要责任。从积极角度来看，审计为公共管理者提供的信息可用于改进公共管理的效率，发现并杜绝公共财务制度的问题所在。

17.2.5 行政复议

行政复议即公民、法人和其他组织认为行政机关的不法行为侵害了其合法权益时，请求该行政行为的行政机关或其上级行政机关审查该行政行为的合法性与适当性，以排除不法行政行为或补救公民、法人和其他组织受损的合法权益的活动。目前各主要国家均有行政复议的制度，典型者如英国的行政裁判所制度、美国的行政上诉制度、日本的异议申诉制度、法国的行政救济制度等。行政复议制度在维护行政责任方面起了很大作用，它既可以纠正违法，又可以给公民权益以救济。

与其他救济手段相比，行政复议作为行政责任的重要途径，其优点是十分明显的：

（1）范围广泛，既包括违法行为，又包括不当的行政行为；

（2）补救措施更为有效，复议机关可以撤销、变更或者替代原行政机关的决定；

（3）程序比较简便、迅捷；

（4）保证行政机关能利用其专门知识和行使法律授予的自由裁量权；

（5）为行政机关提供了改正错误的机会，减少了司法审查的需要；

（6）在一定程度上保护了行政机关的自主性，防止司法过度地干预行政。

当然，行政复议作为责任实现和维护的手段，可能存在一些缺陷，如行政机关内部解决争议可能出现偏见，公民的信赖关系也不易建立。

17.3 立法控制与责任

在传统上，责任政府这一概念是伴随着代议制政府的确立而发展起来的。英国被誉为“议会之母”，在1688年光荣革命之后，建立了代议制政府（parliamentary government）或内阁制政府，在这种制度下，政府的组成取决于议会选举的结果，政府人员来自国会，政府要对国会负责。这种制度便被称为责任政府制或责任内阁制。此后，类似内阁制也在德国、瑞典、日本、新西兰、澳大利亚等国出现。这种制度的核心特征在于立法与行政权的混合：政府来自议会并对其负责。这种制度的优点在于它被认为可提供有效而且负责任的政府（responsible government）。只有负责任的政府才能获得维持，是因为政府只有在获得国会的信任时才拥有治理权。

17.3.1 议会对行政的控制权

在今天，无论是内阁制，还是总统制国家，议会均对政府的公共管理发生着巨大的影响。议会控制，成为谋求行政责任的有效工具或途径。在今天，国会的立法和代表性的角色有所衰落，但人们越来越把注意力转移到对行政权的约束上。国会像是一个稽查机关，主要角色是为人民提供负责任的政府。

在当代资本主义国家，立法机关对行政的控制，主要是通过以下几个方式实现的：

1. 质询权

质询权是指议员对于政府的某项决策以个人或集体名义，一般通过书面形式，向行政机关领导提出询问或质问，要求答复。质询的内容十分广泛，凡是与政府政策、公职有关的事项均可提出质询。质询权一般分为询问和质问，结果亦不同。询问是议员向政府就某事发问，被询问的政府官员必须给予回答，但不能引起辩论；质问所提出的问题比较严重，一般需要辩论，辩论后还可能进行信任投票，如果不信任投票占多数，就会导致政府危机。

2. 调查权

调查权是各国立法机关普遍行使的一项重要监督权。调查权分为经常性的国内调查和临时性调查。调查权往往由专门的调查委员会行使，调查的范围往往涉及法律执行、政府官员的违法失职行为。调查的结果可能导致对官员的弹劾或对政府的不信任。

3. 弹劾权

弹劾权是议会（国会）对政府高级官员的违法失职行为，由众议院（或下院）提出诉讼，由参议院（或上院）或宪法法院进行审判的制裁权。弹劾的对象主要是高级政府官员，弹劾的范围一般限定在与职务有关的违法犯罪行为方面。

4. 不信任表决权

议会对于政府的重要政策议案、财政议案、条约缔结等拒绝通过，或对政府某项重大决定通过不信任案，甚至要求政府辞职。

此外，有些国家的议会还通过一些其他手段，如批评、举行听证会、行使否决权等来对政府进行监督。

一方面，卓越的公共管理，的确需要立法与行政机关的密切配合，行政责任的维护也有赖于立法的控制，事实上，立法控制在资本主义国家起了相当大的作用。另一方面，受狭隘的党派利益、利益集团的压力等影响，通过议会实现责任也仅是一个良好的愿望。另外，议会固然应该纠正行政部门的弊端，但不能企图由其去管理一切事情，在议会的控制和行政自主之间谋求平衡，亦是公共管理的重要议题。

17.3.2 人民代表大会对政府的监督

我国实行的是人民代表大会制度，它既不同于西方的议会制，也不同于总统制。《中华人民共和国宪法》第二条规定：“中华人民共和国的一切权力属于人民。人民行使国家权力的机关是全国人民代表大会和地方各级人民代表大会。”第三条规定：“中华人民共和国的国家机构实行民主集中制的原则。”“国家行政机关、监察机关、审判机关、检察机关都由人民代表大会产生，对它负责，受它监督。”这明确了我国的政体，以及权力机关对行政机关进行监督的宪法依据。

在我国，国家权力机关对行政机关及其公务人员的监督最重要的是法制监督，即对政府及其工作人员的一切行为依法进行的监督。这种监督，是从依法治国的高度所进行的全面监督，监督的内容包括政府行为的合法性、合理性和政府工作人员是否遵守法律、廉洁奉公等。人民代表大会的监督遵守集体行使职权、公开监督、依法监督的原则。

根据我国的宪法、有关组织法和人民代表大会及其常务委员会的议事规则，人民代表大会监督政府的方式和内容主要有以下几个方面：

1. 听取和审议政府工作报告

听取和审议政府工作报告是人大及其常委会监督政府工作的基本形式。一般包括三个层次：人民代表大会听取和审议政府的全面工作报告，人大常委会听取和审议政府某一方面的专题报告，人大专门委员会或工作委员会听取政府有关部门的情况汇报。

根据我国实践，全国和地方各级人民代表大会每年举行例会时，听取和审议政府工作报告，并通过相应的决议，评价、总结政府过去一年的工作目标。它是听取和审议工作报告中最重要的一个层次，具有宏观、全面的特点。全国人大常委会和县以上地方各级人大常委会，每两个月举行一次例会，一般都要听取政府工作某一方面的专题报告。在审议工作报告时，常委会委员对政府的工作进行评价，肯定成绩，提出批评和建议，政府有关部门在会议上回答委员的询问。人大各专门委员会或工作委员会根据需要，可以听取政府有关部门的情况汇报。这一层次具有辅助性的特点，主要功能在于帮助各委员会及时了解、掌握有关情况，审议好有关议案。

2. 审查和批准国民经济计划和财政预算、决算

政府的一切工作都是建立在一定的计划和预算的基础上，人大及其常委会审查批准计划、预算，其实质是从最基本的方面制约、监督政府。一般来看，计划、预算的审查和批准包括三个阶段：(1) 初步审查。根据《全国人民代表大会议事规则》，全国人大会议举行的一个月前，国务院有关主管部门应就国民经济和社会发展计划执行情况，国家预算以及预算执行情况的主要内容，向全国人大财政经济委员会和有关的专门委员会汇报，由其进行初步审查，正式审议。(2) 全国人大全体会议听取国务院关于此问题的报告，由各代表团和专门委员会进行审议，表决批准。全国人大通过有关决定，批准计划和预算及其报告。(3) 在批准之后，人大要对计划、预算的执行情况进行监督，全国人大常委会在每年的第三季度，听取国务院关于计划和预算执行情况的报告。对计划和预算在执行过程中所做的部分调整，人大常委会也要审查和批准。

3. 审查政府的法规、决定和命令

我国《宪法》规定，全国人大常委会有权撤销国务院制定的同宪法、法律相抵触的行政法规、决定和命令。《地方各级人民代表大会和地方各级人民政府组织法》规定，地方各级人大及其常委会有权撤销本级人民政府不适当的决定和命令。省、自治区、直辖市以及省、自治区的人民政府所在地的市和经国务院批准的较大的市的人民政府，可以根据法

律和国务院的行政法规，制定规章。地方各级人大及其常委会在本行政区域内，保证宪法、法律、政府法规和上级人大及其常委会决议的遵守和执行。因此，省、自治区、直辖市以及省、自治区人民政府所在地的市和经国务院批准的较大的市的人大及其常委会应有权撤销本级人民政府不适当的规章。这些是人大及其常委会监督政府的一个重要手段。

4. 质询和询问

质询是人民代表依据宪法和法律规定对政府机关提出质问，要求被质问机关在法定时间内以法定的形式进行答复的活动。我国质询制度的基本点包括：(1) 提质询案的时间应在人大会议或常委会会议期间。(2) 提质询案必须符合法定的人数。全国人大的一个代表团或者 30 名以上的全国人大代表，10 名以上的地方各级人大代表，10 名以上的全国人大常委会组成人员，5 名以上的省、自治区、直辖市、自治州、设区的市的人大常委会组成人员，3 名以上的县级人大常委会组成人员，有权联名提出质询案。(3) 质询案以书面的形式提出。(4) 质询的对象主要是政府及其有关部门，还可以质询法院和检察院。(5) 受质询的机关必须负责答复。

依据《全国人民代表大会组织法》及《地方各级人民代表大会和地方各级人民政府组织法》的有关规定，在人民代表大会审议议案的时候，代表可以向有关国家机关提出询问，由有关国家机关派人进行说明。《全国人民代表大会议事规则》第四十一条规定："各代表团审议议案和有关报告的时候，有关部门应当派负责人员到会，听取意见，回答代表提出的询问。"质询和询问都是监督政府的形式，但二者是有区别的。质询带有明显的批评性质，询问只是为了了解有关情况；质询以书面形式提出，并且应符合法定人数，而询问可以由代表个人提出，不必采取书面形式；质询要求受质询的机关的领导人在会议期间答复，而询问既可以由有关领导人答复，也可以由机关的其他工作人员答复。

5. 视察和检查

人大代表通过视察了解政府的工作情况，并对政府的工作提出建议、批评和意见，以监督政府的工作。视察的主要目的是联系群众、了解情况，为在会议上审议议案、制定和修改法律等重大问题做准备。视察有个人视察和集体视察两种方式。

我国《宪法》规定，全国人大及其常委会在必要的时候，可以组织关于特定问题的调查委员会，并根据调查委员会的报告，做出相应的决议。《地方各级人民代表大会和地方各级人民政府组织法》也做了类似的规定。《全国人民代表大会议事规则》对全国人大成立调查委员会的程序做了基本的规定。但迄今为止，全国人大及其常委会还没有组织过调查委员会对特定问题进行调查。

执法检查就是对法律的实施情况进行检查和监督。其目的是为了保证宪法、法律、行政法规得到贯彻和执行。各级人大及其常委会经常采用会同政府有关部门组织行政执法大检查的形式来行使这种监督权。

6. 建议、批评和意见

依据《全国人民代表大会组织法》与《地方各级人民代表大会和地方各级人民政府组织法》的规定，全国和地方各级人大代表有权向本级人大或其常委会提出对全国或本行政区域范围内各方面工作的建议、批评和意见，由有关机关、组织研究处理并负责答复。这是人民代表参政议政、表达意愿的一种形式。人大代表的建议、批评和意见，对政府的工作具有广泛的监督作用。它有利于政府多渠道地吸收各方面的合理意见，有利于政府全面考虑问题，有利于政府做出正确决策，同时也有利于促进政府不断改进其工作。

《全国人民代表大会议事规则》为了保证全国人大代表提出的建议、批评和意见能够落到实处，第二十九条明确规定："全国人民代表大会代表向全国人民代表大会提出的对各方面工作的建议、批评和意见，由全国人民代表大会常务委员会办事机构交由有关机关、组织研究处理，并负责在大会闭会之日起三个月内，至迟不超过六个月，予以答复。代表对答复不满意的，可以提出意见，由全国人民代表大会常务委员会办事机构交由有关机关、组织或者其上级机关、组织再作研究处理，并负责答复。"

7. 受理申诉和检举

受理公民的申诉和检举是各级人大常委会行使其监督权的一个重要方式。人民群众对政府的规范性文件或决定，对政府侵犯公民合法权益的行为，对政府组成人员的违法犯罪行为可以向各级人大常委会提出建议、意见、申诉或检举。人民群众提出的批评、建议、申诉、控告或检举，由人大常委会办公厅信访局统一受理，并负责分类处理。人民群众提出意见、建议、申诉和控告的主要渠道有：一是向人大代表和委员提出，由其转交有关信访部门；二是以来信方式直接向全国人大常委会提出，信访部门负责接受；三是公民亲自来访，信访部门负责接待。

全国人大常委会办公厅信访局对于接到的建议和批评，一般转交有关部门研究、参考。对申诉、控告或检举则按以下方式予以处理：（1）一般的申诉、控告和检举，按照"分级负责，归口办理"的原则，分别转交有关部门办理；（2）有关部门明显处理不当或有违法失职行为或可能忽视、遗漏了重要情节、证据，但未经核实的，转交有关部门办理，但要限期报告结果；（3）案情重大、影响广泛、久拖不决或有关部门未能依法认真查处，有可能造成重大冤、假、错案的，信访部门自己进行调查，并提出处理建议。

8. 罢黜职务

行使罢免权是国家权力机关对行政工作人员进行监督的又一种形式。我国《宪法》第六十三条规定，全国人民代表大会有权罢免国务院总理、副总理、国务委员、各部部长、各委员会主任、审计长、秘书长。《地方各级人民代表大会和地方各级人民政府组织法》规定，地方各级人民代表大会有权罢免本级人民政府的组成人员。法律有没有规定罢免的条件是什么呢？事实上，被罢免的人员可以是有违法犯罪的行为，可以是有违反纪律的行为，也可以是工作不称职而失去人民代表大会信任的。关于提出和审议罢免案的程序，《全国人民代表大会议事规则》做了规定。主席团、三个以上的代表团或者 1/10 以上的代表，可以提出罢免案；被罢免的人员有权提出申辩意见；罢免案经各代表团审议后，由主席团提请全体会议决定，或者由主席团提议，经大会全体会议决定，组织调查委员会，由全国人大下次会议根据调查委员会的报告审议决定。

17.4 司法控制与责任

当行政部门实施法律需要协助时，当一项争端的发生而非行政者的权限所能解决时，或者当行政者在工作过程中侵犯人民的合法权益时，便需要司法的介入。在历史上，司法与行政原是一体，即使在当代，政府虽然分设行政部门与司法部门，但一般的行政程序在功能上仍具有裁判效力，只是在行政程序无能为力或裁定错误时，才由法院提出补救。

正如立法对行政的控制一样，法院的力量也是监督行政的一种重要力量。一旦公共管理者有违法行为，法院便采取制裁行动。一旦权限被误用或滥用，法院有最后的制裁权。公共部门必须受到法院的控制，而法院是否能实行有效的控制，是关系到责任是否能实现的一个大问题。

法谚曰："没有救济，便没有权力。"从公民权益的角度来看，司法控制不仅有助于维护行政之责任，更重要者，在行政权力导致人民的权益受到损害的情况下，给予受损的权益以司法上的救济，这本身便是责任政府的核心要求。在司法控制的责任机制当中，司法审查和侵权赔偿责任是最为重要的两个方面。

17.4.1　政府的诉讼责任

在人类政治和行政的发展历史上，政府及其官员要承担道义上的责任，可以说自政府产生以来，就已有之。政府官员违法，须由行政者本人承担某种法律责任，在民主政治发展之前，也是不争的事实，故有"王子犯法，庶民同罪"之说。然而政府承担诉讼责任，则是民主政治发展以后的事情。

在近现代民主政治发展之前，占主导地位的是自给自足的自然经济，在此基础上，人们的政治关系、法律关系，无论是在形式上还是内容上都是不平等关系。国王或皇帝集立法、行政、司法权于一身，统治者与被统治者的关系是人身的依附关系，而非平等的契约关系。依据"国王不能为非"（The king can do no wrong）这一古老的普通法原则，国王及其所代表的国家和政府，不承担任何实体法的责任。由于"主权在君"，控告政府即为控告国王，因而按照"国王不能为非"的原则，政府享有绝对的主权豁免，因此，政府是不承担诉讼责任的。

在资本主义社会，商品关系成为资本主义经济中最普遍的和最一般的关系。商品关系是平等者之间的关系。人们只有财产占有的多寡，没有其他诸如人身依附关系。而发生商品关系的途径和手段在某种程度上可看作契约和意思自治。正因为如此，等价有偿、平等自愿、公平竞争成为商品和市场经济的一般要求。正是这种市场关系要求法律确认的所有者的独立的人格权、财产权和平等权，才产生出资产阶级的天赋人权。资产阶级思想家关于人权、人民主权、民主政治和法治的理论在思想上为政府承担诉讼责任提供了有力的理论证明。法治理论的核心是限制政府的权力，实现责任政府。既然政府和公民之间的关系是平等的，人民、国家和政府均须受到法律的限制，而民主国家的目的在于保障人权，那么当政府机关在行使权力的过程中侵害人民自由和权益时，人民便有权提起诉讼，司法机关有权通过司法程序处理。正是缘于此种经济、政治和思想的因素，在 18 世纪到 19 世纪，资本主义国家均不同程度地确立了适合自己国家特点的政府诉讼责任制度。社会主义国家依据社会主义民主政治制度的要求，本着责任政府的原则，也建立了政府的诉讼责任制度。中国自 1982 年《民事诉讼法（试行）》发布以来，特别是 1991 年《民事诉讼法》

正式实施以后建立了有中国特色的、符合中国国情的政府诉讼责任制度。

在不同的国家，政府的诉讼责任制度各有差异和不同，但其本质是一致的，即司法机关经法人、公民申请，依法审查行政机关行政行为的合法性及适当性，从而追究政府机关的违法责任。在我国，依据《行政诉讼法》的基本精神，行政诉讼责任是指公民、法人或其他组织认为行政机关的具体行政行为侵犯其合法权益，依法向人民法院起诉，由人民法院依法审理，并追究法律责任。

在现代民主国家，政府承担诉讼责任，或者司法机关对政府行使行政权力进行审查，对违法活动通过司法活动予以纠正，并对由此给公民、法人权益造成的损害予以相应补偿，同时追究政府的法律责任，已成为责任政府不可缺少的一个重要环节和制度设定。它对于保障公民合法权益、促进政府责任实现起到了巨大作用。

依据《行政诉讼法》的规定，政府在下列情况下，必须承担诉讼责任：

（1）违法拘留、罚款、吊销许可证、责令停产停业、没收财物。

（2）违法限制人身自由或者对财产的查封、拘押、冻结。

（3）侵犯法律规定的经营自主权。

（4）拒绝颁发许可证和执照。

（5）不履行保护人身权、财产权法定职责。

（6）没有依法发放抚恤金。

（7）违法要求履行义务。

（8）侵犯其他的人身权、财产权。

在中国，判断政府行政机关具体行政行为是否承担行政诉讼责任的标准在于：

（1）行政机关做出的具体行政行为的证据是否确凿充分。

（2）行政机关适用法律法规是否正确。

（3）行政机关的行政行为是否符合法定程序。

（4）行政机关是否超越职权。

（5）行政机关是否滥用职权。

（6）行政处罚是否显失公正。

依据《行政诉讼法》，行政机关的具体行政行为有下述任一情形的，如主要证据不足，适用法律、法规错误，违反法定程序，超越职权，滥用职权的，可以判决撤销或部分撤销，并可判行政机关重新做出具体行政行为；行政机关不履行或者拖延履行法定职责的，判决其在一定期限内履行；行政处罚显失公正的，可以变更。

17.4.2 政府的侵权赔偿责任

在民主政治体制下，政府并非是超然于社会之上，享有特权的某种神物，而是作为为公共利益服务，为公民服务的公法人。政府具有权力能力和行为能力，是法律关系上权利义务的主体之一，当政府机关的行为侵害人民权利时，应像其他法人组织一样承担侵权赔偿责任。在现代法治国家，政府侵权赔偿责任均被不同程度地确立。我国《宪法》第四十一条规定："由于国家机关和国家工作人员侵犯公民权利而受到损失的人，有依照法律规定取得赔偿的权利。”1994 年 5 月 12 日，第八届全国人民代表大会常务委员会第七次会议正式通过《中华人民共和国国家赔偿法》，标志着我国正式全面实施政府侵权赔偿责任制度。

从历史上看，政府侵权赔偿责任的确立，是第一次世界大战以后的事情。在 19 世纪 70 年代以前，由于受国家绝对主权论、国家无过失论及不能违法论、“国王不能为非”的普通法的影响，政府不承担侵权赔偿责任。在此阶段，政府官员职务侵权行为侵害了人民的权利，由政府官员自己负责，受害人按照民事侵权法或普通法的规则，向有过错的政府官员索赔。由政府官员自己承担赔偿责任，无论是从理论上，还是从现实中看，都是不公正的。因为普通公民为自己的利益而活动，他是自己行为的得益人。政府官员为公共利益而活动，社会得益于他的行为。行政法学家施瓦茨认为：“低级官员通常工资很低，要求他承担履行职责所固有的风险，用自己的钱赔偿受他的侵权行为损害的人，那也是不公正的。把政府官员的地位与普通公民的地位相提并论将会导致不公道的后果。”从另一个层面来看，由政府官员个人承担赔偿责任无疑会严重损害政府官员从事公务活动的积极性和主动性。因为政府官员履行职务越不积极，他本人就越安全；履行职务越积极，他面临的风险越大，如此产生的后果是“慑于这种责任的威胁，行政官员不敢按公共利益的要求……果断地履行职责”。事实上，由于政府公务活动过失所引起的损害往往比较严重，而公务员个人财力有限，要求公务员承担侵权赔偿责任不但不公，而且公民（受害人）的权益也不能得到充分救济。

从 20 世纪 20 年代起，政府的赔偿责任得以全面确立，主要表现为：一是政府赔偿责任作为一项原则和独立的法律责任已经确立；二是许多国家均制定了国家赔偿法。1919 年德国《魏玛宪法》第一百三十一条规定：“官吏行使受委托之权时，对第三者违反其职务上的义务，其责任应由所服役之国家及政治机关负担，不得起诉官吏。”但国家对官吏有追偿权。这是世界上首次通过国家大法规定赔偿责任。自此以后，许多国家制定了专门的国家赔偿法，规定了政府的侵权赔偿责任。

进入 20 世纪中叶以后，政府的侵权赔偿责任呈现出不断加重和扩张的趋势，这主要表现在：逐步扩大了政府赔偿责任的范围，政府赔偿的范围覆盖了几乎所有的行政领域；通过扩大对政府官员过失的解释，扩大过失的范围，减轻受害人的举证责任而放宽了政府赔偿的条件；建立了客观过失的概念，只要公务员管理不完善，有缺陷，即构成过失，国家应承担赔偿责任；确立了无过错责任或结果责任原则，作为过错原则的补充等。

政府在什么样的情况下，依何种归责原则，对何种行为承担多大程度的赔偿责任，在世界各国因政治体制、法律规定之不同，也有差异。依据我国《国家赔偿法》的规定，政府的行政赔偿是国家行政机关和行政机关工作人员在行使职权时，违法侵犯公民、法人或其他组织的合法权益造成损害时，所承担的法律责任。据此，政府承担赔偿责任须符合下列要件：

（1）损害必须是行政机关和行政机关工作人员的行为造成的。经国家法律、法规授权的组织或行政机关委托的组织违法行使职权造成损害的，政府也必须承担赔偿责任。

（2）损害必须是行政机关或行政机关的工作人员行使职权时造成的。

（3）损害必须是违法行为造成的。

（4）损害必须是现实的、已经产生的或必然产生的，即损害与违法行为有直接联系。

17.5 公民参与责任的维护

政府治理的过程，并非政府单方面行使权力的过程，而是政府与公民的互动过程。一般而言，政府本身不易从内部主动地改造，政府的为善与为恶、尽责与失职，在很大程度上视国民是否尽了合理的督促的作用。因此，在谋求公共部门责任问题上，公民的参与是十分重要的。

公民参与公共管理的过程，可以实现以下几个方面的目的，并直接促进公共部门的责任：

（1）公民的参与可以反映公民的需求与偏好，使行政部门的政策与行为能与社会中的大多数公民的需求相契合，回应公民的需求。公民参与可以提高政府的代表能力和回应力。

（2）公民参与使公共管理者知晓公民对公共组织绩效的评估意见。

（3）公民参与向公民提供了信息，这些信息有助于公民做出判断：政府应该做些什么？

（4）公民参与促使政府的改善，增强公民对政府的信心，亦增强对政策合法性的认同和支持。

17.5.1 参与机制

在各国实践中，公民参与的形式多种多样，在促进政府责任方面，现存的主要机制包括：

（1）公开听证（public hearing）。

在涉及公共利益和公民利益的政策、规划和决策上，举行公开听证，广泛听取社会公众和相关利益群体的意见，以保证政策、规划、决策更符合民意，更符合公众的利益。

（2）民意调查（polls）。

公众的意见是十分重要的，在民主社会更是如此。民意反映了公民对政府的期待，对政府政策的评价，对政府行为和绩效的评估，这是构成政府责任的基础。因此，进行民意调查是促进政府责任的基础工作。民意调查虽然十分重要，但并不能替代公共管理者的理性判断。

（3）咨询委员会（advisory committees）。

在许多国家，如美国，联邦政府设立各种各样的咨询委员会。吸收外界人员参加咨询委员会，可以发挥十分重要的作用，如加强公民与政府的联系，改善行政机关和外界的关系；可以扩大行政机关做出合理决定的范围；可以利用外部专家的知识，使决策更加科学。

（4）利益群体（interest groups）。

在任何社会中，都不同程度地存在着各种形式的利益集团，作为非官方组织它是体现个人与国家之间媒介功能的基本途径。虽然利益集团并不一定完全代表公共的利益，但在一定程度上有能力将成员的愿望转变为政治需要；同时亦可起到监督政府的作用。在西方国家，没有利益集团的协助，政府的许多业务很难进行。它们督促通过某些法律，或提名和选举政府官员来办理他们喜爱的事务。但另一方面，利益集团的观点往往是狭隘的，甚至是自私的，因而常常牺牲公共利益。

此外，公民防止政府官员的专横违法，除了前面讲的还有许多方法，例如：在选举时参加投票；自己可以出任公职，施展政治抱负；对政府提出批评、建议；可以举报政府官员违法失职行为；等等。

17.5.2　有效的公民参与

公民参与取决于许多条件，一个有效的公民参与系统，必须包含以下几个相互影响的要素：

（1）公民的主体性。

在一个社会的治理体系中，必须真正确立公民的主体地位，政府的正当性和合法性要有公民的同意。在一个公民不具主体性的政府里，公民参与必然是形式主义的。

（2）知情的公民。

公民要具有参与公共事务处理的能力。一个参与的公民必须具备公共事务相关的知识与资讯，行政机关应保障公民的知情权，使公民具有获取信息的可能，具备参与的能力。另外，公民的态度十分重要。如果大多数公民都抱着政府去做应该做的事情，而且非要做好的态度，则一切社会活动和公共管理便可大大加强。在某种程度上，政府的擅权跋扈，唯有在公民对公共事务冷淡、没有尽到控制责任的情况下发生。

（3）参与途径。

参与需要途径，如果一个社会缺乏公民直接或间接地参与公共事务的途径，那么参与也是不可能实现的。

本章小结

1. 公共责任是公民对政府的良好期待，具有回应性、弹性、胜任能力、正当法律程序、负责任、廉洁等多种意涵。民主政治是责任政治。公共责任的实现有赖于一套责任机制。

2. 行政控制是实现行政责任的重要途径。科层制本身便是一个责任机制；行政监督权的行使、行政监察、审计、行政复议均是有效的行政控制机制。

3. 立法控制是实现行政责任的政治途径，其主要是通过议会对行政机关的监督来实现的。在中国，人民代表大会制度是保证行政责任的主要制度。

4. 司法审查和司法救济是保证行政责任最有力的手段和机制。它主要是通过司法机关追究政府的诉讼责任、侵权赔偿责任的方式来实现。

5. 公民参与对实现行政责任十分重要。

关键术语

责任　责任机制　行政监督　行政监察　行政复议　立法监督　司法审查　行政诉讼　侵权赔偿　公民参与　公开听证

复习思考题

1. 公共管理责任的性质和内涵是什么？
2. 如何理解民主政治便是责任政治？
3. 分析维持和实现公共管理责任的主要困境。
4. 何谓责任机制？实现公共管理责任的主要机制是什么？
5. 如何通过公共管理本身落实责任？
6. 立法控制的主要途径和方法是什么？公共管理的立法控制可能遇到哪些问题？
7. 在中国，权力机构对政府监督的主要方式有哪些？权力机构的监督遇到哪些主要的困难？
8. 如何理解“没有救济，便没有权利”？
9. 分析公民参与和公共管理的关系。
10. 试论有效公民参与的要件与基础。

阅读材料

公共部门廉洁建设的建议

廉洁是政治、经济和社会结构的支柱之一；廉洁有助于维护公共利益，强化基本价值观；廉洁是整个良好治理体系的重要基石。廉洁风险存在于公共部门与私营部门、社会团体以及个人在政治和政策程序各个阶段的各种交往之中，需采用全社会参与的综合性方法来提升公共廉洁并减少公共部门的腐败。

公共廉洁是指始终符合并遵守共同的道德价值观、原则和准则，从而在公共部门中维护公共利益并将其置于私人利益之上。由于公共廉洁风险的具体性质及其法律、制度和文化背景不同，各国提升廉洁的实践存在着很大差异。在遵循国内的法律和制度框架的前提下，要履行提升公共廉洁这一共同使命和责任，需建立一套连贯一致的公共廉洁体系。根据公共治理委员会的提议，公共部门廉洁建设应注重以下几个方面：

1. 在公共部门的最高政治和管理层表明提升公共廉洁和减少腐败的承诺

（1）确保公共廉洁体系可以定义、支持、控制和强制执行公共廉洁，并将之纳入更大的公共管理和治理框架之中；

（2）确保适当的立法和制度框架到位，使公共部门的组织可以负起责任，对本部门及公职人员进行有效的廉洁管理；

（3）为最高政治和管理层确立清楚的预期，通过示范性个人行为（包括在履行公职过程中体现出高标准的适宜行为）为公共廉洁体系提供支持。

2. 明确公共部门中的机构责任以增强公共廉洁体系的效力

（1）明确相关部门或机构在设计、领导和落实公共部门廉洁体系要素方面的责任；

（2）确保在各自司法管辖区具有制定、落实、强制执行或监控公共廉洁体系要素之核心责任的所有公职人员、单位或团体具备适当的职权和能力履行其责任；

（3）在此等公职人员、单位或团体之间推行水平和垂直合作机制，并在可能的情况下在地方各级政府之间推行此等机制，通过正式或非正式的手段支持实现一致性并避免重叠和缺口，分享和推进从良好实践中学到的经验。

3. 为公共部门制定以证据为基础的战略以减轻公共廉洁风险

（1）采用基于风险的方法应对违反公共廉洁标准的行为，并考虑影响公共廉洁政策效力的因素，在此基础上，设定公共廉洁体系的战略目标和优先事项；

（2）设定基准和指标，收集、落实与公共廉洁体系整体效力有关的可信数据。

4. 为公职人员设定高行为标准

（1）以公共利益优先，遵守公共服务价值观，建设促进全组织学习并鼓励良好治理的开放文化；

（2）将廉洁标准纳入法律制度和组织政策之中，清晰地表明预期，并在适当情况下作为纪律、行政、民事或刑事调查和处罚的依据；

（3）制定清楚适当的程序，预防违反公共廉洁标准的行为，并管理实际或潜在的利益冲突；

（4）向私营部门、社会团体和个人传播公共部门的价值观和标准，并要求这些合作伙伴在与公职人员交往时尊重这些价值观和标准。

5. 促进公共廉洁的全社会参与文化，与私营部门、社会团体和个人建立合作关系

（1）鼓励私营部门、社会团体和个人在与公共部门交往时坚守公共廉洁价值观，并将其视为共同的责任；

（2）让利益相关者参与到公共廉洁体系的开发、更新和落实过程之中；

（3）提升社会各界的公共廉洁意识，降低对于违反公共廉洁标准行为的容忍度，实施促进公共廉洁的公民教育活动；

（4）让私营部门和社会团体参与，通过在商业和非营利活动中坚守廉洁，为公共廉洁的好处提供补充，并且分享和推进从良好实践中学到的经验。

6. 投资于廉洁领导力以表明公共部门组织对于廉洁的承诺

（1）将廉洁领导力纳入对组织各级管理人员的要求之中，将其作为选拔、任命或晋升的要求之一，并根据组织各级公共廉洁体系对管理人员进行绩效评估；

（2）明确职权、提供组织支持（比如内部控制、人力资源文件和法律意见）、进行定期培训和指导，以增强在涉及公共廉洁问题之事项中做出适当判断的意识并培养相关技能，从而支持管理人员发挥道德领袖的作用；

（3）建立促进识别和减轻公共廉洁风险方面管理责任的管理框架。

7. 促进致力于公共服务价值观和良好治理且以绩效为基础的专业化公共部门

（1）确保始终适用绩效和透明等基本原则的人力资源管理，从而为公共服务的专业化提供支持，预防偏袒和任人唯亲，防止不必要的政治干预，减轻滥用职权和行为不当的风险；

（2）确保客观标准和正式程序基础上的公平公开招聘、选拔和晋升体系，确保建立为问责和公共服务理念提供支持的评价体系。

8. 为公职人员在工作场所应用公共廉洁标准提供足够的信息、培训、指导和及时的建议

（1）在公职人员的整个职业生涯中，为他们提供清晰和最新的信息，让他们了解与维持公共廉洁高标准有关的组织政策、规则和行政程序；

（2）在公职人员的整个职业生涯中，为他们提供入职和在职廉洁培训，以提升他们的意识并培养他们分析道德困境的必要技能，并且让公共廉洁标准在他们各自的工作环境中变得可适用和有意义；

（3）建立让公职人员可以方便地获得正式和非正式指导和咨询的机制，帮助他们将公共廉洁标准适用于日常工作并且管理利益冲突。

9. 支持公共部门内对廉洁问题做出适当响应的开放式组织文化

（1）鼓励建设开放式文化，从而对道德困境、公共廉洁关切以及错误进行自由讨论，在适当时可以与员工代表进行讨论，同时领导层对有关问题做出响应，并承诺提供及时的建议和解决这些问题；

（2）建立举报涉嫌违反廉洁标准行为的清晰规则和程序，并根据国内法的基本原则为诚实和合理的举报提供法律和现实保护，确保举报人不会受到各种不公正待遇；

（3）提供举报涉嫌违反廉洁标准行为的替代性渠道，包括在适当时允许向有职权、有能力进行独立调查的团体进行匿名举报。

10. 采用内部控制和风险管理框架维护公共部门组织的廉洁

（1）确保建设有着清晰目标的控制环境，表明管理人员对于公共廉洁和公共服务价值观的承诺，并在合理的程度上确保组织的效率、业绩以及对法律和实践的遵从；

（2）确保采用战略性的方法来管理风险，包括评估公共廉洁的风险、应对控制薄弱环节（包括在关键流程中加入报警信号）以及为风险管理系统建立有效的监督和质量保证机制；

（3）确保控制机制的一致性，确保控制机制包括明确的程序来应对可信的涉嫌违法违规的行为，以及为举报人向有关部门举报提供便利并使其不用担心受到报复。

11. 确保强制执行机制可以对公职人员涉嫌违反公共廉洁标准的所有行为以及牵涉其中的所有其他人员做出适当响应

（1）通过纪律、行政、民事和/或刑事程序确保公共廉洁标准得到公平、客观、及时的强制执行（包括察觉、调查、处罚和上诉）；

（2）推进相关团体、单位和官员之间（在组织、国内和国家层面）的合作和信息交换机制，以避免重叠和缺口，并建设更为及时、适度的强制执行机制；

（3）鼓励公共部门组织在内部以及向公众公开强制执行机制的效果和案件处理的结果（尤其是通过提供与案件有关的统计数据），同时尊重保密性以及其他相关的法律规定。

12. 强化外部监督和控制在公共廉洁体系中的作用

（1）通过向监督机关（比如最高审计机构、监察专员或信息委员会）、监管执法机关以及行政法庭的处罚、裁定和正式建议做出足够的反应（包括采取相关纠正措施），促进组织学习并表明公共部门组织的问责决心；

（2）确保强化公共廉洁的监督机关、监管执法机关以及行政法庭对第三方提供的有关涉嫌违法行为或不当行为的信息（比如企业、雇员和其他个人提出的投诉或指控）做出反应；

（3）确保监管执法机关公正执法（执法对象可能是公共和私营组织，也可能是个人）。

13. 鼓励政治程序和政策周期各个阶段的透明度和利益相关者的参与，以便更好地进行问责和保护公共利益

（1）提升透明度并打造开放型政府，包括确保公众可获得信息和公开数据，以及及时回应索要信息的请求；

（2）让所有利益相关者——包括私营部门、社会团体和个人——能够参与公共政策的制定和落实过程；

（3）对利益冲突进行管理，并且在游说活动中和为政党和选举活动提供资金方面实现透明，以避免公共政策被狭隘利益团体把持；

（4）鼓励建设一个包括“监视”组织、公民团体、工会以及独立媒体在内的社会。

资料来源：OECD，The OECD Recommendation on Public Integrity，2020.

本章参考文献

Appleby，P. H. (1952)，Morality and Administration in Democratic Government，Baton Rouge：Louisiana State University Press.

Finer，H. (1941)，“Administrative Responsibility in Democratic Government，” Public Administrative Review，1 (4).

Fesler，J. W. and Kettle，F. (2009)，The Politics of Administrative Process，Washington：CQ Press.

Rohr，J. A.（1989），Ethics for Bureaucrats：An Essay on Law and Value，New York：Marcel Dekker.

Rosenbloom，D. H.（1997），Public Administration，4th ed.，New York：McGraw-Hill.

Rosen，B.（1989），Holding Government Bureaucratic Accountable，New York：Praeeger.

Starling，G.（1987），Managing Public Sector，3rd ed.，Chicago，Illinois：Dorsey.

第 18 章

公共管理现代化：变革与发展

现代化以及追求现代性的热情，是当代最普遍和最显著的时代特征。现代化的变革与转型涉及政治、经济、社会、文化等许多方面。在诸多的现代化中，公共部门或公共管理的现代化有着十分重要的地位与作用。这是因为一个有能力、负责任、讲理性、有效率的政府始终是发展和促进其他领域现代化的基础和前提条件。从某种程度上讲，公共部门的现代化在国家建设和发展中具有优先的地位，因为国家建设和发展在最低程度需要建立一个公共权威机构来保证其有效运行，并通过其对公共事务的治理，为国家和国民提供最基本的公共产品（安全与秩序）和公共服务。

重点问题

- 现代化与公共管理现代化
- 公共管理现代化的基本特征
- 政府能力与公共管理现代化
- 公共管理的创新与推动
- 中国政府治理改革与创新

18.1　公共管理现代化的性质与动因

18.1.1　理解现代化

从历史上看，广泛意义上的现代化是一个经济、政治、社会、文化等向现代类型变迁的过程。从字面上讲，现代化（modernization）是变成现代的意思。由于现代或者现代化社会是从各种不同类型传统的或者前现代社会发展而来的，现代化总是意味着从传统的或者过去的形态向现代形态的转变或者过渡，或者是制度的转型（institutional transformation）。传统与现代是研究者为了解释上的方便而设计出来的理想型分析模式。传统与现代之间并不是零和的关系。传统并不代表着落后，而现代也并非代表着进步。在传统和现代之间并不存在相互对立和排斥的状态，事实上也不存在纯粹的传统性或者纯粹的现代性。现代化只是传统在不同时空条件下的转化、适应或者创新。

从历史上看，现代科学技术和现代资本主义是西方人的发明，现代化的转变过程最早也始于西方，西方世界最早实现了从封建制向现代国民国家的转型，从礼俗社会到法治国家的转型，从专制主义向民主主义的转型，从传统的以及家庭为主导的社会向功能性组织化社会的转变，从农业经济向工业化经济的转变，从村落共同体向现代城市的转变，从神学统治到世俗化或世俗主义的转变等等。从这个意义上，西方资本主义世界是最早步入现代化的世界，或者是现代化的先起者。在西方进行现代化时，中国和东方国家尚处在沉睡状态。事实上，现代化也正是通过文化传播，逐步扩散到亚洲、南美洲、非洲等整个世界，这一过程充满了血腥和暴力。非西方国家在现代化的过程中，往往也借鉴甚至移植了许多“西方化”（westernization）的形式和内容，这也是不能否认的历史事实。但是，现代化并非只属于西方，现代化绝不是西方化的同义语。现代化的精神实质在于创造性的转化，即从自己的国情出发，创造有自己特色的现代化道路。当然，这并不否认学习和借鉴的重要性。事实上，并不存在适合一切国度的现代化的制度和秩序。

社会是人在各个领域互动建构的产物。一个国家的现代化涉及了经济、社会、政治、文化，乃至国民人格等诸多维度。从历史上看，现代化在经济领域的主要特征在于产业化和产业经济的兴起，市场体系的不断扩张和发展；在政治领域的主要特征在于现代国民国家的建立以及民主制度的发展；在社会领域的主要特征在于社会的高度分化和专业化，以及个人角色的分化和专门化，城市的兴起和城市化；在文化领域的主要特征在于宗教、哲学、科学等主要的文化领域的分离，以及文化的世俗化。这些领域之间相互作用，共同促进。从这个意义上讲，现代化是多种力量共同作用的产物。从一般的趋势和规律来看，现代化有其统一性的一面，这种统一性来源于社会发展的内在规律性，正如恩格斯所讲的那样，“每一历史时代主要的经济生产方式和交换方式以及必然由此产生的社会结构，是该时代政治的和精神的历史所赖以确立的基础”（马克思，恩格斯，1995：257）。在现代化的不同维度，是存在某种历史的趋势和潮流的。

同样，现代化的过程在表现出其统一性的同时，也表现出了模式的多样性。这种多样性表现在以下几个方面：一是时间上的多样性，即在不同历史时期，现代化在其各个维度上均表现出发展模式的多样性，例如国家政府职能和作用在不同历史时期是不同的，国家和政府进入经济领域，完全是福利国家以后的事情。二是空间和国度的差异性和多样性。英国、法国、美国、德国虽然都是最早进入现代化的国家，但其确立的政府形式并不相同，美国实行的是联邦制和权力分立与制衡的体制，英国则是议会内阁制，法国是中央集权和半总统制。三是现代化发展过程的多样性。在不同的现代化领域，其变革的起初领域也是不同的，法国的政治民主革命最初是从意识形态和文化领域开始的，美国的资产阶级民主革命则始于对英国殖民统治的暴力反抗。

从历史上看，现代化的过程并非田园牧歌式的，而是充满了分裂和冲突以及抗拒和抵制变革的运动。现代化总是要面临抵制这一问题，尽管抵制并不是一个对社会有害的事情和力量。现代化的障碍来源是多样的，如既得利益集团的反对、意识形态的抗拒、权威的丧失、对未来不确定性的恐惧，以及文化价值的冲突，等等。对现代化变革的抵制，也会引发更多的社会问题、社会冲突，甚至导致社会解体。如何推动有计划的变革，并采取有效的策略化解各种危机，对现代化的结果将产生直接的影响。

18.1.2　公共管理现代化的基本特征

公共管理现代化是整个国家现代化的重要组成部分。从广义上讲，公共管理现代化是指现代化的公共管理制度和秩序建立和发展的历史转变过程。从历史上看，这种变迁是随着经济、社会、政治、文化等层面的变迁而来的。建立在理性-法律基础上的现代官僚体系就是整个社会现代化的产物，可以看成现代化过程的政府治理层面与结果。从狭义上讲，公共管理现代化是指任何有意识地推动公共部门管理转型的有计划的变革行为。本章的分析和研究正是在这个意义上进行的。

概言之，公共管理现代化是指为了适应公共管理内外环境的变化，公共部门有意识和有计划地推动自身结构、功能的改变，以期谋取公共管理体系与内外环境的动态平衡，从而提升政府的治理能力，增进政府效能的行为或过程。公共管理现代化具有以下几个方面的基本特征：

1. 公共管理现代化是公共管理体系与环境相适应的过程

公共管理体系是一个开放系统，与外在环境之间存在着相互依存和相互转化的关系。公共管理体系的存在和发展，取决于与外在环境之间的动态平衡。公共管理现代化的过程，是适应环境变迁的过程。

2. 公共管理现代化是有计划的变革过程

公共管理现代化并不是公共部门对环境变化的被动适应和刺激反应，而是有意识、有计划的变革。所谓有计划的变革，意指公共部门的变革是作为解决问题或调整状态而做出的一种努力而出现的；变革是有目标导向的行为；在变革的过程中，变革的代理人（change agency）发挥着重要作用，所谓变革的代理人是指能够通过组织来影响、促进和实施创新的人；有计划的变革，也意味着变革是通过许多变革的策略来实现变革的目标的。当然，有计划的变革并不一定表示变革本身能够达到预期的结果。

3. 公共管理现代化是系统性的变革

公共管理体系是由众多系统构成的超大系统，它往往涉及公共管理的价值和目标、公共管理的结构与功能、公共管理的方法与技术、公共政策、社会心理结构等诸多层面。公共管理现代化并不是单一因素方面的变革，因为一个领域或者一个方面因素的变革，都会影响到其他领域的变革。从更广泛的意义上而言，公共管理的变革还要受到社会、政治、经济、文化等领域变革的影响，公共管理现代化是一个系统工程，涉及诸多改革之间的相互配合。系统性的变革往往也意味着现代化过程一定面临着许多复杂性和不确定性。

4. 公共管理现代化是不断创新的过程

公共管理的现代化总是意味着创新，而创新在某种程度上是创造性的破坏或者建设性的破坏过程。创新并不是对过去的全盘否定，而是意味着对过去或者传统的创造性转化，或者对原有体系的自我完善。创新也不是对外来制度的移植，经验证明，任何制度皆有其内生性，也就是环境的适应性，不顾客观实际完全照搬其他国家和地区的行政制度，鲜有成功的案例。

5. 公共管理现代化是一个长期的历程

公共管理现代化涉及体系的整体性变革，必须经过一个较长的时期。任何制度的最终建立都需要经历不同的阶段，如小规模试验、大范围推广、不断的调适以及最终的巩固。公共管理现代化不可能毕其功于一役，而是一个渐进的过程。

6. 公共管理现代化是有代价的

任何现代化的过程均是要付出成本和代价的，甚至是痛苦的。在现代化的过程中，事实上并不存在帕累托最优状态，一部分人所得总是意味着另一部分人受损，更何况任何的变革总是意味着社会稀有价值的重新分配。公共管理现代化的过程充满了诸多抵制变革的因素，既得利益者总是抵制变革的，而其他的利害关系人也因诸多的因素对变革持怀疑恐惧的心态。从长期的观点来看，公共管理的现代化将扩大社会的整体收益，一个现代化的公共管理体系所创造的利益，将远远超出其付出的代价。

7. 公共管理现代化是没有止境的

现代化是一个过程，而非一个结果或产出。因为社会的发展是没有终点的，进步也是没有终点的，在某种程度上，现代化过程所代表和体现的更多的是一种人类不断超越自我、追求卓越的精神。每个时代总是存在着这个时代需要回应和解决的问题，在公共管理领域亦是如此。而所谓的现代性，无不是在特定时间和空间所存在的，依据人们的需要和价值以及人的意识状态，所暂时认同的事物存在和发展的状态。

18.1.3 当代公共管理现代化的推动力量

在当代世界，公共管理现代化已经成为一场全球性的运动，以至于有学者认为在全球范围内正在进行着一场公共管理的革命。这场革命几乎波及了发达国家、发展中国家以及不发达国家和地区，尽管变革的范围、重点、做法、策略并不完全相同。推动这场变革的力量主要来自两个方面，即公共管理外部环境的变化以及行政国家的结构性矛盾。

1. 外部环境的变化与国家竞争力的挑战

在“公共管理的环境”一章中，我们分析了当代公共管理体系环境的主要变化。无论是全球化、新技术革命、知识经济、权利革命还是风险社会，都给公共部门带来了许多新的问题，需要公共部门予以有效地回应并加以解决。从宏观层面上讲，这些变化所导致的最大压力是竞争的压力。在当代世界，全球竞争的焦点已经从企业层次转到国际层次，整个社会权力的基础已从武力基础转移到“能力”基础，竞争的范围已从单纯的经济增长转移到国家治理的各个维度（包括制度、文化）。

人类社会自产生以来，各个领域就充满了竞争，竞争是人类社会的一个特征。社会各个领域的竞争均是建立在这样一个人们对社会本质认知的基础之上的，即社会的一切资源都是稀缺的。社会达尔文主义的观点也加剧和强化了这样的认知，似乎竞争是社会选择和进步得以实现的手段。从某种程度上讲，竞争既是社会变革的原因，也是社会变革的结果。

在国家竞争中，政府治理和管理的因素越来越发挥着重要作用。国家之间的竞争在很大程度上是政府治理能力之间的竞争。这从国际世界对国家竞争力排名的指标体系中明显可以看出。当代世界影响力最大的国家竞争力评估是瑞士洛桑国际管理发展学院（简称 IMD）的国家竞争力评估以及世界经济论坛的国家竞争力评估。在世界经济论坛的国家竞争力评估中，评估涉及政府能力与制度（institution）、基础设施（infrastructure）、信息通信技术应用（ICT adoption）、宏观经济的稳定（macroeconomic stability）、健康（heath）、技能（skill）、产品市场（product market）、劳动力市场（labour market）、金融体系（financial system）、企业活力（business dynamism）、市场规模（market size）、创新能力（innovation capability）等 12 个方面，被称为国家竞争力的 12 个支柱。这 12 个方面几乎涉及了现代国家治理和公共事务的方方面面，而直接涉及政府职能和能力的有 26 个指标（见表 18－1）。

表 18－1 世界经济论坛国家竞争力评估中的政府职能与能力指标

序号	指标	指标说明
1	有组织犯罪	有组织犯罪程度及对企业和社会的影响
2	凶杀率	十万人中故意凶杀比例
3	恐怖主义事件	与恐怖主义相关的事件的数量以及过去五年受恐怖袭击的次数
4	警务的可靠性	警察执行法律、维护秩序的依赖程度
5	社会资本	社会凝聚力和信任的程度
6	预算透明度	公民了解政府预算信息的及时性和深度
7	司法独立	司法体系免受政府、个人和公司影响的程度
8	管制回应的法律框架的效率	私人部门在多大程度上能通过法制框架挑战政府管制
9	新闻自由	出版和新闻自由的程度
10	政府管制负担	政府管制给企业增加负担的程度
11	司法解决争议的效率	法律以及司法体系解决争议的效率高低
12	电子化参与	政府通过网络向公民提供信息和服务的水平
13	腐败	公共部门的腐败程度
14	财产权	公民财产权受到保护的程度
15	知识产权	知识产权受到保护的程度

续表

序号	指标	指标说明
16	土地行政的质量	包括了基础设施的可靠性、信息透明、土地争议的解决以及财产权的平等保护
17	审计与会计标准的力量	财务审计和会计标准的执行力
18	利益冲突的管制	是否有良好的防止利益冲突的有效管制，以防止有关当事人谋取不正当利益
19	利害关系人治理	是否有良好的法人治理结构以保护利害关系人的合法权益
20	政府政策的稳定性	政府是否为企业创造良好、稳定的政策环境
21	政府对变革的回应力	政府能否有效回应社会各种变化，如来自技术变革、社会变革以及安全和经济方面的挑战
22	数字环境下的法律适应力	政府的法制是否能够适应数字环境，如电子商务、共享经济
23	政府的长期愿景	政府是否具有发展的长期愿景
24	能源效率的管制	政府是否有良好的政策和管制措施以促进提升能源的效率
25	再生能源的管制	政府是否有良好的政策和措施促进再生能源
26	与环境有关的国际条约的执行	有关环境保护的国际条约的签订和执行

IMD以经济绩效、政府效率、企业效率、基础设施四大要素来评估国家竞争力。政府能力以及效率构成了十分重要的方面。涉及政府能力及效率的指标为：公共财政（public finance）、税收政策（tax policy）、制度架构（institutional framework）、商业立法（business legislation）、社会环境（societal framework）五大方面（见表18－2）。

表18－2　IMD国家竞争力评估中的政府效率指标

一、公共财政
1. 政府预算盈余和赤字总额 2. 政府预算盈余和赤字在GDP中的比例 3. 政府债务总额 4. 政府债务在GDP中的比例 5. 政府债务的实际增长 6. 中央政府国内债务占GDP的比例 7. 中央政府外债占GDP的比例 8. 利息支付在经常性收入中所占的比例 9. 公共财政的有效管理程度 10. 逃税情况 11. 退休金状况 12. 政府一般性支出在GDP中的比例

续表

二、税收政策
1. 税收收入在 GDP 中的比例 2. 个人所得税收入在 GDP 中的比例 3. 公司税收在 GDP 中的比例 4. 间接税在 GDP 中的比例 5. 资本和财产税在 GDP 中的比例 6. 社保提拨金额占 GDP 的比例 7. 个人所得税的有效性 8. 公司税对利润的影响 9. 消费税率 10. 雇员的社保金提取率 11. 真实个人赋税
三、制度架构
1. 短期利率 2. 资本的成本 3. 利率差 4. 国家信用等级 5. 中央银行政策是否对经济产生积极影响 6. 外汇存底 7. 人均外汇收入 8. 汇率的稳定性 9. 法律和管制政策是否鼓励企业竞争 10. 政府政策适应经济变化的能力大小 11. 透明性 12. 官僚体制没有阻碍企业的发展 13. 腐败的程度 14. 法治水平
四、商业立法
1. 海关障碍 2. 保护主义政策没有损害公平的环境 3. 公共部门的合同对外国竞标者的开放 4. 外国投资者能够自由进入 5. 资本市场的开放性 6. 吸引外资 7. 政府补贴占 GDP 的比例 8. 补贴没有损害竞争和经济发展 9. 国有企业没有对商业活动构成威胁 10. 公平竞争法律的有效性 11. 地下经济没有对经济发展造成影响 12. 新企业的注册率 13. 鼓励创业 14. 企业注册的时间 15. 开办程序的简明 16. 劳动管制没有阻碍企业活动 17. 失业的立法鼓励寻找新工作 18. 移民法没有妨碍公司雇用外籍员工 19. 解雇成本

续表

五、社会环境
1. 司法公正 2. 犯罪率 3. 老龄化程度 4. 政治稳定的风险 5. 社会凝聚力高 6. 分配公平程度 7. 低收入家庭的比例 8. 高收入家庭的比例 9. 收益股票的持有状况 10. 平等的机会立法鼓励经济发展 11. 女性在议会中的席位 12. 失业率 13. 性别不平等状况 14. 男女可支配收入

从现代化发展的历史来看，民族国家的兴起本身就是现代化的结果之一，而现在民族国家之间的竞争又成为主导现代化的重要力量。民族国家最大的特点之一在于“行政国家”（administrative state）的兴起和发展，民族国家事实上成为具有领土边界的行政实体，其显著的特征在于公共权力部门对社会体系的再生产的各个方面实施监控（吉登斯），政府所扮演的角色已经远远超过了传统的所谓“守夜人”，已经介入社会的各个领域，国家统治更多地依赖行政的权力（administrative power）。

全球化和世界经济体系的形成和发展，真正将民族国家推到了全球秩序直接行动者和直接竞争者的地位。因为民族国家存在于一个经济、政治、文化相互依赖的世界之中，但这个世界不是一个同质的世界，而是充满了不同利益的世界，尽管存在着共同的利益。任何一个在全球秩序中的国家的影响力，均受到自身财富以及能力的严格限制。任何国家在最低程度上都需要维护其主权和核心的利益，这在很大程度上取决于国家的实力和能力。在民族国家处于竞争者地位的时候，公共部门因其在国内的地位和作用，其能力和效能便成为竞争力的关键要素之一。正是在新的环境之下的竞争，成为公共部门现代化变革的推动力量。

2. 行政国家的结构性矛盾与治理赤字

如果讲，国际竞争的压力是推动公共管理现代化的外部力量的话，那么现代行政国家存在的结构性矛盾是推动公共管理现代化的内生力量。“结构”一词是指构成行政国家各个组成部分所形成的关系模式。结构性矛盾是指行政国家结构性原则之间的对立，甚至冲突。在思想史上，许多思想家和学者对行政国家所存在的内在矛盾都进行过分析和批判。马克思深刻地揭示了国家的本质，并指出了资本主义国家出现的异化现象，即行政国家和官僚机构将自己的目的变成国家的目的，行政权力被用来作为谋取自我利益的工具。韦伯在其著作中也揭示了官僚制度与民主政治的紧张关系。公共选择理论则分析了集体选择的制度困境，试图说明大型官僚国家笨拙于反映人民的偏好，而趋于满足自己的私利。一部行政学说的历史，基本上是一部抨击官僚制度而谋求问题解决的历史。

现代行政国家的结构性矛盾，在我们看来，主要表现为以下几个方面：

（1）矛盾之一：政府职能的扩张与政府能力之间的矛盾。

现代政府的职能范围与传统社会的不可同日而语。政府作用的范围几乎触及个人生活和社会的方方面面，政府已经从传统的秩序维护者的角色，转变到公共产品和公共服务的提供者、市场和社会的监管者、社会变革的推动者等许多复杂角色。政府职能范围的扩张与政府的能力之间形成了差距，如何使政府的能力与政府的作用相匹配，便成了行政国家的一个基本议题。问题不仅仅在于能力的不足，事实上任何政府都总是试图增强自己的能力，但能力的提升又受制于政治、经济、文化、社会以及政府自身的许多因素，并非政府自身能够解决的。

（2）矛盾之二：行政权力的膨胀与控制之间的矛盾。

事实上，从政府产生的那天起，任何社会和国家都面临着一个基本的问题，那就是既要保证政府有足够的权力的积累和权威的建立，同时又要采取必要的措施来限制和约束这样的权力，以防止权力的滥用，并将因权力的滥用而给公民和社会造成的损害降到最低的程度，或者可接受的程度。在现代行政国家，行政权已经远远超越了传统的执行权的边界，不仅进入了立法和司法领域，而且进入了传统上因国家和社会分离而产生的社会领域。风险社会的出现，往往又给行政权力的强化和扩张提供了客观的基础和理由；权利革命也给行政权力的扩张提供了正当性的基础。问题并不在于权力和权威本身，而在于一旦权力缺乏有效的控制，权威不适当地使用，就会给个人和社会带来灾难性的后果。腐败的存在便是明显的例证，它不仅侵蚀着政府的合法性，也极大地阻碍了国家的建设和发展。

（3）矛盾之三：行政国家的管制与社会创造力和活力之间的矛盾。

公共治理的过程实际上是政府、社会、市场之间辩证互动的过程。民主社会的有效治理是建立在责任政府、活力市场和企业以及发达的民间社会的基础之上的。国家竞争力不仅取决于政府的能力和效率，也取决于企业的活力和效率以及社会的活力和效率。随着行政国家的发展，现代国家事实上已经成为管制国家（regulating state），政府的管制不仅仅限于传统上所谓的市场失灵领域（经济管制），也更多地进入社会事务领域（社会性管制）以及目前由两者管制而产生的越来越复杂的行政性管制。问题并不在于政府管制的存在，而在于政府过度管制所带来的社会成本和负担。这种成本和负担不仅仅表现为管制的俘虏（regulatory capture，管制沦为私人利益而非公共利益的保护者）、政治的俘虏（political capture，管制机构自肥和谋取私利）以及管制成本（regulation cost），还表现为对企业和社会创新的抑制与活力的丧失。目前世界各国无不积极推动管制改革或者放松规制，正是对这种管制失灵的最好说明。

（4）矛盾之四：行政国家传统价值与民主治理价值之间的冲突。

传统科层制下的行政国家本是国家统治的工具和机器，追求工具理性是其最基本的价值取向，这种工具理性主导的价值观事实上与民主治理价值是有冲突的。民主治理的价值主张对人民大众负责，而科层制的价值主张对上级和领导负责；民主治理的价值主张透明和开放，而科层制的价值主张保持其秘密性；民主治理的价值主张参与，而科层制的价值则更多主张决策权的集中；民主治理的价值更多强调个体的选择和自由，而科层制的价值则强调指挥与服从；民主治理的价值更多重视社会的公正，而科层制的价值则强调效率优先。凡此种种，皆表明政府的治理与公民期望之间的矛盾和落差，这种矛盾和落差反映在行政国家没有充分地回应社会的需求等方面。行政国家往往试图将公众关心的问题（包括政治问题）转化为技术性的问题，并试图以理性中立的形象处理问题。政府努力与公民需求之间的落差，也导致了公民对政府"信心的落差"（confidence gap）的危机。

（5）矛盾之五：权力集中与分散之间的矛盾。

任何政府治理体系都不是一个政府处理它所有的公共事务，都需要地方层级的行政管理，这便涉及不同层级政府的职能配置和权力分配问题。公共权力的垂直分立事实上是公共事务管理项目的分立，大的原则是由中央和地方各自处理自己分内的公共事务，归中央的事务，地方不能过问，归地方的事务，中央也不能处理。中央管理事务较多者为中央集权制，地方管理事务较多者为地方分权制。无论是联邦制国家还是单一制国家，皆存在集权与分权的问题。集权与分权皆有其比较优势。集权有利于提供全国性的公共物品和服务，有利于跨地域的公共事务的处理和管理，有利于调动全国的力量从事大型公共事业，有利于实现宏观经济的调整和稳定，有利于公共服务均等化水平和收入再分配的调整，在政治上也有利于国家的完整与统一。分权的优势在于可以促进更广泛的参与，更能有效地回应公民的需求，提供多元创新的机会，因地制宜地解决问题。分权制的优点恰恰是集权制的缺陷所在，反之亦相同。事实上，世界上没有任何两个国家在国家权力配置上是完全相同的。问题的关键在于如何通过有效的制度性安排和权力关系的调整，更好地解决政府面临的问题，更好地满足民众的需求，实现更高的治理绩效。总体来看，在维护中央政府权威和地位的同时，将权力下放给地方的分权化（decentralization），跨越集权与分权的"零和赛局"，建立协力关系是整体的趋势。

（6）矛盾之六：结构和职能的分化与整合之间的矛盾。

现代行政国家在纵向上是由不同层级的治理单位构成，在横向上是由经职责分化和专门化之后而形成的部门体系构成。职能分化和部门化的目的和初衷在于依据劳动分工和专业化管理，提高政府运作的效率。但部门化的结果在现实中又导致了许多新的问题，主要是：政府部门的增加和政府规模的扩大；对部门目标的重视与忽视政府的整体性目标；本位主义和部门利益，缺乏对整体利益的重视；在大量公共事务的灰色地带，存在着管理的盲区，职责不清、相互推诿、相互扯皮现象时有发生；公共服务的割裂，导致民众奔波于各个部门和单位，极大增加了民众的负担；部门之间缺乏配合，各自为政现象突出；独立运作，缺乏与外界的协商、合作和协调；等等。事实上，在缺乏整合机制的情况下，政府事实上变成了一个割裂的政府，而非整体性政府，这在很大程度上制约和影响了政府的能力和效率。

（7）矛盾之七：制式化与学习创新之间的矛盾。

行政国家运转的最大特征在于其制式化（formalization），通过工作内容、程序或者法规的标准化确保人员行为的一致性。制式化除了可以确保政府行为的稳定性和可预测性，借此提高行政效率之外，对外亦可以满足公平处理的要求。制式化在管理环境相对稳定的情况下，的确可以促进行政的理性化。事实上，所谓的标准和程序是组织学习的结果，在相同的环境重复出现时，组织尝试以不同的方式解决问题，并依据经验和教训建立起各种规则，并以此规则削减环境的冲击，从而使组织学习的逻辑变成了“不同的刺激，相同的回应”，这样便钝化了组织学习的动机，变成了被动的应对。规则体系的过分强调，抑制了创新，特别是在环境更加复杂、动荡和不稳定的情况下，传统的制式往往限制了学习和创新，照章办事往往使政府职能难以应对迅速变化的形势，对政府效能的提升产生了许多负面的作用。

行政国家存在诸多内在矛盾，在很大程度上降低了政府的正当性。政府正当性是作为实现社会诸价值的手段而存在的，如果政府无力回应社会，其正当性便会受到社会的质疑。与此同时，政府能力和效能的不足，也同样使政府产生了理性的吊诡（rational paradox），传统上被人们视为最具理性效率的组织，现在恰恰走向了其反面，政府官僚体制成为诸多官僚病症（bureaupathdogy）的代表，成为社会攻击的对象。改革和创新政府，驯服官僚制（farming the bureaucracy）、去官僚化（DE-bureaucratization）、突破官僚制（breaking through bureaucracy）、跨越官僚制（beyond bureaucracy），成为时代的呼唤。

18.2 现代性与公共管理现代化的结构

18.2.1 现代性与公共管理的现代性

现代化的过程，简单而言，是社会追求现代性的过程，在某种程度上，现代性（modernity）可以视为现代化的结果。那么什么是现代性呢？现代性可以泛指一种不同于过去或者传统的社会生活或组织模式，在形式上异于传统的秩序。从时间范畴来看，现代性往往标明了一种历史发展过程中的断裂（discontinuities）；由于总是标明了某种变化了的特质或者品质，现代性往往也是一个质的概念。当然，无论是从时间，还是从质的方面，人们对其都有巨大的争议。

公共管理的现代性，同样是一个不确定性的概念。这种不确定性来源于以下几个方面：

一是现代性既存在普遍性，又存在特殊性。所谓普遍性，是指公共管理现代性具有普遍性的特质，从这个意义上讲，公共管理现代性中包括具有普遍性或者普适性的特质，它超越了国家和民族的限制；但是这种普遍性并不排除特殊性，即不同的国家社会在公共管理现代化中表现出自己的特色，展现了多样性。

二是公共管理现代性的历史性。所谓的历史性就是历史的相对性，在不同的历史发展阶段，所谓的现代性会展示出不同的特质。

三是公共管理现代性是具有浓厚的价值判断的，不同的人也会赋予其不同的认知和偏好。

四是公共管理的现代性存在着理想模式和现实模式。理想模式代表了人们认为应该是什么样的，而现实模式则是指实现状况以及人们如何做。理想模式总是和现实模式不相一致的，但理想和现实之间存在着转换与一致的可能性。

公共管理现代性概念的不确定性，意味着公共管理的现代性是具有开放性的，这种开放性既是公共管理现代化的前提，同时又是公共管理现代化的特性之一。

关于公共管理现代性的基本特质，无论是理论界还是实务界，并没有形成一致性的观点和看法。在公共管理的历史上，理性化的科层组织一直被视为整个社会体系现代性的特质，即便如此，理性化的科层组织也一直是人们攻讦的对象。亨廷顿（Huntington，1969，93）曾经用权威的理性化、结构分化和功能专门化、政治参与三个变项说明现代政府的特质。阿尔蒙德（Almond）和鲍威尔（Powell）用自主性、分化和世俗化三个标准衡量政治和行政的发展。

从 20 世纪 80 年代起，公共治理成为公共管理领域新的典范（new paradigm），许多公共管理的实践者和理论研究者，形成了对现代化公共管理的诸多假设和原则，这些假设和原则被称为优良治理（good governance）。90 年代起，许多双边和多边的组织，如联合国、世界银行、OECD、英国国际发展署、亚洲开发银行、非洲开发银行等，均强调优良治理的重要性。事实上，对于何谓优良治理，人们并没有统一的标准和准则，不同的人和组织强调的重点各不相同。缺乏明确的界定给人们使用它留下了裁量的空间。西方债权国和国际金融机构也往往以此向发展中国家施加改革压力。从 20 世纪 80 年代起，它们开始将提供贷款的条件扩大到人权的保护、民主的恢复以及公共服务的改革等所谓的优良治理方面。

事实上，到今天为止，人们都是在各自意义上使用优良治理一词的，所强调的重点也是不一样的。世界银行是从发展的视角看待治理的，更多地将治理视为一个国家在经济和社会资源的管理过程中权力行使的方式以及政府形成政策并有效执行政策的能力。联合国是从人类发展的观点看待治理的，认为优良的治理就是支持人类发展的治理。欧盟认为善治是指在坚持人权、民主、法治的政治和制度环境下，为达到公平和可持续的发展，而对人、自然、经济和财政资源进行透明且负责的管理。总的来看，优良治理既是一个目的，又是一个手段。讲其是目的，本身便暗含着对其解决各种问题的程序和过程是普遍满意的，优良治理便是国家事务和发展的最好状态；讲其是手段，是因为优良治理可以促进经济的增长、人类的发展和社会的正义。

18.2.2 公共管理现代化的基本特质

对于公共管理现代化，人们有不同的认知以及衡量的标准。许多国际和地区组织对公共部门的治理都进行过评价，这些评价事实上也代表了它们对公共管理现代化程度的判断和认知。典型的有世界银行发布的全球治理指标（WGI）、联合国进行的“世界治理调查”（WGS）、OECD 所发布的报告《政府概览》、透明国际（TI）发布的“全球廉洁指数”（CPI）等等。通过其调查指标体系，我们基本上可以了解其对公共治理与管理现代化特质的认知。我们认为，公共管理现代化的基本特质判断，要着眼于四个基本的方面：一是要能够集中体现公共管理的核心价值；二是能够反映公共管理领域回应时代环境挑战所取得的最佳制度实践；三是能够体现国际社会的基本共识；四是有助于更好地引导现实世界的公共管理创新，促进优良治理和管理，从而实现优质政府（good government）的目标。

据此，现代化的公共管理体现了以下基本特质：

1. 公共价值（public value）和以公民为中心

公共管理的核心职能在于确保公共部门及其合作伙伴创造公共的价值。而公共价值的核心又在于为公民和公共服务的使用者提供其合理期待的公共产品和服务。公共价值包括了公民期待的一切有形的产品和无形的服务，如公共安全、良好的教育、医疗、环境、住房等。公共价值意味着公民对政府公共部门的信任，也意味着尊重纳税人金钱的价值（value for money），以最经济的方式为公民提供高品质的公共服务。

以公民为中心就是把实现好、维护好、发展好最广大人民群众的根本利益作为公共管理的出发点和落脚点，增强人民群众的获得感、幸福感、安全感，不断改善和提升人民群众的生活品质。

2. 可预见性和法治（predictability and rule of law）

可预见性建立在一套连贯的法律体系之上，法律规定的内容准确、清晰、有效以及法律不溯既往；法治则更多地意味着法律必须在实际生活中发挥作用，而不是名义上存在。更重要的是政府在法律规定的范围内行使公共权力，政府及其官员的行为要受到法律的制约。法治的核心是政府权力不受到恣意性的损害，保证公民不受政府独断行为的危害，其基本的权利和需求应该得到保护。

3. 公开性和透明性（openness and transparency）

公开性和透明性意味着公民的知情权得到充分的保障，公民有权了解涉及公共事务以及与自身利害有关的信息，政府有主动告知公民信息的义务；意味着公民能够积极参与到政府决策的过程中，政府要为公民参与政策的制定与执行提供机会，并提供正当的程序保障；意味着公民有持不同意见和表达不同意见的权利；意味着公民有权对政府施政的过程和结果进行监督。

4. 回应性和课责（responsiveness and accountability）

回应性是指政府机构及其公共管理人员需要对民众和利害关系人的要求做出及时的反应，不得无故拖延或者没有下文，必要时需定期主动向公民以及利害关系人征询施政意见，解释政策和回答问询。政府机构及其公共管理人员既然担负公共使命，承担公职，行使公权，自当履行法定的职责和相应的义务，否则将承担责任，是为课责。在民主政治下，公共部门及其管理人员，承担政治、行政、法律和道德的责任，课责同样意味着政府要建立有效的权力制约机制和问责监督机制。

5. 反对腐败与廉洁（combating corruption and integrity）

腐败是滥用公共权力和公众信任谋取私利的行为。腐败不仅增加了政府发展计划的成本，降低了绩效，损害了政府的能力，而且还直接损害了政府的公信力和政府的合法性。政府的廉洁程度事实上是现代化公共管理的重要表现。

6. 效率和效能（efficiency and effectiveness）

政府公共管理要体现理性，即以经济、效率与效能的原则，达成政府施政的目标。效率和效能的核心在于公共资源能够得到最佳的利用，从而创造最优的价值。衡量公共部门效率和效能的是政府施政目标的实现程度以及公民对施政的满意程度。

上述六个方面的基本特质，比较偏重于公共管理的客观基础性制度（essential institutions），虽然没有包括所有的制度安排，但无疑是最重要的制度安排。

18.2.3 政府能力与公共管理现代化

从现实意义的角度看，国与国之间最重要的区别并不在于政府形式的不同，而在于政府能力的大小、强弱的不同。公共管理现代化的一个核心议题是提升政府的能力。福山（Fukuyama，2013，314）曾直言："治理就是政府制定和执行规则、提供服务的能力，而不论政府是民主的还是非民主的。"在他看来，政府能力是国家治理的关键所在。

政府能力（government capacity），简单而言，就是政府影响和形塑社会，实现其意志和目标的力量。对于政府能力，人们可以从不同的角度去理解和界定。如果政府被视为唯一合法使用暴力的组织的话，政府的强制力（repressive capacity）无疑就是政府能力的本质和特征。因为所有的社会都需要国家和政府掌握足够的权力，应对国内外的威胁和挑战，执行法律。如果将政府视为一个公共服务机构的话，那么提供公共产品和服务的能力无疑是最重要的。因此，政府能力本身是一个广泛而且抽象的概念。学者曾就政府能力的类型提出了不同的观点，阿尔蒙德和鲍威尔认为政府能力主要包括汲取、规制、分配、象征以及反应五种能力；韦斯和霍布森（L. Weiss and J. Hobson）则认为政府能力主要包括深入（penetration）能力、吸收（extraction）能力和商议（negotiation）能力。

作为政府影响和形塑社会的力量，政府能力固然与政府本身的自主性有关系，即政府依其意愿选择、制定和实施公共政策，更重要的是与政府和社会的互动有关。也就是讲，政府能力是政府与社会互动建构下的产物。从互动建构的立场出发，以下政府能力在当代社会显得十分必要和重要：

1. 合法化能力（legitimization capacity）

合法性是政府存在和运作的基本前提。合法性（legitimacy）涉及该制度的产生并保持现存政府最符合社会需要的这种信念。也就是讲，合法性意味着现存的政府制度和秩序得到人们的认同和承认。没有一个政府可以在没有合法化的前提下成功地获取社会大众的忠诚和支持，并获得社会大众的服从。在现代社会，政府的合法性首先表现在公共权力的获取、组织和使用是经过正当法律程序进行的。正是通过制度化了的法律程序，创造了人们认可和承认的理由。当然，这种合法性仅仅是形式意义上的，而实质意义上的合法性则更多地与政府在多大程度上满足了社会的价值需要有关。也就是讲，实质意义上的合法性是指政府所展现的价值与社会大多数人持有的价值相吻合。合法化是政府履行其一切职能的基本前提条件。合法化的能力则是指现代政府拥有的保持合法化的力量。

2. 合理性能力（rationality capacity）

合理性是指政府能够合理地制定、执行必需数量的行之有效的政策和决策，最大化地实现政府的施政目标，能够得心应手地驾驭社会。合理性能力主要表现在政府制定高质量和合理性的公共政策的能力，政府政策的执行能力，不断扩大政府产出和提高政府产品品质的能力。政府产出包括了经济发展的绩效、政府政策的福利性结果（收入、保健、教育等）以及安全的结果。合理性能力，是政府能力的核心领域，而如何实现公共政策制定的现代化，强化政策的执行力，扩大政策产出，便成为现代政府最大的挑战。

3. 资源汲取和创造的能力（resource extraction and creation capacity）

任何组织的维持和运转，都建立在对资源依赖的基础上，政府也不例外。政府的维持和运作，政府对经济和社会的干预，公共政策的执行，均需要资源的投入。资源汲取能力是政府可以有效地汲取、动员和调动的政治、经济、社会资源用以扩大目标成就行为的能力。政府所需的资源是广泛的，既包括传统意义上的自然资源、财政资源、物质资源，也包括现代意义的信息资源、社会资本、知识资本。资源的汲取是建立在政府能够为社会创造更多的资源的基础之上的，资源的创造力是指政府善用被汲取资源，创造更高附加值的资源。一味汲取资源，将会导致“掠夺式国家”（predatory state）的产生，最终导致国家的衰退。现代政府面临的困境就在于因汲取和创造资源的能力的不足而导致的预算赤字，这也是公共管理能力赤字的原因。同样，现代福利国家也陷入了抬高税率还是减少社会福利支出的两难困境。

4. 调控能力（steering capacity）

在现代社会，政府已经全面介入社会生活的各个方面，成为干预性、福利性与预防性的政府。在此背景下，通过政府、市场、社会的有机互动来实现公共管理的目标已经成为趋势，并非政府单独行使权力，而是谋求与市场、社会的合作，实现共同治理。政府角色的转变对政府能力提出新的要求，即政府要具有宏观调控能力，而不是微观的干预能力。调控能力涉及政府的战略规划力、社会商议力以及社会资本的积累能力。

5. 风险管制与社会整合的能力（risk regulating and integrating capacity）

风险管制与社会整合的能力是指政府能够有效地治理现代社会面临的各种风险，化解社会的各种矛盾和冲突，以维护政治、经济、社会正常运转所需的基本秩序，并确保人民的生命、财产安全和自由。

上述五个方面的能力，并不是政府能力的全部，而是政府的基础能力，这些能力之间是相互依赖、相互影响的。政府的合法化能力影响着其合理性和其他方面能力的发挥和实现。同样，合理性能力也影响着政府的合法化能力。更为重要的是，政府的能力除了依赖政府本身之外，事实上是与整个社会有关的，也就是讲，政府能力是与市场和社会的力量互为前提的，它们之间存在着制度性的联结（institutional linkage），很难想象一个缺乏市场活力和社会活力的所谓强有力的政府。

18.3 公共管理的创新与现代化

公共管理的现代化是一个长期持续变革与发展的过程，并非一朝一夕即可完成。在当代，公共管理的现代化是通过政府创新来推动的，政府创新既是整体公共管理现代化的推动力，也是公共管理现代化的重要表现形式。

18.3.1 公共管理创新的性质与类型

创新（innovation），简单而言就是新观念的产生和应用。对私人部门而言，由于市场竞争的压力，创新一直被视为改善产品、流程和服务，获取竞争优势和利润的重要途径。公共部门，尽管与私人部门的性质和环境不同，但创新也愈来愈受到广泛的关注，公共管理的创新被看成是改善政府绩效、提高政府的能力、促进公共管理现代化的重要途径和策略。因此，公共管理的创新也成为世界性的潮流。

公共管理创新，就是指公共部门创造新的观念、新的过程、新的产品、新的服务和服务提供的方式，从而促使公共部门绩效和质量的明显改善。成功的创新是一个复杂的过程，它需要投入大量的资源。事实上，也没有适用一切公共部门的创新途径和方法。公共部门的创新，依据创新的内容和创新方式的不同，可划分为不同的类型：

1. 以创新的内容划分的公共部门的创新类型

（1）观念的创新（conceptual innovation）。一种新的看待问题的方式，挑战了现有的假设，代表了一种典范的转移。如与传统的行政相比，“公共治理”便代表了一种不同的典范。

（2）战略或政策的创新（strategy/policy innovation）。公共部门适应环境的变化和挑战，提出了新的战略或政策，改变了战略或政策的思想或者行为的意图，或者创新了公共政策的工具（如 PPP 模式）。

（3）服务的创新（service innovation）。向公民和社会提供新的或者改善了的服务。例如新的医疗保健服务、新的教育服务、新的基础设施服务等等。

（4）服务提供方式的创新（service delivery innovation）。改变了提供服务的传统方式，用新的方式向公民和社会提供服务。典型的例证包括电子政务、一站式服务、移动政府服务。

（5）行政或组织的创新（administrative or organizational innovation）。改变了组织的架构和流程，包括政府部门内部的工作流程和过程。如政府部门的重组、跨部门和地区的网络协作组织、跨域治理组织和协调机制等。

（6）系统性创新（systemic innovation）。对公共部门的某一方面进行了系统性和全面的改变，改变了传统的运作方式以及与外部利害关系人交往和互动的方式。如国家监察体系的重构，党的全面领导制度的确立。

2. 以创新的方式划分的公共部门的创新类型

（1）渐进式创新（incremental innovation）。渐进式创新是对现有的服务或者管理的流程进行小幅度的改变。大部分创新在本质上都是渐进式的，也没有引起人们的广泛关注，也很少改变组织的结构和组织内外的关系。渐进式创新对公共部门的持续改善十分重要，正是通过渐进的、持续不断的改变，公共服务的绩效和质量得以不断提升。

（2）激进式创新（radical innovation）。激进式创新涉及发展全新的公共服务，或者改变公共服务提供的方式。它虽然没有改变一个部门整体的运作，但改变了传统做事的方式，改变了服务使用者的期望。

(3) 转换型创新（transformative innovation）。转换型创新涉及建立新的组织架构和运作机制，彻底改变了组织之间的关系。

18.3.2　公共管理创新的特点

公共管理创新具有以下几个方面的特点：

1. 次优选择（sub-optimal）

在开始，创新是有许多问题的，是次优的。因为一项创新是新的，通常需要一段时间去完善，不要期望产生立竿见影的良好效果。有些创新在开始时比现有的解决办法甚至更不理想。

2. 试验（experimentation）

创新需要不断地试验。试验可以证明创新的哪些方面是可取的，哪些需要改进和终止。创新总是会遇到不可预见的因素，创新的环境也是不断变化的。

3. 风险和中断（risk and disruption）

创新是试验性的，容易失败或受到挫折，是一个充满风险的活动。其中最大的一个风险在于创新有可能中断。

4. 变化和参与（variance and engagement）

在创新的不同阶段，需要不同的方法、途径和技能。没有一种单一的方法可以适用于创新的所有阶段，需要不同的人、团队和机关的介入，参与者有出有进。创新需要很长时间，许多人可能参与其中一部分。

5. 联合和协作（connections and collaboration）

创新需要联合和协作，协作在创新的每一个阶段都十分重要。协作有助于集思广益，优化创新的决策和方案。

6. 反对等级（hierarchy）

创新需要协作，所以它是反对等级命令制的。开放的创新系统有助于创新观点的产生，创新的机会可能来自组织的底层或者外部。

7. 模糊性（ambiguity）

对传统的报告系统而言，创新是犯难的。创新在本质上要能够忍受目的、理由，甚至绩效的模糊性。它们不易衡量和测评，因为与过去截然不同，评价现行做法的方式可能根本不适用于它。

8. 环境（context）策略

创新最主要的特征在于与环境紧密相关。创新过程依赖环境而变化。任何地方都有创新的可能，但能否进行视其发生的环境而定。

9. 恰当性（appropriateness）

创新并不总是恰当的反应，有时微调可能更适用，因为创新可能导致现有服务能力没有必要的中断，并不是所有的问题都需要创新性解决办法，没有组织能够持续不断地在所有领域进行创新。

18.3.3 公共管理创新的过程

从知识管理的角度来看，任何的创新事实上都是知识生产（knowledge production）、知识应用（knowledge application）和知识扩散（knowledge diffusion）的过程。OECD 在其《促进公共部门的创新》（Fostering Innovation in the Public Sector）报告中，将公共部门的创新视为一个生命周期（life-cycle）（见图 18－1）。这一生命周期包括了六个主要阶段（OECD，2017）。

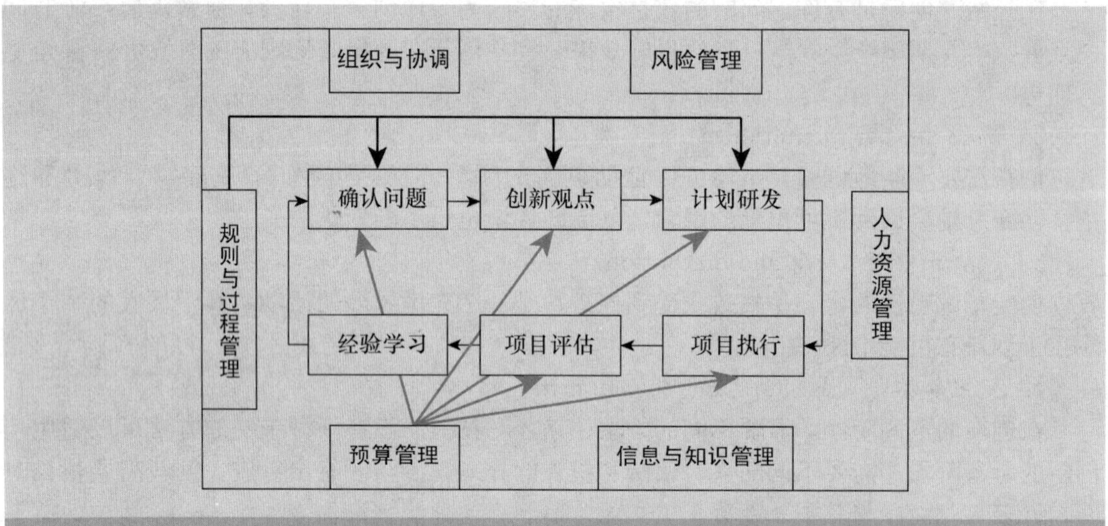

图 18－1　公共部门创新过程

第一阶段：确认问题（identifying problems）。

理解问题的性质和特征是触发创新观点的第一步。公共部门组织通常缺乏确认来自环境的风险和机会的能力，也不能有效地捕捉和解释公共服务使用者的需求。这便需要公共部门进行调查研究，扫描环境，捕捉信息，分析趋势和需求，并将之转化为推动决策的信息。

第二阶段：创新观点（generating ideas）。

观点有助于创新。创新的观点可能来自底层公务人员，也可能由高层领导者提倡。支持创新观点通常涉及提供诱因和奖励、创造分享经验的机会、确保公务员的流动以更好地理解问题。对于许多公共部门领导而言，从成功的创新中得到奖酬的机会很少，即使创新能使公共部门和公民获益，而失败的影响是很大的，这是创新的一个主要负担。

第三阶段：计划研发（developing proposals）。

概念的证明、观点的检验和必要的尝试是将观点转化为可操作的项目，具有执行的潜力的重要一步。这意味着要给公共组织创造试验和尝试新事物的空间。创新包含着新奇的事物，需要组织接受一定程度的不确定性，并将其转化为可以管控的风险。然而，公共部门的性质决定了其有确保基本安全和公民福利的法律和道义责任，面对这些责任，任何可能产生风险的做法都要谨慎对待。因此，公共部门要开发有效的工具，更好地应对不确定性，创造试验的环境。

第四阶段：项目执行（implementing projects）。

财政的规划和控制可能阻碍项目落地需要的投资。通过财政刺激，提供更大的弹性，调整预算和投资以促进创新升级和扩散等，政府预算能够刺激创新。创新同样可能出现在不同部门的互动之中，因此政策要允许互动的发生。政府组织需要机会去思考如何与其他组织互动，如何能够有效地协作以解决共同面临的挑战。

第五阶段：项目评估（evaluating projects）。

创新项目需要检查和评估以确定方案是否能够解决面临的问题。创新项目的评估是非线性的过程。有少数国家已经开发了评估项目成功的系统方法。国际经验表明，项目数据和社交媒介中获得的信息可以用来评估项目的有效性，评估其是否需要扩大规模或者终结。

第六阶段：经验学习（diffusing lessons）。

共享观点和经验是创新过程的组成部分，能够使成功的经验在不同的背景下复制。理解试错和教训是学习的重要来源。同时，政治和媒体的监督可能导致不容忍失败，不确定性和风险让公共部门承担。这些因素造成一种感觉，公共部门是在规避风险，但是积累经验，通过学习可以降低风险和不确定性。

被誉为英国社会创新之父的马尔根（Geoff Mulgan）2014年将公共部门的创新划分为七个阶段，简述如下：

第一阶段：充分理解机会和问题（better understanding opportunities and problems）。

创新通常始于触发的危机、成本的压力，或者政治的需求有时也被迫引发创新。新的技术有时也刺激和催化创新。大部分组织的创新都是外在压力所引发的。创新需要对问题进行充分的了解，理解面临的机会和挑战。

第二阶段：产生新观点（generating ideas）。

创新需要新的有价值的观点。产生好的观点的最佳方式是拥有许多观点，然后放弃不好的观点。对于科层官僚组织而言，产生新的观点并非易事，官僚组织往往扼杀而不是孕育新观点。产生新观点需要解放思想和创新思维，也需要诱因和方法。

第三阶段：研发和试验（prototypes，pilots and experiments）。

观点从来就不是完美的，需要不断地研究发展和完善，更重要的是需要在现实世界里得到验证。试点和试验是有效的途径。

第四阶段：衡量验证创新方案的有效性。

创新是一个演化的过程，会产生各种可能性，仅有少数的可能成功。这需要对创新的观点和方案进行不断的检验，以验证创新方案的有效性。

第五阶段：有效的执行（effective implementation）。

如果能够证明创新是可能的，能够行得通，那么便需要在现实中得到落实，以确保其具有可持续性。关键在于说服政策制定者，新的创新不仅是需要的，而且是有效的，公共部门的创新需要法律的支持、经费的投入、精心的组织。

第六阶段：创新的复制和扩散（replicating and scaling up）。

如果某种创新是行之有效的，其他部门便可以学习其成功的经验，将创新成果予以扩散。扩散意味着投入更多的资源。由于创新的经验并不是适用于一切部门和环境，需要从实际出发，对创新做适应性改变。

第七阶段：系统的改变（system change）。

系统的创新是将分散的创新予以整合，重塑整个管理体系。许多系统的创新至少涉及四个方面的互动作用：新技术、产品和服务，新的法律和政策，新的市场类型，以及行为和社会规范的改变。

18.3.4 公共管理创新的问题和障碍

公共管理创新并不是一帆风顺的，在现实中往往会遭遇到许多问题和障碍。那么，是哪些问题或者因素阻碍着公共管理的创新？澳大利亚政府管理咨询委员会在其《赋权变革：促进澳大利亚公共服务的创新》报告中，详细列举和分析了公共部门创新在不同阶段遇到的问题和障碍。主要包括：

1. 风险（risk）

公职人员通常是风险的规避者。如果一个计划和政策被人们视为失败的话，政府便会受到政治家和媒体的广泛批评。不冒风险，免于批评，特别是公共部门风险后果可能是严重的，可能会导致政府的政治伤害、公众的批评、法律的后果、职业前景的黯淡和个人声誉的损害。在创新中，除了失败的风险之外，还有许多其他的风险因素，例如：创新可能使工作人员和管理者的技能过时；创新可能要承担被预期更多的成本；创新可能带来意想不到的后果；创新可能导致外部利害关系人的责难；等等。

2. 短期的考量（short term focus）

大多数有竞争力的和在国际上成功的企业可以花数年的时间和大量的资源研究未来保持竞争力的办法，许多最佳的公共部门机构也是如此。公共部门的短期任职以及对眼前政府需要的回应压力，使得政府往往关注短期的目标和急迫需要解决的任务，重大的、长期性的问题往往被忽视。公共部门的创新，特别是实质性的和转型性的创新，均需要将资源不仅投入到眼前的问题，更要投入到长期挑战方面，这样有助于培育智慧资本。

3. 领导的失当（failure of leadership）

领导者在促进创新实现方面发挥着关键的作用，特别是在风险承担意愿的展示、对新的观点和方式的支持和奖励方面。领导者，特别是高层领导者对组织的文化和态度有着决定性的影响，如果领导对创新没有兴趣，就会将这样的信息传递给工作人员。如果公共部门要创新，公共部门的领导必须鼓励新的观点的产生、应用和贯彻。如果领导者不愿承担风险，创新便不可能进行。

4. 政策和程序（policies and procedures）

公共部门的政策和规则（以及对它们的解释）可以被人们用来作为阻止创新的借口。

5. 效率和资源（efficiency and resource）

资源的可获得性和有效性是创新的最大阻碍。在许多方面，政府财政的压力和对效率的追求往往加剧了资源的紧张。许多政府的创新都需要时间和资金用于研发、试验和执行，而有限的资源限制了人们的创新。

6. 外部的反对（external opposition）

外部的压力可以成为创新的推动力量，亦可以成为创新的障碍。在反对的声音表达和反对的力量动员之前，对变革固有的抵制意味着创新的过程不可能进行。那些在现存体制内有既得利益的利害关系人可能反对变革。在有些情况下，人们怀疑政府变革的目的是节约经费、削减服务项目，这种怀疑也导致反对。人们可能认为在某些方面政府的干预是不恰当的，或者某种观点的探究可能被误解为政府对某种有争议的立场的认同。创新的政策事前没有进行很好的解释，创新过程缺乏良好的管理，也会招致反对。无论是哪种情况，对创新持负面意见的公众和利害关系人的反应都能够导致创新的困境。除非创新的压力足够强大，外部的批评往往会增加风险以及创新结果的不确定性。

7. 人员技能和人员流动（skill and mobility）

公共部门强调录用有资历的人，这固然可以理解，但这样的强调容易导致所需技能的狭隘。人们认为，需要建立在更广泛技能基础上的录用，要更加重视创新思考、问题解决以及协作能力，这是新时代需要的公共管理技能，为此公共部门应该扩大录用范围，录取更多样化的人员（多样化的背景、经历、技能和思考方式）。公共部门的人员缺乏流动，制度并不鼓励私人部门、公共部门和科研部门之间的人才流动。人员缺乏流动性也不利于创新。

8. 失败的创新（failed innovation）

公共部门谨慎地讨论失败了的创新是无可非议的，失败的创新可能被人们视为政府浪费和无能的表现。但是通过评估，从错误中学习，可以改进观点，防止未来的错误。如果不对失败进行分析和讨论，就不可能吸取失败的教训，创新的过程将会面临更大的风险。

9. 政府采购的要求（procurement requirement）

政府采购可以促进，也可以抑制创新。财政资金的支出是要承担责任的，并受到许多法律义务的约束。创新性的技术通常不会出现在政府的大宗采购单上，新的或者具有试验成分的技术意味着不可知的风险和纠纷。政府采购特别强调低成本，当投标者围绕价格竞争时，他们不愿意提供非强制性的新技术。缺乏弹性的格式合同和强制性条款与条件同样不鼓励创新性的解决方案。

10. 认同和反馈（recognition and feedback）

虽然工作人员对创造和创新也有兴趣，但创新的观点很少得到反馈，促进创新的动议也很难得到认同。缺乏反馈，那些提出新观点的人很快就受到挫折、被疏离和感到失望。在私人部门，存在着创新的激励机制（如分红和股权），这在公共部门通常是不可行的和不适当的。创新不在绩效考评的范围之内，公共管理者自然关注需要考评的项目。

11. 衡量和影响（measurement and impact）

如果创新不是战略优先选项，公共部门不可能关注并衡量它们的创新实践。创新很少出现在机关的绩效考评系统中，不衡量的通常被视为不重要的。此外，投入到创新活动的资源很容易量化，而创新活动的影响不易量化，需要很长一段时间才能显现创新的影响。在许多公共部门领域，一个政策或者方法的影响需要很长时间才能得到验证。早期的评估还不可能反映出长期的影响。事实上，也没有一个简单的衡量方法，很快测评创新及其产出。

12. 不同的雇佣环境（divergent employment conditions）

公共部门不同的雇佣环境可能抑制人的流动。那些条件和报酬较好部门的人不愿意流动到较差的部门。对新的观点和做法持开放的态度是促进创新的重要因素。加快公共部门的人员流动，有助于组织的开放性，加强机关和项目之间的联系。

13. 缺乏倡导支持（lack of champions）

创新的过程并非顺利，需要克服许多障碍。公共部门需要有人真正相信创新的观点，需要高层特别是位高权重的人的倡导和支持，帮助克服障碍。在公共部门，或许由于缺乏诱因和奖励，很少有有意愿、有能力、有影响和有资源的人支持和推动创新。

14. 监督（scrutiny）

公共部门的显著特点在于其要接受公众、议会和媒体的广泛监督。当公共部门的项目创新失败或者不完全成功时，通常要面临政治的后果。在公众缺乏对政府信任的时候，政府动议的任何失败都会受到关注。媒体热衷于报道丑闻和无能政府的失败。对这些问题的监督通常建立在错误的前提基础上。这为创新提供了强有力的负强化，因为没有人愿意让自己的部门受辱，让领导成为负面新闻关注的对象。

15. 政策（policy）

执行政策是政府的日常运作，尽管这不能阻碍政府机关提出与现行政府政策不一致的创新观点，但要推行新的观点并非易事。高级官员可以认同提议的价值，但是如果要强迫政府放弃现有的政策主张，却是难上加难之事。创新同样可能发生在政治周期的错误时间，可能引起政策优先次序的变化。符合政府意图，特别是有助于解决政府面临的棘手问题的创新，有可能获得良好的支持前景。有时创新的观点需要等待最佳的时机和气候。

16. 科层制（hierarchy）

在高度科层化的组织中，创新不易出现，因为它对现存的层级提出了挑战。在机关中，职务和职级传统上已经决定了谁的意见应当倾听和考虑。如果一个机关依据专业知识才能决定一个意见是否听取，就可能挑战了有些人的地位和权威。科层制结构同样意味着任何新的观点都需要得到层层批准和同意。在更加扁平化、开放、互动的组织中，创新的观点易于提出。

17. 层级化

公共部门的运作宛如一个筒仓（silo），每一层级政府具有不同的职责，每一个部门皆有专职的领域。每一层级都建立了不同的文化、程序和规范。为了效率和效能的最大化，机关试图使工作人员的流转最小化，鼓励员工在一个部门和岗位上待很长的时间，以强化机关的文化和价值。这种分工可能是知识共享和协作的重大障碍。跨部门的合作项目现在愈来愈多，但面临着不少阻力。重要的是合作方都必须认同协作能导致良好的结果并且愿意合作。跨部门的创新往往是从政治层或高层发起的，这是因为高层存在着更多的互动，拥有更大的权力，但如果没有适当的中低层的互动机制的支持，创新也是不可能的。

18. 立法（legislation）

立法须依现时情景进行，任何的立法都不可能考虑到未来出现的一切情况。这样，立法可能反倒成为创新的障碍，因为在立法的时候，排除了许多未来可能出现的异例。

19. 问责（accountability）

公共部门必须为自己的行动承担责任。公众要有理由相信公共部门遵循政策、对资源善加利用并在服务过程中不存在偏见和不公正。在许多方面，创新与基本的问责框架存在着冲突。创新者要与不确定性和不可预测性打交道。创新需要弹性和多样性，而不是标准化。而问责的制度可能减少了弹性，抑制了创新的机会。在跨部门的合作创新中，责任关系变得更加复杂，责任更加模糊。

20. 人员的抵制（staff resistance）

有时机关的工作人员也是创新的阻碍，他们可能视创新为某些不快乐的事情的借口，因为创新可能改变他们的职业和工作，让他们感到不舒服，丧失了技能；创新可能改变了他们与顾客和利害关系人的交往方式，让他们处于一种困难或者不舒服的境地；工作人员可能将创新看成降低服务的标准；创新可能要付出更多的努力，但没有得到认同和奖励。在有些情境中，这种抵制有其合理性，创新需重新评估；但在大多数情况下，它是障碍，需要变革管理过程加以解决。

21. 不愿放弃（reluctance to let go）

公共服务的提供有其惯性。公共服务项目不善于停止或者重新评估已经过时的项目的影响。公共服务能够施行新的计划，但要去掉过时的或者没有必要的计划显得比较困难，因为部门及其工作人员在现有的计划或者项目中有好处，通常有足够的理由证明服务是必要的，是服务对象和利益相关者需要的，但是这有时往往也是借口，不愿意放弃已有的资源和好处，或者不愿意放弃多年已经成熟的做法。

22. 持续创新（sustaining innovation）

没有诸如利润和回报这样简单的衡量创新成功的指标，不要假设公共部门的创新会自动扩散或者持续进行。如果一项创新不能在短期证明自己，很容易回到最初状态。如果创新遭到抵制，政策的改变可能为回到过去提供借口和机会，即使明显的创新成功也不可能确保创新能持续。在公共部门，并没有认定和扩散成功创新的组织化的途径，人们将目光和注意力放在创新方面，而事后的执行通常被忽视。

23. 确认成功的因素（identifying success factors）

创新扩散或复制的一个重要阻碍是很难知道是什么导致了成功的结果。创新成功与人的技能和水平、获得的支持和环境有很大的关系，没有证据、分析和评估以及共享创新的经验和教训，要确认什么因素使创新成功是困难的。

总之，阻碍创新的因素是多种多样的，在创新的不同阶段会遇到不同的问题。阻碍因素的影响力在不同的组织也不尽相同，类型相同的组织可能面临不同的阻力，这与组织的领导、文化、结构和行为方式有很大的关系。总的来看，创新的阻力主要有三大类型：一是来自公共组织内部的阻力；二是来自政治环境的阻力；三是来自社会外部环境的阻力（Borins，2001）。

18.3.5 公共管理创新的推动

公共管理创新是有风险的，创新过程也充满了各种各样的问题，面临各种各样的阻力。如何创造良好的创新环境，积极促进创新，保证创新活动的成功，便是公共部门遇到的挑战。

公共部门创新的关键，是提升公共部门的创新能力。影响公共部门创新的因素主要是什么？OECD 在《公共部门创新的指令》（The Innovation Imperative in the Public Sector）报告中，分析和列举了促进公共部门创新的四大领域的问题，这些问题构成了公共部门创新的环境。

1. 人的重要性（people matter）

人是公共部门创新的核心。创新的观点来自民众、公务人员、管理者和政治领导人，来自跨部门的人际互动。创新的观点由民众激发，并通过公务人员和领导人的努力转化为现实。研究创新首先必须理解人对创新的贡献，并激励人去创新，能够让他们创新。激发职业公务员创新就要为公务人员的创新提供激励和诱因。外在诱因包括工资、晋升以及认同，内在诱因包括让公务员理解工作的意义和创新的价值。激发职业公务员创新同样要求公务人员具有良好的技能解决他们面对的问题。政府必须投资公务人员的能力建设，并将此作为创新的催化剂。组织可以通过执行新的管理方法和计划建设组织、管理者和公务员的创新能力。组织要鼓励公务人员试验新的方法，探索新的途径。组织的人力资源政策也是影响人的创新行为的因素，要在人员的录用、绩效管理、工资待遇和能力发展中重视创新能力。组织的文化也影响着创新，要发展建立有利于创新的组织文化。

2. 知识的力量（knowledge is power）

创新能力的开发要求组织不仅要预测未来的挑战，同时还要通过对过去经验的学习做出变革和适应。数据、信息和知识在建设学习型和创新型的组织方面发挥着重要作用。首先，组织需要能够掌握准确的、及时的、高质量的数据和信息，以更好地反映组织的运转和绩效；其次，仅有信息是不够的，组织需要建立信息和知识系统使它们能够得到开发和利用，以支持组织的决策创新；再次，组织的信息能够开放和共享；最后，知识的获得性、知识的利用、知识的共享以及组织的学习，能够促进学习型组织的产生。

3. 合作解决问题（working together to solve problem）

政府面临的许多问题都很复杂，解决这些问题需要新的工作方式，政府必须发展新的组织结构和工作途径，如整合公民、社会、企业、科研机构，建立跨部门和跨地域的公共部门，形成协作和伙伴关系。发展更加开放的、网络的和水平的（open，network and horizontal）组织，促进协作治理，需要更具弹性的工作方法和途径，如聚集人才，形成跨学科管理团队、临时性的团队、导航项目、短期雇佣等都是新的工作方式。协作治理有利于加强对话，强化试验，风险共担，有利于问题的解决和创新。

4. 支持创新的规则和程序（rules and processes to support，not hinder）

公共部门组织受到法律、规则、程序复杂之网的规制。规则和程序对于确保有效管理和责任是必要的，但它们同样会抑制创新。要促进创新，公共部门组织首先必须简化政府内部的规制，消除不必要的繁文缛节，特别是过时的规则；其次，公共部门要保持资源的弹性和预算的弹性，以鼓励更多的试验和创新；最后，要创新项目管理的办法，鼓励更多的创新和试验，如从传统刻板的命令-指挥型模式（command-and-control model）转变到结果导向的模式（outcome-focused approach）。

学者博林斯（Borins，2001）在对世界上大约 300 个政府创新项目进行了跨文化的比较研究之后，发现成功创新的基本构成要素或者基石（innovation building blocks）有如下五个：

第一，系统的方法（system approach）。以相互关联的视野，理解、开发和执行公共部门的创新，包括对存在的问题进行系统分析；在设计和执行创新过程中促进组织间的合作；聚焦整体的、多面向的服务，而不是部门化的个体需求。

第二，运用新的信息技术（use of new information technology）。有效地利用新技术是创新计划的催化剂，能够对服务提供的效果和组织运作发挥重要的影响，新技术为转换机关的运作提供了新的机会。

第三，流程的改善（process improvement）。创新要致力于使公共部门的流程更快、更便捷、更亲民。为此，要区分少数最复杂的情况和大多数最简单的情况；划分高值和低值的使用者；建立自愿投诉和可替代争议解决方案，司法的流程往往是费时费力的。

第四，私人部门或非营利组织的参与（involvement of private or voluntary sector）。利用私人部门或非营利组织实现公共的目的，包括：让公共部门和私人部门进行竞争，与私人部门建立伙伴关系，自愿组织参与。

第五，赋能社区、公民和员工。成功的创新是那些与公民和社区协商，听取他们的意见，并邀请他们在计划执行过程中发挥作用的创新。同时，要赋权一线工作人员，容忍风险，鼓励他们创新。

18.4 中国政府治理改革与创新

18.4.1 中国政府治理改革与创新的动因

政府治理改革与创新是政府随着内外生态环境的变化，有意识地对其结构、功能、行为进行不断调整和改变，以谋取政府治理体系与环境之间的动态平衡，从而实现政府治理效能的行为或过程。简单而言，政府治理改革与创新就是政府寻找和建立新的治理途径和方式（new approach and mean），实现和创造公共目的（public ends）和公共价值（public value）的行为过程。政府治理改革与创新，是重新思考（rethink）、重新设计（redesign）和重新建构（reconstruction）治理体系，提升政府治理能力，更好地实现政府目标和公共价值。政府治理改革与创新，不仅仅是活力政府（governmental revitalization）的核心和关键所在，亦是应对国际国内社会各种挑战，提升国家竞争力的策略，政府改革与创新已经成为世界性的趋势与潮流。

从 20 世纪 80 年代起，中国政府适应社会的变化，持续不断地推进政府治理体系的改革与创新，形成了具有中国特色的、不同于传统治理的新的治理典范，同时在政府治理改革与创新方面，也积累了丰富的经验，为世界贡献了政府治理改革与创新的中国智慧。概括起来，推动中国政府治理变革的契机和动因在于以下主要方面：

1. 意识形态和治国理政指导思想的变化

作为一个观念系统，意识形态不仅解释了社会的、政治的制度安排，也是一切社会的、政治的与政府治理的话语与行动基础。对于政府治理而言，它是社会变革和发展的先导，是引领国家和政府治理的号角和指南。改革开放以来，中国共产党和政府把马克思主义的基本原理与中国实际和时代特征相结合，在实践中形成了邓小平理论、“三个代表”重要思想、科学发展观、习近平新时代中国特色社会主义思想等重大战略思想。这一系列具有战略性、前瞻性和创造性的思想，回答了发展中国特色社会主义的总目标、任务、总体布局、战略布局以及发展方向、发展方式、发展动力等基本问题。指导思想的创新，不仅丰富和发展了马克思主义，推动了马克思主义中国化，更是开辟了中国发展的新境界以及政府治理的新境界。如何实现这一新境界，对政府治理体系和能力提出了更高的要求。

2. 社会主要矛盾的变化与公民对美好生活的期待

在马克思主义看来，国家和政府本身就是社会矛盾和社会冲突的产物，“正是由于特殊利益和共同利益之间的这种矛盾，共同利益才采取**国家**这种与实际的单个利益和全体利益相脱离的独立形式，同时采取虚幻的共同体的形式”（马克思，恩格斯，1995，84）。国家和政府的作用，其最低限度便在于解决社会的各种矛盾，从而维护共同体的存在和发展。在各种社会矛盾中，把握社会主要矛盾是最重要的，因为社会主要矛盾决定国家和政府治理中的任务和基本战略选择以及政策选择。在新中国成立初期，党的八大就指出，我们国内的主要矛盾已经是人民对于经济文化迅速发展的需要同当前经济文化不能满足人民需要的状况之间的矛盾。但此后，由于诸多原因，反而认为阶级斗争是主要矛盾，“以阶级斗争为纲”，导致了国家的动乱和治理的衰败。十一届三中全会后，党和政府拨乱反正，十一届六中全会认为，我国要解决的主要矛盾是人民日益增长的物质文化需要同落后的社会生产之间的矛盾，以此为基本依据和判断，中国从此始终致力于生产力的发展，这也是推动中国改革开放的目的和初衷之所在。经过 40 多年的改革与发展，我国社会主要矛盾的性质和特点发生了明显的变化，社会生产力发展有了历史性的跨越，落后的社会生产力已经不符合中国的实际，与此同时，在人民生活水平总体达到小康后，对更加美好生活的向往和需求越发强烈。人民期望有更好的教育、更满意的收入、更安全的保障、更高品质的医疗、更加舒适的居住条件、更优美的生态环境、更多元化和丰富的文化生活，同时，也期待社会更加民主、法治、公平、正义和自由。与人民的期望相比，我国发展中的不平衡问题尤为突出，中国社会的主要矛盾已经转化为人民日益增长的美好生活需要和不平衡不充分的发展之间的矛盾。社会主要矛盾的变化，对政府治理提出了新的要求和挑战，正确处理改革与发展中的重大关系，促进城乡区域协调发展，促进经济社会协调发展，促进经济社会和生态环境协调发展，促进硬实力和软实力协调发展，更好地推动人的全面发展和社会的全面进步，是政府的新任务。社会的全面进步同时要求政府自身更有能力、更有效率、更负责任，以政府发展来推动社会发展。

3. 社会主义市场经济与传统治理的困境

从计划经济走向社会主义市场经济无疑是中国社会最具革命性的变革。改革开放初期，中国体制转型的关键在于如何打破计划经济体制的束缚，推动市场化改革，推动资本积累，促进工业化和城市化。推动市场化并非通过市场的自发作用可以为之，其任务便落在政府身上，市场化改革意味着政府必须改变传统的以政府权力为中心的治理模式，并将自身的权力和掌控的资源让渡给市场和企业。从某种意义上讲，市场化改革能否取得成效，能否成功，从根本上取决于政府自身的自我革命。市场机制和市场经济要求市场在资源配置过程中起决定性作用，这便意味着行政权力在资源配置领域的退出；市场经济建立在产权制度的基础上，这便要求政府完善产权制度并保护产权；市场机制，要实现要素的自由流动，这便需要政府完善要素市场，实现要素的市场化配置；市场体制建立在市场决定价格的机制基础之上，这便需要政府改革价格管制，由市场决定价格；市场经济需要公平的竞争环境，便需要政府放松规制，改革商事制度。同时市场经济也需要有为的政府，以弥补市场的缺陷和不足。中国社会主义市场经济的建立和发展，与政府治理改革，是一个双向推动的过程。社会主义市场经济体制的建立和发展，推动着政府治理改革与创新，反过来，政府治理改革与创新也推动着社会主义市场经济体制的建立和完善。

4. 全球化与国际竞争的加剧

以贸易和投资自由化、便利化为核心的经济全球化是时代的潮流，有着不可逆转的趋势。中国改革的过程，也是中国走向开放，建立开放型经济和社会的过程。经济全球化不仅意味着国家之间的合作，也意味着国家之间的竞争，提升国家竞争能力是政府面临的重大议题。而政府能力则是一个国家综合国力和竞争力的主导性因素，政府如何引导和调控国民经济运行，参与国际经济竞争，促进经济发展，自然便成为政府工作的重心所在。同时，经济全球化对政府治理提出了更高的要求，要求政府的运行更加公平、更加透明；政府的治理要遵循法治，政府的行为要有可预测性；政府要为外资创造公平竞争的市场环境；政府的运行要更具效率；等等。顺应经济全球化和保持国际竞争力的内在需要，为中国政府治理变革提供了契机，也提供了强大动力。

5. 网络社会和知识经济的到来

从历史上看，科技的进步和发展是推动社会变革的主要力量之一。从 20 世纪 80 年代开始的现代通信技术革命，特别是互联网的发展和普及对人类社会产生了革命性的影响，它不仅改变了生产方式，也改变了人类的生活方式和交往方式。人类社会进入了网络社会和知识经济的时代，这一时代呈现出了与传统时代不同的特质，如数字化、全球化、虚拟化、去密集化、动态化、即时性等。在网络社会中，知识已经成为经济活动的根本生产要素，成为国家促使经济持续增长、形塑竞争优势、积累附加值的主要驱动力。网络社会和知识经济的兴起，改变了政府施政的外部环境，动态、复杂、多元的环境，对政府的职能和角色、政府的组织形态与结构功能以及政府的运行方式提出了新的要求，同时，新的信息通信技术革命，也为政府治理创新提供了新的技术和手段，催化着新的治理方式，成为推动政府改革与创新的最佳媒介与策略动力，为建立以服务民众为中心、灵活、高效、透明的政府创造了可能性。

18.4.2 中国政府治理改革与创新的主要成就

从严格意义上讲，中国政府治理改革，是一场社会再造运动，它是在中国社会整体转型的背景下进行的，改革所涉及的范围和内容，已远远超出传统意义上政府行政的范围，涉及政府与社会的方方面面，其改革范围之广、幅度和力度之大、涉及的议题之多，已远远超出其他国家行政改革的范畴。改革开放以来，中国共产党和政府以极大的自我革命和创新精神，坚定不移推动政府治理的变革，一种具有中国特色、不同于传统的、新的政府治理典范正在形成和显现，中国社会的整体性进步，便是这种新治理典范绩效的最好证明。具体而言，中国政府治理创新的主要成就（或者新典范的主要特质）在于以下几个方面：

1. 政府治理的主导价值再确认：以人民为中心的政府治理

宪法明确规定我国是人民民主专政的社会主义国家，国家的一切权力属于人民。《宪法》第二十七条规定："一切国家机关和国家工作人员必须依靠人民的支持，经常保持同人民的密切联系，倾听人民的意见和建议，接受人民的监督，努力为人民服务。"一切国家机关及其工作人员都是人民的公仆，这便是中国国家的立国精神和价值所在。改革开放以来，政府治理唯一不变的便是对这种主导价值的确认、强化和发展。早在 20 世纪 50 年代，邓小平就明确指出："工人阶级的政党不是把人民群众当作自己的工具，而是自觉地认定自己是人民群众在特定的历史时期为完成特定的历史任务的一种工具。"（邓小平，1994，218）党和政府是人民实现其利益的工具，明确指明了政府存在的价值便在于人民价值的创造。正是在这个意义上，邓小平强调衡量政府治理好与坏的标准最终要看人民拥护不拥护、人民赞成不赞成、人民高兴不高兴、人民答应不答应。以人民主体为根本，邓小平认为国家和政府治理改革的目的在于废除官僚主义，发展社会主义民主，调动人民的积极性。"三个代表"重要思想以及科学发展观也是以人民的主体性为其核心的。十八大以来，党和政府确立了以人民为中心的发展观，以人民为中心的发展观既是指导经济和社会持续健康发展的科学发展观，又是政府治理实践的核心价值观，正如习近平总书记所讲的："中国共产党及其领导的国家是代表最广大人民根本利益的，其一切理论和路线方针政策，其一切工作部署和工作安排，都应该来自人民，都应该为人民利益而制定和实施"（习近平，2017，295），并再次重申"坚持全心全意为人民服务的根本宗旨，实现好、维护好、发展好最广大人民根本利益，把人民拥护不拥护、赞成不赞成、高兴不高兴、答应不答应作为衡量一切工作得失的根本标准"（习近平，2017，40）。以人民为中心的政府治理，既是中国特色社会主义政府治理的本质特征，也是中国政府改革与发展的力量所在。

2. 发展与变革导向的政府治理：政府治理重心的转移

改革开放以来，中国政府面对不断变化的国际和国内环境以及各种矛盾和挑战，积极主动调整和改变自己的工作重心，形成了以变革和发展为导向的现实主义的治理风格。中国社会的转型，固然是政府与社会双向推动的结果，但政府在整个社会的变革和发展中发挥着积极、主导、催化、推动的作用，展现了创造发展和变革环境、促进经济和社会发展的能力。具体而言，中国政府在社会转型和发展中扮演了多重积极的角色：第一，经济和社会变革的代理人。中国社会经济和其他领域的变革，均是有计划的变革，而政府始终是变革规划的设计者和推动者。第二，发展共识的建立者和领导者。改革开放开始，面对生存和发展的压力和挑战，中国政府从政治现实主义出发，确立了发展是第一要务，发展是硬道理，发展是一切问题的解决之道这一基本共识，并积极创新发展的理念，领导和指导经济和社会事业的发展。第三，制度规则的制定者。经济和社会的发展前提是建立有助于促进经济和社会发展的基本条件，即法律制度和规则，所谓有良法则有良治。改革开放以来，适应市场经济和社会的发展变化，中国已经建立起了基本适应社会主义市场经济和社会发展的法律法规体系，政府在其中则扮演了程序领导者（procedure leader）的积极角色。第四，发展战略和规划的制定者与执行者。政府通过国民经济和发展规划以及各个领域的专门发展战略和规划，引领经济和社会的发展，使发展更具前瞻性、系统性和协调性。第五，公共产品和服务的生产者与提供者。在大量公共产品和服务（如公共安全、基础设施以及基础性公共服务）领域，政府不仅仅是直接的投资者，而且是直接的生产者和提供者，这不仅为经济和社会的发展创造了良好的条件，也直接促进了经济的发展，增进了民生，保障了公民的基本权益。生产力的巨大进步，综合国力的提升，国民生活水平的提高，实际上与政府的积极作用密不可分。

3. 市场化改革和亲市场的政府治理

市场化改革，即承认和保护个人和企业对经济利益的追求，重视市场的作用，发挥市场在资源配置过程中的决定性作用，是中国改革的主要实践。中国政府改革也是沿着如何建立起与社会主义市场经济相适应的政府治理体制这一主线来进行的，政府与市场关系的变革是核心，这突出地表现为政府职能的调整。通过政府治理改革与创新，政府职能体系不断优化，基本上建立了与市场经济体制相适应的职能体系，建立了亲市场的政府治理。这主要表现在：第一，明确了政府职能转变的基本方向，即政府职能转向创造良好的发展环境，提供优质公共服务，维护社会公平正义，既发挥我国社会主义政治制度的优势，又能运用市场激发经济的活力。第二，初步解决了政府职能的错位问题。市场在资源配置过程中的作用得到了体现；推动了市场的开放和公平的准入；放开市场价格，价格关系得到初步理顺，使得价格能够真实反映市场需求，重视价格机制对市场的调节作用。第三，政府职能实现的方式发生了转变。对经济社会事务的治理从传统的行政命令、直接干预转变为经济手段和宏观控制，发挥国家发展规划的战略导向作用，综合运用财政、税收、投资、金融等政策手段促进发展方式的转变。第四，适应社会主要矛盾的变化。政府职能的重点领域逐步转向为全体人民提供统一、均等的公共服务。当然，政府职能的转变充满了各种矛盾和冲突，这一转变过程刚刚开始。政府与市场的关系永远是动态的、非均衡的。

4. 权力结构的调整与分权：协同的治理

政府治理，并不是政府单方面行使权力的过程，而是政府与企业、政府与社会、中央与地方之间有机互动和相互作用的过程。国家的优良治理和社会的有效治理是建立在负责任的政府、有活力的企业、有生命力的社会组织三者协作关系之上的。中国传统治理模式最显著的特征在于高度的集权，其弊端在于抑制国家、地方、企业、社会的积极性、创造性，最终导致国家缺乏活力，缺乏效率。中国社会的变革，正是从农村开始，下放权力，使农民有了经营自主权，极大调动了广大农民的积极性。解放生产力，调整权力结构，实行分权化改革始终是中国政府治理变革的主线之一。中国政府治理改革与创新的成果之一便是通过权力结构的调整，形成了一个分权协同治理的基本格局。具体而言：第一，赋权企业。改变了传统的政府直接管理国有企业的方式，推进政企分开，实现了所有权和经营权的分离，确立了国有企业在社会主义市场经济中的主体地位。企业成为自主经营、自负盈亏的法人实体和市场主体。同时，从战略上调整国有经济布局和结构，进行了国有大型企业的股份制和公司制改造，逐步建立起了同社会主义市场经济相适应的国有资产监督和管理体系，使得国有经济取得了较快发展，也大大增强了国有企业的市场竞争力。第二，赋权社会。坚持政事分开、管办分离的原则，积极推进事业单位的分类改革，激发了事业单位的活力。承认社会组织作为社会治理主体之一的地位，通过政府购买服务的方式，积极促进社会组织健康发展。第三，赋权地方政府。通过经济性和行政性分权，特别是财政分权，使得地方政府支出占政府全部支出的85%，极大地调动了地方政府发展的积极性，也调动了地方政府推动改革的积极性。分权化改革的另一个积极效应在于，在分权治理的框架下，中央政府通过地方局部地区的政策创新试验，探索和总结了经验，然后达成共识，在更大范围和全国推广，这不仅仅有利于政府政策创新能力的提升，而且大大降低了改革过程中可能出现的诸多不确定性和风险。权力结构的调整，最终涉及的是多元利益格局的调整，权力分享、权力下放所产生的利益共享，恰恰为社会发展提供了正当的诱因，最终有利于形成权力共享、利益共享、责任共担、风险共受的协同治理格局。

5. 政府机构调整与趋向整体性的政府治理和服务

政府机构是政府履行职能的载体，完整统一、事权确实、协调一致、精简效能的政府组织框架是政府机构良好运行的基础。受传统政府治理模式以及诸多因素的影响，长期以来，政府组织框架存在诸多问题，如政府部门（特别是经济管理部门），仍然偏多，不仅超过了有效的控制幅度，而且增加了协调的成本；政府部门的职责交叉、职能重叠、权责不一的现象比较普遍；政策的领导与统合功能不强，出现政出多门、条块分割等现象。是故，机构的调整与优化也始终伴随着政府治理改革与创新，政府组织框架日益合理，这主要表现在：第一，从单纯调整改革政府机构到统筹改革和调整党政群机构设置，其结果在于强化了党的全面领导，强化了政策的领导和统合功能，维护了政令的统一；第二，政府机构和人员膨胀、政府规模扩大的趋势得到了有效控制，政府机构和人员日趋精简，更符合经济运行的原则；第三，大部制框架的确立，使得政府事权更加统一，改变了传统上部门林立、职责不清和交叉、多头管理、多头执法的状况；第四，建立了决策、执行、监督既相互协调又相互制约的政府组织权力运行机制；第五，进行跨机关政府整合服务，随着地方服务大厅、行政审批服务中心、互联网＋政府服务模式的建立和推广，政府为民众提供服务的方式发生了改变，跨机关、整合性、便民化、高效率的新的服务模式已经形成。总的来看，面向社会需求和公共问题，服务社会与民众的整体性政府治理正在得到呈现。

6. 政府开放与民主参与的政府治理

政府治理体系是一个开放的系统，虽有其边界，但要维持其活力，增加治理的有效性，需保持其开放性。政府的开放也是中国政府治理改革与创新的主旋律之一。主要表现在：第一，建立政府信息公开制度，满足和落实人民的知情权，使人民成为知情的公民

(informed citizens)；第二，建立政务公开制度，使政府在阳光下运作，政府的运作更加透明化，实现人民对政府权力与运作的有效监督；第三，建立民主参与决策和政策制定的制度，重大事项决策的调查研究制度、专家咨询制度、社会听证制度、多元化的民主协商制度（政治协商、政府协商、社会协商）得到确立；第四，以普遍主义为价值导向的，以公平、平等、竞争为基本特征的公职人员管理体系的建立、发展和完善；第五，城市社区居民自治以及农村村民自治制度的确立和实施，不仅使社区成为公民学习共同治理的场所，而且能够使居民由下而上地参与和投入，自发、自主、自治地解决社区存在的问题，创造社区的生机。民主参与的治理，不仅促进了政府治理的合法性，更重要的是促进了政府政策的理性，以及执行的效率。

7. 治理方式变革与依法而治的政府治理

依法治国和法治政府是人类治理文明的共同特征。建设法治政府不仅是全面推进依法治国，建立社会主义法治国家的重要内容，亦是维护人民群众合法权益，实现社会公平正义的制度保障。通过政府治理改革与创新，法治政府的基本格局已经形成，为未来的发展奠定了坚实的基础。主要表现为：第一，建设法治国家和法治政府已经成为国家的基本方略，整个社会达成了广泛的政治共识；第二，强化了党对法治政府的领导，完善了全面依法治国的领导体制，法治政府的建设有了领导保障；第三，制定了全面推进依法行政，建设法治政府的规划和实施策略；第四，建立了适应法治政府发展需要的基本的法律法规体系，涉及规范政府组织、公职人员管理、行政行为、行政程序、行政救济等诸多方面，法律法规体系的建立和完善，使得政府权力的获取、组织、行使有了制度上的约束和保障，通过良法，促进良治；第五，在重视规范和约束政府权力的同时，更加重视公民权利和利益的维护，这主要体现在给付行政的范围不断扩大上；第六，改革行政执法体制，整合执法主体，精简执法机构，使行政执法权相对集中，推进综合执法的改革探索，在一定程度上缓解了多头执法、重复执法、乱执法等突出问题。

18.4.3　中国政府治理改革与创新的经验和启示

中国政府治理改革与创新的成绩是巨大的。在推进政府治理改革的过程中，既有教训，亦积累了许多成功的经验。

第一，政府治理改革与创新，是中国特色社会主义制度的自我发展和不断完善，改革与发展要坚持正确的政治方向，坚持“四个自信”。

第二，思想解放与理论创新的重要性。诚如马克思所说的：“批判的武器当然不能代替武器的批判，物质力量只能用物质力量来摧毁；但是理论一经掌握群众，也会变成物质力量。”（马克思，恩格斯，2012，9）改革开放 40 多年的历史经验在于我们所取得的每一项重大突破和成就，均是思想解放和理论创新的产物，思想自由促进了行动的自由，最终通过自由促进发展。

第三，政府改革始终倾听人民的声音，回应人民的期待，坚持问题导向，人民期待政府改什么，政府就改什么，同时要尊重人民的首创精神，吸收民间的智慧。

第四，政府改革要有整体观、系统观，要具有前瞻性。政府治理联结着政治、经济、社会生活的方方面面，涉及众多关系的调整和变化，改革要获取成效，必须从整体和系统的角度考虑问题，注重不同领域改革之间的配合，不同改革政策与措施之间的相互衔接，不同时间节点之间的相互调适，从而形成改革的合力，产生改革的综摄效应。

第五，改革要有正确的方法论，既要重视顶层设计和规划的引导作用，又要大胆鼓励地方政府和基层政府的创新、探索和实践。

在任何时期、任何国度中，均不存在完美的制度，政府治理制度亦是如此，世界上唯一不变的事就是变，正如我们长大成人后不能再穿儿时的衣服一样，随着经济和社会的变化，政府治理亦要不断创新和改革。在中国特色社会主义进入新时代，我国社会主要矛盾发生变化，发展中国特色的社会主义基本方略已经确立的背景下，政府面临着更大的挑战，肩负着更大的历史责任，建立人民满意的现代化的政府治理体系，提升政府治理能力，增进政府治理效能，通过政府自身的改革和发展，推动经济社会的全面发展进步，仍是不变的主题。政府改革与创新，永远在路上，仍然是未竟的事业，其光明的前景值得期待。

18.5 中国政府治理现代化：未来的发展

18.5.1 中国政府治理现代化的目标与行为选择

中国政府治理现代化，是中国式现代化的重要和有机组成部分。政府治理，从本质上讲，乃是国家意志的形成和贯彻执行的过程。政府治理之良窳事关国家政权之存续与巩固；事关国家整体安全与核心利益之维护；事关经济之发展与繁荣；事关国民生活品质之提升；事关整体社会之可持续发展与进步。政府治理在国家整体生活中处于关键的地位，发挥不可取代的作用，这决定了政府治理现代化在整个国家现代化事业中的特殊地位，乃至关键地位。政府治理现代化构成中国国家现代化的基础工程。

从性质上讲，政府治理现代化是中国特色社会主义政府治理体系和制度的自我发展、自我完善。所谓自我发展和自我完善，意味着这种治理体系与制度并非与既有体系与制度的彻底断裂，也不是对既有体系和制度的颠覆性解构，更不是推倒重建，而是自信自强、守正创新、除旧布新，对既有的体系与制度进行创造性转化（creative transformation），以期焕发生机和活力，为国家、社会和国民创造更大的公共价值。

中国政府治理现代化的基本任务在于，通过持续不断的改革与创新，建立能够有效应对现时代治理环境变化的各种挑战，回应广大人民根本诉求和期待，适应社会主义民主政治发展、适应社会主义市场经济体制的完善与高质量发展，适应中国社会进步与发展，能够承担中华民族复兴大任，能够有效履行政府职能与责任的现代化的政府治理系统。

从抽象意义上而言，如同任何生命体一样，在最低限度上，任何一个有效的政府治理系统应该具有三个最基本的特性，即功能性（function）、适应性（adaption）和永续性（sustainability）。功能性，意指政府能够履行其基本的功能，完成其基本的使命和任务，这是治理系统能够自我保持（self-preservation）的最低条件，也是其生存能力的基础所在；适应性，意指治理系统在保持其自主性或者自立性的同时，能够识别内外部环境的变化，做出适时的调整与变化，展现出与环境或者社会整体的合群性（communion）、连接性和整体一致性（coherence），或者符应性（correspondence），也就是能够融入更大的环境变化之中，回应时代环境变化的要求；持续性，意指经由不断的调整和变化，通过自我超越（self-transcendence），恢复活力或者展现出新的能力，持续不断地维系自身的发展。如果一个政府体系具备了这样的特性，则可以称之为有效国家（effective state）或者有效政府（effective governance）。

由于涉及系统性的结构性变革，政府治理现代化的目标、策略从来是多维度（multi-dimensions），而非单一向度的。从中国具体的政府治理脉络（contexts）和情景出发，中国政府治理现代化的基本目标及其行为选择主要体现在以下方面。

1. 人民中心、创造共善的政府治理

政府治理的起点、终点和核心在于其为之服务的人民。从严格意义上而言，政府本无其脱离社会而存在的独自价值。在现代民主社会，政府存在的价值和意义在于公共价值的创造；而所谓的公共价值或者共善（common goods），无非是人民对政府之合法与合理的期待。政府本无心，以人民之心为心；政府本无利，以人民之利为利；政府本无力，以人民之力而有力。从古代到近代，王朝更替，治乱衰败，究其根本，在于政府权力和政府治理的异化，核心表现为政府与人民的疏离，在于私利取代公利（public interest）。恩格斯指出，“以往国家的特征是什么呢？社会为了维护共同的利益，最初通过简单的分工建立了一些特殊的机关。但是，随着时间的推移，这些机关——为首的是国家政权——为了追求自己的特殊利益，从社会的公仆变成了社会的主人”（马克思，恩格斯，2012，54）。这种情形，即使是在宣称所谓最民主的国家中都没有能够避免。如何跨越国家治理的历史困境，在马克思主义创始人看来，只有真正确立了人民群众在社会中的主体地位，才可能使整个社会的普遍利益真正体现出来，并在国家和政府的治理中得到集中的反映。习近平总书记从马克思主义的历史唯物主义出发，在新的历史时期提出了以人民为中心的发展思想。以人民为中心的发展思想，反映了坚持人民主体地位的内在要求，彰显了人民至上的价值取向，确立了新发展理念必须始终坚持的基本原则，以人民为中心的发展和以人民为中心的政府治理，为我国政府治理指明了治理的目的、目标、基本原则和核心价值。

政府治理，无疑会涉及诸多领域，也涉及诸多功能的履行，如：秩序的行政（形成秩序，防止冲突和暴力）、规制的行政（对经济和社会行为进行干预，以促进公平和效率）、服务的行政（直接或者间接地向人民提供各种公共产品和公共服务）、发展的行政（促进经济、社会、文化事业的发展）、创新的行政（促进知识的进步、科技的创新以提高竞争力）等等。但是归根到底，最核心在于以有效的、透明的、负责任的、平等的、经济的和能够满足人民需求的方式，在最大限度减少各种风险的情况下，确保人民各项权利和利益的实现。政府治理远远超过了对资源的利用、管理及经济的增长，而涉及和进入到人的发展解放和人性尊严问题。因此政府治理要以实现人民的基本权利，保障人民关切的核心利益为根本。政府治理是否良好的检验，乃是为保障人民的政治、经济、社会、文化权利以及利益，政府所努力的程度如何。

中国政府治理的主旨在于本着以人民为中心的原则和民生主义的立场，顺应民众的期望和需要，研究如何使生活在中国大地上的人民解决民生问题，共享发展的成果和福祉。所谓民生者就是人民生命之繁衍、生存之保障、生计之发展，简言之，即人民之生活也。首先要使人民群众和社会大众能够维生，即维持生存，谋求衣、食、住、行、育、乐等基本问题的解决；不仅能够维生，而且能够安生，即要使人民的生存安全能够得到保障，免于各种灾难和侵害，而有“免于恐惧”（free from fear）的权利和自由；不仅能够安生，而且能够和生，做到身和同居、语和无诤、意和同悦、见和同解、律和同遵、利和同均，使得家庭和睦、社会安宁、互助合作、平等均和；不仅能够和生，而且能够乐生，即政府和社会共同努力，通过各种教育以及社会化的手段，养成人民正确的人生观念和价值观念，以及健全的人格和高尚的情操，使人民精神健全、心情愉快、智德双修、自得其乐；不仅能够乐生，而且能够遂生，即要创造自由和良好的环境，使人民能够尽其禀赋，充分发挥其才能，使得人尽其才、才尽其用，在自我发展和自我实现的同时，对社会和国家做出最大程度的贡献。如此，才能尽人之性，能尽人之性，则能尽物之性；能尽物之性，则可以与天地参矣。

以人民为中心的治理，也意味着政府治理绩效观和绩效标准的改变。传统上，财富以及经济绩效一直被人们视为衡量一个社会、一个地区和一个城市是否良好的重要指标。这一指标是建立在这样一个假设或信念的基础之上，即通过经济产出和经济绩效的提升，一个社会就会自然变好。事实上，财富并非我们追求的最终目标，仅仅是达成更神圣的目标之手段。客观上的财富指标并不能衡量人民对内在生活或者生活质量的感受。经验证明，对财富的过度追求、对物的痴迷、对市场价值的崇拜，可能摧毁文化的价值、破坏人际交往的社会网络、瓦解社会的团结、降低人民的幸福感。事实上，经济增长和经济绩效的目的并非要增加物质产品的消费，而是要扩大和富化人民的幸福感，使人民能够去苦得乐，只有在提高了人们的幸福感或者幸福水平的时候，经济因素才能显得重要。因此，衡量治理绩效的标准，实在于人民的获得感、幸福感和满意度。所谓获得感，系指通过不断发展和进步，使人民在发展中获得实实在在的、看得见的、摸得着的实惠、利益和好处。所谓幸福感，是人民如何看待其生活、生活的环境以及生活品质的主观感受，它是一种感性的和认知的评估的结合。它不是精英阶层或者知识界的意见，而是普通民众的感观和意见。所谓满意度，是政府治理的目标、过程和产出的结果能够满足市民合理期待的程度。质言之，政府治理绩效的最终评判者是人民，即要以人民高兴不高兴、人民答应不答应、人民满意不满意作为评价政府治理是否好坏、是否优劣的根本标准。

2. 民主参与、共同创造的政府治理

人民参与政府与公共事务的治理乃是社会主义民主政治的基本要求和特征之一，也是以人民为中心的发展在政府治理领域的具体体现。民主的本意乃是统治者与被统治者之间尽可能的同一化，也就是政府的组织与施政以民意为依归。衡量民主的一个最重要的标准就在于人民参与的广度和深度，所谓的广度就在于有多少人参与到公共事务的治理中，而所谓的深度就在于在多大程度上影响了公共事务的决策和执行。

在现代社会中，政府治理的正当性的源泉在于治理的理性，通过人民参与，即通过公开透明、意见沟通、协商对话、理性说服，达成合理的权威判断和选择，而不是恣意专断做出决定，乃是理性产生的合理途径。是故，民主政治的理性以及政府治理的理性，最核心的体现为通过正当程序参与的理性（participation rationality）。从这个意义而言，参与治理的正当性是不言而喻的，它不仅仅能够把权力控制在其范围之内，而且能够防范权力的滥用；它不仅仅能够弥补政府信息的不对称和知识的欠缺，而且能够集思广益，增加政府解决问题办法的可能性；它不仅仅提高决策的精准性（accuracy of decision），而且能够强化人民对于决策的可接受性（acceptability of decision）；它不仅仅能够从消极意义上履行责任，而且能够积极地促进政治和公共责任的实现；它不仅仅是在消极意义上保障人民的自由和权利，而且能够在参与的过程中，增强公民的社群意识、国家意识，提升公民的公共责任感。正是在这个意义上，马克思主义十分重视人民参与治理的意义和价值，认为在广泛民主参与的情况下，"全体国家成员同国家的关系就是同他们的现实事务的关系，这一点似乎是不言而喻的。国家成员这一概念已经有了这样的含义：他们是国家的成员，是国家的一部分……他们的社会存在就已经是他们实际参与国家。他们不仅是国家的一部分，而且国家也是他们的一部分。要成为某种东西的有意识的一部分，就要有意识地掌握它的一部分，有意识地参与它。没有这种意识，国家的成员就无异于动物"（马克思，恩格斯，2002，146）。

在现代民主治理体系中，人民再也不是传统君主帝制下的臣民角色，处在压迫和被统治的地位，只有义务而没有权利；也不仅仅是传统科层官僚治理典范下委托人的角色，而由政府及其官员代行治理公共事务的角色，人民只是被动地主张和行使自己的权利；也不是新公共管理典范下的公共服务消费者的角色，单纯地成为公共服务的消费者，而政府成为公共服务的生产者和提供者。在民主参与治理的典范下，人民真正介入到公共政策与公共事务的治理过程之中，成为公共价值的共同创造者，与政府共享公共事务的治理权，共享社会的经营权。

民主参与的治理需要知情的公民（informed citizens），人民有权了解涉及公共事务和自身事务的信息；需要可沟通的公民（communicable citizens），政府与民众之间能够相互交流，增加彼此的理解；需要协商的公民（consultating citizens），政府与民众之间能够就重大公共事务问题进行磋商和对话；需要参与的公民（participated citizens），人民能够以各种方式积极参与到公共政策的制定、执行和公共事务的管理过程中，贡献其智慧，善用其资源，共同创造更大的资源和公共财富。政府治理的成效，最终取决于人民的有效参与。对国家政府而言，正如党的二十大报告所指出的那样，要"拓展民主渠道，丰富民主形式，确保人民依法通过各种途径和形式管理国家事务，管理经济和文化事业，管理社会事务"。

3. 公平正义、涵摄包容的政府治理

社会公平正义乃是社群合作、和谐及有效治理的基础，是社会实现良好秩序和促进社会福利的必然诉求，也是每一个公民实现自我价值、获得个人福祉、贡献公共生活的必要条件。社会正义不仅是个人的美德（personal virtue），也是文明社会的德行（social virtue），正如罗尔斯所言，"正义是社会制度的第一德性"（Rawls，1999，3）。习近平总书记明确指出，"公平正义是中国特色社会主义的内在要求；要在全体人民共同奋斗、经济社会发展的基础上，加紧建设对保障社会公平正义具有重大作用的制度，逐步建立以权利公平、机会公平、规则公平为主要内容的社会公平保障体系”（习近平，2014，95-96）。

社会正义在不同的社会常有不同的意义和实践，但其实质均涉及个人与社会之间的平衡。即既保障个人平等自由的权利，同时又保障社会资源的平等分配。在政府治理中，社会正义系政府以正义保障每个人的基本权利和基本价值，以正义实现社会公平、合作、有序、有效治理的方式，并通过制度决定对于社会利益和负担做一个正当分配、义务实现，从而使每一个人获得良好的生活前景和发展的基本条件，确保每个人为人的尊严，藉由实现个人的价值并达成社会的整体目的。

在政府治理中，社会正义要求治理的制度及其公共政策的设计，均应体现以下几个方面：一是权利的正义（justice of rights），要消除各种各样的歧视，尊重每一个人的基本自由和政治、社会权利；二是机会的正义（justice of opportunities），要求政府和社会提供稳定的社会、经济、文化和政治条件，使得每一个人都能够发挥其潜能，为经济和社会做出自己应有的贡献；三是程序的正义（justice of precedure），任何影响和改变人民权益的行为必须有明确的法律规定，进行这些行为时也必须依法定程序而为之；四是分配的正义（justice of distribution），公共政策和公共服务要将符合资格的民众皆纳入标的人口，同时要让所有的标的人口获得平等的待遇；五是结果的正义（justice of outcome），社会资源的分配在应得、需要和平等之间保持相互平衡，在最低限度上要确保基本生活条件的公平（equity in living conditions），尽可能地消除收入、财富和社会生活其他方面不平等的范围和程度。对公共部门而言，社会正义不能单单考虑社会资源的分配，更要关注制度的正义性。

在现代社会，公义的政府治理必然是具有涵摄性和包容性（inclusive governance）的。国家和社会是一个整体性的存在，具有一体性。所谓一体性，是指国家和社会的每一个成员，在形相的层面固然有差异性，但在本质和实相上都是平等的，不存在所谓的等级贵贱之分，都是神圣的存有（being），不可区别对待，更不可歧视、排斥和遗弃。国家和社会，是社会成员相互依赖、相互扶持、具有共同福祉的命运共同体。从此出发，政府治理的包容性即重视每一个人的安康、幸福、自由与发展。在现实治理的过程中，政府固然要尊重每一个人的权利和自由，但要超越利益集团的利益，要超越社会中处于优势地位的群体和个人的利益，把治理的重点更多地放在社会中处于弱势的个人和群体身上，更多地关注弱势群体的利益，体现公共服务的弱势优先保护原则。包容性治理既体现在治理的过程中，赋权穷人参与治理，也体现在治理的结果中，使弱势群体特别是穷人能够通过公共服务的均等化，享受基本的公共服务并共享发展的成果，并在此基础上实现均和的社会。

4. 主动回应、担当负责的政府治理

随着国家形态的转变，现代政府的角色已经不是传统的“守夜人”的角色，而是全面地介入社会、经济、文化、教育、卫生诸多领域，成为形塑和形成社会生活的倡导性、主导性力量，催化性、促进性力量。那种“民不告、官不理”、身居官署、养尊处优、无所事事的消极衙门行为实非现代治理之所需。现代化的政府治理是具有前瞻性、回应性、责任性以及课责性的治理。

所谓前瞻性（proactiveness），就是能够预测环境的变迁，预知环境变化带来的变化和挑战，预知未来出现的政策和治理问题，预知政策采纳后可能出现的影响，预知政策厉害关系人的行为反应，具有洞见力。当然，这种洞见力是建立在科学理性的基础之上。

所谓回应性或者回应力（responsiveness），是政府能够及时了解社会大众、政策的厉害关系人、多元利益群体对国家公共事务以及自身利益、偏好的需求，并加以切实关注、关心、保障、维护民众合理与合法的期待的能力。回应性治理，要求政府能够更多地站在民众的立场考虑问题，而非站在机关中心的立场思考问题；政府能够倾听民众的呼声，容忍不同的意见和看法，保持开放性；更重要的是，政府要建构制度化的对话渠道，通过制度性的对话，了解民众的需求。

所谓责任性（responsibility），意味着政府及其工作人员积极地履行法定的职能、职责和义务。公共责任包括政治、行政、法律和道德等诸多的方面。政府的治理政策和行为必须符合民意，并对民意负责，对民选的代表机构负责，对代表民意的政党负责，是谓政治的责任。政府及其工作人员如果违反法律规定的义务，违法行使职权时，就必须承担相应的法律后果；治理行为给公民造成损害的，当依法赔偿；工作人员有违法失职、滥用职权、贪污腐败等行为则应当受到行政处分或者刑事处罚，是谓法律责任。政府及其工作人员应自觉履行职责，不失职；自当遵守法定权限，不越权行事；在行政组织体系中，对上级有服从的责任和义务；在执行公务的过程中，有保守秘密的责任和义务；政府的行政行为，自当符合法定的目的，不滥用职权，更不允许利用权力谋取个人利益；政府机关和公职人员自当合理行使裁量权，避免行政失当，凡此皆属行政责任。政府及其工作人员要坚守公共生活的基本伦理；坚守行政的伦理准则行为；坚守社会生活的道德底线，有良好的品行、整饬的生活，做一个良善的公民，成为公民之表率，乃是道德责任。

所谓课责性（accountability），简言之就是要求政府及其工作人员对公共权力的行使、公共资源的获取和利用以及最后产生的结果和绩效负责，目的在于防止公共权力和公共资源的滥用，使政府的施政能够有效地反映公共利益。课责性的关键在于建立适当的权力制约机制，有效的政策制定、执行与评估的机制及问责制度。

5. 政府主导、社会协同的政府治理

一个社会的有效治理和公共事务的有效管理建立在三大部门，即政府、市场与社会有效互动和协力关系的基础之上。有能力和负责任的政府、有效率的市场和企业、扎根基层又充满活力的社会组织，是国家和政府治理体系中不可缺少的组成部分。必须考虑到政府治理环境的复杂性、动态性和多样性，考虑到公共问题的结构的复杂性和棘手性，考虑到政府拥有资源的有限性，考虑到政府治理理性的有限性，考虑到政府拥有知识的不完备性，考虑到政府体制和公共政策的失灵性，考虑到治理者的易错性等等因素。那种以政府为中心的治理模式，即政府垄断社会经营权，高高在上，发号施令，以控制为导向，并期待政府解决所有社会问题和完成所有社会任务的治理方式导致了更多的不可治理性。

协同治理并非没有政府的治理（governance without government），而是在发挥政府主导作用的前提下，实现社会经营权的共享（power sharing）、资源的共同配置（coallocation）、公共事务的共同管理（comanagement）、公共产品和公共服务的共同生产和提供（coproducton）、公共责任的共同承担，以及风险的分散共担。它重视的是政府-市场-社会之间的协力（partnership）关系。协力关系并不是一种非零和赛局的关系，而是一种互利、互补、互赖的网络关系。从治理的角度来看，协力关系并不是以巩固既得利益而存在的，其目的在于社会整体资源利用的极大化。

共同治理和协同治理并不是要解构政府，或者使国家变成一个“空心化的国家”，我们仍然需要强有力的政府。正如管理学大师德鲁克所讲，“事实上，我们期望在以后的几十年里有更多的而不是更少的行政管理权力……但需要一个不同以往的政府”，“政府要放弃那些不起作用的事情，从来没有起作用的事情；已失去效用以及已经无法起作用的事情。集中力量于那些起作用的事情，确实产生效果的事情以及改进组织工作能力的事情，要做更多的已证明成功的事情”（德鲁克，1998，160-162）。政府需要做的首要事情就是重新思考和界定政府的职能和角色。政府的主要职能和角色在于确保实现经济和社会发展的基本条件，这包括为法律和产权奠定基础；维持一种宽松的政策环境；投资于人民和基础设施；保护承受力差的阶层等（世界银行，1997）。协作治理意味着政府角色的转变，即从过去公共服务的直接生产者、供给者、规划者的角色转变为公共服务的管理者、购买者、监督者；意味着政府管理的理念由控制转向合作；意味着管理方式从一味遵循法律与程序转变为对问题的彻底了解并找出解决问题的方式以及致力于问题的解决与学习；意味着组织设计将外部伙伴纳入决策体系；意味着更加重视外部监督与责任等。

在社会主义市场经济体制下，既然市场在资源配置过程中发挥决定性的作用，那么政府的首要任务和职责就是要为市场机制的作用发挥创造良好的环境。考虑到中国现在的情形，问题的关键乃是通过何种政策和行为促进市场机制的进一步确立和作用的发挥。政府可以通过市场的自由化、市场的促进化和市场的活泼化等公共政策和策略，激发市场的活力。所谓市场的自由化，核心在于解除不必要的政府管制，通过开放更多的市场主体的加入，发挥市场竞争的作用，以实现高的效益。所谓市场的促进化，乃是在市场机制不存在或者失灵的地方，利用价格机制分配既有的财货或者创造新的可以市场化的财货。所谓市场的活泼化，乃是在市场存在而运作不佳的情况下，政府建立起激发市场功能的政策，如经营权、路权和建造权的公开招标和拍卖。当然，政府同时亦要关注市场化及其推进过程中可能产生的问题，如社会责任、社会公平与正义以及可能出现的寻租与腐败问题。

除了政府与市场和企业之间的公私伙伴关系，政府与社会组织之间的合作也十分重要。好的政府治理，并不是人民需要什么就给什么的治理，而是让社会和人民学会自己管理自己事务的治理。考虑到社会组织在政府治理的过程中发挥着公共问题的发现、公共议题的倡导、直接提供公共服务、监督市场和政府等积极作用，政府要为社会组织的发展和成长创造良好的环境。政府首先要转变角色，要从管理者转变为引领者和倡导者，从公共服务的直接生产者转变为服务的提供者。社会能够自己解决和处理的问题和事务，政府就不直接介入；政府可以通过更加积极的方式，如向社会组织购买服务、政府补助、人才培养与专业化提升等，促进和强化社会组织之体质，使其具有提供服务的能力。

共同治理的基础在于能够在政府与市场、政府与社会之间建立起制度化的连接。一方面，政府必须拥有充分的自主性，以防止市场和社会团体为追求私利而施与的压力，防止被利益集团围猎和俘虏；另一方面，在公共政策的执行过程中，与市场与社会建立合作的链接，使得各自的比较优势能够得到发挥。

6. 分工协作、整体联动的政府治理

政府职能的履行，公共事务的管理，公共服务的提供，主要通过政府组织这一机构载体来实现。正是在这个意义上，韦伯式的理性的科层体制，即横向的职能分工、纵向的层级控制的治理体系，一直被人们视为国家统治和治理的有力工具，并成为推动发展的力量。在科层治理模式下，由于权威关系的存在，指挥命令关系代替了讨价还价的交易关系，与市场治理体制相比，无疑降低了治理的交易成本；同时专业化的职能分工、层级的节制也有助于提高管理的效率。这正是科层治理体制的比较优势所在。在现实社会中，科层治理也出现许多令人诟病的弊端，主要表现为部门本位主义和地方本位主义，导致的结果便是政府治理的碎片化以及割裂，最终导致政府治理能力和效能的低下。

政府治理，乃是整体性或者一体性的国家作用。虽然在政府事务多元化的情形下，政府治理体系必须分门别类，进行横向和纵向分化，进行管辖权的划分，以期实现有效的治理，但这种分化不能改变一体治理之原则。为防止现实治理体系出现部门林立、职责交叉、权责不清、画地为牢、互不统属、互相掣肘、缺乏协调、重复浪费、部门利益、地方利益等诸多弊端，需建立整体性政府治理的新架构。所谓整体性政府，即在整体战略、规划和政策的主导下，通过政府整体性的运作，向社会和民众提供整体性的服务，以求得政府效能的整体性提升。整体性政府的基本特点在于：(1) 它是以社会和民众的需求为出发点，而非以政府机关的职责需求为出发点；(2) 它追求的是公共问题的整体解决，即政府的整体效能，如就业率的提高、犯罪率的下降、民众健康状况的改善、教育的发展、环境的改善、资源的善用等等，而非各个单位内部行政效率的提高；(3) 它强调的是政府部门和层级相互之间的合作和协作，而非各自为政、画地为牢；(4) 它的目的在于为社会和民众提供整合性的服务，而不是让民众奔波于各个部门和单位。

欲实现整体性政府，需要做到以下方面：(1) 政府机构设置合理化。依照职能需要、统一领导、完整统一、精简效能的原则设置政府机构，必须在专业化分工和事权整合之间达成平衡，体现事权集中、职掌明确。(2) 强化公共政策的领导与统合功能，保证政策、规划的整体性，防止政出多门的现象。(3) 建立整合的信息系统，以作为政府整体运作的支援体系，实现信息共享，防止信息孤岛。(4) 建立整体性预算制度 (pooled bugets)，从整体发展和长远的角度谋划政府的预算，防止年度预算和部门预算的弊端。(5) 建立整体性的跨功能的绩效评估制度，以结果为导向，强调整体效能。

现代数字技术的发展，为整体性政府提供了强有力的技术支持。通过数字技术，将政府业务链接起来，突破传统的政府层级和部门疆界，建立以数字网络为基础的整合性政府，为社会和民众提供整合式的、无缝隙的、单一窗口的服务已经成为世界各主要国家政府改革的趋势。从目前的发展来看，科技的发展为政府治理的创新提供了新的契机。如无线宽频和移动网络的发展，为移动政府创造了条件，政府能够将信息和服务立即告知人民并保持双向的互动。在无线科技或者“超网络”(hypernet) 的支持下，政府的信息和服务可以随时随地提供；在大数据、人工智能的支持下，政府的运作和服务可以更精准。

整体协同的政府治理，同样意味着整体联动的跨域治理 (across boundary governance)。跨域治理乃是为促进经济和社会发展，在原有区域空间形态与规模发生变化或者重组，地方基础设施规模和社区结构发生重大转型，公共事务和公共问题日趋复杂和相互依赖的情形下，对原有的地方治理模式提出新要求和挑战的回应。跨域治理的主要目标在于解决公共事务上的棘手问题 (wicked problem) 和跨部门议题 (across-cutting issues)，而形成的不同层级、多个辖区政府之间的共同努力和联合行动。跨域协同治理的途径是多样的，如垂直型（中央与地方政府之间的协力）、水平型（地方政府之间的跨域合作）以及组织间的合作或者协力（inter-organizational collaboration）。这种治理体制的核心是各个行动者之间的参与、协调与合作，它是在正式层级控制之外产生的一种替代性的制度安排。行动者之间的关系是一种权力分享（power sharing）关系，而非控制关系；同时也是一种权力赋予（power to），通过合作创造新的权力，以期共同行动，创造价值。其基础在于行动者之间的相互依存与资源的交换和共享，在于行动者之间的信任以及互惠。

7. 开放透明、遵循法治的政府治理

开放透明是现代民主社会治理的基础，无论是民主参与、协作治理还是回应课责，均建立在政府开放透明的基础之上。根据国际透明组织（Transparency International，TI）的定义，开放透明指准则、计划、流程与行动具有明确性，并且进行即时（timely）、精确（accurate）且适当（adequate）的信息披露或取得。即时代表信息的及时性，精确代表信息的正确与完整性，而适当则代表信息获取的合法性与合理性。

在现代民主社会，皆以基本权利的形式确认人民对于国家公开其所拥有的信息的请求权，也就是"知的权利"（the right to know）。基本权利一向是实现法治国家的核心内容。承认宪法上知的权利，即意味着向国家请求信息公开，这是公民拥有的基本权利，也就是说，无需法律的介入，人民可直接援引宪法基本权利的规定向国家请求提请公开。从消极意义上而言，公开乃是制裁公权力违法的利器。美国行政法学者戴维斯曾言："公开是专横独断的自然敌人，亦是对抗不公正的自然盟友。"（Davis，1970，97）英国学者马什亦认为，秘密本身有如邪恶，是阴谋的工具，是不平等的原因；公开乃是民主政治之本质，公开越多资料，对公共利益越有帮助（Marsh，1987，35）。秘密乃是一切恶政之源，而信息公开实有防止恶政和腐败之功效。从更为积极的意义上而言，在多元化的社会，整个社会对信息的需求结构已发生了变化，人民由于各种原因，如政治参与、产业活动、个人发展，强化了对信息的需求，信息公开乃是政府治理的正当性基础，是公共政策实施的基本要件以及增强国际竞争力的重要前提。正是在这个意义上，政府主动公开信息已成为一种常态，透明化政府（transparency government）亦成为现代政府治理的一个重要标志。

政府治理的透明化意味着政府将既有状况、决定和行动的信息让民众可以接收、观察和了解的过程，简言之就是政府的运作完全对公众开放。政府透明化，在范畴上包括政策的透明化、财政的透明化和信息的透明化。政策的透明化就是公共政策制定过程的公开化；财政的透明化指政府对民众公开政府的组织与功能、政府的财政政策、政府的预算、政府的收入和支出等关键的财政信息；信息的透明化则是政府在不涉及国家安全、行政机密与其他个人隐私或者权益的秘密之范围内及时、精确和适当地提供相关业务信息。关于政府的信息公开的原则，Article 19 组织曾确立了政府公开透明的基本原则，如最大限度披露、主动公开、例外限制、提供政府资讯的程度以及政府公开的成本等等（Article 19，1999）。政府信息公开不仅意味着信息本身的公开，而且包括流程的公开（procedural transparency）（即政府决策与执行过程的透明）以及绩效的公开（performance transparency）（即政府施政绩效的充分披露），目的在于产生压力，提升政府的绩效。

历史的经验以及现实皆表明，权力所具有的侵略性和扩张性使得一个被授予权力的人总是面临各种各样的诱惑。不受约束和限制的政府权力是一个社会最肆无忌惮又最具压迫性和破坏性的力量，而且在任何社会，权力滥用的风险和可能性总是存在的。现实生活中大大小小的行政之恶以及腐败都是最好的证明。中国政府现代化的一个重要目标在于建立法治政府，以确保政府权力成为推动发展的积极力量。

法治政府的精义在于公共权力的获取、组织、使用皆要受法的支配，而受法的支配，无异于受公共利益和共善的支配。法治政府要求治国者要先受制于法，主张法律优位，政府及其官员的行为受到法律的限制；主张政府行为的可预测性，即法治使得有可能相当确定地预测当局在既定情形下将如何使用其强制力，有可能以这种知识为基础规划个人事务，这意味着公开面向未来并具有普遍性，平等适用法与确定性的品质；法治政府要求对公民的平等保护；法治政府反对专横的自由裁量权；法治政府主张无救济则无权利，要求政府对其行为承担救济的责任。法治政府并非一味对政府权力的消极限制，为保障治理的有效性，自当保护政府的自主性和自立性，保障政府的权威性和正当性，保障政府弹性处置的自由裁量权，当然，这种权威性和裁量权乃是建立在符合行政的目的之上的。

上述目标虽非政府治理现代化的全部内容，但无疑是治理现代化的核心所在或者基础所在。上述目标是相互联系、相互依赖、相互影响、相互作用、不可分离的整体。

18.5.2 中国政府治理现代化的世界观与方法论

政府治理现代化是多目标的、多维度的、多重因素相互作用的复杂的系统工程。其本身就涉及如何有效管理与治理问题，从这个意义上讲，治理现代化事实上涉及对现代治理的后设治理（meta-governance）问题。欲有效推进政府治理现代化工程，需明晰治理现代化的世界观与方法论。要实现中国政府治理现代化，需要思考和回答以下基本问题。

1. 关于政府治理现代化的指导思想和观念

现实世界从来不是先验的存在。社会从来就不是一个预先既定的客观世界，而是一个由具有自由意志的主体的积极行为所创造或构造的世界。正是行动者日常的生活实践，在不断反复性的社会行动中构成了制度化的实践，并经由时空的延伸，最终形成了社会生活、社会现实、社会制度的方方面面。指导人们进行社会实践的莫不是人们的思想和信念系统，从这个意义上而言，人们创造和体验着的无非观念的投射。中国的革命、建设和改革开放，皆是以马克思主义为指导的。马克思主义是我们立党立国、兴党强国的根本指导思想。中国政府治理现代化，是马克思主义指导和引领的现代化，因此必须坚持以马克思主义为指导。

马克思主义的历史唯物主义和辩证唯物主义是指导我们思考政府治理现象的根本世界观和方法论。马克思主义经典作家关于历史运动变化发展规律的认识，关于国家和政府运动变化规律的认识，关于国家和政府性质和作用的认识，关于政治与经济关系的认识，关于公共权力与公共利益的认识，关于人民群众历史主体地位的认识，关于民主政治与民主治理的认识，关于党的领导的认识，关于政策与策略的认识，关于意识形态与国家治理关系的认识，关于政治与行政文化的认识，关于政治与行政发展的认识，等等，形成了系统的国家和政府的治理观，都是我们要不断继承和发展的。

中国共产党人在长期的革命、建设和发展的实践中，把马克思主义的普遍真理同中国具体实践相结合，创造性发展了马克思主义的国家治理理论。特别是党的十八大以来，以习近平同志为主要代表的中国共产党人，创造了新时代的系统的治国理政思想。这一系统的理论体系，回答了为谁治国理政，如何科学地治国理政，建立什么样的治理体系，如何发展和建立这样的治理体系等一系列重大理论与现实问题。这些伟大的理论创造，是中国政府治理现代化的指南和根本遵循。

2. 关于政府治理现代化的领导权

国家和政府治理的领导权问题，是政府治理的关键问题和核心问题。政府治理的领导权，关系到国家和政府治理系统的本质和性质，关系到什么人、通过什么样的方法和途径获取政府治理的实际利益和好处问题，关系到政府治理的基本制度问题，关系到国家和政府治理走什么样的道路问题，关系到政府治理的根本路线问题，关系到政府治理的组织原则问题。一句话，领导权问题最终关系到整个国家的长治久安。

马克思主义历来重视领导权问题。坚持党对革命运动和事业的领导，是马克思主义的一贯主张。历史和现实的经验和教训告诉我们，缺乏坚强的领导、缺乏集中统一的领导、缺乏必要的权威，任何事业都将一事无成。中国共产党的领导，是中国特色社会主义制度最大的优势，也是中国特色政府治理体系的最大特点和优势。中国共产党对国家治理的领导权，具有历史的合法性，是历史的选择；具有现实的合法性，得到人民群众的支持和拥护；具有法律的合法性，是宪法明确规定的；具有绩效的合法性，在党的领导下创造了前所未有的发展绩效。在政府治理的过程中，中国共产党处于纵览全局、协调各方的地位。政府治理现代化是一项十分艰巨的工程，因此必须坚持党的领导，维护党中央领导的权威和集中统一领导，发挥党在现代化过程中把方向、谋大局、定政策、促改革的积极作用。

3. 关于政府治理现代化的途径问题

关于政府治理现代化的道路与途径，历来有制度移植和内源发展之不同的选择。由于世界各国时常在政治、经济、社会、文化方面面临相同的压力，面临相同的危机与挑战，加上制度本身也具有一般共同的内在基本属性，在信息和知识不断扩散的时代，决策者和改革者借鉴其他国家的知识、观念以及经验，通过思想的相互碰撞，激发创意，作为改进自己制度的参考，也属常见之事。相互学习和借鉴，事实上也是人类文明得以发展的重要原因。制度的移植，乃是制度导向的学习，是制度知识分享和扩散的过程。分享者通过知识的解读、体会与启发，理出制度的基本构成、运转原理以及支撑制度运转的社会条件，进而根据本国的情景，做出制度的选择，作为实施的纲本，本是人类制度和政策学习的本能所在。事实上，人类现代化的过程也是制度学习、制度扩散和制度移植的过程。

任何制度皆有高度的制度镶嵌性。也就是说，任何制度皆有其生存的整体制度环境生态系络（institution contexts）。制度移植，不可只看制度本身，重要的还是要看制度赖以存在的政治、经济、社会、文化等环境。事实上，不存在适合于一切环境的制度，政府治理的制度亦是如此。正如政治学家和行政学家罗伯特·达尔所言，“从某一个国家的行政环境归纳出的概论，不能够立刻予以普遍化，或被应用到另一个不同环境的行政上去。一个理论是否适用于另一个不同的场所，必须先把那特殊场所加以研究之后才能判定”，“除非我们先深入研究凡能影响公共行政的种种政治和社会现象，并指出公共行政那些方面的确是超越特殊的社会背景；否则实不能说已经获得真正普遍的概论，究竟有没有放诸四海而皆准的公共行政原理”（Dahl，1947（7），1-11）。

不同于单纯的制度移植，内源式的政府治理发展，重视的是从国情出发，寻找和创造适合自己国情的发展模式和治理制度。中国政府治理现代化，固然要借鉴人类治理文明的一切优秀成果，更重要的是探索具有中国特色的治理模式。中国特色的治理模式，要承继中国优秀治理文化传统，立足于中国政治、经济、社会、文化现实基础，能够代表反映最广大人民的根本利益和诉求，能够切实解决中国政府治理所面临的现实问题，是管用、有效果、见实效的政府治理。因此，不可因循守旧、改头换面、新瓶装旧酒；不可从本本出发，教条主义；更不可照搬照抄，不顾国情，简单移植其他国家的制度和模式。

4. 关于心灵革命与人的现代化问题

现代化固然涉及诸多方面的变革，但是，人的现代化本身是最为重要的。现代化的社会架构，无论在哪个维度和层面，都是生存于社会的众多行动者透过社会交往互动建构的产物。现实的人是构成社会的基本前提，而现实的人是能动的人，人既是现实社会实在的创造者，同时又是自己命运的主宰者和创造者。人与动物的最大区别在于，人能拥有创造历史与文化的能力，能够参与历史的生成并创造历史，进而成为历史的主体。要使人们避免成为历史的客体，意识的觉醒乃是关键所在。所谓意识的觉醒，就是对我们生存的世界，藉由不断地反省，以批判性的视野不断地厘析仍然隐藏在人们背后的事物，认清其真相，特别是压迫性的非公义社会存在，从而赋予自身历史文化崭新的生命意义，通过积极的行动，转化我们的生活世界。

因此，政府治理现代化的关键是参与公共治理网络中的行动者或者人自身的现代化，它既包括经由法定程序任命担任公职的公务人员，也包括参与和受公共政策影响的各种利益相关者。人的现代化，就是人的态度、行为和观念的现代转化。只有当一个国家的国民实现了现代人格的转变，当一个国家的公共管理者具备了与现代制度相匹配的现代人格，这个国家才具有现代国家最为坚实的基础。否则，再完美的制度、再完美的治理方式、再先进的技术与方法，也如水中之月、镜中之花。“如果在国民之中没有我们确认为现代的那种素质的普遍存在，无论是快速的经济成长还是有效的管理，都不可能发展；如果已经开始发展，也不会维持太久。在当代世界的情况下，个人现代性素质并不是一种奢侈，而是一种必需。它们不是一种派生于制度现代化过程的边际收益，而是制度得以长期成功运转的先决条件。现代人素质在国民之中的广泛传播，不是发展过程的附带产物，而是国家发展本身的基本要素。”（英克尔斯，史密斯，1992，454-455）

本章小结

1. 公共管理现代化是指为了适应公共管理内外环境的变化，公共部门有意识和有计划地推动自身结构、功能的改变，以期谋取公共管理体系与内外环境的动态平衡，从而提升政府治理能力，增进政府效能的行为或过程。

2. 公共管理现代化的基本特质包括：（1）公共价值和以公民为中心；（2）可预见性和法治；（3）公开性和透明性；（4）回应性和课责；（5）反对腐败与廉洁；（6）效率和

效能。

3. 政府能力就是政府影响和形塑社会，实现其意志和目标的力量。合法化能力、合理性能力、资源汲取和创造的能力、调控能力、风险管制与社会整合的能力，在当代社会尤为必要和重要。

4. 公共管理创新，就是指公共部门创造新的观念、新的过程、新的产品、新的服务和服务提供的方式，从而促成公共部门绩效和质量的明显改善。

5. 推动公共部门创新的关键在于：强调公共部门中人的重要性，重视知识的力量，合作解决问题，支持创新的规则和程序。

6. 政府治理改革与创新是政府随着内外生态环境的变化，有意识地对其结构、功能、行为进行不断调整和改变，以谋取政府治理体系与环境之间的动态平衡，从而实现政府治理效能的行为或过程。

7. 中国政府治理改革与创新的过程是中国特色社会主义制度自我发展和不断完善的过程。强调正确的政治方向、思想解放与理论创新、坚持问题导向和以人民为中心、重视改革的整体性和系统性、注重顶层设计和规划，是中国政府治理改革与创新的基本经验。

8. 中国政府治理现代化的目标在于发展和建立人民中心、创造共善，民主参与、共同创造，公平正义、涵摄包容，主动回应、担当负责，政府主导、社会协同，分工协作、整体联动，开放透明、遵循法治的现代化的政府治理体系。

9. 中国政府治理现代化要坚持以马克思主义和习近平新时代中国特色社会主义思想为指导，坚持党对政府治理现代化的领导权，坚持内源式发展，走中国特色社会主义道路，重视人的发展和人的现代化。

关键术语

现代性　　公共管理现代化　　政府能力　　公共管理创新　　政府治理　　改革与创新

复习思考题

1. 如何理解现代化？公共管理现代化的基本特征是什么？

2. 作为一种全球性运动，推动当代公共管理现代化的主要力量来自哪些方面？

3. 当代行政国家存在哪些结构性问题与矛盾？如何调整与改革？

4. 如何衡量和判断公共管理的现代化？现代化的公共管理具有哪些基本特质？

5. 何谓政府能力？政府能力与公共管理现代化之间的内在关系及影响是什么？

6. 什么是公共管理创新？公共管理创新的主要类型有哪些？创新过程包括哪些关键环节或阶段？

7. 制约公共管理创新的主要因素有哪些？导致这些制约因素的原因是什么？

8. 推动公共管理创新的核心问题和关键要件是什么？为什么？

9. 中国政府治理改革与创新的动因是什么？有哪些成就？有哪些经验？

10. 如何理解中国政府治理现代化的发展目标和行为选择？

阅读材料

公共部门创新宣言

背景信息：2019 年 5 月 22 日，OECD 的 35 个成员国以及五个非成员国通过了《公共部门创新宣言》(The Declaration on Public Sector Innovation)，宣言的目的在于使公共部门的创新合法化，将公共部门的创新作为公共部门组织的核心和战略性职能，并成为公务人员日常工作的组成部分。宣言在政府如何支持、改善和开拓创新，以迎接各种挑战、利用机会方面达成共识。宣言提出了政府创新管理的原则和方法。宣言的主要内容如下：

我们成员国的部长和代表认为：

1. 政府在致力于可持续发展的经济和社会发展的法律与政策的制定和执行，以及创造条件为所有的民众提供基础性公共服务方面发挥着十分重要的作用。

2. 创造公共价值是政府运作的组成部分。政府有许多目标，诸如可持续的发展目标或社会优先发展的目标。这些目标的实现需要或者呼唤新的途径。

3. 政府及其公共部门所面临的环境是动荡的、不确定的、复杂和不明朗的，必须面对各种各样的挑战，诸如数字化转型、能源危机、环境衰退、气候变化以及不平等的挑战。

4. 在这样的背景下，不能当然地假定现存的结构、流程以及干预措施在确保公共部门实现其目的，满足政府及公民的需要和期望上，仍然是恰当和有效的。

5. 为了达成政府之目的，创新、实施新的举措是政府回应、适应和迎接环境挑战的积极策略。

6. 不面对公共部门存在的维持和重复现状的系统性偏见，默认将会发生的创新不可能太多，或者不可能持续进行。

7. 公共部门组织需要能够持续的、可靠的创新，这样才能适时产生新的途径应对挑战的创新回应。

8. 要进行持续的、可靠的创新，但公共部门组织需要对创新管理持审慎的态度。组合管理便是这种态度的一个例证，它涉及投资、促进各种创新活动，以便抵消创新回应可能出现的风险。

9. 创新管理的审慎组合途径承认并欣赏创新是多维度的，每一种维度满足不同的手段和目的。创新组合包括：强化导向的创新，以现有的框架为基础，升级现有的做法，提升效率和效果；使命导向的创新，实现新的目标和使命，研发所需的新的途径和方法；适应性创新，回应变化的环境，鼓励探索并回应社会和技术变化；预见性创新，围绕形塑未来的突发问题，对不确定性进行探讨和介入。

10. 仅仅依靠一个方面的创新活动，公共部门还不足以应对各种挑战，在组合途径中，创新活动是多样化的。

鉴于 OECD 已经在创新战略和方法、开放政府、政府规制、廉洁、性别平等、数字政府方面建立了良好的基础，我们承诺：

第一，拥抱并强化公共部门的创新，我们将致力于：

(1) 将创新视为政府实现其目标、为民众提供更好的服务的一种方式；

(2) 关心并支持已经出现的创新；

(3) 欣赏创新的多元性质，采取系统组合的创新途径，以满足各种不同的目的和需要；

(4) 建立或对创新体系提供有效的管理，明确不同层级政府的责任和职责，在政府内部对创新活动进行不同程度的集中化管理；

(5) 承认创新如同其他政府职能一样，需要投资以及良好的支撑。

第二，鼓励并赋能公务人员创新，我们将致力于：

(1) 承认开放、从错误中学习以及通过跨部门协作进行创新的文化的重要性；

(2) 允许公共部门和公务人员承担风险，并将探索和实践新的观点、技术和工作方法作为其事业的重要组成部分；

(3) 明确创新的责任，使得每一个人都知晓如何参与创新；

(4) 承认创新需要并且涉及许多技能以及动机问题；

(5) 确保为公务人员创新提供有利的结构、流程和工作条件的支持，对阻碍创新的现有的制度规定进行持续再评估。

第三，培植新的伙伴关系并听取不同声音，我们将致力于：

(1) 与不同行动者（公共、私人、非营利和个人）建立联系，允许公共部门合作、协作和共同创造解决问题的新的途径和方法；

(2) 建立伙伴关系，建立公共部门内外以及跨部门的创新网络系统，以提升创新能力；

(3) 发展不同的参与和合作创新的途径，运用不同的形式，确保创新努力受经验和专门知识的指引；

(4) 寻找与其他国家在需要共同应对的问题上进行合作的机会；

(5) 听取不同的意见，捕捉可能变化的信号，确认创新的需求和机会。

第四，支持探索和试验，我们将致力于：

(1) 以支持那些有明确问题和选项的创新，允许对结果不明朗的领域进行探索性创新；

(2) 确保在各级各类公共部门进行各种创新探索和试验；

(3) 承认在核心系统（如数字技术应用、预算、风险管理）进行试验所能够得到的好处，探索目标是否达成以及如何达成；

(4) 认同从探索中学习，欣赏经常性的试验和创新。

第五，经验教训的学习和共享，我们将致力于：

(1) 系统地共享从创新活动中学习的经验和教训；

(2) 促进网络化和相互学习，帮助公务人员相互学习和彼此借鉴；

(3) 发展反馈机制，了解公民和一线公务员的反馈意见，促进持续学习；

(4) 建立良好的评估机制，以促进学习，指导创新的过程，评估创造新的价值。

资料来源：OECD，The Declaration on Public Sector Innovation，2019.

本章参考文献

Article 19 (1999), The Public's Right to Know: Principles on Freedom of Information Legislation, London: Article 19.

Albury, D. (2005), "Fostering Innovation in Public Services," Public Money & Management, 25.

ANAO (2009), Innovation in the Public Sector: Enabling Better Performance, Driving New Directions, Australian National Audit Office, Canberra.

Australian Government (2010), Empowering Change: Fostering Innovation in the Australian Public Service, Management Advisory Committee, Commonwealth of Australia, Barton.

Bason, C. (2010), Leading Public Sector Innovation: Co-creating for a Better Society. Bristol: Policy Press.

Borins, S. (2001), The Challenge of Innovating in Government, Arlington, VA: The Price Water House Coopers Endowment for the Business of Government.

Borins, S. (2014), The Persistence of Innovation in Government, Washington, D. C.: Brookings Institution Press.

Boston, J. (1996), Public Management: The New Zealand Model, Melbourne: Oxford University Press.

Crozier, M. (1964), The Bureaucratic Phenomenon, Chicago: University of Chicago Press.

Christensen, T. et al. (2001), New Public Management: The Transformation of Ideas and Practice, Aldershot: Aldershot.

Edquist, C. (1997), Systems of Innovation, Technologies, Institutions and Organizations, London and Washington: Pinter.

European Commission (2011), Innobarometer 2010: Analytical Report on Innovation in Public Administration (Flash Eurobarometer 305), Brussels: DG Enterprise.

European Commission (2013), Powering European Public Sector Innovation: Towards a New Architecture, Report of the Expert Group on Public Sector Innovation, European Commission, Brussels.

Fukuyama, F. (2013), "What Is Governance?" Working Paper, 314, Washington, D. C.: Center for Globe Development.

Gallup Organization (2011), Innobarometer 2010, Analytical Report: Innovation in Public Administration, Flash Euro Barometer, European Commission.

Humtington, S. P. (1969), Political Order in Changing Societies, 3rd ed., New Haven: Yale University Press.

Hughes, A. K. M. and Kataria N. (2011), Innovation in Public Sector Organizations:

A Pilot Survey for Measuring Innovation Across the Public Sector，NESTA Index Report.

Kamarck，E. C.（2004），Government Innovation around the World，Ash Institute for Democratic Governance and Innovation，John F. Kennedy School of Government，Harvard：Harvard University，November.

Kneneth Culp Davis（1970），Discretion Justice，Baton Ronge：Louisiana State University..

Light，P. C.（1998），Sustaining Innovation：Creating Non-profit and Government Organizations that Innovate Naturally.

March，J. G. and Olsen，J. P.（1995），Democratic Governance，New York：Free Press.

March，J. G. and Olsen，J. P.（1989），Rediscovering Institutions：The Organizational Basis of Politics，New York：Free Press.

Mulgan，G. and Albury，D.（2003），Innovation in the Public Sector，Strategy Unit，Cabinet Office.

Mazzucato，M.（2013），The Entrepreneurial State：Debunking Private vs. Public Sector Myths，London：Anthem Press.

Norman Marsh（1987），Public Access to Government held Information，London：Steven L. Son ltd.

OECD Policy Brief（2003），Public Sector Modernization.

OECD Policy Brief（2004a），Public Sector Modernization：Changing Organizational Structures.

OECD Policy Brief（2004b），Public Sector Modernization：Governing for Performance.

OECD（2017），Fostering Innovation in the Public Sector，Paris.

OECD（2015），The Innovation Imperative in the Public Sector：Setting an Agenda for Action，Paris.

OECD（2011），Together for Better Public Services—Partnering with Citizens and Civil Society，Paris.

Osborne，D. and Gaebler，T.（1992），Reinventing Government：How the Entrepreneurial Spirit Is Transforming the Public Sector，Mass.：Addision-Weesley Publishing Company.

Osborne，S. P. and Brown，L.（2013），Handbook of Innovation in Public Services，Northampton，M. A.：Edward Elgar Publishing.

Peters，T. and Waterman，R.（1982），In Search for Excellence，New York：Harper and Row.

Pollitt，C. and Bouckaert，G.（2011），Public Management Reform：A Comparative Analysis—New Public Management，Governance，and the Neo-Weberian State，3rd ed.，Oxford：Oxford University Press.

Rawls，J.（1999），A Theory of Jusic，Cambridge，MA：Havard University Press.

Robert E. Dahl（1947），The Science of Public Administration：Three Problems，Public Administration Review.

Stoker，G.（1998），Governance as Theory：Five Propositions，UNESCO：Blackwell Publishers.

Weber，M.（1947），The Theory of Social and Economic Organization，Glencoe III：Free Press.

WEF（2019），The Global Competitiveness，Report，Geneva Switzerland.

德鲁克（1998）. 后资本主义社会. 上海：上海译文出版社.

邓小平（1994）. 邓小平文选：第 1 卷. 2 版. 北京：人民出版社.

马克思，恩格斯（1995）. 马克思恩格斯选集：第 1 卷. 2 版. 北京：人民出版社.

马克思，恩格斯（2002）. 马克思恩格斯全集：第 3 卷. 2 版. 北京：人民出版社.

马克思，恩格斯（2012）. 马克思恩格斯选集：第 1 卷. 3 版. 北京：人民出版社.

马克思，恩格斯（2012）. 马克思恩格斯选集：第 3 卷. 3 版. 北京：人民出版社.

世界银行（1997）.1997 年世界发展报告：变革世界中的政府. 北京：中国财政经济出版社.

习近平（2014）. 习近平谈治国理政. 北京：外文出版社.

习近平（2017）. 习近平谈治国理政：第 2 卷. 北京：外文出版社.

英克尔斯，史密斯（1992）. 从传统人到现代人：六个发展中国家中的个人变化. 北京：中国人民大学出版社.

第三版后记

在第三版即将付梓之际，我们内心并没有喜悦，更多的是不安。坦率地讲，这种不安主要来源于三个方面：一是对知识发展和科学发展历史事实的理解。人类的知识发展和科学发展的历史只是证明了这样一个简单的事实，即人类过去是无知的或者知识是有限的。任何人都不能宣称自己掌握了全部的真理，承认自己的无知或者对真理谦卑才有可能使我们具有接近真理的机会。谦卑的人是有福的。二是不用讲面对浩瀚无垠的宇宙，即便是面对生机勃发的大自然，面对世界上的芸芸众生，我们都深感自己渺小。我们是一体的、平等的，实在没有特殊之处，更没有骄傲的资本。三是我们对于教师职业的认知。从事教师工作 30 余年，留下的更多的是愧疚。古人云：师者，传道授业解惑也。我们自己尚未明心见性，了解真知，过去的也只能是盲人指路了，实在没有高兴的理由，更多的是对学生的内疚。

我们毕竟生活在这个世界之中，需要不断地学习和反思，最终了解我们的真实身份。现在呈现在大家面前的，是我们学习公共管理的心得和记录。在修订本书的过程中，我们力图分析和探讨公共管理的环境变化和挑战，反映公共管理在理论和实务发展方面取得的最新进展，探索公共管理未来发展的前景。同时，也期望为研习公共管理这一学科的同道们提供有价值的参考。

我们一直坚信：是我们创造着我们自己的本真。公共管理的未来，取决于我们这个共同体中每一个人的努力。信念、语言、行动是创造的三大力量，是每一个人都拥有的力量。我们要改革和创新政府，更要改革和创新我们自己。

本书的写作基于国际化的视野、批判性的思考、本土化的行动原则，介绍和分析了国外公共管理的理论与实践，供学人了解世界性的学术思潮，以便进行批判性思考。

真诚感谢中国人民大学出版社的朱海燕女士，没有她的鼓励和督促，这本书是肯定不会面世的。感谢出版社领导的卓越领导和编辑的辛勤劳动。

一如既往，诚恳欢迎公共管理学界的同人对本书的任何批评和意见。

张成福　党秀云

2020 年 8 月 20 日于北京

第一版后记

写这样一本类似于教科书般的公共管理的著作，本来并不是我们夫妇二人的意愿。本书最早开始写作于1998年，起初是想写一本有关公共管理研究性的著作，以记录我们学习和研究公共行政与公共管理的心得和体会。到2000年7月，我们已完成现在呈现在大家面前的许多章节。我一直认为，撰写一本公共管理的教科书，是一件十分严肃、神圣的事情，是超出自己能力范围的事情。因为我心里十分清楚，自己虽然从20世纪80年代中期就开始从事公共行政之研究，到现在已有15个年头了，但在公共行政与公共管理这个知识的海洋中，我还是一个刚学习游泳的人。写论文，你可以阐述自己的观点，这是个人的自由，但写教科书便不一样了，搞不好会误人子弟。中国人民大学出版社编辑刘晶女士一直鼓励我将原有的著作改成一本教材，在惴惴不安之中，我们夫妇二人依据教材的要求，重新调整了有关章节和内容，又花了将近一年的工夫修改成书。

为写此书，我们翻阅了大量的文献，可以讲没有公共行政和公共管理这些研究者的成果，本书是根本不可能完成的。我们在书的每一章均列举了参考的著作，也期望读者从这些参考著作中，更多地了解公共行政与公共管理的知识和艺术的精义。

在本书出版之际，我特别怀念著名的行政学家黄达强教授，是他把我引入了公共行政与公共管理这一科学研究的殿堂，他是我师法的楷模和典范，可惜他英年早逝，这本书亦是学生对恩师的怀念。我要感谢我攻读博士学位时的导师宪法学家许崇德教授和行政法学家皮纯协教授，他们让我理解和体认了民主政治价值的可贵，理解了公共行政与公共管理的崇高使命，明确了公共行政与公共管理在民主治理当中的正当角色。我要感谢我的学生们，他们对公共行政知识的渴望和追求激励着我不断学习。在本书写作的过程中，唐钧同学做了大量的资料整理工作，我特别感谢他。

我的儿子张潇寒一直是我们努力工作的动力来源，他的天真、率性、纯洁，使我了解了人性的美丽。支撑我致力于公共管理研究的一个重要信念在于：通过我们的努力，不致使我们的父辈和我们自己遭受的种种痛苦再降临到我们下一代的身上。

张成福

2001年8月25日

人大版公共管理类教材

公共管理类专业教材——学科基础课教材

书名	作者
现代管理学原理（第三版）（“十一五”国家级规划教材）	娄成武　魏淑艳
一般管理学原理（第四版）	张康之　周　军
管理学基础（第三版）	方振邦
政治学原理（第三版）	景跃进　张小劲
现代政治学原理（第四版）	石永义　刘玉萼　张　璋
公共管理学（第二版）	陈振明
公共管理学——一种不同于传统行政学的研究途径（第二版）	陈振明
公共管理学（第三版）（数字教材版）（“十二五”国家级规划教材）	蔡立辉　王乐夫
公共管理学（精编版）	王乐夫　蔡立辉
公共管理学（第三版）	张康之　郑家昊
公共管理概论（第二版）	朱立言　谢　明
公共政策导论（第六版）（数字教材版）	谢　明
公共政策概论（第二版）	谢　明
公共政策学——政策分析的理论、方法和技术（“十一五”国家级规划教材）	陈振明
公共政策学（第二版）	杨宏山
政策科学——公共政策分析导论（第二版）	陈振明
公共经济学（第三版）（“十二五”国家级规划教材）	高培勇
公共经济学教程	秦立建
政府经济学（第四版）（“十一五”国家级规划教材）	郭小聪
政府经济学（第四版）	潘明星　韩丽华

公共管理类专业教材——方法课教材

书名	作者
公共管理研究方法	何兰萍　张俊艳
行政学研究方法与应用案例	萧鸣政　等
管理定量分析：方法与技术（第三版）	刘兰剑

公共管理类专业教材——行政管理、公共事业管理专业教材

书名	作者
行政法学导论（第二版）	姜晓萍
公共部门人力资源管理（第四版）	孙柏瑛　祁凡骅
公共部门人力资源开发与管理（第五版）（“十二五”国家级规划教材）	孙柏瑛　祁凡骅
公共部门人力资源管理（第三版）	滕玉成　于　萍
公共部门人力资源管理概论（第二版）	方振邦
公共部门人力资源管理案例	周均旭
行政管理学（第五版）（数字教材版）	郭小聪
公共行政学（第五版）	彭和平
公共行政学（第二版）	张康之　张乾友
行政学导论（第三版）	齐明山

书名	作者
行政管理学导引与案例	陈季修
管理心理学（第三版）	范逢春
公共组织行为学（第三版）（“十一五”国家级规划教材）	孙　萍　张　平
公共组织学（第四版）	李传军
行政组织学（第二版）	张　昕　李　泉
公共组织理论	陆明远　冯　楠
公共事业管理概论（第三版）	朱仁显
公共组织财务管理（第三版）（“十一五”国家级规划教材）	王为民
国家公务员制度（第五版）（数字教材版）（“十二五”国家级规划教材）	舒　放　贾自欣
国家公务员制度概论（第二版）	刘碧强　郗永勤
公务员制度概论	李如海
公务员制度	温志强　王彦平　郝雅立
当代国家公务员制度：理论与实践	胡春艳
行政领导学（第三版）	朱立言　李国梁
领导学（第五版）	邱霈恩
领导学	孙　健
现代市政学（第五版）（数字教材版）	王佃利
市政管理学（第五版）（“十一五”国家级规划教材）	杨宏山
社区管理（第四版）	汪大海　魏　娜　郇建立
社区管理原理与案例	魏　娜
电子政务教程（第三版）（“十一五”国家级规划教材）	赵国俊
电子政府与电子政务（第二版）（“十一五”国家级规划教材）	张锐昕
行政伦理学教程（第四版）（“十二五”国家级规划教材）	张康之　李传军
公共危机管理概论（第二版）	王宏伟
公共危机管理	唐　钧
非营利组织管理（第二版）	康晓光
当代中国政府与政治（第二版）	景跃进　陈明明　肖　滨
当代中国政府与行政（第三版）	魏　娜　吴爱明
地方政府学概论（第二版）	方　雷
地方政府管理（第二版）	陈瑞莲　张紧跟
管理秘书实务（第三版）	赵锁龙
行政秘书学	唐　钧
公文写作与处理	赵国俊
机关管理的原理与方法（第三版）	赵国俊　陈幽泓
公共部门绩效管理（第二版）	方振邦
政府绩效管理（第二版）	方振邦　葛蕾蕾
政府绩效评估	蔡立辉
政府公共关系（第二版）（“十一五”国家级规划教材）	廖为建　张　宁
西方行政学理论概要（第二版）（“十一五”国家级规划教材）	丁　煌
公共行政学史（第二版）	何艳玲
西方公共管理名著导读	汪大海
文化管理学（第三版）（“十二五”国家级规划教材）	孙　萍
文化创意产业导论	魏鹏举
卫生事业管理（第二版）（“十一五”国家级规划教材）	李　鲁
现代公用事业管理	崔运武

公共管理类专业教材——劳动与社会保障专业教材

书名	作者
社会保障概论（第七版）	孙光德　董克用
社会保障学	戴卫东
劳动经济学（“十一五”国家级规划教材）	董克用　刘　昕
劳动法与社会保障法	黎建飞
社会保险学（第四版）	孙树菡　朱丽敏
社会保障基金管理	李春根
社会保障国际比较	仇雨临

公共管理类专业教材——土地资源管理专业教材

书名	作者
土地经济学（第八版）（“十一五”国家级规划教材）	毕宝德
土地法学（第二版）	严金明
土地资源学	张正峰　赵文武
土地资源管理学（第二版）	张正峰
国土空间规划学	张占录　张正峰
国土空间规划学导论	刘润秋　唐　鹏
不动产估价（第二版）（“十一五”国家级规划教材）	叶剑平　曲卫东
土地信息系统	曲卫东　韩　琼
地籍管理（第五版）（“十一五”国家级规划教材）	谭　峻　林增杰

公共管理类专业教材——城市管理专业教材

书名	作者
城市管理学（第四版）	杨宏山
城市管理学：公共视角	陆　军　等
城市经济学（第二版）	叶裕民　周　麟
城市总体规划原理	郐艳丽　田　莉
中国城市管理史概论	郑　国

公共管理类专业教材——应急管理专业教材

书名	作者
应急管理导论：原理与案例	李燕凌　朱正威 张海波　章文光
应急管理概论	王宏伟
应急管理理论与实践	唐　钧
突发事件风险管理	张小明
应急管理新论	王宏伟
新媒体时代的应急管理与危机公关	唐　钧
公共安全风险治理	唐　钧

公共管理硕士（MPA）教材——核心课教材

书名	作者
全国公共管理硕士（MPA）核心课程教学指导纲要	全国公共管理专业学位研究生教育指导委员会
社会主义建设理论与实践（第三版）	李景治　蒲国良
公共管理英语（修订版）	顾建光
学术规范和论文写作	胡宏伟
公共管理学（第三版）（全国优秀教材二等奖）	张成福　党秀云
公共管理学原理（修订版）	陈振明
公共管理导论	竺乾威　朱春奎　李瑞昌
公共政策分析	陈振明
公共政策分析导论	陈振明
公共政策分析概论（修订版）	谢　明
公共部门经济学（第三版）	高培勇　崔　军
公共经济学	唐任伍
行政法学（修订版）	皮纯协　张成福
行政法学概论（第三版）	胡锦光
非营利组织管理概论（修订版）	王　名
非营利组织管理	王　名　王　超
公共管理伦理学（修订版）	张康之
社会研究方法	陈振明
电子政务理论与方法（第五版）	金江军
公文写作概论	高永贵

公共管理硕士（MPA）教材——专业方向必修课、选修课教材

书名	作者
公务员制度教程（第六版）	舒　放　王克良
比较政府与政治（修订版）	卓　越
当代中国政府与政治（第三版）	吴爱明　朱国斌　林　震
公共部门人力资源管理及案例教程（第三版）	陈天祥
公共部门绩效评估（修订版）	卓　越
公共部门危机管理（第三版）	张小明
应急管理通论（第二版）	李雪峰
公共部门战略管理（修订版）	陈振明
MPA 学位论文写作指南	汪大海

中国人民大学出版社　管理分社

教师教学服务说明

中国人民大学出版社管理分社以出版工商管理和公共管理类精品图书为宗旨。为更好地服务一线教师，我们着力建设了一批数字化、立体化的网络教学资源。教师可以通过以下方式获得免费下载教学资源的权限：

★ 在中国人民大学出版社网站 www.crup.com.cn 进行注册，注册后进入“会员中心”，在左侧点击“我的教师认证”，填写相关信息，提交后等待审核。我们将在一个工作日内为您开通相关资源的下载权限。

★ 如您急需教学资源或需要其他帮助，请加入教师 QQ 群或在工作时间与我们联络。

中国人民大学出版社　管理分社

教师 QQ 群： 648333426（工商管理）　114970332（财会）　648117133（公共管理）
教师群仅限教师加入，入群请备注（学校＋姓名）

联系电话： 010-62515735，62515987，62515782，82501048，62514760

电子邮箱： glcbfs@crup.com.cn

通讯地址： 北京市海淀区中关村大街甲 59 号文化大厦 1501 室（100872）

管理书社　　人大社财会　　公共管理与政治学悦读坊